百衲本二十四史

新唐書

上海涵芬樓影印中華學藝社借照日本岩崎氏靜嘉文庫藏北宋嘉祐刊本闕卷以北平圖書館江安傅氏雙鑑樓藏宋本配補

宰相世系表第十二上　唐書七十二上

翰林學士兼龍圖閣學士朝散大夫給事中知制誥

敕撰

長孫氏出自拓拔鬱律生二子長曰沙莫雄次曰什翼犍什翼犍即後
魏道武皇帝祖也後魏法七分其國人以兄弟分統之沙莫雄爲南部
大人後改名仁號爲拓拔氏生嵩太尉柱國大將軍北平宣王道武以
嵩宗室之長改爲長孫氏至孝文以獻帝長兄爲紇骨氏次兄普氏爲
周氏又次兄爲達奚氏又次兄爲伊婁氏改爲婁氏又次兄敦丘氏爲
丘氏次兄俟氏爲万俟氏叔父之後乙旃氏爲叔孫氏疏屬車焜氏改
爲車氏是爲十姓太和中詔自代北而徙者皆爲河南洛陽人嵩三子
秦同敦秦征南將軍都督中外諸軍事生黃門侍郎大將軍延年延年
生陝州刺史鄭國公儉儉生相州刺史昌寧公平二子道生道開道生
太尉上黨靖王三子旃太一德一旃司空上黨康王生觀觀司徒上黨
定王生稚澄稚字幼卿西魏尚書令太師上黨文宣王二子子裕子彥
子裕右武衛將軍平原公二子紹遠兕

歩先

紹遠字師覽西魏大司徒後周大司空河南獻公

洪晉州刺史

寬

昭郢州刺史

仲宣

鑄倉部員外郎

庶幾

晶西河太守

龕房州刺史

子哲信安太守

操金部郎中樂壽安男

需屯田員外郎

誼睦州刺史

永屯田員外郎

鑒

湯

詮尚衣奉御駙馬都尉

兕後周敞字正絳州刺史少卿平原公

元虔右監門將軍

晟字季晟隋右驍衛將軍平原公

安世

熾隋戶部尚書饒陽公

祥刑部尚書

孝紀左司員外郎

晟字季晟隋涂陽太守齊獻公

元乃左監門衛將軍清都郡公

元敏昌寧郡公

元憲兵部尚書薛國公

安業右監門將軍

無忌字輔機相太宗高宗

冲秘書監駙馬都尉

延通事舍人

元翼宣州刺史

詡寧州刺史陳留郡公

釗福昌尉

守貞鴻臚卿

全緒寧州刺史

操

節

守廉

守英

燧邠州刺史

鋌刑部尚書

泛濮川主簿

稚先

孝先

恭先

紹先

歩先

元異
元邈
絢
頊
詡　渙鴻臚少卿上黨郡公
睿常州刺史安康伯　嘉平幽州司兵參軍　琮
瓌
琦

涵長水令安城縣公
溫尚衣直長
澹太子洗馬
淨尚衣奉御　崇宗
崇一
崇信
崇質
崇賢

崇順
傲成州刺史　瓚
璉
珪
球
湛襄州刺史
津尚衣奉御
澤左千牛衛長史　瑋

瓊
琓
珩
瑛
潤太常少卿金城縣子
元逸雲麾將軍郕縣公
義莊邢州刺史

長孫氏宰相一人　无忌

杜氏出自祁姓帝堯裔孫劉累之後在周為唐杜氏成王滅唐以

封弟叔虞改封唐氏子孫於杜城京兆杜陵縣是也杜伯入爲宣王大夫無罪被殺子孫分適諸侯之國居杜城者爲杜氏在魯有杜洩避季平子之難奔於楚生大夫綽綽生段段生赫赫爲秦大將軍食采於南陽衍邑世稱爲杜衍赫少子秉上黨太守生南陽太守札札生周御史大夫以豪族徙茂陵三子延壽延考延年延年字幼公御史大夫建平敬侯六子緩繼他紹緒熊熊字少卿荊州刺史生後漢諫議大夫穰穰字子饒二子敦篤敦字仲信西河太守生邦字召伯中散大夫三子賓宏繁賓字叔達舉有道不就二子翕崇崇字伯括司空掾生畿畿字伯侯魏河東太守豐樂戴侯三子恕理寬恕字伯務弘農太守幽州刺史生預字元凱晉荊州刺史征南大將軍當陽侯四子錫躋耽尹錫字世嘏爲尚書左丞曾孫懋二子楚秀秀二子果皎皎生徽徽字曄隋懷州長史豐鄉侯生吒淹

吒隋昌州司馬	如晦字克明相太宗	構慈州刺史								
		荷駙馬都尉襄陽公								
	楚客工部尚書									
淹字執禮相太宗	敬愛									
	敬同中書舍人東陽公	從則工部侍郎	自遠	繁	佐大理正	元穎相穆宗		審禮京兆少尹		
								敏求字千之		
								延雍字道光		
						元絳太子賓客		審權字殷衡相宣宗懿宗	讓能字羣懿相昭宗	光乂字啓之
										曉字明遠禮部郎中翰林學士

							彥林字睿臣中書舍人
							弘徽字範華吏部尚書
							用礪字巖臣
					蔚字日彰		
			昌遠	倚左衛將軍			
			志遠	俾易州刺史			
				儋			
	愛同易州刺史						

京兆杜氏漢建平侯延年二十世孫文理與義興公杲同房

瑋隋復州刺史	玄道左千牛	含章定州司法參軍	繹秀容令	孟寅侍御史		
				亞字少公檢校禮部尚書		
				鮮河南士曹參軍		
				平太子舍人		
			歸京兆府司錄參軍	黃裳字遵素相憲宗	勝字斌卿天平節度使	庭堅字輔堯衛州刺史
					載	
				黃中峽州刺史		

襄陽杜氏出自當陽侯預少子尹字世甫晉弘農太守二子綝弼

綝字弘固奉朝請生襲字祖嗣上洛太守襲生標標字文湛中書侍郎池陽侯生沖字方進中書侍郎襲池陽侯生洪泰字道廓南徐州刺史襲池陽侯二子祖悅顒

巽字思順曹周鄜州刺史安平公 景仲鄜州刺史廣陽公 鎣 孝彝 權慎監察御史

孝弼撫州刺史

孝弁 元琰左金吾衛將軍

景秀後周渭州刺史思寧公 齡隋殿內監甘棠公 乾播 崇備成州刺史 正義 望之溱州刺史 正心 齊之 南昇京兆功曹參軍

南榮長安主簿

乾祐 續春郎中 知謙明堂令 慮 隨果州刺史

惠高陵令 濟字處物給事中京兆尹 匡

陟

絹

寧

揚

乾祚 知謙邢州刺史 操殿中丞侍御史

遜 柏仁令 滄本縣中正 行敏益州長史南陽襄公 崇憲益州司倉參軍

崇儉字尹丞右司員外郎兼正殿學士 希顏右千牛

信太子賓客 希望河西隴右節度使太僕卿襄陽縣男

位考功郎中湖州刺史 浚

侶詹事司直金城丞 尚

參

任河南府兵曹參軍

儒字巨卿武進主簿

佑字君卿相德順憲三宗 師損工部郎中司農少卿 詮字詮夫復州司馬

愉 承昭字子昌

羔延陵令避亂徙黃巖 宗之夏州司法參軍 讞字讞之河中府兵曹參軍生顯字遇泰秘書監二子光遐光逵

式方字考元桂管觀察使 惲富平尉

憓興平尉

悰字永裕相武宗懿宗 裔休字徽之

述休

孺休字休之

惆

悟泗州刺史

行臧郊社令

洪洪州長史

巨卿兼侍御史

從郁駕部員外郎

牧字牧之中書舍人

顗字勝之淮南節度判官

承澤字浚之

晦辭字行之左補闕

德祥字應之禮部侍郎

无逸

遵

綸字正猷

瀞字文輝

景恭鄭州刺史康城公

德裕幽州刺史殿中少監安深公

齡則邛州司馬

行則游擊將軍

元同萬年尉

元志考功郎中杭州刺史

彥先率更令

逢時

暉殿中侍御史

伯卿

繼

悰字古言刑部員外郎杭州刺史

禮

師古懷州參軍

承慶

襲慶

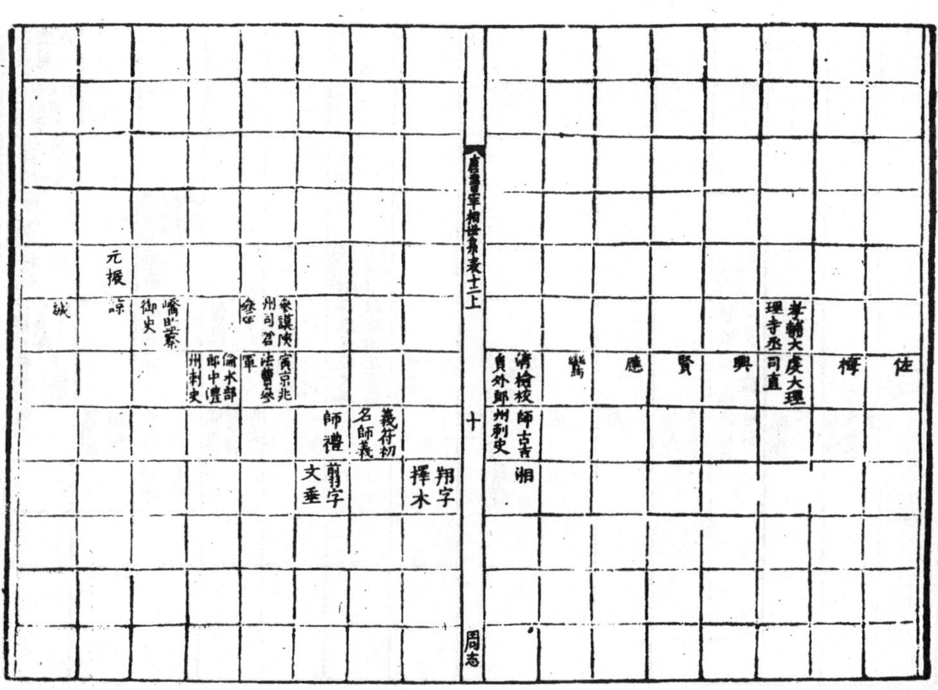

佐

槔

興

賢

應

鸞

孝翰大理司直

度大理寺丞

清檢校員外郎

師古吉州刺史

湘

翔字擇木

義符初名師義

師禮

翦字文垂

參謨陝州司倉參軍

寅京兆法曹參軍

倫水部郎中澧州刺史

嶠監察御史

元振

悰

誠

洹水杜氏出自戴侯恕少子寬字務叔孝廉郎中曾孫曼仕石趙從事中郎河東太守初居鄴葬父洹水後亦徙居洹水五世孫君賜君賜生景宣明景生子裕

子裕字慶延隋舞陵令

正玄字知禮隋豫章王記室；正藏字爲善隋行軍長史；正倫相高宗；正儀；正德

志靜出繼叔正倫安福令嗣襄陽公

脩懷州長史

咸涼州都督；損大理少卿

存左贊善大夫；介；袁鄭州錄事參軍死安祿山亂；徹

占；曾左金吾兵曹參軍；異太學博士；兼字處弘河南尹；羔刑部郎中

柔立天長主簿；詞立壽州參軍；誼立順宗挽郎；中立義武節度使；思立

濮陽杜氏出自赫子威世居濮陽裔孫模後魏濮陽太守因家焉

模生亮

亮後魏陳留太守

徽北齊懷州刺史貝丘公

保隋鴈門太守

義博；義寬滕王府諮議蘇州司馬

仁端；無忝；慎行荆益二州長史建平侯

元揆天官員外郎；無愛；兼拯；鵬舉安州都督；承志天官員外郎

希晏宋華子駙馬；祐；鎮起居郎；鳳舉；鴻漸字之巽相代宗；暹相玄宗

萬[illegible]授郎中；彥同官令；顒休兼殿中侍御史；牧戶部郎中；威；封；鼎丹王府長史；孝友殿中監；昱給事中

陟字子遷；紹慶；延壽武進尉；孝孫；孝恭殿中侍御史

杜氏宰相十一人 如晦 淹 元穎 審權 讓能 黃裳 佑 悰 正倫 鴻漸 暹

李氏武陽房出自興聖皇帝第七子豫其後爲武陽房

豫字士寧東晉西海太守
暎之字景珍後魏兼侍中文簡公
剛宜州刺史
元節隋朔州刺史武陽公
大通
道裕

大辯
直躍德州刺史

大亮右衞大將軍武陽懿公
守一庫部員外郎
如璧監察御史

充信
法靜商州刺史

充穎後周滑州刺史流江郡公
義本宣州刺史
迥秀字茂實相武后
俊黃州刺史

玄明濟州刺史成紀縣公

敬本豫州刺史
璡恒州刺史

思本
崇敏司勳郎中

懿
充弼
嘉蘇州刺史
虔緒洺州刺史

虔繹兵部尚書

文楷殿中少監

姑臧大房出自興聖皇帝第八子翻字士舉東晉祁連酒泉晉昌太守三子寶懷達抗抗東萊太守生思穆字叔仁後魏營州刺史樂平宣惠伯生奬字道休北齊魏尹廣平侯生瓌黃門郎生斌散騎侍郎襲樂平伯寶七子承茂輔佐公業沖仁宗承號姑臧房

承字伯業後魏滎陽太守姑臧穆侯
韶字元伯定州刺史姑臧文恭侯
璵字道璠北齊前將軍安城縣伯
尚德都官員外郎
士詹

季回忠州刺史

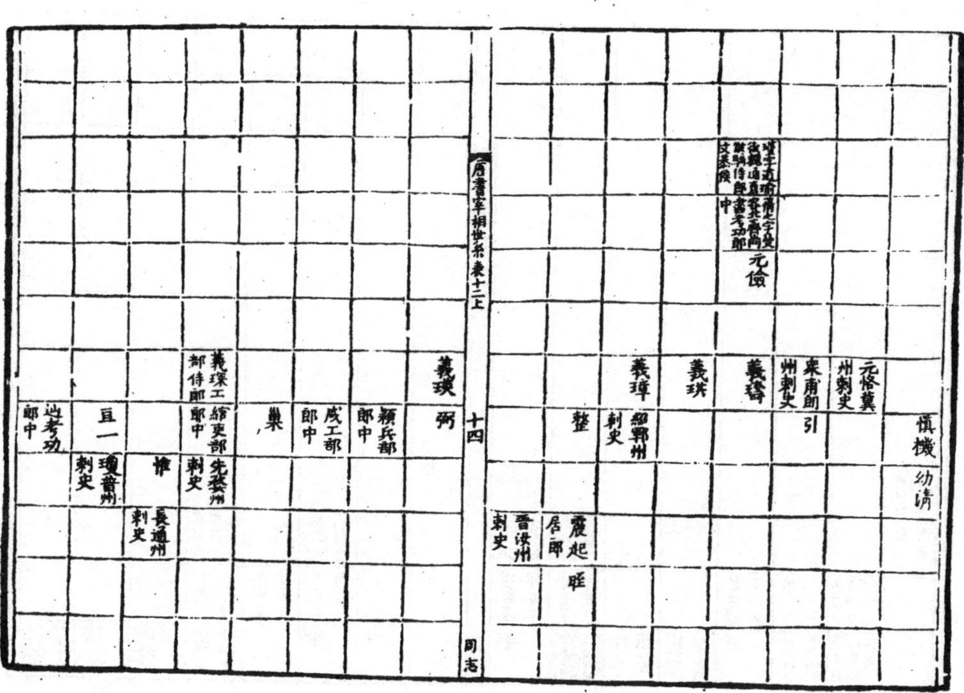

愼機
幼清

元恪冀州刺史

乘甫朗州刺史
引

瑾字道瑜後魏通直散騎侍郎文恭侯
蒨之字彥燮北齊尚書考功郎中
元倫
義琦

義琪

義瑋
紹鄂州刺史

整
震起居郎
晅

晉洪州刺史

義瑛
弼

穎兵部郎中

咸工部郎中

巢

義璪工部侍郎
締吏部郎中
先婺州刺史

惟
長通州刺史

亘一
瓊晉州刺史

迪考功郎中

寶喜 主爵水部郎中

準

武卿

玄德 閣令

慶 義琰相高宗

起

詢 虞部主客員外郎

義璋

敷 同州刺史

義進

融

穎 河內太守

回 殿中侍御史工部員外郎

耿 賜都官員外郎

沇

元泉 洛州刺史

昭 一作照

夷道

行之字義 通州刺史 上洛郡太守 開國男

之遴 奏正 基太 景字景 府學士信給事 常州刺子舍人中書監 史

成裕 秘書監

揆字端 卿 相肅宗

興公 侍御史

佐公 河中少尹

元陟 鹽尉

歸魯 殿中侍御史

元賓 右衛兵曹參軍

絢 長壽令

元易 鹽城令

歸文 滄州節度判官

元贊 太僕卿

檢 河南少尹

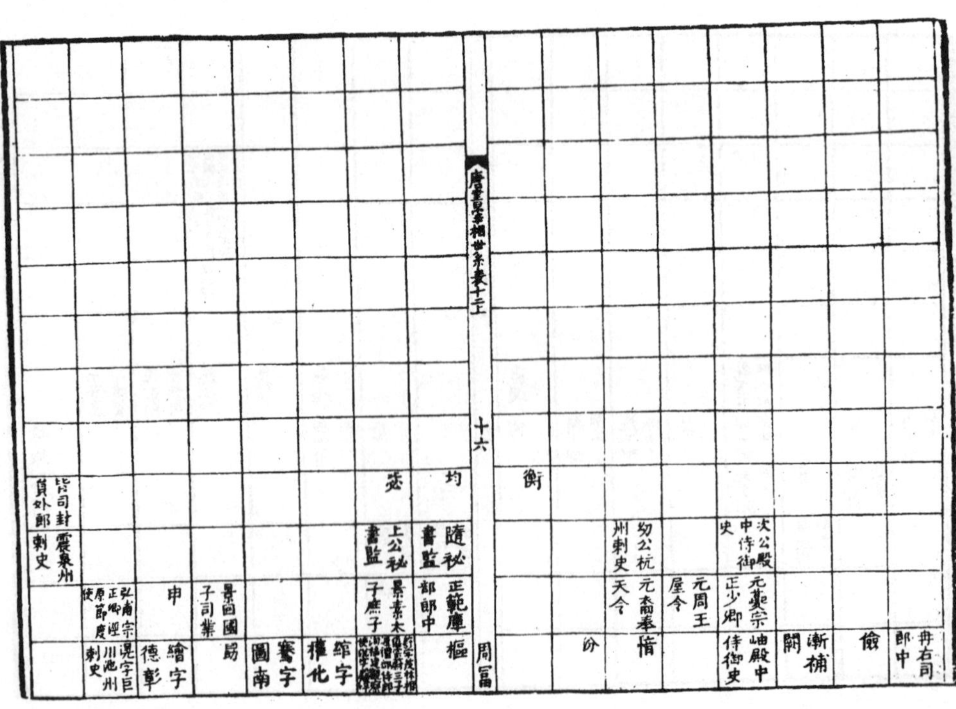
唐書宰相世系表十二上　十六

冉 右司郎中

儉

漸

補

闕

元嵩 宗正少卿

岫 殿中侍御史

汶 殿中侍御史

元周 王屋令

元嵩 奉天令

皆

衍 公杭州刺史

衡

汾

範 庫部郎中

樞

均

隨 秘書監

縮字權化

暨字南圖

景素 太子庶子

上公 秘書監

紡 ……

暢

景回 國子司業

申

弘 南宗正卿 原節度使

繪字德彰

嵬字巨川 池州刺史

震 泉州刺史

皆 司封員外郎

成績虞部郎中
虯
益秘書少監
當刑部尚書
藻尚書右丞
拯字昌時
敞
崇
奕
成式淮南道採訪使
貞字嘉會淄州刺史
成性大子右贊善大夫
榮潤州司功參軍
鯤監察御史
慶越州參軍
成毅
文學
表
成紀
雲冊尚書右丞
晏
顏
歸湖
逢吉字虛舟相憲宗
絳滑州刺史
繕
歸諫議大夫

繹
仲華庫部郎中
綎之字惠堅兗州中從事
君志
君範
孝深
詢
軌
涓商州刺史
涉
美原令
元珍
構泉州刺史
君徹
君可
君昇
夔雍川倉部員外郎
矗
肇監察御史
思言
寔
惇
光庭
君德
君興州刺史
潁蘇州錄事
紹袞州刺史
贊字道濟年大壇候鎮將軍開府上參司法參軍事
立表庫部郎中
思誨潁州司馬
獻

瓘

晰司門員外郎

著

俊

聰陣州刺史

寶字德七 萬高 [illegible] 謂司徒 主簿 郎太守

大裔 僕 州參軍

劇

奐字元相 德明

乾昇參 水部郎中 府戶曹參軍 州刺史

胄字公受 皮州刺史 臨西縣男

昇泰州刺史

奎閬州刺史

巨司勳員外郎

權賓字子重

博

伏陁

崇基尚書左丞權御史大夫

景融

康時

景昌

操

虔字叔[illegible] 大將軍[illegible]

機字仁 明尚書 兵

裒龍武 郡守

德基秦州法曹參軍

思文 官丞

兒

防右衛長史一作昉

玄範右神武軍參軍事

玄成太常寺協律郎

玄度

玄爽

洌

峻

絜

琮

遇

東字師翊 [illegible]

玄奭

晤字仁 [illegible] 開府參軍事

昇期給事中

何泥水令

僖殿中侍御史

曉字仁 [illegible] 郡太守

提字仲 [illegible]

變孫

正禮

元璜

利王

元道

佐房州刺史

縉殿中侍御史

元德

光遠

構

琴高符

畺郎

安世

行[illegible]州刺史[illegible]

玄運

光鄴[illegible]州刺史

推

損
從

文淵州刺史
上元右庶子廬州長史

叔儀
彥□州刺史
□跡
濟

休
又式
維國字主簿

玄約
鄢陵令一州刺史

玄挺州刺史
尚虛

尚詞申州刺史
俠

欽同

中庸

昭
瓚

□中臨汾太守

季遠

熊字子□後魏司農少卿
仁儉衛州刺史

丹楊房晉東莞太守雍長子曰倫五世孫文度西涼安定太守與族人寶入後魏因居京兆山北

文度
伯祖後魏□□□□陽郡太守□州刺史□□□□□壯武公[illegible]
彥王
彥志
元懷沼州刺史

修行汾州刺史

琇字華師相太宗
德彝太府少卿

德獎
慶嘉州刺史

湜

計

承敬殿中侍御史

孝字大□客師左領軍大將軍幽州都督丹陽公
善隱川令襄公
守節光化令

思孝真州都督

大惠
昇
鐵儀州刺史

琛
正封字□中議監察御史

大志右金吾將軍
令哲會州刺史

令問殿中監宋公

正明右衛將軍
志覽
慶遠

志貞

保節隋同隸州刺史
乾祐刑部尚書
昭德相武后
元紘

餘福監察御史

漢騎都尉陵降匈奴裔孫歸魏見於丙殿賜氏曰丙後周有信州總管龍居縣公明明生粲唐左監門大將軍應國公高祖與之有舊以

遡世祖名賜姓李氏

參

寬太常寺正卿隴西公

道廣字太丘相武后

元綸屯田郎中荊府長史

舒工部郎中

莒

元輝都水使者

元紘字大綱相玄宗

有季

有容

有功

元緘鄂州刺史

旻紀王府參軍

承業州刺史

承嘉御史大夫襄武公

希逸左率府兵曹參軍

希遂匡州司馬

希遺西州司兵參軍

隴西李氏後徙京兆

嵩峽州刺史

思恭能州刺史

欽左金吾衛大將軍

晟字良器相德宗

愿河中節度使

聰光祿寺主簿

總太子中允

聽左神武軍大將軍

憑右威衛大將軍

恕光祿卿

憲嶺南節度使

愬檢校左僕射同平章事

懿渭南尉

聽字正思檢校司徒涼國公

琢左神武將軍

璋太常寺太祝

瓘

瑑侍御史內供奉

琮左千牛衛將軍

曠偏昌尉

璀光王府參軍

惎右羽林軍將軍

慇鄜州刺史

隴西李氏定著四房其一曰武陽二曰姑臧三曰燉煌四曰丹楊宰相十人武陽房有迥秀姑臧大房有義琰蔚揆逢吉丹楊房有靖昭德又有道廣元紘晟

趙郡李氏出自秦司徒曇次子璣字伯衡秦太傅三子雲牧齊牧為趙相封武安君始居趙郡趙納頓弱之間殺牧齊為中山相亦家焉即中山始祖也牧三子汨弘鮮汨秦中大夫詹事生諒左車左車趙廣武君生常伯遐遐字伯友漢涿郡守生岳德文班岳字長卿諫議大夫生秉義秉字世範潁川太守因徙家焉生翼協敏敏五大夫將軍生謨道朗謨字道謀臨淮太守生哆華旭哆

字子讓上黨太守生武昭奮武字昭
先東郡太守太常卿生讃脩弈就脩字伯游後漢太尉生諒叔訓
季諒字世益趙國相生贇字元禮河南尹生瓌璝瑾瑾字叔瑜東
平相避難復居趙生志恢宣恢字叔興生定臺奬碩定字文義魏
水衡都尉漁陽太守生伯括機叔括季括機字仲括太學博士臨
江樂安二郡太守生翬瓌密楷越楷字雄方晉司農丞治書侍御
史避趙王倫之難徙居常山五子輯晃芬勁叡叡子勗兄弟居巷
東勁子盛兄弟居巷西故叡為東祖芬與弟勁共稱西祖輯與弟
晃共稱南祖自楷徙居平棘南通號平棘李氏輯字護宗高密太
守子愼敦居柏仁子孫甚微與晃南徙故壘故輯晃皆稱南祖晃
字仲黄鎮南府長史生義字敬仲燕司空長史生吉字彥同東宮
舍人生聰字小時尚書郎二子眞融

眞字令才中書侍郎
紹字嗣宗殷州別駕
義深北齊行梁州刺史
陶騎滄州長史
政藻宜州長史
叔眘刑部侍郎
懋遺左司郎中

游道相武后
景宣吉州刺史
球
諧道
景詁婺州刺史
政起
行沖駕部員外郎
行敎雕陰主簿
懷一晉陽尉
灌門湖城令
湜
塡三原令
鼎字堅冰刑部郎中
騰隰州刺史
陽冰將作少監
服之
攸期水部郎中
素立蒲州刺史
殷高邑平鄭令
休烈
鵬字至遠墜州刺史
益字玉田考功郎中
承山南東道節度使
潘
嗶
太府左衞錄事參軍

載河陽令
雄飛
昇遠水部員外郎
矩
封左補闕
從遠黄門侍郎趙郡公
兵部侍郎贊皇縣伯
則河南少尹
範
威
盛
常同安郡別駕
甲恒
王友
希遠晉陽尉
并揚州左司馬
峴盧江令
固言字仲樞相文宗
權河南功曹參軍
悅一子出身
規壽州刺史
將順袁州刺史
覲
覦
覿
禹遠
羡

素戚

驍後魏中書侍郎

蘭集

公呂給事中

今莊

義之後有萬安自趙郡徙于管城

萬安郡頊 平郡丞

日知相睿玄宗

尹太原府司錄參軍

玄之洪洞令

彬新野尉

周史館

尚書

彩太康尉

彭

或

伊衡

南祖之後有善權後魏譙郡太守徙居譙生延觀徐梁二州刺史生續

續驃騎郎 太守

顯達隋潁州刺史

滄州刺史 尹

孝卿 州治中

敬玄相高宗

思沖工部侍郎

守一成都令

晤金壇令

紳字公垂相武宗

閑水部員外郎

惠子

希言禮部侍郎

嵌金州刺史

晦

西邁

祭酒

管博士

復主

肱

乾祐建州刺史

羔容管經略判官

昊

孝連

撫字一彬

紓字仲舒吏部侍郎

脩

寬中字子量

綽字肩孟

元素相武后

蘇州刺史 膺

昌謀字慎機

東祖叡字幼黃高平太守江陵寧公生勗字景賢頓丘太守大中

正生頤字彥祖高陽太守武安公四子勰系奉曾

勰字少和同州、滄州、定州刺史 祖中山太守 趙郡公 太守、鉅鹿高邑伯

系字伯宗、太守

蘭陵

憩

輪大司農卿

子服陽 伏惠

文羅太守

主簿

參軍

世起深州司兵

承莫州司兵 參軍

挺秀

勝叔後周特節陳使義陽太守

陽長

君昂滑

仁方洛

陽尉

玄父

玄本

仁則

仁表

君素

君節

子智晉陵太守

孝徽

文幹冀州司法參軍

仙務

仙幹

華後魏中山太守

騎常侍

敬義散

仲涌揚州

孝端隋平太守

知本夏津令

徽

當

平尉

勉玄表

猛令

恕襄陽令

錫長洲丞

充宗

道宗

鉉曲阿尉

鈞蜀州刺史

伸

	1	2	3	4	5	6	7	8
甲				孫慶夌郎中				
乙	鋭	銓經城尉	玩	處厚	處賓		處直給事中	
丙				同悅	渙	融	商萊	西昇
丁							孫闓檢校郎中	

	1	2	3	4	5	6	7	8
甲								思萊州長史
乙	處沖樸陽令		處恭				處虛方城尉	眞揚州長史
丙	悌	仙壽	明道	言道	勸道	謀道		胡

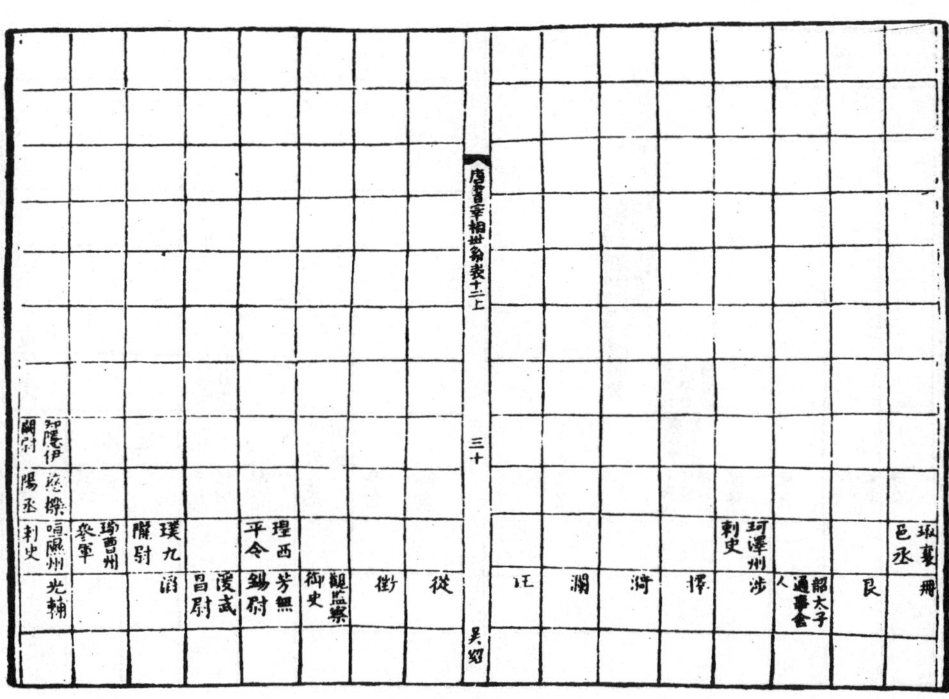

	1	2	3	4	5	6	7	8
戊	瑕襄邑丞			珂澤州刺史				
己	冊	良	韶太子通事舍人	涉	擇	渏	瀾	珏

	1	2	3	4	5	6	7	8
丙								知隱伊闕尉
丁								慈櫟陽丞
戊				理西平令		璞九隴尉	珣曹州參軍	暄隰州刺史
己	從	衡	覿監察御史	芳無錫尉	溪武昌尉	滔		光輔

唐書宰相世系表十二上　三十一　久紹

光弼

旭，雲陽主簿　光復

光宰

愍明顯給　堂尉事中　宗，鄭州參軍

華，深州參軍

案，江州刺史

安石

志，沂州刺史　全璧，洋州刺史　載

衡

嘉

全昌光祿少卿　登，懿德太子廟丞

褒

同復，潞城令

全文忠，州司馬

孝徽

知約，偃師尉

審度，左補闕　諒

誕

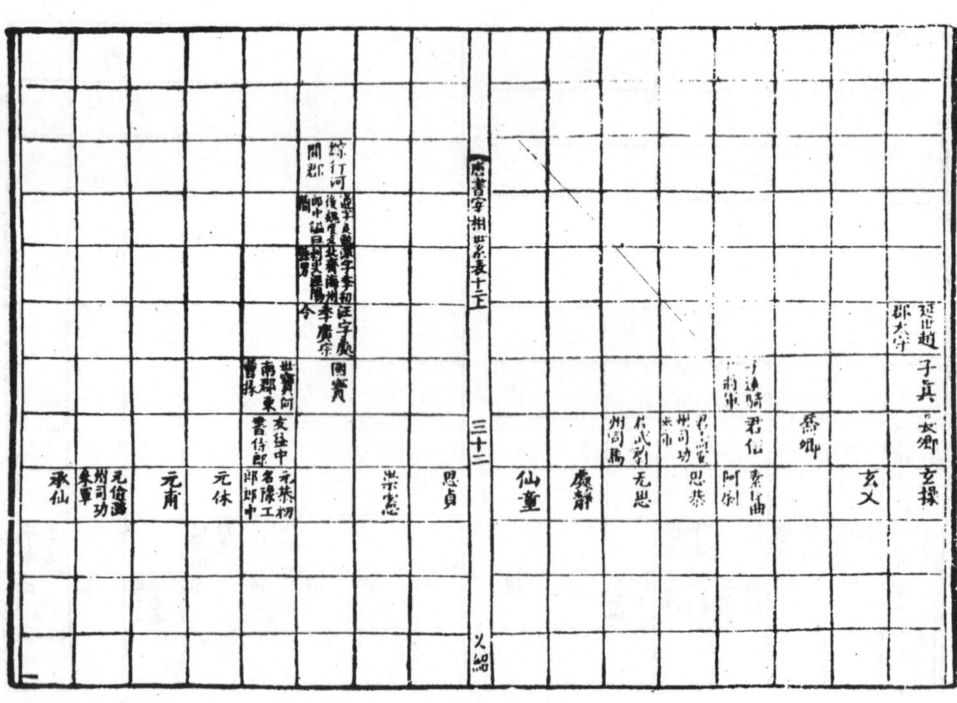
唐書宰相世系表十二上　三十二　久紹

延世，趙郡太守　子真　長卿　玄操

玄又

喬卿

子通，驃騎將軍　君信　素曲

阿釗

君冨　思恭

州司功　參軍

君武，則州司馬　无思

處靜

仙童

思貞

崇憲

綜，行河間郡　剛實

遵，字良弼，北齊海州刺史　晉，字初，後魏尚書郎中，諡曰　李廣宗，昌陽令

世寶，河南郡東曹掾　友益，中書侍郎

元恭，初名隊，工部郎中

元休

元甫

元偷，瀛州司功參軍

承仙

元嗣　智積海陵令

元符

守禮　擒之洛州總管府典籤　人寶真定令

儉禮

元貞

承家　挺立梓州司馬　師裒黃安令　君章雍丘令　繪字敬文北齊博陵太守諡曰景

承愨

常　納義考城令　立言　緯字能鑒北齊太子家令諡曰文

均字善德後魏趙郡太守

璨字世[illegible]伯山太守始[illegible]侯

元茂徐州刺史[illegible]始豐[illegible]侯

子雲字鳳昇鉅鹿太守

遵字宗直冠軍將軍駙馬都尉

山壽北齊兵部郎中

仁則

文尚華州司功參軍　玄獎

玄福

仁瞻梁州長史　玄祐瀛州司戶參軍

玄恩　寮少府監　光之

寔

全壽監察御史　元楷[illegible]丘令

元規

元軌

元謹

宣茂後魏幽州刺史諡曰惠

籍之字儁遼司徒諮議參軍

敬北齊[illegible]州長史遷[illegible]尚書右丞

純隋介州刺史

德饒字世文司隸從事

高行曾州刺史

延慶

元瑒

元瑛嘉興令　鉉

元瑜

高節泉尉　福[illegible]城主簿　道長　鎬

鈞

鏝

元瑾衛陽尉

學　王弋

王喬

王烈

王粲

思義

思敬

德範魏令　弄璋　思安

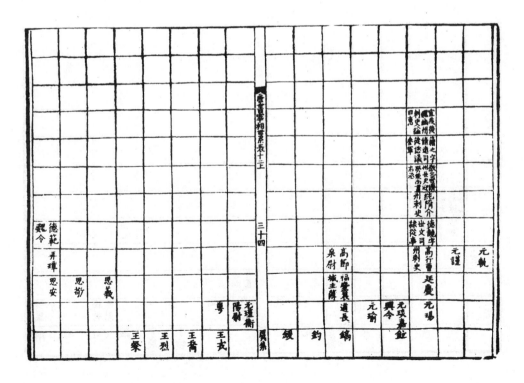

思玄
應期
楚人
啓方
玄昶
德紹陵水令
延年
高亮
德矩許州司功參軍
玄威
玄乂
玄靜
德昇洛陽令
玄同度支員外郎
翫給事中
迪
詠
諷
訢
評
諫
述
崗恒山府司馬

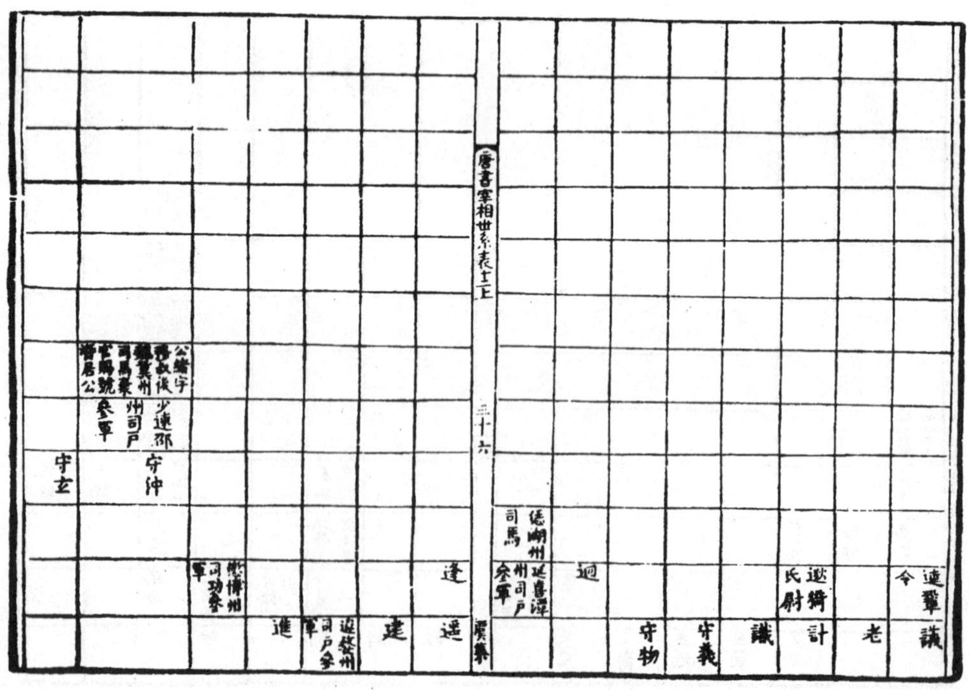

遠翬令
議
老
遜猗氏尉
計
識
守義
守物
迴
德嶼州司馬
延嘉潭州司戶參軍
逢
遥
建
逖發州司戶參軍
進
彬博州司功參軍
公緒字穆叔後魏冀州司馬棗強令號潛居公
少逸邢州司戶參軍
守沖
守玄

守忱
公召亳州司戶參軍
字[illegible]秦王府學士天策府兵曹參軍
乾愈上洛令
仲宣德州刺史
暉
郴巴州刺史
延祖
仲將
映宛丘令
逖越州贊功曹參軍
莊生
山圖
字季[illegible]仕齊并州功曹參軍
志之郢州刺史
遵青州刺史
公節上蔡主簿
行訓將仕郎
元慶昭陵令
行禮
行純
行指
季輿
季略
粹之步兵校尉
士高征[illegible]
公俊
公嗣
輔仁其州司法參軍
輔義單父令
輔智九隴主簿

士儀
士章
士政
士達
叔渝南鄉魏郡太守郡太守
士瑜趙郡功曹
孝慈
德源丹川尉
儀王
儀道
德逸
士璜
士[illegible]趙郡功曹
祖忍
仲忍
師信
神景虔州司法參軍
楚琮泉州司法參軍
蕭金安
德丞
詠
楚璋
楚璧
楚筠
神懿
幼達德[illegible]郡太守
積善[illegible]州主簿
立恭
冀定州刺史
昭善

萬善

仲淆光州刺史　敦散騎常侍　述瀛州鎧曹　善慶沂州總管府長史　行兗陽翟令

金部唐州司馬　奉允

仁元虔州刺史

善昌　玄紀

玄明潭州司倉參軍

固本州主簿　多能　客師富水令　湛然屯田郎中

系字和叔後魏平棘令追封平棘縣男

順字德正四部尚書高平宣王

式字景則西兗州刺史濮陽侯

寬字仲執揚州刺史襲濮陽文郡伯

希遠字景沖散騎侍郎新豐文公

祖俊左衛將軍襲濮陽文公

君策考功郎中　當卿高陵尉

君約

君穎

君弘趙郡太守　師大恒安府掾帥　齊彥

師雅字孝仁隋禹者臺將仕郎　玄素丹山簿　審言

審義

師仲

閑善

收善

惠善

君亮

君儀　玄度

光悅　子游

子貢

子哲

嘉璧　淨

纖

玄惲

稚弟青州司法參軍

君威青州司戶參軍

君褒

獻宗字景玄兗州行太僕寺大卿公　程昇齊州刺史虞烈公　端嶠州刺史以祖揖子襲　師旦右領軍錄事

師素

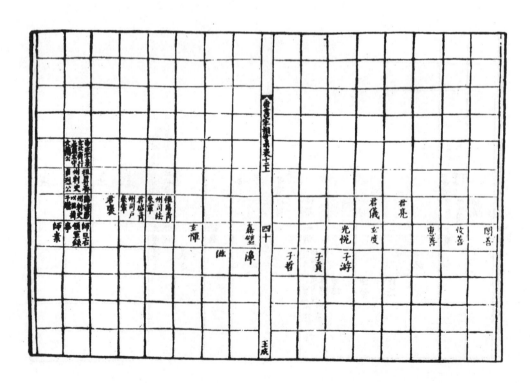

王成

師喬臨淡令
師蘭上柱國儀同三司 元穆 曉 旻 金覺
晙
皎
晤一作昈
晦
元悦 昕 鐃
銳

王成

嘉休
皞
元固常山令 晈桂州司馬
暄長洲主簿 涇
渭
滻
灞
約泗州司倉參軍 濟

潛
瀍
植廣州司兵參軍
祖勳北齊右僕射丹陽文孝公 德璋隋寧州司戶參軍 知仁 擇意
祖訥北齊光祿卿 德瑞江陵令 胡摩
正節
正度
正美

王成

正禮
德玘
德珽州主簿 政感 禪師 上璉
騎都尉
國博士齊襄州別駕忠公 德珪隋司徒長史 行敏左衛長史
行矩易州司馬 玄慶陽武主簿 怡
悌 濤
彥方
倜監門衛胄曹參軍 詞
偶尉氏令

							祖欽隋總管府長史南縣子								
							德琰								德璡黔州司戶參軍
							文範	文則穎州司倉參軍							文勣內鄉丞
		玄起鍾山丞						延福光山丞			駉福監門直長		嘉福餘干令	彝福	震溧水尉
			帆靳春令	守盧和津尉		協溫王府參軍		昱清平丞	肖瑩新野丞	嵩南和令	景祥		曜皋平尉	寄客	昭武進丞
		諫城固令		津	深臨安尉					岫	珹	琇		俛	
俌	巽														

王震

					弈字景世後魏都官尚書安平侯										
					慶業館陶令										
					祖攀字叔衡征虜將軍	希仁字景山北齊太子詹事安武文簡公	希豐字希襄後魏黃門侍郎文貞公								
					孝深	公源龔男	元卿隋淮陽令								
				德琰河間令		善願右衛倉曹參軍	大倫散騎常侍								
				袁慶孝胡衛		彥之羽衛尉	承嗣鳳州刺史								
				同十壽陽令			紹先洛州司戶參軍			奉先魏王文學					
紹操陽尉	循來庭尉	宏左補闕	寔內鄉丞	齊志鄴城尉			稽當塗主簿	岱鄴陽尉	金武康尉	繼碭山尉			[illegible]山大理評事	岳	
預	暢寧陵尉						壽餘	君既單父丞	文炳	芳時	欣時	昌時		緄臨海尉	約

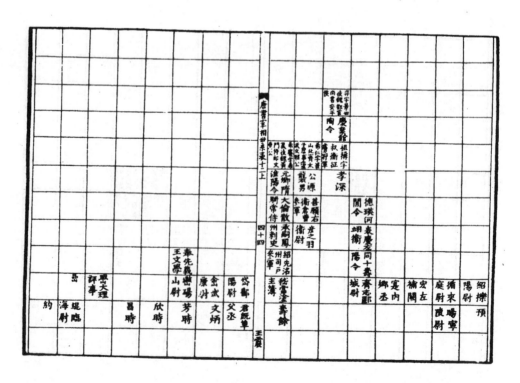

王震

晉

金澤州司士參軍

奉先舒州長史
岳澧州司田參軍
可暐

邑蘇州參軍
鄢

郇

鄉

留全

椒丞

祖先宮門郎
嵩壽昌令
曾彭城丞

大儼

大衍
亨圭濟
雲息登
辟惡

烝禮

彰節

彰業

彰道

彰瑜潞州錄事參軍

奐惠

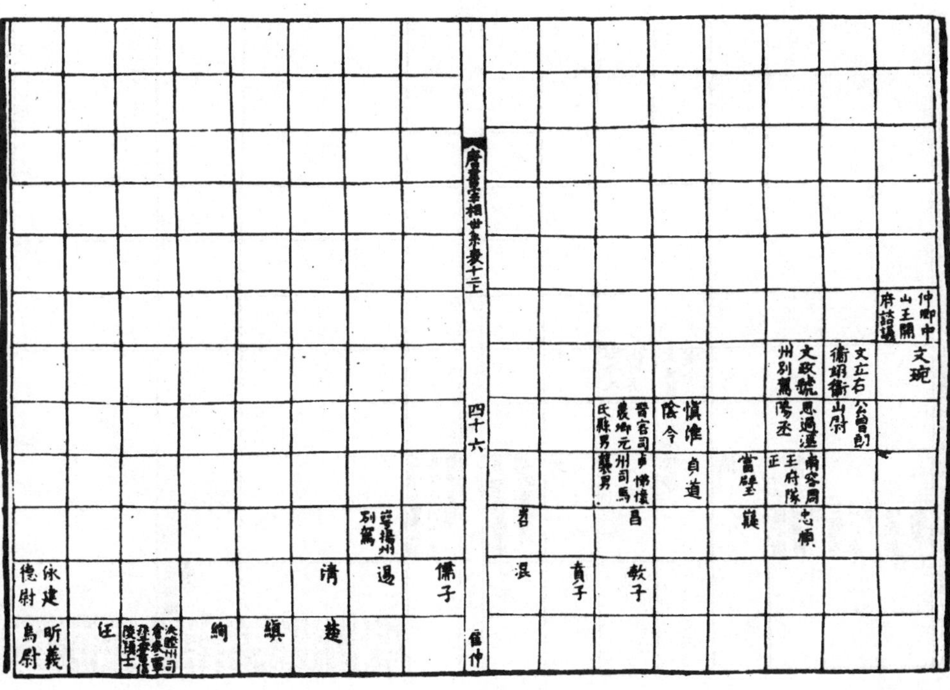

仲卿中山王開府諮議
文琬

文立右衛翊衛山尉公曾郎

文政號州別駕
思過遷陽丞
南容同王府隊正
忠順

當璧
巍

慎準
陰令
貞道

晉客司戶
懷昌
教子

褒鄉元氏縣男

貴子

耆
湜

儒子

寧揚州別駕
過

清
楚

縝

絢

決臨州司倉參軍陵縣士

任

詠建德尉
昕義烏尉

惺生若愚憑蘇州司法參軍

源河關丞

璟無錫丞

汾嘉興令

正諫

正規

五福

得一

上士

濬武康令

復豐常州司戶參軍

岑

和睦

珍

構

貞簡司農卿

嵩成武令

長倩

元蓍袁州錄事參軍

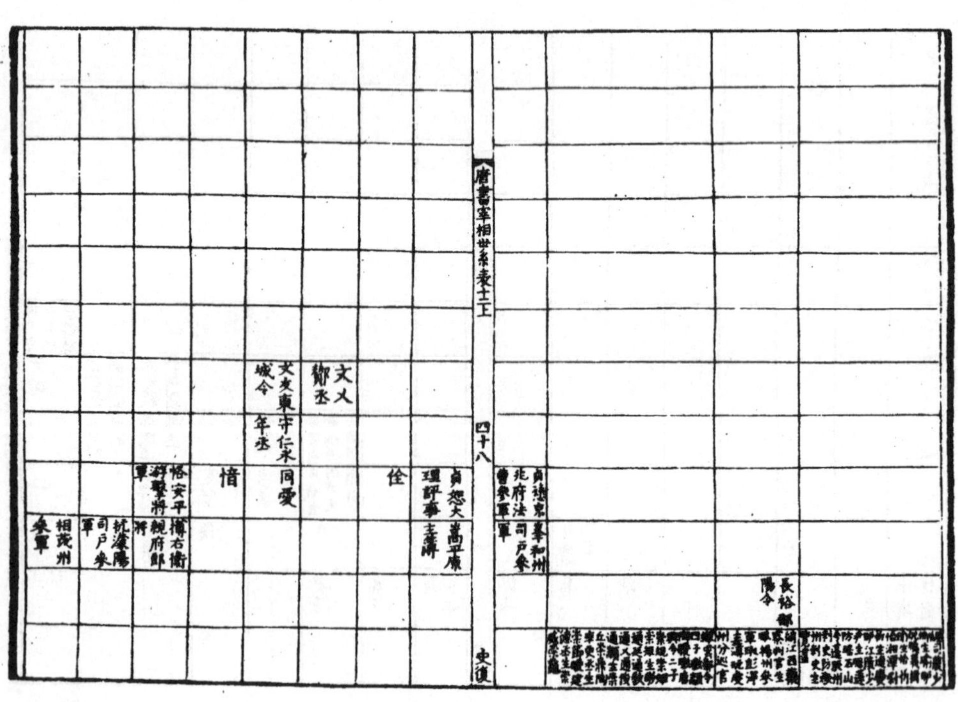

貞諶京兆府法曹參軍

幸和州司戶參軍

長裕鄱陽令

貞恕大理評事

嵩平康主簿

佺

文乂鄭丞

文友東城令

守仁永年丞

同愛

愔

恪安平遊擊將軍

懷右衛親府郎將

抗濮陽司戶參軍

相茂州參軍

憬秦州刺史									
拯長洲尉	釭	陟							
象	幼復								
				希禮字景孝貞字元節北齊儀隙隋潞明州刺史文太守武安公縣公					
			文立九門丞	賓王太子舍人	遵王	讓王字摛道襲武安縣公	師王	來王散騎常侍	
								思諒金部郎中	
								勃忠許王府典籤	
								皎	昭

暕都水使者						
瓌易州參軍	震大理丞					
	瑀臨川尉生廣仲字見志中書舍人	珉穀熟令	奕一名奭	韶	戎生朌正範	

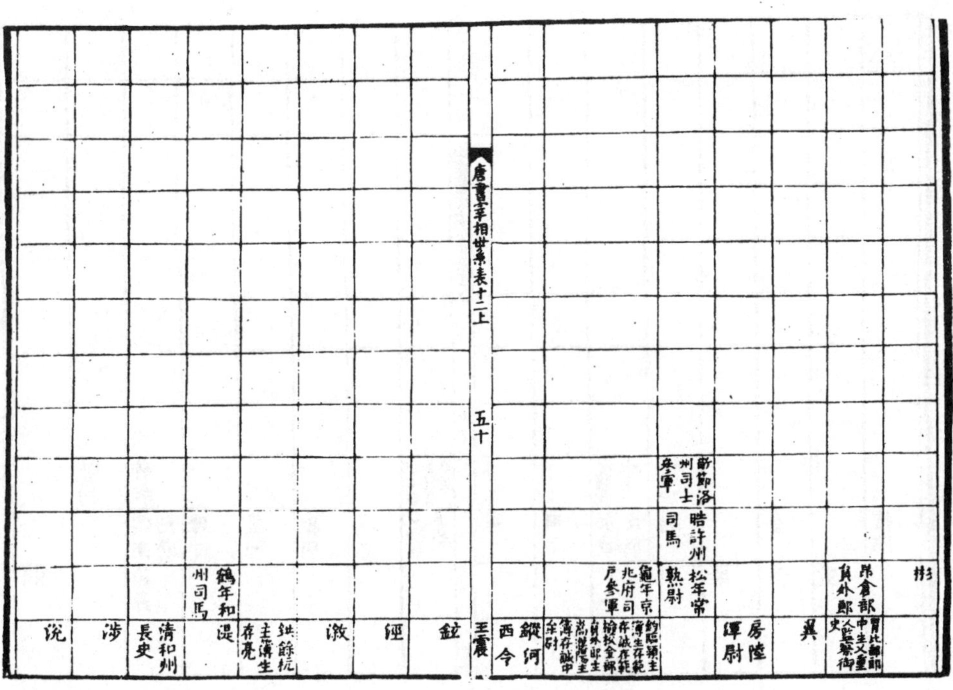

				斷節洛州司士參軍			
				晧許州司馬			
彬	昂倉部員外郎			松年常熟尉	龜年京兆府司戶參軍		
	胃比部郎中主父重人監察御史	巽	房陸渾尉		約臨潁主簿生存範存誠存範檢校金部員外郎主崗灈陰主簿存誠中牟尉	鑽河西令	

				鶴年和州司馬			
鉉	逕	激	鉷餘杭主簿生存亮	湜	清和州長史	涉	說

曉

昕汴州長史　逢年司農卿　鉀綿竹丞

鍰越州參軍

鋗

鑄越州錄事參軍

錡

鏐

鐔河南參軍

堯年會稽令　銑

鋒

錢

銛句容尉

思言豐邑令　敬立平陽令　子公

敬本　回

敬一　運

濯

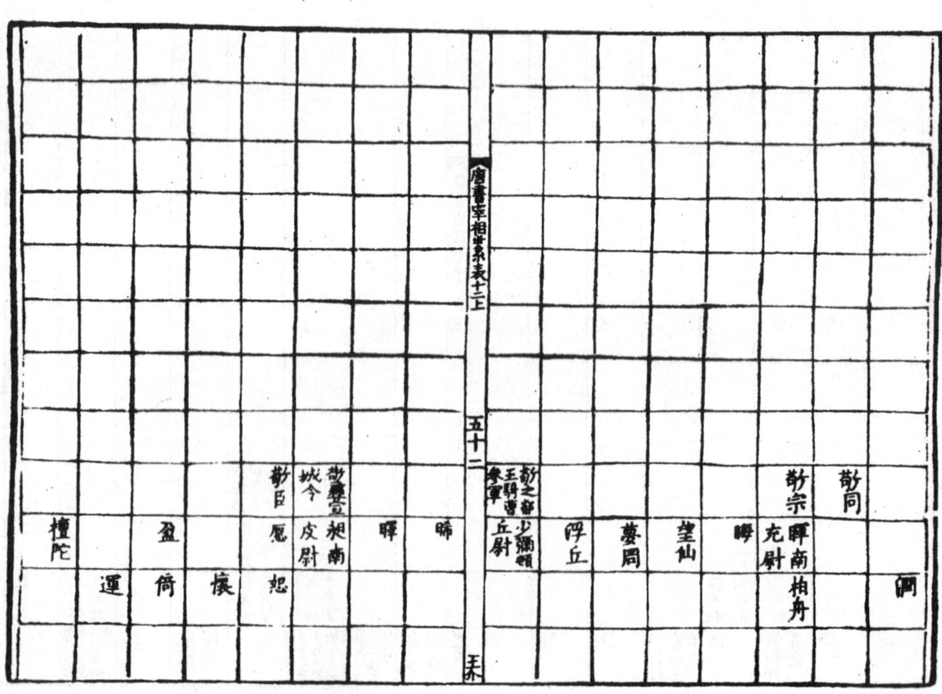

綱

敬同

敬宗　暉南充尉　柏舟

晦

望仙

夢周

浮丘

敬之容王騎曹參軍　少彌頓丘尉

睎

暉

敬暨宣城令　昶南皮尉

敬臣　愿　恕

懷

盈　倚

運

檀陀

僧伽 偃
倨
允王武安尉 崇業滑州司戶參軍
業德給事中 讓定州長史 迅襄城丞
迥臨汾主簿
造左威衛錄事 幼積
繼武
誠大理少卿 進樂壽令
選常州別駕 彥太湖令 儒
處厚
哲常州錄事 士約蘭山令生卿 從約欽禧令生郁郁郎
綠洪州參軍 標
端友
況
涓

王端

泚
洽
湛
涗左金吾兵曹參軍 符
湍
渢閭尉 姐
塡
滍鄭州司戶參軍 遷益都令 堅 [illegible]

王瑞

適安州錄事參軍
逢拓城令
還大理評事
孝基隋晉王文學 野王魯郡功曹 鎮恭義城令 鐫台州司法參軍 昭郾城令
晁冀州刺史 惟賢
晤伊闕尉 惟微淮陰令
惟清鹽城令 伯容
嶠字巨山相武后 暢相州刺史 惟和大理司直 琰合肥令生長倩

唐書宰相世系表十二上 五十五

裕 海州刺史
惟寧
惟成
參 懷州刺史
愻 華陰郡太守
惟岳 監察御史
惟乂 新安主簿
東王衛水令
守文
蘭客州長史
奉㵑
奉俏
奉胄
邵
彥輔
安丞
彥莊
守節
孝俊 隋壽王司勳郎中
清池令
翁父
翁孫
翁叔
勤 王襄令
世衡 零陵令
嘉祚 衛州刺史
渙 原丞
奭
鏡
道遇

毛易

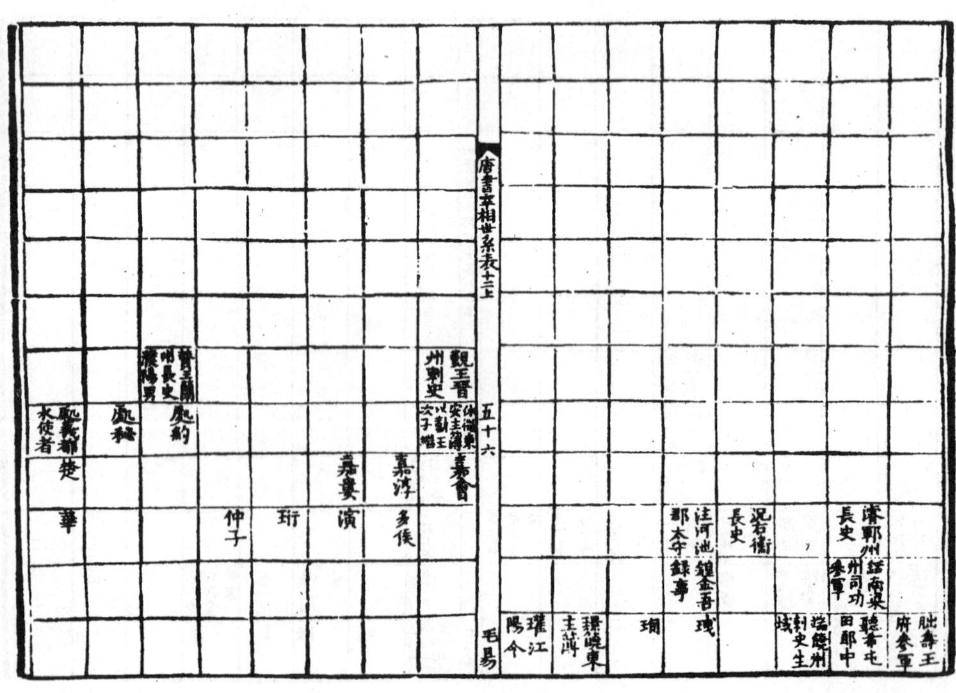
唐書宰相世系表十二上 五十六

朏 壽王府參軍
濬 鄆州長史
諮 南梁州司功參軍
聽 屯田郎中
瑤 饒州刺史生
珹
況 右衛長史
注 河池郡太守
鎡 金吾錄事
瑊
珣
璪 峴東主簿
璀 江陽令
觀 王晉州刺史
休徽 東安主簿以勳王次子嗣
嘉會
嘉淳
多俟
嘉宴
演
珩
仲子
晉王蘭州長史濮陽男
勵約
勵秘
勵義 都水使者
楚
華

毛易

五十七

銳
瓖 睦州司馬
[illegible] 烏江丞

劍
璲 括倉尉

鏁

鍼

鐫

鍏
班 屯留丞

鎮

銶

鍾

芊
琬 鹽城令
有意 [illegible]民令

葩

芳

芬
高 岳衡州長史
琰 湯陰主簿
琛 胙城主簿

䔄
瑗 安次尉

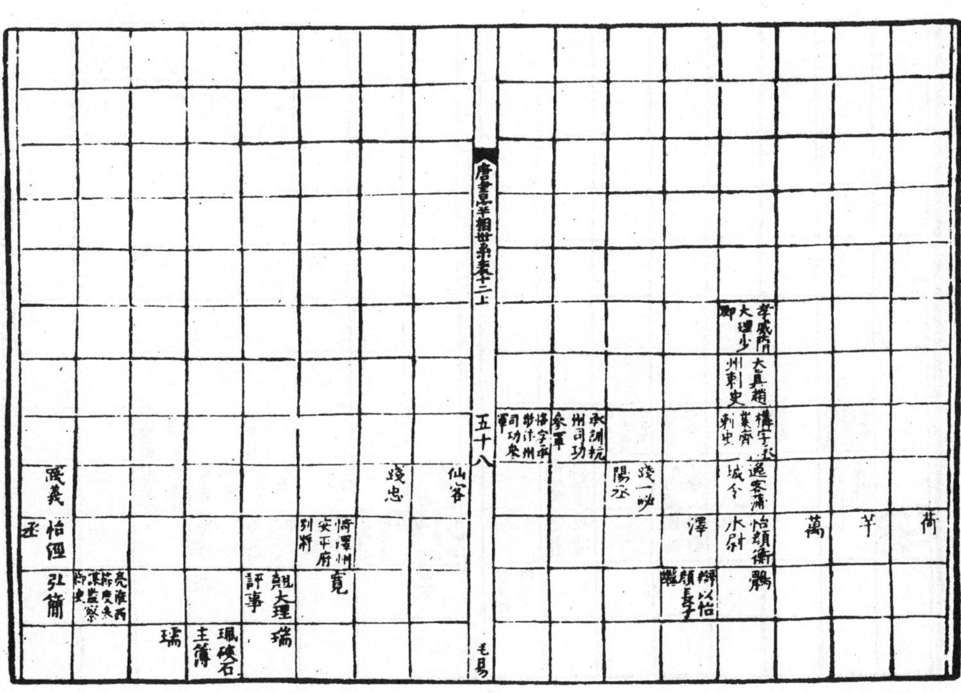

五十八

荷

芊

蕅

澤
怡 潁 水尉
鷫 衛
遜 客 蒲城令
構 字 [illegible] 業 齊刺史
孝 威 隋 大理少卿
大 真 趙州刺史
以 愔 [illegible] 潁 長 [illegible]
戔 一 吻 陽丞
承 訓 杭州司功參軍
偕 字 承 吉 汴州司功參軍
仙 客
戔 忠
倚 澤州 安平府 別將
寬
朏 大理評事
瑞
珮 硤石主簿
瑀
亮 淮西 節度 參謀 監察 御史
弘 簡
怡 經 丞
戚 義

						太初許州司馬	
						宣道臨汾丞	
						延孫	延祚滕令
		紹左驍衛兵曹參軍	催	倩玉山尉	伋萍鄉令		繽湯陰尉
弘素							
能實應尉	椅梧						

							太沖雍王友
					宣德許州司馬		圓字宗業湖衛
					延祐信王府功曹參軍		元瑾字如玉卯州司士參軍
紓	縱	渾陸渾尉			緣蘭州長史	泌	伯成
		應蘇州刺史				綮懷州錄事	
		彭羿	鄯	行餘			

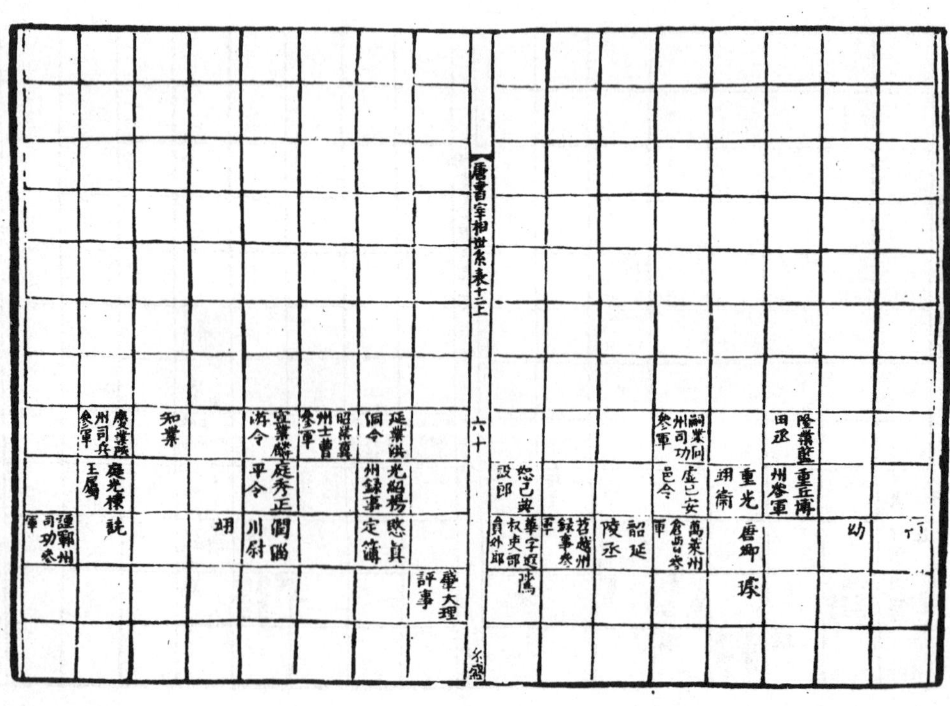

		隆業藍田丞		嗣業同州司功參軍			
		重丘博州參軍	重光翊衛	虛己安邑令			懋己典設郎
仃	幼		唐卿	萬萊州倉曹參軍	韶延陵丞	茂越州錄事參軍	華字遐叔吏部員外郎
			琢				隲

	延業洪洞令	昭業冀州士曹參軍	宣業臨游令			知業	慶業陳州司兵參軍	
	光紹楊州錄事		庭秀正平令				燧光棟王屬	
	慜真定簿		倜幽川尉	玥			詵	謹鄆州司功參軍
肇大理評事								

1	2	3	4	5	6	7	8	9	10	11	12	13	14	15	16
										孝衡					
										素圭隋左親伏					
				紹先				敬業汲令		仁亮於潛令					
				學	峯滑州司倉參軍	嶷眞定令	從恒州司法參軍	志廣房陵王簿		延安潞州司倉參軍					
諱	穌城父令		琪監利丞					郯著作郎		鈕舞陽尉	鎔鄴令				
	宗師	從古						琦京兆府功曹參軍	琚	琮	徵靈寶尉	詢宋城令	璘大理評事	琇任城令	
											弘慶弘範弘慶金州刺史生慎知	準	積善	羣奉先丞	羣

1	2	3	4	5	6	7	8	9	10	11	12	13	14	15	16
							仁濟樸陽令								
		延固安陽令					延嗣			延宗棟州刺史					
	鉅新息尉	鑒藁城令	鑿長洲尉	表質袞州司倉參軍	鑾	彊誠	若思	九思廣州司馬		伯思深州長史		仲思藍田尉			
	璩							宅相	寶鼎	琯	扮臨朐令	玘臨濟府司馬	琳河南府參軍		璆
襲慶												歆道	復司農寺丞生瞻讀	文通生友直	

琢獲嘉尉
從規
從矩
堤
珽巴州司馬
璠金吾衎軍
幼廷連州錄事參軍
叔思盧州司馬
壽思盧州司馬
璡潭州司戶參軍
璥南陵令
翔襄城尉
從湘鄉尉
理大理司直
輸衢滁州參軍
季思
昭思
延節長沙尉
進思
延喜兵部郎中
紹金吾長史
惟忠

惟孝
惟省
儆思荊州司功參軍
鍠
鈐
令恩蕭山丞
嵩
嶨
勖思上輕車都尉
仁緯東光令
同思江州刺史
參潞州長史
颯
評大理評事
論汜水丞
倨緇州參軍
廣利
延之坊州刺史
蘭鄠尉
允伊闕令
昭興安丞
韓萬年尉
良光祿丞
求
卞

潛	士矩	士規	韶壽王記室 漸嘉興尉 承峴生 彰明	眞	延祐益州司士參軍 迴趙州刺史 武大理評事	均懷州參軍 子韋趙城尉	退思篤部員外郎

瀚都昌尉 元成	元用	徹義眉令 休肥鄉丞	仁彊 延休并州長史 元慈州別駕 弈	期襄城令 𢇍盧城令	瑕之端州刺史	蔵實	延紀常州司功參軍 正辭六合令 弨字存誠江夏令

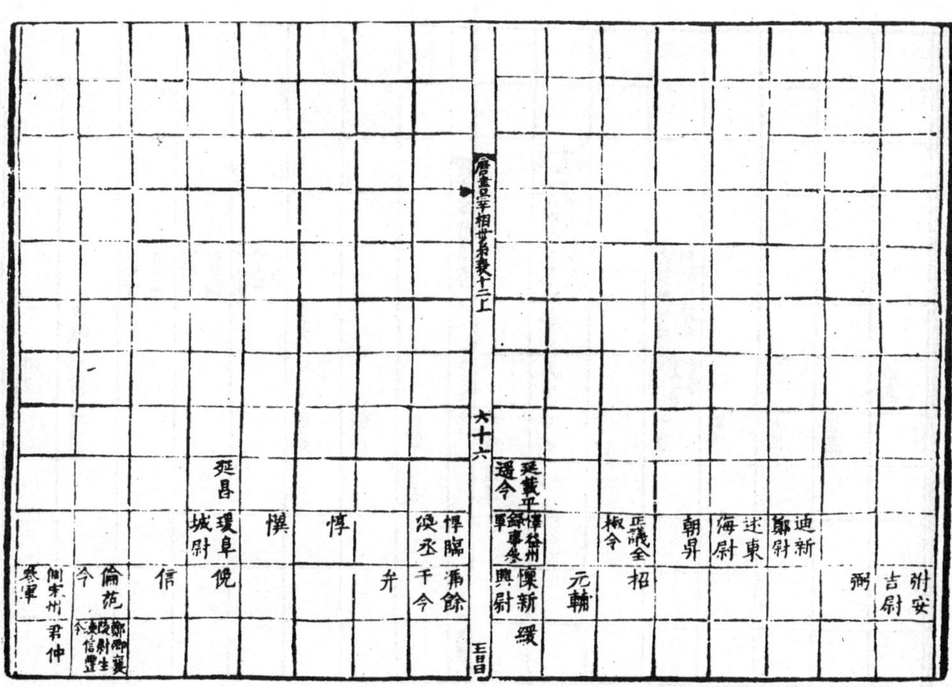

延載平遙令 惲益州錄事參軍 懍新興尉 緩	元輔	正議全椒令 招	朝昇	述東海尉	廸新鄭尉	弼	弼安吉尉

惲臨渙丞 沸餘干令	弁	惇	[illegible]	延昌 璟阜城尉 俛	信	倫范令 鄭卿襄陵尉生東信豐令	閒宋州參軍 君仲

準符離丞

延確衛州兵曹參軍

翰慕後魏陳留太守
羨業秀才
鴻臚河間太守
士永清河太守
希寔通州長史
孝通鉅鹿太守
那含翊衛
弘睿

弘操

守藏

善惹

善守

君威

君協

君遵

慈師

希傑阜陵太守
仲德

希彥道州別駕
道常
公瑜漢王參軍
遂言

君淑

德珪

義珪

唐書宰相世系表十二上

倩璋

希猷
元素
孝德

士安行臺郎中

士儒本州主簿

叔慕秦州外軍參軍

希文
仲貞

觀達

仲質
文長

王昌

季確
君逸

研字採幽高平太守
元則并州長史
文殊高平太守
德聞
彥雲
守順

守行

孝徵鴈門太守
德延渭南令
治端同州倉曹參軍
玄徽

玄恪

玄朗

玄肅

治高

德義　錧

民

留字處至後觀趙郡太守柏仁懿子　祥字元善中書侍郎平敏憲子　安世字舍相州刺史假黃鉞郡公　瑒字瑒雍岐州刺史　瑀清河太守

君正南皮令　志道兵部郎中　思仁

君偉朝請大夫　陳師清河令　思禮長城令

君游

孝伯後魏秦州刺史宣城文昭公　豹子中山太守　叔謨湖州長史　孝緒後周芮城令　延壽隋儒林郎　璣衛荊山丞　仁穎都水丞　詳太子少保　并渭南尉　紇

紓

纓

縱

交　納

申監察御史　緝　[illegible]

輯

丹浙西觀察使　袞祕書郎　君糸

訥左庶子　何忌諫議大夫　事蘇州刺史　[illegible]

子父上黨令

謹監察御史　懿浚儀尉

居中光祿主簿

位常州司士參軍　位

遇江都尉

誠河南府法曹參軍　仲連

秀

謙

詵

仁軌

仁則　汨　旭　奉初　存

達

孝約司徒錄事參軍　子行豫州刺史　致　師本

孝緋　子廉　瓌　師幹　圭珪

東祖之後又有謨

謨隋南和公　奐左金吾衛將軍　震太子中允　光朝鄂州司馬　仲勳監察御史　兢殿中侍御史　丕字待賓相宗　階度支判官兼殿中侍御史　鹽鐵判官兼監察御史

繼字昌之兗海從事校書郎

愈密尉

西祖勁字少黃晉治書侍御史二子盛隆

盛中書侍郎

紳字緯業太子祭酒

延字[illegible]元後趙假太守

建

玄齡右司郎中

自嚴[illegible]部員外郎

自挹杭州刺史

令志

藏諸

雄

萱絳州刺史

連

搏固始令

惠明熊州司倉佐

大智新政令

尚一

尚自博州刺史

忠益州司馬知留後

文字尚眞中山公

寧

宙殿中侍御史

審左司郎中

宿紙氏尉

龜字神龜後魏[illegible]州主簿

鳳林

[illegible]子雄隋[illegible]北道行臺兵部尚書高都郡公

公宏

[illegible]襲高都郡公

世舜

緯戶部尚書

伯茂

秀林後魏定州大中正

景昕

仲雲左司員外郎

叔寶監察御史生撰

休字紹則後魏散騎侍郎

琥字令[illegible]京兆太守

士衡趙州刺史

襲

閏

傑

公敏

懷遠相武后

[illegible]

佇

侍顯

侍和

彥琮趙州長史

嗣眞太常卿

默之

隆字太彝後魏阜城令

謀幕令

昞始平太守

伯唐東郡太守

弘節北齊廣平郡守

道濟太府卿

恩恭韶州刺史

周尊

渙

去伐

洽兼御史中丞

道信

齊莊倉部員外郎

知讓長水主簿

承嗣江州別駕

嶷右武衛錄事參軍

[illegible]

謀孫元禕後魏廷尉

孝恭

懷柔

祖威倉部郎中

思行嘉州刺史樂安公

辟邪陝州刺史

懷宗

君逸隋謁者臺郎

肅然

載

栖筠字貞一贊皇文獻公

老彭侍御史

吉甫字弘憲相憲宗

德脩楚州刺史

[illegible]

遼東李氏璣少子齊趙相初居中山十三世孫寶字君長後漢玄菟都尉徙襄平生雄車騎長史生亮字威明原武令生敏河內太守生信生胤字宣伯晉司徒廣陸成侯生固字萬基散騎郎生志字彥道陽平太守嗣廣陸侯弟沉沉孫根

根後燕中書令
宣鄴郡守龍驤將軍
賁後魏征東將軍汝南公
永太中大夫
弼字景和後周太師隴西武公
曜開府邢國公
寬隋梁州總管蒲山公
密字玄邃
知古右臺監察裏行

自然
玄乂
叔慶左諫議大夫
恭懿
行諶
行敏
行恭
生啓
叔儀

匡民
偉左千牛衛將軍
檀亳州刺史燉煌公
睞永陽郡長史燉煌公
鎬字浩江州陽太守燉煌公
澄義成節度使武威郡王
克寧
溫太僕少卿
暉
安
衍後周太宮伯眞鄉公
仲威
承休
泌字長源相德宗
綜高陵尉
繁和州刺史

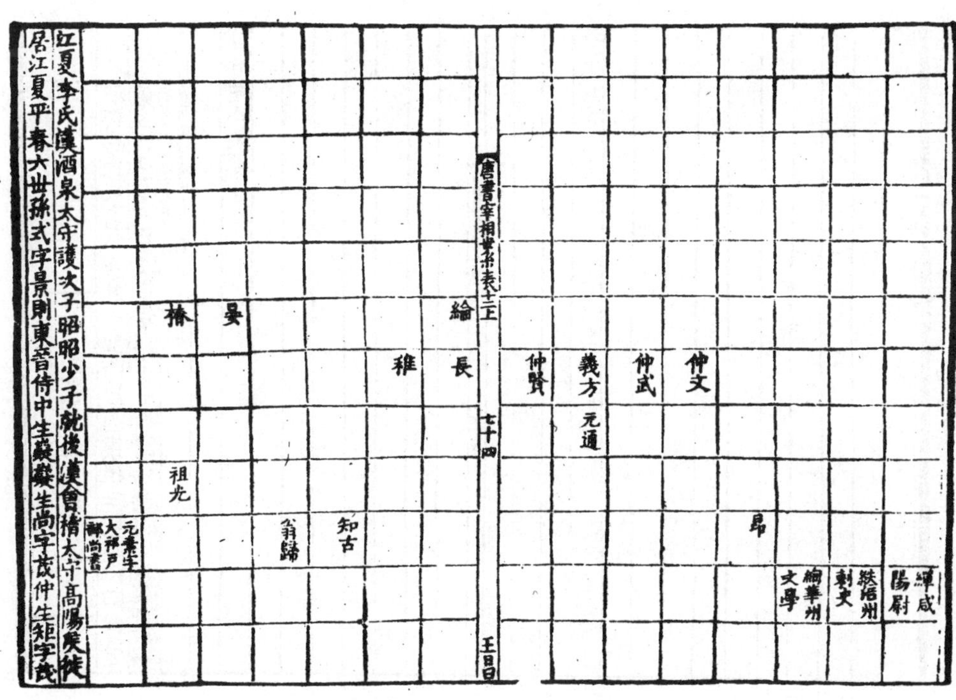

江夏李氏漢酒泉太守護次子昭昭少子就後漢會稽太守高陽侯徙居江夏平春六世孫式字景則東晉侍中生蘇蘇生尚字茂仲生矩字茂

緯咸陽尉
鐵梧州刺史
綸華州文學
昂
仲文
仲武
義方
元通
仲賢
綸
長
稚
知古
翁歸
晏
椿
祖允
元素字大朴戶部尚書

約江州刺史生充字弘度中書侍郎生顒郡舉孝廉七世孫元哲

元哲徙居廣陵 善蘭臺郎 邕字泰和北海太守 岐 正臣大理卿 漸 師諒

師稷 諧字思翰 韞字內文

頻 正叔工部員外郎 翹 謂字德遠

正卿 公敏 潛字德隱

沆字映之

昉 璞鄆州司戶參軍 暄起居郎 鄆

鄘字建侯相憲宗 拭起居舍人 紳字景望相昭宗 沇字東濟

漢中李氏漢東郡太守太常卿武孫頡後漢博士始居漢中南鄭

生郃字孟節司徒生固字子堅太尉生三子基字憲公茲字季公燮

字德公安平相十二世孫德林

德林隋內史安平公 百藥禮部侍郎宗正卿諡文公 安期相高宗 師郾城令 義仲中書舍人 泳 懋

蕃

宗臣

宗玄

宗墨 容成壽春太守

力牧餘杭太守 艮相

艮卿

爽吾晉陵太守 幹同州司戶參軍 端

序殿中侍御史

趙郡李氏定著六房其一曰南祖二曰東祖三曰西祖四曰遼東五曰江夏六曰漢中宰相十七人南祖有游道藩固言日知紳東祖有元素絳嶠珏西祖有懷遠吉甫德裕遼東有泌江夏有鄘揆漢中有安期

宰相世系表第十二上

翰林學士兼龍圖閣學士朝散大夫給事中知制誥充史[illegible]

勑撰

王氏出自姬姓周靈王太子晉以直諫廢爲庶人其子宗敬爲司徒時人號曰王家因以爲氏八世孫錯爲魏將軍生賁爲中大夫賁生渝爲上將軍渝生息爲司寇息生恢封伊陽君生元元生頤皆以中大夫召不就生翦秦大將軍生賁字典武陵侯生離字明武城侯二子元威元避秦亂遷于琅邪後徙臨沂四世孫吉字子陽漢諫大夫始家皐虞後徙臨沂都鄉南仁里生駿字偉山御史大夫二子崇游崇字德禮大司空扶平侯生遵字伯業後漢中大夫義鄉侯生二子旹音音字少玄大將軍掾四子誼叡典融融字巨偉二子祥覽覽字玄通晉宗正卿即丘貞子六子裁基會正彥琛裁字士初撫軍長史襲即丘子三子導穎敞導字茂弘丞相始興文獻公六子悅恬劭洽協薈洽字敬和散騎侍郎二子珣珉珣字元琳尚書令前將軍謚曰獻穆五子弘虞柳孺曇首曇首宋侍中太子詹事豫寧文侯二子僧綽僧虔僧綽中書侍郎襲豫寧愍侯生儉字仲寶齊侍中尚書令南昌文憲公生騫字思寂梁給事中南昌安侯生規字威明左戶尚書南昌章侯生褒褒字子淵後周光祿大夫石泉康侯生鼒字王鉉隋安都通守石泉明威侯子弘讓弘直

弘讓字敬宗中書舍人專掌機密			
方士字玄逸臨邛令	方則字玄惠光祿卿		
崇禮沂州司馬	景蘭州刺史		
璠涿城府果毅	縉常選		綺越州倉曹參軍
	混	液	浩

	純成武令		緒秘書郎			練華尉		晏益州倉曹參軍			昱好畤丞		昇夏州長史
涣	澹	沂	坦	洧			紓通事舍人	安期	佺期	棨期	維	綱臨洺丞	繪
				源廣曾城尉	德文								

唐書宰相世系表十二中　三

縱

方泰字立較太府少卿

鴻漸　志悌實政殿中侍御史宣陽

翊丞　壽尉　少監　知雜

紹

志凝襄

垣尉

源瑞州　志福

參軍

志斌長

上東穀

澄　志深襄

欒尉

脩南

昌丞

濛宋　志簡

王屬　常選

弘直字長宗襄州刺史鑑曰孝司馬　誠字方思曾沼州參軍　攜

擢

思恭義　希倩光　珪廣州　晦字建子　台老明

眉丞　州刺史　別駕　巨元　經支第

銓　賓子

馬老

王

唐書宰相世系表十二中　四

添字益源秘書丞　銑

鋭

遇字遐舉青巖令　知會

知蘊字積中蜀王諮議　慎微字長仁吉州長史　章

融

彥範

璆陽丞　范

昌禹南東道節度推官試大理評事　瓚

彥頫

知進齋

靖傅

知綏眞

鄉令

遜字從之平望戍副　綱

鴒

進

王介

遹字匡忍常選
師迥
師逵
師逸
師遂
師述
師逞
師造

倫字德中檢校刑部尚書琅邪郡子
昌嗣
鉛字執中壽州法曹參軍
昌裔上虞令
溧字濕源會稽令
紳寧國令
知古
希古
遏南宫令
績字方紹鄴川令
情
延璋

延祚
延禱
延之
續字方節越王府法曹參軍
思勍
海雲
琳字方慶相武后
晞字光烈鄭州刺史襲石泉侯
倫字寶龜定州刺史
濟膳部員外郎貴州刺史
牧涇陽尉
源茂棠州刺史
璋左衛兵曹參軍
晉
存
遂沂海觀察使
新豐逢州刺史
果鳳翔府參軍
長文禮部大寶使
早理丞
祖太子詹事
伸徐宿州節度判官
暐福建觀察推官
晟明經及第
昇舞陽尉

澄洋州刺史
造太子諭德
通淄州刺史
鈂
鎬
餘
遵殿中少監
鍊秘書省正字
錫
鑄

邁淄州刺史
迥
沐御史中丞
源上華陰令
源長渭南令
源通衛佐
淮御史中丞
子文平山尉
子西恒州參軍

子尚恒山令
濟尚衣奉御
源永澧州參軍
沼集州刺史
魯卿
質僱師丞
寶
賀
贊
貫

潤杭州別駕
遇著作郎
源中字正蒙天平節度使
樞字蟲臣
應
叔鳳
叔鸞
郗元散騎常侍
逢元

迪
適侍御史
季羽
高安邑尉
希範
澗汝州長史
源植福建觀察使
愿襄邑尉
賜永城尉
恪岡州參軍
慎
惓
愫
挽字不曜給事中
源會絳州司馬
源端溫令
懽湖州文學
源蒙四門助教
退思晉陵丞

侁舒州刺史
滸衛尉丞
泛
邈徐城令
師貞
渼
源謙
源評
僑禮
源誠
晦字光遠襲至毅伏
休以晦再從弟繼晉子湧水令
曒字寵
光輔
仲連檔府錄事參軍
紹
瑊相肅宗中書舍人
識字摯仁右諫議大夫
搏字昭逸相昭宗
僩字挺光鄠尉直弘文館
俊河南府文學
倫校書郎
參字內膳
損字中禮
鍼字莓公㮚
拯字蘊華
又
嗣宗國子司業

汝
粲
嗣昌
嗣端
士別
撫郎
嗣源饒州參軍
嗣恭
師賓
平子
瑶字光甯監察殿中侍御史
寰河東丞
嗣立晉州參軍
瀌潔遠
昌尉
寂
嗣文
寧
仲文義忠君課
爲尉
陽丞
仲武
曄殿中侍御史
僕挽郎

晙字光庭明威將軍
份咸陽令
復奉天尉
宗卿分甯丞
麗
河
孺卿好
時令
倩臨汾尉
和
道固
元臮
城令
孝源
雄
溥
源矩
源明
濤
源乎
源采
源芳
源旭
佩大理主簿
佛如度州刺史
晙字光範明威將軍
徹荆州刺史
金刀
鼎子
傑
瑱
源奕

源奭

源褒

儀 灩 天養

貞

昕字光業，忠王司馬

暐字光緒，萬州司馬 佺金牛令 和叉 晃

冠

求

和友 罕 亭

謝老

篚

覺

寬 相老

佋睦州司馬祁縣男 澈

湜

泂立金州司馬 彭

曄字光嗣，安化郡司馬 鉍

仲

佶

緄字令賓，商洛丞

方操

煇遠

延睿，姑臧尉

弘度字承宗

弘仁字嗣宗 方誕

方寔

弘義字林宗，荆王屬 方諝海州錄事參軍 眷宋州參軍

弘訓字孟宗 方茂

方智戶部郎中 固忠 雒丞

固基

固信

固貞胙城令

固業涼州司倉參軍

弘道字玄宗丹徒令
弘藝字延宗膳部郎中
方壽
國廉隴州參軍
國己單父令

正字士則晉尚書郎三子廙曠彬彬字世儒尚書右僕射肅侯二子彭之彪之彪之字叔武尚書令謚曰簡二子越之臨之臨之生納之皆御史中丞納之生准之字元魯宋丹楊尹生輿之征虜將軍生進之梁左衛將軍建寧公生清安南將軍中盧公生猛

猛字世猷隋東徐州刺史應陵戍公
繹隋晉州刺史
州刺史
緘鼓旗將軍雍州刺史
德懋字守德御史中丞扶風縣令
璠字希璘相武后
大有左衛中郎
同人泗州刺史
既濟荊府功曹參軍
休明南和尉
休光博州別駕
休名相州刺史
休言解令
續吏部郎中
德表閬州刺史
鼎工部員外郎
豫屯田郎中

瑜字希瑩侍御史
瑶右驍騎將軍
德本西璘右衛將軍太子舍人
承慶駙馬都尉
承先
重華左拾遺
顏左司員外郎
重明
搢虞部郎中
權國子祭酒
申伯
貞伯
華司勳郎中
藻字禮羽
師甫江西觀察使
藩戶部郎中
堯
植虞部郎中右庶子

太原王氏出自離次子威漢揚州刺史九世孫霸字儒仲居太原晉陽後漢連聘不至霸生咸咸十九世孫澤字季道鴈門太守生昶字文舒魏司空京陵穆侯二子渾濟渾字玄沖晉錄尚書事京陵元侯生湛字處沖汝南內史生承字安期鎮東府從事中郎藍田縣侯生述字懷祖尚書令藍田簡侯生坦之字文度左衛將軍藍田獻侯生愉字茂和江州刺史生緝散騎侍郎生慧龍後魏寧南將軍長社穆侯生寶興龍驤將軍生

瓊字世珍，鎮東將軍。四子：遵業、廣業、延業、季和，號四房王氏。

大房王氏

遵業，黃門郎
長明
松年，北齊黃門侍郎、高邑平侯
邵字君懋，隋祕書少監
孝京，揚州司馬
子奇，青州司戶參軍
慶賢，太原丞
光謙，雒陰令
瑚，吏部侍郎
重，河東令
文仲，王屋令
君仲
衆仲，衛州刺史
淙
鎬字仁固
凝字成庶，一字致平，宣歙觀察使，謚貞
鐐字中御
洊
鉅字弘猷
倉，兼御史中丞
叔仲

王介

敬仲
寡言
鍇字豐祥
翊，陽翟尉
勳
堪，定陵令
聰
溥字德潤，相昭宗
翃字宏肱，東都留守，謚肅
鼐
正雅，山南東道節度使，謚忠惠
向，上邽尉
翹，太子僕
鼎
慶祚

慶符
令
元華，水部員外郎
譪字望之
申
慶詵
慶玄
光復
邕，金部郎中
篆
子眞行，臺倉部郎中
孝柔
規
大觀
同，亳州刺史、光祿少卿
守忠
愛景
思訥
子遂

王端

自勉
仲璋
佇
翁慶，士曹參軍
日新
獲仁，吏部員外郎
省躬
元方
約
東

第二房王氏

廣業，後魏太中大夫
野父，北齊膠州刺史
君儒，御史中丞
孝幹
康壽，巢州刺史
孿，長安尉
玄壽

乾壽
神壽
孝倫　仁表祠部郎中
欽司勳郎中
孝遠中書舍人　崇
縱
友札安玄道挑
睦令　林令
元鼎
晉鼎國子主簿　遵梁州司馬　戭
鎬徐州刺史　益蒙
佶祠部郎中
璉　衡　魯　振字文飛
懷讓杭州司倉參軍
懷禮　威
寧丞
大鼎濟源令　方興
褆　滂

神鼎　志仁鄭州殿中侍御史
遵揚州司戶參軍
師丘　道質　仙客太常博士
頊冀州刺史　鈞
劍　闕
闓
場　鐸
季貞　惠字溫之　暹　鎰
昇陽　曙
文尉　暐
晛
晤　鍼　惜字渙
部之　羣吉
憕　滌字用霖
昱武城尉

河東王氏
儒賢趙州司馬
知節揚州司馬
冑律郎
協州司馬
處廉汾　維字摩詰尚書右丞
縉字夏卿相代宗
繟江陵少尹

紘
純，太常少卿
烏丸王氏：霸長子殷，後漢中山太守，食邑祁縣，四世孫寔，是三子：允、隗、懋。懋，後漢侍中、幽州刺史，六世孫光，後魏并州刺史，生罔，度支尚書，護烏丸校尉、廣陽侯，因號烏丸王氏。生神念，北齊亡，徙家萬年。
神念，梁散騎常侍、太僕、冀州刺史、尉、永寧壯侯公
顒，侍中、樂陵守
玭
閱
思泰字英暢，知約，鄭州刺史，薛公
英暢字通理，司封郎中
昕，司農卿，薛公
播，渭州刺史
冀，監
屋令
弼，長
安丞
玢，符璽郎
輝，千牛
什
璉字叔琦，相太宗
崇基，主爵員外郎
體仁，朝散大夫
尚逸字伯夷，定州長史，鄭公
齊望，通州刺史
旭，左司郎中
茂時
光，大司勳郎中
燾，給事中
遂，大理少卿
潾，蘇州刺史

僣修
頻
景孝，隋汾州刺史，屯田侍郎，鄖縣男，諡
遵，工部員外郎
文濟，給事中
邠，直南城縣男
齊休，倉部郎中
仁忠字□，左千牛將軍，右衛長史
高，尚衣奉御
崑，司農寺主簿
崇，京兆府參軍
若
岩
學
益，懷州刺史
礎，黔中觀察使
文洎
仁臧字守一，太子少保
鳴鑾，特進，昭宣公
罔五世孫元政
元政，幽州別駕
贊，吉令
安祚，青州司馬
晃，溫州刺史
沼，禮部郎中
潔，國子司業
涯字廣津，相憲宗、文宗
孟堅，工部郎中，集賢院學士
仲翔，太常博士

中山王氏亦出晉陽永嘉之亂涼州參軍王軌子孫因居武威姑臧五世孫橋字法生侍御史贈武威定王生叡封中山王號中山王氏後徙樂陵

叡字洛誠後魏尚書令中山宣王
襲字元孫吏部尚書中山惠王
愉散騎常侍并州刺史諡曰穆
子景北豫州司馬
元季隋大中正開府儀同三司
有方岷州刺史
行果長安尉
晙相玄宗
昉任太原少尹易州刺史
玄宗
曒永壽令
眞菓
怡戶部侍郎
令

汾州長史王灉亦太原晉陽人生大璡

大璡嘉州司馬
昇
昇咸陽令
愸字士克楊府倉曹參軍
播字明歟相文宗
鎮秘書丞
泳京兆府參軍
杞字舉之魏郡文懿公
式武寧節度使
龜字大年浙東觀察使
蕘右司員外郎
權
定保字胡聖
檀字秀山
鐐字德耀汝州刺史
顓字立禮
鑄字台臣
鐸字昭範相僖宗
炎字逢時太常博士

華陰王氏後徙京兆新豐

孝傑相武后
緬擇左驍衛將軍

京兆王氏出自姬姓周文王少子畢公高之後封魏至昭王彤生公子無忌封信陵君無忌生閒憂襲信陵君秦滅魏閒憂子卑子逃難于太山漢高祖召爲中涓封蘭陵侯時人以其故王族也謂之王家卑子生悼悼生賢濟南太守宣帝徙豪傑居霸陵遂爲京兆人賢七世孫黨上郡太守卑子九世孫遵字子春後漢河南尹上樂莊侯遵生魴魴孫康康生諶諶生鵠魴別孫景生均忠均八世孫羆至易從徙居汲郡

羆字顯懋後魏雍州刺史萬年忠公
慶遠直閣將軍
述字長安隋柱國龍門莊公
無畏都官郎中
儼工部侍郎
懷濟
明遠周壽隋州司金上士
都十職主簿
誥河西令
慶滿州長史
易從揚州刺史
賓
寔
宥
密越州刺史
行古
收字超宇
種德子榮
定字鎮卿永平右庶子集賢院學士
逢殿中侍御史
仲周攝監察長史
敬從右庶子
寀右驍衛錄事參軍
擇從京兆府參軍賈正殿中學士
察遠州刺史
自立緱氏令
徽字昭文相僖宗
椿
樗

松字蒙稹

朋從

言從

忠七世孫直

直瓜州刺史

丞家都官郎中

滔果州刺史

何昇王傅

武宣岳州刺史

德本鄧州刺史

德真相高宗武后

九思三原令

潛告城令

坦

喬

長諧

德安倉部郎中唐州刺史

九功

沖之度支郎中

九言駕部郎中并州司馬

士會陸渾令

某寧王掾

王氏定著三房一曰琅邪王氏二曰太原王氏三曰京兆王氏宰相十三人琅邪有方慶璵摶瑨太原有溥縉珪涯晙播鐸京兆有緻德真

魏氏出自姬姓周文王第十五子畢公高受封於畢其後國絕裔孫萬為晉獻公大夫封於魏河中河西縣是也因為魏氏萬生芒季季生武子犨犨生悼子悼子生昭子絳絳生嬴嬴生獻子舒舒生襄子曼多曼多生文子須須生桓子桓子孫文侯

都都生武侯擊擊生惠王罃罃生襄王嗣嗣生哀王哀王生昭王昭王生公子無忌孫無知漢高梁侯生均均生恢恢二子伯倫彥彥字叔倫張掖太守生歆字子胡鉅鹿太守初居下曲陽二子愉悅愉字彥長侍中生宙字惠開平原郡守生紹曾孫宣北海公孫統二子儔植儔為東祖植為西祖儔孫歡三子僬意暨意裔孫士廓

士廓隋治書侍御史

乂濮陽令

玄同字和初相武后

悟著作郎

長裕河南法曹參軍

充

覔

尤

季隨膳部郎中

季邁長安尉

懍御史

方回淄青二州刺史

圭簿

方進御史大夫

元

叔正兼監察御史

循郴州刺史

廣業昇州刺史

甫

恬鄭州刺史

嶠

黃裳闕州刺史

協

確司議郎

館陶魏氏本出漢兗州刺史衡曾孫珉始居館陶珉孫彥

倉字惠御僕魏光州長史
釗字騶義義陽太守征將軍
伯肖
長賢北齊屯留令
徵字玄成相太宗
叔玉光祿少卿
膺秘書丞
叔瑜職方郎中
華駕部郎中
叔琬
叔璘
殷汝陽令
明監察御史
憑獻陵臺令
謩字申之相宣宗
潛字
數
蘊
華
湊殿中
進馬
隋進州刺史
萬頃御史中丞
德振

宋城魏氏

元忠相武后中宗
昇太僕少卿
晃

鹿城魏氏

知古相睿宗玄宗
喆延安太守
懿陽安太守
林湖州刺史

又有魏盈之族

盈
昌
扶字相之相宣宗
簒字守之刑部侍郎
暐贊善大夫
玨鴻臚少卿

魏氏宰相六人 玄同 徵 知古 元忠 謩 扶

溫氏出自姬姓唐叔虞之後以公族封於河內溫因以命氏又郄至食采于溫亦號溫季漢有溫疥封栒侯謚曰順生仁仁子何始居太原祁縣何六代孫序字次房後漢護羌校尉二子壽益壽鄃平侯相益字伯起兗州刺史生恕恕孫恢魏揚州刺史生濟南太守恭恭二子羨憺憺晉河東太守生嶠字太眞江州刺史始安忠武公從子楷隨桓謚奔于後魏兄孫奇馮翊太守曾孫裕太中大夫生君攸

君攸隋泗州司馬
大雅字彥弘禮部尚書黎孝公
無隱工部侍郎
克讓
克明
晉昌
釋衛州刺史
晁倩南鄭令
信字輔國太常丞
邈
造字蘭舉河陽節度使檢校禮部尚書
璠字子俟
璋京兆尹檢校吏部尚書
遜
彥博字大臨相太宗
振太子舍人
翁歸庫部郎中
緬

晧
續 閬州刺史虔公
皎
曦 太僕卿駙馬都尉
西華 秘書監駙馬都尉
玚
續
璝
阜 道州刺史
紹
緘
絢 比部員外郎

翁念 太僕少卿
翁愛
挺 延州刺史駙馬都尉
常節
贇言 左羽林軍將軍
冬日
光嗣
虔將 字大有中書侍郎同平章事漢陽郡公
瓚
焯
煒
烜
瑜 祠部郎中

瑾
瓌 職方郎中陝州刺史
延賞 陳州刺史
慎微 鄭州刺史
道沖 和州刺史
任
袞
初 國子
壽濤
佐
侁

溫氏宰相一人 彥博

戴氏出自子姓宋戴公之孫以祖父謚爲氏至漢信都太傅戴德世居魏郡斥丘裔孫景珍

景珍 後魏司州從事
胄 字玄胄相太宗
仲孫
至德 相高宗
良紹

戴氏宰相二人 胄 至德

侯氏出自姒姓夏后氏之裔封於侯子孫因以爲氏一云本出姬姓晉侯緡爲曲沃武公所滅子孫適於他國以侯爲氏鄭有侯宣多生晉漢末徙上谷裔孫恕爲北地太守因家于北地三水四世孫植從魏孝武西遷賜姓侯伏氏又賜姓賀吐氏其後復舊

植 字仁幹周驃騎大將軍肥城節公
君集 相太宗

侯氏宰相一人 君集

岑氏出自姬姓周文王異母弟耀子渠武王封爲岑子其地梁國北岑亭是也子孫因以爲氏世居南陽棘陽後漢有征南大將軍舞陽壯侯岑彭字君然生屯騎校尉細陽侯遵遵曾孫像南郡太

守生晊，字公孝，黨錮難起，逃于江夏山中，徙居吳郡。生亮伯、真伯。伯生軻，吳會稽、鄱陽太守。六子：寵、昏、安、頌、廣、晏。晏後徙鹽官，十世孫善方。

善方梁起居舍人尚書長兼左丞公

之象邯鄲令

文本字景仁相太宗

曼倩雍州長史襄公

獻國子司業梁公

定淮南節度判官

弘太子通事舍人

通太常寺太祝

至秘書省校書郎

靖復州刺史

融忠州錄事參軍

玢晉州別駕

羲字伯華相中宗睿宗

數

仲翔太子中允陝州刺史博望公

賁字明敬右驍衛倉曹參軍

仲休

尹著作郎

多葉丞

贊司門郎中衛州刺史

質殿中侍御史

景倩麟臺少監衛州刺史弘文館學士

植仙晉二州刺史

謂澄城丞

況湖州別駕

則右衛率府兵曹參軍

參庫部郎中嘉州都督

卓見

秉太子贊善大夫

垂長葛丞

棣沛令

史眉州刺史

揞安

冬鄉尉

喜令

州長史

椅監察御史

終吉州刺史

橫鳳翔戶曹參軍

穎長城尉

文叔

長倩相武后

靈源

賡成

岑氏宰相三人文本長倩羲

宰相世系表第十二中

宰相世系表第十二下

翰林學士兼龍圖閣學士朝散大夫給事中知制誥充史館脩撰臣歐陽脩奉

敕撰

張氏出自姬姓黃帝子少昊青陽氏第五子揮為弓正始制弓矢子孫賜姓張氏周宣王時有卿士張仲其後裔事晉為大夫張侯生老老生趯趯生骼至三卿分晉張氏仕韓韓相張開地生平凡相五君平生良字子房漢留文成侯良生不疑不疑生典典生默默生大司馬金金生陽陵公乘千秋字萬雅千秋生嵩嵩五子壯讚彭睦述壯生㳙㳙生皓字叔明後漢司空世居武陽犍為皓生宇北平范陽太守避地居方城宇孫肥如侯孟成孟成生平魏漁陽郡守平生華字茂先晉司空壯武公二子禕韙禕字彥仲散騎侍郎生輿字公安太子舍人襲壯武公生次惠宋濮陽太守二子穆之安之安之之族徙居襄陽

穆之宋交州刺史	安之宋青州主簿					
弘籍字巨藝齊鎮西參軍	弘[illegible]字巨[illegible]梁衛尉卿[illegible]陽閔侯					
[illegible]字[illegible]以字行梁雍州刺史利亭簡憲公	[illegible]後周宜納上士隋巴州錄事參軍					
	則澧陽令					
	玄弼益府功曹參軍					
德政鄴州都督范陽公	柬之字孟將相武后中宗					
	嶠著作郎					
	愿吳郡太守兼江東採訪使	漎左補闕	[illegible]荊府倉曹參軍	軫河南參軍	某戶部郎中	昇大理評事
	昫殿中侍御史					

嶧	琪晉州刺史	
		繅

踶晉散騎常侍隨元帝南遷寓居江左六世孫隆太常卿復還河東後徙洛陽生子犯子犯生俊河東從事生弋

弋字嵩之周通道館學士									
洛									
隲字成隲洪洞丞									
光國子祭酒	珪戶部郎中懷州刺史	說字道濟相睿宗玄宗							
	浣	均字均刑部尚書大理卿襲燕公				垍太常卿駙馬都尉		埱給事中	
		岯	密	濛中書舍人禮部侍郎	㴋洛陽丞	岩	渙	岱	崥瀛州刺史

河東張氏本出晉司空華裔孫吒子隋河東郡丞自范陽徙居河東猗氏生長虔

長虔銀青光祿大夫　佽興相國府撿校郎將　思義成紀丞　嘉貞相玄宗　延賞初名寶符相德宗　弘靖字元理初名調相憲宗　文規桂管觀察使　彥遠祠部員外郎

景初殿中侍御史　天保

嗣慶河南尹　彥脩

次宗舒州刺史　曼容

彥回字

幾之

彥樞字

休府

諗主客員外郎　師質郴州刺史

嘉祐左金吾將軍相州刺史　宏

始興張氏亦出自晉司空華之後隨晉南遷至君政因官居于韶州曲江

守禮隋塗山丞　君政韶州別駕　子虔韶州錄事參軍　弘雅明經及第　處讓　餘慥　濟　秘

稔

附

處立　意乂　行扶　景當

處璆

弘矩洪州都督府參軍　處欽

昱初名　如琁　輔

友

如玘　穎

天湖水　環

主簿

處泰

弘載端州錄事　處榮　蹟曲江令　存　匪躬

諸

護

處茂　繪

緬

緘　偲

處倫　纓

繼　垌

郁

闕　隨

弘願城丞　孳

龔　胡興寧令　察　克脩

循　慈明

克戎

思齊

亮

瞻

子胄剡令　弘藏　允齡　鳳翔容州司馬　浚　貢

廉

資

聰

沭蘄州文學　元昌

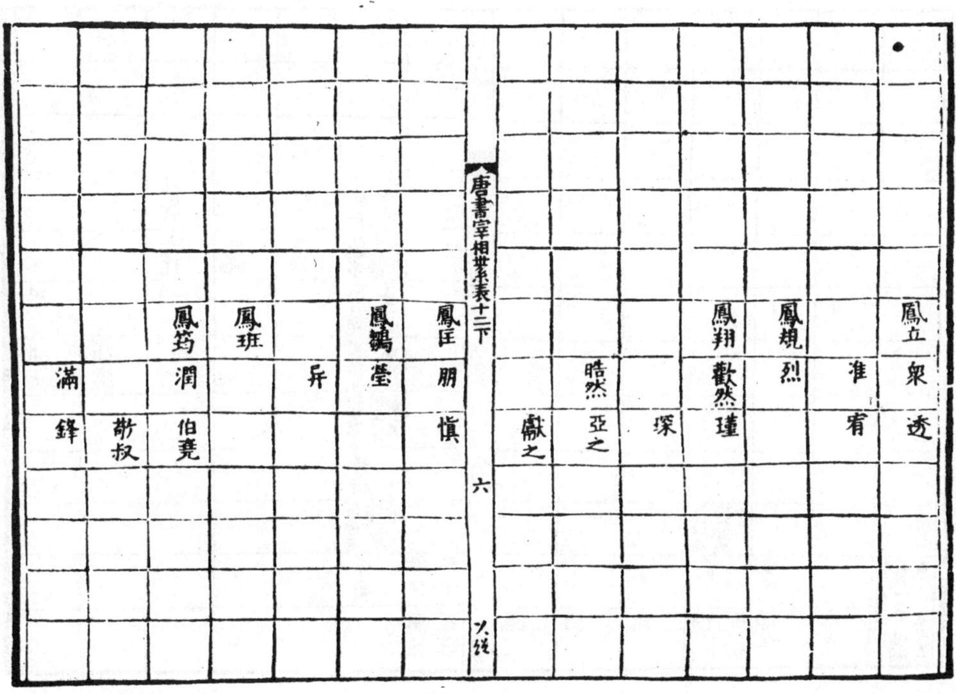

鳳立　衆　透

准　宥

鳳規　烈

鳳翔　歡然　瑾

琛

晧然　亞之

獻之

鳳匡　朋　愼

鳳鶴　瑩

昇

鳳班

鳳筠　潤　伯堯

術叔

滿　鋒

1	2	3	4	5	6	7	8	9	10	11	12	13	14
	弘毅												
	軫齡				擢齡沓禺令								澄昱
	駰	駮		摺	駢			驊					恁
深		諶	談	仲宣	涗			仲彎			仲贊	仲懿	仲彥
伯川					偁	仍	佶	玩	琪	瑜	可記		

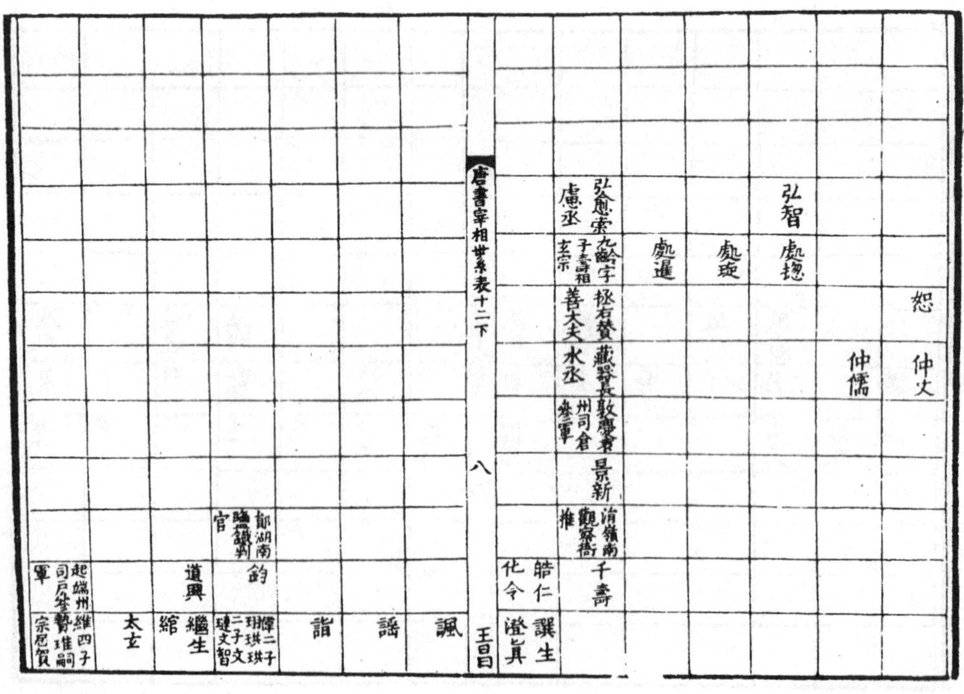

1	2	3	4	5	6	7	8	9	10	11	12	13	14
		弘智			弘愈索盧丞								
		處惣	處琁	處暹	九齡字子壽相玄宗								
恕					拯右贊善大夫								
仲丈	仲儒				藏器長水丞								
					敦慶耆州司倉參軍								
					景新								
					洧嶺南觀察衙推					郎湖南觀察判官			
					千壽	皓仁化令				鈞	道興		起端州司戶參軍
						謀生澄眞	諷	謠	詣	偉二子珊琪琪二子文璉文智	繼生　綰	太玄	維四子贊琟嗣宗居賀

								九皐殿中監南康縣伯					
								捷端州刺史					擢右金吾兵曹參軍
								仲通潮陽令				仲連	仲師
								季延平樂令				季質	
	景重洪州都督府參軍							顥	喬	希範			
	熥歸善令					燿樂昌令							
	廷傑					瞻頊陽丞							
緒六子賁英蔚英仲英蕃英鄂英可英	紓二子璲璀璲二子光敏光清璀生去華	暹生琇琇生元吉	瀹三子崇墉崇三子乾用利用瞻三子克柔克己璐生榮	瑠二子珅瑀珅二子隆鉉瑀生實	洪二子珣璘珣生克從璘四子從錫祐休鑄	文達	文曜三子戢嵩和戢生怡嵩生士衡	文嵩監軍太子賓三子允恭允明允仁璘允恭生嘉允明生士調					

拱							撝昭州刺史				振潮州司戶參軍檢校戶部郎中		
仲熙樂昌令	仲熊端州錄事參軍		仲寧	仲傪	仲餘	仲友	仲建平樂令				仲端鄭昌令	仲齊嶺南節度判官殿中侍御史	仲宗義興尉
勲	季長	季重	季康				藹晉康主簿	璠	珂		雄		嘉穎逸昌丞
							景由陽江主簿		九思	幼之			遵業當鄉主簿
													嶠太子中舍
													頡侍御史
													璞端州錄事參軍

璉

可復潮陽主簿

欽

仲蕃江都令

師老永康令

紹儒明經及第

仲方字靖之秘書監曲江成伯

禹錫名景宣右清道率府兵曹參軍

茂宣太原節度掌書記

克儉戎城主簿

綺梧州刺史

崇紀宣州軍事推官

瑤仁佑令二子文衡太尉文倚三子操擬太尉三子淑[illegible]

澤三子端[illegible]鍊二子忠順忠[illegible]忠謙[illegible]字忠治忠晟

澗四子玓珣瑗璣玓三子惟正惟玄惟聰珣二子惟從惟群璟奉惟億璵二子惟克惟哲

仲孚監察御史廣州節度判官

叔敖信安尉

鋋

隋

難老

晏鄯州判官

繼文鄯州司法參軍

智

桂

俊鄯州司倉參軍

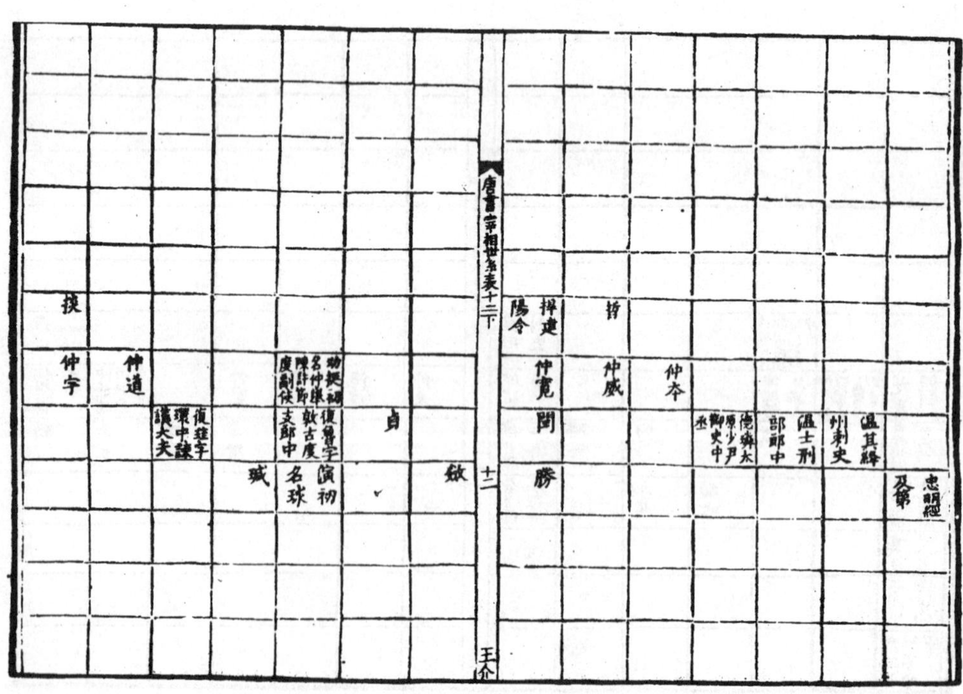

忠明經及第

溫其絳州刺史

溫士刑部郎中

倚卿太原少尹御史中丞

仲夲

哲

仲威

揖建陽令

仲寬

闡

勝

斂

貞

琬擢禰名仲舉陳許節度副使

復魯字敏古度支郎中

演初名球

瑊

復珪字環中諫議大夫

仲道

揆

仲宇

行	四	五	六	七
1			仲楚漳浦尉	濟韶州鹽場巡官
2			仲清	
3			仲丹	
4			仲則	
5			仲縳	
6			仲僧	
7		披	昉唐韶州錄事參軍	
8			郜直	
9			郜寬	
10	九章鴻臚卿	招大理評事	諶	復
11				至
12			詡	和
13		據金華令	管	
14			倚	

行	五	六	七	八
1	授眠川主簿	仲誼	璨	
2	操沂州司馬			
3	擴			
4	援			
5	構	易簡	諲	
6		易從		
7	採雷州刺史	克恭河源令	希虞潮州錄事參軍	齊彥
8				齊穎
9			希璧	
10		克和我城主簿	汝弼賀州軍事判官	師迎
11			用晦	桃符
12		克讓新州司馬	璉永順令	思猷
13			璐	
14			仍裕	

					九賓								
				括	搢江都丞			攜懷州參軍			抃豐城令	挹	
克紹正議令					仲恭袁州錄事參軍			仲修	仲嗣永平令		仲雅鄱城令	士撿	仲綱
袞如和令					汝翼		汝亮		講	譜			
鍜					珩	球							
溫卿	溫裕	溫肩	溫業										
道昭													

					子卿			子冲					子譽
					欽璟		欽瑒	弘讓循州錄事參軍			弘騏		弘衍崖州錄事參軍
					震			庭訓		庭貴	庭務	庭逸	釗
	揩程鄉令				諷	誼		緒			璀		
仲緯	衛幾主簿	術		銜	旻	璪		璪	玲				
		珏	璠封川主簿										

子猷 弘膺 欽萼 瓛 誽

馮翊張氏本出後漢司空晧少子綱字文紀後漢廣陵太守曾孫翼字伯恭蜀冀州刺史子孫自犍為徙下邽

德言龍泉州刺史 仁愿相中宗 之輔金吾將軍 通儒安祿山 知默 名遁 倉部郎中

吳郡張氏本出高帝第四子睦字選公後漢蜀郡太守始居吳郡裔孫顯齊廬江太守生紹

紹梁吳興太守陵郡太守 沖字叔玄隋漢王侍讀 [illegible] 嶠

謙 巽 律師王府諮議參軍 繼本州刺史 義方字儀邢州刺史 鐵字季府上輔方節度使東京留守 權相德宗 承訓博州刺史 承繼將作少匠 珦吏部郎中 績度支員外郎

王相

小師朱陽令 承休恒州長史 成繪邠王府長史 瑄 統師金部郎中 豐倉部郎中 虔師駕部職方二郎中 瓘武德令 清河丞 大理寺 丹陽郡公 鄒城縣男 道師

清河東武城張氏本出漢留侯良裔孫司徒歆歆弟協字季期衛尉生魏太山太守岱自河內徙清河曾孫幸後魏青州刺史平陸侯生準東青州刺史襲侯生靈真生彝隋末徙魏州昌樂

彝字慶賓後魏侍中平陸孝侯 始均字子衡後魏光祿卿平陸孝侯 晏之字熙德北齊兗州刺史安泰公 虔威字元敬隋江都贊務

詢古吏部侍郎 諫考功郎中 詢孝太僕少卿 繼遂州刺史 文琮刑部員外郎 虔雄隋陽城令 文禮常熟令 某昌樂令 某河西行軍司馬 雲字方慶桐城令 宇揚州戶曹參軍 寀秘書省校書郎

唐書宰相世系表十二下 十九

文瓘字稚圭相高宗
渏

潛揚州長史
寬庫部郎中

齊杭州刺史

沛同州刺史
成綺金吾將軍

洽魏州刺史
宥揚州長史
袞虢州刺史
載華兼御史中丞
正則
知實字保 冠仁
望字 渭叟

褒

涉殿中監汴州刺史
鵬陸渾丞

士矩右司郎中

沖字孝源介休令

文琮吏部侍郎
戩江州刺史

挹比部郎中

錫相武后溫王
歡
惟一華州刺史

寂司勳郎中

文收太子率更令
埜詢太常少卿

唐書宰相世系表十二下 二十

河間張氏漢常山景王耳之後世居鄚縣後周有司成中大夫虞鄉定公張羨賜姓叱羅氏生照照字士鴻隋冀州刺史復爲張氏三子惠寶惠瑤惠珍

惠寶隋絳丞

惠瑤瓜州司馬
祖政杭州刺史
晤懷遠令

祖令巫州刺史
處沖

處訥

處珣

惠珍
約

通書州刺史
宸
游藝遂州別駕
昇
參學司業

絢房州刺史

績京兆司錄參軍

允
絪蘭溪令
君卿 正宇
禕字公表天平節度使
文蔚字茂華相哀帝

濟美字舜舉

貽憲字表華戶部郎官集賢校理

豐侍御史
震江西採訪使洪州刺史
孝開蒲州刺史
知久洪州都督
栖貞歙州刺史
感
應安南都護
仲素中書舍人
鐸字司振
濬字禹川相昭宗
格字承之太學博士直弘文館
播右拾遺
泳
偘字樂聖
沆
林字徵之
仲連
幼蘭
季眞
季返
嵩庶澤風力扶陽尉溝令
蘄通州刺史

中山張氏出漢北平文侯蒼之後世居中山義豐

長諧
行鈞
希臧雍州司戶參軍
昌期岐汝二州刺史
昌儀司府少卿

同休司禮少卿
易之麟臺監恒國公
昌宗司衛卿鄴國公
魯客長安令
行成相太宗高宗
洛客
翁喜陳州刺史
彥起司封郎中
梁客吏部郎中

魏郡張氏世居繁水

公謹字弘愼襄州總管鄒襄公
大象戶部侍郎
大素給事中
悱國子司業
翽汲郡長史
大安相高宗
洽左金吾將軍
之緒都官郎中
墅
塾
洸同州刺史
臻秘書少監

汲郡張氏世居平原

挨
侯侍御史
之續

善見趙州司馬
武定荊州戶曹參軍
知古代州司功參軍
鎬字從周相睿宗

鄭州張氏

亮相太宗
愼微

張氏宰相十七人：柬之、說、嘉貞、延賞、弘靖、九齡、仁愿、鎰、錫、文瓘、光輔、文蔚、濬、行成、大安、鎬、亮。

馬氏出自嬴姓，伯益之後。趙王子趙奢為惠文王將，封馬服君，生牧，亦為趙將。子孫因以為氏，世居邯鄲。秦滅趙，牧子興徙咸陽。秦封武安侯。三子：珪、琛、嵩。嵩生述，字貞惠，漢太子太夫、平通侯，生權，為寧東將軍。三子：何羅、通、倫。通字達，黃門郎、侍中、重合侯，坐何羅反，徙扶風茂陵成懽里，生賓，議郎、繡衣使者。三子：慶、昌、襄。昌生仲，玄武司馬。四子：況、余、員、援。余字聖卿，中壘校尉、揚州牧。二子：嚴、敷。嚴字聖卿，後漢將作大匠。七子：固、伉、歆、鱄、融、留、續。歆十一世孫默，十二世孫岫。

默後魏雍州持中
忠歡
祚
仲緒隋荊府長史
臣武瀛州刺史
臣儉
克忠洛陽尉
攝駕部員外郎
曾
措
擇兵部員外郎河間太守
昔
署
逢兼監察御史

岫字子岳從周荊州刺史扶風肅公
喬卿梁襄州主簿
君才右武候大將軍南陽郡公
珉萬歲令
季龍嵐州刺史大同軍使
炬
當右諭德
炫字弱翁元和二年刑部侍郎
陶太子中舍
寅
夔
巢
儉
燧字洵美相德宗
彙太僕少卿
放左衛倉曹參軍
啟右清道率府倉曹參軍
暢少府監
繼祖殿中少監

懿均州刺史

扶風馬氏

曛
植字之相宣宗
郁
儔字後己

茌平馬氏北齊有茌平令遷因家焉

遷
璞本郡戶曹從事
周字賓王相太宗
載尚書左丞吏部侍郎
觀
覯吏部郎中
元振
元拯
恂河南令丹州刺史

馬氏宰相三人 燧 植 周

褚氏出自子姓。宋共公子段，字子石，食采於褚，其德可師，號曰褚師。生共公孫肥，子孫因爲褚氏。漢梁相褚大，元成間有褚先生少孫，裔孫重，始居河南陽翟。裔孫招，安東將軍、揚州都督、關內侯。孫䂮，字武良，晉安東將軍，始徙丹楊。五子：頠、詵、洽、裕、祥。洽，武昌太守，生征討大都督、都鄉元穆侯裒，字季野。二子：歆、熙。歆字幼安，祕書監，生爽，字義弘，會稽王諮議參軍。爽五子：秀之、粹之、陟之、裕之、淡之。秀之字長倩，宋太常。四子：僔之、湛之、貞之、法顯。

法顯，宋鄱陽太守。

炫字彥□，漢梁御史中丞、中書侍郎。

蒙，太子舍人。

玠字溫理，陳御史中丞。

亮字希明，散騎常侍、弘文館學士、陽翟康侯。

遂賢，崇賢館學士、王友、襄武侯。

璆，吏部郎中。

琇，給事中、常州刺史。

珣，京兆士曹參軍。

元方，大理評事。

□□，管記。

□□，永州司功參軍。

遂良字登善，相高宗。

彥甫，秘書郎。

彥沖，城門郎。

彥季，司農少卿。

僑　休　倫　儼　松

五世孫虔　七世孫軺

褚氏宰相一人 遂良

遂功　遂年　鳴鶴　鳴謙

崔氏出自姜姓。齊丁公伋嫡子季子讓國叔乙，食采於崔，遂爲崔氏。濟南東朝陽縣西北有崔氏城是也。季子生穆伯，穆伯生沃，沃生野，八世孫夭，生杼，爲齊正卿。生子成、子明、子彊，皆爲慶封所殺。子明奔魯，生良，十五世孫意如，爲秦大夫，封東萊侯。二子：業、仲牟。業字伯基，漢東萊侯，居清河東武城。生太常信侯昱，昱生襄國太守穆侯紹，紹生光祿勳嗣侯雅，雅生揚州刺史忠，忠生散騎常侍泰。泰字世榮，始居鄃縣。二子：恪、景。恪，丞相司直，生郡功曹殷。殷七子：雙、邯、寓、金、虎、蕃、固。雙爲東祖，邯爲西祖，寓爲南祖，亦號中祖。寓四世孫林，字德儒，魏司空、安陽孝侯。曾孫悅，前趙司徒、左長史、關內侯。三子：渾、潛、湛。湛生顗，後魏平東府諮議參軍。生蔚，自宋奔後魏，居滎陽，號鄭州崔氏。

蔚，後魏遷字□□，郢州刺史。

贊字紹茂，武□縣都□，□武津縣公。

珍，兼尚書左丞、武津縣公。

幼字季陽，後魏永昌郡守。

彥珍

景茂，□□□州行臺□部尚書、□□公。

慶賓

立觀，吏部員外郎。

神□，□□州刺史。

克讓，□州刺史。

貞固，廣宮州刺史。

叔瑜，吏部郎中。

溫卿，何部州刺史。

彥璋　[illegible]公
君緯丞相府賓曹參軍　君肅隋黃門侍郎
公禮泗州刺史　思默邢州刺史　思納和州刺史
元弈秋官郎中　壽　逢年　言道岳州刺史

君宙
思勸　千里
哲巴令　元綜相武后
均丹州刺史　志廉右庶子　廣　希喬監察御史
傑　儒　伷右拾遺

許州鄢陵房蔚少子彧居鄢陵

彧
彥昇　子令隋樞利州刺史　本州主簿
君贍隋秋官侍郎　義直峽州刺史
玄藉利洛申州刺史　州刺史　知愽戶部尚書　知久
憬　恂杭州刺史清河男　祐之博州刺史　贍之鄂州刺史　齊之左司郎中
勝
部字秉公

知儉　知讓　知溫相高宗
玄之度支郎中　泰之左丞黃門侍郎工部尚書析以職方郎中隴平二張易之少府監趙國公初以商州司馬隊平章功第二
綺
肅　洌　備工部郎中

知遜

南祖崔氏秦少子景字子成淮陽太守生挺字子建挺生破虜將軍權權生諫議大夫濟字元先亦稱南祖濟生湫字道初湫生安定侯融字子長融生中書令溫字道和溫生魏常山太守就字伯玄就生上谷太守公安公安生晉大司徒關內侯岳字元嵩岳生後趙尚書右僕射牧字伯蘭牧生後趙征東大將軍蔭字道崇蔭生聊城令怡字少業怡生宋樂陵太守曠隨慕容德度河居齊郡烏水號烏水房生清河太守二子靈延靈茂靈茂宋庫部郎中居全節生稚寶稚寶後魏祠部郎中生逵字景通北齊三公郎中生周司徒長史德仁德仁生君實

君實許州治中

縣解宜君丞

谷神

尚祠部郎中

侑

重下邽主簿

綱交城主簿

緯

偘朔州刺史

條晉陽丞

融字文成清河文公

禹錫字洪範中書舍人清河貞子

引河東尉

約

集

絢監察

師

謀

裒行

巨字爲式殿中侍御史

譔

經歙州錄事參軍

系盛

緈

緝

綴

紹

蘊監察御史

綜

則

外稷山尉

繼

棨

翹禮部尚書清河成公

陵詹事府司直

庇

璩字昭符

潤中

子信

系盛

昭原字勛美

昭緯字蘊曜相昭宗

昭矩字表謀

權襄陵尉

夔於潛尉

悅林慮主簿

述河南府士曹參軍

巖倉部員外郎

圻河南法曹參軍

難光
祿丞
同大理 峯 應
少卿
度襄城
主簿
厭惠 公弼
陵令 公度
弘本
延齡

允中
彥雍
平仲鳳
翔少尹
照將作 稔鉅 師 臨 充美
異渠州 監丞 野令
刺史
潾
崳澠 賁
池令
德瑤周
易博士

岐江陵 鄭
主簿
崍
嵘 弦河
東令
達江陵 頤
少尹 彥恭
勵陝府 泱興
司馬 師蒙
能字子才山南節度使清河郡公

由道
彥曾初名宣宰徐州觀察使 虬京兆
府參軍
祐之蔡
陽尉
從字子文淮南節度使清河縣伯 彥方壽 劭嗣太 整字文
安尉 子詹事 莊虔州支使
愼由字彬止相宣宗 昌遐字貽休太子賓客
剸字垂休相昭宗 緼
綸

蠡
湯
億

周愡初名愼經司封員外郎
有鄰字朋善祠部郎中
鈞

安潛字進之太子太傅貞孝公
熙字制之太常卿

鱗字濟之右拾遺

伽護

彦沖太子賓客
勍字思柔太常博士

靗字德成戶部侍郎

讓郎興元少尹

諧字虛己司封員外郎

鑾字得車太常丞

槐太子諭德
諒

彦儒盩
厔尉

憲西主簿
彦崇

彦弘

晟太子少詹事

系伊陽丞

朔京兆府法曹參軍

縣象
垂拱秦監察御史

肆擎主爵員外郎
鼎

伯基八世孫密，密二子：霸、琰。霸曾孫遵

遵後燕太常卿
撫宋汝南太守
虔後魏東荊州刺史始居藍田
穆隋藍田太守
君摸
文舉
登相武后

君操
文仲吏部郎中
試蘇州長史
安石汝州長史
岊
郜
縉字公綬

鋭大理少卿
瓚字承裕功節度使武城縣子原觀察推官

咸字翔宇

重易圖南

球字季珪，魏尚書，生諒，字士文，生遇，遇生瑜，瑜生逞，字叔祖，逞生

禕，禕四世孫灝

灝
義玄御史大夫
神基相武后
清兵員公

神慶司刑卿魏縣子
琳太子少保
儼諫議大夫

睦絳州刺史

珪懷州刺史
侁工部侍郎

球，鄆州刺史

瑶光，祿卿

傑

儀，史中丞

璟，石州刺史

傳，□州刺史

神福，荊州長史

清河大房逞少子諲，宋青、冀二州刺史，生靈和，宋員外散騎常侍，生後魏贈清河太守宗伯，生休，寅，休號大房。

休字惠盛，後魏殿中尚書、文貞侯。

寅字長驎，北齊士兵尚書、通吏部郎中，武城文公。

龍藏

子源，同州刺史

叔封

智藏

忱，千牛將軍

瑛，光祿少卿

堙，駙馬都尉

仲文，北齊光祿大夫

儦，隋內史舍人

世濟，太子洗馬

元擧，湖州刺史

元勃，和州刺史

希古，田令

迴，大理評事

理

綬

璐，字賓字

大圭

昌衡

元祚，大理司直

元德

元璞，東部侍郎、杭州刺史

庭玉，右驍衞將軍、冀州刺史

孝童，監察御史、濮州刺史

嗣童，陵州刺史

元異

直，駙馬都尉

元彦，正平令

逸甫

端

敖，太常博士

操

換

摶

法言，相州別駕

徽，隰州刺史

部尚書

忠公

徵，河南少尹

澈，太常少卿

倬

詠，字君易

陸，潭尉

勝，潛州刺史

豐

㦧

渙

載

元紀

守默

從一

虔 益字昕雅州 審
元友別駕 容
邃
暉唐州刺史 誠 賁 龜從字玄告相宣宗 殷夢字清川 旺字正封
昉字漢傑
慶復大理少卿
叔仁後魏相州刺史 挺 輅

沖少府監 通 樞秘書監
述右諭德
遜
彥武隋魏州刺史 正辨豐陽男 玄彰馬蘭令
玄默 思慶 延賓 嘉祥
思貞鳳州刺史 庭曜
庭暾
庭晦國子博士 嵩

子侯後魏通直常侍 思隱 嵩
子聿後魏東莞太守 求言同博州刺史
張蒼 少通
少容 豐洛陽丞
公輔雅州刺史

清河小房寅字敬禮後魏太子舍人樂安郡守生長謙給事中青州刺史生子令公華

子令高世瑛唐令
奉節
奉孝 欽讓
欽古
欽善
公華 大質復州刺史 玄覽 湛字湛然鄭州長史 虔大理司直 稱戶部員外郎
撞侍御史 晃

峴字公外
義字尚邇
秩
千字藩之
玘
彥辭
膠字壽卿
彥回字
瑞源
彥昭
彌字
倍宗
彥語
綱字[illegible]忠州[illegible]二州刺史
賓字[illegible]校[illegible]郎中
璧字敦詩[illegible]宗
巖同州參軍
兌字茂用東都留守
錡卿字
司鈞
中侍御史內供奉
漸
誼字宜之
稷
種
稅
[illegible]觀察使
棨
玄弼延州刺史
弘默
弛
道默赤尉
寬赤尉
岳
師本

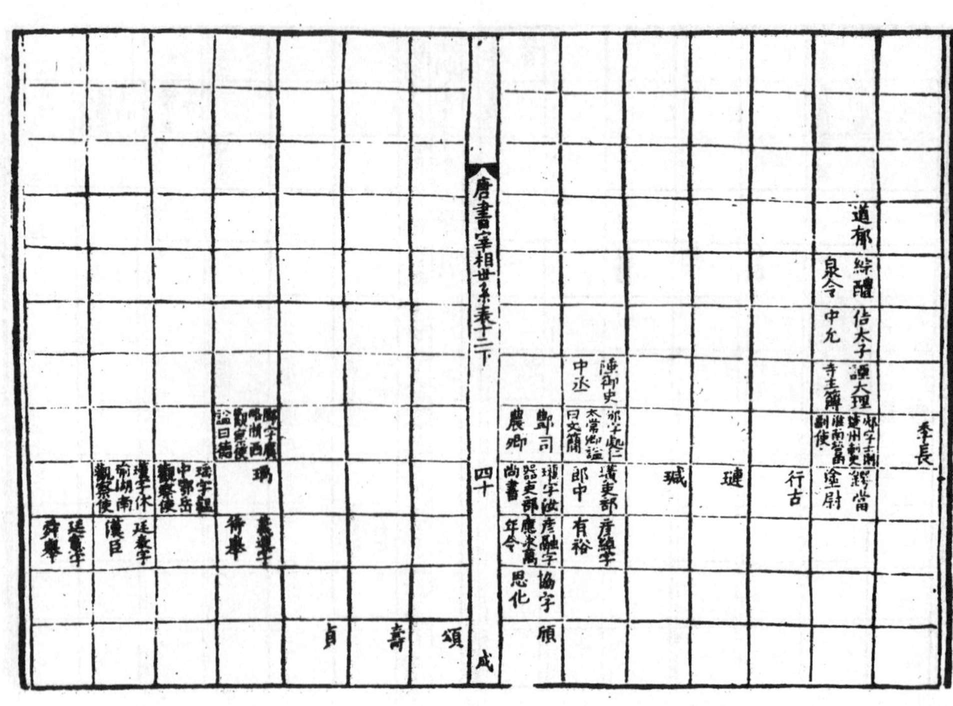

季長
道郁
綜禮
佶太子詹大理
鄰字士[illegible]州刺史
鍔當
泉令
中允
寺主簿
淮南節度副使
塗尉
行古
璉
瑊
陝御史
部字處仁吏部
產絳字
中丞
太常卿謚曰文簡
郎中
有裕
鄭司農卿
璵字汝器吏部尚書
彥融字應求萬年令
協字
頎
思化
頌
壽
貞
瓌字[illegible]
略湖西觀察使
謚曰德
瑀
義遵字
待舉
瑤字綬中鄂岳觀察使
璵字休俞湖南觀察使
延泰字
讓臣
延寵字
舜舉

璆字致美相黃巢
郎大理卿
郎
璜字錫勳
部右金吾衛將軍
琢字子文
仁穎字奧之
瓘字右玉
仁遇字贊堯
璨字真器
珮字聲諫
琪字庭秀
鄲相宣宗
鄯字德章
嶠字嵩廉士
佃河陰尉
諷枝江令
道楨子美
泉兵部郎中
濟
敦太常卿

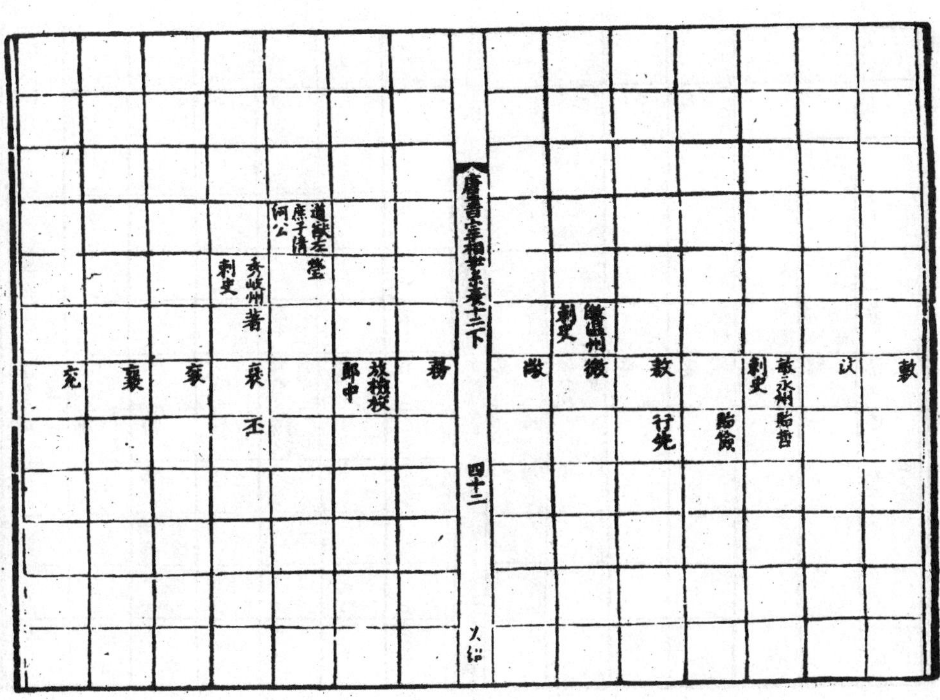

敷
試
敏永州刺史
貽晳
貽儉
款
行先
衡州刺史
徽
瞰
務
放檢校郎中
道嶷左庶子清河公
瑩
秀峽州刺史
著
袞
丕
豪
襄
兗

										玄撝陳州刺史	玄泰綿竹令		
									志徳京兆參軍	循禮	行溫延州刺史		
								收		融右司郎中	紹鄭州刺史	騎	
冀	羨	益	荐			特	顒				頲	鎮	鵬
			庠	文							義府郡郎中		
				㢊字長言							倫		
				濛字退澤	濉字德信						隋字邵業		

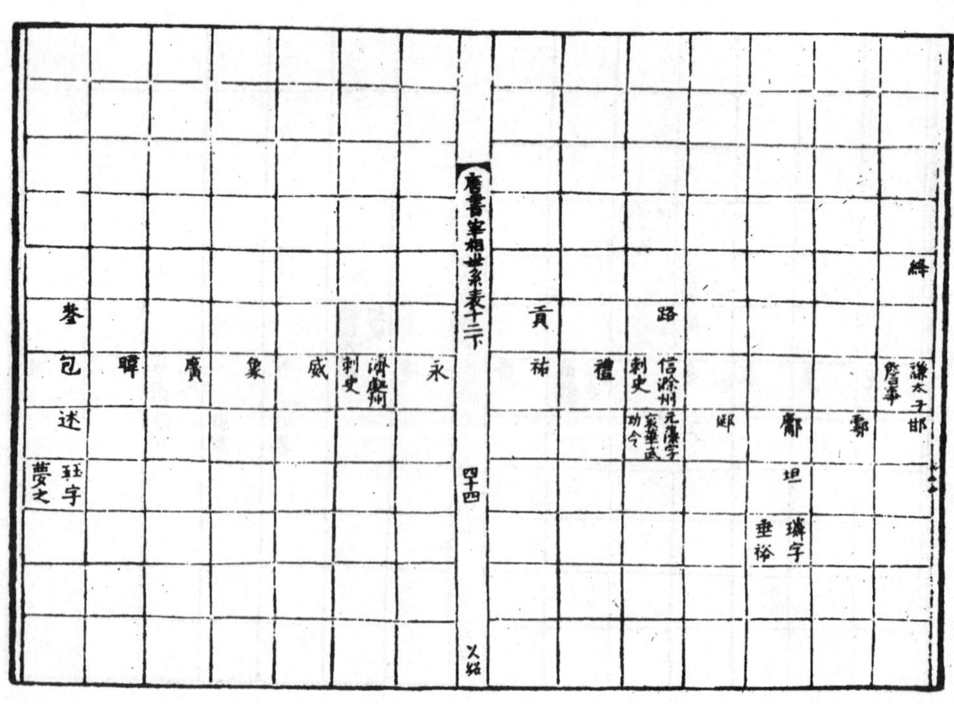

緈													
				路		貢							叁
謙太子詹事				信滁州刺史	禮	祐	永	濟州刺史	威	象	廣	暉	包
郜	鄠	鄘	郾	元藻字衮華武功令									述
		坦											玨字夢之
		璘字垂裕											

行堅金州司馬
綱
洹
師周
行褒襄州刺史
師魯

清河青州房琰生欽欽生京京孫璆慕容垂車騎屬生輯宋泰山太守徙居青州號青州房輯生脩脩之目連

脩之
元孫宋尚書郎
亮字敬後魏侍中僕射貞烈公
士泰征虜別將樂陵文[illegible]公
肇師北齊中書侍郎襄城縣男
道淹
方慶萬年主簿臨洺子
貞固武功主簿
景晊大理評事
圓相肅宗
褒
敬默魏征虜長史
思韶襄州司馬武城子
子布
成奭
成周

子治
弘道濟州刺史
子叶
濟庫部郎中
經
絢
洽成都少尹
繹
緒
幼孫
光伯後魏太傅諮議參軍
滔後魏殷州別駕
信明懷州刺史
冬日天官侍郎
一
目連
僧淵後魏南青州刺史
惟怦海沂等州司馬
鎮邈

彭素侍御史
知道大理司直
玄同相州刺史
倚
國輔禮部員外郎
度
翰字叔清汴宋觀察推官試大理評事
華
國況

博陵安平崔氏仲牟生融融生石石生廓廓字少通生寂寂生欽欽生朝漢侍御史生舒漢四郡太守二子發篆篆郡文學生毅毅生駰字亭伯長岑長二子盤寔盤生烈後漢太尉城門校尉生鈞字州平西河太守十世孫昂

昂
仁師相太宗高宗
揖亳州刺史襲安平公
[illegible]吏部[illegible]州司員外郎[illegible]參軍襲安平[illegible]男
鯙奉天令
晏監察御史
審大理卿
紓舒州團練判官試大理評事
鉶[illegible]節度副使
又新
一
又初
永
參令
天令
弘裕學
道益
鯢
畢
簡遂州刺史
鐸
鐸字一用
策監察御史

樞恒州刺史
挹戶部尚書
湜相中宗
泌刑部員外郎
諷戶部郎中
論大理卿
滌秘書監安邑縣子
涖吏部員外郎
萇

仁術
晃郃陽令
表嶺南節度副使殿中侍御史
道雅壽州團練推官
道昔盞
陽令
道融右補闕
隋司勳郎中
鈞蘇州司功參軍
溥
絢
晉秘書省正字
道猷處士江陵院巡官試大理評事
道紀字玄風處州刺史
涯汜水令
尚青州平盧節度掌書記

道樞
昌乾隋州軍事判官
昌遠書
州刺史
昌符
昌屑
晉滁州觀察推官秘書省校書郎

大房崔氏：驅少子寔，字子眞，後漢尚書。生皓，皓生質，質生讚，讚生洪，字良夫，晉大司農。生廓，廓生遇，遇生懿，字世茂，五子：連、琨、格、邈、殊，又三子：怡、豹、偘，為一房，號六房。連字景遇，鉅鹿令，號大房，生郡功曹綽，二子：標、鑒。標字洛祖，行博陵太守，生後魏鎮南長史廣，字仲慶，生元猷，元猷生當。

當字文業，後魏中書侍郎
伯謙字士遜，鴻臚少卿
瀾字孝源，青冀二州司馬
綜字君維，長安令
慎字行謹，胡蘇令
玄暐相武后中宗
瓘懷州刺史博陵郡公
震
渙門下侍郎
繼御史大夫恒山忠公
元方沔州刺史
碣字東標
善
捷萬年尉
揚三原丞
賁侍御史
璉汾州刺史
異常州刺史
括
益邛州刺史

唐書宰相世系表十二下　四十九　乂銘

復鳳翔少尹
觀大理評事
瓚主客郎中
瑑 / 解光祿卿
頤兼侍御史 / 操檢校郎中
晳
昇字玄樂刑部侍郎 / 璵湖鄂太守兼採訪使 / 嬰鄭州刺史 / 貞固榆次尉 / 戣檢校司勳員外郎 / 庚字綱德荊南觀察支使
序字東玉
戡字司大充潞觀察使安平縣公 / 雍和州刺史 / 黨兒
歸僧
福字昌遠員外郎
裕字寬中
厚字致之司勳郎中 / 晏字道安
晟字景熙

唐書宰相世系表十二下　五十　乂譜

戩 / 剛字内明長安令
璉 / 管殿中侍御史
旭 行簡刑部員外郎 / 概 / 耿 / 曄字挺秀
旻 行功秘書監 / 誠左金吾將軍
訓文州刺史
訢華州刺史 / 太素
景 / 署
昱 / 峒左補闕
晷 / 擴字圭無相德宗
晃 / 銑駙馬都尉太僕卿 / 鸞信王傅
章 / 行盤雍州錄事參軍
晨 / 續和州刺史
昊眉州刺史
行真 / 曇澧州刺史

量

仲渡西魏渭膽少卿　周林刑部郎中　從俗　無淲　倚　汾州刺史

無畏

無該滎陽郡太守

鳳舉　從令　無諱

從禮太子家令安喜公

叔仁　元嗣熙州刺史

鑒字神具後魏東徐州刺史安平康侯三子含秉德習秉德驃騎大將軍諡曰請穆子忻君哲仲哲

仲哲後魏司徒行參軍安平縣男　長孫開府中兵參軍　子慎隋四州長史　元平侍御史　行範　安陽主客員外郎　藏類

藏穎　諧

銑兼御史

行則　孝德復州刺史　光業

光緒夔州刺史　德

子信　義起戶部侍郎

仲琰　君昭　播　立亮　無縱　望之　潤沁州刺史

釋之屯田郎中

藏之膳部員外郎　陝郴州刺史

溥之　傲尚書右丞　元略義成節度使　鉉字台碩相武宗宣宗　沆字內融相僖宗

訂

潭字德鑒

沂字德潤

濟字德澤

鐵

元受直史館高陵尉　約字秉一　潭字中極　構字高秀

泳字表聖

濯字昭美

澥字幾化

鎮

鍊安濮二州刺史；演刑部郎中；愉
杭
元式相宣宗；鎮字重威
宣宗
鋼字君
鉌字延業
元儒；錯
琨之
温之鄧州刺史；瑨
毓固汴州司馬
無忌；河圖諫議大夫
君昇；遵治膳部郎中；誠刑部郎中；明允禮部員外郎
曾字季貞仕後魏河東太守；仲業；仁睿；立禕；寬比部郎中；其興
立祗刑部侍郎
叔業後魏南兗州別駕；仲立亳州刺史

第二房崔氏琨字景龍饒陽令行本郡太守二子經懿經生辯字神通後魏武邑太守饒陽侯諡曰恭二子逸楷

楷字季則後魏鄜州刺史征虜將軍；士元；育王北齊起部郎；蔚字文豹本州大中正
勵德；慎知濟州刺史；頊
慎微汾西令；漸樂陵令；庶陳留尉；行儉字聖用池州刺史；惠文
士謙周江陵總管武康郡公；曠隋衡州刺史；丕
順潮州刺史；珍洋州刺史；綰隴州刺史；佶濮州刺史
弈衡州刺史；大方海州刺史
大起
萬石中書舍人；權
換
礭隴州刺史；恭儉駙馬都尉博陵郡男；去惑；嵩；穎信州刺史
懸宗饒州長史；儔臨渙丞；懿；頎同州刺史；璩字從律山南西道節度使
珣；汪字希虔
璪刑部尚書；滔字深之

琪相武宗

渻字道源御史大夫

仁稽字化元

仁矩

仁寶字國華

璵字朗士河中節度使

澹字知止吏部侍郎

遠字昌之相昭宗

瀍字爲中

瑨常州刺史

勃字晏之

球字叔休

清字遇源

澄字鑒之

顒宋州刺史

顗

頎賀州刺史

進思黃州刺史

侁長安令

闢之

昌容

羣御史大夫

國本

琦

寶德主爵郎中（彭字子彭隋左領軍大將軍鎮慈州[illegible]）

遺斌

鎮倉部員外郎

鐸

延職方員外郎

知德將承安陽男

景遷

富吏部郎中

宣京兆少尹

宥工部郎中

知機洛州刺史

仲恭幽州功曹參軍

暉

恭賢冀州刺史（乾後周弘文學士大將軍河陽[illegible]安平壯公）

處直（弘昌隋左武衛大將軍[illegible]郡公）

處仁

漢衡兵部尚書

勵太子左諭德

絹撫州司馬

璟刑部郎中

琬閬州刺史

瓌睦州刺史

弘峻隋趙王府長史
儼雍令
暄汝州長史
証字若虛太子賓客
晧安平公
渾監察御史
洞字若沖太子賓客清河孝公
成甫
佑甫字貽孫相德宗
暀徐州司馬
濤大理少卿
儀甫大理丞
倰字德長戶部尚書平輿公
懿字標襄州觀察掌書記
瞻字藏用
涉邑州刺史
嬰甫
植字公脩相穆宗
琊武
連令
弘壽左萬善閣文憲右監門將州刺史成武衛將軍擭鑾安縣男緊鹽成諡曰信安縣男侯
大宜
椿吏部員外郎
嵩駙馬都尉
大操濟州刺史
潤醴泉令
立之
弘正
鄴公
弘舟隋內府監安平郡公
雖隋左千牛
士順周同關府行參軍
大緒
伯陽御史中丞同州刺史
府濮州刺史

鬱後魏濮陽太守生挺
挺字興猷後魏司徒長昌景子
孝芬字恭持太常卿太昌縣公
勉字宣祖定州大中正
龍子刺州治中以宣度子繼
獻字宣仲方字不獻隋大將信都太守固安縣將軍汲郡胡公伯
曉
義字大儒風泉令石城縣男
安上字敬禮相高宗
脩業太子通事舍人
繇廣部郎中
守業刑部侍郎
貞固刺州刺史
貞愼兵部侍郎
貞敏鄜州刺史
元瑒
同業主爵郎中
崇業主客員外郎
餘慶兵部尚書州司馬
遊業恒河南司士參軍
紹業秋
官郎中
續
輔
承福越廣二州都督
先意鄧州刺史郡長史
獻滎陽濟同州刺史
宗字君楨字茂孝
令
杞駙馬都尉

清戶部郎中
悅殿中侍御史

湘

峒文武令

峻左司員外郎

先志
峋

峻光祿少卿

先事
昶
瑜
周補右補闕

周衡字可權處州刺史

先知

濟主客員外郎

叔重隋虞部侍郎固安縣公
幹字道貞黃門侍郎博陵元公

宣慶隋弘農太守
公業
元楨
茂萊州刺史
藝
夏舒州刺史
洌

璵合州刺史
銳起居舍人

令欽國子司業
真

輪王司部郎中安平公
憬從戶部員外郎
璿之
淋

公餘檢校郎中

宣軌隋考功郎中

宣質

宣靜

宣略

長昇象山令

孝瞻後魏鉅鹿太守謚曰簡
節字懷遠北齊祠部尚書
君讚瀛州刺史
德厚
恂司農丞

行成戶部郎中
傳穆州司戶參軍
季孫

仲孫

波字君洽隋中書侍郎
晉挺令
諶中書舍人

紹寶武邑令
頊白水尉
昇之汾西令
遴建昌丞
景伯

造字玄宰相德宗
懿伯

文伯　述字元明，房州刺史

武伯

彥防　弘禮字從周，刑部尚書

治隋散騎常侍　治武彊令　預監察御史　育江陰令　孚長城令

彥佐

彥輔

彥博

彥恭

彥光

彥金

彥載

第三房崔氏格二子蕃穎蕃生天護穎八世孫不疑左補闕

天護

穆字子和，後魏州主簿

謀開　[illegible]

遠　擘後周御府大夫

誠

儀表

敬嗣房

悅洛州光遠州刺史

司戶參軍

使

千齡

叔則　[illegible]

侍

搆

據成都少尹

光迪

抗揚府司錄兼[illegible]舍人將作少監

玄亮字晦叔，號州刺史

煜

昭言字詢之，昭義節度判官

貽孫字伯垂

宰言

綬中牟尉

定言字安道

瑩孫字圭卿

純亮

寅亮

仁亮

繇以玄亮子繼

達

悰主爵員外郎

行表

商晉司農卿

貴成州刺史

世立隋大理少卿安平縣子

固儉

抗祁

階濟州永樂尉

陽令

刺史

閣舍人

良佐湖城簿

元翰比部郎中

文興

諤

恭汾州刺史
良衒
宗之右司郎中
儒戶部郎中
衛何　日用相睿宗玄宗
閭丞
汲長　日新　復興州刺史
安丞　刺史
日知字子駿潞州長史中山襄公　禹坊州刺史
衆工部員外郎
日宣　緯宣州衙推　綽
重明虞部員外郎

寄河東令
斐殿中侍御史
琬祝阿令　戢深州給中
仁　揖司勳員外郎
融字倩鴻翻卒業後魏定州別駕郡功曹　祖仁　叔獻歷州刺史
祖俠　待詔殿中侍御史　玄範　密宣州刺史
玄爽　有信　齊膳工部比部郎中秘書少監

崔氏定著十房一曰鄭州二曰鄢陵三曰南祖四曰清河大房五曰清河小房六曰清河青州房七曰博陵安平房八曰博陵大房九曰博陵第二房十曰博陵第三房宰相二十三人鄭州崔氏有元綜鄢陵有知溫南祖有昭緯慎由胤神基清河大房有龜從小房有彥昭群青州房有圓安平房有仁師湜博陵大房有玄暐損鉉元式第二房有琪遠祐甫植第三房有日用

玄景　涅
洪精善大夫
玄顒虞部郎中
鳳舉　澤洛陽尉
約　智辨豐洮寧州都督

于氏出自姬姓周武王第二子邘叔子孫以國爲氏其後去邑爲于氏其後自東海郯縣隨拓拔鄰徙代改爲萬紐于氏後魏孝文時復爲于氏外都大官新安公栗磾生侍中尚書令洛拔洛拔六子烈敦果勁洎天恩天恩內行長遼西太守生太中大夫仁生仁生高平郡都將子安子安生隴西郡守建平郡公子提子提生謹字思敬從西魏孝武帝入關遂爲京兆長安人仕後周太師燕文公九子寔翼義智紹弼簡禮廣

寔字賓實後周司空燕安公號蘭陵院　顗字元武隋熙州總管　世虔　儉左屯衛將軍
哲壹州刺史
仲文字次武隋右翊衛大將軍延壽公　欽明彭州刺史　敬同中書舍人　經野戶部侍郎

敏直相州刺史
光逢滁州刺史

惲
紹之復州刺史

象賢隋驃騎大將軍款昌定公
德基
素倉部員外郎

德威
玄乾鄆令
顧武令
汪祕書監
胄
頵

庭順
頫

庭誨
顥天興令
晗長安尉

庭謂
頎工部屯田員外郎
尚書

賁
[illegible]岳州錄事參軍

穎
頊太原府司錄參軍
瞻吉州刺史
顯監察御史

象字叔[illegible]
頊戶部侍郎判度支
返泗州司馬

頊長安令
明孟令

紹言右龍武兵曹參軍

興宗河南少尹

溫河南丞

晡字允元相憲宗
正方太原府少尹

敏太常丞

李友鄰字東寧州刺史駙馬都尉
暐泉州刺史
容揚州錄事參軍

悟[illegible]冀州刺史

蘊高郵令

堯六合令

彥珣湖城令

溫武寧節度推官虞部郎中

儔司農少卿知太倉給納

鄘雲陽令大理評事
因

思讓

昭　思遠[illegible]
超
愼思　壁州刺史
諡　孫河西令
眘　榮州刺史
頠　洋州司戶參軍
冀
貞
瀆　字子濟泗州判官
可封　國子司業
劭同
安仁　江州刺史
德行　恒州刺史
玄徽　滄州刺史
思言　太府卿
德方　越州刺史黔昌男
志本
纂　字[illegible]
[illegible]字[illegible]江陵[illegible]陽靜公
元嗣　金吾將軍

詮　吏部下大夫常山公
筠　太僕卿
瑾　駕部郎中
抱誠　戊州刺史
郃　字德門禮部侍郎
洪錫　字元福
尹躬　中書舍人
訢　字弘道
誠　字薦之
皋　慕戶部郎中
人文
德孫　字承休吏部侍郎
德林　涇原支使
德晦　周州刺史
圻　京兆府司錄參軍
郢　衛尉寮師少卿
雍來
永寧　商州刺史
遂古　幽州刺史
[illegible]字元[illegible]公
[illegible]字[illegible]公
宜敬　字[illegible]仲達隋[illegible]奉車都尉
[illegible]字仲[illegible]子繼[illegible]高宗
立政　字[illegible]太僕少卿[illegible]州刺史
遊藝　江都令[illegible]公
伯獻　涼州都督
[illegible]字[illegible]州都督東海郡公
克勤　密州別駕東海郡公

克構監門衞將軍武陽縣男
克樹華州司戶參軍
光遠通虔二州刺史
大猷字徽本明堂令
慎言
安貞吳興令
仙鼎沁州刺史
默成沛令
嘉祥
休徵
休烈工部尚書東海元公
益諫議大夫

肅給事中
敖字蹈中戶部侍郎
球
棁字拱臣
珪字子光
兢字德源
瓌字臣德
琄平盧節度使
琮字禮用相懿宗
結諫議大夫
保寧
承範平州刺史
承慶

于氏宰相三人志寧璩琮

宰相世系表第十二下

翰林學士兼龍圖閣學士朝散大夫給事中知制誥充史館脩撰臣歐陽脩奉

敕撰

柳氏出自姬姓魯孝公子夷伯展孫無駭生禽字季為魯士師謚曰惠食采於柳下遂姓柳氏楚滅魯仕楚秦并天下柳氏遷於河東秦末柳下惠裔孫安始居解縣安孫隗漢齊相六世孫豐後漢光祿勳六世孫軌晉吏部尚書生景猷晉侍中二子耆純耆太守號西眷耆二子恭璩恭後魏河東郡守南徙汝潁遂仕江表曾孫緝宋州別駕宋安郡守生僧習與豫州刺史裴叔業據州歸于後魏為揚州大中正尚書右丞方輿公五子鷟慶虬檜鷙

鷟後魏臨淮王記室

[illegible]字孝孫後周黃門侍郎康城愷公

祚隋司褒鄭州伎棣州

[illegible]侍郎刺史　刺史

範尚書奉物監

右丞州刺史

喜

賁

昪字伯存殿中侍御史

道倫

陟字中廣洪府戶曹參軍

中行

寀

翰字周臣

陟字堯卿

幹工部員外郎

惲

弃昇州刺史

儒戶部侍郎

翊膳部員外郎

慶字更興後周侍中左僕射平齊景公

機字匡時隋納言建安簡公

述字業隋兵部尚書參知機務

續儀曹郎中

謎職方郎中

虔隴州刺史

光庭祠部員外郎

叔璘端州刺史

應規殿中侍御史

充庭劍州都督

莽

遵考功郎中

退禮部郎中

旦字匡德隋黃門侍郎新城男

燮都官郎中

子房戶部侍郎

子賁

則隋左衛騎曹參軍

奭字子燕相高宗

知人水部郎中

無忝潭州刺史

涤

爽

嘉泰字光平右武衛將軍

祐良

虔膳部員外郎

緈膳部員外郎

懷濬房闔鄜四州刺史													亨峽州刺史太常卿壽陵侯
融	子敬		子夏徐州長史										子陽
	約房州刺史	繹夏令		從心			從諫猗氏令						誠晉冀滁中書州司馬舍人
元寂主客員外郎		遺愛太子司議郎		回	四	國	某臨邛令	察躬德清令					
少安撫州刺史		關侍御史					某權德令	鎮侍御史	某朔方營田副使殿中侍御史	纁華陰主簿	綜	續	
		寬字存誨荊南永安軍判官						宗元字子厚柳州刺史					
								告字用益					

			凱字仲盤後周中書侍郎美陽縣公										
		商字匡仁隋工部郎中	鴻漸	恭年後周順州刺史							止戈後周洛州刺史		
		大隱台州刺史		蓋之字公正隋黃門侍郎				諤之	穎之屯田員外郎	挺之中書舍人			
	子貢			處明吏部郎中	惠明職方郎中		紘明施州刺史	保隆膳部郎中					
									存業蕭州刺史		愫海州長史	惇資陽令	
澤太子右庶子華州刺史	景與冀州刺史		暉常州刺史		衡貝州刺史	愨恆州都督			栖瀛州刺史		瓚伊陽丞	初延州司馬	
												頤寧國丞	
						五						元方萬年丞	
												弘禮	傳禮

好禮

建金部郎中

待價　言思祠部郎中

虯裔孫　彥昭太子文學　琴字仲敷右司郎中集賢學士　登字成伯大理少卿　璟字德暉郴州刺史　韜字藏用

瓌邵州長史　祺字玄裕

鶗字鄴叔備建觀察使

檜　雄亮　贊都官郎中　郎卿咸安太守

晉太常卿平陽太守純六世孫懿後魏車騎大將軍汾州刺史生敏字白澤隋上大將軍武德郡公從祖弟道茂

道茂　孝斌　客尼　明偉義川令　正已　甫

正禮亦州司戶參軍　子華檢校金部郎中　公度光祿少卿　議字匡言

器　希顏　珮字輝長

仲遊　璨字昭之相昭

宗　瑀

珹

子溫丹州刺史　公綽字仲寬兵部尚書平章事天平節度使謚曰元　璞字韜玉著作郎　璉字一之郊方字衛尉少卿

公權字誠懸太子太保　仲憲　瓊字盧中

公諒　鄠令

大夫

琡御史　璧字賓王右諫議大夫　懷素字知白

子金南鄭令

子平

惟則檢校員外郎

明亮

五臣水部郎中　明諶和州刺史　正元大理評事

寶積職方員外郎　明逸刑部員外郎

明肅慶女郎中

平陽太守純生卓晉永嘉中自本郡遷於襄陽官至汝南太守四子輔恬傑奮號東眷

輔　平　紛起　昶　毓　果仁

崇禮房州刺史 固節
仲矩
粹 季華
悟西涼太守 惠馮翊太守 叔宗字□□宋建威將軍 世隆字彥緒南齊尚書令貞陽忠武公 惔字文通梁左僕射曲江穆侯 昞 裦隋大將軍 儼右金吾將軍
暉梁吏部尚書 顧言隋秘書監漢南公 遜 尚真司門員外郎 思讓巴州刺史
儉兵部員外郎
映 奧 善才荊王侍讀 尚素江寧令 慶休渤海丞 譚字方明屯田郎中集賢殿學士
渾字德載相德宗
叔珍義陽內史 慶遠字文和梁侍中雲杜忠惠侯 津字元暉左民部尚書 仲禮司州刺史西魏侍中 玄 行滿給事中
式隋持書御史 紹左庶子 晦文州刺史
如芝衡州刺史
季遠梁中書侍郎宜都太守 遐字子升後周霍州刺史 莊隋黃門侍郎 慶孫 夔光祿少卿杭州刺史 偘
佮 升長安令 元
輔

傑 雙虬 元章 景賓 秀誠揚州長史
沖太子賓客平陽公 應
景鴻 儉
仲仁 崇貞太原令
季貞 貴長安令
季和 贊襄州刺史
奮 貞望江州刺史

柳氏宰相三人 渾 奭 璨

韓氏出自姬姓晉穆侯費少子曲沃桓叔成師生武子萬食采韓原生定伯定伯生子輿子輿生獻子厥從封遂為韓氏十五世孫襄王倉為秦所滅少子蟣虱生信漢封韓王生弓高侯穨當穨當生孺孺生案道侯說說生長君長君生龍頟侯增增生河南尹騫避王莽亂居赭陽九世孫河東太守術生河東太守純純生魏司徒南鄉恭侯暨六世孫延之字顯宗後魏魯陽侯孫瓌平涼太守安定公生恒州刺史演演生褒

褒字弘業後周少保三水貞伯 紹字繼伯
仲良戶部尚書潁川公 某鄆州刺史 某著作郎 某萬州刺史 慎溫主簿
豐字茂實

業字安平祠部郎中

瑗字伯玉相高宗　純臣

琪

晉陵郡尹太守

銑

瑀左監門大將軍　晉蜀州刺史

禕

滕左補闕

濮亳州刺史

倫駕部郎中

遜

謗　司勳郎中

弓高侯穨當裔孫尋後漢隴西太守世居潁川生司空棱字伯師其後徙安定武安後魏有常山太守武安成侯肅字黃耇後居九門生茂字元興尚書令征南大將軍安定桓王二子備均均字天德定州刺史安定康公生暾雅州都督生仁恭

仁恭[illegible]州司馬　[illegible]州長史

[illegible]州同州司法參軍

季卿秦王府曹參軍

子卿陝府功曹參軍

仲卿秘書郎　會起居舍人

百川介王府參軍

湘字正諸大理丞

謗實

肆丞

翹

緯字持之

禽字遠吏部侍郎臨汝

褒字獻之

[illegible]州倪當平令

元龍河南參軍

寔肅寶命開封令

曾餘調州司功參軍

州來詹興令

家神苗京兆府司戶參軍

參軍　州司法

河東太守純四世孫安之晉員外郎二子嗜恬恬玄菟太守二子郁偃偃臨江令生後魏從事郎中穎穎生播字遠游徙昌黎棘城二子勵紹紹字延宗揚州別駕二子弈胄

胄字弘[illegible]刺史

太常丞師仁上[illegible]

郎中

詢

延慶

朝邑令

鍊

光期主簿

鉞宋城令

鋒武功尉　紓　朴
延範
華衛尉少卿　署　師魯
君祐涪州刺史　道紀
鎮藍田令　纁三水令　鍔大理評事
大智字不惑洛州司戶參軍　偶秘書郎　滔輔唐令　暈丹楊令
阜長水丞
舉殿中侍御史　賚秋浦令　鄉
鄂
都
邢
郯
居厚　鐔殿中侍御史
鄙

部
寓　鄖
容　棒
審　鄰
嚴
休字良士相玄宗　浩高陵尉
洽監察御史
洪邢州長史　章兵部侍郎　挹太原少尹　居賓南鄭丞
銂磁州錄事參軍
晟左散騎常侍　居業
披潤州司倉參軍
樞揚子尉
操靈寶尉
宰

				漸郊社丞	沇諫議大夫	
平	年	筆	莘		卓殿中丞	
					準洛陽令	
					鎡咸陽令	
					超	濡

			渙字太沖相德宗			
			翼禮部員外郎			皐字仲閣尚書左僕射
		鼎	察明州刺史	宥衛尉卿	寬右金吾兵曹參軍	充郡王府錄事參軍
銶	銖		諫師			
起	越					

		洵京兆府錄事參軍	澤太常少卿			
			述都官郎中閬州刺史			
豙			復絳州刺史			
紹京兆文學	致成都少尹		鈞左司員外郎	鐸字台臣檢校兵部尚書		
	颻			環太子司議郎	瓌穰令	弼
						士通原州司戶參軍

					武右拾遺	
		解太子中允	益金部員外郎	孚興元少尹	抗眞源尉	
			穀流溪令	爔	逵	
	珪				抧	
士約大理評事					繕	侶

柷 坤

櫓

巽 杞

友信

絢

揆河南丞

迴字幼卿兵部侍郎 綽司封郎中 賓亳州刺史 造

酈字正封遂州刺史 飾

賴

郇

寧 據

常岳州刺史 密

杭吳令

彝 謇

弈涇陽尉 最

巫興平令 騫

中歸州刺史 操

倩殿中丞 演和州刺史

退率府錄事參軍

滌河南兵曹參軍 承訓洛陽令 乂定遠令 庶 釧

鍔 嶠

承徽 宗簡

玄亮中牟尉

玄著

宗古蕭令

笄字若諫邠蘇州議大夫刺史

範

耆

湜真源丞　肇宣城尉　潘
楷海陵尉
大敏　份著作郎
佺虞城尉

南鄉恭侯暨子孫其後徙陽夏

望　垂　弘相憲宗　肅元
繼之字公武從僖宗右驍衛上將軍
繼宗

[illegible]
韓氏宰相四人瓊休涗弘

來氏出自子姓商之支孫食采於郲因以爲氏其後避難去邑秦末徙新野漢有光祿大夫來漢從楊僕擊南越孫仲諫議大夫生歙字君叔中郎將生稜稜生歷爲執金吾生定中郎將孫豔司空生敏字敬達蜀執慎將軍七世孫覿始徙江都

覿　繪　護兒隋左翊衛大將軍榮國公　恆相高宗　景業吏部郎中
濟相高宗　敬業[illegible]州刺史
處[illegible]中書舍人

來氏宰相二人濟恆

許氏出自姜姓炎帝裔孫伯夷之後周武王封其裔孫文叔於許後以爲太嶽之嗣至元公結爲楚所滅遷于容城子孫分散以國爲氏自容城徙冀州高陽北新城都鄉樂善里秦末有許猗隱居不仕曾孫昳漢侍中太常生德字伯饒安定汝南太守因居平輿四子據政遡勁據大司農生允字士崇魏中領軍鎮北將軍三子殷勁猛允孫式式二子販邁販字仲仁晉司徒掾四子茂詢嶷雅詢字玄度四子元之仲之季之珪珪宋給事著作郎桂陽太守生勇慧齊太子家令宂從僕射晉陵縣侯二子懋猶懋梁天門太守中庶子生亨德次子政字義先別居邵陵

亨陳衛尉卿　善心隋黃門侍郎　敬宗字延族相高宗　昂虔化令　彥伯太子舍人　望右羽林將軍　遠侍御史睢陽太守　峴袁州刺史
韶伯右屯衛將軍平恩公
昱

昇明堂令
果恭陵令
景工部郎中判右羽林大將軍

安陸許氏出自詢五世孫君明梁楚州刺史生弘周

弘周梁州刺史　法光後周岳州刺史　紹峽州刺史　善隋宣城郡主簿　力士洛州長史　欽寂夔州刺史　輔乾右金吾大將軍　諫河南丞
論監察御史
詵歸州刺史
諷監察御史

輔德 宕州刺史

欽明 梁州都督安西大都護　誠感 鴻臚少卿　子房

季常 萬年丞

子端 岳州刺史

誠言 太僕卿右衛大將軍　子餘 壽州刺史

欽淡 深州刺史光祿卿　長真 濟汴節度使　孝常庵 州刺史

仲容 鄧州刺史　志倫

志雍 兼監察御史

伯裔

智仁 右屯衛將軍許昌公

圉師 相高宗　自牧

自遂

自正 澤州刺史

許氏宰相二人。敬宗 圉師

辛氏出自姒姓，夏后啓封支子於莘，莘、辛聲相近，遂爲辛氏。周太史辛甲爲文王臣，封於長子。秦有將軍辛騰，家于中山苦陘。曾孫蒲，漢初以豪族徙隴西狄道。曾孫柔，字長汎，光祿大夫、右扶風都尉、馮翊太守。四子：臨衆、武賢、登翁、武賢。破羌將軍，生慶忌，左將軍、光祿大夫、常樂公，生子産，豫章太守。曾孫茂，後漢成義將軍、酒泉太守、侍中。三子：緘、述、孟孫。孟孫生長水校尉伯眞。伯眞二子：孟興、叔興。孟興二子：恩、肦。恩生子焉。子焉三子：寅、裕、胥。

寅　寅四世孫顏　猷　猷孫巨明 後魏侍中　顯宗 馮翊郡守　元忠 晉州刺史平陽伯　迥 隋龍州刺史　德秦 黃州刺史平桑公

慶之 字餘慶西魏秘書監　加陵 後周主寢上士

道源 監察御史　思禮 邵州刺史

珍之 後魏北海太守諡曰恭　懋 北齊都官尚書　文綮 鳳州刺史

谿 字仲略　昂 字進君後周僮州總管繁昌公

政　肇　茂將 相高宗　希業 駕部郎中

寬　諝 中書舍人

裕　裕五世孫晃　敬宗　樹寶　琛 字僧貴後魏南梁太守　術 字懷哲北齊吏部尚書　衡卿 太常丞　郁 禮部侍郎

靈寶　徽 後魏徐州刺史　季慶 青州刺史　公義 隋司隸大夫　亮 侍御史

闡　寶剛　興　僜　玄慶　怡諫 壽州刺史

玄同 戶部員外郎

良禮部侍郎
玄道比部郎中
廣嗣禮部侍郎
恒
晉
長孺都官郎中
咸
利涉度支員外郎
萬

辛氏宰相一人。茂將

任姓出自黃帝少子禹陽，受封於任，因以爲姓。十二世孫奚仲爲夏車正，更封於薛。又十二世孫仲虺爲湯左相。太戊時有臣扈，武丁時有祖己，皆徙國於邳。祖己七世孫成侯又遷於摯，亦謂之摯國。漢有御史大夫廣阿侯任敖，世居于沛，其後徙居渭南。

雅相相高宗
迪簡易定節度使
憲字亞卿
鳳陵州刺史

任氏宰相一人。雅相

盧氏出自姜姓。齊文公子高，高孫傒爲齊正卿，諡曰敬仲，食采於盧，濟北盧縣是也，其後因以爲氏。田和篡齊，盧氏散居燕、秦之間。秦有博士敖，子孫家于涿水之上，遂爲范陽涿人。裔孫植，字子幹，漢北中郎將。生毓，字子家，魏司空、容城成侯。三子：欽、簡、珽。欽，晉尚書僕射。珽字子笏，晉侍中、尚書，廣燕穆子。三子：浮、皓、志。志字子道，晉中書監、衛尉卿。三子：諶、謐、詵。諶字子諒，晉侍中、中書監。五子：勗、凝、融、偃、徽。勗居巷南，號南祖；偃居北，號北祖。偃仕慕容氏營丘太守。二子：邈、闡。邈，范陽太守，生玄，字子真，後魏中書侍郎、固安宣侯。二子：巡、度世。度世字子遷，青州刺史、固安惠侯。四子：陽烏、敏、昶、尚之，號四房盧氏。

陽烏字伯[illegible]，後魏[illegible]固安孝侯，號大房。
道將字祖[illegible]
懷祖太子中舍人、國子博士
莊後周都水使者
彥卿石州刺史
懷仁字子友，後魏弘農太守
門令東宮學士
大道荊州刺史
瓘滄州司功參軍
元福秘書少監
循襄陽尉

元璉蓋（?）令
湛
從
徽
豐令
岳上洛（?）仲卿
知（?）河馬
衛尉
紹明
繼直太常
涤（?）
晶陽尉
岳
懷秘書少監、固安侯
兗州參軍
姨右金吾將軍
悅
鄧州刺史
山甫
慎思和諭黃州長史
大理評事
長宗
周諒
仲宗揚州參軍
武安尉
詵

												安石曹州司馬	
彥章武彊令							師莊司議郎				師兵金部郎中懷州刺史	師老司門郎中	惛
雅道刑部員外郎			方壽		行嘉州錄事參軍	大觀	晈			暉魏州刺史	陳泗州刺史	昭	
王昆桐廬令		思順	思敬	知順太谷丞	知遠	師昉	汪			向		脩懷州司兵參軍	
		臨涼王府司馬	令滑沂州司馬		守賓	宗謙		泰	端	彧			
游司勳郎中河南少尹	迅殿中侍御史	元寓											
肇		震											

									伯成萬年丞	金交水部員外郎滁州刺史			
								雅封丘令	協汾州司錄參軍	勸	顧譙令	敷寬匄令	
						吳大理主簿	暈	晏			戰開封尉		
羣						計揚州兵曹參軍							單
	廣檢校比部郎中	錯左庶子	鈞字子和太子太師	鋼睦州刺史	欽大理評事	銳平陸尉							
			㬎字浮戶秘書省校書郎	珪字子美									
			肅字子莊										

彦高萬年長	俭壽太常丞	維惠許州司兵參軍			
	仙壽雍丘令	友淡黎陽令	秀清河令		
			霸司封郎中將作少監		
		友憺黎陽令	融長水令	萬隰州刺史	
		友季太原府士曹參軍			
	儔壽	法智			
	弘壽衛州司馬	友坦		渾	
		友裕信都主簿	相高郵令	甫	
				峴丹楊丞	
			構濟州刺史	和	
				華	士瞻大理少卿
				衎	
				啓	
			播戶部郎中	居易	賁實

		用晦	
		藏密	
		將明	
		寬中	
		處厚	
		榛	
		將順	
	抗	嶠	
子廓	光臣		
遺福	乘	長慶	
友挹	服晉陽令	論	
		詡	紹
			遲
		莘河內尉	

璬沂州錄事參軍
某襄陽令
居簡金吾兵曹參軍
行簡大理主簿
可乂
道亮字仲業
思演
朗潤青等州刺史
廣徵婺州刺史
幼卿亳州刺史
廣明
廣[illegible]陽令
含光鄭丞
玄卿字子長秘校左威衞上將軍封國公
居貞左神武軍曹參軍
居簡
居易
居中
居道
廣濟和州刺史
思道字赤松太子舍人行隋武陽太守今范陽郡公
承慶字子餘相高宗
譯吏部郎中
郎徐州刺史
垣
幼臨刑部郎中
承思
休期
日新商州刺史
建常州刺史

承悌
絅城門郎
侑太原尉
暄
㦒杭州刺史
幼平太常寺丞郢州刺史
子賓客
承基主客郎中
元嘉知遠貴州刺史
巽
弘宗
峻字子翰
孚
明遠太原少尹
徽遠潤州刺史
承業絳二州長史魏縣簡子
承泰字承卿太子詹事廣陽郡公
成務杭微郢五州刺史
成軌
侶御史中丞
僮衢州刺史
偘戶部郎中
成麟
儆趙州刺史
承禮湖州司馬
璇魏州長史
徽明洋州刺史

唐書宰相世系表十三上 二十九

藏用字子潛黔州長史

若虛起居舍人

重玄司勳郎中

承福考功郎中

瑤

伯初太原少尹

卿

知退

準字昭儉

知晦

導字熙化

玢貝鄜二州刺史

全操秀州刺史

全義臨汝太守

全誠饒陽太守

惲

全壽金吾將軍

全眘

絳

繪

締

維

濟處字慶祖後魏幽州刺史諡曰文恭

昌衡隋太子左庶子

寶素隋澤州內部長晉州別駕

安壽綿州長史

正紀汝州司馬

伉閬中令

嶠求州司馬

唐書宰相世系表十三上 三十

嘉猷

岳字周翰陝虢觀察使

載

戣

戡

正勤

侹臨汝監察

清令御史

士珏

占

弘宣字子章太子少傅固安縣伯

告字子有左補闕

朋龜字子益

含

同休

更牢

丕道鄂州刺史

安志萬年丞

游道

肅誠

倖禮均州刺史

絢太子詹事

熾

正義

緬

瀾

鎮

鴻應

耕字子威

溥

景明陝州司馬
濊

澤兼殿中侍御史

正言左監門衛將軍謚曰光
曉字曰旦溧州司馬
浚西華主簿

昊大理主簿

況汝陽主簿

灝新鄉尉

融祠部郎中
士埕漢州刺史

士瓊字德卿河南府司錄參軍
孺方

嗣宗

嗣業

士瑛岳州刺史
勴約
震字子威

士玟太子賓客

士璵
僑
舜字子華

清萍鄉主簿
士平和州刺史

執顏戶部員外郎

踐微

先之
沭

湘

潘字子濬

洋

泚

沛

浚西華尉

政
士琪
罕字子讓

長谷潤州司戶參軍
光懿
繼

渚

光烈

光遠
光裕
光宗　澥，殿中侍御史
實，滄博州刺史　元亮，萊州司功參軍
元規　遜　固然
遜，給事中、荊府長史　奐
元德義　庭光　廣全
清今
元貞
怡，中書舍人、御史中丞　膺，大理評事　高，檢校工部郎中
同吉　元亨　庭言　晶
道，許字功安，後魏中書侍郎、鄴縣開國伯　熙裕　士綸
悰，殿中侍御史
庭昌，歙州刺史
巍客　許，遂州刺史
庭芳
利貞　子眞　昇　瓘，字戡，初義成節度使

叔聰　誦，峽州刺史
元茂　韞，價長安簿　祚，偃師尉
抃
校，衢州參軍
遠價　顒
士緯
七緝
士繹　曇，檢校工部郎中
士繪　嘉慶　重明，亳州刺史　令章，屯田員外郎　灌，安陸丞
見義，魏郡太守
見象，石州刺史
方慶　愛彤　國淳
昭彤　藏，給事中　同，佐睦州刺史
國英

唐書宰相世系表十三上　三十五

悠之 文構 君肅 敬之仙遊表後 後舉進郎慶部官 謚日號尚書謚 第二房日孝簡卒

勉實 守直興州刺史

昇福州刺史 峻 給

乾

旻 放

景同 誂

官尉

君消忠 州刺史 坳孫常州刺史 獻侍郎 翔 甚字 去甚

朗州刺史 歸澧州刺史 長

廣河南尉 商字爲宗 臣相宜

知遠

知微

知宗

僧朗

義字得問 生協字熙 續兵部員外郎

盛恒州刺史

壬戌

唐書宰相世系表十三上　三十六

令 輔國 敦禮

貞 暹

翹兵部郎中廣陵長史 進賢

進寶

曄

畯

旺殿中侍御史 逢戶部郎中 聽

愨

懿 蘊字積中

者字弘中

甚字敬中 生肅權鼎 字調臣起 居舍人與 起居郎蘇 楷駁哀謚 改昭宗謚 巨褒

荷字秉中

璃給事中國子祭酒 良

壬戌

復，愛州刺史
詷
渥字子章，檢校司徒
頎字公禮，刑部侍郎
賡字昌舜
紹字子美，太子少保
脩字垂禮
麟字垂禎
滔字明源
沆字德遠
操
寬
政，檢校郎中
璦，欽州刺史
琡
瑾，河中少尹
璠
瑱，澤州刺史
戎
蔚字剛中
玠
珙
君亮寬
句令

文壽
鉉，祠部郎中
文挹
君胄
貞拙
復，冰石
元裕
補闕
正己，刑部尚書
翰揖
德宗
君靜
萬石，司農卿，昌平公
昭，峽州刺史
曈，太原少尹
瓌
琎，常州刺史
懋之後，親殿騎常侍
彪
慈，龍濟源令
同德，樂壽令
勸，渭南令
勤，敬桃林令
守悌
勤禮
抱素
勤，春州刺史
克周
克明，高陽令
洽
澗
沼，芮城令
邁字子玄，相德宗
洵
漸

									義惇				
		崇柔蘭陵太中南州刺史							景開	息之後魏開府參軍			
[illegible]		元幹	叔棨						仲俊	彥博雍州參軍	德衡		
[illegible]								之信洛州司功參軍	之道太子舍人				
昭度監察御史					珙	元哲金州刺史	璟	璭					
詢晉州司馬							思矜渭州司倉參軍						
		貽河南府法曹參軍		貞諒刑部侍郎			全濟封丘丞						
	渾	於陵										瀍殿中侍御史	清
	元中	義											
	嗣宗字子復												

					相字叔達後魏驃騎西將軍公曰稱號第三房								
					元隆	義安							
					士熙北齊彭城太守								
子哲靈昌侯陸二令					子令		楚玉						
					君通						彥倫盩厔令		
	圍吏考功郎中				閑公	虔舟秘書少監				昭道比部員外郎	昭亮任城簿	昭禮渭州長史	
茂伯度支員外郎					仁祖相州錄事參軍	褒						伯超	
		不勤宿山丞			不器刑部郎中		泰卿蔡州刺史		潰	滔		端	
	撝謙合州刺史	隨祁丞		益	豫		商	侶檢校郎中			仙宗兼監察御史		
	昇				艒		士暉字子餘						
	嘉績	景亮字長倩中書舍人	式中										則監察御史

元德
徽昌樂令徐州別駕
勝

挺潭州司戶參軍
懷慎相玄宗
奐尚書右丞漁陽縣伯
振國子主簿

鈞左武衛兵曹參軍

弈御史中丞
杞字子良相德宗
元輔華州刺史
順之字子讓
曉字子昭

㰀

愫左駕部郎中
淑魏令

會昌倉部郎中

以終

仁師
世表
弘肅
廙商州刺史
寧

宣河陰尉

寧饒陽令
維太中大夫

弘懌汝州刺史
備中書舍人

倬
洞

僎汝州長史

弘慎兵部侍郎
庭侍御史

弘陝陳留令
密壽安令
辭玉

和玉
涉

處兗州參軍

霽
臨

世矩梓慎七州刺史北平元公
弘軌道王府參軍
福會軍器監
歆當陽令
仲甫中牟尉

韶許昌尉
仲羅鄴城令

諴太子中允
仲皋

以終

仲連

正師眞定主簿
習信東陽令
善衡鄉丞

善祚穎州司馬
巨源原州長史
揆義興丞

彭玄翰太常寺奉禮郎
尚卿
樹一
從原字子贊州部尚書
纘王屋令

論比部員外郎
晉

允給事中

謝直鄢陵主簿

懿卿少府丞
敬實汾西令
烜

師智高其尉
大辯

尚之字季儒後魏濟州刺史號第四房
文甫字元祐司空行參軍
歆通大正常博士
觀龍丘令
蕎重當陽令
茂道玄武尉
信懷州長史
睥監察御史
沈郢亳二州刺史
筆

覃
從範
瞻生揆
字數

仙童
茂實

羽客衞南丞
晶
惟穆
汶

濟

釗永寧令
祥玉州司馬
濟之黃尉
翰臨

安倉部郎中閬州刺史
綸字允言檢校戶部郎中
簡能字子紬檢校司封郎中鳳翔節度判官
知獻字子基檢校司空生文度字子斃
簡辭字子策山南東道節度使
貽殷光祿少卿生文渙字子林
玄禧字子裕國子博士
弘止字子遵宣武節度使
虔灌字子肅祕書監
裔脩字子脩
簡求字子臧河東節度使
汝弼字子諧祠部郎中知制誥

正倫

正命
孝道

文昌字仲達後魏梁州刺史陽子
士偉齊州司馬
德基南安令
萬金

萬石字萬石監察御史昌平縣侯
文勵膳部郎中
伯陽
同宰明經國子州刺史博士

鎮
徹
躅字子範

鏗

胸字子通檢校禮部郎中生文晏字子倚殿中侍御史

義幹永寧令
眞惠
玄範

崇道太常少卿
鷗

鴆

眞相諸城令
子義郎主簿
守節

伯玉
沔

眞行
大機
仲長

大藏
无忌

仁杞
佐元
諷
渟字子黯
近思
拯字勤之
士開殷中郎
仁奕
審經丘令
河童曲令
岳河中倉曹參軍
丘
增
秘
岳
鱗
珦字保衡劍南東川節度使
玠霍丘尉
大琰
大璟河南府參軍
瓚
常師光祿少卿
審忠
彥
鏞
仲臻
銛延州刺史
尚
擇壽開府參軍
賈臣

輔臣館陶令
士瞻
特
法德
立約
昊
肅石州刺史
徹吉州刺史
序
崇倫上蔡令
子輿沁陽令
同望江令
東美考功員外郎
暢
專字子專
立
申
易
瑜同州參軍
賓德
度
壽王
賢王子慎
玄明均州刺史
榮王
孝穗
仁弘雞澤令
元節果州參軍
元休武德尉

元昉遂城尉

鼎臣

瑱

文衍字叔偉後魏通直散騎侍郎

士遂字子淹中山太守

正力屯田郎中

范陽盧氏又有盧損

損

求

攜字子升相僖宗

晏字望卿壽安尉直弘文館

又有盧質

質

畫

光濟字子垂

光啓字子忠相昭宗

长先

盧氏宰相八人大房有商承慶第二房有翰邈第三房有懷慎杞范陽有攜光啓

宰相世系表第十三上

宰相世系表第十三下　唐書七十三下

翰林學士兼龍圖閣學士朝散大夫給事中知制誥充史館脩撰臣歐陽脩奉敕撰

上官氏出自芈姓楚王子蘭為上官大夫以族為氏漢徙大姓以實關中上官氏徙隴西上邽漢有右將軍安陽侯桀生安車騎將軍桑樂侯以反伏誅遺腹子期裔孫勝蜀太尉二子曰茂曰先先徙東郡後徙陝郡五世孫回至弘為江都摠監又徙揚州

回後周襄城太守

弘隋比部郎中江都摠監

儀字游韶相高宗

庭芝周王府屬天水郡公

庭璋太子僕

經野德州刺史

經國

經緯詔侍御史

上官氏宰相一人 儀

樂氏出自子姓宋戴公生公子衎字樂父生傾父澤澤生夷父須子孫以王父字為氏須生大司寇樂呂呂孫喜喜生司城子罕裔孫樂羊為魏文侯將封於靈壽其後子孫因家焉裔孫毅趙封望諸君毅孫臣叔漢封華成君子孫自趙徙長陵裔孫親後漢牟縣吏生恢字伯奇尚書僕射生羽林監乾徙南陽淯陽孫仁為武陵太守生清河太守平平生散騎常侍方生廣字彥輔晉尚書令信陵公裔孫恂

恂梁西揚州刺史

亮後周固道郡守

宗青城令

彥瑋字德珪相高宗

思順白水令

思晦相武后

樂氏宰相二人 彥瑋 思晦

孫氏出自姬姓衛康叔八世孫武公和生公子惠孫惠孫生耳為衛上卿食采於戚生武仲乙以王父字為氏乙生昭子炎炎生莊子紇紇生宣子鱒鱒生桓子良夫良夫生文子林父林父生嘉世居汲郡晉有孫登即其裔也又有出自芈姓楚蚡冒生王子蔿章字無鉤生蔿為叔伯呂臣孫蔿賈伯嬴生蔿艾獵即令尹叔敖亦為孫氏又有出自媯姓齊田完字敬仲四世孫桓子無宇無宇二子恒書書字子占齊大夫伐莒有功景公賜姓孫氏食采於樂安生憑字起宗齊卿憑生武字長卿以田鮑四族謀為亂奔吳為將軍三子馳明敵明食采於富春自是世為富春人明生臏臏生勝字國輔秦將勝生蓋字光道漢中守生知字萬方封武信君知生念字甚然二子豐益益字玄器生卿字伯高漢侍中生憑字景純將軍二子屆詢詢字會宗安定太守二子騶騏騶生爰居爰居生福為太原太守遇赤眉之難遂居太原中都太原之族有嵐州刺史昉生存進安定太守詢次子騏字士龍安邑令二子通僾通子孫世居清河後魏有清河太守靈懷武德中子孫因官徙汝州郟城靈懷曾孫茂道

茂道初名處約字延道相高宗

侹延州刺史富春男

俯

俊荊府長史樂安子

儆濟州刺史

佺幽州都督會稽公

安邑令騏少子奧字子遠後漢天水太守徙居青州生厚字重愨大將軍掾生瑤字良王中郎將生遼字伯淵清河太守生儁字士彥洛陽令生國字明元尚書郎生虓字玄志漢陽太守二子鍾旃鍾吳先主權即其裔也旃字子之太原太守二子炎歷炎字叔然魏祕書監生倓字仲觚太官令生道恭字雅遜晉長秋卿二子顗芳顗字士若芳中書令子烈避趙王倫之難徙居昌黎生岳前燕侍中子孫稱昌黎孫氏歷幽州刺史右將軍生旂字伯旗平南將軍坐與孫秀合謀夷三族顗避地河朔居武邑武遂生煇字光休後趙射聲校尉生緯字元文幽州都督生周字季洽後燕高陽王文學生勘仁字士和北燕司隸功曹二子兟蔚蔚字伯華一字叔炳後魏祕書監棗彊戴男二子伯禮方嗣

伯禮後魏巴州刺史襲棗彊男 | 元虓北齊文宣帝相國騎曹 | 靈暉北齊治中大將軍司馬 | 萬安隋徐兗婺三州刺史 | 彥昉滑州長史 | 矩滑州長史 | 行成左翊衛 | 迣樂陵主簿

逌

遐

承家

何 基貞九巖道門令

儆

休

藻儒林丞

昱烏江令

儇

舍利

彥皎和州刺史

萬壽大理司直

孝敬隋晉陽令

仲將[illegible]張丞

希莊韓王典籤

嘉之宋州司馬

悠刑部侍郎右庶子謚曰文

宿華州刺史

公器邕府經略兼御史中丞

華清太原尉

儒部

小盛

正河中少尹

詢部陽尉

簡東都留守太子太保

晟崇家左贊善大夫

纘本名晏蓋丞

遠蓬州刺史

景裕孟州司馬

紆工部員外郎

徽常州刺史

[illegible]子[illegible]中支使

繼

範監察御史

沇

觀清河令

緒字中[illegible]歷[illegible]州刺史[illegible]部侍郎

紏侍御史

錡許州法曹參軍

延遂州刺史

小遠

縉字純虔州參軍事判官

小崩

緒平陽令

聚

晏初名節

𨱆大理司直

絳右補闕

式字思進桂州刺史中丞樂安孝男

惟肖監察御史

匡辟白水主簿

匡方

榮字文盛中書舍人

保衡鄭州節度判官檢校司封郎中

微仲沔州刺史

庶立燮澤尉

審象汝州司馬

履度南陵尉

方紹登州刺史

賁

諫

肅復德

清令

贊

俶江都尉

- 視太常寺太祝協律郎
- 晳否鼓城令
- 適左羽林兵曹參軍
- 會常州刺史晉安縣男
- 公紹
- 嶠
- 璡
- 鐐宜城尉
- 公文睦州刺史
- 頊右庶子京兆少尹
- 穀字子相河南尹
- 璵
- 碧汀州刺史
- 瑝字子濯鳳翔少尹
- 楙字士圭刑部侍郎
- 拙字幾玄中書舍人
- 公冑海鹽尉
- 昆袁州錄事參軍
- 士棨長洲令
- 嗣宗於潛尉

- 嗣初昆山令
- 爽字化南度支職方郎中
- 方老
- 朝陽
- 堯嘉州刺史
- 遇亳州長史
- 公孝睦州長史
- 璝
- 璩於潛尉
- 客卿盱眙令
- 公輔陸澤丞
- 復禮貝州刺史
- 大名
- 由禮
- 元宗
- 奉宗鳳翔少尹
- 起白馬令
- 非熊黃梅尉
- 最兩京[illegible]字禮[illegible]御史中[illegible]用[illegible]校禮部尚文館[illegible]監[illegible]尉

㣧字丈府京兆尹樂安郡侯
混檢校員外郎
洽字道弘秘書省校書郎
伓興元少尹
儉字德府昭義判官檢校工部員外郎
偓字龍光相昭宗
溥字熙化
侁春秋博士
偕字文德集賢殿學士戶部郎中
清太原少尹
篤進士累官右內率府騎曹參軍
司直
酒
監國
大
田尉
道師
德師

廣秘府袁獻
陽丞
希業永徽之
陽令
翹
啓
方嗣後仲瑜隋魏建威將軍吏部侍郎
勃文石邑令
弘立臨州司功參軍
孝哲會稽令
弘文飛燕令
璧上柱國
章霍山尉
子盛洹水令
子榮
子詔中諫右武衛兵曹參軍
郎將
咀
子錄慶
邑令

孫氏宰相二人清河有崇道武邑有偓

姜姓本炎帝生於姜水因以爲姓其後子孫變易他姓堯遭洪水共工之從孫佐禹治水爲四嶽之官以其主四嶽之祭尊之故稱曰大嶽命爲侯伯復賜以祖姓曰姜以紹炎帝之後裔孫太公望封齊爲田和所滅子孫分散漢初姜氏以關東大族徙關中遂居

天水蜀大將軍平襄侯維裔孫明世居上邽

明後魏兗州刺史天水郡公
遠後周秦二州刺史朝邑公
寶誼左武衛大將軍永安剛公
恪相高宗。
協字壽夏州都督成紀威公。
亨
知文
節司勳郎中。
還虔州刺史將作少監
騭字昇之
蔦字用之

九眞姜氏本出天水

神翊舒州刺史
挺
公輔相德宗
復比部郎中

姜氏宰相二人 恪 公輔

陸氏出自嬀姓田完裔孫齊宣王少子通字季達封於平原般縣陸鄉即陸終故地因以氏焉通諡曰元侯生恭侯發爲齊上大夫發二子萬皐皐生邕邕生漢太中大夫賈萬生烈字伯元吳令豫章都尉既卒吳人思之迎其喪葬于胥屛亭子孫遂爲吳郡吳縣人二子衡盱盱字子光襄賁令生鴻字叔鸞爲本州從事鴻生建字公榮渤海太守建生曄字奉光本州從事生恭字彥祖御史中丞京兆尹恭生璜字公伯璜生文字孝平弘農都尉文生親字公道成都令親生眾字世業舉秀才除郎中生賜字思祖丞相府主簿生閎字子春潁川太守尚書令三子卬溫桓號潁川枝桓字叔文生續字知初揚州別駕三子稠逢褒號荊州枝稠荊州刺史二子肅謙肅丹徒令號丹徒枝十世孫鎮之

鎮之梁給事中
瑨
琳陳章王諮議
元朗字德明秦王府學士
邃義逢宜哲 州刺史

遵楷祕書郎
敦信相高宗
鄖客
大餽慶州都督
郊卿
大訓
大盈
大鈞左金吾大將軍
陽
越賓陝州刺史
慶叶屯田員外郎雍州司馬
翰大理司直
桂工部員外郎
子野荊門令
杭涇原節度使檢校工部尚書
威字岐兵部侍郎
刺侍御史
咸雲陽令

揚州別駕續中子逢漢尚書右僕射樂安侯五子渉表瓊昊招號樂安枝表生漢海臨縣令穰字子仁生恢晉諫議大夫恢生永興縣令弘號諫議枝揚州別駕續少子褒字叔明褒第三子紆字叔盤吳城門校尉五子奠惜颯猷駿字季才九江都尉太學博士二子遜瑁瑁字子璋選曹尚書六子滂喜穎英偉顏穎第三子海隅縣令濯生漢公漢公生洌洌生晉本郡從事元之隱居魚圻號魚圻枝生英字季子長沙太守高平相員外散騎常侍六子術舉曄玩粹瓘玩字士瑤侍中司空贈太尉興平康伯六子謐儒側納乂始號太尉枝始字祖興五兵尚書侍中二子徽萬載萬載臨海太守祕書監侍中四子道玩叔元羣子員子員字同宗宋東陽太

守四子惠曉惠恭惠徹惠遠惠徹字監齊司徒府左曹掾三子

觀閑引閑字遐業揚州別駕四子厥絳完襄

完字楚卿梁琅邪太守

丘公字琛字契子岳黃門侍郎

東之司議郎崇文侍書學士

彥遠贊善大夫

曾

靜之

玄之字元方相武后　又云像章尉

象先本名景初相玄宗

泛秘書少監　兗

景城門郎

橋陵令

咸湖城尉　當洪州參軍

兼物汜水令吳縣男　翅海鹽丞

兼井揚府戶曹參軍　高

騏揚州兵曹參軍　逵永嘉令

翹婺州刺史

演汜水令　招

濂刑部郎中

權

談溧水令　鏻

廣濟州刺史

兆夏陽令大理司直

偃泉州刺史

謀丹楊丞

秘奉天尉

頊

序平陸　義舉

景倩右臺監察御史

濟少府少監平昌縣男

令

厚

廣濟州刺史

孝嘏名賁河南司錄參軍

賁監察御史

正興

寰虞李縝字睿御史　詔御侍

魯望

文舉

應下　纁殿中侍御史

郜令

纁鄭

廉福建觀察使

令

綜河南府倉曹參軍

給信州刺史

紹潁州刺史

玥校書郎

審傳工部侍郎

甚東校書郎

緪之永嘉令

景融工部尚書
沛屯田郎中
敏江夏令
峴潤州司參軍
馴陳州司馬
志和
惠和
承秦州刺史
盛黃巖令
素平
素長
素剛
清

消陽翟令
孟儒蘇州司士參軍
翔字楚臣相昭宗
恕
崇
甚符
寶郎
愿[illegible]司郎中
德方
德興義烏桐廬尉
德鄰庫部員外郎
德謙

德休越州法曹參軍
德昭
想
嵩秘書省校書郎
仲文
季雍太平令
漸
琦

景獻屯田郎中
包工部郎中
翊應山令
況
易徐州刺史
巨虢州司士參軍
倜舒城令
齊
糜
玭明州長史
倪新鄭令
巖
景裔光祿卿
倏上元令
倫大理評事
季方

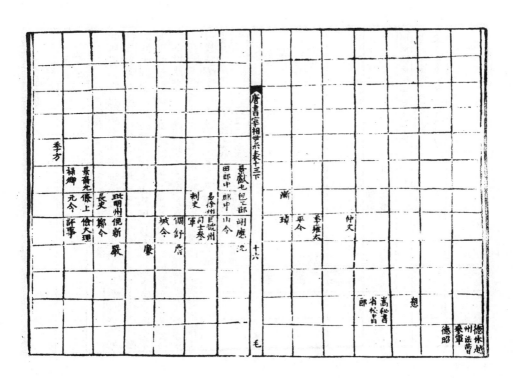

				彥恭杭州刺史	隸嘉興令				
					向漳州刺史				
		瑾	逖之都官員外郎						
	令公梁宣城王記室參軍	珣陳右軍將軍		餘慶太子詹事	珙	璨字仲采汾州刺史	海湖州刺史		
	寶公字子龍梁中書黃門郎	瓊字伯玉陳度支尚書	從興字由儀隋郃陽主簿		鑑		長源字泳汴宋節度使	行儉	復

長沙太守英次子璀晉中書侍郎號侍郎枝五世孫文盛齊散騎常侍生宣猛字觀明梁宣威將軍宣猛生陳吏部侍郎濤濤九世孫齊望

齊望祕書監	泌左散騎常侍			
	灋主客郎中	休符字昌期		
		師德侍御史	墠青州從事監察御史	扆字祥文相昭宗
	潤左司員外郎			
	淮兵部郎中			
	灞吏部郎中	贄字軫興相德宗	簡禮兵部郎中	
	濉戶部郎中	則杭州刺史左司郎中		

	渭戶部侍郎	賞監察御史
	澧侍御史	

陸氏宰相六人 丹徒枝有敦信太尉枝有元方象先希聲侍郎枝有扆贄

趙氏出自嬴姓顓頊裔孫伯益帝舜賜以嬴姓十三世孫造父周穆王封於趙城因以為氏其地河東永安縣是也六世孫奄父號公仲生叔帶去周仕晉文侯五世孫夙晉獻公賜采邑於耿河東皮氏縣有耿鄉是也夙生共孟共孟生衰字子餘諡曰成季成季十八世孫遷為秦所滅趙人立遷兄嘉為代王後降於秦秦使嘉子公輔主西戎西戎懷之號曰趙王世居隴西天水西縣公輔十二世孫融字長後漢右扶風大鴻臚融七世孫瑤

瑤後魏河北太守			乾贊隋幽州刺史陽武公	玄極忻州刺史	仁本相高宗	詮左司郎中司僕少卿	道先字德宗洪州錄事參軍	憬字退翁相德宗	寘亮
									全亮
									元亮
									承亮

						諫左羽林將軍

新安趙氏後徙京兆奉天

德冑回樂令	景皇普安令	灌然城平令	植字道茂嶺南節度使檢校工部尚書謚曰簡	公儀下邽尉
				遵約

仁約

存約興元節度判官

隱字大隱相懿宗僖宗

光逢字延吉太常卿

光裔字煥業膳部郎中知制誥

損

承讓

益

承讜

光胤字垂裕駕部郎中

隲字女錫華州刺史

光遠

從約

蒙字不欺

昌翰字德馨

蘊字中美

滂字思濟

峻字儀山

崇字喬山御史大夫

峋字德山

敦煌趙氏

于遷隋鷹揚郎將

武孟監察御史

彥昭字奐然相中宗

南陽趙氏亦世居兗縣後徙平原

暨後魏太常卿

業隋庫部侍郎

德言吏員外郎

景好時令

馱先殿中侍御史

驊祕書監

宗儒字秉文相德宗

仁泰南和令

慎己告成丞

涵京兆士曹參軍

涉侍御史

俊監察御史

澤大理丞

侁昭應尉

璘字澤章

璉字幾顏

瓚字祥牙

佇初名贊字德融

佶兼監察御史

慎燕殿中侍御史

趙氏宰相四人 仁本 憬 彥昭 宗儒

閻氏出自姬姓周武王封太伯曾孫仲奕於閻鄉因以爲氏又云
昭王少子生而手文曰閻康王封於閻城又云唐叔虞之後晉成
公子懿食采於閻邑晉滅子孫散處河洛前漢末居滎陽尚書閻
章生暢侍中北宜春侯三子顯景晏顯車騎將軍長社侯顯生穆
避難徙于巴西之安漢顯孫甫魏武帝封爲平樂鄉侯復居河南
新安生牂牁太守璞璞生晉殿中將軍漢中太守讚讚生遼西太
守亨亨生北平太守安成亭侯鼎字玉鉉死劉聰之難子昌奔于
代王猗盧遂居馬邑孫滿後魏諸曹大夫自馬邑又徙河南孫善
龍驤將軍雲中鎮將因居雲州盛樂生車騎將軍燉煌鎮都大將
提提生盛樂郡守進進少子慶字仁度後周小司空上柱國石保
成公賜姓大野氏至隋復舊生毗

將作少監 石保公 | 立德工部尚書大安公 | 立遊司農少卿 潭州刺史 | 知微左豹韜將軍

巨源 | 用之左金吾將軍 | 洪 | 今

定 | 家 | 宰 | 宣

立行少府監 | 立本相高宗 | 玄秀岐州刺史 | 克儉叔子同州刺史 | 州刺史

眞奉官司農卿

閻氏宰相一人 立本

郝氏出自郝省氏太昊之佐也商帝乙之世裔孫期封於太原之郝鄉因以爲氏裔孫晏安秦上卿晏安孫瑗太原守生蒼嶷漢匈奴中郎將□□孫晉末因官徙潤州丹楊七世孫廻自丹楊徙安陸

通梁江夏太守 | 破敵後周沔州太守 | 相貴滁州刺史 | 處俊相高宗 | 北叟司諫郎 | 南容秘書郎 | 處傑鄭州刺史

郝氏宰相一人 處俊

薛氏出自任姓黃帝孫顓頊少子陽封於任十二世孫奚仲爲夏車正禹封爲薛侯其地魯國薛縣是也奚仲遷于邳十二世孫仲虺復居薛爲湯左相臣扈祖己皆其胄裔也祖己七世孫曰成從國於摯更號摯國女大任生周文王至武王克商復封爲薛侯齊桓霸諸侯獨薛侯不從黜爲伯歷三代凡六十四世其可記者畛生初初生厲侯陵陵生宣武侯房房生褒侯襃襃生莊侯元元生平侯貴貴生昭侯直直生襄侯夷夷生桓侯辨辨生康侯安安興生定公箱箱生恭侯尚尚生景侯魏魏生實侯伯勤伯勤生簡侯文歡文歡生惠侯夷菁夷菁生靈侯英英生文侯俱俱生隱侯清清生愍侯洪爲楚所滅公子登仕楚懷王爲沛公不仕隱於博徒因以國爲氏所謂薛公也生雲雲生印印生倪爲楚令尹倪生翁翁生鹽漢初獻策滅黥布封千戸侯生球球生茂宣茂宣生懷則懷則生引孫引孫生廣德字長卿廣德御史大夫廣德生饒長沙太守饒生愿爲淮陽太守因徙居焉生方丘字夫子方丘生漢字公子後漢千乘太守漢生虎字輔國司徒祭酒虎生侍御史安期安期生中山相脩脩生馬邑都尉山塗山塗生山陽太守固固生龍丘令文伯文伯生東海相衍衍生兗州別駕蘭爲曹操所殺子永字茂長從蜀先主入蜀爲蜀郡太守永生齊字夷甫巴蜀二郡太守蜀亡率戸五千降魏拜光祿大夫徙河東汾陰世號蜀薛二子懿始懿字元伯一名奉北地太守龔鄉陵侯三子恢雕興恢一名開河東太守號北祖雕號南祖興西祖雕生徒徒六子堂暉推煥渠黃堂生廣晉上黨太守生安都

安都字休達後魏鎮南將軍河東康王 | 眞龍 | 顯晉州刺史 | 世斌 | 俱琳靜州刺史 | 師 | 操 | 胐 | 寶壽作佐郎 | 寶滿州刺史

道龍
隋拔野新武關二郡太守鄖縣公
世達
左衛大將軍
仲孫
衍，後周御伯中大夫
軌，隋冀城郡贊治
貞名禮，松漠道大總管
訥相
立宗
徽，左金吾將軍
播，相州刺史
振
抃，欽州刺史
直，綏州刺史
堅，邢州刺史
幹，洺州刺史
暢，左羽林將軍
恒，藏司禮主簿
光
雄，衡州刺史
洽
楚卿
楚珍
楚玉，字瑤，左羽林將軍，睢陰郡伯
嶷，清河郡司戶參軍
岌，右金吾將軍
莘，相衛節度使、太子少師

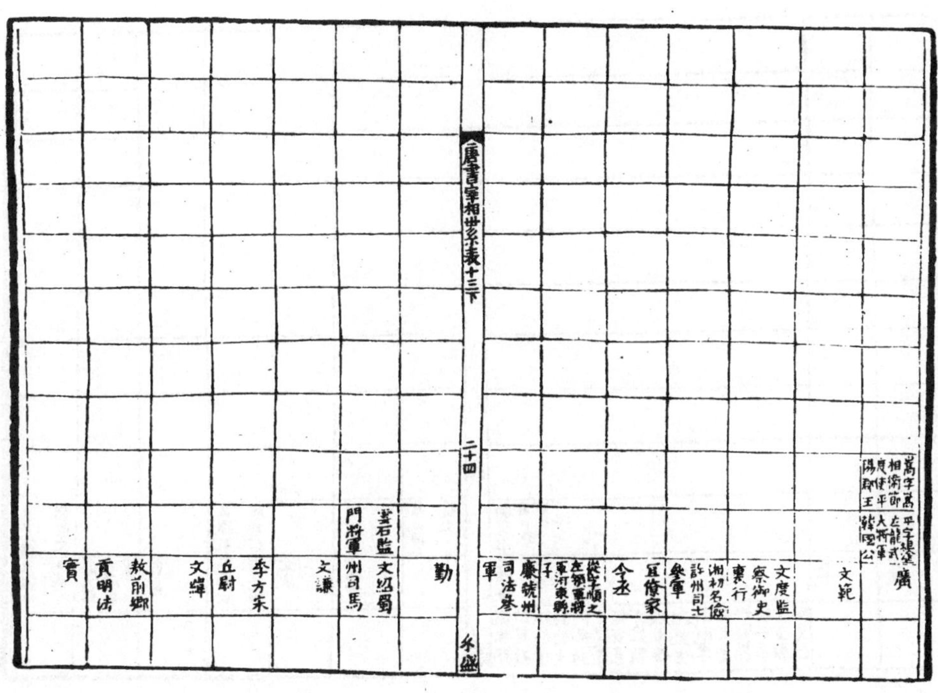

萬，字萬，相衛節度使、平陽郡王
平，字建[illegible]，左龍武大將軍、韓國公
廣
文範
文度，監察御史
秉，行
湘，初名儉，許州司士
參軍
宜僚家
令丞
從子順之，左領軍將軍、河東縣子
康，虢州司法參軍
勤
雲石監門將軍
文紹，蜀州司馬
文謙
季方，宋
丘尉
文緯
敖，前鄉貢明法
實

昌朝，保信軍節度使	文總，監察御史
貽謀，兵部侍郎	衛叔，涇陽尉
	元士，虢州參軍
	勛
	及
	弘猷
	弘禮
昌族，陳州刺史、侍御史	珂，嘉興尉
	存亮，下邽尉
昌期，饒州刺史兼侍御史	建
	文裳
	擢，齊州司兵參軍
	宇，金州司戶參軍
	文略

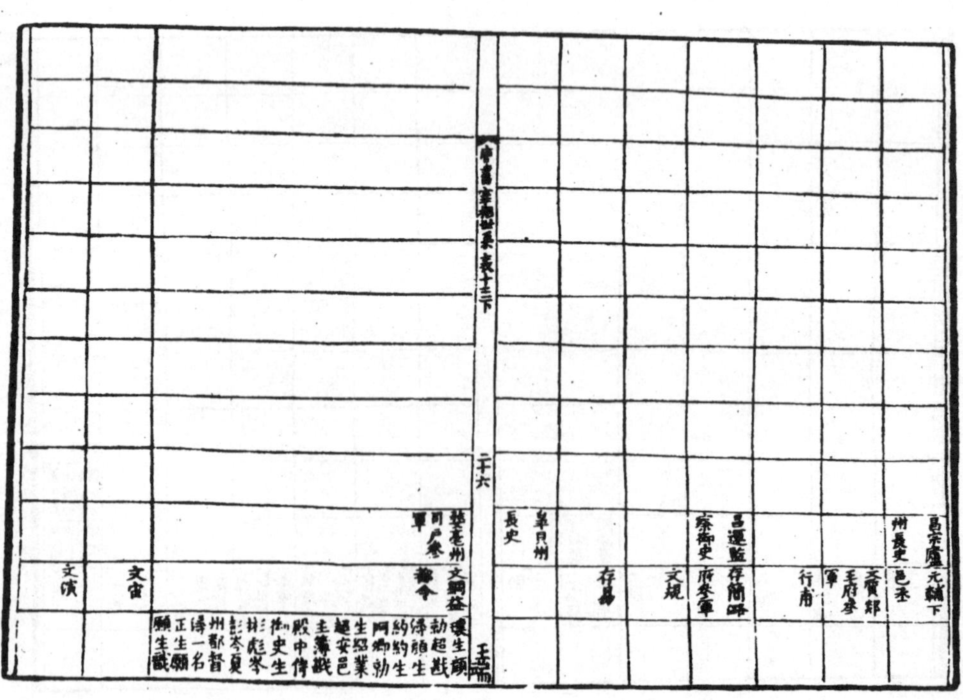

昌宗，廬州長史	元輔，下邑丞
	文賓，鄭王府參軍
	行甫
昌運，監察御史	存簡，鄂府參軍
	文規
	存易
皋，貝州長史	
楚，亳州司戶參軍	文綱，益昌令
	文宙
	文演

懷生顧
勍超戡
緯韶生
約約生
岡卿勍
生紹業
超安邑
主簿戡
殿中侍
御史生
彬彭岑
彭岑夏
州都督
緯一名
正生顧
顧生戡

眞

文英

文衆

聿 金鄉令

仲宣縣令 陵令

仲遠

仲達

岸

西祖興字季達晉河東太守安邑莊公三子統濤濤字伯略中書監襲安邑忠惠公與北祖南祖分統部衆世號三薛都統三子彊遺儁彊字公偉秦大司徒馮翊宣公三子辯邕寵辯字元伯後魏雍州刺史汾陰武侯生謹字法愼內都坐大官涪陵元公五子洪祚洪隆瑚昂積善號五房亦爲雙上五門薛氏大房

洪隆字善換河東太守諡曰簡

驎字景遊中書侍郎諡曰宣

慶 州刺史

集佺 綱 勤嘉 元珪 謨

英集賢 端吏部 曹隋刑 獻工部 元振 孝廉工 自晶杭 愉徐州

門侍郎 尚書 部尚書 侍郎內 陽公 部郎中 州別駕 刺史

憚

伯高刑部郎中

自勵河南府功曹參軍

恬殿中侍御史

自勉餘杭太守 職方員外郎

自勸

融清河太守

退著作佐郎

公允建 州刺史

孝脩

延

近

彌敏隋通州總管

述吏部侍郎

務寬涂 州刺史

驎字景遂黃門侍郎諡曰郎

亮

琰

濬

主作篤 部員外郎

謨

文思中書舍人

晉

元暖熙 城丞

彥輔大理評事

彥國

彥偉監察御史

彥生

彥雲

希莊撫州刺史

元曄 仿令

什播水部郎中

胡，字歧胡，後魏河東太守，謚曰簡。

聰，字延智，黃門侍郎，謚曰節侯。

孝通，字伯達，中書侍郎。

偃，同鄴州刺史。

邁

元勵，秦府庫直上、太子舍人。

象之，絳州刺史。

恣

監察御史

擬價部

御史

公達

侍郎

公幹，比部郎中。

摛字

蒙字

標字

中明

垂範

臨字

知微

公儀，殿中侍御史。

造

恒

迪

大年，字云衛，益州總管、臨河貞公。

元穆，戶部員外郎。

元簡，殿中侍御史。

仲璋，監察御史。

行成

易令

仁方，岳州刺史。

仁偉

稷

相

伯陵

中睿

伯陽，左千牛將軍、駙馬都尉。

讓，衛尉。

振，字元宗，相高宗。

慎，字昇，中書舍人、給事中、太子賓客。

黃裳，州司功參軍。

承規

向

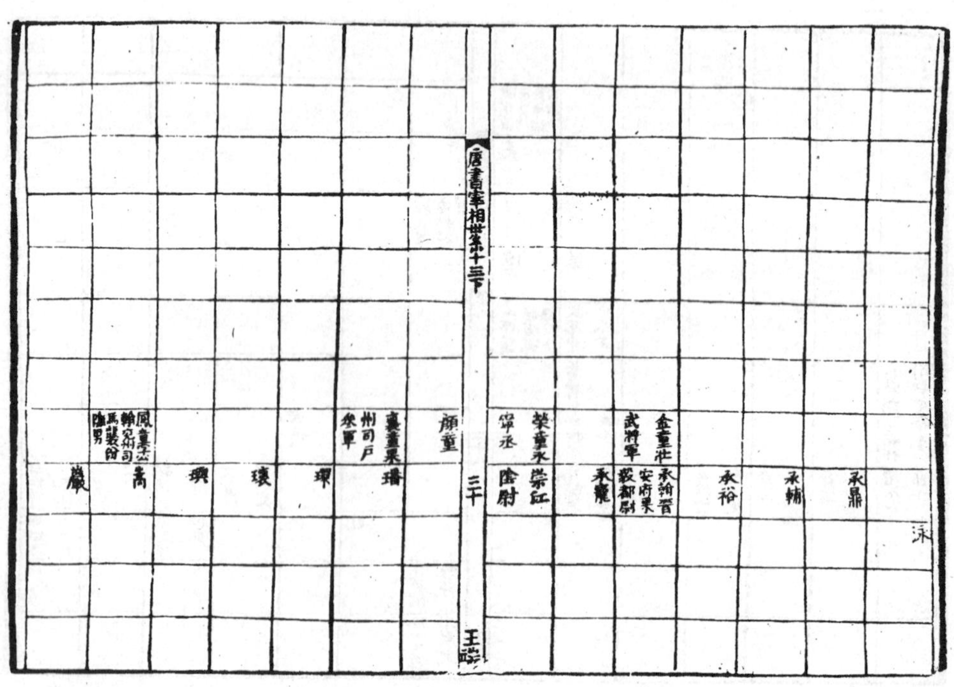

										穀字仲雅太子舍人			
		江童字孟堅字孝遷陳留太守河南採訪使令著作郎		海童字深源新鄉丞						儒童字睦勝涑醴泉令		雲臺潤州參軍
									舒字仲和黔中經略使河東縣伯		岸肥鄉府果毅	岑
漢吳尉	裴揄授河南尹水部員外郎知度支東川院	當錢塘令	安[illegible]亭令	安遷海南尉	遵訓太常寺太祝	遵誨協律郎	遵誠奉禮郎	安都水王府參軍	安國左金吾兵曹	安親新鄉丞			
	延休河清尉												

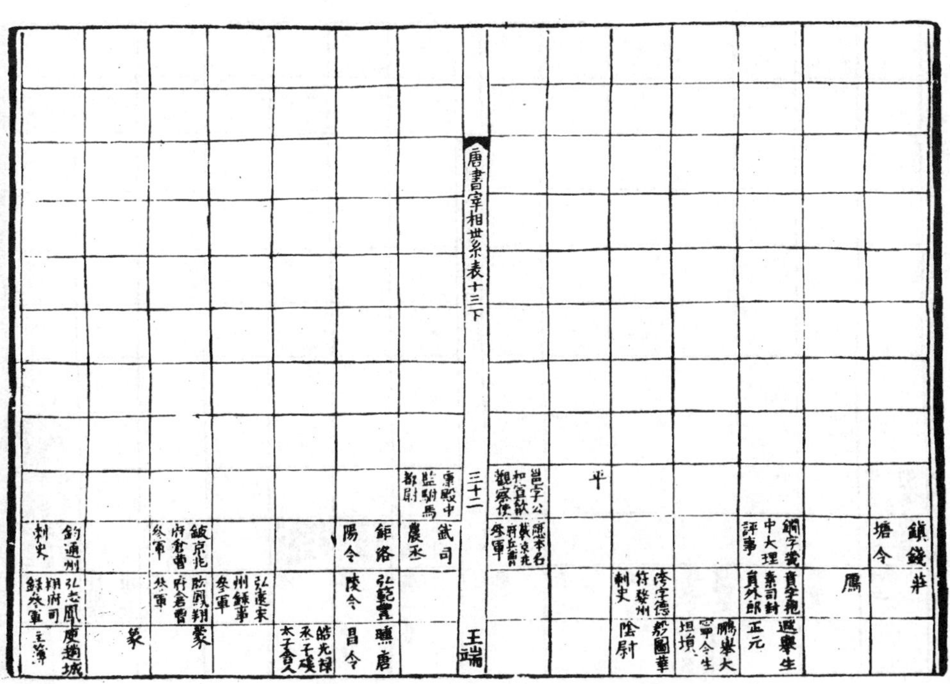

						秉殿中監駙馬都尉	邕字公和宣歙觀察使	平					
鈞通州刺史		鈹京兆府倉曹參軍			銉洛陽令	鉞司農丞	歷本名蔵京兆府兵曹參軍				綱字貫中大理評事		鎮錢塘令
弘志鳳翔府司錄參軍		肱鳳翔府倉曹參軍	弘遂宋州錄事參軍		弘乾寶陵令				湊字德符婺州刺史		貫字恕秦司封員外郎	鷹	莘
庾趙城主簿	象	蒙		皓光祿丞子璞太子舍人	曛唐昌令				彭圖華陰尉	鵬舉大寧令生坦頊	遜舉生正元		

弘宗司 潘閬

農卿 喜令

弘宣蘄州錄事參軍 嚴蘄州司馬

嶠

巍

弘休膳部員外郎 嵩老字仲甫膳部員外郎號南薛生鎔

夔睦州刺史

弘紹醴泉令 確

釗秘書監

蠙

弘懿商州長史

弘裕宋城尉

晏嶺南推官 鍇

俊字處上童之慈州刺史西郡太守 麗 垂

萬富 正封

陽令

華

獻字贊善馮翊郡太守 武河南府士曹參軍 仲郇字潞己邢州參軍 潛

行周信州長史

仲約字易簡南陵令 溫吳尉

渾

仲諭字易簡杭涇西從事 漳

仲業河東節度判官 湅 坤符

鑄烏程尉 廣 魯

琬

溪

涂

譜殿中侍御史 紹改名鄭監江令生戟

郢

行賁

行立

叔達沂州司馬 [illegible]沁州別駕

行方
襲大理評事
仲翔字鵬舉河南府士曹參軍
休
砅
植字子正侍御史
遐翼嚴州刺史
洸許州支使
昭遠沁水丞
崟
貞益字文幹岐州司法參軍
益字公茂河南府功曹參軍
正則長春宮判官
正倫殿中侍御史
譓駕部員外郎
元朋儋州刺史生慧
彥深南部令生鎔導江令侍御史
諶國子四門博士
誠字符司農卿
茂循太常博士生鎔銳檢校工部員外郎
延樞武功尉左拾遺生鉶館鋼
戊昌檢校兵部員外郎
涉字元進彭城令
正文陽武令
諭蔚城令檢校戶部員外郎

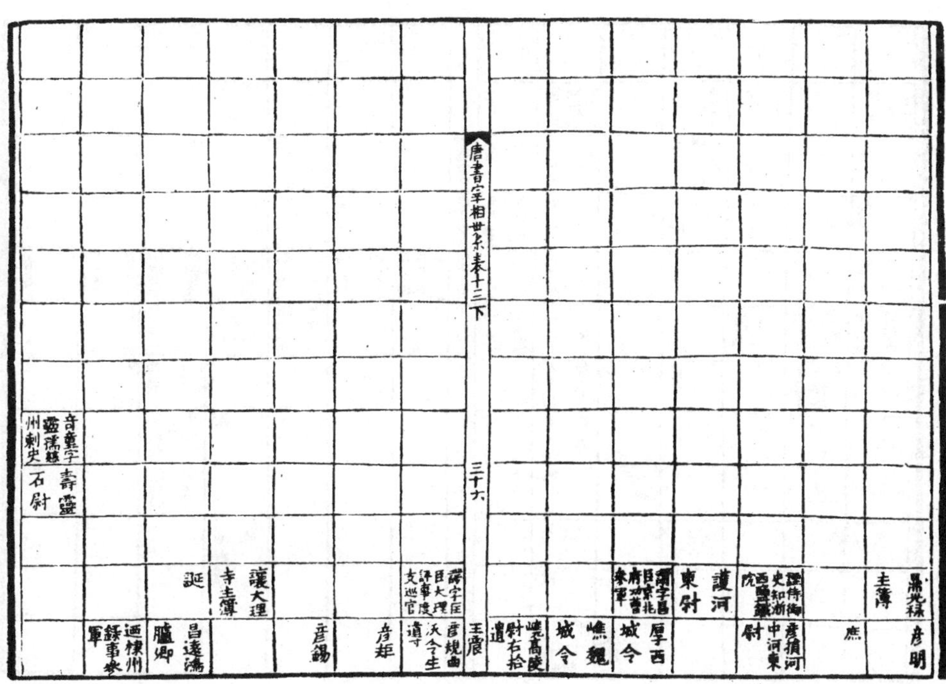

鼎光祿主簿
彥明
庶
讜侍御史知浙西鹽鐵院
彥損河中河東尉
護河東尉
爾字昌臣京兆府功曹參軍
厚西城令
嶕魏城令
嶢高陵尉右拾遺

譯字臣臣大理評事度支巡官
彥規曲沃令生遺
彥矩
彥錫
讓大理寺主簿
誕
昌遠鴻臚卿
迺棣州錄事參軍
奇童字靈孺慈州刺史
壽靈石尉

		彧字遵賀尚書									和字遵睦後魏南州刺史謚文		
		長倫洛州刺史征東大將軍									黃門京兆尹博平公		
		稜伽									粹		袁
		德義									大鼎貝州刺史		瑹德
		景山									克構麟臺監	克勤宗正卿	
		胄字孝褒			元嗣洛州長史		元宗虢州刺史				徵元		
	季董字仲儒秘書正字	沖	源	淡	温膳部郎中								
綿忠州錄事參軍					昭	瞻左武衛將軍	珣殿中侍御史	郯宏濮州刺史	弘悌工部郎中	錫虞部郎中			
					藹								
					芬								
					蓁								

								逸字智鄒殿中監		芳字季令			
						愼	濟	祖北地太守		廣字元禮諫議大夫			蕃
	裕				淹		文度曹州刺史	綱高平公		處靜			處道
善晉	敬仁閬州刺史	敬德果州刺史		敬倫	廉吉州刺史	道昊禮部員外郎		昭澤州刺史					德祖
		崇本		瓌丹州刺史			瑾左拾遺	昉淮陰侯			德胤	敬恭司宰卿	懷操祠部郎中
		待聘						岑夏州都督	揚名			玄元左羽林將軍	
		瑩杭州刺史	鄴					福安州刺史	反光				
		銑忠州刺史						衡					
			良史杞王傅					玉					
			構					俊					
								[illegible]	康鎮				

德元						
懷昊虢州刺史				懷晏		
瓘光祿卿駙馬都尉				瑊		
顗黃門侍郎	緒	紹左散騎常侍駙馬都尉		綰禮部郎中	紀	
	崇允	崇胤太常卿壽陽王	崇簡太僕卿立節王	崇一	愿汝南太守	恕主客郎中
	回	翹		顥殿中侍御史		順太子中舍
	景先左金吾大將軍					

			德備		德閒	
			玄嘉		懷智膳部員外郎	懷讓懷州刺史
			玄嘉興州刺史			保尚書左丞
	瑩	俯鄧州刺史駙馬都尉	植膳部郎中			賁居
		纁光祿卿駙馬都尉				成己
頊蓬州刺史			瀾	悅		

審威章郡長史						
勝左拾遺						
存誠給事中					存規衛尉卿	
庭範字輔國		庭章字介	庭望字遂之虢州刺史	庭光字商叟吏部侍郎	庭傑右拾遺	
保雍字昌之	昭眷	保厚字鎮章	貽矩字式曉字晞用御史大夫	保遜字遜之司農卿	琊	
			暐	昭緯字紀化御史中丞	沖	懿胙城令

						昂字破胡後魏河東太守
						欽
						騰後周荊州刺史陽城公
						道實隋禮部侍郎臨汾公
						德儒隋濟北司馬
						寶積潤州刺史
						侍詔代州司馬
						瞻
瑋荊南節度書記	正表字子昭左諫議大夫			璘	正明	
貞贊	肸藏生知柔	貞	祠		貞齊	

倨陝州司馬
嗣先衛尉少卿
蒼光祿卿駙馬都尉
藪
華
順先奉先尉
萊
華
芳
莘

華浙西觀察使
膺婺州刺史
調
褒字曾志
訢字敦美生盼字鼎川
蟾字宗聖
休字熹志
庠字蒙志
齊
常先太子詹事
長江陵少尹

[illegible]滑州刺史
暠
茂先
燦先
巨先
順連
喬
瑊
悌
伯連河
延智
東尹
延光
仲連

幼連京兆府戶曹參軍
易知慈州刺史
延鳳朔少尹
貢左司員外郎
季連工部侍郎
緘
紹
纘
過庭

賓，膺少府少監 續 恒 懋 銑
鍰
鎬 諸
諳
鈞
純，秦州都督 麟，倉部郎中
絢 好 如瑤 弁，江州 元方
時今 刺史
仲方
縮 濟 巽 右 丕
儦，令 補闕
縉，祠部 承規
郎中
承矩 騫，溫州
刺史
紘，華州 用
刺史
競，殿中
侍御史
朋

羽，新平
太守
弘，嶺南 弘慶
節度使
存慶 耽，字敬
之，東川
節度使
縉，盧和 林
二州刺
史
枝
絳
纁，金部 同湖州 又溫州
員外郎 長史 刺史
再，盧州
刺史
沂，字元 沂
戊，大浙東
觀察使
洽
放，江西
觀察使
朗
壽，弘合
州刺史
慶，字積 隆宗 仲玉，東 粲 深 世弘 仁軌，虞 思貞，鄭 怦 廣
善，後魏 夏州刺
河東太守 史
部郎中 州刺史
岑

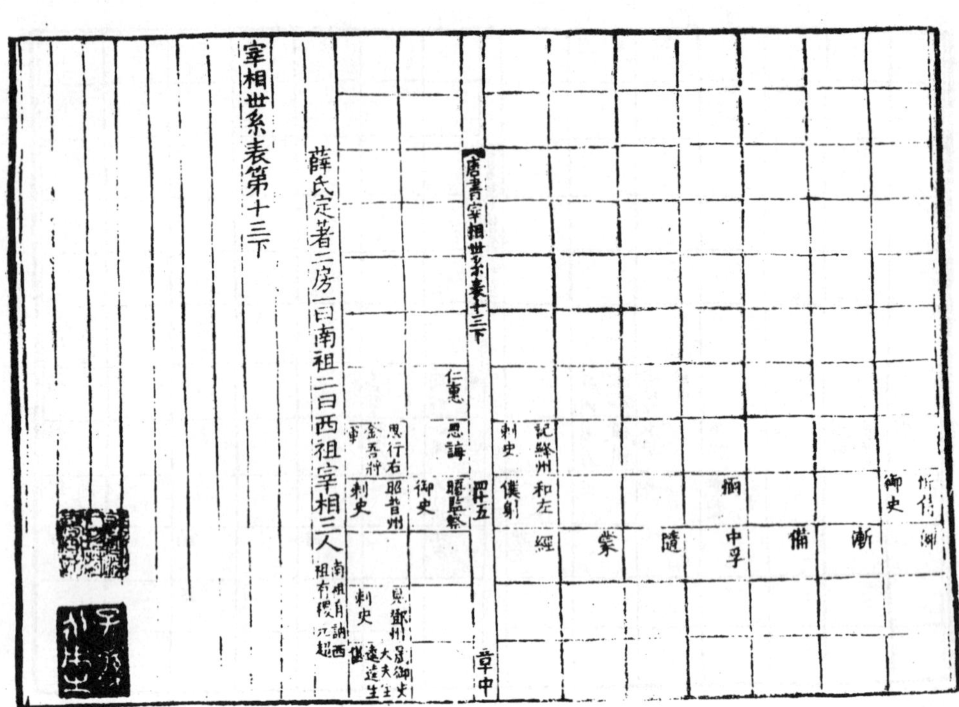

析侍御史
溯
漸
備
洄
中孚
隨
業
記絳州刺史 和左僕射
經

仁惠
思誨 聽監察御史
思行右金吾將軍 昭晉州刺史
昱鄭州刺史 遠遠生儋
御史大夫生

薛氏定著二房：一曰南祖，二曰西祖。宰相三人。南祖有元超；西祖有訥。

宰相世系表第十三下

宰相世系表第十四上　唐書七十四上

翰林學士兼龍圖閣學士朝散大夫給事中知制誥充史館修撰臣歐陽脩奉

敕撰

韋氏出自風姓顓頊孫大彭爲夏諸侯少康之世封其別孫元哲于豕韋其地滑州韋城是也豕韋大彭迭爲商伯周赧王時始失國徙居彭城以國爲氏韋伯遐二十四世孫孟爲漢楚王傅去位徙居魯國鄒縣孟四世孫賢漢丞相扶陽節侯又徙京兆杜陵生玄成丞相生寬寬生育育生浚後漢尚書令生豹梓潼太守生著東海相孫冑魏詹事安城侯三子潛穆情潛號西眷穆號東眷潛曾孫惠度後魏中書侍郎生千雄略陽太守生鄭子字英代郡守兗州刺史生瑱字世珍後周侍中平齊惠公號平齊公房二子峻師

峻後周車騎大將軍儀同三司益豐平齊縣公

貞字德正隋監門東郡西面軍事

懷敬左領軍將軍

知藝襄州刺史

懷辯開府

懷質光祿卿

一

顥陰平太守

余緘江都令

滌臨汾主簿

漸陵州刺史

淡

宗禮陝虢觀察支使

文格字夢之將作監元內作使

從易

審規審州刺史

發字知人工部員外郎

象殿中侍御史

元貞

究字纖山右諫議大夫

殷字端士武昌軍節度使

德鄰信州刺史

保衡字蘊用相懿宗

保殷長安令

慎思秦寧軍節度判官

懷秘書郎

方審召州刺史

約福建觀察判官

從易國子太學博士

詢滁州刺史

保範鄉寧節度副使

保乂翰林學士兵部侍郎

保合邠寧觀察支使

贊字致雍

允之襄州錄事參軍

肅字內莊洛州團練副使

仁濟陳州錄事參軍

襄秘書丞

師字公頎隋汴州刺史井陘定侯

匡素和州刺史

弘敏相武后

仁爽鳳州刺史

容成驍衛將軍

洽考功郎中

瑤果州刺史

牧殿中侍御史

從龜左庶子

鐸烏程令

鈴屯田郎中

東眷韋氏穆曾孫楷，晉長樂、清河二郡守，生逵，慕容垂大長秋卿，生閬，字友觀，避地薊城。後魏太武召爲咸陽太守。時關中大亂，所部獨安。明元帝嘗曰：我欲有臣皆如閬。當時以爲美談。子孫因自別爲閬公房。二子：範、道珍。

秦立，主客員外郎

岠，宋州刺史

範，後魏高平男

法儁，都水使者、高平男

子[illegible]字[illegible]，後[illegible]西州刺史、懷忠男

孝[illegible]，集州刺史

業，字弘[illegible]，子昱，北齊左衛大將軍

綱，字世紀，隋趙州長史

文宗

德敏，太府少卿

瑛，衡州刺史，[illegible]縣康公

元誠，范陽郡倉曹參軍

彤，澧州刺史

訢，字勿喜

元濟

元貢

元曾，字穎叔，吏部郎中

珙，光祿少卿

元方

元志

玢，司農卿

元甫，尚書右丞

悦，長安令

元惲

愃，邑州刺史

瑗

稀，秦王府金部郎中，都督廣州

裕

延安，鄯州刺史

道珍，字秦寶，後魏威遠將軍、扶風馮翊二郡太守，生邕，著作郎、諫議大夫，生鴻冑。二子：澄、淹。淹生雲起，封彭城公，因號彭城公房。

湊，隋[illegible]，[illegible]州大都督、[illegible]州刺史、彭城郡公

澄，字[illegible]，[illegible]州刺史、彭城郡公

慶嗣，太子家令，襄公

正禮，太子舍人

承彥

正德

廣宗，丹楊丞

守素，綿州司功參軍

忻

協

正名，東海令

元昭，緱州司法參軍

養，盧郡水丞

元暉，恒王府諮議參軍

迥，監察御史

鎮

邈，校書郎

彭侯

顯

祖歡

萇，隋蒲州刺史、普安郡公

士謙，羅州別駕

世師，博州刺史

正泰，戶部侍郎

瓌，考功郎中

脩業，水部員外郎

崇操

月將，以直諫死中宗朝

晶，眉州刺史

忠，普州刺史

文傑

球

玠，滎州刺史

瞉，金部員外郎

之晉，湖南觀察使

祐

成侯

遵雲陽尉　公舉

公安

公衡

正道太子通事舍人

正己工部員外郎　懷摅彭原尉　東箭

懷構中王府諮議參軍　紹部陽令

佇部陽令

正象雍丘令　元震　璆左衛中郎

玢

玠

正履穎州司馬　齊物　鐈著作郎　虎唐州刺史　中立　愼樞學欲訥

彤太常博士

千齡　峻秦王府倉曹參軍

峴南陽主簿

正矩殿中監駙馬都尉

慶植魏王府長史　璿駕部員外郎　鈞字李和漢州司馬　悅然晉州長史　遠

遇

怡然贊善大夫　巡

忻然大理丞　迪

懌然鄧州別駕　邁

鉉虞部郎中　榮司門郎中

默神烏令

邃左武衛騎曹參軍

琳澠水令

珣清河令　鉽　至誠吳尉　密信安丞

鍵臨穎令　千秋樂壽丞　去泰

去奢

去甚

鉟魏州刺史河北採訪使　藍秘書郎　澂河中府戶曹參軍

宣左千牛　宥宣州刺史

鑒著作郎

鑾藍田主 府司馬

璀

琇

珽倉部郎中

鷸興州司馬

萬春

果毅

詵荊府士曹參軍

銛徐州別駕

備密州錄事參軍

術光祿少卿

倫莒令

鍔褒澤令

喬河池郡司馬

倩臨涇主簿

璿三原令

奐

滔

清

濟

頊工部尚書

城太子少保駙馬都尉

友諒陳王府長史

績天興令

緒徐城令

鍛左金吾衛兵曹參軍

友信泉十三發州刺史

組

繕

績試金吾衛長史

緩屯田郎中

友諒右衛將軍

約

緯相州參軍

友柔太子舍人

總勝州刺史

緣黃州司法參軍

友剛滄州刺史

道檢校太子詹事

縮

紹一名鼎

友順山陰令

琛左千牛

寔絳州司兵參軍

實通事舍人

慶餘初名慶長兵部郎中　玄丹校書郎　元一
玄昱明經　履恬絳令
履惇絳州法曹參軍
履憒
履悟
履協
玄符
玄直　元寂

元章
玄胄　黃冠
玄寔絳州司法參軍　從一
彥談
仲良
季良
玄錫台州刺史　元寂楚丘令
元址襄陽令

元倩商州司戶參軍
頲初名慶廉[illegible]部員外郎　巨山　元旦中書舍人
元暐司勳員外郎
元晨殿中侍御史　涵　顥澤州刺史　力仁駙馬都尉
登　萬忠州刺史
順
侻
頵

慶祚　潁宋州刺史　行詳
行誠著作郎　幹太子詹事
子文德明皇帝廟令　器字器富平尉　公右昭應令　及三原令
行詮尚書右丞　良宰
利見嶺南節度使　明辰劍州刺史
慶宗洪府長史
慶曄戶部員外郎　昇澤州刺史　明宗左贊善大夫
奄　雲[illegible]司農卿益州行臺僕射　師賓秦州都督　方質相武后

方直兵部郎中
師鄭府王府司馬
友道
俠客
眞客
楚客
師莊著作郎
昉
曠
晈
雲平度支郎中
師貞
元晟綿州刺史
汪岷州刺史
元珪宗正卿
堅字子全刑部尚書華城縣男
証果州刺史
諒河南府戶曹參軍
蘭將作少監
冰鄭令
芝兵部員外郎

逍遙公房出自闐弟子眞嘉後魏中侍馮翊扶風二郡守二子旭祉旭南幽州刺史文惠公二子夐叔裕夐字敬遠後周逍遙公號

逍遙公房八子世康洸瓘頤仁基藝沖約

世康隋荊州總管浭安文公
福嗣隋內史舍人
悰御史中丞
懍尚書左丞
希元上當尉左補闕
彰
肇吏部侍郎
綬左散騎常侍
溫字弘有宣歙觀察使
確四門助教
璆
瓌
琛字信卿
貫之字正理相憲宗
澳字子[illegible]河南尹
吏刑部侍郎判戶部事
庠字賓虞
華字表文
[illegible]戶部侍郎翰林承旨學士
序字休之
郊字延秀
澥
續吏部郎中
班衡州刺史
洵
福[illegible]隋通事舍人
[illegible]九洋州刺史
璋湖州刺史
筠[illegible]河南府參軍
黃裳[illegible]州刺史
見河南府戶曹
博字大業昭義節度使
郢監門率府錄事參軍

唐書宰相世系表十四上　十三　毛易

- 魯 涇州營田判官
- 承裕 字天錫
- 承貽 字貽之
- 珍
- 洸 字世穆 隋廣州總管 襄陽郡公 ── 協 字欽仁 秦州刺史 ── 仲銳 金部郎中
- 叔銳 ── 文彥 ── 良嗣 給事中 ── 積 京兆少尹知府事 ── 極
- 光遠 字德龜
- 璀 字世恭 隋州刺史 達安公 ── 萬頃 ── 元整 曹州刺史
- 頤 ── 晤 戶部郎中
- 仁基 龍州刺史 ── 元祚 丹州刺史 ── 霸 吏部郎中 汝州刺史
- 仁祚 宋州刺史 ── 旅 給事中 ── 皎 許州司馬 ── 悠 渭南主簿 ── 商伯 金鄉尉 ── 偉 著作郎
- 僨 睦州刺史
- 曄
- 哲 ── 元輔 ── 原叔
- 鑒 字世[illegible] 後周[illegible]州總管[illegible]郡[illegible]陵公 ── 彤 ── 彥師 撫州刺史 ── 承徽 忠州刺史 ── 彥方 ── 徽 ── 衡 原州都督 ── 寂 司農太府少卿 ── 峴
- 嶼

唐書宰相世系表十四上　十四　毛易

- 岵
- 崧
- 衎 ── 萬 兼監察御史 ── 處厚 字德載 相文宗
- 京 富平令
- 撝 殿中監閑廄使
- 同 洪州都督 ── 衍 右驍衛將軍 ── 少華 太府卿
- 彧 ── 元方 禮部郎中
- 晏 字宜鼎 將作監丞 馬嶺令 ── 希仲 太常卿 扶陽公 ── 景先 湖州刺史
- 敫先 拾遺
- 胄先 殿中侍御史
- 象先 ── 冏 將作少監 通事舍人
- 希 字季辭 王友 ── 晟先 蜀州參軍
- 泰先 岐山令
- 令先 冀州參軍
- 宗先 易州參軍
- 昭先

宣敏 嶠秋官 友直司
侍郎 門郎中
友清 鄜坊州
刺史
沖字世中隋戶部尚書義豐公 誕象州 待價相 令儀宗 鑒
刺史 武后 正少卿
鑒 庶子為 慶復 退之
州刺史
厚復 徽字式 播 匡字 之字
中鑒 化權 退美
韞 莊字
端己
鎬
鎔 緊岳州
刺史

鎰 武京兆
尹御史
御史 中丞
嗣立 堯興 弘景禮
州司戶 道令 部尚書
參軍
烈
復冰
興宗 令望 叔卿丹 辭昭
州刺史 應令
鄰戶部
員外郎
令悌 侃江州 周方
刺史
令裕屯
田員外
郎
萬石太
常少卿

德運 山南屯
田郎中
約隋儀同觀城公 克己 遜光爲
年令
後己
誠著殿 睡兵部 公輔
中侍御 郎中
史
公素 復儒
蘅字敬 藝字
㠯南 德輝
御度使
堅字
仁曾
塾字
德時
公度
公奭

公肅太
常博士

鄭公房文惠公旭次子叔裕字孝寬隋尚書令鄭襄公六子譙德壽

譯律靜號鄭公房

譯字曾佐周京兆尹河南貞公 桂成襄 鄭國公
元伯隋尚衣奉御舒國襄公 思言 遲光
祿卿
思齊尚書右丞司稼正卿 紀衛尉 懷寧公
思仁尚衣奉御 巨晞相武后中宗 明敬華州刺史
液 寡悔

	照	蘊	袞大懷少卿	澗	賜信滁州長史		
				湜齊州刺史	賜潁太子僕	洸宰太府少卿	
						洸裔字叔陽少府監	廣太原府參軍
						洸彌大理卿	膺
							庠
							庇
						光胄太常少卿	慶
						光輔字光輔州刺史	康

唐書宰相世系表十四上　十七

							膺
							允節
						光憲太子少詹事	
壽字曲黔隋毛州刺史滑定公	保巒右衛副率		知遠監察御史				
	義節刑部侍郎襄城公		慎行	潞遷州刺史			
				[illegible]州刺史			
			慎名彭州刺史				
			慎微右驍衛將軍				

諱陵州刺史壽光縣男	全璧	悅給事中	勉復州刺史	
			幹	
		忻兵部郎中	希先比部郎中	
			奐虞部郎中	
			希一	
			審	
		季重	烈都官員外郎	邁
				迪

唐書宰相世系表十四上　十八

		擔定州長史	千里名昂以字行白水丞	宏
	琥成州刺史	令則	晟棣州刺史	
		損夏禮部侍郎	綰太子少師	弘
				協義
		季良		
		才駕部王府司馬	求	
			回	正名
			由金吾將軍	士英監察御史

以諧

韶明州刺史
大田
嬰鄭令
士南萬州刺史
士文秘書少監
士贍
安石相武后中睿
陟字殷卿吏部尚書郇國公
允吏部員外郎汾州刺史
同元
同訓
承素昭義節度判官
理國子祭酒
璡字禮卿
紘都水使者
斌工部尚書少府卿
誠臨安太守
孝叢部員外郎
同謐
同休
同憲
逢
同翊字啟之
晏
渢洛陽令
襄

蕭方
寶朗州刺史
況諫議大夫
玢司農卿
肅考功員外郎
季彌
端
續
紓
暢
琨字玄理太子詹事武陽貞侯
翹同州刺史
抗刑部尚書諡曰貞
拯戶部郎中
演
鄰閬州刺史
展少府監主簿
綆
抱貞梓州刺史
紡平金部員外郎
清
璹司封郎中太原河東行軍司馬
潾汝州錄事參軍
潘字游之
政雒
承
丹字文明武陽郡公
寘
[illegible]左僕射同中書門下平章事
蒙河南府司錄參軍
臨京兆府司錄參軍
審大理評事
瓚胙城尉
鐸宛丘令

政實河中府士曹參軍
調
鑒龍州刺史
翼字從善太府卿武陽平公
愼習
恂如
悟微
璲倉部郎中
瑜歙州刺史

南皮公房安城侯胄次子愔，愔七代孫景略，後周驃騎將軍、右光禄大夫、青州刺史，生瓚，隋倉部侍郎、尚書右丞、司農卿、南皮縣伯。四子：叔諧、季武、叔謙、季貞，因號南皮公房。瓚從子元遜，從祖弟子述。

叔諧庫部郎中
福字玄福綏州刺史
湊字彥宗彭城文公
見素相玄宗
倜給事中
須庫部郎中
損初名諶
諤給事中
益工部員外郎
顗兵部員外郎
遼字鵬舉
晳光祿少卿
玄奘
光乘朔方節度使衛尉卿
倰江西觀察使
良
放
倫太子少保
敦

徽
倪衛尉少卿
正巳
季武主爵郎中
叔謙考功郎中
知人司戎大夫
維字文紀右庶子南皮縣公
虛心工部尚書
有方左司員外郎
虛舟刑部侍郎
有象
縱
虛受通州刺史
昭理常州刺史
績
幼成山南採訪使

幼卿洛陽令
翃侍御史
詞宗踐之湖南觀察使
憲字持之
幼奇楚丘令
幼章楚州刺史
綱字綱一名紳陳王傅
豫麟遊尉
嬀州參軍
巽三水主簿
沇緱氏尉
嗜
咸忻州司戶參軍
武
觀洛陽尉

元遜
玄泰度支郎中陝州刺史
光齊州刺史
堅
信舒州刺史
述
鍠考功郎中
少游吏部郎中復建州刺史
少華中書舍人

駙馬房東眷穆四代孫自璧自璧四代孫延賓延賓三子瑋福議至溫諸子尚主者數人因號駙馬房

瑋
岌
玄郁
濬職方郎中
玄諤
晏金吾將軍
顗太子僕
玄誕
璟司勳郎中
璡宗正少卿

福
晶左驍衛大將軍公
議
仁儉坊州刺史恒安縣公
弘慶
玄希
進光祿少卿晉國公
濯太僕卿駙馬都尉
會太子贊善大夫
鶴
鵬
鷞
玄瑾
陟太僕少卿

弘度
叔衛尉少卿
藏鋒
弘表曹王府典軍
玄徽邢州刺史博城縣公
灌
操太僕少卿魯國公
播吏部郎中宋國公
溫相中宗殤帝
滑字潤甫左羽林大將軍
撰秘書少監駙馬都尉
玄自豫州刺史
洵
浩
洞

泚
弘素
玄昭
濬衛尉少卿

龍門公房安城侯冑次子愔愔生達達六世孫挺傑後周撫軍將軍平州刺史二子遵通遵驃騎大將軍晉州大總管府長史龍門縣公因號龍門公房通生善嗣

善嗣上谷郡太守
崇德太子諭德
會
仲昌京兆少尹
漸
浣一名蒔巴州刺史
執中泉州刺史
執誼相順憲
曙
曦字育之鄭州刺史

稙字文明
布震字馳花

旭字就之

叔鸞左司郎中
汎
萬
古
遐字思永

伯群考功郎中

伯陽字春官郎中北齊副留守
鄒字國楨商州刺史
建字正封秘書監
宗師侍御史戶部員外郎少卿莊舒
遐徽南鄭節度行軍司馬
夏陽字晉客太子少傅
延範字承之
瑋字宜之

周卿

正卿
珩
璀字彧弘

造大理評事

季慈扶風郡太守

仲長

叔將豫州刺史

小逍遙公房出自東眷穆曾孫鍾鍾生華隨宋高祖度江居襄陽生玄以太尉掾召不赴二子祖征光祿勳祖歸寧遠長史祖歸三子纂叡纂南齊司徒記室參軍曾孫弘瑗至嗣立更號小逍遙公房

逍遙公房

弘瑗隋武陽令
德倫任丘令
思謙相武后
承慶字延休相武后
晉常州刺史

長裕祠部員外郎
當富平令

嗣立字延構相武后中宗
孚左司員外郎

恒陳留太守
然韶州刺史
濟馮翊太守
士模彭州刺史
逢戶部員外郎中
貞伯給事中
尚勃字執勇
咸季兵部郎中

士勛河南少尹

涵鄧州刺史

史

淑安州都督
仁慎駕部郎中
奉先金部郎中
渝梓州刺史

知止庫部郎中
嗣業
希
朗

損
常

又有京兆韋氏

宗立
式
巨駁字延巨
昭範字憲之

昌齡字用晦，禹[illegible]，工部郎中。穀字唐後

貽範字垂憲，相昭宗。

又有京兆韋氏

綬 遜 貽慶字正紀，相僖宗、昭宗。

韋氏定著九房：一曰西眷，二曰東眷，三曰逍遙公房，四曰鄖公房，五曰南皮公房，六曰駙馬房，七曰龍門公房，八曰小逍遙公房，九曰京兆韋氏。宰相十四人。平齊公房有保衡、以敏；東眷有方質；逍遙公房有貫之、處厚、待價；鄖公房有巨源；南皮公房有見素；駙馬房有溫；龍門公房有執誼；襄陽有思謙、嗣立；京兆有貽範、昭度。

郭氏出自姬姓。周武王封文王弟虢叔於西虢，封虢仲於東虢。西虢地在虞、鄭之間。平王東遷，奪虢叔之地與鄭武公；楚莊王起陸渾之師伐周，責王滅虢，於是平王求虢叔裔孫序封於陽曲，號曰郭公。虢謂之郭，聲之轉也，因以為氏。後漢末大司農郭全，代居陽曲。生蘊，蘊生準，準配鎮。鎮，謁者僕射、昌平侯，裔孫進，徙潁川。

[illegible]，北齊黃門侍郎。 處範，諸城丞。 待舉，相高宗。 秦方 泰初 潤，起居舍人。 貢，納陵當採訪使。 護 霸 固，監察御史。

華陰郭氏亦出自太原。漢有郭亭，亭曾孫光祿大夫廣智，廣智生馮翊太守孟儒，子孫自太原徙馮翊。後魏有同州司馬徽，徽弟進。

徽 榮，隋大將軍、蒲城公。 福善，兵部侍郎。

進 弘道，同州刺史、郜國公。 敬君 廣，隋左威衛大將軍。 依仁，汾州刺史。 履球，金州司倉參軍。 昶，隋涼州法曹。 通美，原尉。 敬之字[illegible]，吉、涪、渭、忠五州刺史。 子琇 子儀字子儀，相肅宗、代宗、德宗三宗。 曄 曜字曜，太子少保、太原孝公。 銳，嘉王府長史。 鋒，光祿少卿。 鏈 琦，京兆倉曹參軍。 璹，庶子。 唐夫，汜水令。 彰，檢校兵部尚書。 蔽，鳳翔少尹。 韶，太子率更令。 曾，虞鄉令。 度支給納使、戶部尚書。 景初，雙流令。 漢夫，鳳翔功曹參軍。 播，成州刺史。 堯夫，直羅令。 肇，太原少尹。 慶裕，蘄縣令。

琮膳州刺史

端夫太原令

彥崇上津令

在徽衛尉少卿

在嶷都水令

在微右千牛將軍

珮通州刺史

環檢校右僕射

巢穎著作郎

封潁簡州刺史

栖穎太子司議郎

紳右贊善大夫

續天興令

緄右金吾將軍

總尚輦奉御

紘秘書丞

續太子家令

旰鴻臚卿同正

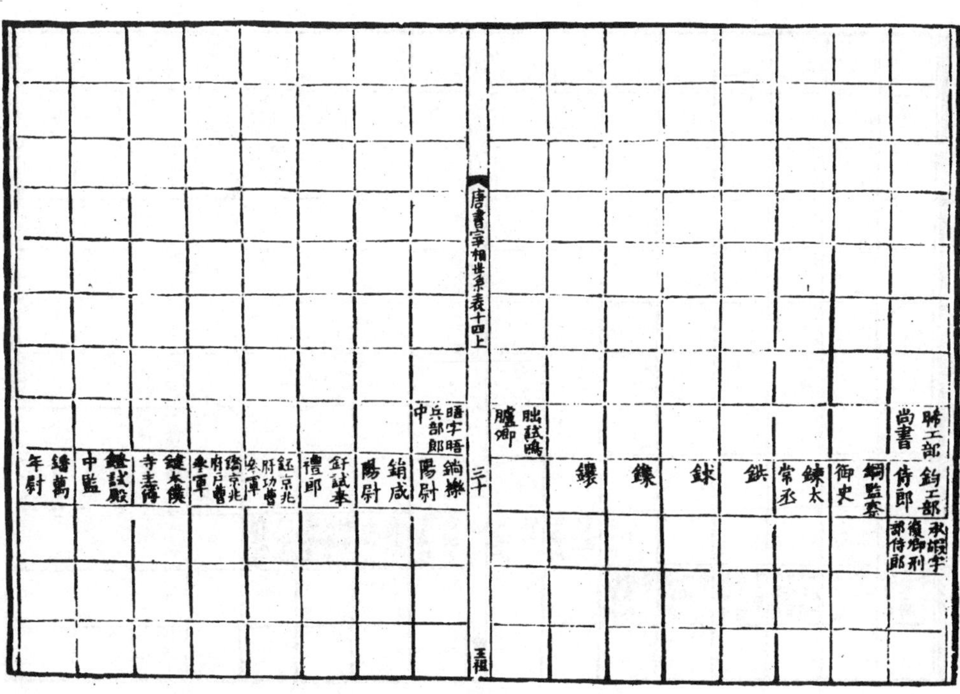

賄工部尚書

鈞工部侍郎

承嘏字復卿刑部侍郎

錮監察御史

鍊太常丞

鉷

鉥

鐩

鑲

朏試鴻臚卿

晤字晤兵部郎中

鍋襄陽尉

銷咸陽尉

舒試奉禮郎

鉅京兆府功曹參軍

鑄京兆府戶曹參軍

鍵太僕寺主簿

鐺試殿中監

鐇萬年尉

鍐

鏻雲陽丞

鎮太子宮門丞

鑄左庶子

駿左散騎常侍駙馬都尉

劍衛尉少卿

仲文秘書少監

仲恭殿中監駙馬都尉

仲詞殿中少監駙馬都尉太原郡公

仲謙衛尉少卿

仲詡通事舍人

仲宣河東令

仲武朗州刺史

仲元以外孫沈氏爲嗣

鍼字利用檢校戶部尚書駙馬都尉

銛太子詹事

曙右金吾將軍邗國公

暎右庶子壽陽男

鐵度支荊襄水陸運判官

銑試太常主簿

銓武寧節度使

綖太僕卿

鉷光祿卿

麟龍門令

奐易定節度副使

處弘方義令

言揚監察御史

宗識合肥令

江潮州刺史

謨丹州錄事參軍

謙同州司法參軍

誠河中府戶曹參軍

庠度支安邑院官檢校虞部郎中

嗣立留平令

弘業右金吾將軍

唐書宰相世系表十四上　三十三

元鐵通事舍人
行晉著作郎
消汭陽令
知微康州刺史
晉生昭文字子龍
仁寓常熟令
子雲左領軍將軍
子曜渭北節度使檢校右僕射
子瑛延州司法參軍
晛試協律郎晉陽男
子珪
幼賢副都護
昉試太子中舍
曉試左衞率府兵曹參軍
眩邠寧節度使
暘右庶子
幼儒字幼儒成都少尹
盱協律郎
瑝河南丞
眶

唐書宰相世系表十四上　三十四

晫
䁖
暉
煦鴻臚少卿
幼明少府監太原公
晰
昕檢校[illegible]
晤兼殿中侍御史
晫
幼中太子[illegible]
暐
晦
幼謙

昌樂郭氏亦出自太原後漢郭泰字林宗世居介休司徒黃瓊辟太常趙典舉有道皆不應世稱爲郭有道裔孫居魏州昌樂唐有濟州刺史善愛

善愛
元振相睿宗
晟
鴻
鵬左驍衞將軍
琡兵部員外郎
仲翔代州司戶參軍

中山郭氏世居鼓城唐有正一相高宗生忠通事舍人

郭氏宰相四人 待舉 子儀 元振 正一

武氏出自姬姓周平王少子生而有文在手曰武遂以為氏漢有武臣為趙王梁鄒孝侯臣生德德生東武亭侯最最生敬襄侯嬰嬰生中涓濟陰侯山附後以酎金國除山附生陳留太守內黃侯都都生汝南太守宣字文達宣二子尚浮浮字元海司徒左長史生臨漳令靜字伯濟靜生烈字文照烈生光祿勳篤字猗伯篤生太常中壘校尉悌字周篤悌生九江太守臨潁侯端端生魏侍中南昌侯周周三子陔韶茂陔字元夏晉左僕射薛定侯陔生太山太守嗣薛侯越越生威遠將軍嗣薛侯鋪鋪生太子洗馬嘏嘏生洛州長史歸義侯念念生平北將軍五兵尚書晉陽公洽別封大陵縣賜田五十頃因居之生祭酒神龜龜生本州大中正司徒越王長史龍驤壽陽公克己己生北齊鎮遠將軍龍驤壽陽公居常常生後周永昌王諮議參軍儉生華

華隋東都丞							
士稜司農少卿宣城公		沖字士讓太廟令楚僖王					
君雅		懷亮	守[illegible]長[illegible]州刺史建安郡王		懷道右監門長史		
[illegible]太子洗馬	懿宗		攸宜[illegible]官尚書	攸緒揚州長史	攸暨[illegible]中宗		攸寧相武后
				若訥	崇敏字正卿	崇行	文瑛

	弘度字懷運魏州刺史九江郡王						
				攸歸九江王	攸止恒安王司賓卿		攸望少府監會稽公
荀瑛	勝				昕忠鴻臚卿	信忠祕書監同正	
	元字虛受			自臣商州刺史			徽洋州刺史
	典	巽	愿				

	士逸始州刺史鄭國節公						
	志元倉庫部郎中				仁範雲陽令河閒郡王		
	懿宗河閒王		嗣宗滄州刺史管公		尚賓河閒王益王府長史	重規高平王禮部尚書	
溫眘	震殿中監	益試太子中允	璀	瓌		成卿	成藝

甄字平一考功員外郎修文館直學士
載德千牛大將軍潁川郡王武烈王
集梓州刺史
備殿中侍御史
懃字廣成閬州司馬
譚金壇令
元衡字伯蒼相憲宗
翊黃字坤輿大理卿
儒衡字庭碩中書舍人
籌
登江陰令
忱字希古
劾
安業宋陵令
表已太子僕少卿
士讓工部尚書應國公
元慶宗正少卿
審思申王
壽思審門郎舉王
三思相武后中宗
崇訓駙馬都尉高陽王
繼植左衛將軍
崇謙光祿卿梁公
崇烈新安王尚乘奉御
崇撝
崇操
元爽實部郎中少府監
承嗣相武后
延基右羽林將軍

延義嗣魏王
延安光祿卿邢公
延壽衞尉少卿薛公
延光
延秀駙馬都尉恒公
承業驍衞大將軍
延暉駙馬都尉陳公
惲
斌
延祚光祿少卿鄅公
延嘉祕書少監菅公

武氏宰相五人 攸暨 攸寧 元衡 三思 承嗣

騫氏出自孔子弟子閔損字子騫其孫文以王父字命氏後漢質帝時有騫宏字弘伯避地允吾為金城別駕封金城侯子孫因家焉裔孫彄晉將軍平陽郡太守二子白昊白四世孫敬字宗之後魏奉朝請金城郡守尚書庫部郎中征南將軍金城侯散騎常侍和州刺史一子成裔孫行本唐靈州都督長史彄五世孫威

威後魏鄜州刺史陽成公
直華州長史
味道相武后
愼金
辭玉
公廓

騫氏宰相一人 味道

沈氏出自姬姓周文王第十子聃叔季字子揖食采於沈汝南平

興沈亭即其地也春秋魯成公八年爲晉所滅沈子生逞字脩之奔楚遂爲沈氏生嘉嘉字惟良二子尹丙尹戌尹戌字仲達奔楚隱於零山爲楚左司馬生諸梁諸梁字子高亦爲左司馬食采於葉號葉公二子尹射尹文尹射字脩文爲楚令尹旬日亡去隱于華山二子尹朱尹赤尹赤字明禋生郢郢字文明召爲丞相不就生平平字俊之封竹邑侯生遂遂字佐時秦博士生傃字文甫左庶長竹邑侯生遵遵字伯吾漢齊王太傅敷德侯徙居九江壽春二子盛達達字伯弘驃騎將軍生乾乾字仲元尚書令生弘弘字元良南陽太守彭城侯生勗勗字子衡揚武校尉鎮軍將軍三子高奮奉奮字仲異御史中丞生格格字仲恪將作大匠生謙謙字文恭御史中丞生靖靖字文光濟陰太守避王莽之難隱居桐栢山三子勳戎臺戎字威卿後漢光祿勳以九江從事降劇賊尹良封爲海昏侯辭不就徙居會稽之烏程靈帝分烏程爲永安縣孫皓分吳郡爲吳興郡晉改永安爲武康即爲郡人戎生四子酆懿齊恭酆

字聖通零陵太守四子滸仲高景景河間相生彥彥裔孫君諒

君諒相武后
趨
崧字文甫

沈氏宰相一人 君諒

蘇氏出自己姓顓頊裔孫吳回爲重黎生陸終生樊封於昆吾昆吾之子封於蘇其地鄴西蘇城是也蘇忿生爲周司寇世居河內後徙武功杜陵至漢代郡太守建徙扶風平陵封平陵侯三子嘉武賢嘉奉車都尉六世孫南陽太守中陵鄉侯純字桓公生章字孺文并州刺史五世孫魏東平相都亭剛侯則字文師四子怙愉遹援愉字休豫晉太常光祿大夫尚書七世孫彤二子雅振

振
世長諫議大夫
良嗣相高宗
踐言祕書監
務叡梓州刺史
踐峻
務昇
震駙馬都尉

彥伯駙馬都尉
踐義
務廉
踐節
檀太府卿

魏都亭剛侯則第三子遹八世孫綽周度支尚書邳公生威

威隋左僕射房公
夔隋鴻臚少卿
勗吏部侍郎駙馬都尉
均虔州刺史
儁
幹工部尚書
獻駕部郎中
晏濟州刺史
亶台州刺史
瓌字廷碩相中宗睿宗
頲相玄宗
善
易簡黃州刺史
繫滁州刺史
贇字延卿
庚字執儉國子司業
震河南尹
敭
發

敎
徽
墩
政
儼
冰
詵給事中魏縣男又京兆少尹
復
奕光州刺史
益

泉州刺史
頲
盈嘉王傅
炎
潁淮安寬 太守
深廣州都督 燗
驃騎衛將軍
季子
澄沁州刺史
綰工部郎中
紘

趙郡蘇氏出自漢幷州刺史章之後因官居趙州

味道相武后
𢓜膳部員外郎
份
倜兗州刺史
婉職方員外郎
味玄膳部員外郎
倓
衲
淮
湯郴州刺史

又有武功蘇氏

遏
蒙
檢字聖用相昭宗

蘇氏宰相五人 良嗣瓌頲 味道檢

范氏出自祁姓帝堯裔孫劉累之後在周為唐杜氏周宣王滅杜杜伯之子隰叔奔晉為士師曾孫士會食采於范其地濮州范縣也子孫遂為范氏至後漢博士滂世居河內唐有履冰

履冰相武后
冬蓀宣州刺史
履冰裔孫隋歷水丞

范氏宰相一人 履冰

邢氏出自姬姓周公第四子封於邢後為衛所滅子孫以國為氏世居滁州全椒唐有內史文偉相武后

邢氏宰相一人 文偉

傅氏出自姬姓黃帝裔孫大由封於傅邑因以為氏商時虞虢之界有傅氏居于巖傍號為傅巖盤庚得說於此命以為相裔孫漢義陽侯介子始居北地曾孫長復封義陽侯生章章生叡叡生後漢弘農太守允字固二子嘏松嘏字蘭石魏尚書僕射陽都元侯十一世孫弈唐中散大夫太史令泥陽縣男北齊有行臺僕射傅伏武孫文傑唐杞王府典軍

清河傅氏出自後漢漢陽太守壯節侯燮字南容生幹字彥林魏扶風太守生晉司隸校尉鶉觚剛侯玄字休弈生司隸校尉貞侯咸子孫自北地徙清河裔孫仕後魏為南陽太守生交益

交益監中侍御史
元咸地官侍郎冬官尚書
伯王
黃中司勳郎中
延嗣侍御史
依仁
遊藝相武后

傅氏宰相一人 遊藝

史氏出自周太史佚之後子孫以官爲氏漢有魯國史恭三子高曾玄高大司馬樂陵安侯二子術丹丹左將軍武陽傾侯孫均均子崇自杜陵受封溧陽侯遂爲郡人崇裔孫宋樂鄉令瓌

瓌
務滋相武后
[illegible]清河令
翽御史大夫

史氏宰相一人 務滋

宗氏出自子姓宋襄公母弟敖仕晉孫伯宗爲三郤所殺子州犁奔楚食采於鐘離州犁少子連家於南陽以王父字爲氏世居河東

明隋司隸刺史
岌魏王府記室汜西主簿
秦客相武后
楚客字叔敖相武后中宗
晉卿司農卿

鄭卿

宗氏宰相二人 秦客 楚客

格氏出自允格之後漢有御史班裔孫顯

顯後魏青州刺史
德仁隋剡丞
處仁
希玄洛州司法參軍
輔元相武后
遵殿中侍御史
逵

格氏宰相一人 輔元

宰相世系表第十四上

宰相世系表第十四下　　唐書七十四下

翰林學士兼龍圖閣學士朝散大夫給事中知制誥充史館脩撰臣歐陽脩奉

敕撰

歐陽氏出自姒姓夏少康庶子封于會稽至越王無彊爲楚所滅無彊子蹄更封於烏程歐餘山之陽爲歐陽亭侯遂以爲氏後有爲涿郡太守子孫或居渤海晉頓丘太守建爲趙王所殺兄子質字純之居長沙臨湘七世族孫景達字散遠齊本州治中生荔浦令僧寶字士章僧寶生梁陽山穆公頠字靖世頠二子紇約

紇字奉聖廣州刺史
詢字信本更令渤海縣男
長孺
肅
顗
倫
通字通師相武后
幼明字
仲廉
子
禋字子愿渤海令
環字崇文候官
琮吉州刺史
琮八世孫萬安福令
雅字正言
勃字德用韶陽簿
謨
詫字遠明
鄴
郢
郴
遠
鉉
邦
楚
鄂
成

約
胤光州刺史南海郡公
謹
令
禕
何
價
幼讓
亮
德
器
禮什
郁令
瑋字瑋商州刺史
萬
崙
峯

歐陽氏宰相一人通

狄氏出自姬姓周成王母弟孝伯封於狄城因以爲氏孔子弟子狄黑裔孫漢博士山世居天水後秦樂平侯伯支裔孫恭居太原生湛東魏帳内正都督臨邑子孫孝緒

孝緒尚書左丞臨穎男
知儉江陰令
知本
晉州司馬
仁珪
仁權
知遜越州刺史
仁傑字懷英相武后
光嗣戶部郎中
光遠州司馬
博通
玄範

光昭字子元職方員外郎

仁貞

仁節

仁恪

仁矩

狄氏宰相一人仁傑

袁氏出自嬀姓陳胡公滿生申公犀侯犀侯生靖伯庚庚生季子
惽惽生仲牛甫甫生聖伯順順生伯他父他父生戴伯戴伯生鄭
叔鄭叔生仲爾金父金父生莊伯莊伯生諸字伯爰孫宣仲濤塗賜
邑陽夏以王父字爲氏宣仲生選選生聲子突突生惠子雅雅生

頗奔鄭秦末裔孫告辟難居于河洛之間少子政以袁爲氏九世
孫袁生生玄孫幹封貴鄉侯復居陳郡陽夏八世孫良二子昌璋
昌成武令生漢司徒安字邵公三子賞京敞京蜀郡太守二子彭
湯湯字仲河太尉安國康侯三子成逢隗成左中郎生紹紹中子
熙其後世居樂陵東光熙裔孫令喜

令喜高州刺史

異弘濟州參軍

恕己相中宗

建康淮陽太守

高給事中

異慶太府少卿

異式戶部郎中

倜工部員外郎

師儉

偁

璋生司徒滂字公熙滂生渙字曜卿魏御史大夫四子侃寓奧準準
字孝尼晉給事中生沖字景玄光祿勳生耽字彥道歷陽太守耽

生質字道和東陽太守二子湛豹豹字士蔚丹楊尹二子洵湛洵
宋吳郡太守謚曰貞二子顗覬顗字國章宋雍州都督二子戢昂

昂字千里梁司空穆正公

君正字世忠吳郡太守

憲字章憲隋開府儀同三司謚曰簡

承序晉王友弘文館學士

承家隋給事中

頻後周驃騎大將軍

子溫字君格隋左衛大將軍

士政南州刺史

倫當陽令

知玄石州司馬

華咸寧令

滋字德深相憲宗

炯江陵戶曹參軍

寔河中功曹參軍

均太子典膳郎

都字之美右拾遺

郊字之乾虢州刺史

樞字踐言陳僕射謚曰簡懿

朗給事中汝南男

誼蘇州刺史

協字子恭陳特進謚曰靖德

元友隋內史舍人

利貞祠部員外郎

誠太子典膳丞

道玄補闕內供奉

光裔揚府別駕

弘休亳州司戶參軍

光輔汝州刺史

昌復宋城主簿

匡衍合州刺史

敦復采石軍判官

蕃桂管觀察支使

藹[illegible]縣令

蔚淮南節度副使

薰

泌陳侍中謚曰貞

方華

河東袁氏本出陳郡

智弘相高宗　瀚兼御史中丞

袁氏宰相三人恕己　滋　智弘

姚姓虞舜生於姚墟因以爲姓陳胡公裔孫敬仲仕齊爲田氏其後居魯至田豐王莽封爲代睦侯以奉舜後子恢避莽亂過江居吳郡改姓爲嬀五世孫敷復改姓姚居吳興武康敷生信吳選曹尚書八世孫僧垣隋開府儀同三司北隆公二子察最

察隋太子內舍人北絳公　思廉散騎常侍弘文館學士豐城康公　處平豫州司戶參軍　璹字令璋相武后　昌孺諫議大夫

昌沛

珽戶部尚書　昌原　體　權

昌潤宣州刺史　循棟　彤覿

喬　栩將作少監

昌溫　齊梧左金吾大將軍

昌綺

憚符寶郎襲豐城公　勖文　行表鄂王府司馬　崇　桂太子司議郎　希齊湖州司功參軍　弘慶字引之蘇州刺史　[illegible]齊

孟瑜

畹泗州參軍

疇

畔

最蜀王友　思聰左庶子　慎盈壽州刺史

績曲沃令　玄宋城令　發右領軍衛將軍　南仲右僕射　袞太僕寺主簿

亮

陜郡姚氏亦出自武康梁有征東將軍吳興郡公宣業生安仁隋汾州刺史生祥

懿字善意隋懷州長史檢校函谷都尉嶲州都督文獻公　元景潭州刺史　孝孫壺關令

元之名崇相武后中宗玄宗　彝鄧海二州刺史　闓越州長史　係門下典儀

侯太常寺太祝

閎鄠令　倍須山令

倫揚州大都督府倉曹參軍

但

闈貴鄉令　侑黃梅令　承宗

珙霍山令

伾

閎太子司議郎

闢河南丞　偁涇主簿　最諫議大夫

偕監察御史　烈殿中侍御史內供奉

董易

昪大理卿								
閑左拾遺								
怦寶應令						悟襄王傅		
丹陸渾令				浼楚丘令	温尉氏令			
增榮陽令	均金華令	蘊大理司直						
		晪浙西館驛巡官	圭南昌主簿	進				

							弈字弈永陽郡太守	
				開		闢洛州參軍	闓侍御史	
懷寧節度押衙攝鄧州刺史	惇朝城令	暢華原令		恬	憕		恒都水少監	愷

				元肅宗舍楚州正少卿長史		馮通事舍人		
				閑泗州司戶參軍	闓睢陽太守右金吾將軍	闕餘干丞	論豫州司戶參軍	軍
協松陽令	愉右監門率府兵曹參軍	忱恒王府主簿	惲左千牛衛兵曹參軍					

算鄢陵令	闓臨河令	合祕書監

姚氏宰相二人 璹 元之

婁氏出自妘姓夏少康裔孫東樓公封於杞為楚所滅子孫食邑於婁因以為氏城陽諸縣有婁鄉是也

師德相武后	思穎州休令	志學千乘令	圖南

婁氏宰相一人 師德

豆盧氏本姓慕容氏燕主廆弟西平王運生尚書令臨澤敬侯制制生右衛將軍北地愍王精降後魏北人謂歸義為豆盧因賜以為氏居昌黎棘城二子醜勝

醜	萇	永恩	通	寬禮部尚書芮定公	承業右領軍將軍	欽望相武后中宗	昭宣州刺史	器泉令	鸇
									署字正名河南少尹中牟縣男 生書修武主簿 求虞州參軍

							欽襄光祿少卿		參右衛將軍		
									回京兆少尹		
									友萬年令		
											籍左司郎中兼侍御史知雜事
							欽肅				
						懷讓	貞松宗正卿中山公	光祚	建駙馬都尉		
						方則	玄儼	至靜			
勝	魯元後魏太保襄城公				建殿中監靈壽公	仁宗					
							子騫監察御史				
		陸渾				祥	讓		挹	鄭麟	
							順	靜			

豆盧氏宰相一人　欽望

周氏出自姬姓黃帝裔孫后稷后稷封於邰其地扶風漦鄉是也后稷子不窋失其官竄於西戎曾孫慶節立國於豳其地新平漆縣東北有豳亭是也七世孫古公亶父爲狄所逼徙居岐下之周原改國號曰周其地扶風美陽南是也武王克商十一世平王遷都王城河南縣是也平王少子烈食采汝墳烈生懋懋生文文生昇昇生興興生晏晏生安安生弘弘生明明生隱隱生壽壽生容容生休休生雄雄生暉暉生寬寬生貞貞生成成生邑秦滅周并其地遂爲汝南著姓生秀秀生仁字季房漢興續周之嗣復封爲

汝墳侯賜號正公以汝墳下濕徙于安成十子長曰球執金吾生平陵令應應生郎中孝廉道道生五官中郎約約生決曹掾燕燕裔孫表

表梁義衡二州刺史襲蓬陵侯	孝卿隋德延州刺史永城敬侯	懷義太子右宗衛率	基字崇業常州長史	允元相武后						

永安周氏亦出自決曹掾燕九世孫防防十三世孫靈超其先避西晉之亂南徙居永安黃岡

靈超宋桂州刺史襄城侯	法僧	孝節嘉州刺史	鳳				應	克構房州刺史	溥	
									讙字用玉	
									滌	
									儉	
			鳴	諧給事中						
	法尚隋起部尚書譙僖公	紹嗣		伯瑜楚州刺史	擇從宣州刺史	萬				
		紹範左屯衛大將軍譙敬公	道務左驍衛將軍駙馬都尉譙襄公							
				獻言字仲玉少府少監汝南恭男	先義左金吾將軍					
					先孝左羽林軍長上					
	昇字德明黃州總管道國公		惲梁令	沛左拾遺	頊左驍衛兵曹參軍	墀字德升相宣宗	寬饒崇文館校書郎			
							咸熹京兆府參軍			
							承規字遐慶			
							承矩字後慶	緣字應祥		

周氏宰相二人。允元、墀。

吉氏出自姞姓，黃帝裔孫伯儵封於南燕，賜姓曰姞，其地東郡燕縣是也。後改為吉。

哲，易州刺史。 頊，相武后。 渾，司勳郎中。 溫，禮部二侍郎。 琚，鄠令。

吉氏宰相一人。頊。

顧氏出自己姓。顧伯，夏商侯國也，子孫以國為氏。初居會稽。吳丞相雍，孫榮，晉司空。雍弟徽，侍中，又居鹽官。徽十世孫越，陳黃門侍郎。孫胤，

胤，著作郎、餘杭公。 琮，相武后。 潤，祕書郎。 浚，雲安太守。

顧氏宰相一人。琮。

朱氏出自曹姓，顓頊之後。有六終，產六子，其第五子曰安。周武王克商，封安苗裔俠於邾，附庸于魯，其地魯國鄒縣是也。自安至儀父十二世，始見春秋。齊桓行霸，儀父附從，進爵稱子。桓公以下春秋後八世而為楚所滅，故子孫去邑為朱氏，世居沛國相縣。前漢大司馬長史詡，生浮，字叔元，大司馬、大司空、新息侯，生下邳太守永。永九世孫吏部尚書尚，生質，司徒。質二子：禹、卓。禹，司隸校尉、青州刺史，坐黨錮誅，子孫避難丹楊，丹楊朱氏之祖也。卓生扶風太守龢，龢生上洛太守越，越字元勝。越八世孫丞相行參軍詢，二子：澹、濟。澹生沖，沖生威則，散騎常侍、給事中，生騰，字龍懷，陳郡太守。三子：憲、斌、綽。綽字祖明，西陽太守。二子：齡石、超石。騰裔孫建，後周太子洗馬，生僧寧，隋睢陽太守，生操。

操，上開府。 仁軌，字德容，孝友先生，太子洗馬。 敬則，右衛率府兵曹參軍。 守乾，衛尉丞。 子羔。

守愼，金吾衛大將軍。 子詵。

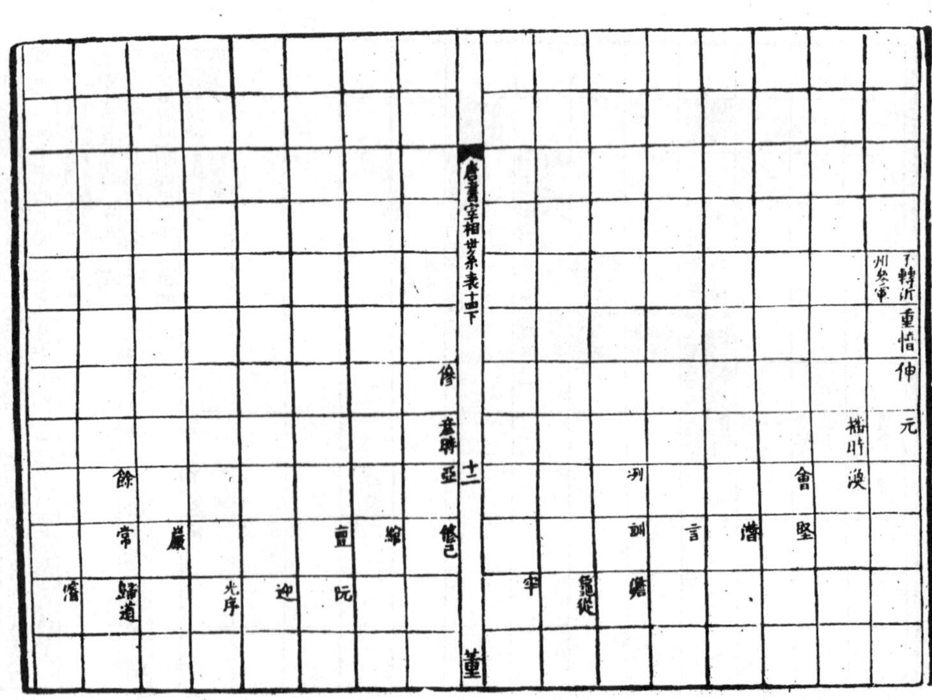

子轉，沂州參軍。 重 悟 仲 元

福 昕 渙

會 堅 潛 言 訓 洌 緒 龜從 牢

修 彥暐 亞 修己 鶚 豐 阮 迎 光序 巖 常 餘 歸道 僧

鶴
黨　從
巳治九門令
可芝右門表溥
貞　危
延鎰
延詔
脩時
廉時
佐時
厚時
倜
偁
立少
恒生
素文
珂

重寬
重邦　公弁
重誨　少伯
志宏　惠　瓊
幹　整　芝
琯　圖
玠　項　悅
正奇
曙
覞
志方
志才
子欽
暈　守言海州文學
守信　子華
某楚州錄事參軍　守訥　子路

守瑒國子監明經 子岳
衡洹水令 守讓 子興
守謙奉陵尉 子昇崇仁尉 郢 舫衡
毅衡
季 戡 討
依 御 受
朏
郢

才 琳 應
存 岸
頻 翔
奈
守璡 子恂睦州錄事參軍 元詳
道秀
子金
玘瑨著作郎太子典膳郎 昊鄜州錄事參軍 守質明州錄事參軍 子琪 昭

演 烈 耀 隨
子貢
子璋
守泰 子良
昊恒王府參軍 守璿
守臣 子隱
子輿
守登

暹奉禮郎 守瑕
守顏
旦
都則相武后 光適靈州別駕 守溫洛陽令
守同堂陽令 泳靈州司馬 省 躬 璠
澈高平令
渙 熏 詠良鄉令 輔 積 賓 降
璉

碑湖陽令
須河南主簿生晃覓補覓生見昌
順
頃
厎
勳
敏
尊
剋
兆
騈
騤
驤上庸令
廷勝
庫
廊
佐
翼
憒
令廼
令希

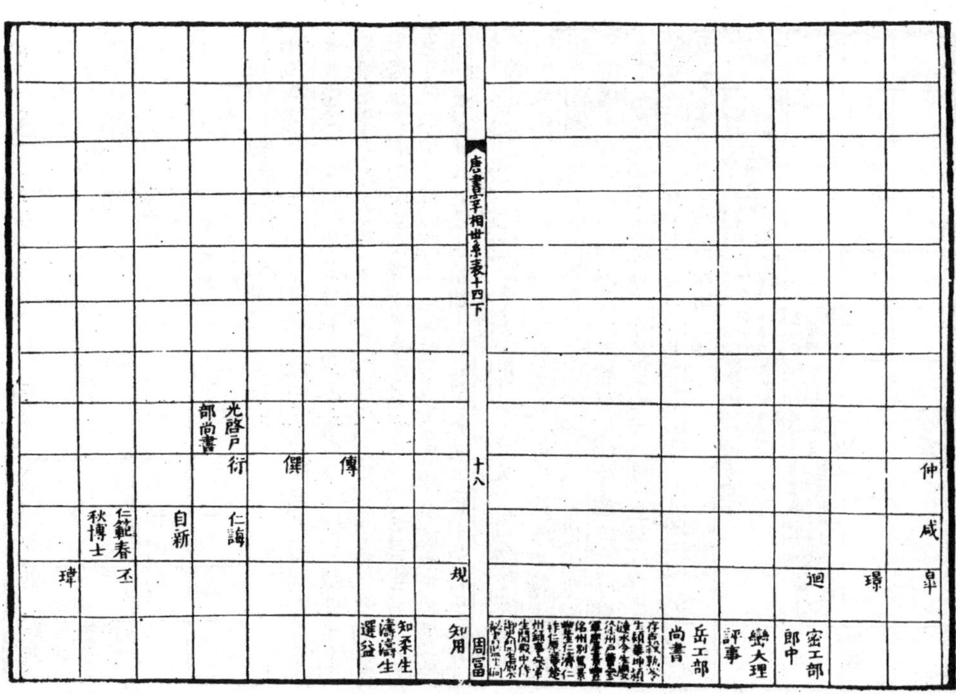

仲
咸
阜
璟
迴
密工部郎中
鑾大理評事
岳工部尚書
[illegible]
規
知用
傳
偲
衍光啓戶部尚書
仁誨
自新
仁範春秋博士
丕
瑋
知柔生濤濤生選益

嶠

奉新 佰春 少昌

少京 琮

表

佰觀 均

重脩

重睨

重制 緒

筍

紹

可南 實

諫

周 韜 轍

郇

重駉 思 得一 忠 璨 少連

幼

知彥生絢

知虔生義溪

守和奉禮郎

守佋 淳殿中監

朱氏宰相一人 敬則

唐氏出自祁姓帝堯初封唐侯其地中山唐縣是也舜封堯子丹朱爲唐侯至夏時丹朱裔孫劉累遷于魯縣累孫猶守故地至商更號豕韋氏周復改爲唐公成王滅唐以封弟叔虞其後更封劉累裔孫在魯縣者爲唐侯以奉堯嗣其地唐州方城是也魯定公五年楚滅唐子孫以國爲氏分仕晉楚有唐雎爲魏大夫孫厲居沛國漢封斥丘懿侯生朝朝生賢賢生遵遵生蒙中郎將生臨邛

令都都生倫倫生林林尚書令王莽封建德侯生蔚國除徙居頻川生武威長史惠惠生侍御史貢貢生大司空珍珍生會稽太守瑁瑁生翔爲丹楊太守因家焉二子固滂固吳尚書僕射生別部司馬瓊瓊生宣宣生晉鎮西校尉上庸襄侯彬字儒宗二子熙極熙太常丞娶涼州刺史張軌女永嘉末遂居涼州生輝字子産仕前涼陵江將軍徙居晉昌七子伯廉威季賢幼賢孝達季禮威爲永世令生弘三子瑤咨諧號三祖

弘字友明西涼武興太守

瑤字昌仁西涼晉昌太守永興侯

契字永福伊吾王

褒字立達後魏華州刺史晉昌公

茂字興徽散騎常侍秦州刺史

文祖散騎常侍大夏都督

儉字貢謙大夫

懷義儀同三司賓部大夫

孝舉

翼字保相後魏涼州守

叙字仲郎後周驃騎將軍洪和公

世達光州守襲洪和公

秀實成州司馬襲洪和公

行敏相州別駕將陵縣公

伏郎襲將陵公

紹宗

行表

紹圖

									唐書宰相世系表十四下 二十一 又紹								
文寂	文遠隋國子博士		文裹					文詩雍令		文度鄭州刺史蔡陽縣男	文豪		文舉隋右千牛	文安			
				鄭客	固儉	懷一	仁倫左諫衛兵曹參軍	藝臣寔中兵曹參軍		奧一南浦令		行直	行端			行基	行立
										同泰邛州刺史					尚偕亳州司法參軍	尚瀛漢州司馬	
															萬鈞	萬頃	

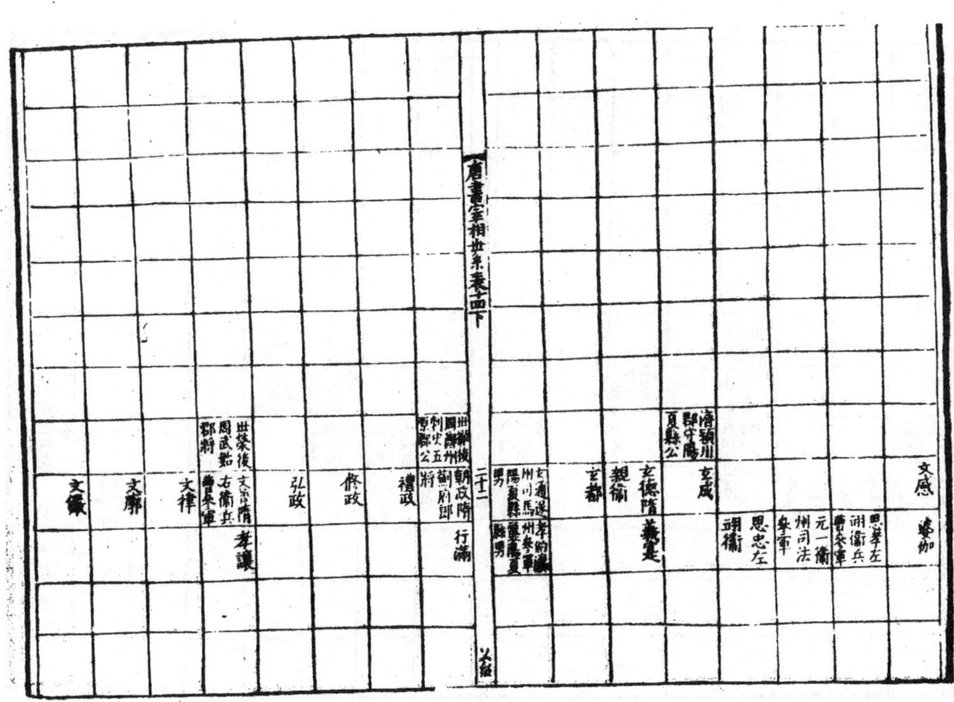

								唐書宰相世系表十四下 二十二 又紹								
			世榮後周武鄉郡將				世徽周齊州刺史五原郡公					濟潁川郡守陽夏縣公				
文儼	文廓	文律	文宗隋右衛兵曹參軍	弘政	脩政	禮政	朝政隋薊府郎將		玄通遂州司馬陽夏縣男	玄都	玄德隋親衛	玄成				文感
			孝讓				行滿		孝約潁州參軍襲陽夏縣男		義寔		思忠左領衛	元一衛州司法參軍	思孝左領衛兵曹參軍	婆伽

唐書宰相世系表十四下 二十三 章中

世寵	文詠 臨城令		
世雅 隋右衛長史	文協		
	文珍 東宮勳衛		
	文會 穎州固令	守	
	令	抱一	
		斷	

世恭 隋左監門將軍
文凝 州別駕 貴平縣男
善行 光州錄事
善言
美見
世損 隋沁州別駕 魏平縣男
乾蕃 博野令
希一 霍王府戶曹參軍
乾肅
世昊
文發
孝贊
孝廷
文褒

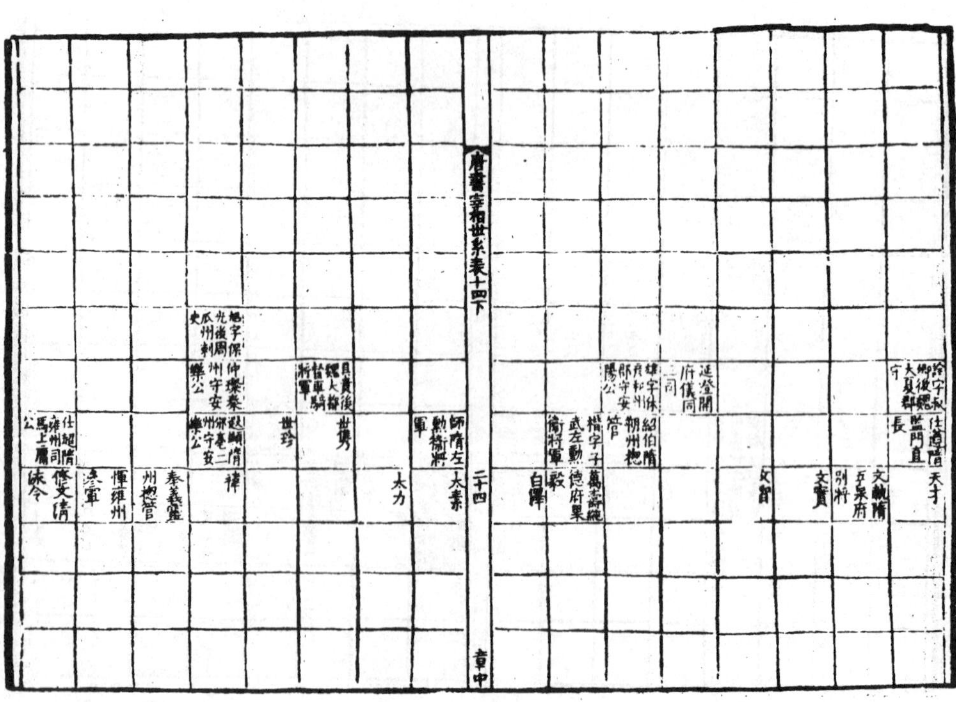

唐書宰相世系表十四下 二十四 章中

玲 字叔卿 後魏大夏郡守
仕通 隋監門直長
天才
文執 隋五泉府別將
文寶
文智
延登 開府儀同三司
雄 字休 貞和州 郡守 安陽公
紹 隋朔州總管
楷 字子萬 武德府果毅 左勳衛將軍
白擇

大素 隋左勳衛將軍
大力
貞 後魏大將 驃騎 車騎將軍
世雋
世珍
懿 字保仲 璨秦 光 後周 州守安 瓜州刺 樂公 史
威 隋邢臺二州守 安樂公
禕
奉義 豐州總管
惲 維州
參軍
仕超 隋雍州司馬 上庸公
修文 清
令

奉禮蒲州錄事參軍
崇德
行賓
仕政隋車騎將軍樊道縣侯
孝感建節尉
孝睦
保建後周綏夏二州守姑臧公
伯裕宜城郡守
孝懷遠隋宜陽令
儼
伯華北齊徐州長史
德宗隋鎮勳衛都督建節尉
智節
智堯

德俊
智英
智叔
智深
智亮
詢明隋新州守
君泰秦王府虞侯總管
振
寔
日輪
義和

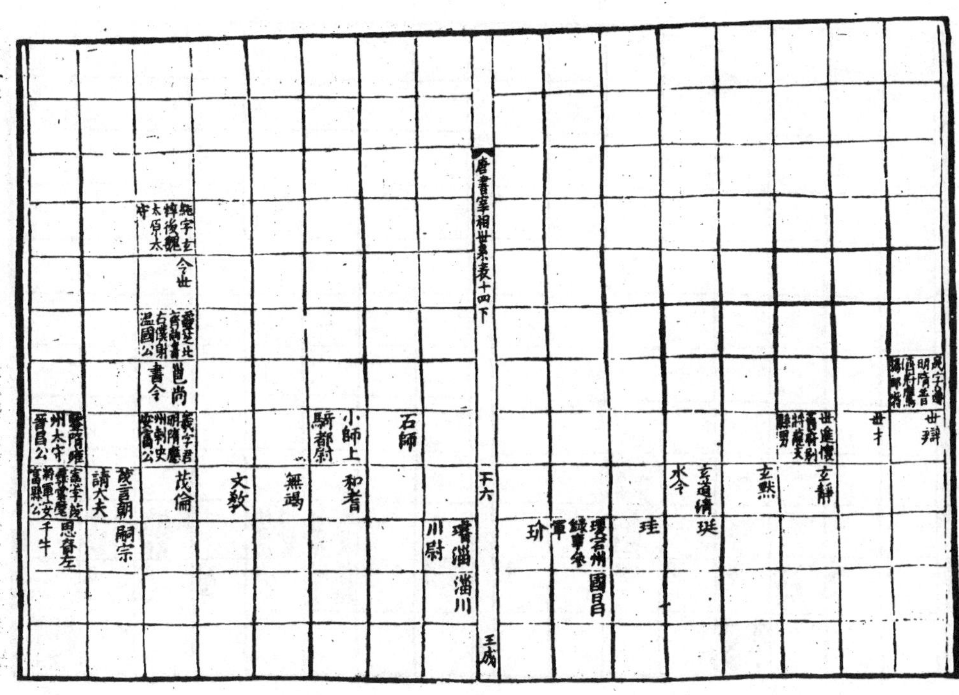

晟字□明隋晉陽府鷹揚郎將
世辯
世才
世進懷晉府別將寧夫縣男
玄靜
玄默
玄道靖水令
珽
珪
璦宕州錄事參軍
國昌
軍
玠

瓚淄川尉
淄川
石師
小師上騎都尉
和者
無竭
文敎
義字君明隋慶州刺史安富公
茂倫
純字玄粹後魏太原太守
今世
魯楚北齊尚書右僕射溫國公
邕尚書令
茂言朝請大夫
嗣宗
豐隋雍州太守晉昌公
茂字□□隋左衛將軍安富縣公
思齊左千牛

- 思廉趙王府典軍
- 茂純右勳衛將軍
- 節鄜州府左果毅
- 茂瑯
- 茂字茂約禮部尚書特進莒國公
- 松齡太常卿
- 篆臨涇府折衝
- 儒奉膳大夫
- 睢
- 同人司農少卿
- 瑗貞揚州都督府參軍
- 元珍
- 嘉會洋州刺史
- 從心殿中監
- 昕鴻臚卿
- 晙太常少卿
- 晦
- 晞
- 簡忠洛州司錄參軍
- 昭河南尹
- 曬忠王府別駕
- 啟心綿州刺史
- 暉
- 晤

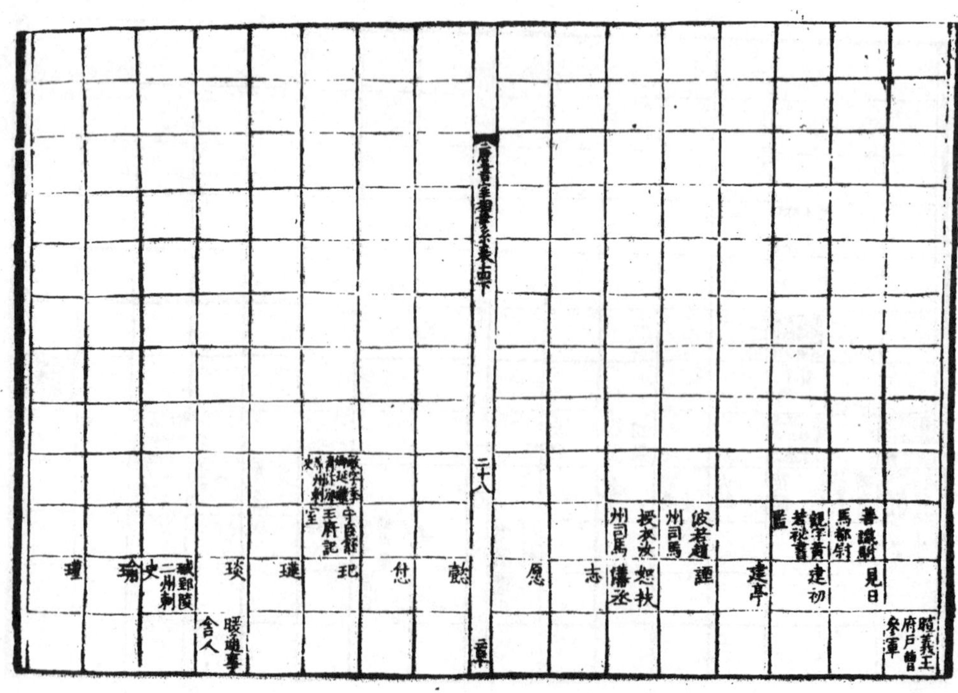

- 暄義王府戶曹參軍
- 善識駙馬都尉
- 見日
- 覩字黃若秘書監
- 建初
- 建亭
- 彼若趙州司馬
- 謹
- 援衣汝州司馬
- 恕扶溝丞
- 志
- 愿
- 懃
- 付
- 敬字季延[illegible]州刺史
- 守良舒王府記室
- 玘
- 璡
- 琰
- 暖通事舍人
- 臧鄧陵二州刺史
- 瑜
- 瑾

							和後魏兗州刺史
							欽字真玄陝州守襲酒泉公
							歡龍驤將軍
							二政後周安東太守
							規雲州守酒泉公
							世宗隋洛陽令
							壽折衝都尉
	爭臣						休球茂州都督
南金	玄表左衛大將軍			玄逸魯王府參軍			思莊鄮令
	思齊長汀丞	思忱澧州刺史	思直集州刺史	思賢藍田丞	思晦成都府兵曹參軍	思一	詒

							倫霍王府友
							表顥樂陵令
	思哲	奉先	遊方	釋之	去俗南鄭丞		渙鳳州司馬
誨					篡嚴金	季鷹	

諧咸陽令							昤太常博士
休璟相中宗							正心邵州刺史
先睿陳州刺史	先擇右金吾將軍			脩忠福州別駕	脩孝南鄭尉	脩直太原府司錄參軍	顒
履潔	昌	旻汾州刺史	昇亳州刺史				

			諧字守仁後魏晉昌太守				
			揣字子化北海太守晉昌公				
			儼字整之東海太守				
			輪字文轉青州太守				
			永後周儀同三司平壽忠武公				
			陵字子雲儀同三司襲平壽公				
			怡字君長內史大夫漢陽公				
			舉字承休朔州太守襲漢陽公				
			有道字立仁太僕卿				
會大理評事		禽	璿字溫忠安養令	璡字溫禮左屯衛郎將			
公羽	公重		成構	延構黃岡令	承構	克構	復構宗成尉

		有方		
	鑒字承明			
愨字書德隋相二州刺史	傑字志文安鄉令	貞亮字國言巴蓬二州參軍	嗣本	
			嗣華嘉興令	
			嗣宗	同芳
			嗣之武連丞	
		貞松字國李沂水令	昭華亳州司倉參軍	震
				漸
				復
			昭德澧水令	咸
				貴
			昭訓澧陽尉	豐
			昭忠望都主簿	濟
			昭明益都令	堯卿
				喬卿
		貞筠字國節博州參軍		

	貞質字國行上縣令	昭容遂州司馬	渙
			渥
		昭獻犀浦尉	
		昭肇乘尉	
		昭彥	
泰之字志明相州別駕	貞操字守直隆山令	踐正胙令	
		鎮冰	
	貞泰祠部員外郎	越客滎澤尉	
	貞敏字守訥唐隆令	曉司勳郎中	求吉
			令言
		晦吏部常選	
		昭	
		暄	
		昕	
	貞節		
	貞觀字守禮童邑令	璹嚴道丞	

瓘

英

師字志範

貞曆字守潔

邈字君邁太子中舍

昱上邽令

貞行字守信九門令

暠臨海令

晏魏州參軍

晃桂州參軍

防工部員外郎

君侯

貞儀

貞休鄜州刺史

詡唐州司倉參軍

誠

次字文編中書舍人

扶字雲翔福建團練使生[illegible]字仲申

嵩字贊休

持字德守容管經略朔方昭義節度使檢校戶部尚書生彥謙字茂業河中興元節度副使晉絳閬壁四州刺史號鹿門先生生泱

歟

唐書宰相世系表十四下

款字嘉言侍御史

技字己有刑部郎中

欣

謹國子監丞

戩韶州刺史

遜字志順簡州刺史

揮字子瑗後周開府儀同三司臨淄公

詮車騎大將軍襲臨淄公

大智崇弘館學士襲臨淄公

敬輿

文衛

知正

諒字君直

則字君憲太常少卿項城伯

推賢字尚直殿中丞

讓德字後己宋城令

思忠

思雅

思元

歆字無擇岐州參軍

寶藏

感行

弘字書裕職方侍郎

簡字本元河南令

抱一字玄珍

寡悔

抱璞字楚珍雍丘令

愔

抱素字儒珍靈丘尉

炎

皎字本明，尚書本州長史
如珪字令聞，秘書郎
成宗

如玉字令德，河南府兵曹參軍
倩

倬

偲

不占字思義，金部員外郎
籯金

南金

緘金

渾金　臨州司戶參軍

不佞字思直考城令
訓字辭國華金陽安尉

之武字知言，懷集令
惇

悰

之奇字知子，給事中
系

累

縈

遺孝字幼忠，許州倉曹參軍

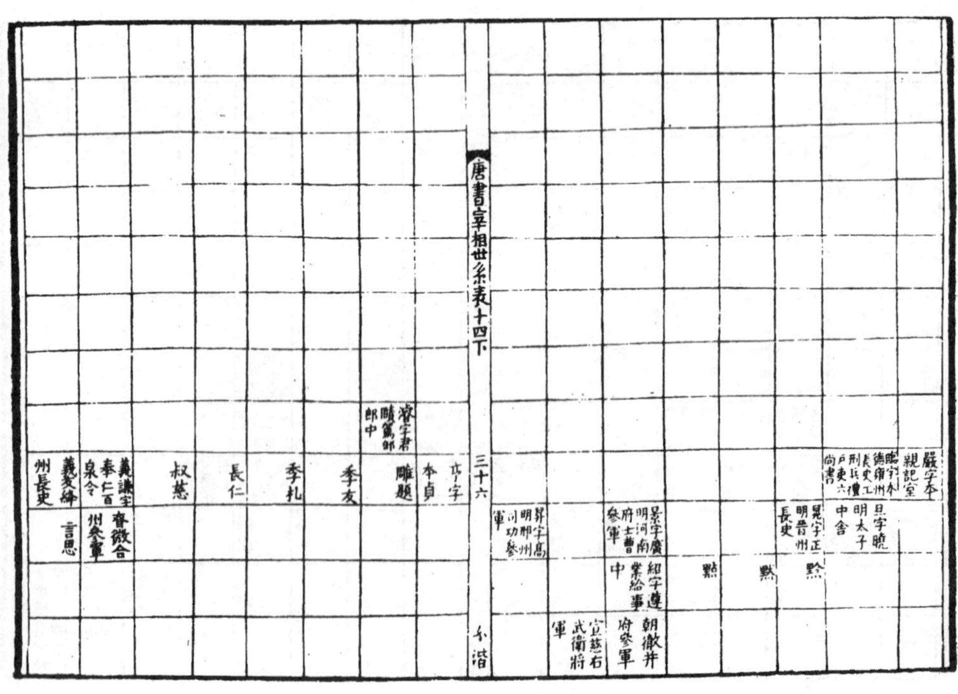

嚴字本親，記室
昱字曉明，太子中舍

皞字本德，隋州長史，工刑兵禮戶吏六尚書

晃字正明，晉州長史
黔

默

點

景字廣明，河南府士曹參軍
紹字遵業，給事中
朝徹，并府參軍

宣慈，右武衛將軍

昇字高明，邢州司功參軍

亢字本貞

濬字君曠，駕部郎中
雕題

季友

季扎

長仁

叔慈

義謙字奉仁，百泉令
睿微，合州參軍

義交，綿州長史
言思

進思樂嶓令
邕左勲衞府功曹參軍

穆字秉良通化令
重昌

重潤

重暁

望見

嶄字褒驃騎將軍

悌

謂字東潔

疎字袁朝坊州錄事

愫字袁和
重華

入進

重鄉字同節翊府中郎

虔字袁騫

㥯

唐氏宰相一人 休璟

宰相世系表第十四下

宰相世系表第十五上　　唐書七十五上

翰林學士兼龍圖閣學士朝散大夫給事中知制誥充史館修撰臣歐陽修奉敕撰

茍氏出自嬀姓陳厲公子完適齊諡曰敬仲子孫以諡爲氏茍仲之後至秦有茍丕丕生敦爲河東太守子孫因官家焉裔孫韶漢末爲揚州刺史生昌封猗氏侯昌生歸

歸南涼抱罕太守
頻後魏北絳太守
顯儁字長瑜合齊僕射永安侯　孝英北州刺史尚書郎
德充隋
法延
仁綱
彥琮愛州刺史
山松澄城令
暉字仲曄相中宗
讓尚舍奉御
誠右衛大將軍
詢比部員外郎
譔主客員外郎　曄曾孫元膺河南丞
仙客蔚州刺史
君弘右衛將軍黔昌公
法助
昭道
羽道州刺史
播給事中
悱虞部員外郎
挺三原尉生寔
則臨汾令
德秘書郎
揖字伯謙太子家令
寰大理評事
寓河清尉
肅字元儉隋潁川郡丞
昶許州司馬

董夢

茍氏宰相一人　暉

桓氏出自姜姓齊桓公之後以諡爲氏又云出自子姓宋桓公之後向魋亦號桓氏後漢有太子少傅桓榮世居譙國龍亢榮八世孫彝晉宣城內史五子雲溫豁秘沖沖荆州刺史豐城公生嗣謙修修晉護軍將軍長社侯過江居丹楊生尹尹生崇之崇之七世孫法嗣

法嗣隋司勳郎王府諮議參軍
思敏少府丞
彥範相中宗
臣範京兆尹
庭昌荆部郎中

桓氏宰相一人　彥範

祝氏出自姬姓周武王克商封黃帝之後於祝後爲齊所幷其封

擢
括字叔弓御史大夫諡曰獻
魯大理司直
審渠州刺史生休字日休
[illegible]
安大理評事
撫太子舍人

董夢

域至齊之間祝阿祝丘是也後漢有司徒恬孫義生廣廣爲始平太守子孫留家焉生魏太中大夫仍仍生諶晉驃騎府司馬諶生偃散騎常侍以平關中兵寇封始平縣伯生瑜瑜生熙熙生寶三世襲封二子老歸老後魏輔國將軍中外都督二子猷侯

猷侯後魏中散大夫博平縣侯
昭
紘字文宗後周武平令襲侯
臧字伯良　嘉字仲良
綝字叔良峽州司法參軍　女瑾字文命修武令
欽明字文思相中宗
騆

祝氏宰相一人　欽明

紀氏出自姜姓炎帝之後封於紀侯爵爲齊所滅因以國爲氏隋有司農少卿和整世居天水上邽生士騰

士騰隋冀州司倉參軍　及鄜州刺史
先知御史中丞　全經戶部郎中　處訥相中宗
黃中　謙　咸

紀氏宰相一人　處訥

鄭氏出自姬姓周厲王少子友封於鄭是爲桓公其地華州鄭縣是也生武公與晉文侯夾輔平王東遷于洛徙溱洧之間謂之新鄭其地河南新鄭是也十三世孫幽公爲韓所滅子孫播遷陳宋之間以國爲氏幽公生公子魯魯六世孫榮號鄭君生當時漢大司農居滎陽開封生韜韜生江都守仲仲生房房生趙相季季生議郎奇奇生稱漢末自陳居河南開封晉置滎陽郡遂爲郡人稱生御史中丞實實生興字贛蓮勺令興生衆字仲師大司農衆生城門校尉安世安世生騎都尉綝綝生上計掾熙熙三子泰渾渾魏少府大匠渾生崇晉荊州刺史崇生適適生隨扶風太守隨生趙侍中略略六子豁字君明燕太子少傅濟南公生溫溫四子壽曄簡恬壽居隴西曄後魏建威將軍南陽公爲北祖簡爲南祖恬爲中祖曄生中書博士茂一名小白七子白麟胥伯叔夜洞林歸藏連山幼麟因號七房鄭氏大房白麟後絕第三房叔夜後無聞

胥伯後魏鴻臚少卿
希儁州主簿
道育
德政
玄瑾蒲圻令　楚基青州司馬　文權梧蒼梧丞
望　仙饒州長史　迪
棟　城尉
楚　仙居光祿寺丞　仁瓘安平丞
九皋徐王功曹參軍　幼奇　廣壽　廣名
知節渤海令　休文　泚封丘丞　萬石　黃通　黃裳
淳益都丞　彥甫

夷甫

綱甫

山甫

瑩甫

琇甫

滔

休鄰，徐城令　岸，魯山丞

岧

岌

崖

休徵，封丘丞　微

玄璡，晉水令　大力，一名延嗣，攸丞　謇　荀鶴，密州司倉參軍　閬，泰州司馬

閞

卓然，新鄉令　閬

閞

闟

續，比部郎中　展，虢州長史　增

鷹

闡

選

玄珪　延，寧州司馬　春卿，州功曹參軍　仁鋼，湖州兵曹參軍　鷫

小寶，海陵尉

叔卿　貽孫　小觀

子質

德睿，固安令　元將，武昌令　宣道，雍州司法參軍　愛同，澤州參軍　元簡，閬中主簿　鴻

鸞

神力，侍御史　觀，壽興令　敬明

藏明

含章，渭州司士參軍　萱，松陽令　鵬

鶚

鵙

日休，曲沃令　調

諗

智藏 搢之

元賓易州倉曹參軍 崇慶 琮 讓

克禮滑州戶曹參軍

喜業 彊丞 鷗 坦

昇定州法曹參軍

恒內丘丞

昱

峴

睿

崇業 今安

元弼 知運 琨

肖獻 陵令

敦佺

脩松一名元宗華令 進思句容尉 茂先安陸尉 楊名渝州司馬 昌

量滑州參軍

旻

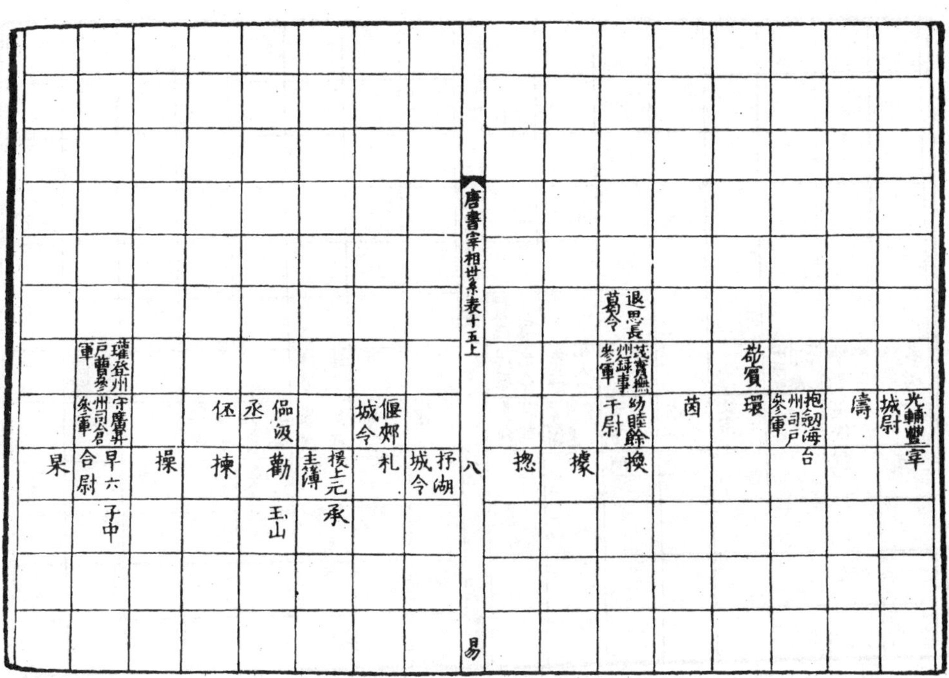

光輔豐宰 城尉

濤

抱翻海台州司戶參軍

荀賓 環

茵

退思長葛令 茂實撫州錄事參軍 幼睦餘干尉 換

擄

揔

抒湖城令

偃郟城令 札

援上元主簿 承

偘汲丞 勸 玉山

伾 揀

操

瓘登州戶曹參軍 守廣昇州司倉參軍 早六合尉 子中

杲

			言思泗州刺史				
			琇靈丘令				
免	翊宋州司兵參軍	潤	蕙		堅潁王府胄曹參軍		
建	巽扶溝尉	頻子	震	惲	亘屯留丞	嬰大理評事	豐正平令
							小誦神童出身

	橋通川令			植壁州刺史		若代州參軍	華南陵令
益黃梅丞	賁	忠恕吳令	韶丹南宮尉	恒蒲州參軍	怦湘潭令		宥博州參軍
最新	良賓		有悌				

	懷隱齊州刺史				球歷城令		
	縯		芬鹿城令	糾魯山令	萬緱氏丞	藝	翺
宇	邈	造		遵			

行思臨汾主簿							
沛原武令	如玉撫州長史				漪華州司士參軍	淑新鄉丞	玘一名綺
友義一名堅	愛荊州錄事參軍	士宗	術	文宗		敫伶	弁
		閔子				懿	遂

連

長詢江都丞

從正

汝爲

汝良

汝弼

汝方

乾懷州倉曹參軍

準揚子丞

自敏

自寬

申榮澤尉

延徽翼城令

澤

剑

銑

幼成

徹昭義主簿

扎

説長洲尉

楚潭州參軍

元叶房州司馬

芝監察御史

萱

芷

著

孚

晉審清溪令

勵

蓁

琳文州錄事參軍

蘭廣州參軍

勤思項城令

隨武西城尉

介歷城尉

合

如琨

翰

再思一名崇順鄆州刺史

崇寔涇州錄事參軍

子明

子猛

岌芮城丞

仲适涇尉

宰

犀

岑司門郎中

			象初					
子裕武康太守	弘諒州司法參軍	仁儉壽春令	思敬餘杭尉	令秀	光應			
		仁愷密州刺史	愛客貝州刺史	令同沂州司馬	光訓	纘		
					光誼鄞丞	綸		
						絢		
				令賓澤州司士參軍				
			秦客澤州司馬	令一介休泰澤	萼			
			齊客齊州司馬	庭玉復州刺史	膺嘗司騐太原 慶壽潭府參軍			

						駒	路	澥字潁文
					周名膺齡	驤		
						驥		
					膺石一名漢少府丞	駒		
						騏		
			知十永年令	延業宣州司戶參軍	光賓			
				延祚楚州司馬	光國	孟嘗		
					光振廬州錄事參軍	求道		

					光裔左驍衛倉曹參軍			
				令則金鄉令	光系蒲圻尉			
				令構遂州長史	光鄭河間丞			
					光昭餘姚尉			
					光宗東州別駕			
					光賛			
			洪一名虞客臨汾令	令從佇雝令				
				令源豐州團練判官				

				令球				
				令謹潁州司功參軍	光襲汝州錄事參軍			
					光紹滁州司戶參軍			
					光林			
					光儀			
					光被			
				令瑜汴州參軍	成溢信王府參軍			
			越客一名固忠工部侍郎	令瑆太僕寺主簿	季良灃陽尉			

惟清
令詵
光進
光遂
盛明蒙州刺史
令璋申州兵曹參軍
令璡左司郎中國子祭
受京兆府參軍
權萬年令
萬
載
甫舒州刺史
適左衛率府倉曹參軍
奉

邠卿宋州刺史
信卿武城令、
令超頓丘令
黃通清流令
溢合肥尉
成滎陽翟尉
有鄆城尉
申京兆府司兵參軍
令望滑州司馬
豫太康尉
鼎

子奕宜州別駕
師萬山令
依仁
依義湘鄉令
允恭潞州錄事參軍
東里陽翟尉
之均匡城尉
之久臨邑尉
之峻安豐丞
偲
修
克濟
之成豫州參軍
之表豫州參軍

南鄖陽翟尉
之敏陳州司兵參軍
之相
之尚鍾山尉
依禮
依智偃師尉
允元來庭尉
良伊陽尉
之英武德尉
允貞登封令
常鳳翔司戶參軍
長
之衆
稍先隋真陵令
弘幹政城尉
思玄沁州司馬
璿河南少尹
溥左庶子
華太常博士

聿陽翟尉
平吉州刺史　壽孫
例筆丞　杞江都尉　晞華陰尉
晫
暐
申魯山令
畢常州參軍　魴字嘉魚
閱殿中侍御史

思靜　玠
璬　兢下邑令　欒易州參軍
翬　黃中洪洞尉
傳英　嘉瞻合　泒令　知微大理司直　遼武康令
弘簡鄒丞　崇由周令　晸歷城丞　遵悌
暹長山主簿　愛汝州司士參軍　芳潞州司兵參軍　鎮
昇穀熟令　韶鉅鹿尉　常
遵寰　逢莢令　順

庭璘
巨廣州司兵參軍
昂長河令　發武城尉　方回
禎衛尉
利貢陽令
九齡安平令　宏之定州刺史　超奉先尉　迪
庭休益州司士參軍
賁許州刺史　迢浚儀尉

巽　興門
豐銅鞮尉　榮門
景　進　燕
宥
遵意易州刺史　良輔相州司馬
遵古中郎將
回
濟　臨

			幼儒後魏侍中				
			敬道開州刺史				
			正則復州刺史				
			孝謨			孝徹	
			行信			行瑜	
		澄一	拯	貞		元果	
丘	顏太子舍人	子哲	言	如珪	如璋	光復	光庭海州倉曹參軍
宅相	大聰						

	德搴通事舍人						
行琳	行甚盧州司馬						
處寂	思掜和州別駕						
	緒		緯豪州法曹參軍		繹巴州錄事參軍		
	環	珙	瑱	美秀	琬	璆	璵
				延惠	興嗣		

						行之亳州刺史	
				思本婺州司法參軍		思宗潞州錄事參軍	思莊孝義丞
	紀	綝洛水尉	縝	緘	綜	紹金鄉丞	續義陽丞
琪				楷忻州司戶參軍		銑壽州參軍	懌潁陽丞
							遇

				德秀江陵令			
				行邕荆王府參軍			行穎衛州司馬
			思齊秋官員外郎	元祥			元祚
				茂先	叔丘雍州錄事參軍	季丘	復貞
	憬沛令	愉長城令			彭祖		公幹
遵							
天雄							

1	2	3	4	5	6	7	8	9	10	11	12	13	14	15	16
								行欽合州長史							
元裕柏仁令				元哲儀王文學				遠河內令				元祐洹水令			
稪信鄖令		稪讓博州長史	稪義	稪順代州參軍	方説			子良信王府文學參軍		子展鄖城令	子產汴州司士參軍	子昂建州司法參軍			子晏相州司法參軍
公器	公才		公舉鄆州司戶參軍	公瑱潞州參軍	公瓊	公瑜	公播	寬洛陽尉	惣成武尉	咸盛唐令	盛遂安尉	棊	滎河中倉曹參軍	菜郊社丞	彙
											從長				

1	2	3	4	5	6	7	8	9	10	11	12	13	14	15	16
		德挺											德本晉州長史		
		行純滑州長史	行頵	行倫宿頎令									行袞鄧州司馬		
	思訓雷澤令	守素左清道率引	恭先合州功曹參軍	宗先洵陽令	紹先溫州司馬	崇先冀州功曹參軍			景先饒州戶曹參軍				絅鄧州長史		
	子空	昌期	恒左清道率府倅		曅	昱	晁	暈	僻	偃	倨	伋	盧己	庭珍鹿邑令	
集		論	幹										才子	渾左清道錄事參軍	涀浚儀丞

澗 汴州參軍

羽客

百宜

千宜

萬宜

佺期

㦛密令

虛受太康令

濬

虛舟德州司戶參軍

漸 恒州參軍

虛心亳州倉曹參軍

陟 枝江丞

鳳池

洽

泌

虛白

𤏽 邵州倉曹參軍

昌庭

燧 滏陽令

庭芳

庭瓛

庭玢

庭珪

炫 左司禦率

過庭璧[?] 洛府別將

光庭 貝州參軍

銳 洛陽尉

慈明

季方

據

焯 邢州功曹參軍

敷 德州司士參軍

行質 柏仁令

行儼 汲令

守忠 鄭[?]州功曹參軍

恒

彪

守毅 東趙[?] 庭禎 陽春[?] 潮[?]州司馬

演

琯

濟

士素

沼

沈

誠庭

行均

煥 宋城尉

載

子方

德淹

行諶 寶果毅

瑗[?] 歷城主簿

嵩 長水令

湜

銳 餘杭尉

巖 京兆少尹
潤 太府寺主簿
鉷 太康丞

鎰 本名淮 昭應尉

鋒 京兆府倉曹參軍

鍊 萬年尉

鎛

湘

泌 長安尉

羣 倉部郎中
翰 洪州功曹參軍
越

滂 監察御史
銷 贊善大夫

湋 坊州刺史

蓬 滎陽丞
澡 蔡州倉曹參軍

益 萊州刺史
澄 河陽丞

滌 乘氏尉

漪

濬 江都尉

汶 密尉

湑 天長尉

璉
岌 揚州參軍
澈

洌

正義 臨州司馬
文沾 幷州司戶參軍
延祚

延業

文湛 洪州別駕
行顗
思慎

節德 後周青州刺史新陽伯
振 紀王錄事參軍
元良
大壽 胡蘇令
崇業 州長史
曹州司兵參軍
恕
郁

歆 扶風令
愈

韶 新平令
子潤 海州倉曹參軍
彥輔

彥倫

子光 楚州功曹參軍

子倩 監察御史

廣
懿

恝

顯宗
羨 臨海尉
昌意

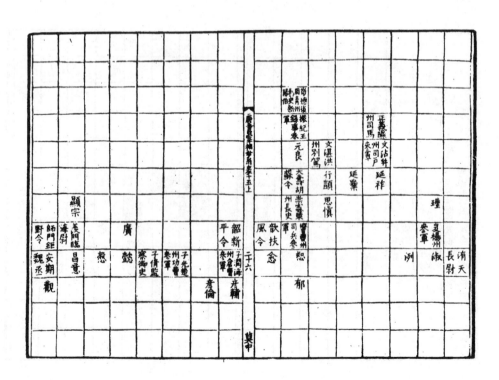

師 門鉅野令
安期 魏丞
觀

雍州倉曹參軍
衡

廙，脩武尉
光期，白檀府果毅

佺期，須昌丞

昂，成武尉
多適，扶溝令
內省，兗州司戶參軍

容卿

袞，金鄉丞
巘

崠

元執，緱氏令
玄亘，太谷令
知人，字行滿，尉王府典籤
銑，武進主簿
脩

鈇，義興尉
循，華陽尉

鈞，光州司馬
見

知賢名，行善蜀州長史
洽
琁

汪，長林令
昭

暉

晌

知道，雅州司法參軍
濟，信都尉
萓

蒹

倩

機，義寧令
世翼，揚州錄事參軍
玄之，鍾離尉，以弟子繼
文，著作佐郎
平，太府寺主簿
遜，襄城尉

昂
迪，太廟令
復，靈昌尉

厚，池州司馬
運，全柳丞
魯，字子儒
贊

蕘，字堯臣

薦，字茂華

藹，字虞風

昌，阜新鄭主簿

鞏，壺關令
謙，脩武尉

達

述

原，河中府倉曹參軍
迥，梁主簿

迺

遵，長主簿

遠

季良，衛州錄事參軍
造

遐衡山令

日新渝次令
肱朝邑尉
倫

召

奇童

摶

振江陵府倉曹參軍
斌斕

詢謀長安主簿

諫誨

選洛州倉曹參軍
梓材太廟齋郎

仙壽

巉

世斌左司郎中
玄嘉都水令
延暉

世將

世方安次丞
玄一左千牛衛長史
永比部郎中陽武男
伯邕金州刺史
係京兆府倉曹參軍
康老

仲和萬年尉
佐

佑

叔華職方郎中
佋萬年尉
惟直

惟恭

惟義

惟表

惟簡

叔備字伸字君貽驍衛將軍鄂岳州都督觀察使
休

修馮翊尉

倢虢州文學

季榮京兆府士曹參軍
循脩武尉

儀

玄縱千牛長史
勉紫微舍人
豐無錫尉
言藹主簿

立則左驍衛兵曹參軍

益

武音陵令
解殿中侍御史

攜後周行臺左丞
弼譜東莞令
循道隴州司戶參軍
奉忠

延禕

奉先

受一

弼誠解令
九思流水令
畱縣州刺史
長裕許州刺史
迅監察御史
文通曾山尉
做

歡侍御史
球之

叔獻容城令

叔向

仲容

季達

仲堪

季熊

仲均

珪璋

韞玉

藏師

諒冠氏令
珣瑜相德宗
覃相文宗
裔綽祕書監

朗字有融相宣宗
勤規

潛字無悶

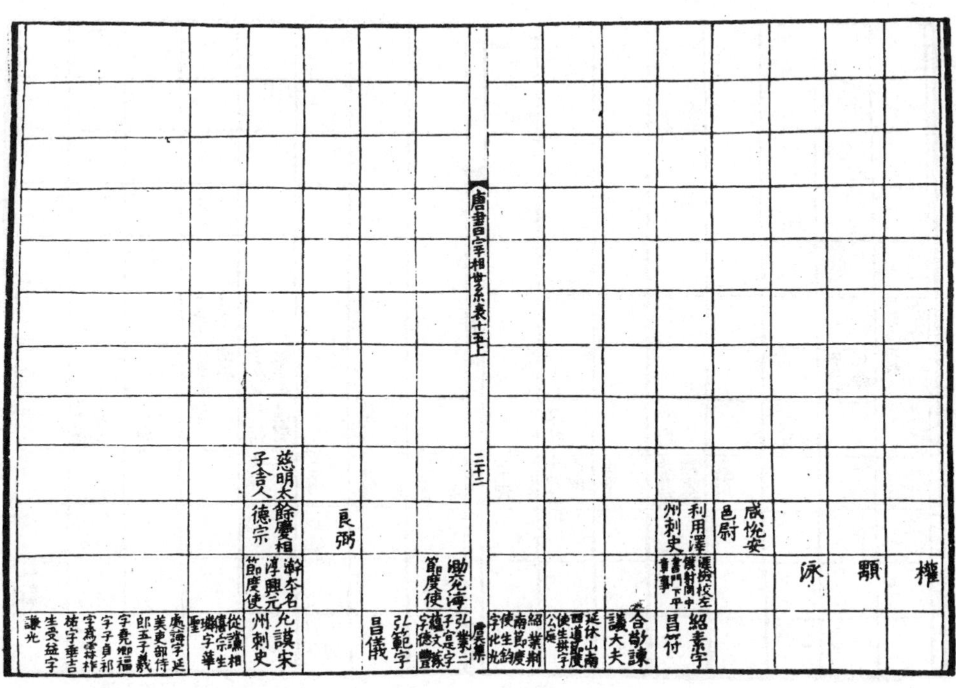

權

顒

泳

咸悅安邑尉

利用澤州刺史
選檢校左僕射同中書門下平章事
紹素字昌符

合敬諫議大夫

延休山南西道節度使生拱字公庭

紹業荊南節度使生鈞字化光

勱兗海節度使
弘業二子宣字文豫植字德豐

弘範字昌儀

良弼

慈明太子舍人
餘慶相德宗
澣本名淳興元節度使
允謨宋州刺史

從讜相僖宗生嶠字華聖

處誨字延美吏部侍郎五子羲字堯卿福字子貞祁字爲祥祚祐字垂吉生受益字謙光

茂休初名茂諶

承慶

贋甫婺州刺史　漳太子少傅

汭河西丞

具瞻涇陽尉　湑字道一太原節度使　昌圖字光業戶部侍郎

羽客通州刺史　灣

溶

洿

瀆

嘉賓殿中侍御史

見利當陽令　渾

申金華尉　式瞻衢州刺史　遐　彥特字珝臣

則之驍衛兵曹參軍　徛撫州刺史　允升

延昌相昭宗

延濟字正卿太常博士

少微岐州刺史　朝金州刺史　弘宗

弘毅

晁頊殿中侍御史

景融

九臣山茌令　子晉新鄉尉　紹

子春監察御史　叔文河清尉　士深

士清

伯高　翁歸

翁言

翁消

季札　士林著作郎

士平

仲均　士良鳳翔少尹

士則

季隨

子長盱眙令

九言徐州參軍　詮

							九同上黨丞		九衡						
香婺州刺史						香	普	會	習						
宣成城尉									衡太子司議郎	璩太子司議郎		璆		瑱	
琬亳州司戶參軍	倜	僩	侹	儔	羣					昱	昇	說	儆	愬	愻

南祖鄭氏

簡後魏平南諮議參軍														
靈虬滎陽太守														
恍安遠司馬														
鼎後周西豫州刺史														
常隋郢州刺史														
鍔綿州刺史						神符隋殿內少監					昌隋永熙郡太守		衡隋潞州長史	威隋涿郡掾
孝仁臨洮郡司戶參軍				孝德	孝儼南會州長史	孝寬貴州刺史					孝昂		玄膺	道果吉州參軍
君疑湘源令	君徽內直監			君璉	君瑾	文亮渠州刺史		文楷潞州參軍			知詳	知瑶	保護	君琰晉州司馬
興宗	林宗	景宗	智積			思言	元瑜	思證	思詧	思諤				居士壽丘主簿
														恁
														述左金吾兵曹參軍

唐書宰相世系表十五上 二十七

- 迥宣州長史參軍
- 邁長子尉
- 眺
- 鈞
- 君業
- 君璋
- 孝儕乾福壽春丞
- 震
- 師隋祠部員外郎
- 胄儀曹郎
- 喜見宋州司士參軍
- 亨
- 素
- 道德安州刺史
- 希義秀州刺史
- 道首太常少卿
- 元長隋洛南令
- 太隱萬州參軍
- 志立九門主簿
- 元胄
- 仁統楚州司倉參軍
- 遺福
- 元恭隋義興丞
- 正衡綿竹令
- 從周
- 儼殿中侍御史
- 諝眞源尉
- 季貞
- 論瀛州長史
- 說汶陽主簿
- 俠
- 佚

董

唐書宰相世系表十五上 二十八

- 元讓
- 師伯括州司馬
- 德猷司徒中兵參軍
- 元直隋新安令
- 爲範
- 文譽
- 休祥
- 休業
- 勞心
- 休光
- 推
- 爲善邢州司兵參軍
- 虛受大城丞
- 白虬
- 尚仁吉州刺史
- 彥
- 景山北齊雄毅將軍
- 伯愛驊州司倉參軍
- 身正高苑令
- 次珍
- 寶隋和州刺史
- 道成紀王府司馬
- 履仁郢令
- 元勖地官員外郎
- 正則鄂州刺史
- 審則明州刺史
- 季方汝陽太守
- 盆生後周光州刺史
- 鴻猛和州刺史
- 士則隋閬州刺史
- 文表蓬州刺史
- 之諒
- 進
- 思忠桂州司法參軍
- 之信
- 逸
- 之晧
- 遏
- 士謇
- 才挺
- 大綱給事中
- 德琮嵐州司法參軍
- 令問
- 令望
- 鴻泉驃騎將軍
- 貴永城令
- 福常
- 思義遂州參軍
- 思宰
- 攸縱

易

季騊滎陽郡太守															
穎宛陵令															
子規後周溫州刺史															
海陵州刺史															
德仁藍田令															
大雅陳州司戶參軍								大惠							
嗣其聊城主簿						履忠	嗣沖	嗣諶	嗣默	嗣倫安仁簿			嗣同	嗣喬	嗣丘
君嘉	構	肩	祚	挺	秀			神玉		如玉	叔獻	季常			喜

									德崇憲部郎中	德玄藍田令				乾嘉隋侍御史	
				大威河陽令			弘禮懷州刺史			言約陳州刺史				大令介休令	
				文敏清河令			景略	景福		道爽鄜州司倉參軍	道明綿州司法參軍	道望	道宏	抱本金州參軍	
宬家左司郎中			成相	懋	愿	懿						諤		利國	利涉
宣	徽	渙										揔			

遊古
顗，魏州司戶參軍　福安
福慶，普安令
福同
居貞，澤州司兵參軍
宵，河間太守　伯欽，冀州刺史　孝紀，鄴中正　過庭，蒲令　玄宗，江夏令　損之
景初
崇節　元輔

榮業，字崇基，永州司馬　杳，河陽丞　迴
幼成
岳，鄠令
羨，池州刺史　紀，西尉，大理評事
緗，字文明，相德宗　祐德，兵部尚書　[illegible]

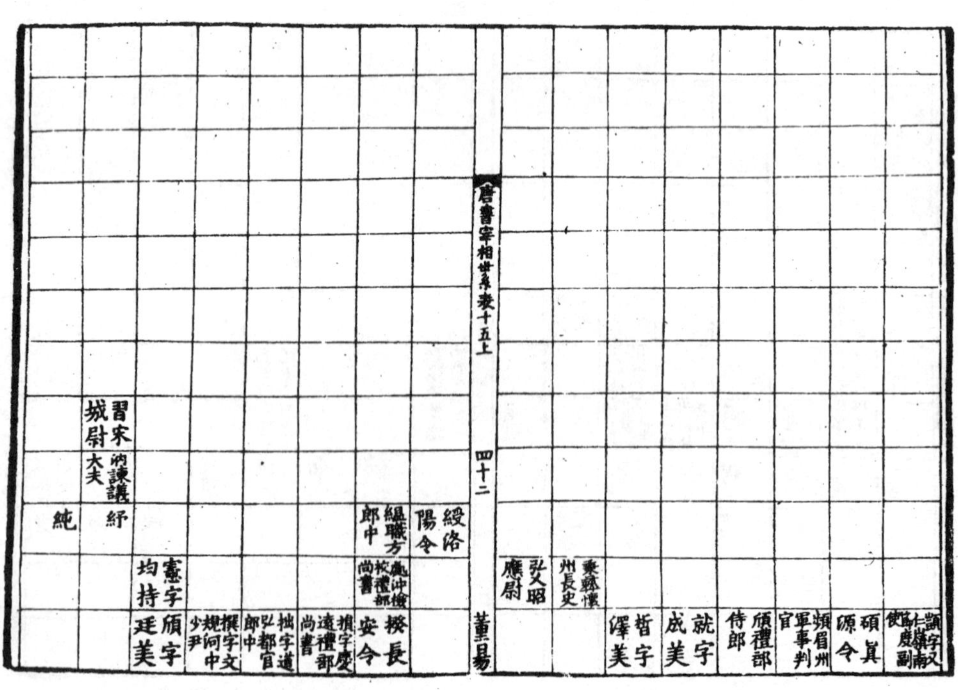

顗，字又南，嶺南節度副使
碩，眞源令
頻，眉州軍事判官
傾，禮部侍郎
就，字成美
晳，字澤美
秉懿，懷州長史
弘昭，應尉

綬，洛陽令
緄，職方郎中　胤，中檢校禮部尚書　撥，長安令
損，字慶遠，禮部尚書
拙，字道弘，都官郎中
撰，字文規，河中少尹
憲，字均持　傾，字廷美
習，宋城尉　納，諫議大夫　紓
純

緡

緄，太子洗馬

掾，京兆司田參軍

繪

閬，蔡州刺史

綽

總，寧國令

緗

絪，蔡州長史

縱

倫，丹陽尉

約，尉

氏令

儋，檢校工部尚書、河東節度使

洪，涼州司戶參軍

嘉乾景撫俗徐

谷令

城令

昞

仁本

仁約

仁載

滎陽鄭氏又有鄭少鄰

少鄰，鄭州司士參軍

稱，河清令

亞，字子政，循州刺史

畋，字台文，相僖宗

凝績，字紹餘，戶部侍郎

垂芳

咬，秘書監

滄州鄭氏

蒋

則

玄真，衛州刺史

恂，右拾遺

愔，相中宗

毗，字輔臣

鄭氏定著二房：一曰北祖，二曰南祖。宰相九人。北祖有珣瑜、覃、朗、餘慶、從讜、延昌；南祖有絪；滎陽鄭氏有畋；滄州鄭氏有愔。

鍾氏出自子姓，與宋氏皆晉伯宗之後也。伯宗子州犁仕楚，食采於鍾離，因以為姓。楚漢時有鍾離眜，為項羽將，有二子：長曰發，居九江，仍故姓；次曰接，居潁川長社，為鍾氏。漢有西曹掾皓，字季明，二子：迪、敷。迪，郡主簿，生繇，字元常，魏太傅、定陵侯，生毓、會。毓字稚叔，侍中、廷尉，生駿。駿字伯道，晉黃門侍郎，生曅，字叔光，公府掾，生雅，字彥胄，過江，仕晉侍中，生誕，字世長，中軍參軍，生靖，字道寂，潁川太守，生源，字循本，後魏永安太守，生挺，字法秀，襄城太守、潁川郡公，生蹈，字之義，南齊中軍，二子：嶼、嶸。嶼字秀望，梁永嘉縣丞，生龍，字元輔，為臨海令，避侯景之難，徙居南康贛縣，生寶慎。

寶慎，字無惑，隋睦州參軍

子威，字之武，安福令

法遵，字從道

紹京，字可大，相睿宗

嘉璧，晉州長史

嘉謨，太子典膳郎、山陰縣公

嘉傑，左領軍衛長史

操，洛邑府統軍

鍾氏宰相一人。紹京。

宋氏出自子姓。殷王帝乙長子啓，周武王封之於宋，三十六世至君偃，為楚所滅，子孫以國為氏。楚有上將軍義，義生昌，漢中尉，始

居西河介休十二世孫晃晃三子恭纖洽徙廣平利人

恭前燕河南太守 藥師 鰊 良北齊東郡太守 乾 大辯卬州刺史 守恭遂安令 楚璧兵部郎中

守登襄陽尉 庭璥庫部員外郎

庭瑜司農少卿 顒常州刺史

庭璘兵部郎中

守儉洛州司馬 鼎兵部郎中 悅鄆州刺史 稷

子晧 陽元裕陽尉

景 孝王北齊北平王文學 俠

纖後燕衛軍司馬 榮國 曾孫弁後魏吏部尚書鉅鹿烈子 紀字仲烈 欽道北齊黃門侍郎 元節定州田曹 弘峻大理丞 務本櫟陽令 玄撫衛州司戶參軍 璟相玄宗 復同州司功參軍

昇太僕少卿

尚漢東太守生寔

渾太子左諭德

恕都官郎中生褒太常

延太原少尹

華尉氏令生嚴蘇州刺史生何河南尉生倚號州長史

衡河西節度行軍司馬檢校左散騎常侍生儆

曾孫瀲 曾孫堅太樂令 七世孫處夯大理正

欽仁 四

洽後魏七兵尚書 謨 欽 正文秘書郎

瓚 仲羨後燕渤海太守 延慶 長威 正言洺州司馬

季緒 本立 卓然益府長史

又有廣平宋氏

素 叔夜 申錫字慶臣相文宗 球 絢字韜文

慎微城固尉

宋氏宰相二人 璟 申錫

源氏出自後魏聖武帝詰汾長子疋孤七世孫禿髮傉檀據南涼子賀降後魏太武見之曰與卿同源可改為源氏位太尉隴西宣王生侍中馮翊惠公懷懷二子子邕子恭子恭字靈順中書監臨汝文獻公周隋之際居鄴郡安陽生彪字文宗隋莒州刺史臨潁縣公生師民

師民寔踐言隋刑部侍郎 崑王比部郎中 翁歸比部郎中 脩業汝州刺史 光俗尚書左丞 洧給事中

光乘同州刺史

光輿戶部侍郎 休

光時濟陰太守

直心司刑太常丞 乾珍

乾曜相玄宗
復華州刺史

弼工部郎中

潔河南令

清駙馬都尉

誠心洛州司馬
臣慶黃州刺史臨漳公
安都太原少尹

臣讚國子祭酒
伯良
斅幹虔州刺史

幼良

少良司勳員外郎

臣友

行莊戶部郎中

源氏宰相一人乾曜

牛氏出自子姓宋微子之後司寇牛父子孫以王父字為氏漢有牛邯為護羌校尉因居隴西後徙安定再徙鶉觚

通
會
意
仙客相玄宗

安定牛氏出自漢隴西主簿崇之後

進彥後周工部尚書臨淮公
弘隋吏部尚書奇章公
方大內史舍人

方裕金部郎中左庶子

方智

休克集州刺史

紹太常博士

幼聞鄭尉

僧孺字思黯相穆宗文宗

蔚字大章檢校兵部尚書興元尹

徽字深之

循字晦之

希逸字景華

徹字勛美太子賓客奇章男

藂字表齡吏部尚書

嶠字松卿

奉倩洛陽尉

鳳及春官侍郎

牛氏宰相二人僧孺仙客

苗氏出自芊姓楚若敖生鬬伯比伯比生子良子良生越椒字伯棼以罪誅其子賁皇奔晉晉侯與之苗邑因以為氏其地河內軹縣南有苗亭即其地也上黨長子縣有苗襲夔

襲夔
殆庶
如蘭王府諮議參軍
立
怡
武昭

晉卿字元輔相肅宗代宗
收太子通事舍人

發駕部員外郎

丕河南少尹

堅

粲給事中
眈字毅臣

稷
詹字浚源

垂

向
昌戶部員外郎 編
澥字德廣
約
蟥
莫林
曖濬縉
袁濤
良瑨
昭理
含烱
延嗣中書舍人太常少卿
含澤
含液
顏
蕃
著
愔字宜之 台符字節巖
惲字甚暑 延大字子章
恪字元悔

苗氏宰相一人 晉卿

呂氏出自姜姓炎帝裔孫爲諸侯號共工氏有地在弘農之間從孫伯夷佐堯掌禮使編掌四岳爲諸侯伯號太岳又佐禹治水有功賜氏曰呂封爲呂侯呂者膂也謂能爲股肱心膂也其地蔡州新蔡是也歷夏商世有國土至周穆王呂侯入爲司寇宣王世改呂爲甫春秋時爲彊國所幷其地後爲蔡平侯所居呂侯枝庶子孫當商周之際或爲庶人呂尚字子牙號太公望封於齊十九世孫康公貸爲田和所篡遷於海濱康公七世孫禮秦昭襄王十九年自齊奔秦爲柱國少宰北平侯二子伯昌仲景伯昌生青以令尹從漢高祖封陽信侯諡曰胡唐有隋州刺史仁宗即其後也康公末失國時呂氏子孫先已散居韓魏齊魯之間其後又徙東平壽張魏有徐州刺史萬年亭侯虔字子路孫行鈞其後世居河東

行鈞後魏東平太守
雄左十四監
崇禮
崇粹兵部郎中
季重歙州刺史
季卿循州刺史
諲相肅宗
仁本磁州司馬
璜太子通事舍人
願吉
昌令
儀左衛兵曹參軍

晧正平令
伯禽宣州司戶參軍
時中成武主簿
絳鄭令
緄道州司功參軍
伸試萬州長史
琳淄王府參軍
綱奉禮郎
紓左內率府兵曹參軍
綸試嘉王府參軍

紡

縯奉禮郎

纓

綜

春卿尚食奉御

夏卿

冬卿伊闕令

詒

呂氏宰相一人諲

第五氏出自嬀姓齊諸田漢初多徙奉園陵者故以次第爲氏唐有第五華弟琦

琦相肅宗

蓬州刺史

平京兆兵曹參軍

申

岑兼御史中丞

第五氏宰相一人琦

宰相世系表第十五上

翰林學士兼龍圖閣學士朝散大夫給事中知制誥充史館脩撰臣歐陽脩奉
敕撰

常氏出自姬姓衛康叔支孫食采常邑因以爲氏唐有新豐常氏

紘咸　毅杞王　王府文　瑾雍　部員外　無名禮　著傳
安令　府司馬學　郎　御史
曾弘
慶令
普戶部
郎中
魯消
南尉
無爲三原丞　皆司　仲孺諫
原丞　農卿　議大夫
衮相代
宗德宗
無欲
無求右
補闕

常氏宰相一人　衮

喬氏出自姬姓本橋氏也漢太尉玄六世孫勤後魏平原內史從孝武入關居同州生凱凱生達後周文帝命橋氏去木義取高遠也世居太原

琳相　彝
德宗
琢

喬氏宰相一人　琳

關氏出自商大夫關龍逢之後蜀前將軍漢壽亭侯羽生侍中興其後世居信都喬孫播相德宗

關氏宰相一人　播

渾氏出自匈奴渾邪王隨拓拔氏徙河南因以爲氏自迴貴至瑊世襲皋蘭州都督

潭隋左　王鈐衛　大將軍
迴貴　翻衛大　將軍監　丘縣伯　書
大德左　武衛大　將軍
瀎之左領　軍衛大　將軍檢　校司徒
昊永王　府參軍
徽靈武　節度判　官

儉少　特司　正元吏部
府監　農卿　員外郎
徽潘州　刺史
安揚州　司馬
正孫奉　州司馬
斐檢校　水部郎　中
景之坊　州刺史

大壽太僕丞

釋之左武衛大將軍寧朔郡王

瓌太子中允

瑊相德宗

鍊左羽林將軍

鍋義武軍節度使

鉅雅州刺史

鋼天德軍防禦使

鐵振武軍節度使

玘左領軍將軍武當郡王

大寧左衛率府率

大封內八作使

大猷左羽林大將軍酒泉郡公

大鼎尚衣奉御

大義左金吾衛大將軍

渾氏宰相一人。瑊

齊氏出自姜姓，炎帝裔孫呂尚後，封於齊，因以爲氏。漢有平敬侯齊受，傳封四世，居高陽。晉有武邑侯齊琰。

琰

健

澄

倚[illegible]檢校[illegible]部郎中員外郎

陽

粹

虔光州刺史

知玄長山令

澣平陽太守

翺信州刺史

翺左龍武倉曹參軍

抗字遐舉相德宗

鍊洛陽尉

珝吏部郎中

摠衢州刺史

翻郎中

瀛州齊氏

玘

昭殿中侍御史

孝若大理正

汝潁州刺史
映相德宗
曒京兆司錄參軍
照池州刺史
明字德溫

齊氏宰相二人 映抗

董氏出自姬姓黃帝裔孫有飂叔安生董父舜賜姓董氏裔孫辛有辛有子孫分適晉有董狐裔孫翳項羽封為翟王都高奴子孫遂居隴西漢江都相仲舒少子之孫自廣川徙隴西裔孫徙河東

仁琬梁州博士
大禮
伯良新
浦表
晉字混成相德宗
全道殿中少監
溪南州刺史
居中
從直
居敬

董氏宰相一人 晉

全素太子中書舍人
瀚太常寺太祝

賈氏出自姬姓唐叔虞少子公明康王封之於賈為賈伯河東臨汾有賈鄉即其地也為晉所滅以國為氏晉公族狐偃之子射姑為晉太師食邑於賈字季他亦號賈季漢有長沙王太傅誼生璠尚書中兵郎生二子嘉惲嘉宜春太守生龔游擊將軍五子洪淵納湘注汭輕騎將軍生曄下邳太守二子沖淵淵遼東太守三子納邠丕丕生沂祕書監二子廷玉秀玉秀玉武威太守生衍兗州刺史生龔輕騎將軍徙居武威二子綵詡詡魏太尉肅侯生璣駙馬都尉關內侯又徙長樂二子通延通侍中車騎大將軍三子仲安仲謀仲達仲達潁川太守生疋字彥度輕車將軍雍州刺史酒泉郡公二子乂康康祕書監二子錯鈞鈞生弼散騎侍郎二子躬之匪之躬之宋太宰參軍四子希鏡希遠希逸希叟希鏡南齊外兵郎生棿義興郡太守生執梁太府卿二子暹肇肇陳宰二子袞宏宏後梁中軍長史生𢠢比齊青兗等州刺史河東公三子嶧巘巘殷中監三子懿𢠢𢡟𢡟避葛榮之難避地浮陽

懿字元楷後周祕書監
鄴靜隋成州長史
鄴郡太守郎中滄州刺史
思禮部員外郎
晉衛尉卿
恒司門員外郎池州刺史
元敬澄城令
元遜殿中丞

遠則長河尉 知義沁源主簿 元琰沁水丞 躭字敦詩相德宗 疇司農寺主簿

曎少府監襲魏國公 侁左武衛胄曹參軍 惟慶丹州刺史河東縣男 洮西水令 翔檢校尚書水部員外郎

翺

潡華原尉

曣楚州刺史

歆忠歸州刺史

劇澄涇陽令 玄禕

玄暐 季良奉天尉 岌檢校員外郎 稜大理評事

穜字嘉穎

季隣長安主簿 岧

嶷

河南賈氏世居姑臧

胄

寧

竦著作郎

餗字子美相文宗

賈氏宰相二人 耽餗

權氏出自子姓商武丁之裔孫封於權其地南郡當陽縣權城是也楚武王滅權遷於那處其孫因以爲氏秦滅楚遷大姓於隴西因居天水漢有左輔都尉忠十四世孫翼字子良前秦右僕射安丘敬公生宣吉宣襃襃後秦黃門侍郎六世孫榮

榮隋儀同鄜城公 文誕沼常二州刺史平涼公 崇嗣 南仲

崇基屯田員外郎 上仁 [illegible]州刺史

崇先水部員外郎

崇本匡城令 無待成都尉 倕 皋字士繇著作郎 德輿字載之相憲宗 璩字大圭鄆州刺史

玨字大玉

倣臨穎令 隼字子鸞華州司士參軍 少成桐廬尉 頊兩當令

瑄華州參軍

審字子詢

少清

倬

若訥桂欽梓三州刺史　倣紫溪令　有方蘄令　長孺字直卿

僎安平令　進字達咸陽丞　塤

思　絳

邕　偉　寅

儦

同光　儧

侹

權氏宰相一人德輿

皇甫氏出自子姓宋戴公白生公子充石字皇父皇父生季子來來生南雍䞓以王父字為氏䞓六世孫孟之孟之生遇避地奔魯裔孫鸞漢興自魯徙茂陵改父為甫裔孫晉廣魏太守固生柴徙襄陽後又徙壽春裔孫珍義

珍義資　文亮高　錡幾　恂　岳

建州刺史　陵令

畐

隣幾太子洗馬　憬

悰

愔

愉　鏞字餘卿太子少保　璐

珧

鎛相憲宗　珪字德卿　蘊字待價

知常洛州揚州長史　懌

悟

文房黃門侍郎　希莊麟臺郎　翼字謀安青州刺史　准

皇甫氏宰相一人鎛

程氏出自風姓顓頊生稱稱生老童老童生重黎重黎為火正司地其後世為掌天地之官裔孫封於程是謂程伯雒陽有上程聚即其地也至周宣王時程伯休父失其官守以諸侯入為王司馬又有司馬氏程氏世居長安

思泰利州刺史
子珪左贊善大夫
獻可太子左諭德
异字師巽相憲宗

程氏宰相一人异

令狐氏出自姬姓周文王子畢公高裔孫畢萬爲晉大夫生芒季芒季生武子魏犫犫生顆以獲秦將杜回功別封令狐生文子頡因以爲氏世居太原秦有太原守五馬亭侯範十四世孫漢建威將軍邁與翟義起兵討王莽兵敗死之三子伯友文公稱皆奔燉煌伯友入龜兹文公入疏勒稱爲故吏所匿遂居効穀稱六子扶堅由羡璉猛由字仲平後漢伊吾都尉六子禹霸容明溴溥禹字巨先博陵太守四子煇洽延溥溥字文悟蒼梧太守三子璜叡瑒溥五世孫晉諫議大夫馨馨孫亞字就渭前涼西海太守安人亭侯二子瓌綏亞孫敏字永昌前涼鳴沙令四子達忠襲越敏五世孫虬字惠獻後魏燉煌郡太守鸛陰縣子四子元保整慶保休整周御正中大夫彭陽襄公賜姓宇文氏生熙

熙隋吏部尚書武康公
元超撫寧令
濬上邽令
崇亮昌明令
承簡字居易太原府功曹參軍
楚字殼士相憲宗
緒河南少尹
綯字子直相宣宗
滈太常博士
澄
專
渙中書舍人
從檢校膳部郎中

德棻國子祭酒
脩己
伯陽
滔丹楊郡司馬
峴刑部員外郎
峘秘書少監
不太僕丞
嶧和州刺史
定字復常桂管觀察使
緘字識之
渢字中化
湘

令狐氏宰相二人綯楚

段氏出自姬姓鄭武公子共叔段其孫以王父字爲氏漢有北地都尉卬世居武威十四世孫後魏晉興太守紛五世孫偃師徙河南

偃師太子家令
志玄右驍衛大將軍褒國忠壯公
瓚右屯衛大將軍
懷簡坊州刺史
瓘朝邑令
懷昶德州參軍
諤紫州刺史
文昌字墨卿相穆宗
成式字柯古
懷晏
懷皎
瑾晉州長史
懷本禮部郎中

段氏宰相一人。諴。

元氏出自拓拔氏黃帝生昌意昌意少子悃居北十一世爲鮮卑
君長平文皇帝鬱律二子什翼犍烏孤什翼犍昭成皇帝也始號
代王至道武皇帝改號魏至孝文帝更爲元氏
什翼犍七子一曰寔君二曰翰三曰閼婆四曰壽鳩五曰紇根六曰
力真七曰窟咄寔君生道武皇帝珪珪生明元皇帝嗣嗣生太武
皇帝燾燾生景穆皇帝晃景穆諸子唯濬新成子推天錫雲禎胡
兒休八房子孫聞於唐濬文成皇帝也文成諸子唯弘長樂二房
子孫聞於唐弘獻文皇帝也獻文諸子唯宏幹羽勰四房子孫聞
於唐宏孝文帝也七子恂恪懷愉懌悅恪宣武皇帝也懷廣平文
穆王生廣平文懿王悌悌生侍中驃騎大將軍廣平王贊贊生謙

謙後周韓國公 | 善提周襄公 | 寶琳綏州刺史襲公 | 昭 | 頍 | 庭珍

伯明陳王府諮議參軍襲韓公 | 紹俊襲公 | 文贊襲公 | 應襄城尉

孫汴州文學 | 愨新 | 井令 | 承裕洴陽主簿

顗道明堂令

什翼犍第六子力真力真二子意烈意勁意勁彭城公五世孫敷
州刺史禎禎二子巖成

巖字君山隋兵部尚書平昌公 | 琳 | 義恭 | 孝偁工部員外郎 | 通理給事中 | 從右司員外郎

修河南少尹

希顏吏部侍郎

弘隋北平太守 | 義端龍州刺史 | 延壽睦州刺史 | 慎通州刺史 | 偕歸州刺史

延福 | 怡 | 伾

偉平原尉

延景岐州參軍 | 悱南頓丞 | 寬比部郎中 | 舒王長史 | 沂汝陽尉 | 秬萬年尉 | 積司農少卿 | 稹字微之相穆宗 | 道護

宥侍御史

延祚司議郎 | 平叔綿州長史 | 挹吏部員外郎 | 注

洪饒州刺史　晦

錫字君貺淄王傅　繇

禐禮

壽

琯

銑

撝太常博士

持都官郎中

元氏宰相一人　稹大曆宰相元載本景氏故不著

路氏出自姬姓帝摯子玄元堯封於中路歷虞夏稱侯子孫以國為氏漢符離侯博德始居平陽裔孫嘉字君賓晉安東太守孫藻

藻二子纂建

纂

濤後魏青州刺史

寄奴

恃慶安州刺史

思令

君儒北齊員外郎

德惟相州刺史

勵業

神龜恒州刺史

勵言曹州刺史　欽正

勵華鄆州刺史　欽古　欽訓

勵行鞏令

文逸申州司馬

敬海太常博士

敬澄

敬湛雍州司馬　暢

敬潛中書舍人　廣心大理司直　常兼監察御史

建

建曾孫慶後魏太常卿

彩後周夏州刺史

菀隋兵部侍郎閬卿公

文昇字文昇平夔秦三州刺史宣城縣公

元歡司勳吏二郎中廣州都督

切玉監察御史

齊暉徐宋二州刺史

鐵監察御史

季登諫議大夫

長輿

羣字正大

嶽字周翰

巖字魯瞻相懿宗

招隱字希龍

德延字昌遠

延規字希聖

庠

晚金果州刺史

元哲 榆太一太原令 果客 岱岳州 黃中

次令 刺史

應宣州觀察使

恕太子詹事兼坊節度使 異兗州刺史 楷司農卿

憑侍御史

孫琦

又有越王府東閤史祭酒節生惟恕

惟恕睦州刺史 俊之太子通事舍人 懋字敏隣 字南副元帥判官殿中侍御史 武相文部郎中宗

路氏宰相二人 隋 巖

舒氏出自偃姓皐陶之後封於蓼安豐蓼縣即其地也春秋魯文公五年爲楚所滅其後更復爲楚屬國亦名曰舒又曰羣舒又曰舒蓼又曰舒庸又曰舒鳩一國而有五名春秋魯襄二十五年楚又滅之子孫以國爲氏世居廬江

恆武昌 元輿相文宗

軍將校

元肱字良哉

元迴字子潁山南東道從事

元褒司封員外郎

舒氏宰相一人 元輿

白氏出自姬姓周大王五世孫虞仲封於虞爲晉所滅虞之公族井伯奚媵伯姬于秦受邑於百里因號百里奚奚生視字孟明右人皆先字後名故稱爲孟明視孟明視二子一曰西乞術二曰白乙丙其後以爲氏裔孫武安君起賜死杜郵始皇思其功封其子仲於太原故子孫世爲太原人二十三世孫後魏太原太守邕邕五世孫建

建字彥華後周弘農郡守邵陵縣男

君恕倉部郎中

大威 綽州刺史

君敏字州別駕

知慎戶部郎中

知節

士通利州都督

志善尚衣奉御

溫檢校都官郎中

鍠鞏令

季庚襄州別駕

季彰許昌令

如文浮梁簿

居易字樂天刑部尚書

景受孟懷觀察支使以從子繼

邦翰司封郎中

思泰鄭州錄事參軍

行簡字知退之勝部郎中

味道成都少尹

岑揚州錄事參軍 季康溗水令 敏中字用晦相宣宗 順求字幾聖

崇嗣字光祚 傳規字慶餘

季平河南主簿

白氏宰相一人

夏侯氏出自姒姓夏禹裔孫東樓公封為杞侯至簡公為楚所滅弟佗奔魯魯悼公以其夏禹之後給以采地為侯因以為氏焉後去魯之沛分沛為譙遂為郡人唐有駕部郎中審封

審封

敏 敬 斐 敖

孜字好學相宣宗懿宗 潭字玄中禮部侍郎 澤字表中 澡字司文

坦 映字光文

夏侯氏宰相一人 孜

蔣氏出自姬姓周公第三子伯齡封於蔣其地光州仙居縣是也宋改為樂安蔣為彊國所滅子孫因以為氏漢有蔣詡十世孫休自樂安徙義興陽羨縣十一世孫元遜陳左衛將軍其族有太子洗馬弘文館學士瓌生將明

將明國子司業集賢殿學士副知院使 乂字德源秘書監義興敬公 係搢枚左僕射淮陽公

兆 承初字昌遠

曙字耀之 延翰

庸字台臣

伸字大直相宣宗懿宗 泳字越之

偕左補闕 仙 佶 琛字獻之

蔣氏宰相一人 伸

畢氏出自姬姓周文王第十五子高封於畢以國為氏後漢兗州別駕諶世居東平五世孫衆慶宋本州太中正五世孫憬

憬司衛少卿許州刺史 構戶部尚書魏景公 坑兵部員外郎吳郡太守江南採訪使

垌王屋尉 鎬 鉦

錄

鋭

增

翔豐王府司馬

陵汾州長史

匀協律郎

誠字存之相懿宗

紹穎渭南尉直史館

知穎千牛備身

曜侍御史

金震

畢氏宰相一人 誠

曹姓出自顓頊五世孫陸終第五子安爲曹姓至曹挾封之於邾爲楚所滅復爲曹姓唐有河南曹氏

周

景伯

確字剛中相懿宗 希摯 藹臣

汾字道讓戶部侍郎 希摯 荷臣

曹氏宰相一人 確

徐氏出自嬴姓皋陶生伯益伯益生若木夏后氏封之於徐其地下邳僮縣是也至偃王三十二世爲周所滅復封其子宗爲徐子宗十一世孫章禹爲吳所滅子孫以國爲氏章禹十三世孫詵爲秦莊襄王相生仲仲字景伯生延字方遠延生由字智卿由生該字昌言該生光字子曜漢下邳太守光生大司農静字君安静生

益州刺史萬秋字蘭卿萬秋生左曹給事充字彦通充生諫議大夫安仁二子豐霸豐爲北祖霸爲南祖

北祖上房徐氏豐字仲都司空掾生明明字玄通侍中生遷字少卿侍中生宣宣字休璥二子琳瑞瑞字元珪下邳太守二子謨師儉師儉字世節京兆尹二子述超超字彦孫魏散騎常侍二子崇統統字耀卿晉江陽太守三子瓌璣台台字叔衡丹楊令三子禕秩褚褚字萬秋太子洗馬二子寧恭寧字安期吏部侍郎五子豐之實之仁之祚之育之祚之字興民秘書監三子尚之美之欽之欽之字眞宇宋丞相東莞公三子逵之佩之邁之逵之字幼道中書侍郎二子淳之湛之湛之字孝源丞相枝江忠烈侯二子恒之聿之恒之字景方工部郎中龍襄侯二子孝規孝嗣孝嗣字始昌齊太尉文忠公六子況戭䃜會曹嘉緄

緄字仲文齊侍中

君敏字懷眞陳常侍

榮字子德隋通事舍人

恕字克己尚食直長

筠字南美奉官尚書枝江郡公

眈字景猷文館衛兵曹參軍

翊字擇賢許州司馬襲枝江男

儀字行雅南祠部員外郎

褒字宜遠檢校戶部郎中

東海陵令

郜光遠齊淄泗六州刺史

持

向字文伯歷工部郎中宋亳六州刺史

巖字□□南麻城令

敷復

華

練字士元白校書郎

巨賓

公閔

奭生景調景調生巽巽生侃之

峻之

諤

一〇八十

唐書宰相表十五下

二十三

实

訟

諜

訥

謚

摯

昭字德光虞部郎中

孟晉字允義安州都督

昕字光烈又字景韻宰脩文洛州長史

琇巽州長史

績號州別駕

縝

弘毅大理評事

綜江陵參軍

玭

晦

晧

君賓字客卿梁五兵尚書

漵字甘泉一名澄陳秘書監

文邃字廣義國子博士

士安字奉衆王屋令

有功字弘毅秋官侍郎

倫字堅歧慶二王司馬

穀字和玉襲東莞男安定太守

濤字浚源侍御史

杜

宰字舜鈞大理評事

商字義聲相懿宗

彥若字俞之相昭宗生綰兵部郎中

仁嗣

三〇七十六

唐書宰相表十五下

二十四

仁矩字廣裕

仁範

仁勖字道誨

宮字應黃濮州刺史

仁規

單

般

豰

恂字固行越州司法參軍

龐字知方臨洪丞

液字既濟舍華令

義亨字道彭襄州別駕

有慶字廟榮濠州從事

弘嗣字致君宣武行營判官生彥休

密字渠萬義烏尉

汶字涵光殿中侍御史

鋋字周器王府長史

審字遠知明州司戶參軍

曹字司之越州司馬

濯字海東金吾衛倉曹參軍

實字居方武進丞

憬字元士揚州法曹參軍

殷字良儒天長尉

湜大理司直

愃字德美金華令　毅句容尉　浚字瀛都淮南從事

有道字弘度望丞　愃字攢河內採訪使

有業　徵少監　濮字淵鸞水部員外郎　鸞祠部員外郎　次彭字壽卿洪州別駕　魯苗

禹苗

項雲　次聯

陽令

鷹武

陟令

士會　弘禮

士雅　有慶㧑　忱

城令

士師　弘仁揚

州司馬

弘信太原府戶曹參軍

弘度

奉誠

大達字幼道金山令

奉信

昌時天長令　有鄰字善之金壇令　悅字泰之廣陵令　收字藏之鳳翔府司錄參軍　宗目符字靈通杭州錄事參軍　璞字德玉徐州司法參軍　搏

高平北祖上房徐氏諱次子矩矩字弘深生邕邕字文和生廉廉字元平生則則字元度生尚尚字光漢大司農生賁賁字子文金威將軍東莞侯生外外字玄明司空掾襲東莞侯生珪珪字少王姑孰令生欽欽字思祖太中大夫生長卿長卿字德師二子萬僉萬字士諧平原太守生續續字承先城門校尉二子龍惠惠字士安司空掾生胄胄字彥光本郡主簿功曹二子允訓允字仲和生鄙鄙字子頑二子訪隆訪字公謀魏鎮北將軍二子暢字彥春晉隴西內史四子沈脩敷蘭蘭字石侯侍御史生澹澹字洛川長壽令生乾乾字文祚給事中生道娛道娛字道福員外郎生道祖道祖字弘業宋車騎行將軍生玄英玄英字智仁奉朝請生景初尚書正員外郎二子弘師弘道世居曹州離狐隋末徙滑州衛南至世勣預屬籍為李氏武后世復舊

弘師字德令南齊直閣舍人　琛侍御史　懋梁荊州刺史　元起字山立隋濮陽太守　蓋字廣世勣生濟陵州刺史封國公　茂功相太宗高宗　震梓州刺史　敬業柳州司馬

敬猷盩厔令

思順字湘知通鴻臚卿　字漢津齊州刺史　弘光字大明岐王傅

康字德榮譙郡太守　衛尉司衛正卿

弘道字太玄陳太常卿　珍字大器隋閣下舍人　元隱字嚴客彭澤令　慶字景明沛令　尭字景方鄭州長史

徐氏宰相三人

商彥若 世勣

孔氏出自子姓商帝乙長子微子啓封於宋弟微仲衍曾孫湣公捷生弗父何何生宋父周周生世父勝勝生正考父父生嘉字孔父孔父生木金父金父生睪夷父以王父字爲氏生防叔避華父督之難奔魯爲大夫生伯夏夏生鄹大夫叔梁紇紇二子孟皮仲尼仲尼爲魯司寇攝相事生鯉字伯魚伯魚生伋字子思爲魯穆公師生白字子上齊威王相白生求字子家求生箕字子京魏相箕生穿字子高穿生斌字子慎一名鮒魏文侯相文信君三子鮒騰樹騰字子襄漢孝惠博士長沙太傅生忠字子貞博士忠二子武安國武生延年大將軍太傅延年生霸字次孺給事中高密相褒成烈君四子福振喜光福關內侯生房房生均字長平尚書郎生大司馬元成侯志志生損自均皆世襲褒成侯及損徙封褒亭侯生曜曜生完無子以弟子魏奉議郎羨爲嗣羨生晉太常卿黃門侍郎震震生嶷嶷生豫章太守撫撫生從事中郎懿自羨以下襲奉聖亭侯生宋崇聖侯鮮鮮生後魏崇聖大夫乘乘生秘書郎靈珍靈珍生文泰自靈珍以下襲崇聖侯文泰生渠

渠 後周鄒國公

長孫 襲公 吳郡王簿紹聖侯

嗣哲 隋褒聖侯

德倫 襲侯

崇基 襲公

璲之 字藏輝 都水使者 襲文宣公

萱 泗水令

齊卿 青州司兵參軍

惟晊 兗州參軍

策

振 字國文 刑部員外郎

昭儉 秘書郎 曲阜令

極 字弘濟

郁

述 字彰聖

下博孔氏出自關內侯福七世孫郁後漢冀州刺史生揚下博亭侯子孫因居焉七世孫靈龜後魏國子博士生碩

碩 後魏治書侍御史

安 北齊青州法曹參軍

穎達 字沖遠 國子祭酒 曲阜憲公

志玄 國子司業

惠元 國子司業

立言 祠部郎中

睿言 黃州刺史

志約 禮部郎中

琮 洪州都督

志亮 中書舍人

曲阜憲公穎達族孫務本自孔子至是三十五世

務本 東光令

如珪 海州司戶參軍

岑父 著作佐郎

載

戣 給事中

溫質

絢 字延休

綸 字昌言

纁 字徽夫

溫孺

緯 字文化 相僖宗昭宗

昌弼 字佐化

絳 字受文

緘

昌廣

溫憲

温裕
紓字特卿
續字徵脩
戡字君勝昭義節度判官
戢字庫部員外郎
温[illegible]字
晦字文爲
昌[illegible]字昭舉
璲志
[illegible]字濟[illegible]萊州刺史
昌庶字幾聖虞部郎中
莊字文愿
承恭
温諒
續[illegible]
昌明字昭儀
戳[illegible]
威
巢翁
事中

孔氏宰相一人 緯

獨孤氏出自劉氏後漢世祖生沛獻王輔輔生釐王定定生節王丐丐二子廣廙廙洛陽令生穆穆生度遼將軍進伯擊匈奴兵敗被執因之孤山下生尸利單于以爲谷蠡王號獨孤部尸利生烏利二子去卑猛猛生副論副論生路孤路孤生眷眷生羅辰從後魏孝文徙洛陽爲河南人初以其部爲氏位定州刺史永安公生延尉貞公萬齡萬齡生稽字延平鎮東將軍文公稽生鎮東將軍

歸歸生異
冀字希顔定州刺史武安烈公
永業字世基周大司冠臨川郡王
子使隋維州刺史武安公
義恭
義盛
士約
冊戶部郎中
思
華兵部郎中
叔德
文惠明揩潁川[illegible]
威將軍郡長史
石字山甫判主簿
萬
峻越州都督左金吾大將軍
嶼大理少卿
義[illegible]字偉[illegible]三州刺史洛南郡公
元愷給事中
思莊右金吾大將軍
思行洋州刺史
元[illegible]
明駙馬都尉

元慶

思睞
鄠令

賓庭
左補闕

含章
左金吾兵曹參軍

閒俗
鄂州刺史

勉
揚子令

勛

助
太子中舍人

申叔
校書

遐叔

勵

易知

通理
殿中侍御史潁川郡長史

汜
睦州刺史

巨
右驍衞兵曹參軍

及
字至之常州刺史謚曰文

正真
定尉

勛
協律郎

郁
字古風秘書少監

庠
字賢府

道濟
導字愧
江丞

愐
左司郎中

寔
兼殿中侍御史

寂

蒙
密雲州刺史

回
字公遠吏部侍郎

損
字又損相昭宗

遲
字後已

憲
字正風

彝
秘書監

獨孤氏宰相一人　損

柳城李氏世爲契丹酋長後徙京兆萬年

令節
左威衞大將軍營州經略軍副使

重英
鴻臚卿兼檀州刺史

楷洛
左羽林大將軍朔方節度副使薊郡公

遵宜
將軍

遵行
將軍

光弼太尉兼侍中臨淮武穆王
義忠太僕卿

象太僕卿

彙宿州刺史

顥景州刺史

光琰

光顏鴻臚卿

光進字太應州都督武威郡王
元弈

元憨

武威李氏本安氏出自姬姓黃帝生昌意昌意次子安居于西方自號安息國後漢末遣子世高入朝因居洛陽晉魏間家于安定後徙遼左以避亂又徙武威後魏有難陀孫婆羅周隋間居涼州武威爲薩寶生興貴脩仁至抱玉賜姓李

興貴左武候大將軍涼國宜公
恒安
文成
忠敬松鄯會三州都督公
抱玉初名重璋從司空兼兵部尚書涼國昭武公
自正字尚貞少府少監襲公
緒京兆府參軍
縱寶鼎尉
圭濤

綜河中參軍

絳

元表

脩仁左驍衛大將軍鄖國公
永壽右領軍將軍

永達
懷恪陳齊管州司馬
抱真檢校司空平章事義陽郡王
緘少府監

幼成

幼清

永昌
玄暉殿中侍御史貝州刺史
義仲閑府果毅

義穆

季明

高麗李氏

正己本名懷玉平盧節度使守司空饒陽郡王
納平盧節度使檢校司空
承務

師古平盧節度使檢校司徒兼侍中 明安閬州司戶參軍

師道平盧節度使檢校尚書右僕射 弘方

師賢

師智

經

洧正己從父兄徐海觀察使檢校戶部尚書

洧徐州團練副使

柳城李氏本奚族不知何氏至寶臣為張鎖高養子冒姓張氏後賜姓李氏

寶臣字為輔成德節度使守司空清河郡王

素左驍衛大將軍

越左金吾衛大將軍

信左武衛大將軍

惟誠濮州刺史

惟岳成德軍司馬

惟簡鳳翔節度使檢校兵部尚書武安郡王 元孫三原尉

元質滏陽尉

鷄田李氏本河曲部落稽阿跌之族至光進賜姓李

良臣襲鷄田州刺史

光進振武節度使

寶正

元立興平尉

衮河南府參軍

銖

光顏河東節度使同平章事兼侍中

范陽李氏自云常山愍王之後

凝檢校太子賓客兼侍御史

庭瀛澶州刺史

休祥朔州刺史

載義字方檢校太保兼侍中河東節度使武威郡王

正儀右羽林將軍兼御史大夫

弘源太子左諭德

代北李氏本沙陀部落姓朱邪氏至國昌賜姓李附鄭王籍

執宜代北行營招撫使蔚州刺史

國昌本名赤心代北節度使檢校太尉

克恭

克儉

克用河東節度使守太師中書令晉王

存勗陳州刺史

存霸

存渥

存紀

存乂

存美

存確

存禮

克柔代州刺史

赤忠

奉國

李氏三公七人三師二人

柳城李氏有光弼武威李氏有抱玉高麗李氏有正己又柳城李氏有寶臣鷄田李氏有光顏范陽李氏有載義代北李氏有克用

營州王氏本高麗之族

虔威朔方軍將

思禮司空霍國武烈公

太原王氏世居祁縣後徙平州至縉從矦希逸南遷遂居河內溫縣

靖右武衛大將軍

懷左金吾衛大將軍

縉太子詹事

智興[illegible]檢校太尉武寧節度使守太傅雁門郡王

晏平永州司戶參軍

晏宰太原節度使

晏皋左威衛將軍

晏實

晏恭

晏逸

晏深

晏斌

晏韜

安東王氏本阿布思之族世隸安東都護府曰五哥之左武衛將軍生末恒活

末恒活左金吾衛大將軍

升朝檢校太子賓客樂安郡王

庭湊成德節度使

元逵檢校司徒同平章事成德節度使

紹鼎檢校尚書左僕射成德節度使

[illegible]深州刺史

紹懿檢校司空成德節度使

景崇檢校太尉兼中書令成德節度使常山郡王

景崇

鎔太尉中書令成德節度使

昭祚

王氏三公二人三師一人　營州王氏有思禮河內王氏有智興安東王氏有鎔

田氏出自嬀姓陳厲公子完字敬仲仕齊初有采地因號田氏又云陳田聲相近也至田和篡齊為諸侯九世至王建為秦所滅漢興諸田徙陽陵後徙北平魏議郎田疇字子泰二十二世孫璟

璟鄭州司馬

守義安東副都護

承嗣魏博節度使太尉雁門郡王

維魏州刺史

朝神武將軍

華太常少卿駙馬都尉

繹

綸

緒魏博節度使檢校左僕射同平章事駙馬都尉常山郡王

季和澶州刺史

季安字夔魏博節度使檢校司徒

懷諫右監門衛將軍

懷禮

懷詢

懷讓

繪

季直博衙將

純

紳

綰字書長右領軍將軍扶風郡公

季宗監察御史

季昌福王府參軍

季卑

季鷹

季卿

季黃

季方

庭琳

延惲安東都護府司馬

庭玠相州刺史

弘正字安道成德節度使檢校司徒兼侍中沂國公諡忠愍

早安南都護

牟天平節度使

布字敦禮天平節度使徙魏博節度使檢校工部尚書贈右僕射

在宥安南都護

章洛陽令

在賓

鷾盱眙令

田氏三公一人承嗣

烏氏出自姬姓黃帝之後少昊氏以烏鳥名官以世功命氏齊有烏之餘裔孫世居北方號烏洛侯後徙張掖

察左武衛大將軍

令望左領軍大將軍

蒙左武衛中郎將

承恩

承玼右威衛將軍檢校殿中監昌化郡王徙張掖國公

重胤字保君天平節度使司徒

漢弘左羽林將軍

行[illegible]密州刺史

漢貞左金吾將軍

行方河南丞

漢封衛尉寺丞

漢章右驍衛倉曹參軍

行思左衛倉曹參軍

重元

烏氏三公一人重胤

唐宰相三百六十九人凡九十八族再入五十七人長孫无忌楊師道李勣褚遂良李義府劉仁軌蕭嵩味道狄仁傑姚璹李元素婁師德陸元方蘇味道楊再思杜景佺宗楚客魏元忠張錫唐休璟韋嗣立蘇瓌蕭至忠岑羲宋璟郭元振竇懷貞源乾曜苗晉卿李峴杜鴻漸李勉鄭餘慶武元衡李吉甫張弘靖李逢吉王涯王播牛僧孺李宗閔李德裕崔鉉杜悰白敏中劉瞻盧攜鄭從讜裴澈蕭遘韋昭度孔緯徐彥若李谿王摶陸扆崔遠裴樞三入十二人武承嗣攸寧豆盧欽望武三思李嶠李懷遠崔湜劉幽求張說張延賞王鐸鄭畋四入三人韋巨源姚元之韋安石五入三人蕭瑀裴度崔胤三公三師七十一人

宗室親王二十人秦王世民齊王元吉荊王元景吳王恪徐王元禮韓王元嘉霍王元軌
舒王元名相王旦宋王憲申王撝邠王守禮忠王浚薛王業慶王琮廣平郡王俶福王綰
撫王紘榮王慉建王震以宰相及前宰相還者二十七人裴寂房玄齡長孫無忌李勣武
三思楊國忠杜佑裴度王涯李德裕李讓夷杜悰白敏中令狐綯夏侯孜韋保衡王鐸鄭畋
鄭從讜蕭遘韋昭度孔緯杜讓能徐彥若崔胤王摶柳璨以軍功進者二十人李光弼郭
子儀王思禮僕固懷恩李抱玉田承嗣李正己朱泚李寶臣侯希逸馬燧李晟李光顏烏
重胤王智興李載義李克用王建韓建朱全忠以恩澤進者四人武攸暨李輔國王嶼韓
弘皆通見宰相世系別著田氏烏氏二族希逸已其世系輔國中官也懷恩叛臣也朱泚
王建韓建朱全忠唐之盜也皆削而不著

宰相世系表第十五下

端明殿學士兼翰林侍讀學士龍圖閣學士朝散大夫行尚書吏部侍郎充集賢殿修撰臣歐陽修奉敕撰

唐制皇后而下有貴妃淑妃德妃賢妃是為夫人昭儀昭容昭媛脩儀脩容脩媛充儀充容充媛是為九嬪婕妤美人才人各九合二十七是代世婦寶林御女采女各二十七合八十一是代御妻自餘六尚分典乘輿服御皆有員次後世改復不常開元時以后下復有四妃非是乃置惠麗華三妃六儀四美人七才人而尚宮尚儀尚服各二參合品號大抵踵周官相損益云然則嘗矣禮本夫婦詩始后妃治亂因之興亡係焉盛德之君帷薄嚴奧裏謁不忏于朝外言不內諸閫關雎之風行彤史之化脩故淑範懿行更為內助若夫豔嬖之興常在中主第禍既交則情與愛遷顏辭媚熟則事為私奪乘易昏之明牽不斷之柔險言似忠故受而不詰醜行已效反狃而為好左右附之憸壬甚之狡謀鉗其悟先衰誓

楗於寵牣天下之事已去而怙不自覺此武韋所以遂篡弒而喪王室也至於楊氏未死玄亂厥謀張后制中肅幾斂衽吁可嘆哉中葉以降時多故矣外有攻討之勤內寡嬿溺之私羣閹朋進外戚勢分后妃無大善惡取充職位而已故列著于篇

高祖太穆順聖皇后竇氏京兆平陵人父毅在周為上柱國尚武帝姊襄陽長公主入隋為定州總管神武公后生髮垂過頸三歲與身等讀女誡列女等傳一過輒不忘武帝愛之養宮中異它甥時突厥女為后無寵后密諫曰吾國未靖虜且彊願抑情撫接以取合從則江南關東不吾梗武帝嘉納及崩哀毀同所生聞隋高祖受禪自投牀下曰恨我非男子不能救舅家禍毅遽掩其口曰毋妄言赤吾族常謂主曰此女有奇相且識不凡何可妄與人因畫二孔雀屏間請昏者使射二矢陰約中目則許之射者閱數十皆不合高祖最後射中各一目遂歸於帝始元貞太后寢老有疾而性素嚴諸姒娣皆畏莫敢侍后事之獨怡謹盡孝或淹月不釋衣履工為篇章規誡文有雅體又善書與高祖書相雜人不辨也崩於涿郡年四十五帝在煬帝時多畜善馬后見曰上性樂此盍以獻徒留之速罪無益也不聽頃果坐譴帝後見隋政亂多妄誅殛乃為自安計數奏鷹犬異駒煬帝果喜擢位將軍因泣謂諸子曰早用而母言得此久矣帝有天下詔即所葬園為壽安陵謚曰穆及祔獻陵尊為太穆皇后始太宗生有二龍之符后於諸子中愛視最篤後即位過慶善宮覽觀梗欷顧侍臣曰朕生於此今毋后永違育我之德不可報因號慟左右皆流涕乃享台于正寢它日幸九成宮夢后若平生既悟潸然不自勝明日詔有司大發倉賑貧瘠以為后報焉上元中益謚太穆神皇后

太宗文德順聖皇后長孫氏河南洛陽人其先魏拓拔氏後為宗室長因號長孫高祖稚大丞相馮翊王曾祖裕平原公祖兕左將軍父晟字季涉書史趫鷙曉兵仕隋為右驍衛將軍后喜圖傳視古善惡以自鑒矜尚禮法晟兄熾為周通道館學士嘗聞太穆勸

撫突厥女心誌之每語晟曰此明睿人必有奇子不可以不圖昏故晟以女太宗后歸寧舅高士廉妾見大馬二丈立后舍外懼占之遇坤之泰卜者曰坤順承天載物無疆馬地類也之泰是天地交而萬物通也又以輔相天地之宜繇協歸妹婦人事也女處尊位履中而居順后妃象也時隱太子釁鬩已構后內盡孝事高祖謹承諸妃消釋嫌猜及帝授甲宮中后親慰勉士皆感奮為皇太子妃俄為皇后性約素服御取給則止益觀書雖容櫛不少廢與帝言或及天下事辭曰牝雞司晨家之窮也可乎帝固要之訖不對後廷有被罪者必助帝怒請繩治俟意解徐為開治終不令有冤下嬪生豫章公主而死后視如所生媵侍疾病輟所御飲藥資之下懷其仁兄无忌於帝本布衣交以佐命為元功出入臥內帝將引以輔政后固謂不可乘間曰妾託體紫宮尊貴已極不願私親更據權于朝漢之呂霍可以為誡帝不聽自用无忌為尚書僕射后密諭令牢讓帝不獲已乃聽后喜見顏間異母兄安業無

董易

行父喪遂后无忌還外家后貴未嘗以為言擢位將軍後與李孝常等謀反將誅后叩頭曰安業罪死無赦然向遇妾不以慈戶知之今論如法人必謂妾釋憾於兄無乃為帝累乎遂得减流越巂太子承乾乳媼請增東宮什器后曰太子患無德與名器何請為從幸九成宮方屬疾會柴紹等急變聞帝甲而起后輿疾以從宮司諫止后曰上震驚吾可自安疾稍亟太子欲請大赦汎度道人祓塞災會后曰死生有命非人力所支若脩福可延吾不為惡使善無效我尚何求且赦令國大事佛老異方敎耳皆上所不為豈宜以吾亂天下法太子不敢奏以告房玄齡玄齡以聞帝嗟美而羣臣請遂赦帝既許后固爭止及大漸與帝決時玄齡小譴就第后曰玄齡久事陛下預奇計秘謀非大故願勿置也妾家以恩澤進無德而祿易以取禍無屬樞柄以外戚奉朝請足矣妾生無益於時死不可以厚葬願因山為壠無起墳無用棺槨器以瓦木約費送終是妾不見忘也又請帝納忠容諫勿受讒省遊畋作役死無恨崩年三十六后嘗采古婦人事著女則十篇又為論斥漢之馬后不能檢抑外家使與政事乃戒其車馬之侈此謂開本源恤末事常誡守者吾以自檢故書無條理勿令至尊見之及崩宮司以聞帝為之慟示近臣曰后此書可用垂後我豈不通天命而割情乎顧內失吾良佐哀不可已已謚曰文德葬昭陵因九嵕山以成后志帝自著表序始末揭陵左上元中益謚文德聖皇后

太宗賢妃徐惠湖州長城人生五月能言四歲通論語詩八歲自曉屬文父孝德嘗試使擬離騷為小山篇曰仰幽巖而流盼撫桂枝以凝想將千齡兮此遇荃何為兮獨往孝德大驚知不可掩於是所論著遂盛傳太宗聞之召為才人手未嘗廢卷而辭致贍蔚文無淹思帝益禮顧擢孝德水部員外郎惠再遷充容貞觀末數調兵討定四夷稍稍治宮室百姓勞怨惠上疏極諫且言東戍遼海西討崐丘士馬罷耗漕饟漂没捐有盡之農趨無窮之壑圖未獲之衆喪已成之軍故地廣者非常安之術也人勞者為易亂之符也又言翠微玉華等宮雖因山藉水無築構之苦而工力和僦不謂無煩有道之君以逸逸人無道之君以樂樂身又言伎巧為喪國斧斤珠玉為蕩心酖毒侈麗纖美不可以不遏志驕於業泰體逸於時安其剴切精詣大略如此帝善其言優賜之帝崩哀慕成疾不肯進藥曰帝遇我厚得先狗馬侍園寢吾志也復為詩連珠以見意永徽元年卒年二十四贈賢妃陪葬昭陵石室惠之弟齊聃齊聃子堅皆以學聞女弟為高宗婕妤亦有文藻世以擬漢班氏

高宗廢后王氏并州祁人魏尚書左僕射思政之孫從祖母同安長公主以后婉淑白太宗以為晉王妃王居東宮妃亦進冊擢父仁祐陳州刺史帝即位立為皇后仁祐以特進封魏國公母柳本國夫人仁祐卒贈司空初蕭良娣有寵而武才人貞觀末以先帝宮人召為昭儀俄與后良娣爭寵更相毀短而昭儀詭險即誣后與母挾媚道蠱上帝信之解魏國夫人門籍罷后舅柳奭中書令李義府等陰佐昭儀以偏言怒帝遂下詔廢后良娣皆為庶人囚

宮中后母兄良娣宗族悉流嶺南許敬宗又奏仁祐無他功以宮掖故超列三事今庶人謀亂宗社罪宜夷宗仁祐應斲棺陛下不窮其誅家止流竄仁祐不宜引庇廕宥逆子孫有詔盡奪仁祐官爵而后及良娣俄為武后所殺改后姓為蟒良娣為梟初帝念后閒行至囚所見門禁錮嚴進飲食竇中惻然傷之呼曰皇后良娣無恙乎今安在二人同辭曰妾等以罪棄為婢安得尊稱耶流涙嗚咽又曰陛下幸念疇日使妾死更生復見日月乞署此為回心院帝曰朕即有處置武后知之促詔杖二人百剔其手足反接投釀甕中曰令二嫗骨醉數日死殊其尸初詔旨到后再拜曰陛下萬年昭儀承恩死吾分也至良娣罵曰武氏狐媚翻覆至此我後為猫使武氏為鼠吾當扼其喉以報后聞詔六宮毋畜猫武后頻見二人被髮瀝血為厲惡之以巫祝解謝即徙蓬萊宮厲復見故多駐東都中宗即位皆復其姓

高宗則天順聖皇后武氏并州文水人父士彠見外戚傳文德皇

后崩久之太宗聞士彠女美召爲才人方十四母楊慟泣與訣后獨自如曰見天子庸知非福何兒女悲乎母韙其意止泣既見帝賜號武媚及帝崩與嬪御皆爲比丘尼高宗爲太子時入侍悅之王皇后久無子蕭淑妃方幸后陰不悅它日帝過佛廬才人見且泣帝感動后廉知狀引內後宮以撓妃寵才人有權數詭變不窮始下辭降體事后后喜數譽於帝故進爲昭儀一旦顧幸在蕭右寖與后不協后性簡重不曲事上下而母柳見內人尚宮無浮禮故昭儀伺后所薄必款結之得賜予盡以分遺由是后及妃所爲必得得輒以聞然未有以中也昭儀生女后就顧弄去昭儀潛斃兒衾下伺帝至陽爲歡言發衾視兒死矣又驚問左右皆曰后適來昭儀即悲涕帝不能察怒曰后殺吾女往與妃相讒媢今又爾邪由是昭儀得入其訾后無以自解而帝愈信愛始有廢后意久之欲進號宸妃侍中韓瑗中書令來濟言妃嬪有數今別立號不可昭儀乃誣后與母厭勝帝挾前憾實其言將遂廢之長孫无忌

褚遂良韓瑗及濟瀕死固爭帝猶豫而中書舍人李義府衛尉卿許敬宗素險側狙勢即表請昭儀爲后帝意決下詔廢后詔李勣于志寧奉璽綬進昭儀爲皇后命羣臣及四夷酋長朝后肅義門內外命婦入謁朝皇后自此始后見宗廟再贈士彠至司徒爵周國公謚忠孝配食高祖廟母楊再封代國夫人家食魏千戶后乃製外戚誡獻諸朝解釋譏訕於是逐无忌遂良踵死徙寵煽赫然后城寓深痛柔屈不恥以就大事帝謂能奉己故扳公議立之已得志即盜威福施施無憚避帝亦懦昏舉能鉗勒使不得專久稍不平麟德初后召方士郭行真入禁中爲蠱祝宦人王伏勝發之帝怒因是召西臺侍郎上官儀儀指言后專恣失海內望不可承宗廟與帝意合乃趣使草詔廢之左右馳告后遽從帝自訴帝羞縮待之如初猶意其恚且曰是皆上官儀教我后諷許敬宗構儀殺之初元舅大臣怫旨不閱歲屠覆道路目語及儀見誅則政歸房帷天子拱手矣羣臣朝四方奏章皆曰二聖每視朝殿中垂簾

帝與后偶坐生殺賞罰惟所命當其忍斷雖甚愛不少隱也帝晚益病風不支天下事一付后后乃更爲太平文治事大集諸儒內禁殿譔定列女傳臣軌百僚新誡樂書等大氐千餘篇因令學士密裁可奏議分宰相權始士彠娶相里氏生子元慶元爽又娶楊氏生三女伯嫁賀蘭越石蚤寡封韓國夫人仲即后季嫁郭孝慎前死楊以后故寵日盛徙封榮國始兄子惟良懷運與元慶等遇楊及后禮薄后銜不置及是元慶爲宗正少卿元爽少府少監惟良司衛少卿懷運淄州刺史它日夫人置酒酣謂惟良曰若等記疇日事乎今謂何對曰幸以功臣子位朝廷晚緣戚屬進夙夜不榮也夫人怒諷后僞爲退讓請惟良等外遷無示天下私繇是惟良爲始州刺史元慶龍州元爽濠州俄坐事死振州元慶至州憂死韓國出入禁中一女國姝帝皆寵之韓國卒女封魏國夫人欲以備嬪職難於后未決后內忌甚會封泰山惟良懷運以岳牧來集從還京師后毒殺魏國歸罪惟良等盡殺之氏曰蝮以韓國子

敏之奉士彠祀初魏國卒敏之入弔帝爲慟敏之哭不對后曰兒疑我惡之俄貶死楊氏徙酇衛二國咸亨元年卒追封魯國謚忠烈詔文武九品以上及五等親與外命婦赴弔以王禮葬咸陽給班劍葆仗鼓吹時天下旱后僞表求避位不許俄又贈士彠太尉兼太子太師太原郡王魯國忠烈夫人爲妃上元元年進號天后建言十二事一勸農桑薄賦徭二給復三輔地三息兵以道德化天下四南北中尚禁浮巧五省功費力役六廣言路七杜讒口八王公以降皆習老子九父在爲母服齊衰三年十上元前勳官已給告身者無追覈十一京官八品以上益稟入十二百官任事久材高位下者得進階申滯帝皆下詔略施行之蕭妃女義陽宣城公主幽掖廷幾四十不嫁太子弘言于帝后怒酖殺弘帝將下詔遜位于后宰相郝處俊固諫乃止后欲外示寬裕劫人心使歸己即奏言今羣臣納半俸百姓計口錢以贍邊兵恐四方妄商虛實請一罷之詔可儀鳳三年羣臣蕃夷長朝后于光順門即并州建

太原郡王廟帝頭眩不能視侍醫張文仲秦鳴鶴曰風上逆砭頭血可愈后內幸帝殆得自專怒曰是可斬帝體寧刺血處邪醫頓首請命帝曰醫議疾烏可罪且吾眩不可堪聽爲之醫一再刺帝曰吾目明矣言未畢后簾中再拜謝曰天賜我師身負繒寶以賜帝崩中宗即位天后稱皇太后遺詔軍國大務聽參決嗣聖元年太后廢帝爲廬陵王自臨朝以睿宗即帝位后坐武成殿帝率羣臣上號冊越三日太后臨軒命禮部尚書攝太尉武承嗣太常卿攝司空王德眞冊嗣皇帝自是太后常御紫宸殿施慘紫帳臨朝追贈五世祖後魏散騎常侍克己爲魯國公妣裴卽其國爲夫人高祖齊殷州司馬居常爲太尉北平郡王妣劉爲王妃曾祖永昌王諮議參軍贈齊州刺史儉爲太尉金城郡王妣宋爲王妃祖隋東郡丞贈并州刺史大都督華爲太尉太原郡王妣趙爲王妃皆置園邑戶五十考爲太師魏王加實戶滿五千妣爲王妃王園邑守戶百時睿宗雖立實囚之而諸武擅命又諡魯國公曰靖裴爲

靖夫人北平郡王曰恭肅金城郡王曰義康太原郡王曰安成妃從夫謚太后遣冊武成殿使者告五世廟室於是柳州司馬李敬業括蒼令唐之奇臨海丞駱賓王疾太后脅逐天子不勝憤乃募兵殺揚州大都督府長史陳敬之據州欲迎廬陵王衆至十萬楚州司馬李崇福連和盱眙人劉行舉嬰城不肯從敬業攻之不克太后拜行舉游擊將軍擢其弟行實楚州刺史敬業南度江取潤州殺刺史李思文曲阿令尹元貞拒戰死太后詔左玉鈐衞大將軍李孝逸爲揚州道行軍大摠管率兵三十萬討之戰于高郵前鋒左豹韜果毅成三朗爲唐之奇所殺又以左鷹揚衞大將軍黑齒常之爲江南道行軍大摠管并力敬業與三月敗傳首東都三州平始武承嗣請太后立七廟中書令裴炎沮止及敬業之興下炎獄殺之并殺左威衞大將軍程務挺太后方怫恚一日召羣臣廷讓曰朕於天下無負若等知之乎羣臣唯唯太后曰朕輔先帝踰三十年憂勞天下爵位富貴朕所與也天下安佚朕所養也先帝

棄羣臣以社稷爲託朕不敢愛身而知愛人今爲戎首者皆將相何見負之遽且受遺老臣伉扈難制有若裴炎乎世將種能合亡命若徐敬業乎宿將善戰若程務挺乎彼皆人豪不利於朕朕能戮之公等才有過彼蚤爲之不然謹以事朕無詒天下笑羣臣頓首不敢仰視曰惟陛下命久之下詔陽若復辟者睿宗揣非情固請臨朝制可乃冶銅匭爲一室署東曰延恩受干賞自言者曰招諫受時政失得西曰申冤受抑枉所欲言北曰通玄受讖步秘策詔中書門下一官典領太后不惜爵位以籠四方豪桀自爲助雖妄男子言有所合輒不次官之至不稱職尋亦廢誅不少縱務取實材眞賢又畏天下有謀反逆者詔許上變在所給輕傳供五品食送京師卽日召見厚餌爵賞歆動之凡言變吏不得何詰雖耘夫蕘子必親延見稾之客館敢稽若不送者以所告罪之故上變者徧天下人人屛息無敢議新豐有山因震突出太后以爲美祥赦其縣更名慶山荊人俞文俊上言人不和疣贅生地不和堆阜

出今陛下以女主處陽位山變爲災非慶也太后怒投嶺外詔毀乾元殿爲明堂以浮屠薛懷義爲使督作懷義鄠人本馮氏名小寶偉岸淫毒佯狂洛陽市千金公主嬖之主上言小寶可入侍后召與私悅之欲掩迹得通籍出入使祝髮爲浮屠拜白馬寺主詔與太平公主壻薛紹通昭穆紹父事之給廄馬中官爲騶侍雖承嗣三思皆尊事惟謹至是護作士數萬巨木率一章千人乃能引又度明堂後爲天堂鴻麗嚴奧次之堂成拜左威衞大將軍梁國公始作崇先廟于西京享武氏承嗣僞款洛水石導使爲帝遣雍人唐同泰獻之后號爲寶圖擢同泰游擊將軍於是汜人又上瑞石太后乃郊上帝謝況自號聖母神皇作神皇璽改寶圖曰天授聖圖號洛水曰永昌水圖所曰聖圖泉勒石洛壇左曰天授聖圖之表改汜水曰廣武時柄去王室大臣重將皆撓不得逞宗室孤外無寄足地於是韓王元嘉等謀舉兵唱天下迎還中宗琅邪王沖越王貞先發諸王倉卒無應者遂敗元嘉與魯王靈夔等皆自

殺餘悉坐誅諸王牽連死滅殆盡子孫雖嬰褓亦投嶺南太后身拜洛受圖天子率太子羣臣蠻夷以次列大陳珍禽奇獸貢物鹵簿壇下禮成去永昌元年享萬象神宮改服袞冕搢大圭執鎮圭睿宗亞獻太子終獻合祭天地五方帝百神從以高祖太宗高宗配引魏王士彠從配班九條訓百官遂大饗羣臣號士彠周忠孝太皇楊忠孝太后以文水墓爲章德陵咸陽墓爲明義陵太原安成王爲周安成王金城郡王爲魏義康王北平郡王爲趙肅恭王魯國公爲太原靖王載初中又享萬象神宮以太穆文德二皇后配皇地祇引周忠孝太后從配作曌𠀑埊𡆠囝〇𠁈𢘑𡕀𠡦𠙺十有二文太后自名曌改詔書爲制書以周漢爲二王後虞夏殷後爲三恪除唐屬籍拜薛懷義輔國大將軍封鄂國公令與羣浮屠作大雲經言神皇受命事春官尚書李思文詭言周書武成爲篇辭有垂拱天下治爲受命之符后喜皆班示天下稍圖革命然畏人心不肯附乃陰忍鷙害肆斬殺怖天下內縱酷吏周興來俊

臣等數十人爲爪吻有不慊若素疑憚者必危法中之宗姓侯王及它骨鯁臣將相駢頸就鈇血丹狴戶家不能自保太后操奩具坐重帷而國命移矣御史傅遊藝率關內父老請革命改帝氏爲武又脅羣臣固請妄言鳳集上陽宮赤雀見朝堂天子不自安亦請氏武示一尊太后知威柄在己因大赦天下改國號周自稱聖神皇帝旗幟尚赤以皇帝爲皇嗣立武氏七廟于神都尊周文王爲文皇帝號始祖妣姒曰文定皇后武王爲康皇帝號睿祖妣姜曰康惠皇后太原靖王爲成皇帝號嚴祖妣曰成莊皇后趙肅恭王爲章敬皇帝號肅祖妣曰章敬皇后魏義康王爲昭安皇帝號烈祖妣曰昭安皇后周安成王爲文穆皇帝號顯祖妣曰文穆皇后考忠孝太皇爲孝明高皇帝號太祖妣曰孝明高皇后罷唐廟爲享德廟四時祠高祖以下三室餘廢不享至日祀上帝萬象神宮以始祖及考妣配以百神從祀盡王諸武詔并州文水縣爲武興比漢豐沛百姓世給復以始祖冢爲德陵睿祖爲喬陵嚴祖

爲節陵肅祖爲簡陵烈祖爲靖陵顯祖爲永陵章德陵爲昊陵明義陵爲順陵太后斲春秋高善自塗澤雖左右不悟其衰俄而二齒生下詔改元爲長壽明年享神宮自制大樂舞工用九百人以武承嗣爲亞獻三思爲終獻帝之爲皇嗣公卿往往見之會尚方監裴匪躬左衛大將軍阿史那元慶白澗府果毅薛大信監門衛大將軍范雲仙潛謁帝皆署斬都市自是公卿不復上謁有上封事言嶺南流人謀反者太后遣攝右臺監察御史萬國俊就按得實即論決國俊至廣州盡召流人矯詔賜自盡皆號哭不服國俊驅之水曲使不得逃一日戮三百餘人乃誣奏流人怨望請悉除之於是太后遣右衛翊府兵曹參軍劉光業司刑評事王德壽苑南面監丞鮑思恭尚輦直長王大貞右武衛兵曹參軍屈貞筠皆攝監察御史分往劍南黔中安南等六道訊鞫而擢國俊右臺侍御史光業等亦希功于上惟恐殺人之少光業殺者九百人德壽殺七百人其餘亦不減五百人太后久乃知其冤詔六道使所殺

者還其家國俊亦相踵而死皆見有物爲厲云太后又自加號金輪聖神皇帝置七寶于廷曰金輪寶曰白象寶曰女寶曰馬寶曰珠寶曰主兵臣寶曰主藏臣寶率大朝會則陳之又尊其顯祖爲立極文穆皇帝太祖爲無上孝明皇帝延載二年武三思率蕃夷諸酋及耆老請作天樞紀太后功德以黜唐興周制可使納言姚璹護作乃大裒銅鐵合冶之署曰大周萬國頌德天樞置端門外其制若柱度高一百五尺八面面別五尺冶鐵象山爲之趾負以銅龍石鑱怪獸環之柱顛爲雲蓋出大珠高丈圍三之作四蛟丈二尺以承珠其趾山周百七十尺度二丈無慮用銅鐵二百萬斤乃悉鏤羣臣蕃酋名氏其上薛懷義寵稍衰而御醫沈南璆進幸懷義大望因火明堂太后羞之掩不發懷義愈很恣怏怏乃詔太平公主擇健婦縛之殿中命建昌王武攸寧將作大匠宗晉卿率壯士擊殺之以畚車載尸還白馬寺懷義負幸昵氣蓋一時出百官上其徒多犯法御史馮思勗劾其姦懷義怒遇諸道命左

右歐之幾死弗敢言默啜犯塞拜新平伐逆朔方道大總管提十
八將軍兵擊胡宰相李昭德蘇味道至為之長史司馬後默入禁
中恃勢力少年千人為浮屠有逆謀侍御史周矩劾狀請治驗太
后曰第出朕將使詣獄矩坐臺少選懷義怒馬造廷直往坐大榻
上矩召吏受辭懷義即乘馬去矩以聞太后曰是道人素狂不足
治力少年聽窮劾矩悉投放醜裔懷義構矩俄免官太后祀天南
郊以文王武王士彠與唐高祖並配太后加號天冊金輪聖神皇
帝遂封嵩山禪少室冊山之神為帝配為后封壇南有大槲赦日
置雞其杪賜號金雞樹自制升中述志刻石示後改明堂為通天
宮鑄九州鼎各位其方列廷中又斂天下黃金作大儀鐘不克久
之以崇先廟為崇尊廟禮視太廟旋復崇尊廟為太廟自懷義死
張易之昌宗得幸乃置控鶴府有監有丞及主簿錄事等監三品
以易之為之太后自見諸武王非天下意前此中宗自房州還復
為皇太子恐百歲後為唐宗室躪藉無死所即引諸武及相王太

平公主誓明堂告昊天地為鐵券使藏史館改昊陵署為攀龍臺久
視初以控鶴監為天驥府又改奉宸府罷監為令以左右控鶴為
奉宸大夫易之復為令神龍元年太后有疾久不平居迎仙院宰
相張柬之與崔玄暐等建策請中宗以兵入誅易之昌宗於是羽
林將軍李多祚等帥兵自玄武門入斬二張于院左太后聞變而
起桓彥範進請傳位太后返臥不復語中宗於是復即位徙太后
上陽宮帝率百官詣觀風殿問起居後率十日一詣宮俄朝朔望
廢奉宸府官遷東都武氏廟于崇尊廟更號崇恩復唐宗廟諸武
王者咸降爵是歲后崩年八十一遺制稱則天大聖皇太后去帝
號謚曰則天大聖皇后祔乾陵會武三思蒸韋庶人復用事於是大
旱祈陵輒雨三思訹帝詔崇恩廟祠如太廟齋郎用五品子博士
楊孚言太廟諸郎取七品子今崇恩取五品不可帝曰太廟如崇
恩可乎孚曰崇恩太廟之私以臣準君則僭以君準臣則惑乃止
及韋武黨誅詔則天大聖皇后復號天后廢崇恩廟及陵景雲元

年號大聖天后太平公主奸政請復二陵官又尊后曰天后聖帝俄
號聖后太平誅詔黜周孝明皇帝號復為太原郡王后為妃罷昊
順等陵開元四年追號則天皇后太常卿姜皎建言則天皇后配
高宗廟主題天后聖帝非是請易題為則天皇后武氏制可
中宗和思順聖皇后趙氏京兆長安人祖綽武德中戰有功終右
領軍將軍父瓌尚高祖常樂公主帝為英王聘后為妃高宗於公
主恩尤隆武后不喜乃幽妃內侍省瓌自定州刺史駙馬都尉貶
括州絕主朝謁隨瓌之官妃既囚扃鍵牢謹日給飼料衛者候其
突煙數日不出披戶視之死腐矣瓌以壽州刺史與主預越王事
死神龍元年追謚妃曰恭皇后贈瓌左衛大將軍中宗崩蒇陵事
韋庶人不臣不得祔有司加上尊謚以后祔定陵
中宗庶人韋氏京兆萬年人祖弘表貞觀中曹王府典軍帝在東
宮后被選為妃嗣聖初立為皇后俄與帝處房陵毋使至帝輒恐
欲自殺后止曰禍福何常早晚等死耳無遽及帝復即位后居中

宮是時上官昭容與政事方敬暉等將盡誅諸武武三思懼乃因
昭容入請得幸於后卒謀暉等誅之初帝幽廢與后約一朝見天
日不相制至是與三思升御牀博戲帝從旁典籌不為忤三思諷
羣臣上后號為順天皇后乃親謁宗廟贈父玄貞上洛郡王左拾
遺賈虛己建言非李氏王者盟書共棄之今復國未幾遽私后家
且先朝禍鑒未遠甚可懼也如今皇后固辭使天下知後宮謙讓
不亦善乎不聽神龍三年節愍太子舉兵敗宗楚客率羣臣請加
號翊聖詔可禁中謬傳有五色雲起后衣笥帝圖以示諸朝因大
赦天下賜百官母妻封號太史迦葉志忠表上桑條歌十二篇言
后當受命曰昔高祖時天下歌桃李太宗時歌秦王破陣高宗歌
堂堂天后世歌武媚娘皇帝受命歌英王石州后今受命歌桑條
韋蓋后妃之德專蠶桑共宗廟事也乃賜志忠第一區綵七百段
太常少卿鄭愔因之被樂府楚客又諷補闕趙延禧離釋桑條為
九十八代帝大喜擢延禧諫議大夫於是昭容以武氏事動后即

表增出母服民以二十三為丁限五十九免五品而上母妻不繇夫子封者喪得用鼓吹數改制度陰儲人望稍寵樹親屬封拜之昭容與母及尚宮賀婁等多受金錢封丞趙隴西夫人出入禁中勢與上官埒繇是墨敕斜封出矣三年帝親郊引后亞獻明年正月望夜帝與后微服過市彷徉觀覽縱宮女出游皆淫奔不還國子祭酒葉靜能善禁架常侍馬秦客高醫光祿少卿楊均善烹調皆引入後廷均秦客烝於后嘗喪免不歷旬輒起帝遇弒議者謂咎秦客及安樂公主后大懼引所親議計乃以刑部尚書裴談工部尚書張錫輔政留守東都詔將軍趙承福薛簡以兵五百衛譙王重福與兄溫定策立溫王重茂為皇太子列府兵五萬分二營屯京師然後發喪太子即位是為殤帝皇太后臨朝溫總內外兵檢護宮省族弟濯播宗子捷璿曦高崇及武延秀分領左右屯營羽林飛騎萬騎京師大恐傳言且革命播璿入軍中鞭督萬騎欲立威士怨不為用俄而臨淄王引兵夜披玄武門入羽林殺璿播崇於寢斧關叩太極殿后遁入飛騎營為亂兵所殺斬延秀安樂公主分捕諸韋諸武與其支黨悉誅之梟后及安樂首東市翌日追貶為庶人葬以一品禮

上官昭容者名婉兒西臺侍郎儀之孫父廷芝與儀死武后時母鄭太常少卿休遠之姊婉兒始生與母配掖廷天性韶警善文章年十四武后召見有所制作若素構自通天以來內掌詔命掞麗可觀嘗忤旨當誅后惜其才止黥而不殺也然群臣奏議及天下事皆與之帝即位大被信任進拜昭容封鄭沛國夫人婉兒通武三思故詔書推右武氏抑唐家節愍太子不平及舉兵叩肅章門索婉兒婉兒曰我死當次索皇后大家矣以激怒帝帝與后挾婉兒登玄武門避之會太子敗乃免婉兒勸帝侈大書館增學士員引大臣名儒充選數賜宴賦詩君臣賡和婉兒常代帝及后長寧安樂二主眾篇並作而采麗益新又差第羣臣所賦賜金爵故朝廷靡然成風當時屬辭者大抵雖浮靡然所得皆有可觀婉兒力

也鄭卒諡節義夫人婉兒請降秩行服詔起為婕妤俄還昭容帝即婉兒居穿沼築巖窮飾勝趣即引侍臣宴其所是時左右內職皆聽出外不何止婉兒與近嬖至皆營外宅衺人穢夫爭候門下肆狎昵因以求劇職要官與崔湜亂遂引知政事湜開商山道未半因帝遺制虛列其功加甄賞韋后之敗斬闕下初鄭方妊夢巨人畀大稱曰持此稱量天下婉兒生踰月母戲曰稱量者豈爾邪輒啞然應後內秉機政符其夢云景雲中追復昭容諡惠文始從母子王昱為拾遺昱戒曰上往囚房陵武氏得志矣卒而中興天命所在不可幸也三思雖乘釁天下知必敗今昭容上所信而附之且滅族鄭以責婉兒不從節愍誅三思果索之始憂懼及草遺制即引相王輔政臨淄王兵起被收婉兒以詔草示劉幽求幽求言之王王不許遂誅開元初裒次其文章詔張說題篇

睿宗肅明順聖皇后劉氏祖德威自有傳儀鳳中帝在藩納為孺人俄為妃生寧王壽昌代國二公主帝即位為皇后會帝降號皇嗣復為妃長壽二年為戶婢誣與竇德妃挾蠱道祝詛武后並殺之宮中葬秘莫知景雲元年追諡肅明皇后

睿宗昭成順聖皇后竇氏曾祖抗父孝諶自有傳后婉淑尤循禮則帝為相王納為孺人即位進德妃生玄宗及金仙玉真二公主與肅明同追諡並招魂葬東都之南肅明曰惠陵后曰靖陵立別廟曰儀坤以享云帝崩追稱皇太后與肅明祔橋陵后以子貴故先祔睿宗室肅明以開元二十年乃得祔廟初太常加諡后曰大昭成或言法宜引聖真冠諡而曰大昭成非也以單言配之應曰聖昭若睿成以復言配之應曰大聖昭成聖真昭成又引太穆皇后始諡穆及高祖崩合帝諡曰太穆追增太穆神皇后文德皇后始諡文德及太宗崩合諡文德聖皇后又援范曄著漢光烈等為比太常謂曄以帝號標后諡是史家記事體婦人非必與夫同也入廟稱后繫夫在朝稱太繫子文母生號也文王既沒諡也周公豈以夫從婦乎漢法不可以為據制曰可天寶八載制詔自太穆

而下六皇后並增上順聖二謚云
玄宗皇后王氏同州下邽人梁冀州刺史神念之裔孫帝爲臨淄
王聘爲妃將清內難預大計先天元年立爲皇后久無子而武妃
稍有寵后不平顯詆之然撫下素有恩終無肯譖短者帝密欲廢
后以語姜皎皎漏言即死后兄守一懼爲求厭勝浮屠明悟教祭
北斗取霹靂木刻天地文及帝諱合佩之曰後有子與則天比開
元十二年事覺帝自臨劾有狀乃制詔有司皇后天命不祐華而
不實有無將之心不可以承宗廟母儀天下其廢爲庶人賜守一
死始后以愛弛不自安承間泣曰陛下獨不念阿忠脫紫半臂易
斗麪爲生日湯餅邪帝憫然動容阿忠后呼其父仁皎云繇是久
乃廢當時王諲作翠羽帳賦諷帝未幾卒以一品禮葬後宮思慕
之帝亦悔寶應元年追復后號
玄宗貞順皇后武氏恒安王攸止女幼入宮帝即位寖得幸時王
皇后廢故進冊惠妃其禮秩比皇后初帝在潞趙麗妃以倡幸有

容止善歌舞開元初父兄皆美官及妃進麗妃恩亦弛以十四年
卒論曰和生太子瑛而皇甫德儀生鄂王劉才人生光王皆潞邸
之舊後愛薄而妃乃專寵封所生母楊鄭國夫人弟忠國子祭酒
信秘書監將遂立皇后御史潘好禮上疏曰禮父母讎不共天春
秋子不復讎不子也陛下欲以武氏爲后何以見天下士妃再從
叔三思也從父延秀也皆干紀亂常天下共疾夫惡木垂蔭志士
不息盜泉飛溢廉夫不飲匹夫匹婦尚相擇況天子乎願慎選華
族稱神祇之心春秋宋人夏父之會無以妾爲夫人齊桓公誓葵
丘曰無以妾爲妻此聖人明嫡庶之分分定則窺覦之心息矣今
人間咸言右丞相張說欲取立后功圖復相今太子非惠妃所生
而妃有子若一儷宸極則儲位將不安古人所以諫其漸者有以
也遂不果立妃生子必秀嶷凡二王一主皆不育及生壽王帝命
寧王養外邸又生盛王咸宜太華二公主後李林甫以壽王母愛
希妃意陷太子鄂光二王皆廢死會妃薨年四十餘贈皇后及謚

葬敬陵
玄宗元獻皇后楊氏華州華陰人曾祖士達爲隋納言天授中以
武后母黨追封士達爲鄭王父知慶太尉帝在東宮后以景雲初
入宮爲良媛時太平公主忌帝而宮中左右持兩端纖悉必聞媛
方娠帝不自安密語侍讀張說曰用事者不欲吾多子奈何命說
挾劑以入帝於曲室自煑之夢若有介而戈者環鼎三而三煑盡
覆以告說說曰天命也乃止生男是爲肅宗帝即位爲貴嬪其姊
節愍太子妃也初肅宗生卜云不宜養乃命王皇后舉之后無子
撫肅宗如所生後又生寧親公主乃薨說以舊恩故子垍得尚寧
親肅宗即位至德二載太上皇自蜀詔有司其議尊稱遂上冊謚
寶應末祔泰陵
玄宗貴妃楊氏隋梁郡通守汪四世孫徙籍蒲州遂爲永樂人幼
孤養叔父家始爲壽王妃開元二十四年武惠妃薨後廷無當帝
意者或言妃姿質天挺宜充掖廷遂召內禁中異之即爲自出妃

意者丐籍女官號太眞更爲壽王聘韋昭訓女而太眞得幸善歌
舞邃曉音律且智算警穎迎意輒悟帝大悅遂專房宴宮中號娘
子儀體與皇后等天寶初進冊貴妃追贈父玄琰太尉齊國公擢
叔玄珪光祿卿宗兄銛鴻臚卿錡侍御史尚太華公主主惠妃所
生最見寵遇而釗亦寖顯釗國忠也三姊皆美劭帝呼爲姨封韓
虢秦三國爲夫人出入宮掖恩寵聲焰震天下每命婦入班持盈
公主等皆讓不敢就位臺省州縣奉請託奔走期會過詔敕四方
獻餉結納門若市然建平信成二公主以與妃家忤至追內封物
駙馬都尉獨孤明失官它日妃以譴還銛第比中仄帝尚不御食
笞怒左右高力士欲驗帝意乃白以殿中供帳司農酒餼百餘車
送妃所帝即以御膳分賜力士知帝旨是夕請召妃還下鑰安興
坊門馳入妃見帝伏地謝帝釋然撫尉良渥明日諸姨上食樂作
帝驟賜左右不可貲由是愈見寵賜諸姨錢歲百萬爲脂粉費銛
以上柱國門列戟與錡國忠諸姨五家第舍聯亘擬憲宮禁率一

堂費緡千萬見宅第有勝者輒壞復造務以瓌侈相夸詡土木工不息帝所得奇珍及貢獻分賜之使者相銜於道五家如一妃每從游幸乘馬則力士授轡策凡充錦繡官及冶琢金玉者大抵千人奉須索奇服秘玩變化若神四方爭爲怪珍入貢動駭耳目於是嶺南節度使張九章廣陵長史王翼以所獻最進九章銀青階擢翼戶部侍郎天下風靡妃嗜荔支必欲生致之乃置騎傳送走數千里味未變已至京師天寶九載妃復得譴還外第國忠謀於吉溫溫因見帝曰婦人過忤當死然何惜宮中一席廣爲鈇鑕地更使外辱乎帝感動輟食詔中人張韜光賜之妃因韜光謝帝曰妾有罪當萬誅然膚髮外皆上所賜今且死無以報引刀斷一繚髮奏之曰以此留訣帝見駭惋遽召入禮遇如初因又幸秦國及國忠第賜兩家鉅萬國忠既遙領劒南每十月帝幸華清宮五宅車騎皆從家別爲隊隊一色俄五家隊合爛若萬花川谷成錦繡國忠導以劒南旗節遺鈿墮舄瑟瑟璣琲狼藉于道香聞數十

里十載正月望夜妃家與廣寧主僮騎爭闌門鞭挺讙競主墮馬僅得去主見帝泣乃詔殺楊氏奴貶駙馬都尉程昌裔官國忠之輔政其息昢尚萬春公主暄尚延和郡主弟鑑尚承榮郡主又詔爲玄琰立家廟帝自書其碑銛秦國早死故韓虢與國忠貴最久而虢國素與國忠亂頗爲人知不恥也每入謁並驅道中從監侍姆百餘騎炬密如晝靚粧盈里不施幃障時人謂爲雄狐諸王子孫凡婚聘必先因韓虢以請輒皆遂至數百千金以謝初安祿山有邊功帝寵之詔與諸姨約爲兄弟而祿山母事妃來朝必宴餞結歡祿山反以誅國忠爲名且指言妃及諸姨罪帝欲以皇太子撫軍因禪位諸楊大懼哭于廷國忠入白妃妃銜塊請死帝意沮乃止及西幸至馬嵬陳玄禮等以天下計誅國忠已死軍不解帝遣力士問故曰禍本尚在帝不得已與妃訣引而去縊路祠下裹尸以紫茵瘞道側年三十八帝至自蜀道過其所使祭之且詔改葬禮部侍郎李揆曰龍武將士以國忠負上速亂爲天下殺之今葬妃恐反仄自疑帝乃止密遣中使者具棺槨它葬焉啓瘞故香囊猶在中人以獻帝視之悽感流涕命工貌妃於別殿朝夕往必爲鯁欷馬嵬之難虢國與國忠妻裴柔等奔陳倉縣令率吏追之意以爲賊棄馬走林虢國先殺其二子柔曰丏我死即并其女剌殺之乃自剄不殊吏載置于獄問曰國家乎賊乎吏曰互有之乃死瘞陳倉東郭外

贊曰或稱武韋亂唐同一轍武持久韋亟滅何哉議者謂否武后自高宗時挾天子威福脅制四海雖逐嗣帝改國號然賞罰己出不假借羣臣僭於上而治於下故能終天年阽亂而不亡韋氏乘夫淫蒸于朝斜封四出政放不一既鴆殺帝引睿宗輔政權去手不自知戚地已疎人心相搖玄宗藉其事以撼豪英故取若掇遺不旋踵宗族夷丹勦奪而事淺也然二后遺後王戒顧不厚哉

后妃列傳上第一

端明殿學士兼翰林侍讀學士龍圖閣學士朝請大夫守尚書吏部侍郎充集賢殿脩撰臣宋祁奉敕撰

肅宗廢后庶人張氏鄧州向城人家徙新豐祖母竇昭成皇后女弟也玄宗幼失昭成母視媖鞠愛篤備帝即位封鄧國夫人親寵無比五息子曰去惑去疑去奢去逸去盈皆顯官去盈尚常芬公主去逸生后肅宗爲忠王時納韋元珪女爲孺人既建太子以孺人爲妃后爲良娣妃兄堅爲李林甫構死太子懼請與妃絕毀服幽禁中安祿山反陷于賊至德中薨始妃既絕良娣得專侍太子慧中而辯能迎意傳合玄宗西幸娣與太子從度渭民鄣道乞留復長安太子不聽中人李輔國密啓娣又贊其謀遂定計北趣靈武時軍衞單寡夕次娣必寢前太子曰暮夜可虞且捍賊非婦人事宜少戒對曰方多事若倉卒妾自當之殿下可徐爲計駐靈武產子三日起縫戰士衣太子敕止對曰今豈自養時邪乾元初冊

拜淑妃贈其父尚書左僕射姊妹皆封號弟清潛尚大寧延和二郡主遂立爲皇后詔内外命婦悉朝光順門后能牢寵稍稍豫政事與李輔國相助多以私謁撓權親蠶苑中羣命婦相禮儀物甚盛二年羣臣上帝尊號后亦諷羣臣尊己號翊聖帝問李揆揆爭不可會月蝕帝以咎在後宮乃止又與輔國謀徙上皇西内端午日帝召見山人李唐帝方擁幼女顧唐曰我念之無怪也唐曰太上皇今日亦當念陛下帝泣然涕下而内制於后卒不敢謁西宮帝不豫后自箴血寫佛書以示誠初建寧王倓數短后於帝上皇在蜀以七寶鞍賜后而李泌請分以賞戰士倓助泌請故后怨卒被譖死繇是太子深畏事后謹甚后猶欲危之然以子佋早世而侗幼故太子得無患寶應元年帝大漸后與内官朱輝光等謀立越王係而李輔國程元振以兵衞太子幽后別殿代宗已立羣臣白帝請廢爲庶人殺之清潛與舅竇履信皆流放支黨伏誅

肅宗章敬皇后吳氏濮州濮陽人父令珪以郫丞坐事死故后幼入掖廷肅宗在東宮宰相李林甫陰構不測太子内憂鬢髮班禿後入謁玄宗見不悅因幸其宮顧廷宇不汛掃樂器塵壒左右無嬪侍帝愀然謂高力士曰兒居處乃爾將軍叵使我知乎詔選京兆良家子五人虞侍太子力士曰京兆料擇人得以藉口不如取掖廷衣冠子可乎詔可得三人而后在中因蒙幸忽寢厭不寤太子問之辭曰夢神降我介而劒決我脅以入殆不能堪燭至其文尚隱然生代宗爲嫡皇孫生之三日帝臨澡之孫體攣弱負姆嫌陋更取他宮兒以進帝視之不樂姆叩頭言非是帝曰非爾所知趣取兒來於是見嫡孫帝大喜向日視之曰福過其父帝還盡留内樂宴具顧力士曰可與太子飲一日見三天子樂哉后性謙柔太子禮之甚渥年十八薨代宗即位羣臣請以后祔肅宗廟乃追尊爲皇后上謚合葬建陵啓故窆皃澤若生衣皆赭色見者嘆異謂有聖子之符云

代宗貞懿皇后獨孤氏失其何所人父穎左威衞錄事參軍天寶

中帝爲廣平王時貴妃楊氏外家貴冠戚里秘書少監崔峋妻韓國夫人以其女女皇孫爲妃妃生子偲所謂召王者妃倚母家頗驕媚諸楊誅禮浸薄及薨后以姝豔進居常專夜王即位冊貴妃生韓王迥華陽公主大曆十年薨追號爲皇后上謚帝悼思不已故殯内殿累年不外葬後三年始詔於都左治陵欲朝夕望見之補闕姚南仲諫而止乃葬莊陵詔宰相常袞爲哀冊帝於后厚故送終華廣務稱其情袞極道悽婉以中帝意又詔羣臣爲挽辭帝擇其尤悲者令歌之初后愛遇第一官其宗叔卓少府監兄良佐太子中允

代宗睿眞皇后沈氏吳興人開元末以良家子入東宮太子以賜廣平王實生德宗天寶亂賊囚后東都掖廷王入洛復留宮中時方北討未及歸長安而河南爲史思明所沒遂失后所在代宗立以德宗爲皇太子詔訪后在亡不能得德宗即位乃先下詔贈后曾祖士衡太保祖介福太傅父易直太師弟易良司空易直子震太

尉一日封拜百二十七人詔制皆錦翠溢飾以廏馬負載賜其家易良妻崔入謁帝易服召王韋美人出拜詔崔勿荅建中元年乃具冊前上皇太后尊號帝供張含元殿具袞冕出自左序立東方羣臣在位帝再拜奉冊欷歔感咽左右皆泣於是中書舍人高參上議漢文帝即位遣薄昭迎太后于代今宜用漢故事令有司擇日分遣諸沈行州縣物色咨訪以述宣皇帝孝思意冀上天降休靈命允荅須審知皇太后行在然後遣大臣備法駕奉迎帝乃以睦王述爲奉迎使工部尚書喬琳副之昇平公主侍起居使者分行天下故中官高力士女頗能言禁中事與女官李真一嘗從后游李見高疑聞之含糊不堅而年狀差似后又后嘗削脯傷左指高亦嘗剖爪傷指是時宮中無識后者於是迎還上陽宮馳以聞帝喜羣臣皆賀力士子知非是具言其情詔貸之帝謂左右吾寧受百罔冀一得眞於是自謂太后者數矣及案驗左皆辭窮終帝世無聞焉貞元七年詔贈外高祖琳爲司徒封徐國公爲立

五廟以琳爲始祖詔族子房爲金吾將軍奉其祀憲宗即位有司建言皇太后沈氏厭代二十有七年大行皇帝至孝哀思罔極建中時發明詔遣使者奉迎凡舟車所至罔不逮歲推月遷參訪理絕請因大行皇帝啓殯詔羣臣爲皇太后發哀肅章內殿中人奉廞衣置幄坐宮中朝夕上食告天地宗廟上太皇太后諡冊作神主祔代宗廟備法駕奉褘衣納于元陵祠室詔曰可

德宗昭德皇后王氏本仕家失其譜系帝爲魯王時納爲嬪生順宗尤見寵禮既即位冊號淑妃贈其父遇揚州大都督子姓姻出悉得官貞元三年妃久疾帝念之遂立爲皇后冊禮方訖而后崩羣臣大臨三日帝七日釋服將葬后母郕國鄭夫人請設奠有詔祭物無用寓欲祭聽之於是宗室王大臣李晟渾瑊等皆祭自發塗日日奠終發引乃止葬靖陵置令丞如它陵臺立廟奏坤元之舞敕宰相張延賞柳渾等製樂曲帝嫌文不工李紓上諡冊曰大行皇后帝又謂不典並詔翰林學士吳通玄改譔冊曰咨后王氏然議者謂今文本所上文德皇后冊言皇后長孫氏爲得禮永貞元年改祔崇陵

德宗賢妃韋氏戚里舊族也祖濯尚定安公主初爲良娣德宗貞元四年冊拜賢妃宮壺事無不聽而性敏淑言動皆有繩矩帝寵重之後宮莫不師其行帝崩自表留奉崇陵園元和四年薨

順宗莊憲皇后王氏琅邪人祖難得有功名於世代宗時后以良家選入宮爲才人順宗在藩帝以才人幼故賜之爲王孺人是生憲宗王在東宮冊爲良娣后性仁順宮中化其德莫不柔雍順宗即位疾已痲頓后侍醫藥不少怠將立后會病棘而止憲宗內禪尊爲太上皇后元和元年乃上尊號曰皇太后后謹畏深抑外家無豪家絲假貸訓厲內職有古后妃風十一年崩年五十四遺令曰皇太后嚮問具位萬物之理必歸於有極未亡人嬰霜露疾日以衰頓幸終天年得奉陵寢志願獲矣其何所哀易月之典古今所共皇帝宜三日聽政服二十七日釋天下吏民令到臨三日止宮

中非朝晡臨無輒哭無禁昏嫁祠祀飲食酒肉已釋服聽舉樂侍醫無加罪陪祔如舊制有司上諡葬豐陵

憲宗懿安皇后郭氏汾陽王子儀之孫父曖尚昇平公主實生后憲宗爲廣陵王娉以爲妃順宗以其家有大功烈而母素貴故禮之異諸婦是生穆宗元和元年進冊貴妃八年羣臣三請立爲后帝以歲子午忌又是時後廷多嬖豔恐后得尊位鉗掣不得肆故章報聞罷穆宗嗣位上尊號皇太后贈曖太尉母齊國大長公主擢兄釗刑部尚書鏦金吾大將軍后移御興慶宮凡朔望三朝帝率百官詣宮門爲壽或歲時慶問燕饗後宮戚里內外婦車騎駢雍環佩之聲滿宮帝亦豪矜朝夕供御務華衍侈大稱后意后嘗幸驪山登覽裴回詔景王督禁軍從帝自到昭應奉迎留帳飲數日還帝崩中人有爲后謀稱制者后怒曰吾效武氏邪今太子雖幼尚可選重德爲輔吾何與外事哉敬宗立號太皇太后寶曆倉卒后召江王嗣皇帝位是爲文宗文宗性謹孝事后有禮凡羞果

鮮珍及四方奇奉必先獻宗廟三宮而後御之武宗喜畋游角武抃擇五坊小兒得出入禁中它日問后起居從容請曰如何可爲盛天子后曰諫臣章疏宜審覽度可用用之有不可以詢宰相毋拒直言勿納偏言以忠良爲腹心此盛天子也帝再拜還索諫章閱之往往道游獵事自是畋幸稀小兒武抃等不復横賜矣宣宗立於后諸子也而母鄭故侍兒有曩怨帝奉養禮稍薄后鬱鬱不聊與一二侍人登勤政樓將自隕左右共持之帝聞不喜是夕后暴崩有司上尊謚葬景陵外園太常官王皞請后合葬景陵以主祔憲宗室帝不悅令宰相白敏中讓之皞曰后乃憲宗東宮元妃事順宗爲婦歷五朝母天下不容有異論敏中亦怒周墀又責謂皞終不橈墀曰皞信孤直俄貶皞句容令懿宗咸通中皞還爲禮官申抗前論乃詔后主祔于廟

憲宗孝明皇后鄭氏丹楊人或言本尒朱氏元和初李錡反有相者言后當生天子錡聞納爲侍人錡誅沒入掖廷侍懿安后憲宗幸之生宣宗宣宗爲光王后爲王太妃及即位尊爲皇太后太后不肯別處故帝奉養大明宮朝夕躬省候焉懿宗立尊后爲太皇太后咸通三年帝奉后宴三殿命翰林學士侍立結綺樓下六年崩移仗西內上謚冊葬景陵旁園

穆宗恭僖皇后王氏越州人本仕家子幼得侍帝東宮生敬宗長慶時冊爲妃敬宗立上尊號爲皇太后贈后父紹卿司空母張追封趙國夫人文宗時稱寶曆太后大和五年宰相建白以太皇太后與寶曆太后稱號未辨前代詔令不敢斥言皆以宮爲稱今寶曆太后居義安殿宜曰義安太后詔可會昌五年崩有司上謚葬光陵東園

穆宗貞獻皇后蕭氏閩人也穆宗爲建安王后得侍生文宗文宗立上尊號曰皇太后初后去家入長安不復知家存亡惟記有弟帝爲訪之俄有男子蕭洪因后姊婿呂璋自見之太后謂得眞弟悲不自勝帝拜洪金吾將軍出爲河陽三城節度使稍徙鄜坊始

節度自神策出者舉軍爲辨裝因三倍取償洪所代未及償而死軍中併責償於洪洪不許左軍中尉仇士良憾之會閩有男子蕭本又稱太后弟士良以聞自鄜坊召洪下獄按治洪乃代人詔流驩州不半道賜死擢本贊善大夫寵贈三世帝以爲眞不淹旬賜累鉅萬然太后眞弟曰蕭賁能自達本紿得其家系士良主之遂聽不疑歷衛尉卿金吾將軍會福建觀察使唐扶上言泉州男子蕭弘自言太后弟御史臺參治非是昭義劉從諫又爲言請與本辨有詔三司高元裕孫簡崔鄲雜問乃皆妄本流愛州弘儋州而太后終不獲弟初大和中懿安太后居興慶宮寶曆太后居義安殿后居大內號三宮太后帝每五日問安及歲時慶謁率繇複道至南內羣臣及命婦詣宮門候起居有司獻四時新物送三宮亦稱賜帝曰上三宮何可言賜遽索筆滅賜爲奉開成中正月望夜帝御咸泰殿大然鐙作樂迎三宮太后奉觴進壽禮如家人諸王公主皆得侍武宗時徙積慶殿又號積慶太后大中元年崩上謚

穆宗宣懿皇后韋氏失其先世穆宗爲太子后得侍生武宗長慶時冊爲妃武宗立妃已亡追冊爲皇太后上尊謚又封后二女弟爲夫人有司奏太后陵宜別制號帝乃名所葬園曰福陵旣又問宰相葬從光陵與但祔廟孰安奏言神道安於靜光陵因山爲固且二十年不可更穿福陵崇築已有所當遂就臣等請奉主祔穆宗廟便帝乃下詔朕因誕日展禮于太皇太后謂朕曰天子之孝莫大於承續今穆宗皇帝虛合享之位而宣懿太后實生嗣君當以祔廟繇是奉后合食穆宗室

尚宮宋若昭貝州清陽人世以儒聞父廷芬能辭章生五女皆警慧善屬文長若莘次若昭若倫若憲若荀莘昭文尤高皆性素潔鄙薰澤靚粧不願歸人欲以學名家家亦不欲與寒鄉凡裔爲姻對聽其學若莘誨諸妹如嚴師著女論語十篇大抵準論語以韋宣文君代孔子曹大家等爲顏冉推明婦道所宜若昭又爲傳申釋之貞元中昭義節度使李抱眞表其才德宗召入禁中試文章

并問經史大誼帝咨美悉留宮中帝能詩每與侍臣賡和五人者皆預凡進御未嘗不蒙賞又高其風操不以妾侍命之呼學士擢其父饒州司馬習藝館內教賜第一區加穀帛元和末若莘卒贈河內郡君自貞元七年秘禁圖籍詔若莘總領穆宗以若昭尤通練拜尚宮嗣若莘所職歷憲穆敬三朝皆呼先生后妃與諸王主率以師禮見寶曆初卒贈梁國夫人以鹵簿葬若憲代司秘書文宗尚學以若憲善屬辭粹論議尤禮之大和中李訓鄭注用事惡宰相李宗閔譖言因駙馬都尉沈𥫗厚賂若憲求執政帝怒幽若憲外第賜死家屬徙嶺南訓注敗帝悟其讒追恨之若倫若荀早卒廷芬男獨愚不可教為民終身

敬宗貴妃郭氏右威衛將軍義之子失義何所人長慶時后以容選入太子宮太子即位為才人生晉王普帝以早得子又淑麗冠後廷故寵異之踰年為貴妃贈義禮部尚書兄環少府少監賜大第文宗立愛晉王若己子待妃禮不衰亡其薨年

武宗賢妃王氏邯鄲人失其世年十三善歌舞得入宮中穆宗以賜穎王性機悟開成末王嗣帝位妃陰為助畫故進號才人遂有寵狀纖頎頗類帝每畋苑中才人必從袍而騎校服光侈略同至尊相與馳出入觀者莫知孰為帝也帝欲立為后宰相李德裕曰才人無子且家不素顯恐詒天下議乃止帝稍惑方士說欲餌藥長年後寖不豫才人每謂親近曰陛下日燎丹言我取不死膚澤消槁吾獨憂之俄而疾侵才人侍左右帝孰視曰吾氣奄奄情慮耗盡顧與汝辭荅曰陛下大福未艾安語不祥帝曰脫如我言奈何對曰陛下萬歲後妾得以殉帝不復言及大漸才人悉取所常貯散遺宮中審帝已崩即自經幄下當時嬪媛雖常妬才人專上者返皆義才人為之感慟宣宗即位嘉其節贈賢妃葬端陵之栢城

宣宗元昭皇后鼂氏不詳其世少入邸最見寵答及即位以為美人大中中薨贈昭容詔翰林學士蕭寘銘其窆之具載生鄆王萬壽公主後奠昭等五王居內院而鄆獨出閤及即位是為懿宗外頗疑帝非長寘出銘辭以示外廷乃解帝追冊昭容為皇太后上尊謚詔后二等以上親悉官之配主宣宗廟自建陵曰慶陵置宮寢

懿宗惠安皇后王氏亦失所來咸通中冊號貴妃生普王七年薨十四年王即位是為僖宗追尊皇太后冊上謚號祔主懿宗廟即其園為壽陵后屬緦以上帝悉官之

懿宗淑妃郭氏幼入鄆王邸宣宗在位春秋高惡人言立太子事王以嫡長居外宮心常憂惴妃護侍左右慰安起居終得無恙生女未能言忽曰得活王驚異之及即位以妃為美人進拜淑妃女為同昌公主下嫁韋保衡保衡處內宅妃以主故出入娛飲不禁是時譁言與保衡亂莫得其端僖宗立保衡繇它罪為人所發且什舊謗卒貶死妃猶處禁中黃巢之難天子出蜀倉卒妃不及從遂流落閭里不知所終

懿宗恭憲皇后王氏其出至微咸通中列後廷得幸生壽王而卒

王立是為昭宗追號皇太后上謚祔主懿宗室即故葬號安陵召后弟瓌官之景福初瓌位任寖重帝亦以外家倚之為中尉楊復恭所媢表為黔南節度使瓌之鎮道吉栢江復恭密喻楊守亮覆其家

昭宗皇后何氏梓州人系族不顯帝為壽王后得侍婉麗多智思荅厚甚既即位號淑妃從狩華州詔冊為皇后光化三年帝獵夜歸后遣德王還邸遇劉季述留王紫廷院明日季述等挾王陳兵召百官脅帝內禪后恐賊臣加害天子即取璽授季述與帝同幽東宮賊平反正天復中從帝駐鳳翔李茂貞請帝勞軍不得已后從御南樓會朱全忠逼帝東遷后謂帝曰此後大家夫婦委身賊手矣涕數行下帝奔播既屢威柄盡喪左右皆悍逆庸奴后侍膳服無須臾去側至洛帝憂忽忽與后相視無死所已而遇弒哀帝即位尊為皇太后宮中不敢哭徙居積善宮號積善太后帝將禪天下后亦遇害初蔣玄暉為全忠邀九錫入喻后度不免見玄暉

垂泣祈哀以母子託命宣徽使趙殷衡譖於全忠曰玄暉等銘石像壓積善宮將復唐全忠怒遂遣弒后以醜名加之廢爲庶人

后妃列傳下第二

端明殿學士兼翰林侍讀學士龍圖閣學士朝散大夫守尚書吏部侍郎充集賢殿修撰臣宋　祁奉

敕撰

太祖八子

長延伯次眞次世祖皇帝次璋次繪次禕次蔚次亮

南陽公延伯蚤薨無嗣高祖武德中與六王同追封

譙王眞從太祖戰歿無嗣

畢王璋仕周為梁州刺史與趙王祐謀殺隋文帝不克死生二子曰韶曰孝基韶死隋世武德時追封東平王生子道宗

江夏郡王道宗字承範高祖即位授左千牛備身略陽郡公裴寂與劉武周戰度索原寂敗賊逼河東道宗年十七從秦王討賊王登玉壁城以望謂道宗曰賊恃衆欲戰爾計謂何對曰武周席勝剽然鋒未可當正宜以計摧之且烏合之衆憚持久若堅壁以頓其銳須食盡氣老可不戰禽也王曰而意與我合既而賊糧匱

夜引去追戰滅之出為靈州揔管時梁師都弟洛仁連突厥兵數萬傅于城道宗閉城守伺隙出戰破之高祖謂裴寂曰昔魏任城王彰有卻敵功道宗似之因封任城王始突厥郁射設入居五原道宗逐出之震耀威武斥地贏千里貞觀元年召拜鴻臚卿遷大理太宗方經略突厥復授靈州都督三年為大同道行軍揔管助李靖破虜親執頡利可汗賜封六百戶還為刑部尚書吐谷渾寇邊請出崑丘道詔與侯君集為靖副賊聞兵且至走嶂山數千里諸將欲止獨道宗請窮追靖曰善君集未從道宗以單師進去大軍十日及之吐谷渾拒險殊死鬬道宗陰引千騎趨山乘其後賊驚遂大潰從封江夏授鄂州刺史久之坐貪贓帝聞怒曰朕提四海之富士馬若林如使轍跡環天下游觀不廢采絕域之玩海表之珍顧不得邪特以勞民自樂不為也人心無蓺當以誼制之今道宗已王稟賜多而貪不止顧不鄙哉乃免官削封戶以王就第明年召為茂州都督未行拜晉州刺史遷禮部尚書侯君集破高昌還頗怨望道宗嘗從容奏言君集智小言大且為戎首帝問所以知必反者對曰見其邑而矜功恥為房李下官尚書常鬱鬱不平帝曰君集誠有功材無不堪朕寧惜爵位邪弟未及耳不宜輕億度使自猜危既而君集反帝笑曰如公素揣帝將討高麗先遣營州都督張儉輕騎度遼覘形勢儉畏不敢深入道宗請以百騎往帝許之約其還曰臣請二十日行詔十日覽觀山川得還見天子因秣馬束兵旁南山入賊地相易險度營陣便處將還會高麗兵斷其路更走間道謁帝如期帝曰賁育之勇何以過賜金五十斤絹千匹乃詔與李勣為前鋒濟遼拔蓋牟城會賊救至道宗與揔管張君乂領騎裁四千虜十倍皆欲浚溝保險須帝至道宗曰賊遠來其兵必疲我一鼓摧之固矣昔耿弇不以賊遺君父吾為前軍當清道迎乘輿尚何待勣善之選壯騎數十突進賊營左右出入勣合擊大破之帝至咨美賜奴婢四十口乃築距闉攻安市城闉毀傅城道宗失部分反為賊據帝斬果毅傅伏愛道宗跣行

請罪帝曰漢武帝殺王恢不如秦穆公赦孟明遂置不問在陣傷足帝親加砭治賜御膳還以疾辭劇就閒改太常卿高宗永徽初房遺愛以反誅長孫无忌褚遂良與道宗有宿怨誣與遺愛善流象州道病薨年五十四无忌等得罪詔復爵邑道宗晚好學接士大夫不倨于貴國初宗室唯道宗孝恭為最賢子景恒封盧國公相州刺史道宗弟道興武德初爵廣寧郡王以屬疏降封縣公貞觀九年為交州都督以南方瘴厲恐不得年頗忽忽憂悵卒于官贈交州都督

永安壯王孝基武德初得王歷陝州揔管鴻臚卿以罪奪官二年劉武周寇太原夏人呂崇茂以縣應賊詔孝基為行軍揔管攻之工部尚書獨孤懷恩內史侍郎唐儉陝州揔管于筠隸焉筠請急攻城絕外援且當有變時懷恩挾異計紿說孝基曰夏城堅攻之引日宋金剛在近內拒外彊一敗塗地不如頓兵待秦王破賊則夏自孤此謂不戰而屈人也孝基謂然會尉遲敬德至與崇茂夾

序官師遂大敗孝基及筠等皆執於賊謀亡歸爲賊所害高祖爲發哀優賜其家晉陽平購尸不獲招魂以葬贈左衛大將軍及謚無子以兄子道立嗣封高平王後降封縣公終陳州刺史曾孫涵

涵簡素忠謹爲宗室儁彥累授贊善大夫郭子儀表爲關內鹽池判官肅宗至平涼未知所從朔方留後杜鴻漸等條士馬倉廩使涵奉牋馳謁肅宗涵既見數奏明辯肅宗悅除左司員外郎再遷宗正少卿寶應初河朔平涵方母喪奪哀持節宣慰所至州縣非公事未嘗言蔬飯水飲席地以瞑使還固請終制代宗見其癯毀許之服除擢給事中遷兵部侍郎朱希彩殺李懷仙復宣慰河北還爲浙西觀察使居五歲入朝拜御史大夫京畿觀察使德宗嗣位以涵和易無所繩舉除太子少傅山陵副使以父諱從光祿卿未幾遷左散騎常侍以尚書右僕射致仕累封襄武縣公卒贈太子太保子鷫貞元初爲饒州別駕妻高以善歌入宮鷫因御醫許詠通書坐誅

雍王繪爲隋夏州總管子贄追爵河南王生道玄

淮陽壯王道玄性謹厚習技擊然進止都雅武德初例王年十五從秦王擊宋金剛於介州先登王壯之賞予良厚討王世充戰多實建德屯虎牢王輕騎致賊遣道玄伏以待賊至走之轉戰汜水登南坂貫賊陣出其背復引還賊皆靡所發命中王喜以副騎給之毎赴敵飛矢著身如蝟氣益厲東都平爲洛州總管府廢更授刺史俄爲山東道行軍總管討劉黑闥以多見褒黑闥再亂道玄率史萬寶戰下博越濘馳約萬寶繼進萬寶素少之不肯前曰吾被詔以王兒子名大將而軍進退實在我今其輕鬬若大軍踵馳必陷濘莫如以王陷賊我結陣待之雖不利王而利國也道玄遂戰殁年十九萬寶爲賊所乘舉軍潰身獨免太宗追悼曰自兵興兒常從我毎見我深入輒克故慕之惜其少遠圖不究哀哉因流涕贈左驍衛大將軍及謚無子以弟道明嗣王遷左驍衛大將軍貞觀十四年與武衛將軍慕容寶節送弘化公主於吐谷渾坐漏言主非帝女奪王終鄆州刺史六世孫漢

漢字南紀少事韓愈通古學屬辭雄蔚爲人剛略類愈愈愛重以子妻之擢進士第遷累左拾遺敬宗侈宮室舶賈獻沈香亭材帝受之漢諫曰以沈香爲亭何異瑤臺瓊室乎是時王政謬僻漢言切多所救補坐婞訐出佐興元幕府文宗立召爲屯田員外郎史館脩撰論次憲宗實録書宰相李吉甫事不假借子德裕惡之會李宗閔當國擢知制誥稍進御史中丞吏部侍郎初德裕貶袁州漢助爲排擠後德裕復輔政漢坐宗閔黨出爲汾州刺史宗閔再逐改州司馬詔有司不二十年不得用然不數歲從絳州長史遂不復振大中時召拜宗正少卿卒始漢爲中丞表孔溫業爲御史及漢晚見召溫業已爲中丞毎燕集人以爲榮

郇王禕爲隋上儀同三司生子叔良德良幼良長平肅王叔良武德初例王鎮涇州捍薛仁杲仁杲內史令翟長孫以衆降於是大饑米斗千錢叔良不恤士損糧以漁利下皆怨仁杲知之陽言食

盡去遣高墌人詭降叔良遣驃騎劉感受之未至城三烽發仁杲兵自南原譟而還大戰百里細川感爲賊執叔良懼悉出金勞軍委事於長孫乃克安久之突厥入寇詔叔良率五將軍擊之中流矢道薨贈左翊衛大將軍靈州總管子孝協嗣

孝協始王范陽俄降爲郇國公魏州刺史麟德中坐贓抵死司宗卿隴西王博乂等爲言於高宗求貸帝不許遂自殺弟孝斌爲原州都督府長史生子思訓爲江都令武后多殺宗室思訓棄官去中宗復位以耆舊擢宗正卿封隴西郡公歷益州都督府長史開元初進彭國公加戶滿四百進右武衛大將軍卒贈秦州都督陪葬橋陵思訓善畫世所謂李將軍山水者弟思誨爲揚州參軍事子林甫自有傳

新興郡王德良少以疾不任職薨贈涼州都督孫晉先天中爲雍州長史治有名襲王坐豫太平公主謀被誅改氏厲晉就刑僚吏奔解唯司功參軍李搞從王如它日晉死哭其尸盡哀姚元崇歎

曰彙向儔邪擢為尚書郎
長樂郡王幼良資暴急高祖數曉勑不悛有盜其馬者輒殺之帝
怒曰盜信有罪王而專殺可乎詔禮部尚書李綱召宗室即朝堂
杖之百乃釋出為涼州都督嗜不逞為左右市里苦之太宗立或
告王陰養士交境外詔中書令宇文士及往代并按狀士及繩之
急左右恐欲劫王由間道趨長安自明不即北奔突厥士及露劾
帝復遣侍御史孫伏伽鞫視無異辭遂賜死六世孫回別傳
蔡烈王蔚為周朔州總管生子安哲
西平懷王安仕隋為右領軍大將軍封趙公武德時例王生子琛
孝恭 瑊 瓌
襄武郡王琛字仲寶木訥少文隋義寧初封襄武郡公與太常卿
鄭元璹持女伎聘突厥始畢可汗約和親始畢禮之贈遺蕃渥還
骨咄祿特勒隨琛入獻授刑部侍郎武德初始王歷利蒲絳三州
總管宋金剛陷澮州稽胡多叛詔琛鎮隰州政寬簡為吏夏愛便

薨子倫龍嗣王例降為公
河間元王孝恭少沈敏有識量高祖已定京師詔拜山南招慰大
使徇巴蜀下三十餘州進擊朱粲破之俘其衆諸將曰粲徒食人
摯賊也請阬之孝恭曰不然今列城皆吾寇若獲之則殺後渠有
降者乎悉縱之繇是騰檄所至輒下明年拜信州總管承制得拜
假當是時蕭銑據江陵孝恭數進策圖銑帝嘉納進王趙郡以
信州為夔州乃大治舟艦肄水戰會李靖使江南孝恭倚其謀遂
圖江陵盡召巴蜀首領子弟收用之外示引擢而內實質也然進
荊湘道總管統水陸十二軍發夷陵破銑二鎮縱戰艦放江中諸
將曰得舟當濟吾用棄之反資賊奈何孝恭曰銑之境南際嶺左
薄洞庭地險士衆若城未拔而援至我且有內外憂舟雖多何所
用之今銑瀕江鎮戍見艫舶蔽江下必謂銑已敗不即進兵覘候
往返以引救期則吾既拔江陵矣已而救兵到巴陵見船疑不進
銑內外阻絕遂降帝悅遷荊州大總管詔圖破銑狀以進孝恭治

荊為置屯田立銅冶百姓利之遷襄州道行臺左僕射特嶺表未
平乃分遣使者綏輯安慰其款附者四十有九州朝廷號令暢南
海矣未幾輔公祏反寇壽陽詔孝恭為行軍元帥討之引兵趨九
江李靖李勣黃君漢張鎮州盧祖尚皆稟節度將發大饗士杯水
變為血坐皆失色孝恭自如徐曰禍福無基唯所召爾顧我不負
於物無重諸君憂公祏禍惡貫盈今仗威靈以問罪杯中血乃賊
臣授首之祥乎盡飲罷衆心為安公祏將馮惠亮等拒險邀戰孝
恭堅壁不出遣奇兵絕饟道賊饑夜薄營孝恭臥不動明日使羸
兵扣賊壘挑之祖尚選精騎陣以待俄而兵卻賊追北且囂遇祖
尚軍薄戰遂大敗惠亮退保梁山孝恭乘勝破其別鎮賊赴水死
者數千計公祏窮棄丹楊走騎窮追生禽之江南平璽書褒美賜
甲第一區女樂二部奴婢七百口寶玩不貲進授東南道行臺左
僕射行臺廢更為揚州大都督孝恭再破巨賊北自淮東包江度
嶺而南盡統之欲以威重夸遠俗乃築第石頭城陳廬徼自衞

或誣其反召還頗為憲司鐫詰既無狀赦為宗正卿賜實封千二
百戶歷涼州都督晉州刺史貞觀初為禮部尚書改王河間性奢
豪後房歌舞伎百餘然寬恕退讓無矜伐色太宗用是親重之宗
室莫比也嘗謂人曰吾所居頗壯麗非吾心也當別營一區令粗
足充事而已吾歿後子也才易以守不才不為他人所利十四年
中飲暴薨年五十帝哭之慟贈司空揚州都督及謚陪葬獻陵
始隋亡盜賊徧天下皆太宗身自討定謀臣驍帥並隸麾下無特
將專勳者惟孝恭獨有方面功以自見云子崇義晦崇義嗣王降
封譙國公歷蒲同二州刺史益州都督府長史有威名終宗正卿
晦乾封中為營州都督以治狀聞璽書勞賜遷右金吾將軍檢
校雍州長史推擿姦伏無留隱吏下畏之高宗將幸洛詔晦居守
謂曰關中事一以屬公然法令牽制不可以成政法令外苟可以
利人者行之毋須以聞故晦治有異績武后時遷秋官尚書卒贈
幽州都督初晦第起觀閣下臨肆區其人候晦曰庶人不及以禮

然室家之私不顧外窺今將辭公晦鵲遽毀徹之子榮奉吳王恪祀

濟北郡王瑊武德中爲尚書左丞例王終始州刺史

漢陽郡王瓌始爲郡公進王高祖使持幣遺突厥頡利可汗言和親事頡利始見瓌倨甚瓌開說示以厚幣乃大喜改容加禮因遣使隨入獻名馬後復聘頡利謂其下曰前瓌來悔不少屈之當使拜我瓌伺知之既見頡利即長揖頡利怒留不遣瓌意象自若不爲屈虜知不可劫卒以禮遣遷左武候將軍代孝恭爲荊州都督政務清靜嶺外酋豪數相攻瓌遣使諭威德皆如約不敢亂後例爲公長史馮長命者嘗爲御史大夫素貴事多專決瓌怒杖之坐免起爲宜州刺史散騎常侍薨

濟南郡王哲爲隋柱國備身將軍追王子瑗

廬江郡王瑗字德圭武德時例王累遷山南東道行臺右僕射與河間王孝恭合討蕭銑無功更爲幽州都督瑗素懦朝廷恐不任

職乃以右領軍將軍王君廓輔行君廓故盜也其勇絕人瑗倚之許結婚寄心腹時隱太子有陰謀厚結瑗太子死太宗令通事舍人崔敦禮召瑗瑗懼有變君廓內險賊欲以計陷瑗而取己功即謂瑗曰事變未可知大王國懿親受命守邊擁兵十萬而從一使者召乎且趙郡王前已屬吏今太子齊王又復爾大王勢能自保邪因泣瑗信之曰以命累公乃因敦禮勒兵召北燕州刺史王詵與計事兵曹參軍王利涉說瑗曰王今無詔擅發兵則反矣當須權結衆心若諸刺史召之不至將何以全瑗曰柰何對曰山東豪傑嘗爲竇建德所用今失職與編戶夷此其思亂若旱之望雨王能發使使悉復舊職隨在所募兵有不從得輒誅之則河北之地可呼吸而有然後遣王詵外連突厥繇太原南趨蒲絳大王整駕西入關兩軍合勢不旬月天下定矣瑗從之以內外兵悉付君廓利涉以君廓多翻覆請以兵屬詵瑗猶豫君廓密知之馳斬詵首徇于軍曰李瑗與王詵反錮敕使擅追兵今詵已斬獨瑗在無能爲也諸君從之且族滅助我者富貴可得衆曰願討賊乃出敦禮于獄瑗聞之率左右數百被甲出君廓呼曰瑗誖亂諸君皆詿誤若何從之以取夷戮衆反走瑗罵君廓曰小人賣我行自及即禽瑗縊之傳首京師廢爲庶人絕屬籍

鄭孝王亮仕隋爲海州刺史追王生子神通神符淮安靖王神通少輕俠隋大業末在長安會高祖兵興吏逮捕亡命入鄠南山與豪英史萬寶裴勣柳崇禮等舉兵應太原約司竹賊帥何潘仁連和進與平陽公主兵合徇鄠下之自署關中道行軍總管以萬寶爲副勣爲長史崇禮爲司馬令狐德棻爲記室從平京師爲宗正卿典兵宿衞王永康郡俄徙淮安武德初拜山東安撫大使黃門侍郎崔幹副之進擊宇文化及于魏化及敗走聊城神通追北賊糧盡願降神通不肯受幹請納之神通曰師久暴露今賊食盡克不旦暮正當破之以玉帛酬戰力若降吾何所藉手幹曰竇建德危至而化及未平我轉側兩賊閒勢必危王又貪其玉帛敗不日神

通怒因幹軍中會士及自濟北餽軍化及復振神通進兵薄其壘貝州刺史趙君德先登扳堞神通忌其功止軍不進君德怒詬而還城復堅神通遣兵走魏州取攻具爲莘人所乘引卻後二日建德拔聊城勢遂張山東州縣靡然歸之神通麾下多亡乃退保黎陽依李世勣俄爲建德所虜後與同安公主自賊歸及建德滅復授河北行臺左僕射從平劉黑闥遷左武衞大將軍薨贈司空神通十一子得王者七人道彥孝詧孝同孝慈孝友孝節孝義後皆降王孝逸爵公孝銳不得封有子齊物顯

膠東郡王道彥幼孝謹初神通避吏于鄠被疾山谷閒累旬食盡道彥羸服丐人閒或採野實以進神通未食不敢先即有所分辭以飽乃藏弃以待高祖初封義興郡公例得王貞觀初爲相州都督從岷州以父喪解荷土就墳躬蒔松栢偃廬柴毀雖親友不復識太宗嗟歎敕侍中王珪臨諭服除復拜岷州都督閒遣入党項諭國威靈臨降從李靖擊吐谷渾詔道彥爲赤水道總管帝厚

以利啖党項使爲鄉導其酋拓拔赤辭詣請自言隋擊吐谷渾
我資其軍而隋無信反見仇剽今將軍若無它我願資糧將復如
隋乎諸將與歃血遣之道彥至闊水見無備因掠其牛羊諸羌怨
即引兵障野狐峽道彥不得進爲赤辭所乘軍大敗死者數萬
退保松州詔減死謫戍邊久之召爲嶲州都督卒贈禮部尚書初
武德五年同封者孝詧爲高密王孝同淄川王孝慈廣平王孝友
河間王孝節清河王孝義膠西王於是唐始興務廣支蕃鎮天下
故從昆弟子自勝衣以上皆爵郡王太宗即位舉屬籍問大臣曰
盡王宗子於天下可乎封德彝曰漢所封惟帝子若親昆弟其
屬遠非大功不王如周郇滕漢賈澤尚不得茆土所以別親疏也
先朝一切封之爵命崇而力役多以天下爲私奉非所以示至公
帝曰朕君天下以安百姓不容勞百姓以養己之親於是疏屬王
者皆降爲公唯嘗有功者不降故道彥等並降封公
孝逸少好學頗屬文始封梁郡公高宗時四遷益州大都督府長

史武后擅國入爲左衞將軍親遇之徐敬業稱兵以孝逸爲左玉
鈐衞大將軍揚州行軍大總管帥師南討至淮而敬業已攻潤州
遣弟敬猷壁淮陰僞將韋超據都梁山以拒孝逸超衆憑險完屯
孝逸會諸將議曰賊今負山攻則士無所用力騎不得騁寇救死
傷夷必衆不如偏旅綴之全軍趨揚州勢不數日可破支度使薛
克構曰超雖據險然兵少若置小敵不擊無以示威披衆以守則
戰有闕捨之則後憂不如擊之若克超淮陰自震淮陰破楚諸縣
開門候官軍矣由是以趨江都逆首可取孝逸從之登山急擊超
殺數百人薄暝解超夜走進擊敬猷淮陰破之敬業回軍下阿
溪孝逸引兵直度敬業大敗遂拔揚州以功進鎮軍大將軍徙封
吳國公威名稜然武承嗣等忌之以讒下遷施州刺史又使人騰
惡語聞上武后信之以嘗有功貸死流儋州薨景雲初贈金州大
都督孝同曾孫國貞
國貞父廣業爲豳州長史國貞剛鯁有吏才乾元中由長安令遷
河南尹史思明寇東都李光弼壁河陽國貞率官吏西走陝數月
召爲京兆尹上元初拜鄧南節度使召爲殿中監以戶部尚書持
節朔方鎮西北廷興平陳鄭節度行營兵馬及河中節度都統處
置使治于絳尋加晉絳慈隰沁等州觀察處置使既至糧乏而
所儲陳腐民貧不忍遽斂上書以聞而軍中讙謗突將王振乘衆
怨紿曰具畚鍤以待役事衆皆怒夜燒牙門左右奔告請避之國
貞曰吾被命爲將其可棄城乎固請乃逃獄中振引衆劫取之置
食其前曰食是而役其力可乎國貞曰與爾等方討賊何事役爲
正緣儲食腐儉已請諸朝吾何所負衆服其言且引去振曰都統
不死吾曹殆矣遂害之并殺其二子及三大將有詔以郭子儀代
之國貞清白善用法世稱辦吏然峻於操下故其衆思得子儀而
振因肆其惡及子儀至振自謂且見德子儀怒曰汝臨賊境而害
主將賊若乘虛是無絳矣又欲爲功乎即斬以徇詔贈國貞揚州
大都督子錡自有傳

孝節曾孫暠少孤事母孝始爲枝江丞荊州長史張柬之曰帝宗
千里駒吾得其人累擢衞尉少卿居母喪柴瘠訖除家人未嘗見
言笑與兄昇弟暈相友開元初爲汝州刺史政嚴簡有治稱昆弟
黟東都候之輒羸服往州人無知者其清慎畢如此四遷至黃門
侍郎檢校太原以北諸軍節度使太原俗爲浮屠法者死不葬以
尸棄郊飼鳥獸號其地曰黃阬有狗數百頭習食胔肉頗爲人患吏
不敢禁暠至遣捕羣狗殺之申厲禁條約不再犯遂革其風二十一
年以工部尚書持節使吐蕃既還金城公主請明疆場表石赤嶺
上盟遂堅定還以奉使有指再遷吏部暠美風儀以莊重稱當時
有宰相望累爲太子少傅武都縣伯卒贈益州大都督暈至太僕
少卿暈子進亦知名好從當世賢士游賙人之急累擢給事中至
德初從廣平王東征以工部侍郎署雍王元帥府行軍司馬爲回
紇鞭之幾死還兵部卒贈禮部尚書
孝節四世孫說字巖甫父遇及天寶時爲御史中丞東畿採訪使

說以蔭補率府兵曹參軍馬燧節度太原辟署少尹遷汾州刺史李自良代燧復奏為少尹大將張瑤得士心嘗請告未許而自良卒說與監軍王定遠秘其喪前給瑤告以毛朝陽代之然後告喪詔以通王為節度大使授說行軍司馬節度留後定遠自以有勞於說頗橫恣請別賜印監軍有印自定遠始於是擅補吏易置諸將彭令茵者以久勞不服定遠怒殺之埋馬矢中其家請尸不許舉軍怨說上其事德宗以奉天扈從功恕死免官詔未至定遠謀刺說說走而免定遠召諸將出笥中詔書紿曰詔以李景略知留後召說還公等皆有除諸將欲拜大將馬良輔呼曰妄言也不可授定遠懼走乾陽樓召麾下皆不至自投下死說盡斬同謀者乃安擢說檢校禮部尚書節度使累封隴西縣男說精于職築天成軍邊備積完晚被疾不能事軍幾亂卒贈尚書右僕射

齊物字道用天寶初擢累陝州刺史開砥柱通漕路發重石下得古鐵戟若鏵然銘曰平陸上之詔因以名縣遷河南尹坐與李適

之善貶竟陵太守還遷京兆尹太子太傅兼宗正卿卒贈太子太師性苛察少恩喜發人私然絜廉自喜吏無敢欺者忿陝尉裴冕械而折愧之及冕當國除齊物太子賓客世善冕能損怨云子復

復字初陽以蔭仕累為江陵司錄參軍衛伯玉才之表江陵令遷少尹歷饒蘇二州刺史李希烈叛荊南節度使張伯儀數為賊窘朝廷以復在江陵得士心即母喪奪為少尹元行軍司馬佐伯儀會伯儀罷改容州刺史兼本管招討使先是西原亂吏獲反者没為奴婢長役之復至使訪親戚一皆原縱在容三年人以賴安轉嶺南節度使時安南經略使高正平張應繼卒其佐李元度胡懷義等因阻兵脅州縣肆為姦贓復至誘懷義杖死流元度南裔肅然教民作陶瓦鐫諭蠻獠收瓊州置都督府以綏定其人召拜宗正卿歷華州刺史貞元十年鄭滑節度使李融卒軍亂以復檢校兵部尚書代融節度復下令墾營田以稟其軍而賦不及民衆悅加檢校尚書右僕射卒年五十九贈司空謚曰昭復更方鎮所在稱治然頗嗜財為世所譏從父若水為左金吾大將軍兼通事舍人容皃瓌偉在朝三十年多識舊儀每宣勞揖贊進止閑華有可觀者

襄邑恭王神符字神符少孤事兄謹高祖兵興神符留長安為衛文昇所囚京師平封安吉郡公帝受禪例王遷并州摠管頡利可汗盜邊神符與戰汾東斬級五百獲馬二千又戰沙河獲乙利達官得可汗所乘馬及鎧召為太府卿遷揚州大都督自丹楊度江治隋江都故郡揚人利之然少威嚴不為下所畏累擢宗正卿以足不良改光祿大夫歸第月給羊酒太宗就第尉問又令乘小輿入紫微殿三衛挾輿以升遷開府儀同三司永徽二年薨年七十三贈司空荊州都督陪葬獻陵子七人並爵郡王例降公惟德懋文暕知名德懋官少府監臨川郡公五世孫從晦文暕幽州都督魏國公垂拱中坐累貶藤州別駕誅子挺捷捷襲封挺曾孫程捷曾孫石別傳從晦祖禎仕至德中為猗氏令史思明陷洛陽賊

帥掠諸縣禎率衆拒平之稍遷黔中觀察使終太子賓客贈太子太保謚曰敬從晦寶曆初及進士第擢累太常博士甘露之禍御史中丞李孝本被誅從晦以族昆弟貶朗州司戶參軍改澧王府諮議分司東都忌者重發丠刖坐下遷亳州司馬久乃轉吏部郎中兼侍御史知雜事出為常州刺史鎮海軍節度使李琢表其政賜金紫歷京兆尹工部侍郎山南西道節度使又以最就進銀青光祿大夫卒年六十三贈吏部尚書從晦姿質偉岸所至以風力聞少與崔龜從李景讓裴休善獎目後進名知人楊收方布衣進謁從晦一見如雅識即待以公輔後果宰相

世祖四子

長曰澄次湛次洪次高祖神堯皇帝

梁王澄蚤薨無嗣武德初與三王同追封

蜀王湛生子博乂奉慈

隴西恭王博乂武德初與奉慈例王高宗時擢累禮部尚書特進

驕後不循法度佚妄數百曳羅紈甘粱肉放於聲樂以自娛其弟奉慈亦荒縱皆為帝所鄙嘗曰吾仇人有善且用之況親戚乎王等昵小人專為不軌先王墳典不聞學何以為善哉各賜市書緗二百疋以愧切之然不自克也薨贈開府儀同三司荊州都督勃海郡王奉慈顯慶時為原州都督薨七世孫戡

戡字定臣幼孤年十歲所即好學大寒撥薪自炙夜無然膏默念所記年三十明六經舉進士就禮部試吏唱名乃入戡恥之明日徑返江東隱陽羨里陽羨民有鬭爭不決不之官而詣戡以辨凡論著數百篇常惡元和有元白詩多纖豔不逞而世競重之乃集詩人之類夫古者斷為唐詩以譏正其失云平盧節度使王彥威表為巡官府遷還洛陽卒

贊曰景元子孫當草昧之初乘運而奮方高祖攘除四方所以宣力皆顯顯為世豪英至河間之功江夏之略可謂宗室標的者也始唐興跡屬畢王至太宗稍稍降封時天下已定帝與名臣蕭瑀

等喟然講封建事欲與三代比隆而魏徵李百藥皆謂不然徵意以唐承大亂民人彫喪始復生業遽起而瓜分之故有五不可之說百藥稱帝王自有命曆祚之短長不緣封建又舉春秋二百四十二年之禍亟於哀平桓靈而詆曹元首陸士衡之言以為繆悠而顏師古獨議建諸侯當少其力與州縣雜治以相維持然天子由是罷不復議至名儒劉秩目武氏之禍則建論以為設爵無土署官不職非古之道故權移外家宗廟絕而更存存之之理在取順而難逆絕之之原在單弱而無所憚至謂郡縣可以小寧不可以久安大抵與曹陸相上下而杜佑柳宗元深探其本據古驗今而反復焉佑之言曰夫為人置君欲其蕃息則在郡縣然而主祚常促為君置人不病其寡則在建國然而主祚常永故曰建國利一宗列郡利百姓且立法未有不敝者聖人在度其患之長短而為之建國之制初若磐石然敝則鼎峙力爭陵遲而後已故為患也長列郡之制始天下一軌敝則世崩俱潰然而戡定者易為功故其為患也短又謂三王以來未見郡縣之利非不為也後世諸儒因泥古彊為之說非也宗元曰封建非聖人意然而歷堯舜三王莫能去之非不欲去之勢不可也秦破六國列都會置守宰據天下之圖攝制四海此其得也二世而亡有由矣暴威刑竭人力天下相合劫令殺守圍視而並起時則有叛民無叛吏漢矯秦枉剖海內立宗子功臣數十年間奔命扶傷不給時則有叛國無叛郡唐興制州縣而桀黠時起失不在州而在於兵時則有叛將無叛州以為矯而革之垂二百年不在諸侯明矣又言湯之興諸侯歸者三千資以勝夏武王之興會者八百資以滅商徇之為安故仍以為俗是湯武之不得已也不得已非公之大也私其力於已也秦革之者其為制公之大者也其情私也然而公天下之端自秦始云觀諸儒之言誠然然建侯置守如質文遞救亦不可一槩責也救土崩之難莫如建諸侯削尾大之勢莫如置守宰唐有鎮帥古諸侯比也故王者視所救為之勿及於敝則善矣若乃百藥推天命佑言郡縣利百姓而主祚促乃臆論也

宗室列傳第三

高祖諸子列傳第四　唐書七十九

端明殿學士兼翰林侍讀學士龍圖閣學士朝請大夫守尚書吏部侍郎充集賢殿脩撰臣宋祁奉
敕撰

高祖二十二子竇皇后生建成太宗皇帝玄霸元吉萬貴妃生智雲莫嬪生元景孫嬪生元昌尹德妃生元亨張氏生元方郭婕妤生元禮宇文昭儀生元嘉及第十九子靈夔王才人生元則張寶林生元懿張美人生元軌楊美人生鳳劉婕妤生元慶崔嬪生元裕小楊嬪生元名楊嬪生元祥魯才人生元曉柳寶林生元嬰

隱太子建成小字毗沙門資簡弛不治常檢荒色嗜酒畋獵無度所從皆博徒大俠隋末高祖被詔捕賊汾晉間留建成護家居河東高祖已起兵密召與元吉赴太原隋人購之急從間道至授左領軍大都督封隴西郡公引兵略定西河從平京師唐國建爲世子開府置官屬又遷撫軍大將軍爲東討元帥將萬人徇洛陽授尚書令高祖受禪立爲皇太子詔率將軍桑顯和擊司竹羣盜平之涼州人安興貴殺李軌以衆降詔趣原州應接建成素驕不恤士雖甚暑晝夜馳獵衆不堪其勞亡者過半帝欲其習事乃敕非軍國大務聽裁決之又以李綱鄭善果爲宮官參謀議稽胡劉仚成寇邊詔建成進討破之鄜州斬虜千計引渠長悉官之使還招羣胡仚成與它大帥降建成畏其衆紿欲城州縣者使降胡操築塗勒兵殺六千人仚成奔梁師都嘗循行北邊遇賊四百出降悉馘其耳縱之中允王珪洗馬魏徵以帝初興建成不知謀而秦王數平劇寇功冠天下英豪歸之陰許立爲皇太子勢危甚會劉黑闥亂河北珪等進說曰殿下特以嫡長居東宮非有功德爲人所稱道今黑闥痍叛殘孽衆不盈萬利兵蹙之唾手可決請往討因結山東英俊心自封殖建成遂請行黑闥敗洺水建成問徵曰山東其定乎對曰黑闥雖敗殺傷太甚其魁黨皆縣名處死妻子係虜欲降無繇雖有赦令獲者必戮不大蕩宥恐殘賊嘯結民未可安既而黑闥復振盧江王瑗棄洺州山東亂命齊王元吉討之

有詔降者赦罪衆不信建成至獲俘皆撫遣之百姓欣悅賊懼夜奔兵追戰黑闥衆猶盛乃縱囚使相告曰褫而甲還鄉里若妻子獲者既已釋矣衆乃散或縛其渠長降遂禽黑闥帝晚多內寵張婕妤尹德妃最幸親戚分事宮府建成與元吉通謀內結妃御以自固當是時海內未定秦王數將兵在外諸妃希所見及洛陽平帝遣諸妃馳閱後宮見府庫服玩皆私有求索爲兄弟請官秦王已封帑簿及官爵非有功不得妃媛曹怨之會爲陝東道行臺有詔屬內得專處決王以美田給淮安王神通而張婕妤爲父丐之帝手詔賜田詔至神通已前得不肯與婕妤妄曰詔賜妾父田而王奪與人帝怒召秦王讓曰我詔令不如爾敎邪佗日謂裴寂曰兒久典兵爲儒生所誤非復我昔日子秦府屬杜如晦騎過尹妃父門恚其傲率家童捽毆折一指父懼即使妃前訴秦王左右暴其父帝不察大怒詰王曰兒左右乃陵我妃家況百姓乎王自辨曉訖不置繇是見疏帝召諸王燕秦王感毋之不及有天下也偶獨泣帝顧不樂妃媛因得中傷之爲建成游說曰海內無事陛下春秋高當自娛秦王輒悲泣正爲嗔忌妾屬耳使陛下萬歲後王得志妾屬無遺類東宮慈愛必能全養乃皆悲不自勝帝惻然遂無易太子意突厥入寇帝議遷都秦王苦諫止建成見帝曰秦王欲外禦寇沮遷都議以久其兵而謀篡奪帝寖不悅初帝令秦王居西宮承乾殿元吉居武德殿與上臺東宮晝夜往來皆攜弓刀相遇如家人禮由是皇太子令秦齊二王敎與詔敕雜行內外懼莫知所從建成等私募四方驍勇及長安惡少年二千人爲宮甲屯左右長林門號長林兵又令左虞候率可達志募幽州突厥兵三百內宮中將攻西宮或告於帝帝召建成責謂乃流志嶲州華陰楊文幹素凶誕建成昵之使爲慶州總管遣募兵送京師欲爲變時帝幸仁智宮秦王元吉從建成謂元吉曰秦王且徧見諸妃彼金寶多有以賂遺之也吾安得箕踞受禍安危之計決今日元吉曰善乃命郎將尒朱煥校尉橋公山齎甲遺文幹趣興兵煥

等懼至豳鄉白反狀寧州人杜鳳亦上變帝遣司農卿宇文穎馳召文幹元吉陰結穎使告文幹文幹遂率兵反帝以建成首謀未忍治即詔捕王珪魏徵及左衛率韋挺舍人徐師謩左衛車騎馮世立欲殺之以薄太子罪乃手詔召建成建成懼不敢往師謩勸遂舉兵詹事主簿趙弘智諫建成損車服輕往謝罪乃詣行在所未至昇官屬徑入謁叩頭請死投身於地不能起帝怒夜囚幕中使兵衛守會文幹陷寧州帝驚以宮近賊夜率衛士南趣山行十餘里明乃還宮召秦王問計對曰文幹豎子耳官司當即禽之就使假刻漏之久正須遣一將可辦帝曰事連建成恐應者衆爾自行還吾以爾爲太子使建成王蜀蜀地陿不足爲變若不能事汝取之易也秦王率衆趣寧州文幹爲其下所殺以其首降執宇文穎送京師秦王之行元吉及內嬖更爲建成請封德彝亦陰說帝由是意解復詔建成居守但責兄弟不相容而謫王珪韋挺天策兵曹參軍杜淹於遠方然猶日結建成等召秦王夜宴毒酒而

進之王暴疾嘔血數升淮安王扶掖還宮帝問疾因敕建成秦王不能酒毋夜聚又謂秦王曰吾起晉陽平天下皆爾力將定東宮爾亟讓故成而美志又太子立多歷年吾重奪之觀而兄弟終不相下同在京師必忿鬩且深爾還洛陽行臺自陝以東悉主之建天子旌旗如梁孝王故事王泣曰非所願也不可遠膝下帝曰陸賈漢臣也猶遞過諸子況我天下主東西兩宮思汝即往何所悲邪王將行建成等謀曰秦王得土地甲兵必爲患留之京師一匹夫耳因密使人說帝言秦王左右皆山東人聞還洛皆洒然喜觀其意不復來矣事果寢俄而突厥寇邊太子薦元吉北討欲因其兵作亂長孫无忌房玄齡杜如晦尉遲敬德侯君集等勸秦王先圖之王乃密奏建成等與後宮亂因曰臣無負兄弟今乃欲殺臣是爲世充建德復仇使臣死雖地下愧見諸賊帝大驚報曰且日當窮治而必早參張婕妤馳語建成乃召元吉謀曰請勒宮甲託疾不朝建成曰善然不共入朝事何繇知遲明乘馬至玄武門秦王先

至以勇士九人自衛時帝已召裴寂蕭瑀陳叔達封德彝宇文士及竇誕顏師古等入[illegible]成元吉至臨湖殿覺變遽反走秦王隨呼之元吉引弓欲射不能彀者三秦王射建成即死元吉中矢走敬德追殺之俄而東宮齊府兵三千攻玄武門閉不得入接戰久之矢及殿屋王左右數百騎至合擊之衆遂潰帝謂裴寂等曰事今柰何蕭瑀陳叔達曰臣聞內外無限父子不親失而弗斷反蒙其亂建成元吉自草昧以來未始與謀既立又無功德疑貳相濟爲蕭墻憂秦王功蓋天下內外歸心立爲太子付軍國大務陛下釋重負矣帝曰此吾志也乃召秦王至尉撫之曰朕幾有投杼之惑秦王號泣不能止建成死年三十八長子承宗爲太原王早卒承道安陸王承德河東王承訓武安王承明汝南王承義鉅鹿王皆坐誅詔除建成元吉屬籍其黨疑懼更相告廬江王瑗遂反乃下詔建成元吉瑗支黨不得相告訐由是遂安太宗立追封建成爲息王謚曰隱以禮改葬詔東宮舊臣皆會帝於宜秋門哭之以子

福爲後十六年追令贈宇文穎者代人自李密所來降爲農圃監封化政郡公性貪昏與元吉厚善故豫文幹謀事敗帝責曰朕以文幹叛故遣卿乃同逆邪穎無以對斬之

衛懷王玄霸字大德幼辯惠隋大業十年薨年十六無子武德元年追王及謚又贈秦州揔管司空以太宗子泰爲宜都王奉其祀葬芷陽泰徙封越更以宗室西平王瓊子保定嗣薨無子國除

巢剌王元吉小字三胡高祖兵已西留守太原封姑臧郡公進齊國總十五郡諸軍事加鎮北將軍太原道行軍元帥帝授禪進王齊爲并州揔管初元吉生太穆皇后惡其貌不舉侍媼陳善意私乳之及長猜鷙好兵居邊久益驕侈常令奴客諸妾數百人被甲習戰相擊刺死傷甚衆後元吉中創善意止之元吉恚命壯士拉死私謚慈訓夫人劉武周略汾晉詔遣右衛將軍宇文歆助守元吉喜鷹狗出常載罝罔三十車曰我寧三日不食不可一日不獵夜潛出淫民家府門不閉歆驟諫不納乃顯表於帝曰王數出與竇

誕縱獵蹂民田縱左右攘敓畜産爲盡毋射於道觀人避矢以爲樂百姓怨毒不可與共守有詔召還元吉密諷民詣闕請乃得歸武周以五千騎屯黃蛇嶺元吉使將軍張達以步卒百人嘗寇達辭兵少彊之至則盡沒達怒道武周陷榆次元吉保祁賊急攻之遁還并州賊張甚元吉紿司馬劉德威曰公以老弱守吾率銳士拒賊因齎寶物攜妻妾夜出委軍奔京師并州陷帝怒自是嘗令從秦王征討不復顓軍矣尋授侍中襄州道行臺尚書令稷州刺史秦王圍東都竇建德來援王以精騎逆戰留元吉屈突通守而世充易之輒出兵元吉設伏劫之斬首八百級禽其將東都平拜司空賜袞冕服鼓吹二部班劒二十人黃金二千斤與太子秦王得三鑪鑄錢累進司徒兼侍中并州大都督時秦王有功而太子不爲中外所屬元吉喜亂欲并圖之乃構於太子曰秦王功業日隆爲上所愛殿下雖爲太子位不安不早計還踵受禍矣請爲殿下殺之太子不忍元吉數諷不已許之於是邀結宮掖厚賂中書令封德彝使爲游說帝遂疏秦王愛太子元吉乃多匿亡命壯士厚賜之使爲用元吉記室參軍榮九思爲詩刺之曰丹青飾成慶玉帛禮專諸元吉覽之弗悟也其典籤裴宣儼免官往事秦府元吉疑事泄鴆殺之自是人莫敢言秦王嘗從帝幸元吉第伏護軍宇文寶寢内將以刺王太子固止之元吉慍曰爲兄計於我何害突厥郁射設入圍烏城建成薦元吉北討乃多引秦王府驍將秦叔寶尉遲敬德程知節段志玄與行又籍秦府精兵益麾下帝知之不能禁元吉承間密請害秦王帝曰是有定四海功殺之無名元吉曰王昔平東都顧望不即西散金帛樹私惠豈非反邪帝不應太子與元吉謀兵行吾與秦王至昆明池伏壯士拉之以暴卒聞上無不信然後說帝付吾國吾以爾爲皇太弟而盡擊殺叔寶等率更令王晊密以謀告秦王王召僚屬謀皆曰元吉戾很使得志且不能事其兄往者護軍薛寶以元吉字合之其文成唐元吉喜曰但除秦王取東宮如反掌耳爲亂未克已復傾奪大王不並正之社稷非復唐有秦王由是定計死年二十四子承業爲梁郡王承鸞漁陽王承獎普安王承裕江夏王承度義陽王並伏誅貞觀初改葬追爵海陵郡王及謚後改封巢以曹王明嗣

楚哀王智雲初名稚詮善射工書弈隋大業末從建成寓河東高祖初建成走太原吏捕智雲送長安爲陰世師所害年十四武德元年追王及謚母萬貴妃性恭順爲帝所禮宮中事一一咨決三年以太宗子寬爲嗣又贈涼州總管司徒寬早薨國除貞觀二年復以濟南公世都子靈龜嗣歷魏州刺史爲政威嚴盜賊不發鑿永濟渠通新市百姓利之薨子福嗣降爲公卒子承況嗣神龍中爲右羽林將軍同節愍太子死于難

荊王元景武德三年始王趙與魯酆二王同封貞觀初累遷雍州牧十年徙封荊明年詔荊州都督荊王元景梁州都督漢王元昌徐州都督徐王元禮潞州都督韓王元嘉遂州都督彭王元則鄭州刺史鄭王元懿絳州刺史霍王元軌虢州刺史虢王鳳豫州刺史道王元慶鄧州刺史鄧王元裕壽州刺史舒王元名幽州都督燕王靈夔蘇州刺史許王元祥安州都督吳王恪相州都督魏王泰齊州都督齊王祐益州都督蜀王愔襄州刺史蔣王惲揚州都督越王貞并州都督晉王治秦州都督紀王慎所任刺史并功臣令世世襲會長孫无忌等固讓遂廢不行徙鄜州永徽初進位司徒賜實封至千五百戶房遺愛謀反坐子則與往還繫獄時吳王亦抵罪高宗謂大臣曰朕欲從公丏叔及兄死兵部侍郎崔敦禮曰陛下雖申恩不可詘天下法遂賜死久之追封沈黎王以渤海王奉慈子長沙嗣降爲侯神龍初復王爵以孫元淑嗣薨無子國除

漢王元昌初王魯累遷梁州都督後徙封漢有勇力善騎射數觸軌憲太宗手詔誨督乃怨望附太子承乾通饋謝來朝京師宿東宮嘗有醜語又見帝側有宮人善琵琶乃曰事成幸賜我承乾許之割臂血盟事敗帝弗忍誅欲免死高士廉李勣等固爭不奉詔乃賜死國除

鄧悼王元亨貞觀二年授金州刺史之藩太宗憐其幼思之數遣
使爲勞問賜金醆以娛樂之六年薨無子國除
周王元方武德四年始王與鄭宋荆滕四王同封貞觀三年薨無
子國除
徐康王元禮性恭畏善騎射始王鄭即授鄭州刺史後徙王徐遷
徐州都督爲絳州刺史有治名璽書勞勉實封至千戶永徽中加
司徒兼潞州刺史薨贈太尉冀州大都督陪葬獻陵三子茂爲淮
南王餘爵公茂險薄無行初元禮疾姬趙有美色茂逼蒸之元禮
切責茂恚屛侍衞藥膳曰爲王五十年足矣何服藥爲以不食薨
茂嗣上元中事洩流死振州神龍初以茂子璀嗣開元中爲宗正
員外卿薨子延年嗣拔汗那王入朝延年將以女嫁之爲右相李
林甫劾奏貶文安郡別駕終餘杭司馬國除永泰初延年壻黔中
觀察使趙國珍言諸朝詔以其子諷嗣王
韓王元嘉字元嘉始王宋後改王徐爲潞州刺史母昭儀宇文述
女也寵於高祖既即位欲立爲后固辭元嘉以母寵故特爲帝愛
後出諸子無及者在潞時年十五聞太妃病涕泣不食居喪毀甚
太宗數尉勉少好學藏書至萬卷皆以古文字參定同異與弟
靈夔友愛燕見終日如布衣禮閨門脩敕當世稱之貞觀九年更
封韓遷滑州都督高宗末爲澤州刺史武后得政進授太尉徙定
州刺史以霍王元軌爲司徒舒王元名爲司空滕王元嬰開府儀
同三司魯王靈夔太子太師越王貞太子太傅紀王慎太子太保
外示尊寵而內將圖之垂拱中元嘉徙絳州刺史與子譔及越王
子沖糾合宗室同舉兵未發會武后詔宗室朝明堂元嘉遣使告
諸王曰大享後太后必盡誅諸王不如先事起不然李氏無種矣
乃爲中宗詔督諸王發兵沖即以兵五千攻濟州而諸王倉卒兵
不至遂敗元嘉至京師謀泄后逼令自殺年七十詔改氏元嘉魯
王越王爲虺元嘉六子訓潁川王誼武陵王諶上黨公蚤卒譔黃
公工爲辭章孟利貞嘗稱其文曰劉驎之周思茂不過也出爲通

州刺史辭疾歸且謀應越王也諶通音律歷杭州別駕與譔俱死
時籍沒者衆惟沖譔家書爲多皆文句詳正秘府所不及神龍初
追復元嘉爵土以第五子訥嗣薨子叔璩嗣歷國子司業薨子煒
嗣建中中改王鄅後懿宗以鄅王即位復改嗣韓王云
彭思王元則字彝初王荆出爲豫州刺史貞觀十年徙王爲遂州
都督以冠服奢僭免久之爲澧州刺史更折節厲行薨贈司徒荆
州大都督陪葬獻陵高宗登望春宮過其喪哭之慟無子以霍王
子絢嗣龍朔中封南昌王薨子志暕嗣開元中爲宗正卿
鄭惠王元懿始王滕貞觀中出爲兗州刺史徙王鄭歷潞絳三州
刺史實封千戶喜經術數斷大獄務寬平高宗嘉之璽詔褒錫薨
贈司徒荆州大都督陪葬獻陵十子長子璥嗣王爲鄂州刺史薨
子希言嗣開元中爲右金吾大將軍再爲太子詹事弟察言生二
子曰自仙翽自仙爲楚州別駕生夷簡翽爲陳留公生宗閔璥弟
琳安德郡公生擇言擇言生勉勉宗閔夷簡皆位宰相別有傳
時稱小鄭王後亦曰惠鄭王後以別鄭王亮云
霍王元軌武德六年始王蜀與豳漢二王同封後徙吳多材藝高
祖愛之太宗嘗問羣臣曰朕子弟孰賢魏徵曰臣愚不盡知其能
惟吳王數與臣言未嘗不自失帝曰朕亦器之然卿以爲前代孰
比對曰經學文雅漢河閒東平也至孝行曾閔不能過帝由是遇
益厚詔納徵女爲妃嘗從獵遇羣豕帝使射之發不虛彀豕爲盡
帝撫其背曰爾藝過人顧今無所施方天下未定得若豈不用乎
貞觀七年爲壽州刺史高祖崩去官毀瘠甚服除遂菜食布衣終
身至忌日輒累晝不食十年徙王歷絳徐定三州刺史實封至千
戶所至閉閤讀書以吏事委長史司馬謙慎未嘗與物忤數引見
處士劉玄平爲布衣交或問王所長於玄平荅曰無長問者不解
玄平曰人有短所以見長若王無所不備吾何以稱之突厥寇定
州元軌令開城門偃旗幟虜疑不敢入夜遁州人李嘉運潛結賊
詔窮誅支黨元軌以寇近且彊人心危但殺嘉運餘無所詰因自

劾帝喜曰朕固悔之非王之明幾失定州矣王文操者與賊戰敗二子鳳賢更以身蔽父得全二子死縣抑不爲言元軌廉知之遣使弔祭上其事詔贈鳳賢朝散大夫旌禮其閭元軌每朝數上疏陳得失多所裨正帝尊重之有大事常密驛咨逮帝崩與侍中劉齊賢同知山陵事元軌淹練故事齊賢歎曰是非吾等及已嘗遣國令督封租令請貿易取贏答曰汝當正吾失反誅吾以利邪不納進司徒出爲襄青二州刺史越王敗坐嘗通謀徙黔州檻車載至陳倉薨六子緒爲江都王純安定王餘皆爵爲公緒有名譽爲金州刺史誅神龍初並復官爵以緒孫暉嗣王開元中爲左千牛員外將軍

虢莊王鳳字季成始王豳爲鄧州刺史俄徙王歷虢豫青三州刺史實封千戶喜畋游遇官屬尤嫚使奴蒙虎皮怖其參軍陸英俊幾死因大笑爲樂薨贈司徒揚州大都督陪葬獻陵七子長子翼嗣爲平陽王薨子寓嗣寓無子爵不傳次子茂融以勇聞垂拱中爲申州刺史黃公譔與越王謀舉兵徇以爲助時詔諸王公赴東都茂融私問所親高子貢子貢報曰來必死乃稱疾不朝以俟兵期及得越王書倉卒不能應僚屬勸白其書擢太子右贊善大夫俄爲黨屬所引誅中宗更以鳳孫邕嗣王娶韋后妹累遷秘書監知隴右三使仗內諸廄從王汴未幾韋氏敗邕殺其妻送首於朝議者鄙之削爵貶沁州刺史不事後復爵還戶二百累遷衛尉卿薨子巨嗣巨剛銳果決略通書史好屬辭天寶五載出爲西河太守坐資給柳勣支黨貶義陽司馬明年御史中丞楊慎矜得罪其附離史敬忠與巨善又坐免官錮置南賓郡召拜夷陵太守安祿山陷東京玄宗方擇將帥張垍言巨有謀可屬大事召至京師楊國忠忌之謂人曰小兒詎可使對天子踰月不得見帝知之召入禁中對合旨帝大悅敕宰相與語久不得罷國忠怠謂巨曰比來人多口打賊君不爾乎巨曰誰爲相公手打賊者乎乃授陳留譙郡太守攝御史大夫河南節度使明日謝帝驚曰何攝爲即詔兼

御史大夫巨奏方艱難時賊多詐有如陛下召臣何以取信乃析契授之俄兼統嶺南何履光黔中趙國珍南陽魯炅三節度使事時炅戰數屈詔貶爲果毅以來瑱代之巨奏炅若能存孤城功足補過則何以處之帝曰卿隨所處置巨至內鄉賊將畢思琛解圍走遂趣南陽貶炅白衣從軍其暮稱詔復職京師平拜留守兼御史大夫明年拜太子少師兼河南尹東畿採訪使征乘牛之出入市者斤所得佐用度然稍自盜役其妃即張皇后從女弟內不睦巨選府縣官備使令妃亦引蒲博少年分黨招貨賄撓政事宗正卿李遵素私張發巨贓事貶遂州刺史會段子璋反道遂州巨倉卒不知所出即迎謁爲子璋所殺子則之嗜學年五十餘尚執經太學嗣曹王皐薦之貞元二年繇睦王府長史遷左金吾衛大將軍坐與從甥竇申善貶昭州司馬

道孝王元慶始王漢後徙陳出爲趙州刺史貞觀十年徙王授豫州刺史累實封千戶時諸王奉給薄於帝子至數窶乏大臣莫敢言十八年黃門侍郎褚遂良爲太宗從容言之不能行高宗時歷滑州刺史以治績聞數蒙褒賜遷徐沁衛三州刺史事母謹及喪請躬脩墳墓詔不聽薨贈司徒益州都督陪葬獻陵九子誘爲嗣王臨淮爲澧州刺史坐贓削爵更以次子詢之子微嗣終宗正卿子鍊嗣廣德中亦至宗正卿

鄧康王元裕貞觀五年始王鄶十一年徙王始王及徙皆與譙魏許密四王同封累實封至千二百戶好學善談名理與典籤盧照鄰爲布衣交五爲州刺史遷兗州都督薨贈司徒益州大都督陪葬獻陵無子以江王子廣平公炅嗣薨子孝先嗣開元中爲冠軍大將軍

舒王元名始王譙後徙王高祖之在大安宮太宗晨夕使尚宮問起居元名總十歲保媼言尚宮有品當拜元名曰此帝侍婢耳何拜爲太宗壯之曰眞吾弟也及長矜嚴疏財未嘗問家人生業歷五州刺史實封至千戶子豫章王亶治江州有美政高宗以元名

善訓子手詔襃美又欲授元名大州辭曰臣忝屬籍豈以州郡爲
仕進資邪治石州二十年數游山林有高蹈意垂拱中徙鄭州境
接東畿諸王貴戚爲刺史者縱家人暴百姓元名至一革之爲治
廉威進加司空武后時亶爲丘神勣所構繫詔獄死元名坐遷利
州尋被殺神龍初詔復官爵贈司徒時少子鄅國公昭已卒乃以
亶子津嗣開元中爲左威衛將軍薨子萬嗣薨子藻嗣
魯王靈夔篤學善草隸通音律初王魏後王燕爲幽州都督已而
徙王實封至千戶頻歷五州刺史遷太子太師垂拱元年徙相州
坐與越王謀起兵流振州自殺子詵爲清河王早夭藹爲范陽王
知越王必敗自發其謀得不誅歷右散騎常侍爲酷吏所害神龍
初悉追復王爵以藹子道堅嗣道堅方嚴有禮法閨門肅如也七
爲州刺史遷國子祭酒開元中選授汴州刺史河南道採訪使州
據水陸都會前後刺史多瀆利惟道堅以清毅稱入爲宗正卿薨
贈禮部尚書子宇嗣從玄宗至蜀爲右金吾將軍寶應初皇太子

子封魯王更封宇爲嗣鄒王弟道邃封戴國公恭默自守以脩山
東婚姻故事數任清職終尚書右丞
江安王元祥始王許後徙王四爲州刺史實封至千戶性庸遴所
至營財產無猒時滕蔣虢三王皆貪暴得其府官者惡之不願行
故時語曰寧向儋崖振白不事江滕蔣虢元祥魁大帶十圍食兼
數人韓虢魏亦鴻偉然不逮也薨贈司徒并州大都督陪葬獻陵
七子晫爲永嘉王有禽獸行誅死晈爲武陽王餘皆爵公武后時
多及誅晈子叢以幼流死嶺表葬南安人號其冢爲天孫墓中宗
立以從子欽嗣王又以晈封絕更取弟子繼宗嗣既而以郡王不
襲降澧國公
密貞王元曉貞觀中爲虢州刺史實封至千戶徙澤州薨贈司徒
揚州都督陪葬獻陵子穎嗣爲南安王薨子勖嗣早薨神龍初以
穎弟亮養子昱嗣開元五年更詔元曉再從孫東莞郡公徽嗣徙
封濮陽郡王歷宗正卿金紫光祿大夫

滕王元嬰貞觀十三年始王實封千戶爲金州刺史驕縱失度在
太宗喪集官屬燕飲歌舞狎昵廝養巡省部內從民借狗求罝所
過爲害以丸彈人觀其走避則樂城門夜開不復有節高宗以書
切責曰朕以王至親不忍致于法今署下上考冀媿王心久之遷
洪州都督官屬妻美者紿爲妃召逼私之嘗爲典籤崔簡妻鄭嫚
罵以履抵元嬰面血流乃免元嬰慙歷旬不視事後坐法削戶及
親事帳內之半謫置滁州起授壽州刺史徙隆州復不循法錄事
參軍事裴聿諫正其失元嬰捽辱之聿入計具奏帝遷聿六品上
階帝嘗賜諸王綵五百以元嬰及蔣王貪黷但下書曰滕叔蔣弟
不須賜給麻二車助爲錢緡二王大慚武后時進拜開府儀同三
司梁州都督薨贈司徒冀州都督陪葬獻陵子十八人長子脩琦
嗣爲長樂王餘爵公垂拱中六人死詔獄神龍初更以少子脩信
子涉嗣開元中授左驍衛將軍薨子湛然嗣從玄宗至蜀擢左金
吾將軍

高祖諸子列傳第四

太宗諸子列傳第五　唐書八十

端明殿學士兼翰林侍讀學士龍圖閣學士朝請大夫守尚書吏部侍郎充集賢殿修撰臣宋祁奉
敕撰

太宗十四子文德皇后生承乾又生第四子泰高宗皇帝後宮生寬楊妃生恪又生第六子愔陰妃生祐王氏生惲燕妃生貞又生第十一子囂韋妃生慎後宮生簡楊妃生福楊氏生明

常山愍王承乾字高明生承乾殿即以命之武德三年始王常山郡與長沙宜都二王同封俄徙中山太宗即位立爲皇太子甫八歲特敏惠帝愛之在諒闇使裁決庶政有大體後每行幸則令監國及長好聲色慢游然懼帝祕其迹臨朝言諄諄必忠孝退乃與羣不逞狎慢左右或進諫危坐斂容痛自咎飾非辯給諫者拜荅不暇故人人以爲賢而莫之察後過惡寖聞宮臣若孔穎達令狐德棻于志寧張玄素趙弘智王仁表崔知機等皆天下選每規爭承乾帝必厚賜金帛欲以厲其心承乾傲不悛往往遣人陰圖害之時魏王泰有美名帝愛重而承乾病足不良行且懼廢與泰交惡泰亦謀奪長各樹黨東宮有倖兒善姿首承乾嬖愛帝聞震怒收兒殺之坐死者數人承乾意爲泰告望甚內念兒不已築室圖其象贈官樹碑爲起冢苑中朝夕祭承乾至其處裴回涕數行下愈怨懟稱疾不朝累數月又使戶奴數十百人習音聲學胡人椎髻翦綵爲舞衣尋橦跳劒鼓鞞聲通晝夜不絕造大銅鑪六熟鼎招亡奴盜取人牛馬親視烹燖召所幸廝養共食之又好突厥言及所服選貌類胡者被以羊裘辮髮五人建一落張氈舍造五狼頭纛分戟爲陣繫幡旗設穹廬自居使諸部斂羊以烹抽佩刀割肉相啗承乾身作可汗死使衆號哭剺面奔馬環臨之忽復起曰使我有天下將數萬騎到金城然後解髮委身思摩當一設顧不快邪左右私相語以爲妖又壁衣氈爲鎧列丹幟勒部陣與漢王元昌分統大呼擊刺爲樂不用命者披樹撻之或至死輕者輒腐之嘗曰我作天子當肆吾欲有諫者我殺之殺五百人豈不定又召壯士左衛副率封師進刺客張師政紇干承基等謀殺魏王泰不克遂與元昌侯君集李安儼趙節杜荷等鑱臂血嗢之謀以兵入西宮貞觀十七年齊王祐反齊州承乾謂承基等我宮西牆去大內正可二十步耳豈與齊州等會承基連齊王事繫獄當死即上變帝詔長孫无忌房玄齡蕭瑀李勣孫伏伽岑文本馬周褚遂良雜治廢爲庶人徙黔州十九年死帝爲廢朝葬以國公禮子象爲懷州別駕厥鄂州別駕開元中象子適之爲宰相贈還承乾始王象越州都督郇國公

楚王寬武德三年出後楚哀王蚤薨貞觀初追封

鬱林王恪始王長沙俄進封漢貞觀二年徙蜀與越燕二王同封不之國久乃爲齊州都督帝謂左右曰吾於恪豈不欲常見之但令早有定分使外作藩屏吾百歲後庶兄弟無危亡憂十年改王吳與魏齊蜀蔣越紀六王同徙封授安州都督帝賜書曰汝惟茂親勉思所以藩王室以義制事以禮制心外之爲君臣內之爲父子今當去膝下不遺汝珍而遺汝以言其念之哉坐與乳媼子博簺罷都督削封戶三百高宗即位拜司空梁州都督恪善騎射有文武才其母隋煬帝女地親望高中外所向帝初以晉王爲太子又欲立恪長孫无忌固爭帝曰公豈以非己甥邪且兒英果類我若保護舅氏未可知无忌曰晉王仁厚守文之良主且舉棊不定則敗況儲位乎帝乃止故无忌常惡之永徽中房遺愛謀反因遂誅恪以絕天下望臨刑呼曰社稷有靈无忌且族滅四子仁瑋琨璄並流嶺表顯慶五年追王鬱林爲立廟以河間王孝恭孫榮爲鬱林縣侯以嗣神龍初贈司空備禮改葬光宅中仁遇赦還適會榮以罪斥故得襲鬱林縣男歷岳州別駕爵郡公嘗使江左州人遺以金拒不內武后遣使者勞曰兒吾家千里駒更名千里自天授後宗室賢者多殊翦唯千里詭躁不情數進符瑞諸異物得免中宗反正改王成紀未幾進王成節愍太子誅武三思千里與其子天水王禧率數十人斬右延明門以入太子敗誅死籍其家改

氏蝮賁宗立詔還氏及官爵瑋蚤卒中宗追封郇陵王子祛出繼
蜀王愔開元中以傍繼國改封廣漢郡王遷太僕卿同正員薨琨
武后時歷六州刺史皆有名聖曆中為嶺南招慰使安輯夷獠甚
得其宜卒贈司衛卿神龍初贈張掖郡王開元中以子禕貴追封
吳王
禕少有志尚事繼母謹撫異母弟祗以友稱當襲封固讓祗中宗
嘉其意特封嗣江王以繼囂後開元時亦以傍繼徙信安郡王累
為州刺史治嚴辦遷禮部尚書朔方節度使初吐蕃據石堡城數
盜塞詔禕與河西隴右議攻取既到屯諏日進師或謂城險賊所
愛必固守今兵深入有如不捷吾軍必衄不如持重伺賊勢禕曰
人臣之節豈憚險不進乎必衆寡不敵者吾以死繼之於是分兵
進賊路督諸將倍道進遂拔之自是河隴諸軍游弈拓地至千里
玄宗喜更號其城曰振武軍契丹牙官可突于叛詔拜忠王為河
北道行軍元帥討之敕禕以副王不行故禕率裴耀卿諸將分道出

范陽北擊奚二蕃破之禽酋長以還餘部竄伏加開府儀同三司領
關內支度營田採訪處置使授二子官禕功多執政害之賞不歸
為當時所恨久之擢兵部尚書為朔方節度大使坐事下除衢州
刺史歷滑懷二州天寶初以太子少師致仕明年遷太師未拜薨
禕治家嚴敎子有法度故峘嶧峴皆顯
峘性質厚歷官有美名以王孫封趙國公楊國忠亂政悉斥不附
己者峘由考功郎中拜睢陽太守以清簡為二千石最方入計而
玄宗入蜀即走行在除武部侍郎兼御史大夫俄拜蜀郡太守劍
南節度採訪使郭千仞反與陳玄禮共討平之上皇還京遷戶部
尚書改越國乾元元年持節都統江淮節度宣慰觀察使都統之
號自峘始明年宋州刺史劉展有異志詔拜展為淮南節度使密
詔峘與揚州長史鄧景山圖之時展強愎既受詔即悉兵度淮峘
景山拒之戰壽春敗績峘走丹楊詔貶袁州司馬卒于官贈揚州
大都督弟峴別傳

祗封嗣吳王出為東平太守安祿山反河南陳留滎陽靈昌相繼
陷祗募兵拒賊玄宗壯之累遷陳留太守持節河南道節度採訪
使歷太僕宗正卿代宗大曆時祗既宗室老以太子賓客為集賢
院待制是時勳望大臣無職事者皆得待詔于院給飱錢署舍以
厚其禮自左僕射裴冕等十三人為之子巘以蔭補五品官祗薨
兄峘得罪乃以巘嗣王累至宗正卿檢校刑部尚書薨贈太子少
保性介直面刺人短歷官清白居室不能庇風雨收恤甥姪慈愛
過人家無留儲公卿合賻乃克葬璄神龍初封歸政郡王歷宗正
卿坐千里事貶南州司馬
濮恭王泰字惠褒始王宜都徙封衞繼懷王後又徙封越為揚州
大都督雍州牧左武候大將軍改王魏帝以泰好士善屬文
詔即府置文學館得自引學士又以泰大腰腹聽乘小輿至朝司
馬蘇勗勸泰延賓客著書如古賢王泰乃奏撰括地志於是引著
作郎蕭德言祕書郎顧胤記室參軍蔣亞卿功曹參軍謝偃等撰

次衞尉供帳光祿給食士有文學者多與而貴游子弟更相因藉
門若市然泰悟其過欲速成乃分道計州繙緝跡錄凡五百五十
篇歷四朞成詔藏祕閣所賜萬段後帝幸泰延康坊第曲赦長安
死罪免坊人一年租府僚以差賜帛又泰月禀過皇太子遠甚諫
議大夫褚遂良諫曰聖人尊嫡卑庶謂之儲君故用物不會與
王共之庶子不得為比所以塞嫌萌杜禍源先王制法本諸人情
知有國家者必有嫡庶庶子雖愛不得過嫡子如當親者疏當尊
者卑則私恩害公惑志亂國今魏王禀料過東宮議者以為非是
昔漢竇太后愛梁王封四十餘城王築苑三百里治宮室為複道
費財鉅萬出警入蹕一不得意遂發病死宣帝亦驕淮陽王幾至
於敗輔以退讓之臣乃克免今魏王新出閤且當示以節儉自可
在後月加歲增又宜擇師傅敎以謙儉勉以文學就成德器此所
謂聖人之敎不肅而成也帝又敕泰入居武德殿侍中魏徵亦言
王為陛下愛子欲安全之則不當使居嫌疑之地今武德殿在東

宮之西昔海陵居之矣論者為不可雖時與事異人之多言尚或
可畏又王之心亦弗遑舍願罷之成王以寵為懼之美帝悟乃止
時皇太子承乾病蹇泰以計傾之乃引駙馬都尉柴令武房遺愛
等布腹心而韋挺杜楚客相繼攝府事二人者為泰要結中朝臣
津介賂遺群臣更附為朋黨承乾懼陰遣人稱泰府典籤詣玄武
門上封帝省之書言泰罪帝怒即遣捕詰不獲既而太子敗帝陰
許立泰岑文本劉洎請遂立泰為太子長孫无忌固欲立晉王帝
以太原石文有治萬吉復欲從无忌泰微知之因語晉王爾善元
昌得無及乎王憂甚帝怪之以故對帝憮然悟會召承乾譴勒承
乾曰臣貴為太子尚何求但為泰所圖與朝臣謀自安爾無狀之
人遂教臣為不軌事若泰為太子正使其得計耳帝曰是也有如
立泰則副君可詭求而得使泰也立承乾治俱死治也立泰承乾
可無它即幽泰將作監解雍州牧相州都督左武候大將軍降王
東萊因詔自今太子不道藩王窺望者兩棄之著為令然帝猶謂

无忌曰公勸我立雉奴雉奴仁懦得無為宗社憂柰何雉奴高宗
小字泰尋改王順陽居均州之鄖鄉帝嘗持泰表語左右曰泰文
辭可喜豈非才士我心念泰無巳時但為社稷計遣居外使兩相
完也二十一年進王濮高宗即位詔泰開府置僚屬車服羞膳異等
薨鄖鄉年三十五贈太尉雍州牧二子欣徽欣嗣王武后時為酷
吏所陷貶昭州別駕薨子嶠神龍初得嗣王開元中為國子祭酒
以罪貶鄧州別駕薨徽封新安郡王

庶人祐字贊武德八年王宜陽進王楚又王燕巳乃封齊領齊州
都督貞觀十一年始歸國明年入朝以疾留京師其舅尚乘直長
陰弘智憸人也說祐曰王兄弟多即上萬歲後何以自全要須得
士自助乃引客燕弘信謁祐祐悅賜金帛使募劍客十五年還州
初帝用王府長史司馬必取骨鯁敢言者有過失輒聞而祐溺羣
小好弋獵長史薛大鼎屢諫不聽帝以輔王無狀免之更用權萬
紀萬紀性剛急以法繩祐有昝君謩梁猛虎者騎射得幸萬紀斥

之祐私引與狎昵帝數以書讓祐萬紀恐并獲罪即說祐曰王上
愛子上欲王改悔故數敎責王誠能飭躬引咎萬紀請入朝言之
上意宜解祐因上書謝罪萬紀見帝言祐且自新帝悅厚賜萬紀
而仍譙戒祐祐聞萬紀見勞而已蒙責以為賣已益不平會萬紀
又以疑貳繫君謩等制祐不出國門悉暴祐罪于朝祐不勝忿有
詔刑部尚書劉德威臨訊頗實帝召祐萬紀還京師祐與燕弘亮
等謀射殺萬紀支解之左右勸祐遂發兵乃募城中男子年十五
以上悉發私署左右上柱國光祿大夫開府儀同三司托東托西等
王斥庫貲行賞驅人築堞浚隍繕甲兵人惡之皆夜縋亡去詔
兵部尚書李勣與劉德威發便道兵討之祐日夜引弘亮等五人
對其妃宴樂語官軍則弘亮妄言王毋憂右手持酒啗左手刀拂
之祐信愛弘亮聞之喜帝手敕祐曰吾常戒汝勿近小人正為此
耳往吾子今國讎我上慙皇天下愧后土題畢涕而遣祐撽諸縣
縣輒以聞祐窮蹙上表曰臣帝子也為萬紀讒搆上天降靈罪人

斯得臣狂失心惝怳驚悸左右無兵即欲顛走所以傾仗械以自
衛護時勣未至而青淄等州兵巳集或勸祐虜子女走豆子鹹為
盜計未決兵曹杜行敏夜勒兵鑿垣入祐與弘亮等閉門拒至日
中行敏呼曰吾為國討賊不速降且焚士積薪祐乃出執送京師
賜死內侍省貶為庶人葬以國公禮詔齊州給復一年擢行敏巴
州刺史封南陽郡公祐喜養鬬鴨方未反狸齧鴨四十餘絕其頭
去及敗牽連誅死者凡四十餘人祐之亂州人羅石頭數祐罪以
刀直前刺祐不克殺之詔贈亳州刺史嘗引騎徇邑聚野人高君
狀曰上親平寇難土地甲兵不勝計今王以數千人為亂猶一手
搖泰山又如君父何祐擊禽之愧其言不能殺詔擢榆杜令

蜀悼王愔貞觀五年始王梁與鄭漢申江代五王同封徙王蜀實
封八百戶出為岐州刺史數畋游為非法帝頻責敎不悛怒曰禽
獸可擾於人鐵石可為器愔曾不如之乃削封戶及國官半徙虢
州久之還戶增至千復出馳弋敗民稼典軍楊道整叩馬諫愔捽

擊之御史大夫李乾祐劾愔罪高宗怒貶黃州刺史擢道整匡道府折衝都尉吳王恪得罪愔以母弟廢為庶人徙巴州俄封涪陵王薨咸亨初復爵土贈益州大都督陪葬昭陵以子璠嗣王璠武后時謫死歸誠州神龍初以郇陵王禕子褕嗣

蔣王惲始王郯又徙王蔣拜安州都督賜實封千戶永徽三年徙梁州惲造器物服玩多至四百車所經州縣騷然護送為有司劾奏詔貸不問上元中遷箕州刺史錄事參軍張君徹誣告惲反詔使者按驗惲惶懼自殺高宗知其枉斬君徹贈惲司空荊州大都督陪葬昭陵三子煒煌休道煒初王汝南郡惲薨遂嗣王為武后所害神龍初以嫡孫紹宗為嗣蔣王薨子欽福嗣為率更令煌封蔡國公孫之芳有令譽安祿山奏為范陽司馬祿山反自拔歸京師歷工部侍郎太子右庶子廣德初詔兼御史大夫使吐蕃被留二歲乃得歸拜禮部尚書改太子賓客休道子琚神龍初封嗣趙王開元中改王中山

越王貞始王漢後徙原已乃封越貞善騎射涉文史有吏幹為宗室材王武后初遷累太子太傅豫州刺史中宗廢居房陵貞乃與韓王元嘉及王子黃公譔魯王靈夔王子范陽王藹霍王元軌王子江都王緒及子琅邪王沖計議反正垂拱四年明堂成悉追宗室行享禮共疑后遂大誅戮不遺種事且急譔乃矯帝璽書賜沖曰朕幽縶諸王宜即起兵於是命長史蕭德琮募兵告諸王師期八月沖先發諸王莫有應者獨貞將兵攻上蔡破之而沖已敗貞稍徇屬縣得士七千列五營貞為中營以裴守德為大將軍領中營趙成美為左中郎將領左營閭弘道為右中郎將領右營安摩訶為郎將領後軍王孝志為右將軍領前軍以韋慶禮為司馬署官五百然脅誘無闘志家童皆佩符以辟兵九月后遣左豹韜衛大將軍麴崇裕夏官尚書岑長倩率兵十萬討之以鳳閣侍郎張光輔為諸軍節度乃下詔削貞父子屬籍改氏虺崇裕等次豫州貞少子規及裴守德拒戰兵潰貞乃閉門守守德者驍勇士貞始起以女妻之委以腹心至是欲殺貞自贖會軍薄城家人白貞今事乃爾王豈受戮辱守者邪即仰藥死規自殺守德與主俱縊起凡二十日敗始貞臨水自鑒不見其首惡之未幾及禍沖貞長子也好學勇而才累遷博州刺史初發有士五千度河趣武水武水令告急魏州州遣莘令馬玄素領兵先乘城沖攻之因風積薪焚其門火作風反衆心沮解其屬董元寂誦言王與國家戰乃反爾沖斬以徇衆懼遂潰唯家僮數十從之乃走博州為當關刺死后命丘神勣討之兵未至沖已死起七日敗二弟蒨溫蒨常山公坐死溫以前告流嶺南初貞謄檄壽州刺史趙瓌諭以興兵且假道瓌得檄許為應瓌妻常樂長公主亦趣諸王亟立功故瓌與主皆死濟州刺史薛顗與其弟紹謀應沖率所部庸調治兵募士沖敗下獄死顗駙馬都尉瓘之子母城陽長公主封河東縣侯紹尚太平公主擢累右玉鈐衛員外將軍以主婿不加戮餓死河南獄神龍初敬暉等奏沖父子死社稷請復爵土為武三思等沮罷開元四年乃復爵

土有司謚死不忘君曰敬五年又詔王嗣絕國除朕甚悼焉其以貞從孫故許王子蔓國公琳嗣王奉王祀琳薨爵不傳貞最幼息珍子謫嶺表數世不能歸開成中女孫持四世喪北還求祔王塋詔嘉憫敕宗正寺京兆府為訪其兆非陪陵者聽葬女名元眞為道士

紀王慎始王申後徙紀食戶八百貞觀中遷襄州刺史以治當最天子璽書勞勉人為立石頌德二十三年進戶至千文明初累遷太子太師貝州刺史慎少好學善星步與越王齊名當世號紀越初貞連諸王起兵慎知時未可獨拒不與合將就誅而免改氏虺載以檻車謫巴州薨于道七子續琮叡秀獻欽證續與秀最知名續王東平歷和州刺史薨琮義陽王叡楚國公秀襄陽郡公獻廣化郡公欽建平郡公五人並為武后所殺神龍初以證嗣王擢左驍衛將軍薨子行同嗣琮三子行遠行芳行休始琮與二弟同死桂林開元四年行休請身迎柩既至無封樹議者謂不可復得行

休歸地布席以祈是夜夢王乘舟舟判爲二既而適野見東洲中斷乃悟焉又靈堂鎖一夕莖自屈管上有指迹一奇二並使卜人筮之曰屈於文爲尸出指者示也一奇二並三殯也先王告之矣乃趣其所發之如言而一節獨闕行休號而寢夢琮告曰在洛南洲明日直殯南得之於是以三喪歸陪葬昭陵贈琮陳州刺史永昌時行遠行芳斥巂州六道使至行遠先戮行芳幼當赦抱持請代遂與俱死西南人稱死悌云眞女東光縣主始八歲聞愼有疾不食父哀之紿云已愈主察顏色未平終不肯御內外稱之長適太子司議郎裴仲將時妃主多恃貴以奢豫相矜主獨儉素姊弟誚曰人生富貴在得志獨勤苦欲何求荅曰我幼好禮今行之不違非得志謂何且自古賢妃淑女以恭遜著名驕縱敗德況榮寵貴盛儻來物也可恃以凌人乎及王死號慟嘔血數升免喪絕膏沐者二十年始諸王妃主自垂拱後被害者皆藁葬之神龍初詔州縣普加求訪祭以牲牢復官爵諸王皆陪葬昭獻二陵主聞

感慟卒敕其子曰爲我謝親戚酷憤已雪下見先王無恨矣中宗爲舉哀章善門下詔褒揚

江殤王囂封之明年薨無後

代王簡已封薨無後

趙王福貞觀十三年始王出後隱太子遷累梁州都督實封八百戶薨贈司空并州都督陪葬昭陵無子神龍初以蔣王惲孫思順嗣王

曹王明母本巢王妃帝寵之欲立爲后魏徵諫曰陛下不可以辰嬴自累乃止貞觀二十一年始王曹累爲都督刺史高宗詔出後巢王永隆中坐太子賢事降王零陵徙黔州都督謝祐逼殺之帝聞悼其黜官吏皆坐免景雲中陪葬昭陵三子俊傑備俊嗣王南州別駕傑爲黎國公垂拱時並及誅神龍初以傑子胤爲嗣曹王是時諸王子孫自嶺外還入見中宗皆號慟帝爲泣下初武后時壯者誅死幼皆沒爲官奴或匿人間庸保至是相繼出帝隨屬遠近封拜云後備自南還詔停胤封而封備歷衛尉少卿同正員薨開元十二年復封胤薨子戢嗣位左衛率府中郎將子皐嗣

皐字子蘭少補左司禦兵曹參軍天寶十一載嗣王事母太妃鄭以孝聞安祿山反奉母逃民間間走蜀謁玄宗由都水使者遷左領軍將軍上元初皐歎皐祿不足養請補外不許乃故抵輕法貶溫州長史俄攝州事州大饑發官廩數十萬石賑餓者僚史叩庭請先以聞皐曰人日不再食且死可俟命後發哉苟殺我而活衆其利大矣既貸乃自劾優詔開許就進少府監時殿中侍御史李鈞與其弟京兆法曹參軍鍔官既遂不肯還鄉毋窮不自給皐行縣見之歎曰入則孝出則悌有餘力則學若二子者可與事君乎哉皐劾之並錮死召還未得見即上書言治道詔授衡州刺史爲觀察使讒劾貶潮州會楊炎起道州爲宰相知皐直復用爲衡州刺史初御史覆訊皐懼憂其母出則囚服入乃衣冠貌言如平常及爲潮以遷入告至是復位乃言其實建中元年進拜湖南觀察

使前帥辛京杲貪虐使部將王國良戍武岡賴其富即劾以死國良恐據縣反斂荊黔洪桂兵討之再歲不能下皐至遺書曰觀將軍非敢大逆者特逃讒抗死爾將軍遇我可以降我固爲京杲誣者幸蒙雪何忍以兵加將軍哉以爲不然我以陣術破將軍陣以攻法屠將軍城非將軍所度也國良得書且畏因請降然內尚首鼠皐即日單騎稱使者造國良壘賊延使者入皐大呼其軍曰有識曹王者乎乃我也來受良降良今安在一軍愕眙不敢動國良迎拜叩頭請罪皐執手約爲昆弟則盡焚攻守具散其兵有詔赦之賜名惟新明年持母喪至江陵會梁崇義反奪爲左衛大將軍復觀察湖南李希烈反遷江西節度使受命日不宿家至豫章大合將吏曰有功未申與懷器謀不發者皆自言得裨校伊愼李伯潛劉旻悉補大將擢王鍔爲中軍以馬彝許孟容爲幕府治戰艦裒兵二萬以士二千五百委愼等教之自將五百人教以秦兵團力法聯其賞罰弛張如一乃約以五百人擊愼卒二千五百莫能

當其鋒即盡以教之初愼嘗從希烈平襄州至是希烈懼爲皋用即反間德宗信之將誅愼皋請赦之使自效會與賊夾江陣皋勉愼立功以所乘馬及器鎧賜之使將先鋒斬賊數百級乃免賊柵蔡山不可攻皋聲言西取蘄引兵艦循厓泝江上賊聞以羸師保柵悉軍行江北與皋直西去蔡山三百里皋遣步士悉登舟順流下攻蔡山拔之間一日賊救至遂大敗乃取蘄州降其將李良平黃州兵益振會舒王爲元帥授皋前軍兵馬使俄而天子狩奉天鹽鐵使包佶爲陳少游所窘以運艚泝江次蘄口希烈使杜少誠將步騎三萬將絶江道皋遣伊愼兵七千禦于永安走之以功進工部尚書帝駐梁州皋之貢助相望以天子處外乃不敢居城府出屯西塞山大洲徙郡縣爲軍市改戶部尚書又遣伊愼王鍔攻安州未下希烈遣劉戒虛以步騎八千援之皋命李伯潛迎擊於應山俘之遂下安州斬僞刺史王嘉祥希烈別遣兵援隋州皋破之厲鄉因下平靜白鴈關賊遂不敢南略遷荊南節度使賜實封三

百戶凡戰大小三十二取州五縣二十斬首三萬三千禽生萬六千未嘗敗師所過不敢伐桑棗踐禾稼朝廷仰食江淮而西道出九江至大別皆與賊接皋轉戰數千里餉路遂通江漢倚皋爲固淮西平乃請護喪歸東都帝走中人賵弔訖葬來朝還就鎭初江陵東北傍漢有古郭不治歲輒溢皋脩塞之得其下良田五千頃規江南廢洲爲廬舍構二橋跨江而流人自占者二千餘家縣荊抵樂鄉二百里其間墟聚凡數十不井飲皋始命鑿井以便人貞元初吳少誠擅蔡故徙皋鎭山南東道劃隋汝以益軍練兵峙糧市回鶻馬以益戰騎歲時大畋以教士少誠畏之皋性勤儉能知人疾苦參聽微隱無得吏下短長其賞罰必信所至常平物估豪舉不得擅其利教爲戰艦挾二輪蹈之鼓水疾進駛于陣馬有所造作皆用省而利長以物遺人必自視衡量庫帛皆印署以杜吏設扶風馬彝未知名皋識之卒以正直稱張柬之有園圃在襄陽皋嘗宴集將市取之彝曰漢陽有中興功今遺業當百世共保

柰何使其子孫鬻南平皋謝曰主吏失詞以爲君羞微君安得聞此言卒年六十贈尚書右僕射謚曰成皋嘗自創意爲欹器以髹木上出五觚下銳圓爲盂形所容三豆少則水弱多則彊中則水器力均雖動搖乃不覆云子象古道古象古元和中自衡州刺史擢安南都護貪縱不法驩州刺史楊清者蠻酋也象古忌其豪召爲牙門將常鬱鬱思亂會討黃賊象古發甲助之乃授清兵三千清與子志烈還襲安南殺象古并其家詔赦清爲瓊州刺史以桂仲武爲都護清拒命仲武分諭渠酋兵皆附破城斬清夷其族道古舉進士獻書闕下擢校書郎集賢院學士累遷司門員外郎歷利隋唐睦四州刺史柳公綽鎭鄂岳爲飛語上聞憲宗欲代之裴度言嗣曹王皋嘗能以江漢兵制李希烈威惠在人今以其子將必有功會道古自黔中觀察使入朝乃代公綽倍道入其軍公綽惶遽出財貲皆被奪元和十二年攻申州破其郛進圍中城守卒夜驅女子登而譟發懸門以出道古衆亂多死於賊李聽守安州

未嘗敗道古誣逐之自將出木陵關士卒驕不能制又度支錢道古悉以饋權倖故賜不給其下怨怒戰不甚力賊亦易之故再入申不能下卒無功淮西平加檢校御史大夫召爲宗正卿左金吾將軍帝喜服餌道古欲自媚而所善柳泌自謂能化金爲不死藥乃因宰相皇甫鎛以聞俄會帝崩穆宗爲太子惡之既立誅泌貶鎛斥道古爲循州司馬終以服丹歐血死長慶初詔還其官道古巧于宦便佞傾下游公卿間常與弈博僞不勝厚進所償嗜利者多得其懽心故少盜美名及死賣宅以葬

太宗諸子列傳第五

三宗諸子列傳第六　唐書八十一

端明殿學士兼翰林侍讀學士龍圖閣學士朝請大夫守尚書吏部侍郎兼集賢殿脩撰臣宋祁奉
敕撰

高宗八子後宮劉生忠鄭生孝楊生上金蕭淑妃生素節武后生弘賢中宗皇帝睿宗皇帝

燕王忠字正本帝始爲太子而忠生宴宮中俄而太宗臨幸詔宮臣曰朕始有孫欲共爲樂酒酣帝起舞以屬羣臣在位皆舞賚賜有差貞觀二十年始王陳永徽初拜雍州牧王皇后無子后舅柳奭說后以忠母微立之必親已后然之請於帝又奭與褚遂良韓瑗長孫無忌于志寧等繼請遂立爲皇太子后廢武后子弘甫三歲許敬宗希后旨建言國有正嫡太子宜同漢劉彊故事帝召見敬宗曰立嫡若何對曰正本則萬事治太子國本也且東宮所出微今知有正嫡不自安竊位而不自安非社稷計帝曰忠固自讓敬宗曰能爲太伯不亦善乎於是降封梁王梁州都督賜甲第實封戶二千物二萬段俄徙房州刺史忠浸懼不聊生至衣婦人衣備刺客數有妖夢嘗自占事露廢爲庶人囚黔州承乾故宅麟德初宦者王伏勝得罪於武后敬宗乃誣忠及上官儀與伏勝謀反賜死年二十二無子明年太子弘表請收葬許之神龍初追封又贈太尉揚州大都督

原悼王孝永徽元年始王許與杞雍二王同封早薨神龍初追封及謚

澤王上金始王杞永徽三年遥領益州大都督歷鄜壽二州刺史武后疾其母故有司誣奏削封邑徙置澧州久之后陽若可喜者表杞王上金鄱陽王素節聽朝集義陽宣城二公主各增夫秩由是上金爲沔州刺史素節岳州刺史然卒不朝高宗崩詔上金素節二公主赴哀文明元年徙王畢又徙王澤歷五州刺史載初中武承嗣諷周興誣上金素節謀反召繫御史獄上金聞素節已被殺即雉經七子並流死顯州神龍初追還官爵以子義珣嗣王義珣始被譎匿身爲傭保而嗣許王瓘利其爵邑告義珣假冒復流嶺外開元初以素節子璆爲後而王眞公主表義珣實上金子乃奪璆爵復使義珣嗣王拜率更令薨子溥嗣

許王素節始王雍授雍州牧方丱即誦書日千言師事徐齊聃淬勉自彊帝愛之轉岐州刺史更王郇母被譖死出素節爲申州刺史乾封初詔素節病無入朝而實不病乃著忠孝論自明倉曹參軍張柬之以聞欲帝省其誣武后滋不悅坐受賕降王鄱陽削封戶什七徙置袁州錮終身儀鳳三年爲岳州刺史更王葛又徙王歷三州刺史與上金同追逮赴都道聞遭喪哭者謂左右曰病死何可得而須哭哉至龍門驛被縊年四十三葬以庶人禮子瑛等九人並誅惟琳瓘璆欽古尚幼長囚雷州中宗復位追故封又贈開府儀同三司許州刺史陪葬乾陵詔瓘嗣王實封戶四百開元初封琳爲嗣越王璆嗣澤王琳至右監門衞將軍子隨封蔓國公瓘爲衞尉卿以抑上金子不得封貶鄂州別駕因詔外繼嗣王者皆歸宗乃以嗣江王禕爲信安王嗣蜀王褕爲廣漢王嗣密王徹爲濮陽王嗣曹王臻爲濟國公嗣趙王琚爲中山王武陽王繼宗爲澧國公瓘累遷太子詹事薨贈蜀郡大都督二子解需皆幼以璆子益嗣天寶十四載解始襲王璆初封嗣澤王降爲郢國公官宗正光祿卿進封褒信王初張九齡撰龍池頌刊石興慶宮宗子以爲不稱盛德更命璆爲頌建花萼樓北天寶初復拜宗正卿性友弟聰敏宗子有一善無不薦延故宗室在省闥者多璆所啓薨贈江陵郡大都督二子謙爲郢國公梓州刺史巽汝南郡公欽古封巴國公子賁嗣

孝敬皇帝弘永徽六年始王代與潞王同封顯慶元年立爲皇太子受春秋左氏於率更令郭瑜至楚世子商臣弑其君喟而廢卷曰聖人垂訓何書此邪瑜曰孔子作春秋善惡必書褒善以勸貶惡以誡故商臣之罪雖千載猶不得滅弘曰然所不忍聞願讀它書瑜拜曰里名勝母曾子不入殿下睿孝天資黙凶悖之迹不存

視聽臣聞安上治民莫善於禮故孔子稱不學禮無以立請改受
禮太子曰善四年加元服又命賓客許敬宗右庶子許圉師中書
侍郎上官儀中舍人楊思儉即文思殿擿采古今文章號瑶山玉
彩凡五百篇書奏帝賜物三萬段餘臣賜有差又詔五日一赴光
順門決事總章元年釋菜國學請贈顏回爲太子少師曾參太子
少保制可會有司以征遼士亡命及亡命不即首者身殊死家屬
没官弘諫以爲士遇病不及期或被略若溺獸死而軍法不因戰
亡則同隊悉坐法家曰亡命而家屬與眞亡者同没傳曰與殺不
辜寧失不經臣請條別其科無使淪胥詔可帝幸東都詔監國時
關中饑弘視廡下兵食有楡皮蓬實者悄然命家令寺給米義陽
宣城二公主以母故幽掖廷四十不嫁弘聞眙惻建請下降武后
怒即以當上衞士配之由是失愛又請以同州沙苑分假貧民會
納妃裴而有司奏贄用白鴈適苑中獲之帝喜曰漢獲朱鴈爲樂
府歌今得白鴈爲婚贄婚乃人倫首我則無慙禮畢曲赦岐州帝

嘗語侍臣弘仁孝賓禮大臣未嘗有過而后將騁志弘奏請數怫
旨上元二年從幸合璧宮遇酖薨年二十四天下莫不痛之詔曰
太子嬰沈瘵朕須其痊復將遜于位弘性仁厚既承命因感結疾
日以加宜申往命謚爲孝敬皇帝葬緱氏墓號恭陵制度盡用天
子禮百官從權制三十六日釋服帝自製睿德紀刻石陵側營陵
功費鉅億人厭苦之投石傷所部官司至相率亡去妃薨謚哀皇
后無子永昌初以楚王隆基嗣中宗立詔以主祔太廟號義宗開
元中有司奏孝敬皇帝宜建廟東都以謚名廟詔可於是罷義宗
號妃即裴居道女有婦德而居道以妃故拜內史納言歷太子少
保翼國公爲酷吏所陷下獄死

章懷太子賢字明允容止端重少爲帝愛甫數歲讀書一覽輒不
忘至論語賢賢易色一再誦之帝問故對曰性實愛此帝語李世
勣稱其夙敏始王潞歷幽州都督雍州牧徙王沛累進揚州大都
督右衞大將軍更名德徙王雍仍領雍州牧涼州大都督實封千
戶上元年復名賢是時皇太子薨其六月立賢爲皇太子俄詔監
國賢於處決尤明審朝廷稱焉帝手敕褒賜賢又招集諸儒左庶
子張大安洗馬劉訥言洛州司戶參軍事格希玄學士許叔牙成
玄一史藏諸周寶寧等共注范曄後漢書書奏帝優賜段物數萬
時正諫大夫明崇儼以左道爲武后所信崇儼言英王類太宗而
相王貴賢聞惡之宮人或傳賢乃后姊韓國夫人所生賢益疑而
后撰少陽政範孝子傳賜賢數以書讓勑愈不安調露中天子在
東都崇儼爲盜所殺后疑出賢謀遣人發太子陰事詔薛元超裴
炎高智周雜治之獲甲數百首於東宮帝素愛賢薄其罪后曰賢
懷逆大義滅親不可赦乃廢爲庶人焚甲天津橋貶大安普州刺
史流訥言於振州坐徙者十餘人開耀元年徙賢巴州武后得政
詔左金吾將軍丘神勣檢衞賢第迫令自殺年三十四后舉哀顯
福門貶神勣疊州刺史追復舊王神龍初贈司徒遣使迎喪陪葬
乾陵睿宗立追贈皇太子及謚三子光順守禮守義光順爲樂安

王徙義豐被誅守義爲犍爲王徙封桂陽薨先天中追封光順莒
王守義畢王

守禮嗣王始名光仁授太子洗馬武后革命畏疾宗室而守禮以
父得罪與睿宗諸子閉處宮中十餘年睿宗封相王許出外邸於
是守禮等始居外改司議郎中宗即位復故封拜光祿卿實封戶
五百唐隆元年進封邠王睿宗立兼檢校左金吾衞大將軍出爲
幽州刺史遙兼單于大都護遷司空開元初累爲州刺史時寧申
岐薛王同爲刺史皆擇僚首持綱紀守禮惟弋獵酣樂不領事故
源乾曜袁嘉祚潘好禮皆爲邠府長史州佐督檢之後還諸王京
師守禮以外支爲王不甚才而多寵嬖子六十餘人無可稱者常
負息錢數百萬或勸少治居產守禮曰豈天子兄無葬者邪諸
王每白上以爲歡岐王嘗奏守禮知雨暘帝問故答曰臣無它當
天后時太子被罪臣幽宮中歲被敕杖凡四三累創痕膚前雨則
沈懣雲霽則佳以此知之因泣下帝爲惻然薨年七十贈太尉子承

宏承寧承寀可記者承宏爵廣武王坐交非其人貶房州別駕還為
宗正卿廣德元年吐蕃入京師天子如陝虜宰相馬重英立承宏
為帝以翰林學士于可封霍瓌為宰相賊退詔放承宏于華州死
承寧封嗣邠王承寀燉煌王拜宗正卿與僕固懷恩使回紇和親
即納其女為妃封毗伽公主薨贈司空唐制嗣郡王加四品階親
王子服緋開元中張九齡奏寧薛及邠王三子為王者賜紫餘皆
服緋官不越六局郎王府掾屬仍員外置後從帝至蜀者皆服紫

中宗四子韋庶人生重潤後宮生重福重俊殤帝

懿德太子重潤本名重照避武后諱改焉帝為皇太子時生東宮
高宗喜甚乳月滿為大赦天下改元永淳是歲立為皇太孫開府
置官屬帝問吏部侍郎裴敬彝郎中王方慶對曰禮有嫡子無嫡
孫漢魏太子在子但封王晉立愍懷太子為皇太孫齊立文惠子為
皇太孫皆居東宮今有太子又立太孫於古無有帝曰自我作故
若何對曰禮君子抱孫不抱子孫可以為王父尸者昭穆同也陛

下肇建皇孫本支千億之慶帝悅詔議官屬敬彝等奏置師傅友
文學祭酒左右長史東西曹掾主簿管記司録六曹等官加王府
一級然卒不補將封嵩山召太子赴東都以太孫留守京師中宗
失位太孫府廢貶庶人別囚之帝復位封郡王大足中張易之兄
弟得幸武后或譖重潤與其女弟永泰郡主及主壻竊議后怒杖
殺之年十九重潤秀容儀以孝愛稱誅不緣罪人皆流涕神龍初
追贈皇太子及謚陪葬乾陵號墓為陵贈主為公主

譙王重福高宗時王唐昌郡徙封平恩長安末乃進王神龍初韋
庶人譖與張易之兄弟陷重潤貶濮州員外刺史徙合均二州不
領事景龍三年中宗親郊赦天下十惡者咸宥流人得還重福不
得歸自陳蒼生皆自新而一子擯棄皇天平分固若此乎不報韋
后得政詔左屯衞大將軍趙承恩薛思簡以兵護守睿宗立徙集
州未行洛陽男子張靈均說重福曰大王居嫡長當為天子相王
雖平大難安可越居大位昔漢誅諸呂乃東迎代王今百官士庶
皆願王來王若陰幸東都殺留守擁兵西據陝徇河南河北天下
可圖也重福又遣靈均與其黨鄭愔計愔亦密招重福為天子豫
尊睿宗為皇季叔重茂皇太弟制稱中元克復元年愔自署左丞
相知內外文武事以靈均為右丞相天柱大將軍知出征事其餘
以次除署重福自均州與靈均乘驛趨東都舍駙馬裴巽家洛陽
令候巽重福驚遽出欲劫左右屯營兵至天津橋願從者數百人
侍御史李邕遇之先馳至右屯營呼曰譙王得罪先帝擅入都為
亂公等勉立功取富貴稍稍閉皇城諸門以拒重福徇右營不能
動趨左掖門已闔怒縱火燒之左營兵寖逼衆遂潰重福走山谷
明日留守裴談摠兵大索投漕渠死年三十一磔其屍帝詔以三品
禮葬

節愍太子重俊聖曆三年王義興神龍初王衛拜洛州牧實封千
戶俄領揚州大都督明年為皇太子與太后喪殺册禮詔在藩食
封歲納東宮給事中盧粲上言太子與列國同入封不可為法詔

罷之重俊性明果然少法度既楊璬武崇訓為賓客二人馮貴寵
無學術惟狗馬蹴踘相戲昵左庶子姚珽數上疏諍導右庶子平
貞慎又獻孝經議養德等傳太子納而不克用武三思挾韋后勢
將圖逆內忌太子而崇訓又三思子尚安樂公主常教主辱重俊
以非韋出詈為奴數請廢自為皇太女三年七月重俊恚忿遂率
李多祚洎左羽林將軍李思沖李承況獨孤禕之沙吒忠義矯發
左羽林及千騎兵殺三思崇訓并其黨十餘人使左金吾大將軍
成王千里守宮城自率兵趨肅章門斬關入索韋后安樂公主昭
容上官所在后挾帝升玄武門宰相楊再思蘇瓌李嶠及宗楚客
紀處訥統兵二千餘人守太極殿帝召右羽林將軍劉仁景等率
留軍飛騎百人拒之多祚兵不得進帝據檻語千騎曰爾乃我爪
牙何忽為亂能斬賊者有賞於是士倒戈斬多祚餘黨潰重俊亡
入終南山欲奔突厥楚客遣果毅趙思慎追之重俊憩于野為左
右所殺詔殊首朝堂獻太廟并以告三思崇訓柩睿宗立加贈謚

陪葬定陵初重俊被害官屬莫敢視惟永和永壽兼嘉勗號哭解衣
裹其首時人義之楚客怒收付獄貶平輿丞卒至是亦贈永和令
重俊子宗暉景雲二年封湖陽郡王天寶中至太常員外卿薨
睿宗六子肅明皇后生憲宮人柳生撝昭成皇后生玄宗皇帝崔
孺人生範王德妃生業後宮生隆悌
讓皇帝憲始王永平文明元年武后以睿宗為皇帝故憲立為皇
太子睿宗降為皇嗣更冊為皇孫與諸王皆出閤開府置官屬長
壽二年降王壽春與衡陽巴陵彭城三王同封復詔入閤中宗立
改王蔡固辭不敢當唐隆元年進封宋睿宗將建東宮以憲嫡長
又嘗為太子而楚王有大功故久不定憲辭曰儲副天下公器時
平則先嫡國難則先功重社稷也使付授非宜海內失望臣以死
請因涕泣固讓時大臣亦言楚王有定社稷功且聖庶抗嫡不宜
更議帝嘉憲讓遂許之立楚王為皇太子以憲為雍州牧揚州
大都督太子太師實封至二千戶賜甲第物段五千良馬二十奴

婢十房上田三十頃進尚書左僕射又兼司徒讓司徒更為太子
賓客時太平公主有醜圖姚元崇宋璟白帝請出憲及申王成義
為刺史以銷釋陰計乃以司徒兼蒲州刺史進司空玄宗既討定
蕭岑之難進憲位太尉增千戶固辭更授開府儀同三司解太尉
揚州大都督徙王寧又兼太常卿開元十四年表解卿久之復為
太尉歷澤岐涇三州刺史累封至五千五百戶二十九年薨初帝
五子列第東都積善坊號五王子宅及賜第上都隆慶坊亦號五
王宅玄宗為太子嘗製大衾長枕將與諸王共之睿宗知喜甚及
先天後盡以隆慶舊邸為興慶宮而賜憲及薛王第於勝業坊申
岐二王居安興坊環列宮側天子於宮西南置樓其西署曰花萼
相輝之樓南曰勤政務本之樓帝時時登之聞諸王作樂必亟召
升樓與同榻坐或就幸第賦詩燕嬉賜金帛侑歡諸王日朝側門
既歸即具樂縱飲擊毬鬬雞馳鷹犬為樂如是歲月不絕所至輒
中使勞賜相踵世謂天子友悌古無有者帝於敦睦蓋天性然雖

讒邪亂其間而卒無以搖時有鶺鴒千數集麟德殿廷樹翔棲浹
日左清道率府長史魏光乘作頌以為天子友悌之祥帝喜亦為
作頌憲允謹畏未嘗干政而與人交帝益信重嘗以書賜憲等曰
魏文帝詩西山一何高高高殊無極上有兩僊童不飲亦不食賜
我一丸藥光燿有五色服之四五日身體生羽翼朕每言服藥而
求羽翼寧如兄弟天生之羽翼乎陳思王之才足以經國絕其朝
謁卒使憂死魏祚未終司馬氏奪之豈神丸效耶虞舜至聖捨象
傲以親九族九族既睦平章百姓今數千載天下歸善焉此朕廢
寢忘食所慕歎也頃因餘暇選僊錄得神方云餌之必壽今持此
藥願與兄弟共之偕至長齡永永無極也後申王等相繼薨唯憲
在帝親待愈益厚每生日必幸其第為壽往往留宿居常無日不
賜遺尚食總監及四方所獻酒酪異饌皆分餉之憲嘗請歲盡錄
賜目付史官必數百紙後有疾護醫將膳騎相望也僧崇一者療之
少損帝喜甚賜緋袍銀魚已而疾浸劇薨年六十三帝失聲號慟

左右皆泣下帝以憲實推天下有高世之行非大號不稱乃追謚
讓皇帝遣尚書左丞相裴耀卿太常卿韋縚持節奉冊其子璡表
陳憲宿素退讓不敢當大號制不許及斂出天子服一稱詔右監
門大將軍高力士以手書寘靈坐贈妃元為恭皇后葬橋陵旁及
葬敕中使諭璡等送終之具使衆見之示以儉薄所司請如諸[illegible]
設千味食內壙中監護使耀卿建言尚食料水陸千餘種及馬牛
驢犢麞鹿鵝鴨魚鴈體節之味并藥酒三十名盛夏胎養不可
多殺考求禮據無所馮依陛下每申讓帝之志務存約素請蠲省
折衷詔可既發引大雨有詔慶王潭等涉塗泥步送十里號其墓
曰惠陵憲嘗從帝按舞萬歲樓帝從複道上見衛士已食棄其餘
竇中帝怒詔高力士杖殺之憲從容曰從複道上窺人之私恐士
不自安且失大體豈以性命輕於餘食乎帝遽止謂力士曰王於
我可謂有急難也不然且誤殺士又涼州獻新曲帝御便坐召諸
王觀之憲曰曲雖佳然宮離而不屬商亂而暴君卑逼下臣僭犯

上發於忽微形於音聲播之詠歌見於人事臣恐一日有播遷之禍帝默然及安史亂世乃思憲審音云憲本名成器避昭成太后謚與申王成義俱改今名憲子十九人其聞者璡嗣莊琳瑀

璡眉宇秀整性謹絜善射帝愛之封汝陽王歷太僕卿與賀知章褚庭誨梁涉等善薨贈太子太師嗣莊幼有令名爲太子左諭德封濟陰王薨贈幽州大都督琳以秘書監爲嗣寧王從天子幸蜀薨瑀早有材望偉儀觀始封隴西郡公從帝幸蜀至河池封漢中王山南西道防禦使乾元初寧國公主降回紇詔瑀以特進太常卿持節冊拜回紇爲威遠可汗瑀亦知音嘗早朝過永興里聞笛音顧左右曰是太常工乎曰然它日識之曰何故臥吹笛工驚謝又聞康昆崙奏琵琶曰琵聲多琶聲少是未可彈五十四絲大絃也樂家以自下逆鼓曰琵自上順鼓曰琶云肅宗詔收羣臣馬助戰瑀與魏少游等持不可帝怒貶蓬州長史薨贈太子太師謚曰宜孫景儉

景儉字寬中及進士第彊記多聞善言古成敗王霸大略高自負於士大夫無所屈王叔文等更譽之以爲管仲諸葛亮比叔文敗景儉以母喪得不坐韋夏卿守東都辟幕府竇羣任中丞引爲監察御史羣貶景儉亦爲江陵戶曹參軍累擢忠州刺史元和末入朝不見用復爲澧州刺史素與元稹李紳善二人方在翰林言其才及延英奉辭景儉自陳見抑遠穆宗憐之追詔爲倉部員外郎不遺閱月拜諫議大夫性矜誕使酒縱氣語侵宰相蕭俛段文昌訴于帝貶建州刺史稹得君爲之助故還爲諫議大夫與馮宿楊嗣復溫造李肇等集史官獨孤朗所景儉醉至中書慢罵宰相王播崔植杜元穎吏爲遜言厚謝乃去坐貶漳州刺史宿等皆逐矣未及適稹輔政改楚州刺史議者謂景儉辱丞相貶未至即遷非是稹懼改少府少監衆還宿等景儉既偃阨不得志卒然其爲人輕財篤于義既沒士悵悼之

惠莊太子撝本名成義初生武后以母賤欲不齒以示浮屠萬回回詭曰此西土樹神宜兄弟后喜乃畜之垂拱三年始王恒與衞趙二王同封俄改王衡陽睿宗立進王申與岐薛二王同封累遷右衞金吾二大將軍實封至千戶進司徒兼益州大都督四爲州刺史開元八年停刺史復爲司徒薨冊書贈太子及謚陪葬橋陵撝性寬裕儀貌瓌重無嗣詔以讓帝子琄嗣爲懷寧王徙封同安薨天寶中復以讓帝子璹嗣

惠文太子範始名隆範玄宗立與薛王隆業避帝諱去二名初王鄭改封衞俄降封巴陵進王岐爲太常卿幷州大都督左羽林大將軍從玄宗誅太平公主以功賜封與薛王業並滿五千戶歷爲州刺史遷太子太傅開元十四年薨冊書贈太子及謚陪葬橋陵帝哭之慟徹常膳至累旬羣臣勉請乃復範好學工書愛儒士無貴賤爲盡禮與閻朝隱劉廷琦張諤鄭繇等善常飲酒賦詩相娛樂又聚書畫皆世所珍者初隋亡禁內圖書湮放唐興募訪稍稍復出藏秘府長安初張易之奏天下善工潢治乃密使摹肖殆不

可辨竊其眞藏于家既誅悉爲薛稷取去稷又敗範得之後卒爲火所焚駙馬都尉裴虛已善讖緯坐私與範游徙嶺南廷琦貶雅州司戶諤爲山茌丞然帝於範無少間也謂左右曰兄弟情天至於我豈有異哉趨競者彊相附我終不以爲纖介時王毛仲等起賤微暴貴諸王見必加禮獨範接之自如子瑾嗣瑾落魄不飭名檢沈酒色歷太僕卿封河東王暴薨贈太子少師天寶中復以薛王子略陽公珍爲嗣岐王珍儀觀豐偉爲宗正員外卿與蔚州鎮將朱融善融嘗言珍似上皇因有陰謀往語金吾將軍邢濟曰關外寇近京師草草柰何濟曰我金吾天子押衙以死生從安自脫融曰見嗣岐王無慮矣濟以聞肅宗詔廢珍爲庶人賜死融黨皆誅擢濟爲桂管防禦使

惠宣太子業始王趙降封中山授都水使者徙彭城兼陳州別駕進王薛爲羽林大將軍荊州大都督以好學授秘書監開元初進太子少保即拜太保累歷[illegible]州刺史初母早終從母賢妃鞠之八年

迎賢妃外邸事之甚謹其女弟淮陽涼國二公主亦早卒撫甥與己子均帝益愛之嘗被疾帝自祝禬既瘉幸其第置酒賦詩爲初生歡帝嘗不豫業妃弟內直郎韋賓與殿中監皇甫恂妄言休咎事賓坐死恂貶錦州刺史妃恐降服待罪業亦不敢入謁帝聞遽召之業伏殿下請罪帝趨就執其手曰吾所猜于兄弟者天地共咎之遂復燕歡仍諭妃復位儀進司徒二十二年業有疾帝憂之一昔容髮爲變因假寢夢獲方寤而業少間邠王守禮等請以事付史官及薨帝悲不能食冊書加贈及謚陪葬橋陵十一子其聞者瑗瑒琄帝後追思業引見瑗等傷之乃下詔共賜實封千戶瑗爲樂安王瑒滎陽王宗正卿琄爲嗣薛王歷鴻臚卿天寶中琄舅韋堅爲李林甫所搆坐貶夷陵別駕從置夜郎南浦及安祿山亂乃還京師

曾孫知柔嗣王冊爲宗正卿久之擢京兆尹始鄭白渠梗雍民不得歲知柔調三輔治復舊道灌浸如約遂無旱虞民詣闕請立石

紀功知柔固讓得止加累檢校司徒同中書門下平章事又詔營緝太廟判度支充諸道鹽鐵轉運使昭宗出莎城獨知柔從乘輿器用庖頓皆主之大細畢給性儉約雖位通顯無居第未幾出拜清海軍節度使在鎮廉絜貢獻時入進檢校太傅兼侍中仕凡四紀常爲宗室冠卒于鎮

隋王隆悌始封汝南王早薨睿宗追王贈荊州大都督爵不傳

贊曰中宗失道身爲母所廢妻所弒而四子皆不得其死嗣亦不傳殆天穢其德而絕之何耶彼固自絕于天云爾睿宗有聖子一受
命一追帝三贈太子天與之報福流無窮盛歟

三宗諸子列傳第六

端明殿學士兼翰林侍讀學士龍圖閣學士朝散大夫行尚書吏部侍郎充集賢殿脩撰臣宋祁奉敕撰

玄宗三十子劉華妃生琮第六子琬第十二子璲趙麗妃生瑛元獻皇后生肅宗皇帝錢妃生琰皇甫德儀生瑤劉才人生琚武惠妃生一第十五子敏第十八子瑁第二十一子琦高婕妤生璬郭順儀生璘柳婕妤生玢鍾美人生環盧美人生瑝閻才人生玭王美人生珪陳才人生珙鄭才人生瑱武賢儀生璿第三十子㟧餘七子母氏失傳

奉天皇帝琮景雲元年王許昌郡與眞定王同封先天元年進王郯與郢王同封開元四年領安西大都護安撫河東關內隴右諸蕃大使十三年徙王慶與忠棣榮光儀潁永壽延盛濟十一王同封十五年與十王並領節度不出閤琮以涼州都督兼河西諸軍節度大使天寶元年改節河東十載薨贈太子諡靖德肅宗立詔曰靖德太子琮親則朕兄睿哲聰明朕昔踐儲極籲誠非次君父有命不敢違永言懇讓不克如素宜進諡奉天皇帝妃竇爲恭應皇后詔尚書右僕射裴冕持節改葬羣臣素服臨送達禮門帝御門哭以過喪墓號齊陵無子以太子瑛子俅嗣王琮始名嗣直太子嗣謙棣王嗣眞鄂王嗣初靖恭太子嗣玄開元十三年更名曰潭曰鴻曰洽曰涓曰滉後十年改今名

太子瑛始王眞定進王郢開元三年立爲皇太子七年詔太子諸王入國學行齒胄禮太常擇日謁孔子太子獻詔右散騎常侍褚无量執經羣臣學官諸生以差賜帛明年瑛加元服見太廟十六年詔九品官息女可配太子者有司採閱待進止以太常少卿薛縚女爲妃帝種麥苑中瑛諸王侍帝曰是將薦宗廟故親之亦欲若等知稼穡之難因分賜侍臣曰春秋書無麥禾古所甚重比詔使者閱田畝所對不以實故朕自蒔以觀其成云初瑛母以倡進善歌舞帝在潞得幸及即位擢妃父元禮兄常奴皆至大官鄂光二王母亦帝爲臨淄王時以色選及武惠妃寵幸傾後宮生壽王愛與諸子絕等而太子二王以母失職頗怏怏惠妃女咸宜公主婿楊洄揣妃旨伺太子短譖爲醜語惠妃訴于帝且泣帝大怒召宰相議廢之中書令張九齡諫曰太子諸王日受聖訓天下共慶陛下享國久子孫蕃衍柰何一日棄三子昔晉獻公惑嬖姬之讒申生憂死國乃大亂漢武帝信江充巫蠱禍及太子京師蹀血晉惠帝有賢子賈后譖之乃至喪亡隋文帝聽后言廢太子勇遂失天下今太子無過二王賢父子之道天性也雖有失尚當掩之惟陛下裁赦帝默然太子得不廢俄而九齡罷李林甫專國數稱壽王美以攄妃意妃果德之二十五年洄復搆瑛瑤琚與妃之兄薛鏽異謀惠妃使人詭召太子二王曰宮中有賊請介以入太子從之妃白帝曰太子二王謀反甲而來帝使中人視之如言遽召宰相林甫議荅曰陛下家事非臣所宜豫帝意決乃詔太子瑛鄂王瑤光王琚同惡均罪並廢爲庶人鏽賜死瑛瑤琚尋遇害天下冤之號三庶人歲中惠妃數見庶人爲祟因大病夜召巫祈之請改葬且射行刑者瘞之訖不解妃死祟亡寶應元年詔贈瑛皇太子瑤等復王瑛子五人儼伸倩俅備瑛之廢帝使慶王畜儼等爲子儼封新平郡王伸平原郡王俅嗣慶王備太僕卿倩失傳

棣王琰開元二年始王鄫與鄂鄄二王同封後徙王棣領太原牧太原以北諸軍節度大使天寶初爲武威郡都督經略節度河西隴右會妃韋以過置別室而二孺人爭寵不平求巫者密置符琰履中以求媚仇人告琰厭魅上帝伺其朝使人取履視之信帝怒責琰琰頓首謝曰臣罪宜死然臣與婦不相見二年有二孺人爭長臣恐此三人爲之及推果驗然帝猶疑琰怒未置太子以下皆爲請乃囚於鷹狗坊以憂薨妃縚之女無子還本宗琰凡五十五子得王者四人僎王汝南郡僑宜都俊濟南俊順化僚太僕卿俠國子祭酒仁殿中監優祕書監寶應元年詔復琰王爵

鄂王瑤既封遙領幽州都督河北節度大使開元二十三年與榮

光儀潁永壽延盛濟信義十一王並授開府儀同三司實封二千戶詔詣東宮尚書省上日百官集送有司供張設樂是日悉拜王府官屬然未有府也而選任冒濫時不以為榮

靖恭太子琬始王鄄從王榮為京兆牧領隴右節度大使又詔親巡按隴右選關內河東飛騎五萬防盛秋累兼單于安北大都護安祿山反詔琬為征討元帥募河隴兵屯陝以高仙芝副之會薨琬風格秀整有素望中外倚之及薨莫不為國悵恨詔加贈謚琬男女五十八人得王者三人俯王倩陰郡偕北平倩陳留僎衛尉卿僨秘書監偑鴻臚卿

光王琚開元十三年始王與儀潁永壽延盛濟七王同封儀領廣州都督勇力善騎射帝愛之與鄂王同居友睦甚篤學既廢無嗣初琚名湣儀王濰潁王澐永王澤壽王清延王洄盛王沐濟王溢信王沔義王漼陳王沚豐王澄恒王潓涼王漎汴王滔至二十三年詔悉改今名

夏悼王一生韶秀以母寵故鍾愛命之曰一未免懷薨追爵及謚時帝在東都故葬龍門東岑欲宮中望見云

儀王璲既封授河南牧薨贈太傅子佻王鍾陵郡健廣陵

潁王璬喜讀書好文辭開元十五年遙領安東都護安祿山反詔領劍南節度大使以楊國忠為之副帝西出令御史大夫魏方進為置頓使移書劍南屬郡託璬之藩大設儲偫璬先即鎮吏以蜀郡長史崔圓為副璬濟江舟中以絲席藉步命徹之曰此可寢寺何踐之璬之出遽不及受節司馬史賁請建大槊蒙油囊先驅以威道路璬笑曰既為眞王矣安用假節為將至成都崔圓迎拜馬前璬不為禮圓銜之璬視事再踰月人便其寬圓奏罷居內宅乃詔宣慰肅宗於彭原從還京師建中四年薨年六十六子伸為榮陽王偒高邑王倪楚國公償夔國公

懷思王敏貌豐秀若圖畫帝愛之甫晬薨追爵及謚祔葬敬陵

永王璘少失母肅宗自養視之長聰敏好學貌陋甚不能正視既封領荊州大都督安祿山反帝至扶風詔璘即日赴鎮俄又領山南江西嶺南黔中四道節度使以少府監竇昭為副璘至江陵募士得數萬補署郎官御史時江淮租賦鉅億萬在所山委璘生宮中於事不通曉見富且強遂有闚江左意以薛鏐李臺卿韋子春劉巨鱗蔡駉為謀主肅宗聞之詔璘還覲上皇于蜀璘不從其子襄城王偒剛鷙乏謀亦樂亂勸璘取金陵即引舟師東下甲士五千趨廣陵以渾惟明季廣琛高仙琦為將然未敢顯言取江左也會吳郡採訪使李希言平牒璘璘因發怒曰寡人上皇子皇帝弟地尊禮絕今希言乃平牒抗威落筆署字何邪乃使惟明襲希言而令廣琛趨廣陵攻採訪使李成式璘至當塗希言已屯丹楊遣將元景曜等拒戰不勝降於璘江淮震動明年肅宗遣宦者啖廷瑤等與成式謀招諭之時河北招討判官李銑在廣陵有兵千餘廷瑤邀銑屯揚子成式又遣裴茙以廣陵卒三千戍伊婁埭張旗幟大閱士璘與偒登陴望之有懼色廣琛知事不集謂諸將曰與公等從王豈欲反邪上皇播遷道路不通而諸子無賢於王者如摠江淮銳兵長驅雍洛大功可成今乃不然使吾等名絓叛逆如後世何衆許諾遂割臂盟於是惟明奔江寧馮季康奔白沙廣琛以兵六千奔廣陵璘使騎追躡之廣琛曰我德王故不忍決戰逃命歸國耳若逼我且決死追者止乃免是夜銑陣江北夜然束葦人執二炬景亂水中覘者以倍告璘軍亦舉火應之璘疑王師已濟攜兒女及麾下遁去遲明覺其紿復入城具舟檝使偒驅衆趨晉陵諜者告曰王走矣成式以兵進先鋒至新豐璘使偒仙琦逆擊之銑合勢張左右翼射偒中肩軍遂敗仙琦與璘奔鄱陽司馬閉城拒璘怒焚城門入之收庫兵掠餘干將南走嶺外皇甫侁兵追及之戰大庾嶺璘中矢被執侁殺之偒為亂兵所害仙琦逃去璘未敗時上皇下誥降為庶人徙置房陵及死侁送妻子至蜀上皇傷悼久之肅宗以少所自鞠不宣其罪謂左右曰皇甫侁執吾弟不送之蜀而擅殺之何邪由是不復用薛鏐等皆伏誅子儹為餘

姚王偵莒國公傒郕國公伶儀並國子祭酒
壽王瑁母惠妃頻姙不育及瑁生寧王請養邸中元妃自乳之名
爲己子故封比諸王最後開元十五年遙領益州大都督初帝以
永王等尚幼詔不入謁瑁七歲請與諸兄衆謝拜舞有儀矩帝異
之寧王薨請制服以報私恩詔可大曆十年薨贈太傅子王者三人
僾王德陽郡侹濟陽郡偡廣陽郡伉薛國公傑國子祭酒
延王玢母尚書右丞範之孫帝重其名家而玢亦仁愛有學旣封
遙領安西大都護帝入蜀玢凡三十六子不忍棄故徐進數日見
行在所帝怒漢中王瑀申救得解聽歸靈武興元元年薨子倬
王彭城郡伾平陽倞魯國公偃荆國公伉太僕卿
盛宣王琦旣封領揚州大都督帝之西詔爲廣陵大都督淮南江
東河南節度大使以劉彙爲副李成式爲副大使琦不行廣德二
年薨贈太傅子償封眞定王佩武都王俗徐國公係許國公
濟王環逸其薨年子僚王永嘉郡僎平樂郡

信王瑝開元二十一年始王與義陳豐恒涼汴六王同封子佟封
新安王倜晉陵王
義王玼與信王並失薨年子儀爲舞陽王僇高密王
陳王珪二十一子得王者三人倫王安南郡佗臨淮佼安陽
豐王珙已封爲左衛大將軍帝至普安授珙武威都督河西隴右
安西北庭節度大使以隴西太守鄧景山爲副珙不行廣德初吐蕃
入京師代宗幸陝將軍王懷忠閉苑門以五百騎劫諸王西迎虜
遇郭子儀懷忠曰上東遷宗社無主今僕奉諸王西奔以係天下
望公爲元帥惟所廢置子儀未對珙輒曰公何如司馬王延昌質
責珙曰上雖蒙塵未有失德王爲藩翰安得狂悖之言子儀亦讓
之卽護送行在所帝赦不責珙語不遜羣臣恐其亂請除之乃賜
死子佻爲齊安王
恒王瑱好方士常服道士服從帝幸蜀還代宗時薨
涼王璿母高平王重規之女宮中號小武妃者璿薨代宗時子仂

爲瀘陽郡王
汴哀王璥於諸子爲最少初封纔數歲容貌秀澈有成人風帝愛
之開元二十三年授右千牛衛大將軍明年薨唐制親王封戶八
百增至千公主三百長公主止六百高宗時沛英豫三王太平公
主武后所生戶始踰制垂拱中太平至千二百戶聖曆初相王太
平皆三千壽春等五王各三百神龍初相王太平至五千衛王三
千溫王二千壽春等王皆七百嗣雍衡陽臨淄巴陵中山王五百
安樂公主二千長寧千五百宜城宜城宣安各千相王女爲縣主
各三百相王增至七千安樂三千長寧二千五百宜城以下二千
相王太平長寧安樂以七丁爲限雖水旱不蠲以國租庸滿之中
宗遺詔雍壽春王進爲親王戶千開元後天子敦睦兄弟故寧王
戶至五千五百岐薛五千申王以外家微戶四千邠王千八百帝
妹戶千中宗諸女如之通以三丁爲限及皇子封王戶二千公主
五百咸宜公主以母惠妃故封至千自是諸公主例千戶止初文德

皇后崩晉王最幼太宗憐之不使出閤豫王亦以武后少子不出
閤嗣聖初卽帝位及降封相王乃出閤中宗時譙王失愛遷外藩
溫王年十七猶居宮中遂立爲帝開元後皇子幼多居禁內旣長
詔附苑城爲大宮分院而處號十王宅所謂慶忠棣鄂榮光儀潁
永延盛濟等王以十舉全數也中人押之就夾城參天子起居家
令日進膳引詞學士入授書謂之侍讀壽信義陳豐恒涼七王
就封亦居十宅鄂光廢死忠王立爲太子慶棣繼薨唯榮儀十四
王居院而府幕列於外坊歲時通名起居旣又諸孫多則於宅外
更置百孫院天子歲幸華清宮又置十王百孫院于宮側宮人每
院四百餘百孫院亦三四十人禁中置維城庫以給諸王月奉諸
孫納妃嫁女就十王宅太子不居東宮處乘輿所幸別院太子親
王公主婚嫁並供帳於崇仁之禮院此承平制云
肅宗十四子章敬皇后生代宗皇帝宮人孫生係張生倓王生
佖陳婕妤生僅韋妃生僩張美人生侹後宮生榮裴昭儀生僙

殿婕妤生倕崔妃生偲張皇后生佋侗後宮生信
越王係生開元時玄宗末年悉王六子子故係王南陽郡帝即位
至德二載十二月進王趙與彭兗涇鄆襄杞召興定九王同封乾
元二年九節度兵潰河北朝廷震駭乃以李光弼代郭子儀總兵
關東而光弼請賢王為帥於是詔係充天下兵馬元帥而光弼以
司空兼侍中薊國公副知節度行營事係留京師史思明陷洛陽
係請行不聽明年徙王越帝寢疾皇太子監國張皇后與中人李
輔國有隙因召太子入謂曰輔國典禁軍用事久四方詔令皆出
其口矯天子制逼徙聖皇天下側目今上疾彌留輔國常怏怏忌
吾與汝又程元振陰結黃門圖不軌若釋不誅禍不移頃太子位
曰此二人者陛下勳舊而上體不裕重以此事得無震驚乎願出
外徐計之后曰是難與共事者乃召係曰汝能行此乎係許諾即
遣內謁者監段恒俊選材勇宦者二百人授甲長生殿以帝命召
太子元振以告輔國乃相與勒兵凌霄門迎太子以難告太子曰

上疾亟吾可懼死不赴乎元振曰赴則及禍乃以兵護太子止飛
龍廄勒兵夜入三殿收係及恒俊等百餘人繫之幽后別殿后及
係皆為輔國所害係三子建王武威郡逌興道逾齊國公
承天皇帝倓始王建寧英毅有才略善騎射祿山亂典親兵扈
車駕度渭百姓遮道留太子太子使倓諭曰至尊播遷吾可以違
左右乎倓進說曰逆胡亂常四海崩分不因人情圖興復雖欲從
上入蜀而散關以東非國家有夫大孝莫若安社稷殿下當募豪
桀趣河西收牧馬今防邊屯士不下十萬而光弼子儀全軍在河
朔與謀興復策之上者廣平王亦贊之於是議定太子北過渭
兵仗鹽惡士氣崩沮日數十戰倓以驍騎數百從每接戰常身先
血戰不告也太子或過時未食倓輒涕泗不自勝三軍皆屬目至
靈武太子即帝位議以倓為天下兵馬元帥左右固請廣平王帝曰
廣平既冢嗣安用元帥荅曰太子從曰撫軍守曰監國元帥撫軍也
莫宜於廣平王帝從之更詔倓典親軍以李輔國為府司馬時張

良娣有寵與輔國交搆欲以動皇嗣者倓忠謇數為帝言之由是
為良娣輔國所譖妄曰倓恨不總兵鬱鬱有異志帝惑偏語賜倓
死俄悔悟明年廣平王收二京使李泌獻捷泌與帝雅素從容語倓
事帝改容曰倓於艱難時實自有力為細人間鬩欲害其兄我計
社稷割愛而為之所泌曰爾時臣在河西知其詳廣平於兄弟篤睦
至今言建寧則嗚咽不自已陛下此言得之讒口耳帝泣下曰事已
爾柰何泌曰陛下嘗聞黃臺瓜乎高宗有八子天后所生者四人
自為行而睿宗最幼長曰弘為太子仁明孝友后方圖臨朝鴆殺之
而立次子賢賢日夏惕每侍上不敢有言乃作樂章使工歌之欲
以感悟上及后其言曰種瓜黃臺下瓜熟子離離一摘使瓜好再摘令
瓜稀三摘尚云可四摘抱蔓歸而賢終為后所斥死黔中陛下今
一摘矣慎無再帝愕然曰公安得是言是時廣平有大功亦為后
所構故泌因對及之廣平遂安及即位追贈倓齊王大曆三年有
詔以倓當艱難時首定大謀排衆議於中興有功乃進謚承天

皇帝以興信公主季女張為恭順皇后冥配焉葬順陵祔主奉天
皇帝廟同殿異室云初李泌請加贈倓代宗曰倓性忠孝而困於
讒追帝之若何荅曰開元中上皇兄弟皆贈太子帝曰是特祖宗
友愛耳豈若倓有功乎於是追帝號遣使迎喪彭原既至城門
喪輴不動帝謂泌曰豈有恨邪卿往祭之以白朕意且卿及知倓艱
難定策者泌為挽詞二解追述倓志命挽士唱泌因進酹輴乃行
觀者皆為垂泣
衞王佖始王西平蚤薨寶應元年五月與鄆王同追封
彭王僅始王新城進封史思明陷河洛人心震騷羣臣請以諸
王臨統方鎮兵遝相維壓於是詔僅充河西節度兗王北庭涇王
隴右杞王陝西興王鳳翔並為大使是歲僅薨子鎮為常山郡王
兗王僩始王潁川進王兗寶應元年薨
涇王侹始王東陽進王涇興元元年薨
鄆王榮始王靈昌蚤薨追封

襄王僙至德二載始王與杞召興定四王同封貞元七年薨子宣爲伊吾郡王宗樂安王宣裔孫熅

熅性謹柔材無過人者光啓二年田令孜逼僖宗幸興元邠寧節度使朱玫以五千騎追乘輿不及熅以疾不能從玫刼之駐鳳翔得臺省官百餘乃脅宰相蕭遘等率羣臣盟石鼻驛奉熅爲嗣襄王監軍國事因還京師即封拜官屬初遘執不可於是罷遘而玫自爲侍中號令已出以裴澈爲門下侍郎鄭昌圖中書侍郎皆平章事遣柳陟等十餘人分諭天下嗣襄王所以監國意皆得進官玫又脅太子太師裴璩等奉牋勸進熅五讓乃即位改元建貞尊僖宗爲太上元皇聖帝河中節度使王重榮率諸藩貢奉歸者十八九而蔡州秦宗權自僭號惟太原李克用不從時帝遣使諭重榮克用故二人聽命樞密使楊復恭等傳檄三輔募能斬玫者以邠寧節度畀之其僞將王行瑜自鳳州入京師殺玫而熅與澈昌圖并官屬奔東渭橋重榮紿使迎之熅與官屬別且泣曰朕見重榮

當令備所服迓公等至蒲執殺之因械澈等于獄誅殺僞官函熅首至行在所熅即僞位凡九月敗始熅首至羣臣白帝御興元南門受之百官稱賀太常博士殷盈孫奏言禮公族有罪有司曰某之罪在大辟君曰赦之如是者三走出致刑焉君爲素服不舉者三日今熅皇族以不能固節迫脅至此宜廢爲庶人絕屬籍葬以庶人禮大捷之慶須朱玫首至乃賀詔可

杞王倕貞元十四年薨

召王偲元和元年薨

恭懿太子佋始封興王上元元年薨佋生后方專愛帝最憐之后數撼儲嫡欲以佋嗣會薨計塞是夕帝及后夢佋辭決涕去帝鯁悵故册贈皇太子

定王侗寶應初薨

代宗二十子睿真皇后生德宗皇帝崔妃生邈貞懿皇后生迥十七王史亡其母之氏位

昭靖太子邈好學以賢聞上元二年始王益昌帝即位寶應元年進王鄭與韓王同封淄青牙將李懷玉逐其帥侯希逸詔邈爲平盧淄青節度大使以懷玉知留後大曆初代皇太子爲天下兵馬元帥八年薨遂罷元帥府

均王遐早薨貞元八年追封

睦王述大曆十年田承嗣不臣而昭靖夭無彊王帝乃悉王諸子領諸鎮軍威天下於是以述爲睦王領嶺南節度逾郴王渭北鄜坊節度迥韓王汴宋節度造忻王昭義節度皆爲大使連爲恩王遘鄜王暹韶王遇端王遹循王通恭王逵原王逸雅王並開府儀同三司然不出閤德宗建中初周天下訪太后所在述於諸王最長故拜奉迎太后使以工部尚書喬琳副之貞元七年薨

丹王逾始王郴建中四年與簡王同徙封元和十五年薨

恩王連元和十二年薨

韓王迥始王延慶郡以母寵故與鄭王先徙封貞元十二年薨

簡王遘始王鄜徙封簡元和四年薨

益王迺大曆十四年始王亡薨年

隋王迅興元元年薨

荆王選蚤薨建中二年追王

蜀王遡本名遂大曆十四年始王建中二年改今名

忻王造元和六年薨

韶王暹貞元十二年薨

嘉王運貞元十七年薨

端王遇貞元七年薨

循王遹亡薨年

恭王通亡薨年

原王逵大和六年薨

雅王逸貞元十五年薨

德宗十一子昭德皇后生順宗皇帝帝取昭靖太子子誼爲第一

子又取順宗子源爲第六子餘八王史亡其母之氏位

舒王誼初名謨帝愛其幼取爲子大曆十四年始王舒與通虔肅資四王同封拜開府儀同三司詔有司給奉稍俄以軍輿罷謨於諸王最長帝欲試以事故拜涇原節度大使時尚父郭子儀病篤帝臨軒遣謨持詔往視謨冠遠游冠御絳袍乘象輅四馬飛龍士三百國府官皆袴褶以從子儀手叩頭謝恩謨宣詔已乃易服勞問還於是李希烈反招討使李勉戰不勝奔宋州朝廷大震乃拜謨揚州大都督荊襄江西沔鄂節度使諸軍行營兵馬都元帥改名誼軍中以哥舒翰由元帥敗而王所封同之帝乃使從王普以兵部侍郎蕭復爲統軍長史湖南觀察使孔巢父爲行軍左司馬山南東道節度行軍司馬樊澤爲右刑部員外郎劉從一侍御史韋儹爲判官兵部員外郎高參掌書記右金吾大將軍渾瑊爲中軍虞候江西節度使嗣曹王臯爲前軍兵馬使鄂岳團練使李兼副之山南東道節度使賈耽爲中軍兵馬使荊南節度使張伯儀爲後軍兵馬使左神武軍使王价左衛將軍高承謙檢校太子詹事鄭曙檢校右庶子常愿爲押衙未及行涇原兵反誼從帝出奉天朱泚攻城誼晝夜傳勞諸軍不解帶帝還京師復故封揚州大都督如故永貞元年薨

通王諶始王拜開府儀同三司貞元九年領宣武節度大使以李萬榮爲留後二年徙河東以李說爲留後皆不出閤

虔王諒以王拜開府儀同三司貞元二年領蔡州節度大使以吳少誠爲留後十年徙節朔方靈鹽以李欒爲留後明年領橫海又徙徐州以程懷信張愔爲留後不出閤

肅王詳資秀異帝惡之建中二年薨甫四歲帝欲用浮屠說塔而不墳禮儀判官李岧諫非禮乃止詔贈揚州大都督

文敬太子源見愛於帝命爲子貞元初先諸王王邕歷義武昭義二軍節度大使以張茂昭王虔休爲留後不出閤十五年薨年十八追贈及謚葬日羣臣以位而哭通化門外陵及廟置令丞云

資王謙亡薨年

代王諲始王縉雲郡蚤薨建中二年追王

昭王誡貞元二十一年始王亡薨年

欽王諤順宗即位與珍王同封亡薨年

珍王誠大和六年薨

順宗二十七子莊憲皇后生憲宗皇帝及綰張昭訓生經趙昭儀生結王昭儀生緫約緄餘二十王史亡母之氏位四王蚤薨亡官謚

郯王經本名涣貞元四年始王建康郡與廣陵洋川臨淮弘農漢東晉陵高平雲安宣城德陽河東洛交十二王同封二十一年又與均溆莒密郇邵宋集冀和衡欽會珍福撫岳袁桂翼二十王皆進王王二十九年大和八年薨

均王緯初名泂王洋川後進王王三十三年開成二年薨

溆王縱初名洵王臨淮後進王王三十二年開成元年薨

莒王紓初名浼爲秘書監王弘農後進王王二十九年大和八年薨

密王綢初名泳王漢東後進王王三年元和二年薨

郇王緫初名湜授少府監王晉陵後進王王四年元和三年薨

邵王約初名溆爲國子祭酒王高平進王王二年元和元年薨

宋王結初名滋王雲安進王王十八年長慶二年薨

集王緗初名淮王宣城進王王十八年長慶二年薨

冀王綀初名湑爲太常卿王德陽進王王三十年大和九年薨

和王綺初名浥王河東進王王二十八年大和七年薨

衡王絢王二十二年寶曆二年薨

會王纁王六年元和五年薨

福王綰歷魏博節度大使咸通元年進拜司空王五十七年咸通二年薨

珍王繕初名況王洛交後進王亡薨年

撫王紘咸通初歷司空又進司徒太尉王七十三年乾符三年薨

岳王緄王二十三年大和二年薨

袞王紳王五十六年咸通元年薨
桂王綸王十年元和九年薨
翼王綽王五十八年咸通三年薨
蘄王緝王六年咸通八年薨
欽王績亡薨年
憲宗二十子紀美人生寧懿安皇后生穆宗皇帝孝明皇后生宣宗皇帝餘十七王皆後宮所生史逸其母之號氏
惠昭太子寧貞元二十一年始王平原與同安彭城高密文安四王同封帝即位進王鄧與澧深洋絳四王同封於是國嗣未立李絳等建言聖人以天下爲大器知一人不可獨化四海不可無本故建太子以自副然後人心定宗祏安有國不易之常道陛下受命四年而冢子未建是開窺覦之端乖愼重之義非所以承列聖示萬世帝曰善以寧爲皇太子更名宙前以制示絳等未幾復初名冊禮用孟夏雨不克改用孟秋亦雨冬十月克行禮明年薨年

十九
澧王惲始王同安後進王惠昭之喪吐突承璀議復立儲副意屬惲帝自以穆宗爲太子帝崩之夕承璀死王被殺秘不發喪久之以告廢朝三日三子曰漢王東陽郡曰源安陸曰演臨安初惲名寬深王察洋王寰絳王寮建王審元和七年並改今名
深王悰始王彭城郡進王深子潭王河內淑吳興洋王忻始王高密進王洋大和二年薨子沛王穎川郡
絳王悟始王文安進王敬宗崩蘇佐明等矯詔以王領軍國事王守澄等立文宗王見殺二子洙王新安滂高平
建王恪元和元年始封時淄青節度使李師古死其弟師道丐符節故詔恪爲鄆州大都督平盧軍淄青等州節度大使以師道爲留後然不出閤長慶元年薨無嗣
鄜王憬長慶元年始王與瓊沔婺茂淄衢澶七王同封開成四年薨子𤀹平陽郡王
瓊王悅子津河間郡王
沔王恂子瀛晉陵郡王
婺王懌子湑新平郡王
茂王愔子漣武功郡王
淄王協開成元年薨子漭許昌郡王渙馮翊郡王
衢王憺子涉晉平郡王
澶王悅子濘鴈門郡王
棣王惴大中六年始王與彭信二王同封咸通三年薨無嗣
彭王惕乾寧中韓建殺之石隄谷無嗣
信王憻咸通八年薨無嗣
榮王憒咸通三年始王廣明初拜司空子令平嗣王凡八王史失其薨年
穆宗五子恭僖皇后生敬宗皇帝貞獻皇后生文宗皇帝宣懿皇后生武宗皇帝餘二王亡其母之氏位

懷懿太子湊少雅裕有尋矩長慶元年始王漳與安王同封文宗即位疾王守澄顓很引支黨橈國謀盡誅之密引宰相宋申錫使爲計守澄客鄭注伺知之以告乃謀先事殺申錫又以王賢有中外望因欲株聯大臣族夷之乃令神策虞候豆盧著上飛變且言宮史晏敬則朱訓與申錫昵吏王師文圖不軌訓嘗言上多疾太子幼若兄終弟及必漳王立申錫陰以金幣進王而王亦以珍服厚答即捕訓等繫神策獄榜掠定其辭諫官羣伏閤極言出獄牒付外雜治注等懼事洩乃請下詔貶王帝未之悟因黜湊爲巢縣公時大和五年也命中人持詔即賜且慰曰國法當爾無它憂八年薨贈齊王注後以罪誅帝哀湊被讒死不自明開成三年追贈
安王溶初楊賢妃得寵於文宗晚稍多疾妃陰請以王爲嗣密爲自安地帝與宰相李珏謀珏謂不可乃止及帝崩仇士良立武宗欲重己功即擿溶嘗欲以爲太子事殺之
敬宗五子妃郭氏生晉餘四王亡母之氏位

悼懷太子普姿性韶悟寶曆元年始王晉文宗愛之若己子嘗欲爲嗣大和二年薨帝惻念不能已故贈卹加焉敬宗第二子休復文宗開成二年封梁王第三子執中爲襄王第四子言揚爲紀王第五子成美爲陳王執中子宲爲樂平郡王

陳王成美初文宗以莊恪薨大臣數請建東宮開成四年帝乃立成美爲皇太子典冊未具而帝崩仇士良立武宗殺之於邸子儼王宣城郡文宗二子王德妃生永後宮生宗儉

莊恪太子永大和四年始王魯帝以王幼宜得賢輔因召見傅和元亮元亮以卒史進有所問不能荅帝責謂宰相王可教官屬應任士大夫賢者必孚元亮比邪於是劇選戶部侍郎庾敬休兼王傅太常卿鄭肅兼長史戶部郎中李踐方兼司馬六年遂立爲皇太子帝承寶曆荒怠身勤儉率天下謂晉王生謹敏欲引爲嗣會蚤夭故久不議東宮事及太子立天下屬心焉開成三年詔宮臣詣崇明門謁朔望侍讀偶日入對太子稍事燕豫不能壹循法保

傅戒告愁不納又母愛弛楊賢妃方幸數譖之帝它日震怒御延英引見羣臣詔曰太子多過失不可屬天下其議廢之羣臣頓首言太子春秋盛雖有過尚可改且天下本不可輕動惟陛下幸赦御史中丞狄兼謨流涕固爭帝未決罷羣臣又連章論救意稍釋詔太子還少陽院以中人護視誅倖昵數十人敕侍讀竇宗直周敬復詣院授經然太子終不能自白其讒而行己亦不加脩也是年暴薨帝悔之明年下詔以陳王爲太子置酒殿中有俳兒緣橦父畏其顚環走橦下帝感動謂左右曰朕有天下返不能全一兒乎因泣下卽取坊工劉楚才等數人付京兆榜殺之及禁中女倡十人斃永巷皆短毀太子者宰相楊嗣復等不及知因言楚才等罪當誅京兆殺之不覆奏敢以請翌日詔京兆後有決死敕不覆者亦許如故事以聞

蔣王宗儉開成二年始王亡薨年

武宗五子其母氏位皆不傳

杞王峻開成五年始王

益王峴會昌二年始王與兗德昌三王同封

兗王岐

德王嶧

昌王嵯並逸其薨年

宣宗十一子元昭太后生懿宗皇帝餘皆亡其母之氏位

靖懷太子漢會昌六年始王雍與夔慶二王同封大中六年薨有詔追冊

雅王涇大中元年始王亡薨年

通王滋會昌六年始王夔與慶王沂同封帝初詔鄆王居十六宅餘五王處大明宮內院以諫議大夫鄭漳兵部郎中李鄴爲侍讀五日一謁乾符門爲王授經鄆王立爲懿宗乃罷滋徙王昭宗乾寧三年領侍衛諸軍是時誅王行瑜而李茂貞怨以兵入覲詔滋與諸王分統安聖奉宸保寧安化軍衛京師天子將狩太

原韓建道迎之留次華州建畏王等有兵遣人上急變告諸王欲殺建脅帝幸河中帝驚召建諭之稱疾不肯入敕滋與睦王濟王韶王彭王韓王沂王陳王謁建自解建留軍中奏言中外異體臣不可以私見又言晉八王擅權卒敗天下請歸十六宅悉罷所領兵帝不許建以兵環行在請誅大將李筠帝懼斬筠以謝建盡逐衛兵自是天子孤弱矣初帝使嗣延王戒丕嗣丹王允往見李克用二王還建惡之又嗣覃王嘗督軍伐茂貞於是劾奏比歲兵纏近輔諸王階其禍使乘輿越在下藩不得安臣已請解其兵今延覃丹三王尚陰計以危國請誅之帝曰渠至是邪後三日與劉季述矯詔以兵攻十六宅諸王被髮乘垣走或升屋極號曰帝救我建乃將十一王幷其屬至石隄谷殺之徐以謀反聞天下冤之濟韶彭韓沂陳延覃丹九王史逸其系胄云

慶王沂大中十四年薨

濮王澤大中二年始王亡薨年

鄂王潤大中五年始王乾符三年薨
懷王洽大中八年與昭康二王同封亡薨年
昭王汭乾符三年薨
康王汶乾符四年薨
廣王潓大中十一年始王與衛王同封乾符四年薨
衛王灌大中十四年薨
懿宗八子惠安皇后生僖宗皇帝恭憲皇后生昭宗皇帝餘六王
亡其母氏位
魏王佾咸通三年始王與涼蜀二王同封
涼王侹乾符六年薨
蜀王佶
威王偘咸通六年始王鄆十年徙王
吉王保咸通十三年始王與睦王同封王於兄弟爲最賢始僖宗
崩王最長將立之楊復恭獨議以昭宗嗣乾寧元年李茂貞等以

兵入京師謀廢帝立王會李克用以兵逐行瑜乃止
恭哀太子倚初封睦王爲劉季述所殺天復初追贈
僖宗二子史失其母氏位
建王震中和元年始王
益王陞光啓三年始王並亡薨年
昭宗十七子積善皇后生裕及哀皇帝餘皆失母之氏位
德王裕大順二年始王帝幸華州韓建已奪諸王兵不自安乃請
王皇子之未王者既又殺諸王因請立裕爲皇太子釋言於四方
時乾寧四年也劉季述等幽帝東內奉裕即皇帝位季述誅裕匿
右軍或請殺之帝曰太子沖孺賊彊立之且何罪詔還少陽院復爲
王朱全忠自鳳翔還見王春秋盛標宇軒秀忌之密語崔胤曰王
既嘗竊帝矣大義滅親渠可留公任宰相盍啓之胤從容言如全忠
意帝不許他日以語全忠全忠曰此國大事臣安敢與此必胤賣
臣也乃免帝遷洛它日謂蔣玄暉曰德王朕愛子全忠奈何欲殺

之言已泣下自齧指流血玄暉即遽語全忠全忠恚帝被弑玄暉
置酒邀諸王九曲池飲酣皆殺之投尸水中
棣王祤乾寧元年始王與虔沂遂三王同封
虔王禊
沂王禋
遂王禕
景王秘乾寧四年始王與祁王同封
祁王祺
雅王禛光化元年始王與瓊王同封
瓊王祥
端王禎天祐元年始王與豐和登嘉四王同封
豐王祁
和王福
登王禧
嘉王祜

穎王禔天祐二年始王與蔡王祐同封
蔡王祐
贊曰唐自中葉宗室子孫多在京師幼者或不出閤雖以國王之
實與匹夫不異故無赫赫過惡亦不能爲王室軒輊運極不還與
唐俱殫然則曆數短長自有底止彼漢七國晉八王不得其效愈
速禍云

十一宗諸子列傳第七

諸公主列傳第八　唐書卷八十三

端明殿學士兼翰林侍讀學士龍[illegible]侍郎[illegible]臣宋祁奉

敕撰

世祖一女

同安公主高祖同母媦也下嫁隋州刺史王裕貞觀時以屬尊進大長公主甞有疾太宗躬省視賜縑五百媪侍皆有賚予永徽初賜實戶三百薨年八十六裕隋司徒柬之子終開府儀同三司

高祖十九女

長沙公主下嫁馮少師

襄陽公主下嫁竇誕

平陽昭公主太穆皇后所生下嫁柴紹初高祖兵興主居長安紹曰尊公將以兵清京師我欲往恐不能偕奈何主曰公行矣我自爲計紹詭道走幷州主奔鄠發家貲招南山亡命得數百人以應帝於是名賊何潘仁壁司竹園殺行人稱揔管主遣家奴馬三寶喻降之共攻鄠別部賊李仲文向善志丘師利等各持所領會戲下因略地盩厔武功始平下之乃申法誓衆禁剽奪遠近咸附勒兵七萬威振關中帝度河紹以數百騎並南山來迎主引精兵萬人與秦王會渭北紹及主對置幕府分定京師號娘子軍帝即位以功給賚不涯武德六年薨葬加前後部羽葆鼓吹大路麾幢虎賁甲卒班劒太常議婦人葬古無鼓吹帝不從曰鼓吹軍樂也往者主身執金鼓參佐命于古有邪宜用之

高密公主下嫁長孫孝政又嫁段綸綸隋兵部尚書文振子爲工部尚書杞國公永徽六年主薨遺命吾葬必令墓東向以望獻陵冀不忘孝也

長廣公主始封桂陽下嫁趙慈景慈景隴西人帝美其姿制故妻之帝起兵或勸亡去對曰母以我爲命且安往吏捕繫于獄帝平京師引拜開化郡公爲相國府文學進兵部侍郎爲華州刺史討堯君素戰死贈秦州刺史謚曰忠公主更嫁楊師道聰悟有思工

爲詩豪侈自肆晚稍折節以壽薨

長沙公主始封萬春下嫁豆盧寬子懷讓

房陵公主始封永嘉下嫁竇奉節又嫁賀蘭僧伽

九江公主下嫁執失思力

廬陵公主下嫁喬師望爲同州刺史

南昌公主下嫁蘇勗

安平公主下嫁楊思敬

淮南公主下嫁封道言

真定公主下嫁崔恭禮

衡陽公主下嫁阿史那社尒

丹陽公主下嫁薛萬徹萬徹蠢甚公主羞不與同席者數月太宗聞笑焉爲置酒悉召它壻與萬徹從容語握槊賭所佩刀陽不勝遂解賜之主喜命同載以歸

臨海公主下嫁裴律師

館陶公主下嫁崔宣慶

安定公主始封千金下嫁溫挺挺死又嫁鄭敬玄

常樂公主下嫁趙瓌生女爲周王妃武后殺之逐瓌括州刺史從壽州越王貞將舉兵遺瓌書假道瓌將應之主進使者曰爲我謝王與其進不與其退若諸王皆丈夫不應淹久至是我聞楊氏篡周尉遲迥乃周出猶能連突厥使天下響震況諸王國懿親宗祏所託不捨生取義尚何須邪人臣同國患爲忠不同爲逆王等勉之王敗周興劾瓌與主連謀皆被殺

太宗二十一女

襄城公主下嫁蕭銳性孝睦動循矩法帝敕諸公主視爲師式有司告營別第辭曰婦事舅姑如父母異宮則定省闕止葺故第門列雙戟而已銳卒更嫁姜簡永徽二年薨高宗舉哀於命婦朝堂遣工部侍郎丘行淹馳馹弔祭陪葬昭陵喪次故城帝登樓望哭以送柩

汝南公主蚤薨
南平公主下嫁王敬直以累斥嶺南更嫁劉玄意
遂安公主下嫁竇逵逵死又嫁王大禮
長樂公主下嫁長孫沖帝以長孫皇后所生故敕有司裝賚視長
公主而倍之魏徵曰昔漢明帝封諸王曰朕子安得同先帝子乎
然則長公主者尊公主矣制有等差渠可越也帝以語后后曰嘗
聞陛下厚禮徵而未知也今聞其言乃納主於義社稷臣也妾於
陛下夫婦之重有所言猶候顏色況臣下情隔禮殊而敢犯嚴顏
陳忠言哉願許之與天下爲公帝大悅因請齎帛四百匹錢四十
萬即徵家賜之
豫章公主下嫁唐義識
比景公主始封巴陵下嫁柴令武坐與房遺愛謀反同主賜死顯
慶中追贈立廟於墓四時祭以少牢
普安公主下嫁史仁表
東陽公主下嫁高履行高宗即位進爲大長公主韋正矩之誅主
坐婚家斥徙集州又坐章懷太子累奪邑封以長孫无忌舅族也
故武后惡之垂拱中并二子徙置巫州
臨川公主韋貴妃所生下嫁周道務主工籀隸能屬文高宗立上
孝德頌帝下詔襃答永徽初進長公主恩賞卓異永淳初薨道務
殿中大監譙郡公範之子初道務孺褓時以功臣子養宮中範卒
還第毀瘠如成人復內之年十四乃得出歷營州都督檢校右驍
衛將軍謚曰襄
清河公主名敬字德賢下嫁程懷亮薨麟德時陪葬昭陵懷亮知
節子也終寧遠將軍
蘭陵公主名淑字麗貞下嫁竇懷悊薨顯慶時懷悊官兗州都督
太穆皇后之族子
晉安公主下嫁韋思安又嫁楊仁輅
安康公主下嫁獨孤諶

新興公主下嫁長孫曦
城陽公主下嫁杜荷坐太子承乾事誅又嫁薛瓘初主之婚帝使
卜之繇曰二火皆食始同榮末同戚請晝昏則吉馬周諫曰朝謁
以朝思相戒也講習以晝思相成也燕飲以昃思相歡也婚合以
夜思相親也故上下有成內外有親動息有時吉凶有儀今先亂
其始不可爲也夫卜所以決疑若黷禮慢先聖人所不用帝乃止
麟德初瓘歷左奉宸衛將軍主坐巫蠱斥瓘房州刺史主從之官
咸亨中主薨而瓘卒雙柩還京師子顗封河東縣侯濟州刺史琅
邪王沖起兵顗與弟紹以所部庸調作兵募士且應之沖敗殺都
吏以滅口事泄下獄俱死
合浦公主始封高陽下嫁房玄齡子遺愛主帝所愛故禮異它婿
主負所愛而驕房遺直以嫡當拜銀青光祿大夫讓弟遺愛帝不
許玄齡卒主導遺愛異貲既而反譖之遺直自言帝痛讓主乃免
自是稍疏外主怏怏會御史劾盜得浮屠辯機金寶神枕自言主
所賜初浮屠廬主之封地會主與遺愛獵見而悅之具帳其廬與
之亂更以二女子從遺愛私餉億計至是浮屠殊死殺奴婢十餘
主益望帝崩無哀容又浮屠智勗迎占禍福惠弘能視鬼道士李
晃高醫皆私侍主主使掖廷令陳玄運伺宮省禨祥步星次永徽
中與遺愛謀反賜死顯慶時追贈
金山公主蚤薨
晉陽公主字明達幼字兕子文德皇后所生未嘗見喜慍色帝有
所怒責必伺顏徐徐辯解故省中多蒙其惠莫不譽愛后崩時主
始孩不之識及五歲經后所游地哀不自勝帝諸子唯晉王及主
最少故親畜之王每出閤主送至虔化門泣而別王勝衣班于朝
主泣曰兄今與羣臣同列不得在內乎帝亦爲流涕主臨帝飛白
書下不能辨薨年十二帝閱三旬不常膳日數十哀因以癯羸羣
臣進勉帝曰朕渠不知悲愛無益而不能已我亦不知其所以然
因詔有司簿主湯沐餘貲營佛祠墓側

常山公主　未及下嫁薨顯慶時
新城公主晉陽母弟也下嫁長孫詮詮以罪徙巂州更嫁韋正矩
爲奉晁大夫遇主不以禮俄而主暴薨高宗詔三司雜治正矩不
能辯伏誅以皇后禮葬昭陵旁

高宗三女

義陽公主蕭淑妃所生下嫁權毅
高安公主義陽母弟也始封宣城下嫁穎州刺史王勗天授中勗
爲武后所誅神龍初進冊長公主實封千戶開府置官屬睿宗立
增戶千薨開元時玄宗哭於暉政門遣大鴻臚持節赴弔京兆尹
攝鴻臚護喪事
太平公主則天皇后所生后愛之傾諸女榮國夫人死后丐主爲
道士以幸冥福儀鳳中吐蕃請主下嫁后不欲弃之夷乃眞築宮
如方士薰戒以拒和親事久之主衣紫袍玉帶折上巾具紛礪歌
舞帝前帝及后大笑曰兒不爲武官何遽尒主曰以賜駙馬可乎
帝識其意擇薛紹尚之假萬年縣爲婚館門隘不能容翟車有司
毀垣以入自興安門設燎相屬道樾爲枯紹死更嫁武承嗣會承嗣
小疾罷昏后殺武攸曁妻以配主主方額廣頤多陰謀后常謂類
我而主內與謀外檢畏終后世無它訾永淳之前親王食實戶八
百增至千輒止公主不過三百而主獨加戶五十及聖曆時進及
三千戶預誅二張功增號鎭國與相王均封五千而薛武二家女
皆食實封主與相王衞王成王長寧安樂二公主給衞士環第十
步一區持兵呵衞僭肖宮省神龍時與長寧安樂宜城新都定安
金城凡七公主皆開府置官屬視親王安樂戶至三千長寧二千
五百府不置長史宜城定安非韋后所生戶止二千主三子崇簡
崇敏崇行皆拜三品韋后上官昭容用事自以謀出主下遠甚憚
之主亦自以軋而可勝故益橫於是推進天下士謂儒者多窶狹
厚持金帛謝之以動大議遠近翕然響之玄宗將誅韋氏主與秘
計遣子崇簡從事定將立相王未有以發其端者主顧溫王乃兒

子可劫以爲功乃入見王曰天下事歸相王此非兒所坐乃挾王
下取乘輿服進睿宗睿宗即位主權由此震天下加實封至萬戶
三子封王餘皆祭酒九卿主每奏事漏數徙乃得退所言皆從有
所論薦或自寒冗躐進至侍從旋踵將相朝廷大政事非關決不
下間不朝則宰相就第咨判天子殆畫可而已主侍武后久善策
人主微指先事逢合無不中田園徧近甸皆上腴吳蜀嶺嶠市作
器用州縣護送道相望也天下珍滋譎怪充于家供帳聲伎與天
子等侍兒曳紈縠者數百奴伯嫗監千人隴右牧馬至萬匹長安
浮屠慧範畜貲千萬諂結權近本善張易之及易之誅或言其豫
謀者於是封上庸郡公月給奉稍主乳媼與通奏擢三品御史大
夫御史魏傳弓劾其姦贓四十萬請論死中宗欲赦之進曰刑賞
國大事陛下賞已妄加矣又欲廢刑天下其謂何帝不得已削銀
青階大夫薛謙光劾慧範不法不可貸主爲申理故謙光等反
得罪玄宗以太子監國使宋王岐王揔禁兵主恚權分乘輦至光
範門召宰相白廢太子於是宋璟姚元之不悅請出主東都帝不許
詔主居蒲州主大望太子懼奏斥璟元之以銷釁怨嫌監察御史
慕容珣復劾慧範事帝疑珣離間骨肉貶密州司馬主居外四月
太子表追還京師時宰相七人五出主門下又左羽林大將軍常元
楷知羽林軍李慈皆私謁主主內忌太子明又宰相皆其黨乃有
逆謀先天二年與尚書左僕射竇懷貞侍中岑羲中書令蕭至忠
崔湜太子少保薛稷雍州長史李晉右散騎常侍昭文館學士賈
膺福鴻臚卿唐晙及元楷慈慧範等謀廢太子使元楷慈舉羽林
兵入武德殿殺太子懷貞羲至忠舉兵南衙爲應既有日矣太子
得其姦召岐王薛王兵部尚書郭元振將軍王毛仲殿中少監姜
晈中書侍郎王琚吏部侍郎崔日用定策前一日因毛仲取內閑
馬三百率太僕少卿李令問王守一內侍高力士果毅李守德叩
虔化門梟元楷慈於北闕下縛膺福內客省執羲至忠至朝堂斬
之因大赦天下主聞變亡入南山三日乃出賜死于第諸子及黨

與死者數十人簿其田貲瓌琦若山督子貸凡三年不能盡崇簡素知主謀苦諫主怒榜掠尤楚至是復官爵賜氏李始主作觀池樂游原以爲盛集既敗賜寧申岐薛四王都人歲祓禊其地

中宗八女

新都公主下嫁武延暉

宜城公主始封義安郡主下嫁裴巽巽有嬖姝主恚刵耳劓鼻且斷巽髮帝怒斥爲縣主巽左遷久之復故封神龍元年與長寧新寧義安安樂新平五郡主皆進封

定安公主始封新寧郡下嫁王同皎同皎得罪神龍時又嫁韋濯濯即韋皇后從祖弟以衞尉少卿誅更嫁太府卿崔銑主薨王同皎子請與父合葬給事中夏侯銛曰主義絕王廟恩成崔室逝者有知同皎將拒諸泉銑或訴於帝乃止銛坐是貶瀘州都督

長寧公主韋庶人所生下嫁楊慎交造第東都使楊務廉營總第成府財幾竭乃擢務廉將作大匠又取西京高士廉第左金吾衞故營合爲宅右屬都城左頫大道作三重樓以馮觀築山浚池帝及后數臨幸置酒賦詩又幷坊西隙地廣鞠場東都廢永昌縣主丐其治爲府以地瀕洛築鄣之崇臺蜚觀相聯屬無慮費二十萬魏王泰故第東西盡一坊瀦沼三百畝泰薨以與民至是主丐得之亭閣華詭埒西京內倚母愛寵傾一朝與安樂宜城二主后媦郕國崇國夫人爭任事賕謁紛紜東都第成不及居韋氏敗斥愼交絳州別駕主偕往乃請以東都第爲景雲祠而西京鬻第評木石直爲錢二十億萬開元十六年愼交死主更嫁蘇彥伯務廉卒坐贓數十萬廢終身

永壽公主下嫁韋鐬蚤薨長安初追贈

永泰公主以郡主下嫁武延基大足中忤張易之爲武后所殺帝追贈以禮改葬號墓爲陵

安樂公主最幼女帝遷房陵而主生解衣以裖之名曰裹兒姝秀辯敏后尤愛之下嫁武崇訓帝復位光艷動天下侯王柄臣多出其門嘗作詔箝其前請帝署可帝笑從之又請爲皇太女左僕射魏

元忠諫不可主曰元忠山東木強烏足論國事阿武子尚爲天子天子女有不可乎與太平等七公主皆開府而主府官屬尤濫皆出屠販納訾售官降墨敕斜封授之故號斜封官主營第及安樂佛廬皆憲寫宮省而工緻過之嘗請昆明池爲私沼帝曰先帝未有以與人者主不悅自鑿定昆池延袤數里定言可抗訂之也司農卿趙履溫爲繕治累石肖華山隥彴橫邪回淵九折以石瀵水又爲寶鑪鏤怪獸神禽間以璖貝珊瑚不可涯計崇訓死主素與武延秀亂即嫁之是日假后車輅自宮送至第帝與后爲御安福門臨觀詔雍州長史竇懷貞爲禮會使弘文學士爲儐相王障車捐賜金帛不訾翌日大會羣臣太極殿主被翠服出嚮天子再拜南面拜公卿公卿皆伏地稽首武攸暨與太平公主偶舞爲帝壽賜羣臣帛數十萬帝御承天門大赦因賜民酺三日內外官賜勳緣禮官屬兼階爵奪臨川長公主宅以爲第旁徹民廬怨聲囂然第成禁藏空殫假萬騎仗內音樂送主還第天子親幸宴近臣崇訓子方數歲拜太常卿封鎬國公實封戶五百公主滿孺月帝后復幸第大赦天下時主與長寧定安三家廝臺掠民子女爲奴婢左臺侍御史袁從一縛送獄主入訴帝爲手詔諭免從一曰陛下納主訴縱奴驅掠平民何以治天下臣知放奴則免禍劾奴則得罪於主然不忍屈陛下法自偷生也不納臨淄王誅庶人主方覽鏡作眉聞亂走至右延明門兵及斬其首追貶爲悖逆庶人睿宗即位詔以二品禮葬之趙履溫諂事主嘗褫朝服以項挽車庶人死蹈舞承天門呼萬歲臨淄王斬之父子同刑百姓疾其興役割取肉去

成安公主字季姜始封新平下嫁韋捷捷以韋后從子誅主後薨

睿宗十一女

壽昌公主下嫁崔眞

安興昭懷公主蚤薨

荊山公主下嫁薛伯陽

淮陽公主下嫁王承慶

代國公主名華字華婉劉皇后所生下嫁鄭萬鈞
涼國公主字華莊始封仙源下嫁薛伯陽
薛國公主始封清陽下嫁王守一守一誅更嫁裴巽
鄎國公主崔貴妃所生三歲而妃薨哭泣不食三日如成人始封
荊山下嫁薛儆又嫁鄭孝義開元初封邑至千四百戶
金仙公主始封西城縣主景雲初進封太極元年與玉眞公主皆
爲道士築觀京師以方士史崇玄爲師崇玄本寒人事太平公主
得出入禁中拜鴻臚卿聲勢光重觀始興詔崇玄護作日萬人羣
浮屠疾之以錢數十萬賂狂人段謙冒入承天門升太極殿自稱
天子有司執之辭曰崇玄使我來詔流嶺南且敕浮屠方士無兩
競太平敗崇玄伏誅
玉眞公主字持盈始封崇昌縣主俄進號上清玄都大洞三景師
天寶三載上言曰先帝許妾捨家今仍叨主第食租賦誠願去公
主號罷邑司歸之王府玄宗不許又言妾高宗之孫睿宗之女陛
下之女弟於天下不爲賤何必名繫主號資湯沐然後爲貴請入
數百家之產延十年之命帝知至意乃許之薨寶應時
霍國公主下嫁裴虛己
玄宗二十九女
永穆公主下嫁王繇
常芬公主下嫁張去奢
孝昌公主蚤薨
唐昌公主下嫁薛鏽
靈昌公主蚤薨
常山公主下嫁薛譚又嫁竇澤
萬安公主天寶時爲道士開元新制長公主封戶二千帝妹戶千
率以三丁爲限皇子王戶二千主半之左右以爲薄帝曰百姓租
賦非我有士出萬死賞不過束帛女何功而享多戶邪使知儉嗇
不亦可乎於是公主所稟殆不給車服後咸宜以母愛益封至千

戶諸主皆增自是著于令主不下嫁亦封千戶有司給奴婢如令
上仙公主蚤薨
懷思公主蚤薨葬築臺號登眞
晉國公主始封高都下嫁崔惠童貞元元年與衛楚宋齊宿蕭鄧
紀郜國九公主同徙封
新昌公主下嫁蕭衡
臨晉公主皇甫淑妃所生下嫁郭潛曜薨大曆時
衛國公主始封建平下嫁豆盧建又嫁楊說薨貞元時
眞陽公主下嫁源清又嫁蘇震
信成公主下嫁獨孤明
楚國公主始封壽春下嫁吳澄江上皇居西宮獨主得入侍興元
元年請爲道士詔可賜名上善
普康公主蚤薨咸通九年追封
昌樂公主高才人所生下嫁竇鍔薨大曆時
永寧公主下嫁裴齊丘
宋國公主始封平昌下嫁溫西華又嫁楊徽薨元和時
齊國公主始封興信徙封寧親下嫁張垍又嫁裴潁末嫁楊敷薨
貞元時
咸宜公主貞順皇后所生下嫁楊洄又嫁崔嵩薨興元時
宜春公主蚤薨
廣寧公主董芳儀所生下嫁程昌胤又嫁蘇克貞薨大曆時
萬春公主杜美人所生下嫁楊朏又嫁楊錡薨大曆時
太華公主貞順皇后所生下嫁楊錡薨天寶時
壽光公主下嫁郭液
樂城公主下嫁薛履謙坐嗣岐王珍事誅
新平公主常才人所生幼智敏習知圖訓帝賢之下嫁裴玪又嫁
姜慶初慶初得罪主幽禁中薨大曆時
壽安公主曹野那姬所生孕九月而育帝惡之詔衣羽人服代宗以廣

平王入謁帝字呼主曰蟲娘汝後可與名王在靈州請封下嫁蘇發

肅宗七女

宿國公主始封長樂下嫁豆盧湛

蕭國公主始封寧國下嫁鄭巽又嫁薛康衡乾元元年降回紇英武威遠可汗乃置府二年還朝貞元中讓府屬更置邑司

和政公主章敬太后所生生三歲后崩養于韋妃性敏惠事妃有孝稱下嫁柳潭安祿山陷京師寧國公主方嫠居主棄三子奪潭馬以載寧國身與潭步日百里潭躬水薪主躬爨以奉寧國初潭兄澄之妻楊貴妃姊也勢幸傾朝公主未嘗干以私及死撫其子如所生從玄宗至蜀始封還潭駙馬都尉郭千仞反玄宗御玄英樓諭降之不聽潭率折衝張義童等殊死鬬主彀弓授潭潭手斬賊五十級平之肅宗有疾主侍左右勤勞詔賜田以女弟寶章主未有賜固讓不敢當阿布思之妻隸掖廷帝宴使衣綠衣爲倡主諫曰布思誠逆人妻不容近至尊無罪不可與羣倡處帝爲免出之自兵興財用耗主以貿易取奇贏千萬澹軍及帝山陵又進邑入千萬代宗初立屢陳人間利病國家盛衰事天子鄉納吐蕃犯京師主避地南奔次商於遇羣盜主諭以禍福皆稽顙願爲奴代宗以主貧詔諸節度餉億主一不取親紉裧裳衣諸子不服紈絺廣德時吐蕃再入寇主方娠入語備邊計潭固止主曰君獨無兄乎入見內殿翌日免乳而薨

郯國公主始封大寧下嫁張清薨貞元時

紀國公主始封宜寧下嫁鄭沛薨元和時

永和公主韋妃所生始封寶章下嫁王詮薨大曆時

郜國公主韋妃所生始封延光下嫁裴徽又嫁蕭升升卒主與彭州司馬李萬亂而蜀州別駕蕭鼎澧陽令韋惲太子詹事李昪皆私侍主家久之姦聞德宗怒幽主它第杖殺萬斥鼎惲昪嶺表貞元四年又以厭蠱廢六年薨子位坐爲蠱祝囚端州佩儒偲囚房州前生子駙馬都尉裴液囚錦州主女爲皇太子妃帝畏妃怨望將殺之未幾會主薨太子屬疾乃殺妃以厭災謚曰惠

代宗十八女

靈仙公主蚤薨追封

貞定公主蚤薨追封

永清公主下嫁裴倣

齊國昭懿公主崔貴妃所生始封升平下嫁郭曖大曆末寰內民訴涇水爲磑壅不得溉田京兆尹黎幹以請詔撤磑以水與民時主及曖家皆有磑丐留帝曰吾爲蒼生若可爲諸戚唱即日毀由是廢者八十所憲宗即位獻女伎帝曰太上皇不受獻朕何敢違還之薨元和時贈虢國謚莊穆宗立復贈

華陽公主貞懿皇后所生韶悟過人帝愛之視帝所喜必善遇所惡曲全之大曆七年以病丐爲道士號瓊華眞人病甚齧帝指傷薨追封

玉清公主蚤薨追封

嘉豐公主下嫁高怡與普寧公主同降有司具冊禮光順門以雨不克罷薨建中時

長林公主下嫁衛尉少卿沈明貞元二年具冊禮德宗不御正殿不設樂遂爲故事薨元和時

太和公主蚤薨追封

趙國莊懿公主始封武清貞元元年徙封嘉誠下嫁魏博節度使田緒德宗幸望春亭臨餞厭翟敝不可乘以金根代之公主出降乘金根車自主始薨元和時贈封及謚

玉虛公主蚤薨

普寧公主下嫁吳士廣

晉陽公主下嫁太常少卿裴液薨太和時

義清公主下嫁秘書少監柳杲

壽昌公主下嫁光祿少卿竇克良薨貞元時

新都公主貞元十二年下嫁田華具禮光順門五禮由是廢

西平公主蚤薨

章寧公主蚤薨
德宗十一女
韓國貞穆公主昭德皇后所生幼謹孝帝愛之始封唐安將下嫁
秘書少監韋宥未克而朱泚亂從至城固薨加封謚
魏國憲穆公主始封義陽下嫁王士平主恣橫不法帝幽之禁中
錮士平于第久之拜安州刺史坐交中人貶賀州司戶參軍門下
客蔡南史獨孤申叔爲主作團雪散雪辭狀離曠意帝聞怒捕
南史等逐之幾廢進士科薨追封及謚
鄭國莊穆公主始封義章下嫁張孝忠子茂宗薨加贈及謚
臨眞公主下嫁秘書少監薛釗薨元和時
永陽公主下嫁殿中少監崔諲
普寧公主蚤薨
文安公主丐爲道士薨大和時
燕國襄穆公主始封咸安下降回紇武義成功可汗置府薨元和

時追封及謚
義川公主蚤薨
宜都公主下嫁殿中少監柳昱薨貞元時
晉平公主蚤薨
順宗十一女
漢陽公主名暢莊憲皇后所生始封德陽郡主下嫁郭鏦辭歸第
涕泣不自勝德宗曰兒有不足邪對曰思相離無他恨也帝亦泣顧
太子曰眞而子也永貞元年與諸公主皆進封時戚近爭爲奢詡事
主獨以儉常用鐵簪畫壁記田租所入文宗尤惡世流侈因主入
問曰姑所服何年法也今之弊何代而然對曰妾自貞元時辭宮
所服皆當時賜未嘗敢變元和後數用兵悉出禁藏纖麗物賞戰
士由是散於人間內外相矜忸以成風若陛下示所好于下誰敢不
變帝悅詔宮人視主衣製廣狹徧諭諸主且敕京兆尹禁切浮靡
主嘗誨諸女曰先姑有言吾與若皆帝子驕盈貴侈可戒不可恃
開成五年薨
梁國恭靖公主與漢陽同生始封咸寧郡主徙普安下嫁鄭何薨
追封及謚
東陽公主始封信安郡主下嫁崔杞
西河公主始封武陵郡主下嫁沈翬薨咸通時
雲安公主亦漢陽同生下嫁劉士涇
襄陽公主始封晉康縣主下嫁張孝忠子克禮主縱恣常微行市
里有薛樞薛渾李元本皆得私侍而渾尤愛至謁渾母如姑有司
欲致詰多與金使不得發克禮以聞穆宗幽主禁中元本乃功
臣惟簡子故貸死流象州樞渾崖州
潯陽公主崔昭儀所生大和三年與平恩邵陽二公主並爲道士歲
賜封物七百匹
臨汝公主崔昭訓所生蚤薨
虢國公主始封清源郡主徙陽安下嫁王承系薨追封

平恩公主蚤薨
邵陽公主蚤薨
憲宗十八女
梁國惠康公主始封普寧帝特愛之下嫁于季友元和中徙永昌
薨詔追封及謚將葬度支奏義陽義章公主葬用錢四千萬有
詔減千萬
永嘉公主爲道士
衡陽公主蚤薨
宣城公主下嫁沈𥡴
鄭國溫儀公主始封汾陽下嫁韋讓薨追封及謚
岐陽莊淑公主懿安皇后所生下嫁杜悰帝爲御正殿臨遣繇西
朝堂出復御延喜門止主車大賜賓從金錢開第昌化里疏龍首
池爲沼后家上尚父大通里亭爲主別館貴震當世然主事舅姑
以禮聞所賜奴婢佷騫皆上還丐直自市悰爲澧州刺史主與偕

從者不二十婢乘驢不肉食州縣供具拒不受姑寢疾主不解衣藥糜不嘗不進開成中悰自忠武入朝主疾侵曰願朝興慶宮雖死於道不恨道薨

陳留公主下嫁裴損損爲太子諭德

眞寧公主下嫁薛翃

南康公主下嫁沈汾薨咸通時

臨眞公主始封襄城下嫁衛洙薨咸通時

普康公主蚤薨

眞源公主始封安陵下嫁杜中立

永順公主下嫁劉弘景

安平公主下嫁劉異宣宗即位宰相以異爲平盧節度使帝曰朕唯一妹欲時見之乃止後隨異居外歲時輒乘馹入朝薨乾符時

永安公主長慶初許下嫁回鶻保義可汗會可汗死止不行大和中丐爲道士詔賜邑印如壽陽公主故事且歸婚貲

義寧公主未及下嫁薨

定安公主始封太和下嫁回鶻崇德可汗會昌三年來歸詔宗正卿李仍叔祕書監李踐方等告景陵主次太原詔使勞問係塗以黠戛斯所獻白貂皮玉指環往賜至京師詔百官迎謁冊拜故事邑司官承命答拜有司議邑司官卑不可當羣臣請以主左右上媵戴鬢帛承拜兩襠持命又詔神策軍四百具鹵簿羣臣班迎主乘輅謁憲穆二室欷歔流涕退詣光順門易服褫冠鏆待罪自言和親無狀帝使中人勞慰復冠鏆乃入羣臣賀天子又詣興慶宮明日主謁太皇太后進封長公主遂廢太和府主始至宣城以下七主不出迎武宗怒差奪封絹贖罪宰相建言禮始中壼行天下王化之美也請載于史示後世詔可

貴鄉公主蚤薨

穆宗八女

義豐公主武貴妃所生下嫁韋處仁薨咸通時

淮陽公主張昭儀所生下嫁柳正元

延安公主下嫁竇澣

金堂公主始封晉陵下嫁郭仲恭薨乾符時

清源公主薨大和時

饒陽公主下嫁郭仲詞

義昌公主爲道士薨咸通時

安康公主爲道士乾符四年以主在外頗擾人詔與永興天長寧國興唐四主還南內

敬宗三女

永興公主

天長公主

寧國公主薨廣明時

文宗四女

興唐公主

西平公主

朗寧公主薨咸通時

光化公主薨廣明時

武宗七女

昌樂公主

壽春公主

長寧公主薨大中時

延慶公主

靜樂公主薨咸通時

樂溫公主

永清公主薨咸通時

宣宗十一女

萬壽公主下嫁鄭顥主帝所愛前此下詔先王制禮貴賤共之萬壽公主奉舅姑宜從士人法舊制車輿以鐐金釦飾帝曰我以儉

率天下宜自近始易以銅主每進見帝必諄勉篤誨曰無鄙夫家無忏時事又曰太平安樂之禍不可不戒故諸主祗畏爭為可喜事帝遂詔夫婦敎化之端其公主縣主有子而寡不得復嫁

永福公主

齊國恭懷公主始封西華下嫁嚴祁祁為刑部侍郎主薨大中時追贈及謚

廣德公主下嫁于琮初琮尚永福公主主與帝食怒折匕筯帝曰此可為士人妻乎更許琮尚主琮為黃巢所害主泣曰今日誼不獨存賊宜殺我巢不許乃縊室中主治家有禮法嘗從琮貶韶州侍者纔數人卻州縣饋遺凡内外冠婚喪祭主皆身答勞疏戚咸得其心為世聞婦

義和公主

饒安公主

盛唐公主

平原公主薨咸通時已而追封

唐陽公主

許昌莊肅公主下嫁柳陟薨中和時

豐陽公主

懿宗八女

衞國文懿公主郭淑妃所生始封同昌下嫁韋保衡咸通十年薨帝既素所愛自製挽歌羣臣畢和又許百官祭以金貝寓車廞服火之民爭取煨以汰寶及葬帝與妃坐延興門哭以過柩仗衞彌數十里冶金為俑怪寶千計實冢中與乳保同葬追封及謚

安化公主

普康公主

昌元公主薨咸通時

昌寧公主

金華公主

仁壽公主

永壽公主

僖宗二女

唐興公主

永平公主

昭宗十一女

新安公主

平原公主積善皇后所生帝在鳳翔以主下嫁李茂貞子繼侃后謂不可帝曰不爾我無安所是日宴内殿茂貞坐帝東南主拜殿上繼侃族兄弟皆西向立主徧拜之及帝還朱全忠移茂貞書取主還京師

信都公主

益昌公主

唐興公主

德清公主

太康公主

永明公主蚤薨

新興公主

普安公主

樂平公主

贊曰婦人内夫家雖天姬之貴史官猶外而不詳又僖昭之亂典策埃滅故諸帝公主降日薨年粗得其槩亡者闕而不書

諸公主列傳第八

端明殿學士兼翰林侍讀學士龍圖閣學士朝請大夫守尚書吏部侍郎充集賢殿修撰臣宋祁奉敕撰

李密字玄邃一字法主其先遼東襄平人曾祖弼魏司徒賜姓徒何氏入周爲太師魏國公祖曜邢國公父寛隋上柱國蒲山郡公遂家長安密趣解雄遠多策略散家貲養客禮賢不愛藉以蔭爲左親衛府大都督東宮千牛備身額鋭角方瞳子黑白明澈煬帝見之謂宇文述曰左仗下黑色小兒爲誰曰蒲山公李寛子密帝曰此兒顧盻不常無入衛它日述諭密曰君世素貴當以才學顯何事三衛閒哉密大喜謝病去感厲讀書聞包愷在緱山往從之以蒲韉乘牛挂漢書一帙角上行且讀越國公楊素適見于道按轡躡其後曰何書生勤如此密識素下拜問所讀曰項羽傳因與語奇之歸謂子玄感曰吾觀密識度非若等輩玄感遂傾心結納嘗私密曰上多忌隋曆且不長中原有一日警公與我孰後先密

曰決兩陣之勝噫嗚咄嗟足以讋敵我不如公攬天下英雄馭之使遠近歸屬公不如我大業九年玄感舉兵黎陽遣人入關迎密密至謀曰今天子遠在遼左去幽州尚千里南限鉅海北阻彊胡號令所通惟榆林一道爾若鼓而入薊直扼其喉高麗抗其前我乘其後不旬月齎糧竭舉麾召之衆可盡取然後傳檄而南天下定矣上計也關中四塞之地彼留守衛文昇易人耳若徑行勿留直保長安據函崤東制諸夏是隋亡襟帶我勢萬全中計也若因近趣便先取東都頓兵堅城下不可以勝負使下計也玄感曰公之下計乃吾上策今百官家屬皆在洛當先取之以搖其心且經城不拔何以示武密計不行玄感至東都所戰必克自謂功在旦暮既獲内史舍人韋福嗣遂任之故謀不專密福嗣恥見執策議皆持兩端密揣其貳謂玄感曰福嗣窮爲我虜志在觀望公初舉大事姦人在側事必敗請斬以徇不從密謂所親曰玄感好反而不圖勝吾屬虜矣福嗣果遁去會左武候大將軍李子雄得罪傳

送行在道殺使者奔玄感勸舉大號玄感問密密曰昔張耳諫陳勝自王荀彧止魏武求九錫皆見疑外今密將無類之乎然阿諛順旨非義士也且公雖屢勝而郡縣未有應者東都尚彊救兵踵來公當率精甲身定關中柰何亟自帝玄感笑而止及隋軍至玄感曰策安決密曰元弘嗣方戍隴右可陽言其反使迎我因引軍西從之至陝欲圍弘農宫密曰今紿衆入關機在速而追兵踵我若前不得據險退無所守何以共完玄感不聽留攻三日不能拔引去至閿鄉追及而敗密亡爲邏所獲與支黨護送帝所密謂衆曰吾等至行在且葅醢今尚可以計脱何爲安就鼎鑊衆然之乃令出所有金示監使曰即死幸報德使者顧金禁漸弛益市酒飲唉讙譁守者懈密等遂夜亡去抵平原賊郝孝德不見禮去之淮陽歲饑削木皮以食變姓名爲劉智遠教授諸生自給鬱鬱不得志哀吟泣下人有告太守趙佗者佗捕之逍免往依媦壻雍丘令丘君明轉匿大俠王季才家爲吏迹捕復亡去時東郡賊

翟讓聚黨萬人密因介其徒王伯當以策干讓曰今主昏於上人怨於下鋭兵盡之遼海和親絶於突厥南巡流連空棄關輔此實劉項挺興之會足下資豪桀士馬精勇指罪誅暴爲天下先楊氏不足亡也讓由是加禮遣說諸賊至輒下因爲讓計曰今稟無見糧難以持久卒遇敵其亡無時不如取滎陽休兵館穀待士逸馬肥乃可與人爭利讓聽之遂破金隄關徇滎陽諸縣皆下滎陽太守楊慶河南討捕大使張須陁合兵討讓讓素憚須陁欲引去密曰須陁健而無謀且驟勝易驕吾爲公破之讓不得已陣而待密率驍勇常何等二十人爲游騎伏千兵莽閒須陁素輕讓引兵搏之讓少却伏發與游軍乘之遂殺須陁十三年讓分兵與密別爲牙帳號蒲山公密持軍嚴雖盛夏號令士皆若負霜雪然戰得金寶盡散之繇是人爲用復說讓曰今羣豪競興公宜先天下攘除羣凶豈常剽奪草閒求活哉若直取興洛倉發粟以賑窮乏百萬之衆一朝可附霸王之業成矣讓曰僕起畎隴志不及此須君得倉

更議之二月密以千人出陽城北踰方山自羅口拔興洛倉據之獲縣長柴孝和開倉賑食衆繦屬至數十萬隋越王侗遣將劉長恭房崱討密又令裴仁基統兵出成皋西密乃爲十隊跨洛水抗東西二軍令單雄信徐世勣王伯當騎爲左右翼自引麾下急擊長恭等破之東都震恐衆保太微城臺寺倶滿讓等乃推密爲主建號魏公肇南設壇場即位刑牲歃血改元永平大赦其文移稱行軍元帥魏公府以讓爲司徒邴元眞左長史房彥藻右長史楊德方左司馬鄭德韜右司馬單雄信左武候大將軍徐世勣右武候大將軍祖君彥記室城洛口周四十里居之命護軍將軍田茂廣造雲旝三百具以機發石爲攻城械號將軍礮進逼東都燒上春門四月隋虎牢將裴仁基淮陽太守趙佗降長白山賊孟讓以所部歸密以仁基爲上柱國與讓率兵二萬襲回洛倉守之入都城掠居人火天津橋隋出軍乘之仁基等敗還保肇司馬楊德方戰死密自督衆三萬破隋軍於故城復得回洛倉俄而德韜死乃

以鄭頲爲左司馬鄭虔象右司馬諸賊帥黎陽李文相洹水張昇清河趙君德平原郝孝德皆歸密因襲取黎陽倉永安大族周法明舉江黃地附之齊郡賊徐圓朗任城大俠徐師仁來歸密令幕府移檄州縣列煬帝十罪天下震動護軍柴孝和說密曰秦地阻山帶河項背之亡漢得之王今公以仁基壁回洛翟讓保洛口公束鎧倍道趨長安百姓誰不郊迎是征而不戰也衆附兵彊然後東向指撝豪桀天下廓廓無事矣今遲之恐爲人先密曰僕懷此久顧我部皆山東人今未下洛安肯與我偕西且諸將皆羣盜不相統一敗則掃地矣遂止是時隋軍益出密負鋭急與之确中流矢臥營中隋軍乘之密衆潰弃倉守洛口高祖起師太原密自謂主盟遣將軍張仁則致書于帝呼爲兄請以步騎會河内帝覽書笑曰密陸梁不可折簡致之吾方定京師未能東略若不與是生一隋密適爲吾守成皋拒東都兵使不得西更遣票將莫如密吾寧推順使驕其志我得留撫關中大事濟矣令記室温大雅作報

書厚禮尊讓密大喜示其下曰唐公見推顧天下無可慮者遂專事隋九月遣將李士才將兵十二萬攻隋鷹揚郎將張珣河陰皐之珣極罵不屈死齊方士徐鴻客上書勸密因士氣趨江都挾帝以令天下密異其言具幣邀之已亡去煬帝遣王世充選卒十萬擊密世充營洛西戰不利更陳洛北登山以望洛口密引度洛與世充戰密兵多騎與長槊而北薄山地險騎進不得騁世充多短兵盾積蹙之密軍卻世充乘勝進攻密月城密還洛南引而西突世充營世充奔還師徒多喪孝和溺死洛水密哭之慟自是大小六十餘戰翟讓部將王儒信憚密威望勸讓自爲大冢宰揔秉衆務收密權讓兄寛亦曰天子當自取何乃授人密聞之與鄭頲陰圖讓會世充兵又至讓出拒少退密馳助之戰石子河世充走明日高會饗士讓至密所密令房彥藻引其左右就別帳飲密出名弓示讓讓挽滿遣劍士蔡建從後擊之并殺其兄姪及儒信密馳入讓壁慰諭士無敢動者以徐世勣單雄信王伯當分統其兵隋

將楊慶守滎陽因說下之世充夜襲倉城密伏甲殪其衆義寧二年世充復營洛北爲浮梁絶水以戰密以千騎迎擊不勝世充進薄其壘密提敢死士數百邀之世充大潰士爭橋溺死者數萬洛水爲不流殺大將六人獨世充脫會夜大雨雪士卒僵死且盡密乘鋭拔偃師脩金墉城居之有衆三十萬又與東都留守韋津戰上春門執津於陣將作大匠宇文愷子儒童河南留守職方郎柳續河陽都尉獨孤武都河内郡丞柳㜸皆降於是海岱江淮閒爭響附竇建德朱粲楊士林孟海公徐圓朗盧祖尚周法明等悉上表勸進府官屬亦請之密曰東都未平且勿議五月越王侗稱帝六月宇文化及擁兵十餘萬至黎陽侗遣使授密太尉尚書令東南道大行臺行軍元帥魏國公令平化及而後入輔密受之乃引兵東追化及黎陽密知化及乏食利速戰乃持重以老其兵使徐世勣保黎陽倉化及攻不可下密與隔水陣遥謂化及曰公家本戎隸破野頭爾父子兄弟受隋恩至妻公主上有失德不能諫又

虐弒之冒天下之惡今安往能即降尚全後嗣化及默然良久乃瞋目為鄙語辱密密顧左右曰此庸人圖為帝吾當折箠驅之乃以輕騎五百焚其攻具火終夜不滅度化及糧盡乃偽與和化及喜使軍恣食既而密饋不至乃寤遂大戰童山下密中矢頓汲縣堅壁化及勢窮掠汲郡趣魏縣其將陳智略張童仁等率所部兵歸密前後相踵初化及留輜重東郡遣所署刑部尚書王軌守之至是軌舉郡降密由是引而西遣使朝東都執弒逆人于弘達獻於侗侗召密入朝至溫聞世充殺元文都乃止遂歸金墉拘侗使不遣初密既殺翟讓心稍驕不卹士素無府庫財軍戰勝無所賜與又厚撫新集人心始離民食興洛倉者給授無檢至負取不勝委於道踐蹂狼扈密喜自謂足食司倉賈潤甫諫曰人國本食人天今百姓飢捐暴骨道路公雖受命然賴人之天以固國本而稟取不節敖庾之藏有時而偈粟竭人散胡仰而成功不聽徐世勣數規其違密內不憙使出就屯故下苟且無固志初世充之食密

少帛請交相易糴之邴元眞好利陰勸密許焉後世充士飽降者益少密悔而止武德元年九月世充悉衆決戰先以騎數百度河密遣迎戰驍將十餘人皆被創返明日密留王伯當守金墉自引精兵出偃師北阻邙山待之密議所便裴仁基曰世充悉勁兵來東都必虛請選衆二萬向洛世充必自拔歸我整軍徐還兵法所謂彼歸我出彼出我歸以疲之也密眩於衆不能用仁基擊地歎曰公後必悔遂出兵陣世充陰索貌類密者使縛之既兩軍接埃霧翳塞世充軍江淮士出入若飛密兵心動世充督衆疾戰使牽類密者過陣譟曰獲密矣士皆呼萬歲密軍亂遂潰裴仁基祖君彥皆為世充所禽偃師劫鄭頲叛歸世充密提衆萬餘馳洛口將入城邴元眞已輸款世充潛道其軍密知不發期世充度兵半洛水掩擊之候騎不時覺比出世充絕河矣即引騎遁武牢元眞遂降衆稍散密將如黎陽或曰向殺翟讓世勣傷幾死瘡猶未平今可保乎時王伯當棄金墉屯河陽密輕騎歸之謂曰敗矣久苦諸

君我今自刎以謝衆伯當抱密慟絕衆皆泣莫能仰視密復曰幸不相棄當共歸關中密雖無功諸君必富貴掾柳燮曰昔盆子歸漢尚食均輸公與唐同族雖不共起然遏隋歸路使無西故唐不戰而據京師亦公功也密又謂伯當曰將軍族重豈復與孤俱行哉伯當曰昔蕭何舉宗從漢今不昆季盡行以為媿豈公一失利輕去就哉雖隕首所甘已左右感動遂來歸初密建號登壇疾風鼓其衣幾仆及即位狐鳴於旁惡之及將敗鞏數有回風發於地激砂礫上屬天白日為晦屯營羣鼠相銜尾西北度洛經月不絕及入關兵尚二萬高祖使迎勞冠蓋相望密大喜謂其徒曰吾所舉雖不就而恩結百姓山東連城數百以吾故當盡歸國功不減竇融豈不以台司處我及至拜光祿卿封邢國公殊怨望帝嘗呼之弟妻以表妹獨孤氏後禮寖薄執政者又求賄滋不平因朝會進食謂王伯當曰往在洛口嘗欲以崔君賢為光祿不意身自為此未幾聞故所部將多不附世充者高祖詔密以本兵就

黎陽招撫故部曲經略東都伯當以左武衛將軍為密副馳駟東至稠桑驛有詔復召密密大懼謀叛伯當止之不從乃曰士立義不以存亡易慮公顧伯當厚願畢命以報今可同行死生以之然無益也乃簡驍勇數十人衣婦人服戴羃䍦藏刀裙下詐為家婢妾者入桃林傳舍須臾變服出據其城掠畜產趣南山而東馳告張善相以兵應已熊州副將盛彥師率步騎伏陸渾縣南邢公峴之下密兵度橫出擊斬之年三十七伯當俱死傳首京師時徐世勣尚為密保黎陽帝遣使持密首往招世勣世勣表請收葬詔歸其尸乃發喪具威儀三軍縞素以君禮葬黎陽山西南五里墳高七仞密素得士哭多歐血者邴元眞之降也世充以為行臺僕射鎮滑州密故將杜才幹恨其背密偽以兵歸之斬取其首祭密冢已乃歸國

單雄信曹州濟陰人與翟讓友善能馬上用槍密軍中號飛將偃師敗降世充為大將秦王圍東都雄信拒戰槍幾及王徐世勣呵

之曰秦王也遂退後東都平斬洛渚上

祖君彥齊僕射孝徵子博學彊記屬辭贍速薛道衡嘗薦之隋文帝帝曰是非殺斛律明月人兒邪朕無用之煬帝立尤忌知名士遂調東都書佐檢校宿城令世謂祖宿城負其才常鬱鬱思亂及爲密草檄乃深斥主闕密敗世充見之曰汝爲賊罵國足未君彥曰跖客可使刺由但愧不至耳世充令撲之既困卧樹下世充已自欲盜隋中悔命醫許惠照往視之欲其蘇郎將王拔柱曰弄筆生有餘罪乃處其心即死戮尸於偃師

贊曰或稱密似項羽非也羽興五年霸天下密連兵數十百戰不能取東都始玄感亂密首勸取關中及自立亦不能鼓而西宜其亡也然禮賢得士乃田橫徒歟賢陳涉遠矣噫使密不爲叛其才雄亦不可容於時云

李密列傳第九

王竇列傳第十　　唐書八十五

端明殿學士兼翰林侍讀學士龍圖閣學士朝請大夫守尚書工部侍郎充集賢殿修撰臣宋　祁　奉敕撰

王世充字行滿祖西域胡號支頹耨後徙新豐死其妻與霸城人王粲爲庶妻耨子收從之冒粲姓仕隋歷懷汴二州長史生世充豺聲卷髮忌刻深阻涉書傳喜兵法通龜策推步以蔭爲左翊衞遷御府直長兵部員外郎從楊素北伐爲幽州長史大業初爲民部侍郎善占對習法敢舞文上下人或辨駁世充以口舌緣飾衆知其非亦不能屈也出爲江都贊治遷郡丞煬帝數南幸世充善伺帝顏色阿邑順旨性機巧飾臺沼陰奏遠方珍物以媚帝帝愛昵之拜江都通守兼知宮監事世充觀隋政方亂而江左浮剽易動乃陰結豪桀有繫獄者皆撓法貸減以樹私恩楊玄感反吳人朱燮晉陵人管崇起江南應之兵十餘萬隋將吐萬緒魚俱羅討之不克世充以偏將募江都萬人頻擊破之每捷必歸功於下虜獲盡推與士卒故人爭爲效由是功最多大業十年齊賊孟讓轉寇諸郡至盱眙世充拒之保都梁山列五壁不戰羸兵以示弱讓笑曰世充文法吏安知兵吾今生縛之鼓行下江都矣時百姓皆入保野無所掠讓衆餒又苦五壁閉道不得南即分兵圍之世充數戰陽不利走壁讓益驕數日稍分其下南略裁留兵足圍壁世充知賊懈夜夷竈撤幕爲方陣外向毀壘而出奮擊大破之讓以數十騎去斬首萬級虜十餘萬人煬帝以世充有將帥略復委捕諸盜所向輒定會突厥圍帝鴈門世充悉發江都兵赴難詐爲可喜事以邀譽在軍蓬首垢面日夜悲泣不釋甲臥必席藁帝以爲忠愈屬信之厭次賊格謙兵十餘萬屯豆子䴚太僕卿楊義臣殺謙世充討其餘黨夷之進擊賊盧明月於南陽俘係數萬還帝自持酒爲勞世充啓帝江淮良家女願備後廷無繇進帝喜令閱端麗者以庫貲爲聘費不可校署計簿云敕別用有司不敢聞具舟送東都宮會道路剽奪使者苦之或沈舟亡去世充屏不

奏李密逼東都詔世充爲將軍以兵屯洛口大小百餘戰無大勝負詔即拜右翊衞將軍趣破賊十四年世充引軍與密戰洛南有氣若城壓其營世充大敗衆幾盡走保河陽自繫獄請罪越王侗以書慰勉賜金帛安之召還洛裒亡散得萬人屯含嘉城畏縮不敢出會江都弒逆羣臣奉侗爲帝以世充爲吏部尚書封鄭國公宇文化及擁兵北還侗聽內史令元文都盧楚等謀以重官畀李密使討賊若化及破而密兵亦疲乘其弊可得志乃遣使以太尉尚書令即軍中拜密趣兵北討密稱臣奉制引兵從化及戰黎陽戰勝來告衆大悅世充獨謂其下曰文都等刀筆才必爲密禽且我軍與賊戰多殺其父子兄弟一旦爲之下吾屬無類矣以此言激衆文都等聞大懼侗欲以文都爲御史大夫世充不許曰嘗與公等約左右僕射尚書令御史大夫留待勳舊各欲得則僥競開矣何以共守文都憾焉陰與楚謀因世充入殿伏甲殺之納言段達庸怯畏不果馳告世充世充夜以兵襲含嘉門圍宮城右武衞大將軍皇甫無逸等遣將費曜田闍拒戰太陽門曜敗世充入之無逸以單騎遁收楚殺之時紫微宮尚閉世充扣門紿侗曰元文都等欲執陛下降李密臣不反誅反者耳段達執文都送世充殺之世充悉遣腹心代衞士然後入謝曰文都楚無狀規相屠戮臣急爲此非敢它侗與之盟進拜尚書左僕射總督內外諸軍事乃去含嘉城居尚書省專宰朝政以其兄世惲爲內史令居禁中子弟皆將兵分官吏爲十頭以主軍政未幾李密破化及還屯金墉勁兵良馬多死世充欲擊之恐士心未一乃謀以鬼動衆令德陽門衞張永通言數夢人謂己曰我周公能以兵助討密世充白侗立祠洛旁使巫宣言周公令急擊密有大功不然兵且疫世充下皆楚人信妖遂請戰乃簡精卒二萬騎二千跨洛水爲三橋以度兵密軍偃師北山新破敵有輕世充心不設壁壘世充夜遣二百騎薉山伏因秣馬蓐食遲明薄之密陣未成伏兵上北原乘高馳下壓其營縱焚廬落密衆大潰降其將張童仁陳智略進

拔偃師初密得世充兄世偉及子玄應於化及軍囚之至是皆歸世充兵次洛口密長史邴元眞司馬鄭虔象以城降悉收美人寶貨而還密以數十騎跳奔於是世充自爲太尉尚書令加黄門印綠綟綬以尚書省爲府置官屬乃設三榜於府外其一求文學堪濟世務者其一武幹絶衆推鋒陷陣者其一能治冤抑不申者繇是上書陳事日數百皆慰勞省接雖吏卒必飾詞誘納而世充素詭妄不能歸其語士大夫遂貳初殺文都欲詭衆取信乃請事侗母劉太后爲假子至是加號聖感太后散騎常侍崔德本曰此王莽文母何異乎後食侗前得嘔疾疑見毒遂不復朝以將張績董濬衞宮城武德二年矯侗詔假黄鉞相國揔百揆封鄭王授九錫冕十有二旒建天子旌旗金根車駕六馬備五時副車旄頭雲罕舞八佾設宮縣出入警蹕術士桓法嗣自言能決讖乃上孔子閉房記畫男子持一干驅羊狀因說世充曰隋楊姓也於文干一爲王王處羊後大王代隋之符又陳莊周人間世德充符二篇曰上

下篇與大王名協明受符命德被人間爲天子也世充喜曰天命也拜受之以法嗣爲諫議大夫又羅取飛鳥書符命於帛繫鳥頸縱之有彈捕得鳥而獻者亦拜官諷百官勸進時納言蘇威老就第世充以威隋大臣有素望每表必署威名使段達等脅侗曰天命不常今鄭王功德甚盛請揖讓用堯舜故事侗怒曰天下者高祖天下若隋德未衰此言不可發必天命遂改尚何禪公非先帝舊臣乎朕何賴達等流涕世充又詐曰天下未定須鎭以長君待天下安則復子明辟四月矯侗策禪位幽侗於含涼殿猶三讓遣諸將以兵淸宮世充襲衮服法駕導鼓吹入宮每歷一門從者必呼至東上閤更衮冕即正殿僭位建元開明國號鄭乃封兄世衡爲秦王世偉楚王世惲齊王諸族屬以次封拜以子玄應爲皇太子玄恕爲漢王世充每聽朝決政誨諭言語諄複百緒以示勤篤百司奏事者聽受爲疲出則輕騎無警蹕游歷衢肆行者但止立徐謂百姓曰故時天子居九重在下之情無繇察世充非貪位者

本救時耳正若一州刺史事皆親覽當與士人共議之恐門衞有禁無以盡通今止順天門外置座聽事又詔西朝堂聽冤訴東朝堂延諫者繇是章牘塡委觀省不暇後亦不能復出五月裴仁基與其子行儼及宇文儒童崔德本等謀劫世充復立侗不克夷三族六月鴆殺侗以絶衆望世充率衆東徇地至滑以兵臨黎陽時黎陽爲竇建德守故建德亦破世充殷州以報其役三年下書大赦築練兵臺於伊闕守將羅士信豆盧達稍稍歸國世充顧下多背己乃峻誅暴禁以威之戶一人逃家無少長皆坐父子兄弟夫婦許相告免令伍伍相保一家叛舉伍誅樵牧出入皆爲限公私不聊生遣臺省官督十二郡營田行者自謂仙去以宮城爲大獄意所猜惡必收繫其人內家屬宮中或命將亦質其孥乃遣既而囚質且萬口食不足餓死者日數十七月高祖詔秦王率兵攻之至新安屯保多下敗世充於慈㵎城八月王陳兵青城宮世充悉精兵來拒隔㵎言曰隋失其國天下分崩長安洛陽各有分地

吾常自守不敢西顧熊穀二州在度內不取敦鄰好也今王遠涉吾地越三崤饋糧千里勤師遠出將何求王曰四海之人皆承唐正朔獨公迷不復東都士民來請師陛下重違我是以來公若降富貴可保必拒我勉之無多言世充約割地不許潁州揔管田瓚請舉山南二十五郡歸九月王君廓進拔轘轅徇地至管城河南州縣以次降定始竇建德與世充隙至是建德遣使結好并陳赴援意世充遣兄子琬內史令長孫安世報且乞師四年二月青城宮守將以宮降王進保之世充引兵出方諸門臨穀水以戰王陣北邙令屈突通步士五千踰水擊之兵接王以騎決戰世充排潰兵殊死鬭自辰及午乃潰俘斬八千人王傅城塹而守之世充糧且盡人相食至以水汨泥去礫取浮土糅米屑爲餅民病腫股弱相藉倚道上其尚書郎盧君業郭子高等皆餓死御史大夫鄭頲丐爲浮屠世充惡其言殺之然氣竭但嬰城須建德之救五月王禽建德并俘王琬長孫安世示東都城下且遣安世入言敗狀世

充惶惑將突圍出保襄漢謀於諸將皆不荅遂率將吏降軍門王
受之以屬吏陳兵入城發府庫賚將士其黃門侍郎薛德音以移
檄嫚逆崔弘丹造弩多傷士前誅之又收段達楊汪孟孝義單雄
信楊公卿郭士衡郭什柱董濬張童仁朱粲王德仁等斬洛渚上
以世充歸長安高祖數其罪世充曰計臣罪不容誅但秦王許臣
以不死乃赦為庶人與其族徙于蜀將行為羽林將軍獨孤脩德
所殺初脩德父機嘗仕越王侗世充既篡謀歸唐為所屠者也高
祖免脩德官子立應兄世偉在道謀反伏誅世充篡凡三年滅
竇建德貝州漳南人世為農自言漢景帝太后父安成侯充之苗
裔材力絕人少重然許喜俠節鄉人喪親貧無以葬建德方耕
聞之太息遽解牛與給喪事鄉黨異之盜夜劫其家建德立戶下
盜入擊三人死餘不敢進請其尸建德曰可投繩係取之盜投繩
建德乃自縻使盜曳出躍起捉刀復殺數人繇是益知名為里長
犯法亡會赦歸父之父卒里中送葬千餘人所贈予皆讓不受隋

大業七年募兵伐遼東建德補隊長方如軍會邑人孫安祖盜羊
為縣令捕劾笞辱安祖剌殺令亡抵建德建德陰舍之時山東饑
羣盜起乃謀曰往文皇帝時天下盛彊發百萬衆伐遼東猶為所
敗今水潦為災民力剗敝主上不是恤而親駕臨遼且往歲西征
十不一返今創夷未平又重發兵人情危駭易以搖動丈夫不死
當建功于世渠為亡命虜乎我聞高雞泊廣袤數百里葭薍阻奧
可以違難承間竊出椎埋掠敓足以自資因得聚豪桀且觀時變
以就大計安祖然之建德為招亡兵及民無產者數百使安祖率
之入高雞為盜安祖號摸羊公時鄃人張金稱亦結衆萬餘依河
渚間蓨人高士達兵千餘屯清河鄙上諸盜往來漳南者多剽殺
人焚鄉聚獨不入建德閭郡縣意建德與賊通捕族其家建德
至河間聞家屠滅即率麾下二百人亡歸士達士達自稱東海公
以建德為司兵安祖為金稱所殺其下數千人歸建德衆益盛至
萬人猶保高雞泊然傾身接物其執苦與士卒均由是能致人死

力十二年涿郡通守郭絢率兵萬人討士達士達自以智略不及
建德乃推為軍司馬以兵屬焉建德既統衆思用奇欺伏羣盜乃
請士達守輜重自以精兵七千迎絢詐為亡狀士達取所虜陽言
建德妻子殺之建德遺絢書約降請前驅執賊自效絢信之引兵
從建德至長河界欲與盟兵懈不設備建德襲殺其軍數千人獲
馬千匹絢以數十騎去追斬於平原獻首士達威振山東隋遣太
僕卿楊義臣討破張金稱於清河殘黨畏誅復屯嘯歸建德義臣
乘勝欲遂入高雞泊窮剗根穴建德謂士達曰隋善將獨義臣耳
新破金稱其鋒不可當宜引兵避之彼欲戰不得軍老食乏乘之
可有功士達不納留建德守壁身將兵逆戰置酒享士建德聞曰
東海公未捷遽自矜大禍至不日矣隋兵勝必長驅而來吾不能
獨支乃留衆保壁帥銳士據險待後五日義臣斬士達於陣追北
薄壘守兵潰建德不能軍以百餘騎走饒陽饒陽無備因取之義
臣已殺士達謂餘黨不足憂引去故建德得還平原收士達士死

尚葬焉為士達發喪軍皆縞素招潰卒得數千人軍復振自稱將
軍初佗盜得隋官及士人必殺之唯建德恩遇甚備引故饒陽長
宋正本為客尊任之參決軍議隋郡縣吏多以地歸之勢益張兵
至十餘萬上谷賊王須拔自號漫天王以兵略幽州戰死其下魏刀兒號
歷山飛壁深澤衆十萬建德以計襲取之并有其地十三年正月築壇
場於河間樂壽自立為長樂王十四年五月更號夏王建元丁丑署官
屬分治郡縣七月隋右翊衛將軍薛世雄督兵三萬討之屯河間七里
井建德以勁兵伏旁澤中悉拔諸城偽遁世雄以為畏稍弛備建德率
敢死士千人襲之會大霧晝冥雖不可視隋軍驚遂潰相騰藉死者如丘
世雄引數百騎亡去盡得其衆獲河間丞王琮勞遣之琮復嬰城建德
進攻未下而河間食盡聞煬帝遇弒琮率吏發喪乘城大臨建德遣使
入弔琮因請降建德為退舍飭饌具琮率郡屬素服面縛軍門建
德親釋縛與言隋亡琮伏哭極哀建德亦為泣麾下或言河
間久拒守多殺士今力窮而下請烹之建德曰琮誼士也吾方旌

擢以勸事君者且往爲盜容可妄殺今將安百姓定天下而害忠
臣乎即令其軍曰與琮隙者敢輒搖罪三族乃授琮瀛州刺史始
都樂壽號金城宮備百官准開皇故事冬至大會僚吏有五大鳥
集其宮羣鳥從之又宗城人獻玄圭一景城丞孔德紹曰昔天以
是授禹今瑞與之侔國宜稱夏建德然之改元五鳳以德紹爲內
史侍郎武德元年宇文化及至魏縣建德謂其納言宋正本及德
紹曰吾隋民也隋吾君也今化及殺之大逆不道乃吾讎欲爲天
下誅之何如正本等曰大王奮布衣起漳南隋之列城莫不爭附
者以能杖順扶義安四方也化及爲隋姻里倚之不疑今弑君而
移其國仇不共天請鼓行執其罪建德善之即引兵討化及連戰
破之化及保聊城乃縱撞車機石四面乘城拔之建德入先謁蕭
皇后語稱臣執宇文智及楊士覽元武達許弘仁孟景等召隋文
武官共臨斬之梟首轅門囚化及幷其二子載以檻車至大陸縣斬
之建德性約素不喜食肉飯脫粟加蔬具妻曹未嘗衣紈綺及爲

王妾侍裁十數每下城破敵皆貲實竝散賚將士至是得隋宮人向
千數悉放去其文武驍果尚萬餘各聽所之乃以誅化及報越王
侗侗封之夏王遂號大夏以隋黃門侍郎裴矩爲尚書右僕射兵
部侍郎崔君肅爲侍中少府令何稠爲工部尚書餘隨才署職委
以政事有願往關中及東都者恣聽不留仍給道里費以兵護出
于境二年陷邢趙滄三州復陷冀州執刺史魏稜赦之復以爲刺
史八月陷洺州虜刺史袁子幹遂遷都焉更號萬春宮使人如灌
津祠充墓置守冢三十家又遣使朝侗因與王世充結歡北聘突
厥士馬益精雄俄而世充廢侗乃絕之始建天子旌旗出入警蹕
書稱詔追謚隋煬帝爲閔帝以齊王暕子政道爲鄖公義成公主
在突厥遣使迎蕭后建德自將千餘騎送之幷獻化及首未幾遣
突厥侵相州刺史呂珉死之進攻衛州執河北大使淮安王神通
同安長公主黎陽守將李世勣釋之復使世勣守黎陽館王公主
館以客禮滑州刺史王軌爲奴所殺奴以首奔建德建德曰奴殺

主大逆納之不可不賞賞逆則廢教將焉用爲命斬奴而返軌首
滑人德之遂降齊濟二州亦降兗賊徐圓朗聞風送款三年世勣
自拔歸國吏白建德誅其父建德曰世勣唐臣不忘其主忠也父
何罪釋不問高祖遣使脩好建德即以公主等歸京師嘗執趙州
刺史張志昂邢州刺史陳君賓大使張道源等將殺之國子祭酒
凌敬諫曰夫犬吠非其主彼悉力堅守以躬就禽伏節士也今殺
之無以勸建德怒曰我傅其城猶不下勞費士旅何可赦敬曰王
之大將高士興抗羅藝於易南兵未交士興即降王以爲可乎建
德悟即釋之然其大將王伏寶數持兵功略在諸帥上或譖其反
建德殺之伏寶臨死呼曰我無罪王何信讒自刈左右手乎後戰
數不利九月建德自帥師圍幽州爲羅藝所敗藝乘勝襲其營
建德陣營中塡塹而出敗藝衆進薄其城不能拔乃還濟陰賊孟
海公兵三萬據周橋城以掠河南建德自擊之會秦王伐東都其
中書舍人劉斌獻說曰唐據關內鄭王河南夏有冀方此鼎足相

持勢也今唐悉兵臨鄭出入二年鄭人日蹙二國兵不解唐彊鄭弱
勢必舉鄭鄭滅則大夏有齒寒之憂爲大王計莫若援鄭使鄭抗
其內我攻其外唐之兵必卻唐卻而鄭完然後徐觀其變鄭若可
圖因而取之幷二國兵乘唐師老長驅而西關中可遂有也建德
曰善乃遣使聘世充與連和會世充亦自乞師即令其臣李大師
魏處繪來朝請解鄭圍秦王留之不荅四年建德克周橋虜海公
留其將范願戍之悉發海公徐圓朗之衆幷兵號三十萬救世充
至滑州世充行臺僕射韓弘開城納之建德進逼元梁管三州皆
陷遂屯滎陽運糧泝河西上舟相屬不絕壁成皋東原築營板渚
遣使與世充約期又遣秦王以書三月王進據虎牢翌日以騎五百
覘建德營設伏道側獨以數騎去賊營三里覺賊出騎追之王漸
卻誘至伏所卒起奮擊賊騎驚引去追斬三百級獲其將殷秋石
瓚乃報建德以書建德失二將又聞唐兵精得書猶豫頓六十日
不敢西時世充弟世辯爲徐州行臺亦遣將郭士衡兵數千人從建

德王遣王君廓以輕騎抄其饟執賊大將張青特建德懼人情攜駭其諸將又新破海公掠獲盈給日夜思歸凌敬說建德曰今唐以重兵圍東都守虎牢我若悉兵濟河取懷州河陽以重將戍之然後鳴鼓建旗踰太行入上黨傳檄旁郡進壺口以駭蒲津收河東地此上策也且有三利乘虛擣墳師有萬全一也拓土得衆二也鄭圍自解三也建德將從之而王琬長孫安世日請兵西每言必流涕又陰賫金玉啗諸將以撓其謀衆乃曰凌敬書生豈知戰建德乃謝曰今士心銳天贊我也師將大捷方用衆議不得如公言敬固爭建德怒命扶出其妻諫曰祭酒計甚善王盍用之夫自滏口道乘唐之虛連營漸進以取山北因招突厥西抄關中唐必還師自救鄭難紓矣今頓兵虎牢下徒自苦恐無功建德曰此非女子所知且鄭朝暮待吾來既許之豈可見難而退且示天下不信五月建德自板渚出為陣西薄汜南屬鵲山亘二十里鼓而前

郭士衡為游兵秦王登虎牢城望其軍按甲不戰曰賊起山東未嘗見大敵今度險士囂令不肅也逼城而陣有輕我心待其飢破之果矣日中建德士皆坐列渴爭飲意益怠王麾軍先登騎怒塵大漲乃率史大奈秦叔寶纏麾幟馳出賊陣後建德軍顧而驚遂大潰建德被重創竄牛口谷車騎將軍白士讓楊武威獲之傳而西斬長安市年四十九初其軍有謠曰豆入牛口勢不得久至是果敗建德妻與其左僕射齊善行以騎數百遁還洺州餘黨欲立其養子為主善行曰夏王奮定河朔號為威彊今一出不復非天命有歸哉不如委心請命無為塗炭生民也遂分府庫散給將士令各解去善行乃與右僕射裴矩行臺曹旦率官屬及建德妻奉山東地并傳國八璽來降建德起兵至滅凡六年

贊曰煬帝失德天醜其為生人齕辜羣盜乘之如蝟毛而奮其劇者若李密因黎陽蕭銑始江陵竇建德連河北王世充舉東都皆磨牙搖毒以相噬螫其間亦假仁義禮賢才因之擅王僭帝所謂盜亦有道者本夫孽氣腥焰所以亡隋觸唐明德折北不支禍極凶殫乃就殲夷宜哉

王竇列傳第十

薛李二劉高列傳第十一　唐書八十六

端明殿學士兼翰林侍讀學士龍圖閣學士朝請大夫守尚書吏部侍郎兼集賢殿脩撰臣宋祁奉敕撰

薛舉蘭州金城人容貌魁岸武敢善射殖產鉅萬好結納邊豪爲長雄隋大業末任金城府校尉會歲凶隴西盜起金城令郝瑗將討賊募兵數千檄舉將始授甲大會置酒舉與子仁杲及其黨劫瑗于坐矯稱捕反者即起兵囚郡縣官發粟以賑貧乏自號西秦霸王建元秦興以仁杲爲齊公少子仁越爲晉公宅賊宗羅睺帥衆下之以爲義興公更招附餘盜剽馬牧兵鋒銳甚所徇皆下隋將皇甫綰兵萬人屯枹罕舉以精卒二千襲之遇於赤岸大風且衝逆舉陣綰不擊俄反風綰屯氣色曀冥部伍錯亂舉介騎先衆乘之綰陣大潰進陷枹罕岷山羌鍾利俗以衆二萬降舉大振進仁杲爲齊王東道行軍元帥羅睺爲義興王副之仁越晉王河州刺史因徇下鄯廓二州不閱旬盡有隴西地衆十三萬十三年僭

帝號于蘭州以妻鞠爲后仁杲爲太子即其先墓置陵邑立廟城南陳兵數萬展墓訖大饗使仁杲圍秦州仁越趨劍口掠河池太守蕭瑀拒却之遣將常仲興度河擊李軌與軌將李贇戰昌松仲興敗軍沒於軌仁杲克秦州舉往都之仁杲寇扶風汧源賊唐弼拒不得進初弼立李弘芝爲天子有衆十萬舉遣使招弼弼殺弘芝從舉仁杲間弼無備襲之盡奪其衆弼以數百騎走軍益張號二十萬將窺京師會高祖入關遂留攻扶風秦王擊破之斬首數千級逐北至隴還舉畏王遂踰隴走問其下曰古有降天子乎僞黃門侍郎褚亮曰昔趙佗以南粤歸漢蜀劉禪亦仕晉近世蕭琮其家今存轉禍爲福嘗有之衞尉卿郝瑗曰亮之言非也昔漢祖兵屢敗蜀先主嘗亡其妻子夫戰固有勝負豈可一不勝便爲亡國計乎舉亦悔其言乃曰聊試公等即厚賜瑗以爲謀主瑗請連梁師都厚賂突厥合從東向舉從之約突厥莫賀咄設犯京師會都水監宇文歆使突厥歆說止其兵故舉謀塞武德元年豐州總管張長愻擊羅睺舉衆援之屯析墌以游軍掠岐豳秦王禦之次高墌度舉糧少利速鬭堅壁老其兵會王疾卧屯不出而舉數挑戰行軍長史劉文靜殷開山觀兵於高墌恃衆不設備舉兵掩其後遂大敗死者十六大將慕容羅睺李安遠劉弘基皆沒王還京師舉拔高墌仁杲進逼寧州郝瑗謀曰今唐新破將卒禽俘人心搖矣可乘勝直趣長安舉然之方行而病召巫占視言唐兵爲祟舉惡之未幾死仁杲代立僞謚舉武皇帝未葬而仁杲滅

仁杲多力善騎射軍中號萬人敵性貪悍初舉每破陣獲俘仁杲必斷舌刈鼻或舂斮之其妻亦凶暴喜鞭楚人見不勝痛宛轉於地者則埋其足露腹背受捶人畏而不親仁杲多殺人淫略民人妻妾嘗得庾信子立怒其不降磔之火漸割以啖士拔秦州取富人倒縣以酢注鼻或杙其隱以求財雖舉殘猛亦惡之每戒曰汝材略足辦事而傷於虐終覆吾宗及繼立與諸將素有隙者咸猜懼郝瑗哭舉病不起繇是兵稍衰秦王率諸將復壁高墌諸將

請戰王曰我軍新衂銳氣少賊驟勝而驕有輕我心我閉壁以折之伺衰而擊可一戰禽也因令軍中曰敢言戰者斬久之仁杲糧乏挑戰不許其將牟君才內史令翟長愻以衆降左僕射鍾俱仇以河州降王策賊可破遣將軍龐玉擊宗羅睺於淺水原戰酣王以勁兵擣其背羅睺敗王率騎追奔於是悉軍馳之曰勢破竹不可失也夜半至析墌遲明圍合仁杲率僞官屬降王受之以仁杲歸京師及酋黨數十人皆斬之舉父子盜隴西五年滅初仁杲降諸將賀且問曰羅睺雖破而賊城尚堅王能下之何也王曰羅睺健將非急追之使得還城未可取也故吾使賊不及計是以克之諸將咨服仁杲已敗其將旁企地降詔即統其兵未幾復叛企地羌豪也舉父子信倚之至是入南山繇商洛出漢川衆數千所過剽害敗大將龐玉至始州掠王氏女醉寢于野王取企地所佩刀斬之送首梁州詔封女爲崇義夫人

李軌字處則涼州姑臧人略知書有智辯家以財雄邊好賙人急

鄉黨稱之隋大業中補鷹揚府司兵薛舉亂金城軌與同郡曹珍關謹梁碩李贇安脩仁等計曰舉暴悍今其兵必來吏孱怯無足與計者欲相戮力據河右以觀天下變庸能束手以妻子餌人哉衆允其謀共舉兵然莫適主曹珍曰我聞讖書李氏當王今軌賢非天啓乎遂共降拜以聽命脩仁夜率諸胡入內苑城建旗大呼軌集衆應之執虎賁郎將謝統師郡丞韋士政遂自稱河西大涼王署官屬準開皇故事初突厥曷娑那可汗弟達度闕設內屬保會寧川至是稱可汗降於軌謹等議盡殺隋官分其產軌曰諸公旣見推當禀吾約今軍以義興意在救亂殺人取財是爲賊何以求濟乎迺以統師爲太僕卿士政太府卿會薛舉遣兵來侵軌遣將敗之昌松斬首二千級悉虜其衆軌縱還之李贇曰今力戰而俘又縱以資敵不如盡阬之軌曰不然若天命歸我當禽其主此皆我有也不者徒留何益遂遣之未幾拔張掖燉煌西平枹罕悉有河西武德元年高祖方事薛舉遣使涼州璽書慰結謂軌爲從弟軌喜乃遣弟懋入朝帝拜懋大將軍還之詔鴻臚少卿張俟德持節冊拜軌涼王涼州摠管給羽葆鼓吹一部會軌僭帝號建元安樂以其子伯玉爲太子長史曹珍爲尚書左僕射攻陷河州俟德至軌召其下議曰李氏有天下曆運所屬已宅京邑一姓不可競王今欲去帝號東向受冊可乎曹珍曰隋亡英雄焱起號帝王者瓜分鼎峙唐自保關雍大涼奄河右業已爲天子柰何受人官必欲以小事大請行蕭詧故事稱梁帝而臣於周軌從之乃遣僞尚書左丞鄧曉來朝奉書稱從弟大涼皇帝帝怒曰軌謂朕爲兄此不臣也囚曉不遣初軌以梁碩爲謀主授吏部尚書碩有筭略衆憚之嘗見故西域胡種族盛勸軌備之因與戶部尚書安脩仁交怨又軌子仲琰嘗候碩碩不爲起仲琰憾之乃相與譖碩軌不察齎鴆其家殺之繇是故人稍疑懼不爲用有胡巫妄曰上帝將遣玉女從天來遂召兵築臺以候女多所糜損屬荐飢人相食軌毀家貲賑之不能給議發倉粟曹珍亦勸之謝統師等故隋官內不附每引結羣胡排其用事臣因是欲離沮其衆乃廷詰珍曰百姓餓死皆弱不足事者壯勇士終不肯困且儲廩以備不虞豈宜妄散惠孱小乎僕射苟附下非國計軌曰善乃閉粟不益怨多欲叛去會脩仁兄興貴本在長安自表詣涼州招軌帝曰軌據河西連吐谷渾突厥今興兵討擊尚爲難單使弄頰可下邪興貴曰軌盛彊誠然若曉以逆順禍福宜聽如憑固不受臣世涼州豪望多識其士民而脩仁爲軌信任典事樞者數十人若候隙圖之無不濟帝許之興貴至涼州軌授以左右衛大將軍因間訪興貴以自安策興貴對曰涼州僻遠財力凋耗雖勝兵十萬而地不過千里無險固自守又濱接戎狄戎狄豺狼也非我族類今唐家據京師略定中原攻必下戰必勝蓋天啓也若舉河西地奉圖東歸雖漢竇融未足吾比軌默不荅久之曰昔吳王濞以江左兵猶稱己爲東帝我今舉河右不得爲西帝乎雖唐彊大如我何君無爲唐誘致我興貴懼謝曰竊聞富貴不居故鄉如衣錦夜行今合宗蒙任敢有它志興貴知軌不可以說乃與脩仁等潛引諸胡兵圍其城軌以步騎千餘出戰先是薛舉柱國奚道宜率羌兵奔軌軌許以刺史而不與道宜怨故共擊軌軌敗入城引兵登陴須外援興貴傳言曰唐使我來取軌不從者罪三族於是諸城不敢動軌嘆曰人心去矣天亡我乎攜妻子上玉女臺置酒爲別脩仁執送之斬於長安自起至亡凡三年詔興貴爲右武候大將軍封涼國公賜帛萬段脩仁左武候大將軍申國公並給田宅封六百戶時鄧曉聞軌敗入賀帝帝曰而委質李軌以使來聞其亡不少感乃蹈抃以悅我不盡心於軌能竭節於我乎遂廢不齒

劉武周瀛州景城人父匡從馬邑毋趙嘗夜坐廷中見若雄雞光燭地飛投其懷起振衣無有感而娠生武周武周爲人驍悍善騎射喜交豪桀兄山伯嘗詈辱之曰汝不擇所與必滅吾宗武周因去至洛爲太僕楊義臣帳下募征遼有功補建節校尉還馬邑爲鷹揚府校尉太守王仁恭以其州里雄頗愛遇之令總虞候直閣

下父之盜仁恭侍兒懼覺誅又見天下已亂陰有異計因宣言于衆曰今歲饑死者骨相枕於野府君閉倉不卹豈憂百姓意乎以市怒其軍皆憤怨武周知人已搖因稱疾卧家豪桀往候謁遂椎牛縱酒大言曰盜賊方起衆又飢壯士守分死溝壑今官粟紅腐千倉誰能與我共取之諸惡少年皆願從隋大業十三年與其徒張萬歲等十餘人候仁恭視事武周上謁萬歲自後入斬仁恭持首出徇郡中無敢動者遂開倉賑窮絶馳檄屬城皆下得兵萬餘自稱太守遣使附突厥鴈門丞陳孝意虎賁郎將王智辯合兵圍其桑乾鎮會突厥至武周與共擊智辯破之孝意奔還鴈門鴈門人殺之以城歸武周武周因襲破樓煩進據汾陽宮取宮人賂突厥始畢可汗報以馬其衆遂大攻得定襄突厥以很頭纛立武周爲定楊可汗僭稱皇帝以妻沮爲后建元天興衞士楊伏念爲左僕射妹壻苑君璋爲内史令初上谷賊宋金剛有衆萬餘與魏刀兒連和刀兒爲竇建德所攻金剛救之大敗率餘衆四千保西山建德

招之金剛恚曰建德殺魏王吾義不往諸君可以吾首取富貴乃拔刀將自刎衆抱之泣遂與皆歸武周武周素聞金剛善兵得之喜封爲宋王屬以軍分家貲半遺之金剛亦自結出其妻而聘武周妹說武周取晉陽南向爭天下武周授金剛西南道大行臺武德二年總兵二萬入寇次黃蛇鎮又連突厥鋒無前遂破榆次拔介州進圍太原詔遣太常少卿李仲文禦之爲賊所執舉軍没仲文逃還賊因破平遥取石州殺刺史王儉略浩州詔右僕射裴寂爲晉州道行軍總管拒之寂戰敗績齊王元吉委幷州遁武周入據之遣金剛攻陷晉州執右驍衞將軍劉弘基進破澮州夏縣人呂崇茂殺其令自號魏王以應賊隋河東守將王行本與武周合關中震動高祖詔秦王督兵進討屯栢壁又詔永安王孝基與于筠獨孤懷恩唐儉等攻夏縣不克軍城南崇茂與賊將尉遲敬德襲破孝基軍四將被執敬德還澮州王邈戰破之於美良川敬德復與別帥尋相援王行本於蒲王又破卻其軍蒲州降帝幸蒲津

關王自栢壁輕騎𧼈行在金剛遂圍絳州王還屯金剛引退武周攻李仲文於浩州不勝遣將黃子英護𨍏道驃騎大將軍張德政襲斬之虜其衆武周部將稍離金剛以糧道乏卒飢引去王追至雀鼠谷日中八戰賊皆敗斬級數萬獲輜重千乘金剛走介州官軍迫之以餘衆二萬出西門背城陣亘七里王令李世勣程齩金秦叔寶爲北軍翟長孫秦武通爲南軍既戰小卻王以精騎突擊破之金剛將輕騎去賊將尉遲敬德尋相張萬歲降收其精兵遂復介州武周引騎五百棄幷州北走突厥金剛收散卒將還拒衆不爲用亦以百騎奔突厥幷州平河東地盡復未幾金剛背突厥欲還上谷爲其追騎斬之武周亦謀歸馬邑計露突厥殺之起兵六年而滅

高開道滄州陽信人世煮鹽爲生少趫勇走及奔馬隋大業末依河閒賊格謙未甚奇之會謙爲隋兵圍捕左右奔散無救者開道獨身決戰殺數十人捕兵解謙得免遂引爲將軍謙滅與其黨百

餘人亡海曲後出剽滄州衆稍附因北掠戎保自臨渝至懷遠皆破有之復引兵圍北平未下隋守將李景自度不能支拔城去開道據其地武德元年陷漁陽郡有之有鎧馬數千衆萬人自號燕王先是懷戎浮屠高曇晟因縣令具供與其徒襲殺令僞號大乘皇帝以尼靜宣爲耶輸皇后建元法輪遣使約開道爲兄弟封齊王開道引衆從之居三月殺曇晟幷其衆復稱燕王建元署置百官竇建德圍羅藝於幽州藝請救開道以騎二千赴之建德解去乃因藝使請降詔以爲蔚州總管上柱國北平郡王賜姓李開道以輕騎五百抵幽州欲圖藝自從數騎入都督府且覘藝藝與張飲盡歡知不可圖遂去五年幽州饑開道許輸以粟藝遣老弱湊食皆厚遇之藝悦不爲虞更發兵三千車數百馬驢千往請粟開道悉留不遣遂北連突厥告絶於藝復稱燕與劉黑闥聯兵入寇開道攻易州不克遣將謝稜詐降於藝請兵應接藝衆至稜縱擊破之因道突厥俱南恒定幽易等騷然罷患頡利以開道善攻具

與俱攻馬邑拔之時羣盜相繼平開道欲降旨疑反覆得罪猶恃突厥自安然將士多山東人思歸衆益厭亂初開道募壯士數百爲養子衞閤下及劉黑闥將張君立亡歸開道命與愛將張金樹分督之金樹潛令左右數人僞與諸養子戲至夕入閤絶其弓弦又取刀稍聚牀下既暝金樹以其徒譟攻之數人者抱刀稍出閤諸養子將搏戰亡弓稍君立舉火外城應之帳下大擾養子窮爭歸金樹開道顧不免擐甲挺刃據堂坐與妻妾奏妓飲酒金樹畏不敢前天且明開道先縊其妻妾及諸子而後自殺金樹羅兵取養子皆斬之亦殺君立而歸開道起兵凡八年滅以其地爲嬀州詔以金樹爲北燕州都督

劉黑闥貝州漳南人嗜酒喜蒱博不治產亡賴父兄患苦之與竇建德少相友建德每貲其費黑闥所得輒盡建德亦弗之計隋末亡命從郝孝德爲盜後事李密爲裨將密敗王世充虜之以其武健補馬軍總管鎭新鄉時李世勣陷於竇建德建德使攻新鄉虜

黑闥獻之建德用爲將封漢東郡公黑闥與諸盜游素讙武多狙詐建德有所經略常委以斥候陰入敵中覘虛實每乘隙奮奇兵出不意多所摧克軍中號爲神勇武德四年建德敗還匿漳南杜門不出會高祖召建德故將范願董康買曹湛高雅賢將用之願等疑畏謀曰王世充舉洛陽降驍將楊公卿單雄信之徒皆夷滅今召吾等若西入關必無全且夏王於唐固有德往禽淮安王同安公主皆厚遣還之今唐得夏王即加害我不以餘生爲王復讎無以見天下義士於是謀反卜所主劉氏吉共往見故將劉雅告之雅不從衆怒殺雅去范願曰漢東公黑闥果敢多奇略寬仁容衆恩結士卒吾嘗聞劉氏當王今欲收夏王亡衆集大事非其人莫可乃之漳南謁黑闥以告黑闥喜椎牛饗士得兵百餘人襲漳南縣破之貝州刺史戴元祥魏州刺史權威合埶討擊元祥等皆敗死收其器械有衆千人建德故時左右稍歸之兵寖盛乃設壇漳南祭建德告以舉兵意自稱大將軍陷歷亭殺守將王行敏饒

陽賊崔元遜攻陷深州殺刺史裴晞應之兗州賊徐圓朗亦相連和遂取瀛州攻定州殘之乃移檄趙魏建德將吏往往殺令尉附賊北連高開道勢雄張進至宗城衆數萬黎州總管李世勣戰敗走洺州黑闥追之步卒五千皆覆世勣挺身免乃以王琮爲中書令劉斌爲中書侍郎遣使北結突厥頡利頡利遣俟斤宋邪那率騎從之軍大振不半年盡有建德故地高祖詔秦王及齊王元吉討之五年黑闥陷相州號漢東王建元天造以范願爲左僕射董康買兵部尚書高雅賢爲左領軍王小胡爲右領軍召建德僚屬悉復用之都洺州秦王率兵次汲數困賊進下相州棣州人復殺刺史叛歸黑闥二月秦王破之于列人取洺水使總管羅士信守之黑闥攻陷洺水士信死王阻水爲連營分奇兵絶其餉路黑闥數挑戰堅壁不爲動三月賊糧盡王度必決戰壅洺水上流敕吏曰須賊度亟決之黑闥果率騎二萬絶水陣與王師大戰衆潰水暴至賊衆不得還斬首萬餘級溺死數千黑闥與范願等以殘騎

奔突厥山東平秦王還黑闥藉突厥兵復入寇攻定州舊將曹該董康買先逃鮮虞聚兵應之帝以淮陽王道玄爲河北總管與原國公史萬寶討賊戰下博敗績道玄死于陣萬寶輕騎逸縣是河北復叛歸賊黑闥仍都洺州九月略瀛州殺刺史詔齊王元吉擊之不進又詔皇太子督兵并力頻戰皆捷十二月皇太子齊王悉兵戰館陶黑闥大敗引軍走踰北至毛州黑闥整衆背永濟渠陣縱騎搏之賊赴水死者數千黑闥遁去騎將劉弘基追蹙賊不得休明年正月馳至饒陽騎能屬者纔百餘困且餒黑闥所署總管崔元遜迎拜延之入黑闥不許元遜固請且泣乃進城下元遜饋之方飯車騎諸葛德威執兵前黑闥罵曰狗輩負我遂執詣皇太子所斬之德威舉郡降山東遂定餘黨及突厥兵間道亡定州總管雙士洛邀戰破平之初秦王建天策府其弧矢制倍於常逐黑闥也爲突厥所窘自以大箭射卻之突厥得箭傳觀以爲神後餘大弓一長矢五藏之武庫世寶之每郊丘重禮必陳于儀物之首

以識武功云

徐圓朗者兗州人隋末爲盜據本郡以兵徇琅邪以西北至東平盡有之勝兵二萬附李密密敗歸竇建德山東平授兗州總管魯郡公高祖遣葛國公盛彦師安輯河南抵任城會黑闥兵起圓朗執彦師應之自號魯王黑闥以爲大行臺元帥兗鄆陳杞伊洛曹戴等州豪桀皆殺吏應賊秦王已破黑闥遣兵屯濟陰經略之圓朗懼河間人劉復禮說圓朗曰彭城有劉世徹才略不常有異相士大夫許其必王將軍欲自用恐敗不如迎世徹立之功無不濟圓朗謂然乃迎之盛彦師以世徹若聯叛禍且不解即謬說曰聞公迎劉世徹信乎公亡無日矣獨不見翟讓用李密哉圓朗信之世徹至奪其兵以爲司馬遣徇地所至皆下忌而殺之會淮安王神通李世勣合兵攻圓朗圓朗數敗總管任瓌遂圍兗州降者爭踰城圓朗窮棄城與下數騎夜亡爲野人所殺

薛李二劉高列傳第十一

蕭輔沈李梁列傳第十二

端明殿學士兼翰林侍讀學士龍圖閣學士朝請大夫守尚書吏部侍郎充集賢殿修撰臣宋祁奉敕撰

蕭銑後梁宣帝曾孫也祖巖開皇初叛隋降陳陳亡文帝誅之銑少貧傭書事母孝煬帝以外戚擢為羅川令大業十三年岳州校尉董景珍雷世猛旅帥鄭文秀許玄徹萬瓚徐德基郭華沔人張繡等謀反隋且推景珍為主景珍曰吾素微雖假名號衆不厭羅川令故梁裔也寬仁大度有武皇遺風且吾聞帝王之興必有符命隋冠帶悉號起梁蕭氏中興象也今推之以應天順人不亦可乎乃遣人告銑銑即報景珍書曰我先君昔事隋職貢無廢乃貪我土宇滅我宗祊我是以痌心疾首思刷厥恥今天誘乃衷公等降心將大復梁緒徼福于先帝吾敢不糾厲士衆以從公哉即募兵數千揚言跡盜將以應景珍會潁川賊沈柳生寇縣銑出戰不利謂其下曰岳陽豪桀將推我為主今天下叛隋吾能守節獨完

哉且吾先人國于此若徇其請復梁祚因以半紙檄召羣盜誰敢不從衆悅乃以十月稱梁公旂幟服色悉用其舊柳生以衆歸銑用為車騎大將軍不五日遠近爭附衆數萬乃趨巴陵景珍遣徐德基郭華率彊姓數百迎謁而先見柳生柳生與其下謀曰梁公起我最先附勳第一今岳陽兵衆而位多誰肯為我下不如殺德基質其人獨挾梁主以進則吾誰先因殺德基詣中軍白銑銑驚曰今欲撥亂遽自相屠我不能為若主矣步出軍門柳生懼伏地請罪銑責宥之陳兵而進景珍曰德基倡義竭誠柳生擅殺之不誅無以為政且凶賊與共處必為亂銑因斬柳生於是築壇城南柴上帝自稱梁王有異鳥至建元為鳳鳴義寧二年僭稱皇帝署百官一用梁故事追謚從父琮為孝靖帝祖巖河間忠烈王父璿文憲王封景珍晉王雷世猛秦王鄭文秀楚王許玄徹燕王萬瓚魯王張繡齊王楊道生宋王隋將張鎮州王仁壽擊銑不能克及隋亡乃與寧長真等率嶺南州縣降於銑時林士弘據江南銑遣將蘇胡兒拔豫章使楊道生取南郡張繡略定嶺表西至三峽南交阯北距漢水皆附屬勝兵四十萬武德元年徙都江陵復園廟引岑文本為中書侍郎掌機密遣道生攻峽州刺史許紹擊破之士死過半三年高祖詔夔州總管趙郡王孝恭討之拔通開二州斬僞東平王闍提諸將擅兵橫恣銑恐寖不制乃陽議休兵營農以黜其權大司馬董景珍之弟為將軍怨之謀作亂事泄被誅景珍方鎮長沙銑下書赦之召還江陵景珍懼遣使詣孝恭舉地降銑遣張繡攻景珍景珍曰前年醢彭越往年殺韓信獨不見乎奈何相攻繡不荅圍之景珍潰而走麾下殺之銑進繡為尚書令繡恃功亦驕蹇銑又誅之銑性外寬內忌疾勝己者於是大臣舊將皆疑閒多叛去銑不能禁由此愈弱四年詔孝恭與李靖率巴蜀兵順流下廬江王瑗繇襄陽道黔州刺史田世康出辰州道會兵圖銑僞將周法明以四州降即詔為黃州總管趨夏口道攻安州克之僞將雷長穎以魯山降銑乃遣將文士弘拒孝恭戰清江

口孝恭大破之獲鬭艦千艘拔宜昌當陽枝江松滋僞江州將蓋彥舉以城降孝恭靖直逼其都初銑放兵止留宿衞數千人及倉卒追集江嶺回遠未及赴孝恭布長圍守之數日破其水城取樓船數千交州總管丘和長史高士廉司馬杜之松詣靖降銑度救不至謂其下曰天不祚梁乎待窮而下必害百姓今城未拔先出降可免亂諸人何患無君乃麾而令守陴者皆慟以太牢告于廟率官屬緦衰布幘詣軍門謝曰當死者銑爾百姓非罪也請無殺掠孝恭受之護送京師後數日救兵至且十餘萬知銑降乃送款銑至高祖讓之對曰隋失其鹿英雄競逐銑無天命故為陛下禽猶田橫南面豈負漢哉帝怒其不屈詔斬都市年三十九自僭國至滅凡五年

贊曰銑故梁子孫起文吏掩東南而有之荊楚好亂氣俗然也觀銑武雖不足文有餘矣大抵盜仁義詭世亂俗者聖人所必誅若銑力囷計殫以好言自釋於下係虜在廷抗辭不屈僞辯易窮

卒以殊死高祖聖秦哉

輔公祏齊州臨濟人隋季與鄉人杜伏威爲盜轉掠淮南伏威兵寖盛自號揔管以公祏爲長史賊李子通據江都伏威使公祏以精卒數千度江擊之子通拒戰衆十倍銳甚公祏選甲士千人操長刀居前别以千人隨之令曰卻者斬公祏以衆殿餓而子通方陣而進長刀千人皆决死鬬公祏縱左右翼搏之子通大潰降其衆數千伏威既遣使歸國武德二年詔授公祏淮南道行臺尚書左僕射封舒國公初伏威與公祏少相愛又兄事之故軍中呼輔伯尊禮略等伏威稍忌之乃署養子闞稜爲左將軍王雄誕爲右將軍推公祏爲僕射陰解其柄公祏内快快不平乃與故人左游仙僞學辟穀以自晦六年伏威入朝留公祏居守復令雄誕握兵副之陰誡曰吾至京不失職無容公祏爲變後左游仙説公祏反會雄誕以疾卧家公祏奪其兵紿言伏威移書令舉事八月遂僭位國稱宋即陳故宫都之殺王雄誕署百官以左游仙爲兵部

尚書東南道大使越州揔管增脩器械轉糧食遣將徐紹宗侵海州陳正通寇壽陽詔趙郡王孝恭趨九江嶺南大使李靖下宣城懷州揔管黄君漢出譙齊州揔管李世勣繇淮泗討之孝恭取蕪湖下梁山三鎮河南安撫大使任瓌拔揚子城降僞將龍龕遂據揚州公祏復遣將馮惠亮陳當世屯博望山陳正通徐紹宗屯青州山以拒戰孝恭率諸將破之惠亮正通走李靖躡追百餘里衆悉潰正通等以五百騎奔丹楊公祏懼棄城奔左游仙於會稽兵尚數萬夜至毗陵能從者裁五百僞將吴騷孫安謀執之公祏棄妻子斬關遁與腹心士數十抵武康野人執送丹楊孝恭斬之傳首京師始公祏佐伏威起據江東距公祏死凡十三年

沈法興湖州武康人父恪陳廣州刺史法興隋大業末爲吴興郡守東陽賊樓世幹略其郡煬帝詔與太僕丞元祐討之義寧二年江都亂法興自以世南土屬姓數千家遠近嚮服乃與祐將孫士漢陳果仁執祐名誅宇文化及三月發東陽行收兵趨江都下餘杭比至烏程衆六萬毗陵通守路道德拒之法興約連和因襲殺之據其城遂定江表十餘州自署江南道揔管聞越王侗立乃上書稱大司馬録尚書事天門公承制置百官以陳果仁爲司徒孫士漢司空蔣元超尚書左僕射殷芊左丞徐令言右丞劉子翼選部侍郎李百藥爲掾後聞侗被廢髙祖武德二年稱梁王建元爲延康易隋官儀頗用陳氏故事法興自意南方諸城可跂而平專事威戮下有細過即誅之繇是將士攜解俄遣子倫救陳稜擊李子通反爲所敗子通乘鋒度江破京口使將蔣元超戰庱亭大敗死之法興懼棄城與左右數百投吴郡賊聞人嗣安嗣安遣將葉孝辯迎之法興中悔將殺孝辯趨會稽爲所覺懼自沈於江起義寧至武德凡三年滅

李子通沂州丞人少貧以漁獵爲生居其鄉見班白負戴必代之家有餘則以賙人而喜報仇隋大業末長白山賊左才相自號博山公子通依之以武力雄其閒鄉人有陷賊者子通專經護之方

是時羣盜暴忍獨子通仁愛歸者遂多不半歲有徒萬人才相畏忌子通乃引衆度淮與杜伏威合爲隋將來整所破奔海陵得衆二萬自稱將軍大業十一年僭號楚王宇文化及殺煬帝以右禦衛將軍陳稜爲江都太守已而稜降高祖授以揔管即守其郡子通攻稜稜窮乞師於沈法興杜伏威伏威自將屯清流法興遣子綸屯揚子間數十里子通納言毛文深請募吴人詐爲法興兵夜襲伏威二人遂交惡無敢先戰者子通得悉力取江都遂據之稜奔而免子通僭即皇帝位國號吴建元明政齊賊樂伯通先爲化及守丹楊即以衆萬餘降之子通用爲尚書左僕射又敗法興兵遂取晉陵以法興所署掾李百藥爲内史侍郎典文檄尚書左丞殷芊爲太常卿司禮樂繇是江南士人多歸之會伏威命輔公祏拔丹楊進屯溧水子通戰敗糧且盡棄江都保京口伏威盡得其地俄東走太湖裒散兵二萬人復襲法興吴郡破之據餘杭東舉會稽南距嶺西抵宣城北太湖悉有之武德四年伏威遣將

王雄誕討子通戰蘇州敗績退保餘杭雄誕進傅城子通窮乃降伏威受之并樂伯通送京師高祖薄其罪賜宅一區田五頃賚予頗厚及伏威來朝子通語伯通曰東南未靖而伏威來我故兵多在江外若收之可建大功遂皆亡及藍田爲關吏所獲並伏誅方子通等僭盛時復有朱粲林士弘張善安亦竊名號於淮楚間

朱粲亳州城父人初爲縣史大業中從軍伐賊長白山亡命去爲盜號可達寒賊自稱迦樓羅王衆十萬度淮屠竟陵沔陽轉剽山南所至殘戮無遺噍僭號楚帝建元爲昌達攻拔南陽義寧末與山南撫慰使馬元規戰冠軍大敗收餘衆復振至二十萬粲所克州縣皆發藏粟以食遷徙無常去輒燔會聚毀城郭不務稼穡專以劫爲資於是人大餓死者係路其軍亦匱乃掠小兒烝食之戒其徒曰味之珍寧有加人者弟使佗國有人我無儲哉勒所部略婦人孺兒分烹之又稅諸城細弱以益糧隋著作佐郎陸從典通事舍人顏愍楚謫南陽粲初引爲賓客後盡食兩家俄而

諸城懼皆逃散顯州首領楊士林田瓚起兵攻粲旁郡響赴戰淮源粲大敗挈殘士奔菊潭遣使乞降高祖以前御史大夫段確假散騎常侍勞之確醉戲粲曰君噉人多矣若爲味粲曰噉嗜酒人正似糟豚確怖罵曰狂賊歸朝乃一奴耳復得噉人乎粲懼收確于坐并從者數十悉烹之以饗左右遂屠菊潭奔王世充署龍驤大將軍東都平斬洛水上士庶競擲瓦礫擊其尸須臾若冢

林士弘饒州鄱陽人隋季與鄉人操師乞起爲盜師乞自號元興王建元天成大業十二年據豫章以士弘爲大將軍隋遣治書侍御史劉子翊討賊射殺師乞而士弘收其衆復戰彭蠡子翊敗死之遂大振衆十餘萬據虔州自號南越王俄僭號楚稱皇帝建元爲太平侍御史鄭大節以九江郡下之士弘任其黨王戎爲司空臨川廬陵南康宜春豪桀皆殺隋守令以附北盡九江南番禺悉有之後蕭銑以舟師破豫章士弘獨有南昌虔循潮之地銑敗其亡卒稍歸之復振趙郡王孝恭招慰降循潮二州武德五年士弘弟鄱陽王藥師以兵二萬圍循州總管楊世略破斬之士弘請降王戎亦獻南昌地詔戎爲南昌州總管士弘復遁保安城山誘潰亡謀復亂袁人相聚應之爲張善安所察以兵赴討會士弘死其黨乃解

張善安兗州方與人年十七亡命爲盜轉掠淮南會孟讓敗得其散卒八百襲破廬江郡依林士弘不見信憾之反襲士弘焚其郛去保南康蕭銑取豫章遣將蘇胡兒守之善安奪其地據以歸國授洪州總管武德六年反輔公祏以爲西南道大行臺善安掠孫州執總管王戎襲殺黃州總管周法明會李大亮兵至爲開曉禍福答曰善安初不反爲部下詿誤降今易耳恐不免柰何大亮曰總管定降吾固不疑因獨入其陣與善安握手語乃大喜將數十騎詣大亮營大亮引入命壯士執之騎皆驚引去悉兵來戰大亮諭以善安自歸無庸鬭其黨罵曰總管賣我遂潰送善安京師稱不與公祏謀高祖赦之公祏破得其書遂伏誅

梁師都夏州朔方人爲郡豪姓仕隋鷹揚府郎將大業末罷歸結徒起爲盜殺郡丞唐世宗據郡稱大丞相聯兵突厥與隋將張世隆戰敗之因略定雕陰弘化延安自爲梁國僭皇帝位祭天於城南坎地瘞玉得印以爲瑞建元永隆始畢可汗遺以狼頭纛號大度毗伽可汗解事天子遂導突厥兵居河南地拔鹽川郡武德二年寇靈州長史楊則擊走之又與突厥千騎營野豬嶺延州總管段德操勒兵不戰師都氣懈遣兵進擊戰酣德操自以輕騎出其旁乘之師都大潰逐北二百里俘馘甚衆未幾以步騎五千入寇德操又盡屠其軍降堡將張舉劉旻師都懼遣尚書陸季覽說處羅可汗曰隋亡中國裂爲四五勢均力弱皆爭附突厥今唐滅劉武周國益大兵方四出師都將朝夕亡然次亦及突厥願可汗如魏孝文兵引而南師都請爲鄉導處羅納之令莫賀咄設入五原泥步設與師都趨延州處羅自攻太原突利可汗與奚霫契丹靺鞨趨幽州道會竇建德自滏口會晉絳已而處羅死兵不出又

爲德操所破六年其將賀遂索周以所部十二州降德操悉兵攻之拔東城師都保西城不敢出求救於突厥頡利頡利以勁兵萬騎赴之先是稽胡大帥劉㒶成以衆附師都因讒見殺其下疑懼乃多叛師都日益蹙遂往朝頡利教使南略故突厥盜邊無寧歲遂窺渭橋後突厥政亂太宗以師都寖危乃諭以書使歸不從詔夏州長史劉旻司馬劉蘭經略之獲生口縱以爲閒君臣離櫬出輕騎蹂其稼城中飢虛又天狗隕其城辛獠兒李正寶馮端皆其健將謀執師都降不果正寶挺身歸貞觀二年旻蘭表可取狀詔柴紹薛萬均併力令旻以勁卒直據朔方東城頡利來援會大雪羊馬死紹逆戰破之進屯城下其從父弟洛仁斬師都降擢洛仁爲右驍衛將軍朔方郡公自起至滅十二年以其地爲夏州

始師都據郡時劉季眞郭子和者亦俱起子和自有傳

劉季眞離石胡人父龍兒大業十年擧兵自稱王以季眞爲太子弟六兒爲永安王鋒甚銳將軍潘長文連年擊不能下後虎賁郎將梁德破殺龍兒衆乃散唐兵起六兒復聚衆爲盜附劉武周季眞從之自號太子王六兒爲拓定王迭爲邊害西河公張綸眞鄉公李仲文合兵討之季眞降詔以爲石州總管賜姓李封彭山郡王宋金剛戰澮州勢未決遂復連武周及敗秦王執六兒斬之季眞奔高滿政俄被殺

蕭輔沈李梁列傳第十二

端明殿學士兼翰林侍讀學士龍圖閣學士朝散大夫守尚書吏部侍郎兼集賢殿脩撰臣宋祁奉敕撰

劉文靜字肇仁自言系出彭城世居京兆武功父韶仕隋戰死贈上儀同三司文靜以死難子襲儀同倜儻有器略大業末為晉陽令與晉陽宮監裴寂善寂夜見邏堞傳烽吒曰天下方亂吾將安舍文靜笑曰如君言豪英所資也吾二人者可終羈賤乎高祖為唐公鎮太原文靜察有大志深自結既又見秦王謂寂曰唐公子非常人也豁達神武漢高帝魏太祖之徒歟殆天啓之也寂未謂然文靜俄坐李密姻屬繫獄秦王顧它無可與計者私入視之文靜喜挑言曰喪亂方剡非湯武高光不能定王曰安知無其人哉今過此非兒女子姁姁相憂者世道將革直欲共大計試為我言之文靜曰上南幸兵塡河洛盜賊蜉結大連州縣小阻山澤以萬數須眞主取而用之誠能投天會機奮臂大呼則四海不足定也

今汾晉避盜者皆在文靜素知其豪桀一朝號召十萬衆可得也加公府兵數萬一下令誰不願從鼓而入關以震天下王業成矣王笑曰君言正與我意合乃陰部署賓客將發恐唐公不從文靜謀因裴寂開說於是介寂以交王遂得進議及突厥敗高君雅兵唐公被劾王遣文靜與寂共說曰公據嫌疑之地勢不圖全今部將敗方以罪見收事急矣尚不為計乎晉陽士健馬彊宮庫饒貲天事可舉也今關中空虛代王弱賢豪並興未有適歸願公引兵西誅暴除亂乃受單使囚乎唐公私可會得釋而止王數文靜僞為詔發太原西河鴈門馬邑男子年二十至五十悉為兵期歲盡集涿郡以伐遼繇是人心愁擾益思亂文靜謂寂曰公聞先發制人後發制於人乎唐公名載圖讖聞天下尚可怗怗以待禍哉又脅寂曰公為監以宮人侍客公死何憾奈何累唐公寂懼乃勸起兵秦王即委文靜長孫順德等募士聲討劉武周文靜與寂作符敕發宮監庫物佐軍興會王威高君雅猜貳文靜與劉政會貸為急變書詣留守告二人反俟唐公與威君雅視事文靜進曰有密牒言反者公目威等省牒政會不肯曰所告乃副留守唯唐公得觀公驚曰詎有是乎讀已語威曰人告公等信乎君雅詬曰反人欲殺我耳文靜叱左右執之由是舉兵唐公乃開大將軍府以文靜為司馬文靜勸改旗幟彰特興又請與突厥連和唐公從之遣文靜使始畢可汗始畢曰唐公兵何事而起文靜曰先帝廢冢嗣以授後主故大亂唐公國近戚懼毀王室起兵黜不當立者願與突厥共定京師金幣子女盡以歸可汗始畢大喜即遣二千騎隨文靜至又獻馬千匹公喜曰非君何以致之尋拒屈突通於潼關與其將桑顯和苦鬭死者數千文靜度顯和軍怠以奇兵從後掩之顯和敗繢通兵尚數萬欲引而東文靜命將追執之徇新安以西皆下轉大丞相府司馬進光祿大夫魯國公唐公踐天子位擢納言時多引貴臣共榻文靜諫曰今率土莫不臣而延見羣下言尚稱名帝坐嚴尊屈與臣子均席此王導所謂太陽俯同萬物者也

帝曰我雖應天受命宿昔之好何可忘公其無嫌薛舉寇涇州以元帥府長史與司馬殷開山出戰大敗奔還京師坐除名與討仁杲平之復爵邑授民部尚書陝東道行臺左僕射從秦王鎮長春宮文靜自以材能過裴寂遠甚又屢有軍功而寂獨用故舊恩居其上意不平每論政多戾駮遂有隙嘗與弟散騎常侍文起飲酣有怨言拔刀擊柱曰當斬寂會家數有怪文起夏憂召巫夜被髮銜刀為禳厭文靜妾失愛告其兄上變遂下吏帝遣裴寂蕭瑀訊狀對曰昔在大將軍府司馬與長史略等今寂已僕射居甲第寵賚不貲臣官賞等衆人家無贏誠不能無少望帝曰文靜此言反明甚李綱蕭瑀明其不反秦王亦以文靜首決非常計事成乃告寂今任遇弗等故怨望非敢反宜賜全宥帝素疏忌之寂又言文靜多權詭而性猜險忿不顧難醜言怪節已暴驗今天下未靖恐為後憂帝遂殺之年五十二文起亦死籍其家文靜臨刑撫膺曰高鳥盡良弓藏果不妄貞觀三年追復官爵以子樹義襲

魯國公詔尚主然怨父不得死謀反誅
裴寂字玄眞蒲州桑泉人幼孤兄鞠之年十四補郡主簿及長偉
容貌涉知書傳隋開皇中調左親衛家貧徒步走京師過華山祠
祈神自卜夜夢老人謂曰君年踰四十當貴大業中爲齊州司戶
參軍歷侍御史晉陽宮副監唐公雅與厚及留守太原契分愈密
至蒱酒通晝夜秦王與劉文靜方建大計未敢白公以寂最厚善乃
出私錢數百萬餉龍山令高斌廉俾與寂博陽不勝寂得進多
大喜日茲昵太宗以情告之許諾寂嘗以宮人侍唐公恐事發誅
間飲酣乃白秦王將舉兵狀因言今盜徧天下城闔外即戰場雖
徇小節猶不脫死若舉義師不特免禍且就大功唐公然所計兵
起寂進宮女五百米九百萬斛雜綵五萬段鎧四十萬首大將軍
府建爲長史下臨汾封聞喜縣公至河東屈突通未下而三輔豪
桀多歸者唐公欲先取京師恐通掎其後猶豫未决寂說曰今
通據蒲關未下而西我腹背支敵敗之符也不若破通而後趨京

師秦王曰不然兵尚權權利於速今乘機度河以奪其心且關中
羣盜處處屯結疑力相杖易以招懷撫而有之衆附兵彊何向不
克通自守賊耳庸能患我失其機勝負未可計也唐公兩從之
留兵圍蒲而遣秦王入關長安平賜寂田千頃甲第一區物四萬
段遷大丞相府長史進魏國公邑三百戶隋帝禪位公固讓寂開
陳符命以勸又督太常具儀撰日唐公即位曰使我至此者公也
拜尚書右僕射賜服玩不貲詔尚食日給御膳視朝必引與同坐
入閤則延卧內言無不從呼爲裴監不名也貴震當世武德二年
劉武周寇太原守將數困寂請行授晉州道行軍總管討賊以便
宜從事賊將宋金剛據介州寂屯度索原賊埭水上流寂徙屯爲
賊所搏兵大潰死亡略盡寂晝夜馳抵平陽鎮戍皆沒上書謝
罪高祖薄其過下詔慰諭俾留撫河東寂無它才惟飛檄郡縣
促入屯壘相保贅焚積聚人益惴駭思亂夏人呂崇茂殺其令反
爲賊守寂攻之復爲所敗召還帝責讓良久以屬吏俄釋之遇

侍如初帝每巡幸必委以居守麟州刺史韋雲起告寂反按訊無
狀帝謂曰朕有天下公推轂成之也容有貳哉所以訊吏欲天下
人信公不反耳詔三貴妃齎王食寶器宴其家經宿去帝嘗從容
夸語曰前王多興細微閒關行陣而後成功我家隴西舊族世姻
婭帝室一呼唱義不三月有天下公復華冑職官光顯非劉季亭
長蕭曹刀筆吏比也我與公無媿焉四年改鑄錢賜一鑪得自鑄
又聘其女爲趙王元景妃遷左僕射帝置酒含章殿歡甚寂頓
首曰始陛下發太原約天下已定許上印綬今四海乂安願賜骸
骨歸田里帝泣下曰未也要當相與老爾公爲宗臣我爲太上皇
逍遙晚歲不亦善乎九年冊拜司空遣尚書員外郎日一人直第貞
觀初太宗親郊命寂與長孫无忌升金輅寂辭帝曰公有佐命勳
无忌宣力王室非二人誰可參乘者遂同載歸浮屠法雅坐訞
言辭連寂坐免官削封邑半歸故郡寂請留京師帝讓曰公勳不
稱位徒以恩澤居第一武德之政閒或弛紊職公爲之今歸掃墳

墓尚何辭寂遂歸未幾汾陰狂男子謂寂奴曰公有天分監奴白
寂寂惶懼不敢聞遣監奴殺所言者奴盜寂封邑錢百萬寂捕
急遂上變帝怒曰寂有死罪四爲三公與妖人游一也既免官乃
恚稱國家之興皆其所謀二也匿妖人言不奏三也專殺以滅口四也
我戮之非無辭議者多請貸乃放靜州會山羌反或言劫寂爲主
帝曰國家於寂有恩必不爾既而寂率家僮破賊帝念寂功詔
入朝會卒年六十贈相州刺史工部尚書河東郡公子律師嗣尚
臨海長公主終汴州刺史律師子承先武后時爲殿中監酷吏殺
之始高祖論太原首功詔尚書令秦王尚書左僕射裴寂納言劉
文靜恕二死左驍衛大將軍長孫順德右驍衛大將軍劉弘基右
屯衛大將軍竇琮左翊衛大將軍柴紹內史侍郎唐儉吏部侍郎
殷開山鴻臚卿劉世龍衛尉少卿劉政會都水監趙文恪庫部郎
中武士彠驃騎將軍張平高李思行李高遷左屯衛府長史許
世緒等十四人恕一死武德九年十月太宗又定功臣封戶時文靜

已死乃自寂而下差功大小第之揔四十三人寂戶千五百長孫
无忌王君廓尉遲敬德房玄齡杜如晦戶千三百長孫順德柴紹
羅藝趙郡王孝恭戶千二百侯君集張公謹劉師立戶千李勣劉
弘基戶九百高士廉宇文士及秦叔寶程知節戶七百安興貴安
脩仁唐儉竇軌屈突通蕭瑀封德彝劉義節戶六百錢九隴樊
興公孫武達李孟嘗段志玄龐卿惲張亮李藥師杜淹元仲文戶
四百張長遜張平高李安遠李子和秦行師馬三寶戶三百寂等
三十人已見於傳自趙文恪等十八人功不甚顯然參附義始事
班班見當世今次第其名揔出左方云趙文恪并州人爲隋鷹揚
府司馬義兵起授右三統軍武德二年擢都水監封新興郡公時
中國經大亂馬耗會突厥講和詔文恪至并州與齊王謗市邊馬
以備軍劉武周寇太原屬城盡沒李仲文守浩州兵力孤絕齊王
使文恪率步騎千餘助守會太原陷遂棄城遁詔下獄死
李思行趙州人避仇太原唐公將起使覘詗長安還具論機策以
贊大議授左三統軍從破霍邑平京師擢累嘉州刺史樂安郡公

卒贈洪州都督謚曰襄
李高遷岐州人客太原唐公引致左右執高君雅等有功以右三
統軍從下霍邑圍長安戰力遷左武衛大將軍江夏郡公檢校
西麟州刺史突厥寇馬邑高滿政請救詔高遷督兵助守賊盛乃
夜斬關走所將皆沒坐除名從邊後歷貢州刺史卒贈涼州都督
姜寶誼秦州上邽人父遠仕周爲秦州刺史朝邑縣公寶誼游太
學受書業不進去爲左翊衛以積勞遷鷹揚郎將領府兵從高祖
督盜太原及起兵授左統軍下西河霍邑以多爵累永安縣公歷
右武衛大將軍劉武周使黃子英數盜雀鼠谷帝遣寶誼擊之
賊輕甲挑師戰接而三遁遂之伏發寶誼爲賊執俄亡歸與裴寂
拒宋金剛戰汾州兵合寂弃軍走寶誼復爲所禽帝聞爲泣下
曰彼烈士必不下賊死矣賜其家物千段米三百斛果謀還被害
且死西向大呼曰臣無狀負陛下賊平詔迎其柩贈左衛大將軍幽

州揔管謚曰剛子協字壽善篆籀歷燕然都護夏州都督封成
紀縣侯謚曰威
許世緒并州人隋鷹揚府司馬知隋將亡請唐公曰天輔德人與
能乘機不發後必路悔隋政不綱天下搖亂公姓名已著謠籙今
擊五郡之兵據四戰之衝苟無奇計禍不反踵若收取英俊爲天
下倡帝王業也公奇之顧倚親密兵起授右一府司馬累除蔡州
刺史眞定郡公卒弟洛仁亦從起晉陽錄功至冠軍大將軍卒贈
代州都督謚曰勇陪葬昭陵
劉師立宋州虞城人始事王世充爲親將洛陽平當誅秦王壯其
才釋不死引爲左親衛建成之釁師立參奉密議後與尉遲敬德
龐卿惲李孟嘗等九人錄功拜左衛率遷左驍衛將軍襄武郡
公賜絹五千匹有告師立姓在符讖欲反者太宗謂曰人言卿將
反果乎師立對曰臣爲隋官不過六品材駑下不敢希富貴今
遭非常之會位將軍顧已極矣何敢反帝笑曰朕知妄耳賜東宮

召入卧內慰勉羅藝反京師震駭詔師立檢校右武候大將軍勒
兵備非常藝平有司劾黨與師立坐與善除名尋以藩邸舊檢
校岐州都督上書請討吐谷渾未報即遣使間諭部落多降附者
列其地爲開橋二州又党項酋拓拔赤辭先附吐谷渾倚險自守
亦遣說下之詔赤辭爲西戎州都督師立以母喪解岐人表留遂
不得赴哀時河西党項破丑氏嘗苦邊又阻新附師立討之軍未
至破丑懼遁去師立窮追之抵䘏于眞山而還又戰吐谷渾於小
莫門川破之轉始州刺史卒謚曰肅
劉義節并州人隋大業末補晉陽鄉長富於財裴寂薦之唐公
又與王威高君雅游然於唐公爲最厚兵將起威君雅疑之義節
刺知其情得先事禽威等從平京師爲鴻臚卿時傾府庫爲軍
賞帑財大乏義節曰今京師屯兵多樵貴帛賤若伐街苑樹爲薪
以易布帛歲數十萬可致又請軸舒藏內見繒取羨尺補雜費
得十餘萬段調度遂給遷太府封葛國公義節本名世龍或言世

龍子名鳳昌父子非人臣兆高祖不聽更賜今名貞觀初轉少府監坐貴入賈人珠及故出署丞罪廢為民徙嶺南終欽州別駕從子思禮武后時為箕州刺史少學相人於張憬藏憬藏謂思禮歷刺史位至太師萬歲通天二年授箕州益喜以為太師位尊非佐命不可得乃結洛州錄事參軍綦連耀謀反謂耀曰君體有龍氣如大帝耀亦曰公金刀當輔我陰約君臣思禮因以術眩衆見者必曰當三品使啗進者充望然後云綦連耀且受命公等皆因之事敗武懿宗按之陰紿思禮使多逮引思禮冀自脫悉引素相忤者將刑猶不寤與衆人斬於市其知名者如李元素孫元亨石抱忠王勮勮兄勔路敬淳等三十餘族竄逐千餘人

錢九隴字永業湖州長城人父文㵾為吳明徹裨將與明徹俱敗彭城入隋以罪沒為奴故九隴事唐公善騎射常備左右兵起以功授金紫光祿大夫從戰薛仁杲劉武周擢累為右武衛將軍從平洛陽佐皇太子建成討劉黑闥魏州力戰破賊以功最封郇

國公以本官為苑游將軍貞觀初為眉州刺史改巢國卒贈左武衛大將軍潭州都督謚曰勇陪葬獻陵

樊興安州人以罪為奴從唐公平長安授左監門將軍從秦王積戰多封營國公數賜黃金雜物後坐事削爵貞觀六年陵州獠反命討之為左驍衛將軍又從李靖擊吐谷渾為赤水道行軍總管後軍期士多死亡失器仗以勳減死後為左監門大將軍襄城郡公太宗征遼以興忠謹副房玄齡留守京師檢校右武候將軍卒贈左武候大將軍洪州都督陪葬獻陵

公孫武達京兆櫟陽人以豪俠稱為隋驍果兵興武達至長春宮上謁從秦王討劉武周苦戰功多累遷秦府右三軍驃騎封清水縣公貞觀初為肅州刺史突厥騎數千輜重萬餘入寇謀南趨吐谷渾武達以精兵二千人與戰虜稍卻復殊死鬭薄之張掖河潛命上流度兵虜已半濟乃兩岸夾擊斬溺略盡璽書勞之遷左監門將軍鹽州突厥叛詔武達趨靈州追及賊賊方度河乃據南涯陣武達擊之斬其帥可邏拔邑進封東萊郡公終右武衛大將軍贈荊州都督陪葬昭陵謚曰壯

龐卿惲并州人從討隱太子有功拜右驍衛將軍邾國公卒追改濮國子同善右金吾大將軍同善子承宗開元初任至太子賓客

張長遜京兆櫟陽人精馳射在隋為里長以平陳功擢上開府累遷五原郡通守遭亂附突厥突厥號為割利特勤義兵起以郡降即拜五原太守安化郡公徙封范陽時梁師都薛舉請突厥兵南度河長遜矯作詔與莫賀咄設以伐其謀會唐使亦至突厥兵不出武德元年詔右武候驃騎將軍高世靜聘始畢可汗至豐州而始畢死詔留金幣不遣突厥怒引兵南至河長遜遣世靜出塞勞之且若專致聘賜者虜引還遂授總管改楊國公及討薛舉不待命輒引兵會賜錦袍金甲或譖長遜居豐久恐與突厥為脣齒乃請入朝授右武候將軍徙息國公加賜宮人綵千段屬有疾高祖親問之後竇軌率巴蜀兵擊王世充以長遜檢校益州行臺左僕射

歷遂夔二總管政以惠稱貞觀十一年卒

張平高綏州人為隋鷹揚府校尉戍太原遂預謀議從唐公平京城累授左領軍將軍封蕭國公貞觀初為丹州刺史坐事以右光祿大夫還第卒追封羅國贈潭州都督

李安遠夏州人父徹隋上柱國雲州刺史世為將家以財雄安遠少無檢與博徒游至破産晚乃折節嚮書從士大夫茍勝己必傾心交之襲爵城陽公與王珪最善珪坐王頍得罪當流安遠為營護免後補正平令兵起攻絳州安遠與通守陳叔達嬰城拒唐公素與安遠善及拔絳撫慰其家引與同食授右翊衛統軍正平縣公後從破屈突通進上柱國右武衛大將軍數從秦王征討積功累封至廣德郡公奉使吐谷渾安遠與約和吐谷渾乃請為互市邊場利之隱太子將亂陰使誘動安遠介無貳志秦王益親重貞觀初嘗命統邏騎都下督盜賊歷潞州都督懷州刺史皆以幹用顯然急刻少恩由是損名卒贈涼州都督謚曰安追封遂安郡公

馬三寶性敏獪事柴紹爲家僮紹尚平陽公主高祖兵起紹間道走太原三寶奉公主遁司竹園說賊何潘仁與連和潘仁入謁以百兵爲主衞三寶自稱揔管撫接羣盜兵至數萬唐公濟河授三寶左光祿大夫秦王至竹林宮三寶以兵詣軍門謁遂從平京師拜太子監門率別擊叛胡劉拔眞於北山破之從平薛仁杲與柴紹擊吐谷渾於岷州先鋒陷陣斬名王俘執數千以功封新興縣男後高祖幸司竹園顧謂曰汝興兵覷邪衞青大不惡貞觀初拜左驍衞大將軍進爵爲公卒謚曰忠

李孟嘗趙州人終右威衞大將軍漢東郡公

元仲文洛州人終右監門將軍河南縣公

秦行師并州人終右監門將軍清水郡公

贊曰應龍之翔雲雩滃然而從震風薄怒萬空不約而號物有自然相動耳觀二子非有踔越之姿當高祖受命赫然利見於世故能或翼或從尸天之功云文靜數履軍陷陣以才自進而寂專用串昵顯外者易乘邇者難跡故文靜先被躁望誅寂後坐訞言斥誠異夫蕭何曹參矣

劉裴列傳第十三

屈突尉遲張秦唐段列傳第十四　唐書八十九

端明殿學士兼翰林侍讀學士龍圖閣學士朝請大夫守尚書吏部侍郎充集賢殿修撰臣宋祁奉

敕撰

屈突通其先蓋昌黎徒何人後家長安仕隋爲虎賁郎將文帝命覆隴西牧簿得隱馬二萬匹帝怒收太僕卿慕容悉達監牧官史千五百人將悉殊死通曰人命至重死不復生陛下以至仁育四海豈容以畜產一日而戮千五百士帝叱之通進頓首曰臣願身就戮以挺衆死帝寤曰朕不明乃至是今當免悉達等旌爾善言遂皆以減論擢左武衞將軍莅官勁正有犯法者雖親無所回縱其弟蓋爲長安令亦以方嚴顯時爲語曰寧食三斗艾不見屈突蓋寧食三斗葱不逢屈突通煬帝即位遣持詔召漢王諒先是文帝與諒約若璽書召驗視敕字加點又與玉麟符合則就道及是書無驗諒覺變詰通通占對無屈竟得歸長安大業中與宇文述共破楊玄感以功遷左驍衞大將軍秦隴盜起授關內討捕大

使安定人劉迦論反衆十餘萬據雕陰通發關中兵擊之次安定初不與戰軍中意其怯通陽言旋師而潛入上郡賊未之覺引而南去通七十里舍分兵徇地通候其無備夜簡精甲襲破之斬迦論并首級萬餘築京觀於上郡南山虜老弱數萬口後隋政益亂盜賊多士無鬬志諸將多覆通每向必持重雖不大克亦不敗負帝南幸使鎮長安高祖起代王遣通守河東戰久不下高祖留兵圍之遂濟河破其將桑顯和於飲馬泉通大懼乃留鷹揚郎將堯君素守蒲將自武關趨藍田以援長安至潼關阻劉文靜兵不得進相持月餘通令顯和夜襲文靜詰朝大戰顯和縱兵破二壁唯文靜一壁獨完然數入壁短兵接文靜中流矢軍垂敗顯和以士疲乃傳餐食文靜因得分兵實二壁會游軍數百騎自南山還擊其背三壁兵大呼奮而出顯和遂潰盡得其衆通勢蹙或說之降曰吾蒙國厚恩事二主安可逃難獨有死報爾每自摩其頸曰要當爲國家受人一刀其訓勉士卒必流涕故力雖窮而人尚爲之感奮帝遣其家僮往召通趣斬之俄聞京師平家盡沒乃留顯和保潼關率兵將如洛既行而顯和來降文靜遣竇琮段志玄精騎追及於稠桑通結陣拒之琮縱其子壽往諭使降通大呼曰昔與汝父子今則讎也命左右射之顯和呼其衆曰京師陷諸君皆家關西何爲復東衆皆捨兵通知不免遂下馬東南向再拜號哭曰臣力屈兵敗不負陛下遂被禽送長安帝勞曰何相見晚邪泣曰通不能盡人臣之節故至此爲本朝羞帝曰忠臣也釋之授兵部尚書蔣國公爲秦王行軍元帥長史從平薛仁杲時賊珍用山積諸將爭得之通獨無所取帝聞曰清以奉國名定不虛特賚金銀六百兩綵千段判陝東道行臺左僕射從討王世充時通二子在洛帝曰今以東略屬公如二子何通曰臣老矣不足當重任然疇昔陛下釋俘纍加恩禮以蒙更生是時口與心誓以死許國今日之行正當先驅二兒死自其分終不以私害義帝太息曰烈士徇節吾今見之及竇建德來援賊秦王分麾下半以屬通俾

與齊王圍洛世充平論功第一拜陝東道大行臺右僕射鎮東都數歲召爲刑部尚書自以不習文固辭改工部建成之變復檢校行臺僕射馳鎮洛貞觀初行臺廢爲洛州都督進左光祿大夫卒年七十二贈尚書左僕射謚曰忠後詔配饗太宗廟廷永徽中贈司空二子壽詮壽襲爵太宗幸洛思通忠節故詮以少子拜果毅都尉賜粟帛卹其家終瀛州刺史詮子仲翔神龍中復守瀛州初桂州都督李弘節亦以清慎顯既歿其家賣珠太宗疑弘節實貪欲追坐舉者魏徵曰陛下過矣且今號清白死不變者屈突通張道源通二子來調共一馬道源子不能自存審其清者不加卹疑其濁者罪所舉亦好善不篤矣帝曰朕未之思置不問故通之清益顯云

尉遲敬德名恭以字行朔州善陽人隋大業末從軍高陽積閱爲朝散大夫劉武周亂以爲偏將與宋金剛南侵得晉澮等州襲破永安王孝基執獨孤懷恩等武德二年秦王戰栢壁金剛敗奔

突厥敬德合餘衆守介休主遣任城王道宗宇文士及諭之乃與尋相舉地降引為右一府統軍從擊王世充會尋相叛諸將疑敬德且亂囚之行臺左僕射屈突通尚書殷開山曰敬德慓敢今執之猜貳已結不即殺後悔無及也王曰不然敬德必叛寧肯後尋相者邪釋之引見卧內曰丈夫以氣相許小嫌不足置胷中我終不以讒害良士因賜之金曰必欲去以為汝資是日獵榆窠會世充自將兵數萬來戰單雄信者賊驍將也騎直趣王敬德躍馬大呼横刺雄信墜乃翼王出率兵還戰大敗之禽其將陳智略獲排矟兵六千王顧曰比衆人意公必叛我獨保無它何相報速邪賜金銀一篋竇建德營板渚王命李勣等為伏親挾弓令敬德執矟略其壘大呼致師建德兵出乃稍引却殺數十人衆益進伏發大破之時世充兄子琬使於建德乘隋帝廄馬鎧甲華整出入軍中以夸衆王望見問誰可取者敬德請與高甑生梁建方三騎馳往禽琬引其馬以歸賊不敢動從討劉黑闥賊以奇兵襲李勣王勒兵掩其後俄而賊衆四面合敬德率壯士馳入賊王乘陣亂乃得出又破徐圓朗以功授王府左二副護軍隱太子嘗以書招之贈金皿一車辭曰敬德起幽賤會天下喪亂久陷逆地秦王實生之方以身徇恩今於殿下無功其敢當賜若私許則懷二心徇利棄忠殿下亦焉用之哉太子怒而止敬德以聞王曰公之心如山岳然雖積金至斗豈能移之然恐非自安計巢王果遣壯士刺之敬德開門安卧賊至不敢入因譖於高祖將殺之王固爭得免其後隱巢計日急敬德與長孫无忌入白曰大王不先决社稷危矣王曰我惟同氣所未忍伺其發而後以義討之如何敬德曰人情畏死衆以死奉王此天授也天與不取反得其咎大王即不聽請從此亡不能交手蒙戮无忌曰王不從敬德言敬德亦非王有今敗矣王曰寡人之謀未可全棄公更圖之敬德曰處事有疑非智臨難不決非勇王今自計如何勇士八百人悉入宮控弦被甲矣尚何辭後又與侯君集等熟勸進計乃定時房玄齡杜如晦被斥在外召不至王怒曰是背我邪因解所佩刀授之謂曰即不從可斬其首以來敬德遂往諭玄齡等與入計議隱太子死敬德領騎七十趨玄武門王馬逸墜林下元吉將奪弓窘王敬德馳叱之元吉走遂射殺之宮府兵屯玄武門戰不解敬德持二首示之乃去時帝泛舟海池王命敬德往侍不解甲趨行在帝驚曰今日之亂為誰爾來何邪對曰秦王以太子齊王作亂舉兵誅之恐陛下不安遣臣宿衞帝意恱於是南衙北門兵與府兵尚雜鬭敬德請帝手詔諸軍聽秦王節度內外始定王為皇太子授左衞率時坐隱巢者百餘家將盡沒入之敬德曰為惡者二人今已誅若又窮支黨非取安之道由是普原論功為第一賜絹萬匹擧齊府金幣什器賜焉除右武候大將軍封吳國公實封千三百戶突厥入寇授涇州道行軍摠管虜至涇陽輕騎與戰敗之敬德所得財必散之士卒然婞直頗以功自負又廷質大臣得失與宰相不平出為襄州都督累遷同州刺史嘗侍宴慶善宮有班

其上者敬德曰爾何功坐我上任城王道宗解喻之敬德勃然擊道宗目幾眇太宗不懌罷召讓曰朕覩漢史嘗怪高祖時功臣少全者今視卿所為乃知韓彭夷戮非高祖過國之大事惟賞與罰橫恩不可數得勉自脩飭悔可及乎敬德頓首謝後改封鄂國歷鄜夏二州都督老就第授開府儀同三司朝朔望帝將討高麗敬德上言乘輿至遼太子次定州兩京空虛恐有玄感之變夷貊小國不足枉萬乘願委之將臣以時摧滅帝不納詔以本官行太常卿為左一馬軍摠管師還復致仕顯慶三年卒年七十四高宗詔京官五品以上及朝集使赴第臨弔冊贈司徒并州都督謚曰忠武給班劒羽葆鼓吹陪葬昭陵敬德晚節謝賓客不與通飾觀沼奏清商樂自奉養甚厚又餌雲母粉為方士術延年其戰善避矟每單騎入賊雖羣刺之不能傷又能奪取賊矟還刺之齊王元吉使去刃與之校敬德請王加刃而獨去之卒不能中帝嘗問奪矟與避矟孰難對曰奪矟難試使與齊王戲少選王

三失稍遂大愧服
張公謹字弘慎魏州繁水人爲王世充洧州長史與刺史崔樞挈
城歸天子授檢校鄒州別駕累遷右武候長史未知名李勣尉遲
敬德數啓秦王乃引入府王將討隱巢亂使卜人占之公謹自外
至投龜於地曰凡卜以定猶豫決嫌疑今事無疑何卜之爲卜而
不吉其可已乎王曰善隱太子死其徒攻玄武門鋭甚公謹獨閉
關拒之以功授左武候將軍封定遠郡公實封一千戶貞觀初爲
代州都督置屯田以省餽運數言時政得失太宗多所采納後副
李靖經略突厥條可取狀於帝曰頡利縱欲肆凶誅害善良昵近
小人此主昏於上可取一也別部同羅僕骨回紇延陀之屬皆自
立君長圖爲反噬此衆叛於下可取二也突利被疑以輕騎免拓
設出討衆敗無餘欲谷喪師無託足之地此兵挫將敗可取三也
北方霜旱稟糧乏絕可取四也頡利疏突厥親諸胡胡性翻覆
大軍臨之內必生變可取五也華人在北者甚衆比聞屯聚保據

山險王師之出當有應者可取六也帝然所謀及破定襄敗頡利
璽詔慰勞進封鄒國公改襄州都督以惠政聞卒官下年四十九
帝將出次哭之有司奏日在辰不可帝曰君臣猶父子也情感於
內安有所避遂哭之詔贈左驍衛大將軍謚曰襄十三年追改郯
國公永徽中加贈荊州都督子大素龍朔中歷東臺舍人兼脩
國史著書百餘篇終懷州長史次子大安上元中同中書門下三
品章懷太子令與劉訥言等共註范曄漢書太子廢故貶爲普
州刺史終橫州司馬子悱仕玄宗時爲集賢院判官詔以其家所
著魏書說林入院綴脩所闕累擢知圖書括訪異書使進國子司
業以累免官
秦瓊字叔寶以字顯齊州歷城人始爲隋將來護兒帳內母喪護
兒遣使襚弔之吏怪曰士卒死喪將軍未有所問今獨弔叔寶何
也護兒曰是子才而武志節完𣪺豈久處卑賤邪俄從通守張須
陀擊賊盧明月下邳賊衆十餘萬須陀所統纔十之一堅壁未敢

進獵盡欲引去須陀曰賊見兵却必悉衆追我得銳士襲其營且
有利誰爲吾行者衆莫對惟叔寶與羅士信奮行乃分勁兵千人
伏莽間須陀委營遁明月悉兵追躡叔寶等馳叩賊營門閉不得
入乃升樓拔賊旗幟殺數十人營中亂即斬關納外兵縱火焚三
十餘屯明月奔還須陀回擊大破之又與孫宣雅戰海曲先登以
前後功擢建節尉從須陀擊李密滎陽須陀死率殘兵附裴仁
基仁基降密密得叔寶大喜以爲帳內驃騎待之甚厚密與宇文
化及戰黎陽中矢墮馬濱死追兵至獨叔寶捍衛得免後歸王世
充署龍驤大將軍與程齩金計曰世充多詐數與下呪誓乃巫嫗
非撥亂主也因約俱西走策其馬謝世充曰自顧不能奉事請從
此辭賊不敢逼於是來降高祖俾事秦王府王尤獎禮從鎮長春
宮拜馬軍總管戰美良川破尉遲敬德功多帝賜以黃金瓶勞曰
卿不卹妻子而來歸我且又立功使朕肉可食當割以啖爾況子
女玉帛乎尋授秦王右三統軍走宋金剛於介休拜上柱國從討

世充建德黑闥三盜未嘗不身先鋒鏖陣前無堅對積賜金帛
以千萬計進封翼國公每敵有驍將銳士震燿出入以夸衆者秦
王輒命叔寶往取之躍馬挺槍刺於萬衆中莫不如志以是頗自
負及平隱巢功拜左武衛大將軍實封七百戶後稍移疾嘗曰吾
少長戎馬間歷二百餘戰數重創出血且數斛安得不病乎卒贈
徐州都督陪葬昭陵太宗詔有司琢石爲人馬立墓前以旌戰功
貞觀十三年改封胡國公後四年詔司徒趙國公無忌司空河間
王孝恭司空萊國公如晦司空太子太師鄭國公徵司空梁國公
玄齡開府儀同三司鄂國公敬德特進衛國公靖特進宋國公瑀
輔國大將軍褒國公志玄輔國大將軍夔國公弘基尚書左僕射
蔣國公通陝東道行臺右僕射鄖國公開山荊州都督譙國公紹
荊州都督邳國公順德洛州都督鄖國公亮吏部尚書陳國公
君集左驍衛大將軍郯國公公謹左領軍大將軍盧國公知節禮部
尚書永興郡公世南戶部尚書渝國公政會戶部尚書莒國公儉

兵部尚書英國公勣并叔寶並圖形凌煙閣高宗永徽六年遣使
致祭名臣圖形凌煙閣者凡七人從士廉瑀志玄弘基世南叔寶
皆始終著名者也
唐儉字茂約并州晉陽人祖邕北齊尚書左僕射父鑒隋戎州刺
史與高祖善嘗同典軍衞故儉雅與秦王游同在太原儉爽邁少
繩檢然事親以孝聞見隋政寖亂陰說秦王建大計高祖嘗召訪
之儉曰公日角龍廷姓協圖讖係天下望久矣若外嘯豪桀北招
戎狄右收燕趙濟河而南以據秦雍湯武之業也高祖曰湯武之
事豈可幾然喪亂方剡私當圖存公欲拯溺者吾方為公思之及
大將軍府開授記室參軍渭北道元帥司馬從定京師為相國府
記室晉昌郡公武德初進內史舍人遷中書侍郎散騎常侍呂崇
茂以夏縣反與劉武周連和詔永安王孝基獨孤懷恩于筠率兵
致討儉以使適至軍會孝基等為武周所虜儉亦見禽始懷恩屯
蒲州陰與部將元君實謀反會俱在賊中君實私語儉曰獨孤尚
書將舉兵圖大事猶豫不發故及此所謂當斷不斷而受亂者我
而懷恩脫歸詔復守蒲君實曰獨孤拔難歸冊戍河上寧其王
者不死乎儉恐必亂密遣劉世讓歸白發其謀會高祖幸蒲津舟
及中流而世讓至帝驚曰豈非天也命趣還舟捕反者懷恩自
殺餘黨皆誅俄而武周敗亡入突厥儉封府庫籍兵甲以待秦王
帝嘉儉身幽辱而不忘朝廷詔復舊官仍為并州道安撫大使
許以便宜盡簿懷恩貲產賜儉還為禮部尚書天策府長史兼檢校
黃門侍郎莒國公仍為遂州都督食綿州六百戶貞觀初使突
厥還太宗謂儉曰卿觀頡利可取乎對曰銜國威靈庶有成功
四年馳傳往誘使歸款頡利許之兵懈弛李靖因襲破之儉脫身
還歲餘為民部尚書從獵洛陽苑羣豕突出于林帝射四發輒
殪四豕一豕躍及鐙儉投馬搏之帝拔劍斷豕顧笑曰天策長史
不見上將擊賊邪何懼之甚對曰漢祖以馬上得之不以馬上
治之陛下神武定四方豈復快心于一獸帝為罷獵詔其子善

識尚豫章公主儉居官不事事與賓客縱酒為樂坐小法免光祿大
夫永徽初致仕加特進顯慶初卒年七十八贈開府儀同三司幷
州都督陪葬昭陵謚曰襄少子觀為河西令知名孫從心神龍中
以其子晙娶太平公主女擢累殿中監晙太常少卿坐太平黨誅
儉弟憲憲字茂彝仕隋為東宮左勳衞太子廢罷歸不治細行
好馳獵藏亡命所交皆博徒輕俠高祖領太原頗親遇之參與大
議義師起授正議大夫置左右尤所信倚封安富縣公武德中進
累雲麾將軍加郡公貞觀中終金紫光祿大夫
裔孫次字文編建中初及進士第歷侍御史竇參數薦之改禮
部員外郎參死出為開州刺史積十年不遷韋皐鎮蜀表為副使
德宗諭皐罷之次身在遠久擯不得申以為古忠臣賢士罹讒毀
被放至殺身君且不悟者因采獲其事為辨謗略三篇上之帝益
怒曰是乃以古昏主方我改夔州刺史憲宗立召還授禮部郎中
知制誥終中書舍人憲宗雅惡朋比傾陷者嘗覽辨謗略善之
謂學士沈傳師曰凡君人者宜所觀省然次編録未盡卿可廣其
書傳師乃與令狐楚杜元穎論次起周訖隋增為十篇更號元
和辨謗略子扶字雲翔仕歷屯田郎中大和五年為山南宣撫使內
鄉倉督鄧琬負度支漕米七千斛吏責償之繫其父子至孫凡
二十八年九人死於獄扶奏申釋之詔切責鹽鐵度支二使天下監
院償逋繫三年以上者皆原進中書舍人出為福州觀察使濫殺
人風績不立會卒奴婢爭財有司按其貲至十餘萬時議尚薄之
扶弟持字德守中進士第大和中為渭南尉試京兆府進士時尹
杜悰欲以親故託之持輒趨降階伏悰語塞乃止累遷工部郎中
出為容州刺史遷給事中歷朔方昭義節度使卒子彥謙字茂
業多通技藝尤工為詩負才無所屈乾符末避亂漢南王重榮
鎮河中辟幕府累表為副歷晉絳二州刺史重榮軍亂彥謙貶興
元參軍事節度使楊守亮表為判官遷副使終閬壁二州刺史
段志玄齊州臨淄人父偃師仕隋為太原司法書佐從義師官至

郢州刺史志玄姿質偉岸少無賴數犯法大業末從父客太原以票果諸惡少年畏之爲秦王所識高祖興以千人從授右領大都督府軍頭下霍邑絳郡攻永豐倉推鋒最歷左光祿大夫從劉文靜拒屈突通于潼關文靜爲桑顯和所襲軍且潰志玄率壯騎馳賊殺十餘人中流矢忍不言突擊自如賊衆亂軍乘之唐兵復振通敗走與諸將躡獲於稠桑以多授樂游府車騎將軍從討王世充深入馬跌爲賊禽兩騎夾持其髻將度洛志玄忽騰而上二人者俱墮於是奪其馬馳歸尾騎數百不敢近破竇建德平東都遷秦王府右二護軍隱太子嘗以金帛誘之拒不納秦王即位累遷左驍衛大將軍封樊國公實封九百戶詔率兵至青海奪吐谷渾牧馬逗留免未幾復職文德皇后之葬與宇文士及勒兵衛章武門太宗夜遣使至二將軍所士及披戶內使志玄拒曰軍門不夜開使者示手詔志玄曰夜不能辨不納比曙帝歎曰眞將軍周亞夫何以加改封褒國公歷鎮軍大將軍貞觀十六年疾帝臨視泣

顧曰當與卿子五品官頓首謝請與母弟乃拜志感左衛郎將及卒帝哭之慟贈輔國大將軍揚州都督陪葬昭陵謚曰壯肅三世孫文昌

文昌字墨卿一字景初世客荊州疏爽任義節不爲齷齪小行節度使裴胄禮之胄採古今禮要爲書數從文昌質判所疑後依劍南節度韋皐皐表爲校書郎宰相李吉甫才之擢登封尉集賢校理再遷左補闕憲宗數欲親用頗爲韋貫之奇詆偃蹇不得進貫之罷引爲翰林學士遷中書舍人遂爲承旨穆宗即位屢召入思政殿顧問率至夕乃出俄拜中書侍郎同中書門下平章事未踰年自表還政授劍南西川節度使同平章事文昌素諳蜀利病大抵治寬靜間以威斷不常任也羣蠻震服長慶二年黔中蠻叛觀察使崔元略以聞文昌使一介開曉蠻即引還彭濮蠻夫酋蹉祿來請立石刊誓脩貢獻入遷兵部尚書文宗立拜御史大夫進封鄒平郡公俄檢校尚書右僕射平章事節度淮南大和四年檢校左僕射徙帥荊南州或旱禬解必雨或久雨遇出游必霽民爲語曰旱不苦禱而雨雨不愁公出游南詔襲南安帝以文昌得蠻夷心詔使下檄尉讓即日解而去復節度西川九年卒贈太尉文昌先墓在荊州歲時享祠必薦以音樂歌舞習禮者譏其非少羈窶所向少諧及居將相享用奢侈士議尤替

子成式字柯古推蔭爲校書郎博學彊記多奇篇秘籍侍父于蜀以畋獵自放文昌遣吏自其意諫止明日以雉兔徧遺幕府人爲書因所獲儷前世事無復用者衆大驚擢累尚書郎爲吉州刺史終太常少卿著酉陽書數十篇子安節乾寧中爲國子司業善樂律能自度曲云

贊曰屈突通盡節於隋而爲唐忠臣何哉惟其一心故事兩君而無嫌也敬德之來太宗以赤心付之桑蔭不從而大功立君臣相遇古人謂之千載顧不諒哉投機之會間不容穟公謹所以抵龜而決也

屈突尉遲張秦唐段列傳第十四

二劉䖍許程柴任丘列傳第十五　唐書九十

端明殿學士兼翰林侍讀學士龍圖閣學士朝請大夫守尚書吏部侍郎[illegible]臣宋祁奉敕撰

劉弘基雍州池陽人少以蔭補隋右勳侍大業末從征遼貧乏行及汾陰度後期且誅遂與其屬椎牛犯法吏諷捕繫歲餘以贖論因亡命盜馬自給至太原陰事高祖又察太宗資度非常益自託由是蒙親禮出入連騎閒至卧內兵將舉弘基募士得二千人王威等縛大事弘基與長孫順德伏閤後麾左右執之從攻下西河宋老生敗棄馬投塹弘基斬其首拜右光祿大夫師至蒲引兵先濟河下馮翊為渭北道大使命䖍開山副之西徇扶風衆至六萬南度渭次長安故城振隊金光門隋將衛文昇來拒弘基逆擊擒甲士千餘馬數百時諸軍尚未至弘基最先勝高祖悅賜馬二十匹京師平功第一授右驍衛大將軍討薛舉戰淺水原八揔管軍皆沒唯弘基一軍戰力矢盡為賊拘帝以臨難不屈優護其家仁杲平乃克歸言之如初劉武周犯太原弘基屯平陽復陷賊俄自拔歸授左一揔管從秦王屯柏壁以勁卒二千趨隰州趣西河躡賊歸路賊銳甚弘基堅壁儲勇及宋金剛遁走率騎尾之介休與王合擊大破之累封任國公從擊劉黑闥還除并鉞將軍會突厥寇邊督步騎萬人備塞自豳北東拒子午嶺西抵臨涇築障遮虜貞觀初李孝常等謀反坐與交除名為民歲餘起為易州刺史復封爵召授衛尉卿改封夔國以老乞骸為輔國大將軍朝朔望祿賜同職事太宗征遼召為前軍大揔管戰駐蹕山有功累加封一戶至千一百卒贈開府儀同三司并州都督陪葬昭陵謚曰襄始弘基病給諸子奴婢各十五人田五頃謂所親曰使賢固不藉多財即不賢守此可以脫飢凍餘悉散之親黨子仁實襲封

䖍開山名嶠以字行世居江南祖不害仕陳為司農卿陳亡徙京兆為鄠人開山涉書工為尺牘為隋大谷長高祖兵起召補大將軍掾從攻西河為渭北道元帥長史時關輔羣盜鷙力自張不相君命開山招慰皆下與劉弘基屯故城破衛文昇之兵賜爵陳郡公遷丞相府掾以吏部侍郎從秦王討薛舉會王疾甚卧營委軍於劉文靜誡曰賊方熾邀速戰利公等毋與爭糧盡衆枵乃可圖開山銳立事說文靜曰王屬疾憂公弗克濟故不欲戰今宜乘機制敵無專以賊遺王也請勒兵以怖之遂戰折墌為舉所乘遂大敗下吏當死詔貸之除名為民頃之從平仁杲復爵位兼陝東道行臺兵部尚書遷吏部從討王世充以功進爵鄖國公征劉黑闥道病卒王哭之慟詔贈陝東道大行臺右僕射謚曰節貞觀十四年與淮安王神通河間王孝恭民部尚書劉政會俱配饗高祖廟廷永徽中加贈司空

劉政會滑州胙人隋大業中為太原鷹揚府司馬以兵隸高祖麾下王威等既貳秦王欲先事除之遣政會為急變書告其反時募士已集乃執威等囚之然後舉兵政會功也大將軍府建為戶曹參軍遷丞相府掾武德初授衛尉少卿留守太原調輯戎政遠近懽服會劉武周寇并州晉陽豪桀舉應之政會為武周所擒毋密表賊形勢既平復官爵歷光祿卿封邢國公貞觀初轉洪州都督卒太宗手詔政會昔預義舉有殊功其宜異等於是贈民部尚書謚曰襄後追徙渝國子玄意襲爵尚南平公主高宗時為汝州刺史次子奇長壽中為天官侍郎薦張鷟司馬鍠為監察御史二人因申屠瑒以謝奇正色曰舉賢本無私何見謝聞者皆昧後為酷吏陷被誅

七世孫崇望字希徒及進士第宣歙王凝辟轉運巡官崔安潛帥許及劍南崇望昆弟四人同幕府世以為才安潛入為吏部尚書崇望又以員外郎主南曹選事清辦僖宗幸山南王重榮怨宦豎不肯率職時高選使者即河中鐫諭使自新崇望以諫議大夫持節往既至陳君臣大義動之重榮順服請誅朱玫自效使還稱旨擢翰林學士昭宗即位進中書侍郎同中書門下平章事張濬伐太原崇望固執不可濬果敗代為門下侍郎判度支玉山都

將楊守信反，夜陳兵闕下，帝列兵延喜門，命崇望守度支庫。遲旦，含光門未開，禁卒左右植立，將大掠長安中，俄聞傳呼宰相來者，門闕，崇望駐馬勞曰：「上自將在中營，公等禁軍也，不帝前殺賊取功，而苟欲剽掠成惡名乎？」士皆唯唯。至長樂門，賊望兵至，乃遁去。軍中咸呼萬歲。是日京師不亂，繇其力。進尚書左僕射。朱全忠謀取徐泗，表請以大臣代時溥，乃授崇望武寧軍節度使，溥拒命，崇望還爲太常卿。會王珂、王拱爭河中，詔以崔胤爲節度使。珂，李克用壻也，太原邸吏薛志勤曰：「崔公鎮河中，不若光德劉公於我公最善。」光德，崇望所居坊也。後李茂貞、王行瑜入誅執政，坐是貶昭州司馬。行瑜誅，克用直其冤，召爲吏部尚書。會王摶以吏部輔政，徙兵部。王建欲并東川，詔崇望爲劍南東川節度使、同中書門下平章事，未至，建已使王宗滌知留後，崇望乃還爲兵部尚書。卒，贈司空。兄崇龜，字子長，擢進士，仕累華要，終清海軍節度使。廣有大賈約倡女夜集，而它盜殺女，遺刀去。賈入倡家，踐其血，乃

覺，乘艑亡。吏跡賈捕劾，得約女狀，而不殺也。崇龜方大饗軍中，悉集宰人，至日入，乃遣除，以遺刀易一雜置之。詰朝，羣宰即扃取刀，一人不去，曰：「是非我刀。」問之，得其主名，往視，則亡矣。崇龜取它四殺之，聲言賈也，陳諸市，亡宰歸，捕詰具伏。其精明類此。姻舊或干以財，率不荅，但寫荔支圖與之。然不能防檢其家，既沒，有鬻珠翠羽者，由是名損。弟崇魯，字叔文，亦第進士，擢左補闕、翰林學士。僖宗避難山南，爲嗣襄王熅史館脩撰，得不誅。景福中，以水部郎中知制誥。雅與崔昭緯善。帝以韋昭度、李磎輔政，而昭緯外倚邠岐兵爲援，以久其權。於是天子厚禮磎，昭緯懼見奪，共謀沮之。及磎墨麻出，崇魯輒掠麻大哭。帝問焉，崇魯曰：「今雖乏人，豈宜取憸人爲宰相？磎以楊復恭、西門重遂得近職，柰何用之？前日杜讓能著戮未刷，尚忍蹈覆轍乎？」磎由是不得相。磎亦劾奏其姦，因自陳爲山南楊守亮誣毀不容，與復恭交私；又言崇望爲宰相，使親吏日夕謁左軍，與復恭相親厚；絁巾慘帶，不入禁門；崇魯向殿哭，厭詛

天祚，殆人之妖。且其父坐賄飲藥死，崇魯身爲朱玫史官，作勸進表，在太原府，使西川，見田令孜，役階趨，廢制度，自崇魯始。其相詈呰，言俚淺，稽校廝譬市人。然崇龜始聞哭麻，恚不食，曰：「吾兄弟未始以聲利敗名，今不幸乃生是兒。」後王行瑜、崔昭緯相繼誅，崇魯貶崖州司戶參軍，終水部員外郎。

許紹，字嗣宗，安州安陸人。父法光，在隋爲楚州刺史。元皇帝爲安州總管，紹時爲兒，與高祖同學，相愛也。大業末，任夷陵通守。會盜起，州境獨完，流人自占數十萬，開倉賑給。煬帝崩，問至，紹率人吏三日臨，以所部遥屬越王侗。後王世充篡立，遂遣使以黔安、武陵、澧陽歸國，授峽州刺史，封安陸郡公。高祖賜書，道平生舊以加慰納。蕭銑將董景珍降，命紹率兵應接，以破銑功，擢其子智仁爲溫州刺史。銑遣楊道生圍峽州，紹擊走之。銑將陳普環具大艦遡江，與開州賊蕭闍提略巴蜀，紹遣智仁及婿張玄靖、掾李弘節追戰西陵，覆其兵，禽普環，悉獲戰艦。江之南有安蜀城，地直夷陵，荆門

城峙其東，皆峭險處，銑以兵戍守，紹遣智仁等攻荆門，取之。制書褒美，許以便宜。紹境連王世充及銑，其下爲賊剽者皆見殺，紹得敵人，獨資遣之，二邦感義，殺掠爲止。進譙國公，賜帛千段。趙郡王孝恭等伐銑，復詔督兵圖荆州，會病卒于軍，帝爲流涕。貞觀中，贈荆州都督。智仁初以勳授封孝昌縣公，紹卒，繼守夷陵，終涼州都督。次子圉師。

圉師有器幹，研涉蓺文，擢進士第，累遷給事中、黄門侍郎、同中書門下三品。龍朔中，爲左相。高宗自書詔賜遼東諸將，謂許敬宗曰：「圉師愛書，可示之。」俄坐其子獵犯人田，有辭，怒而射之，圉師掩不奏，爲人告擿，帝讓曰：「宰相而暴百姓，非作威福乎？」圉師謝，且言：「作威福者，彊兵重鎮。嬻天子法，臣文吏，何敢然。」帝曰：「嫌無兵邪？」敬宗因是劾抵，遂免官。久之，爲虔州刺史，稍遷相州，專以寬治，州人刻石頌美。部有受賕者，圉師不忍按，但賜清白箴，其人自愧，後脩飭，更爲廉士。進戶部尚書。卒，贈幽州都督，謚曰簡，陪葬恭陵。紹初

爵譙國公以子智仁自有封故詔孫力士襲之終洛州長史子欽寂嗣封萬歲通天元年契丹入寇詔爲隴山軍討擊副使戰崇州敗爲虜所禽方圍安東脅令說屬城未下者欽寂呼安東都護裴玄珪曰賊朝夕當滅幸謹守賊怒害之武后下制褒美贈蘄州刺史謚曰忠子輔乾以父死難授左監門衛中候爲海東慰勞使使迎柩還葬欽寂弟欽明以軍功擢左玉鈐衛將軍安西大都護鹽山郡公出爲涼州都督嘗輕騎按部會突厥默啜兵奄至被執賊與皆至靈州使說之降欽明至城下呼曰我乏食有美醬乎有粱米乎幷乞墨一枝時賊營四面阻水惟一路得入欽明欲選將夜兵乘夜襲賊也而城中無寤其意者遂見害兄弟死王事世名其忠

程知節本名齩金濟州東阿人善馬矟隋末所在盜起知節聚衆數百保鄉里後事李密而密料士八千隸四驃騎分左右以自衛號內軍常曰此可當百萬知節領驃騎之一恩遇隆特王世充與密戰知節以內騎營北邙單雄信以外騎營偃師世充襲雄信

密遣知節及裴行儼助之行儼中流矢墜馬知節馳救之殺數人軍辟易乃抱行儼重騎馳追兵以槊撞之知節折其槊斬追者乃免後密敗爲世充所獲惡其爲人與秦叔寶來奔授秦王府左三統軍從破宋金剛竇建德王世充並領左一馬軍摠管搴旗先登者不一以功封宿國公七年隱太子譖之出爲康州刺史白秦王曰大王去左右手矣身欲久全得乎知節有死不敢去事平拜太子右衛率尋遷右武衛大將軍實封七百戶貞觀中歷瀘州都督左領軍大將軍改封盧國顯慶二年授葱山道行軍大摠管以討賀魯師次怛篤城胡人數千出降知節屠其城去賀魯因遠遁軍還坐免未幾起爲岐州刺史致仕卒贈驃騎大將軍益州大都督陪葬昭陵子處亮尚淸河公主

柴紹字嗣昌晉州臨汾人幼趫悍有武力以任俠聞補隋太子千牛備身高祖妻以平陽公主將起兵紹走閒道迎謁時太子建成齊王元吉亦自河東往遇諸塗建成曰追書急恐吏逮捕請依劇賊冀自全紹曰不可賊知君唐公子必執以爲功徒死爾不如疾走太原既入雀鼠谷聞義兵起謂紹有謀乃相賀授右領軍大都督府長史領彀騎發晉陽先抵霍邑城下覘形勢還白宋老生一夫敵我兵到必出戰可虜也大師至老生果出紹力戰有功從下臨汾絳郡隋將桑顯和來戰紹引軍繚其背與史大柰合攻之顯和敗遂平京師進右光祿大夫封臨汾郡公高祖即位拜左翊衛大將軍累從征討以多進封霍國公遷右驍衛大將軍吐谷渾党項寇邊敕紹討之虜據高射紹軍雨矢士失色紹安坐遣人彈胡琵琶使二女子舞虜疑之休射觀紹伺其懈以精騎從後掩擊虜大潰斬首五百級貞觀二年平梁師都轉左衛大將軍出爲華州刺史加鎮軍大將軍徙譙國既病太宗親問之卒贈荊州都督謚曰襄二子哲威令武哲威爲右屯衛將軍襲封坐弟謀反免死流邵州起爲交州都督卒令武尚巴陵公主遷太僕少卿衛州刺史襄陽郡公與房遺愛謀反貶嵐州刺史自殺公主亦賜死

任瓌字瑋廬州合肥人父七寶陳將忠之弟爲陳定遠太守瓌早孤忠撫愛甚每曰吾子雖多庸保耳所以寄門戶者瓌也年十九試守靈溪令遷衡州司馬都督王勇盡以州務屬瓌陳亡瓌勸勇據嶺外立陳後輔之勇不從以地降隋瓌棄官去仁壽中調韓城尉未幾罷高祖討捕於汾晉瓌上謁轅門承制署河東縣戶曹高祖之晉陽留隱太子託之義師起瓌至龍門請見高祖曰隋失其政四海羣沸吾以外戚據重任不忍坐觀其亡晉陽天下用武處兵精馬彊令率之將獻國難公將家子智筭練達論吾此舉其濟乎瓌曰今主政殘酷兵役不止天下之人思見撥亂與之息肩公天付神武杖順而起軍令嚴明所下城邑無秋豪之犯關中起兵者跂踵而待擁義師迎衆欲何不濟哉瓌在馮翊久悉其人情願爲一介使入關宣布威靈以收左輔縣梁山濟河直趣韓城逼郃陽徇朝邑蕭造文吏勢當自下次招諸賊然後鼓行而前據永豐積粟雖未得京師關中固已定矣高祖曰是吾心也乃授銀青光祿

大夫遣陳演壽史大柰步騎六千趣梁山以瓌及薛獻爲招慰大
使高祖謂演壽曰閫外事與任瓌籌之既而賊孫華白玄度等果
降且具舟于河以濟師瓌行說下韓城與諸將進擊飲馬泉破之
拜左光祿大夫留戍永豐倉高祖即位授穀州刺史王世充數攻
新安瓌拒破之以功封管國公秦王東討瓌從至邙山主水運餉
軍關東平爲河南安撫大使王世辯以徐州降瓌至宋州會徐
圓朗反副使柳濬勸退保汴瓌笑曰公何怯老將居邊久自當有
計俄而賊陷楚丘將圍虞城瓌遣崔樞張公謹自鄢陵領諸州豪
質子百餘守之濬曰樞等故世充將且諸州質子父兄皆反柰何令
保城瓌不荅樞至則分質子與土人合隊賊近質子稍叛樞即斬
其隊帥城中人懼曰是皆賊子弟安可與守乎樞因聽諸隊殺質
子梟首門外瓌陽怒曰去者遣招慰何乃殺之退謂濬曰固知崔
樞辦之縣殺賊子爲怨巳大人今自爲戰矣圓朗攻虞城不能拔
賊平遷徐州揔管仍爲大使輔公祏反詔以兵自揚子津濟江討

之公祏平拜邗州都督遷陝州瓌弟璨爲隱太子典膳監太子廢
璨得罪瓌亦左授通州都督貞觀四年卒瓌歷職有功然補吏多
爲親故人私至負勢賕請瓌知不甚禁遏世以此譏之瓌卒時有
司以在外對仗白奏太宗怒曰昔杜如晦亡朕不能事者數日今
瓌喪所司不以狀言豈朕意乎有如朕子弟不幸死當此奏邪自
是大臣喪遂不對仗奏云

丘和河南洛陽人後徙家郿少重氣俠閑弓馬長乃折節自將仕
周開府儀同三司入隋爲右武衛將軍封平城郡公歷資梁蒲三
州刺史以寬惠著名漢王諒反使卒衣婦人衣襲取蒲州和挺身
免坐廢爲民宇文述有寵和傾心附納俄以發武陵公元胄罪復
拜代州刺史煬帝北巡和饋獻精腆至朔州而刺史楊廓無所
進帝不悅述盛稱和美帝用爲博陵太守詔廓就視和爲式後帝
過博陵和上食加豐愈喜由是所過競爲珍侈獻自和發也然和
善撫吏士得其心遷天水郡守入爲左禦衛將軍大業末海南苦
吏侵數怨畔帝以和所莅稱淳良而黃門侍郎裴矩亦薦之遂拜
交阯太守撫接盡情荒憬安之煬帝崩而和未知於是鴻臚卿寗
長眞舉鬱林附蕭銑馮盎舉珠崖番禺附林士弘各遣使招和
不從林邑西諸國數遺和明珠文犀金寶故和富埒王者銑聞利
之命長眞以南粤蠻俚攻交阯和遣長史高士廉率兵擊走之郡
爲樹石勒其功會隋驍果自江都來乃審隋亡和即陳款歸國而
嶺嶠閉岨乃權附銑銑平遂得歸詔李道裕即授和交州大揔管
爵譚國公和遣士廉奉表請入朝詔其子師利迎之及謁見高祖爲
興引入卧內語平生歡甚奏九部樂饗之除左武候大將軍和時
巳老以稷州其故鄉也令爲刺史以自養尋除特進貞觀十一年
卒年八十六贈荊州揔管謚曰襄陪葬獻陵有子十五人多至大
官而行恭爲知名

行恭有勇善騎射大業末與師利聚兵萬人保郿城人多依之羣
盜不敢窺境後原州奴賊圍扶風太守竇璡堅守賊食盡無所掠

衆稍散歸行恭行恭遣其酋說賊共迎高祖乃自率五百人負糧
持牛酒詣賊營奴帥長揖行恭手斬之謂衆曰若皆豪桀也何爲
事奴乎使天下號曰奴賊衆皆伏曰願改事公行恭乃率其衆與
師利迎謁秦王於渭北拜光祿大夫累從戰伐功多遷左一府驃
騎錫勞甚厚隱太子誅以功擢左衛將軍貞觀中坐與兄爭葬所
生母廢爲民從侯君集平高昌封天水郡公進右武候將軍高宗
立遷大將軍冀陝二州刺史致仕卒年八十贈荊州刺史謚曰襄
陪葬昭陵行恭所守嚴烈僚吏畏之數坐事免太宗思其功不踰
時輒復官初從討王世充戰邙山太宗欲嘗賊虛實與數十騎衝
出陣後多所殺傷而限長堤與諸騎相失唯行恭從賊騎追及流
矢著太宗馬行恭回射之發無虛鏃賊不敢前遂下拔箭以巳馬
進太宗步執長刀大呼導之斬數人突陣而還貞觀中詔斲石爲
人馬象拔箭狀立昭陵闕前以旌武功云子神勣見酷吏傳

贊曰帝王之將興其威靈氣焰有以動物悟人者故士有一槩皆

塡然躍而附之若榱椽梁柱以成大室又負偃植各安所施而無遺材諸將之謂邪然皆能禮佐自完賢矣哉

二劉殷許程柴任丘列傳第十五

端明殿學士兼翰林侍讀學士龍圖閣學士朝散大夫守尚書吏部侍郎充集賢殿脩撰臣宋祁奉
敕撰

溫大雅字彥弘并州祁人父君攸北齊文林館學士入隋爲泗州司馬見朝政不綱謝病歸大雅性至孝與弟彥博大有皆知名薛道衡見之嘆曰三人者皆卿相才也初爲東宮學士長安尉以父喪解會天下亂不復仕高祖鎮太原厚禮之兵興引爲大將軍府記室參軍主文檄帝受禪與竇威陳叔達討定儀典遷黃門侍郎而彥博亦爲中書侍郎對管華近帝嘗從容謂曰我起晉陽爲卿一門耳進工部侍郎陝東道大行臺尚書隱太子圖亂秦王表大雅鎮洛陽須變數陳祕畫多所嘉納王即位轉禮部封黎國公改葬其祖卜人占其地曰弟則吉不利於君若何大雅曰如子言我含笑入地矣歲餘卒謚曰孝永徽五年贈尚書右僕射

彥博字大臨通書記警悟而辯開皇末對策高第授文林郎直內史省隋亂幽州總管羅藝引爲司馬藝以州降彥博與有謀授總管府長史封西河郡公召入爲中書舍人遷侍郎高麗貢方物高祖欲讓而不臣彥博執不可曰遼東本周箕子國漢玄菟郡不使北面則四夷何所瞻仰帝納而止突厥入寇彥博以并州道行軍長史戰太谷王師敗績被執突厥知近臣數問唐兵多少及國虛實彥博不肯對囚陰山苦寒地太宗立突厥歸款得還授雍州治中尋檢校吏部侍郎彥博欲汰擇士類寡術不能厭衆訟牒滿廷時譏其煩碎復爲中書侍郎遷御史大夫檢校中書侍郎事貞觀四年遷中書令封虞國公突厥降詔議所以安邊者彥博請如漢置降匈奴五原塞以爲捍蔽與魏徵廷爭徵不勝其辯天子卒從之其後突利可汗弟結社謀反帝始悔云彥博善辭令每問四方風俗臚布詔命若成誦然進止詳華人皆拭目觀高祖嘗宴近臣遣秦王諭旨既而顧左右曰何如溫彥博十年遷尚書右僕射明年卒年六十三彥博性周慎既掌機務謝賓客不通進見必陳政事利害卒後帝歎曰彥博以憂國故秏思殫神我見其不逮再朞矣恨不許少閑以究其壽家貧無正寢殯別室帝命有司爲構寢贈特進謚曰恭陪葬昭陵子振挺振歷太子舍人居喪以毀卒挺尚千金公主官延州刺史彥博曾孫曦尚涼國長公主

大有字彥將隋仁壽中李綱薦之授羽林騎尉高祖舉兵引爲太原令從秦王徇西河將行高祖曰士馬單少要須經略以君參軍事事之濟否卜是行也西河下攝大將軍府記室與兄大雅同掌機近不自安請徙它職帝曰我虛心待卿何所自疑武德初累遷中書侍郎封清河郡公卒贈鴻臚卿謚曰敬初顏氏溫氏在隋最盛思魯與大雅俱事東宮愍楚與彥博同直內史省游秦大有典校祕閣顏以學業優而溫以職位顯於唐云

大雅四世孫佶字輔國以字行安祿山亂往見平原太守顏眞卿助爲守計李光弼厚遇之後居鄴薛嵩薦之朝授太常丞一謝嵩即去屏處郊野世推其高節子造

造字簡輿姿表瑰傑性嗜書然盛氣少所降屈不喜爲吏隱王屋山人號其居曰處士墅壽州刺史張建封聞其名書幣招禮造欣然曰可人也往從之建封雖咨謀而不敢縻以職事及節度徐州造謝歸下邳慨然有高世心建封恐失造因妻以兄子時李希烈反攻陷城邑天下兵鎭陰相撼逐主帥自立德宗患之以劉濟方納忠于朝密詔建封擇縱橫士往說濟佐其必建封彊署造節度參謀使幽州造與濟語未訖濟俯伏流涕曰僻陋不知天子神聖大臣盡忠願率先諸侯效死節造還建封以聞詔馳驛入奏天子愛其才問造家世及年對曰臣五世祖大雅外五世祖李勣臣犬馬之齒三十有二帝奇之將用爲諫官以語泄乃止復去隱東都烏重胤奏致幕府長慶初以京兆司錄爲太原幽鎭宣諭使召見辭曰臣府縣吏也不宜行恐四方易朝廷穆宗曰朕東宮時聞劉總比年上書請覲使問行期乃不報卿爲我行諭意毋多讓因賜緋衣至范陽總橐鞬郊迎造爲開示禍福總懼矍然若兵在頸縣

是籍所部九州入朝還遷殿中侍御史田弘正遇害以起居舍人
復宣慰鎭州行營頃之李景儉以酒得過宰相造坐與飲出爲朗
州刺史開後鄉渠百里溉田二千頃民獲其利號右史渠召授侍
御史知彈奏請復朱衣豸冠示外廡不聽夏州節度使李祐拜大
金吾違詔進馬造正衙抨劾祐曰吾夜入蔡州擒吴元濟未嘗心
動今日膽落於温御史遷左司郎中知御史雜事進中丞大和二
年内昭德寺火延禁中野狐落野狐落者宮人所居也死者數百
人是日宰相兩省官京兆尹中尉樞密皆集日華門督神策兵救
火所及獨御史府不至造自劾曰臺繫賊恐人緣以構姦申儆備
乃得入臣請入三十直崔蠡姚合已二十直自贖宰相劾造不待罪
於朝而自詰輕比不可聽有詔皆奪一月俸造性剛急人或忤己
雖貴勢亦以氣出其上道遇左補闕李虞恚不避捕從者笞辱
左拾遺舒元褒等建言故事供奉官惟宰相外無屈避造弃蔑典
禮無所畏辱天子侍臣凡事小而關分理者不可失失之則亂所由

生遺補雖卑侍臣也中丞雖高法吏也侍臣見陵則恭不廣法吏
自恣則法壞開元和長慶時中丞呵止不半坊今乃至兩坊謂之
籠街造擅自尊大忽僭擬之嫌請得論罪帝乃詔臺官供奉官共
道路聽先後行相值則揖中丞傳呼不得過三百步造彈擊無所
回畏威望隱然發南曹僞官九十人主史皆論死遷尚書右丞封
祁縣子興元軍亂殺李絳衆謂造可夷其亂文宗亦以爲能乃授
檢校右散騎常侍山南西道節度使許以便宜從事帝慮其勞費
造曰臣計諸道戍蠻之兵方還願得密詔受約束用此足矣許之
命神策將董重質河中將温德彝郃陽將劉士和從造而興元將
衛志忠張丕李少直自蜀還造諭以意皆曰不敢二乃用八百人
自從五百人爲前軍既入前軍呵護諸門造至欲大宴視聽事曰
此隘狹不足饗士更從牙門坐定將卒羅拜徐曰吾欲聞新軍去
住意可悉前舊軍無得進勞問畢就坐酒行從兵合卒有覺者欲
引去造傳言叱之乃不敢動即問軍中殺絳狀志忠丕夾階立拔

劒傳呼曰悉殺之圍兵爭奮皆斬首凡八百餘人親殺絳者醢之
號令者殊死取百級祭絳三十級祭死事官王景延等餘悉投之
漢江監軍楊叔元擁造靴祈哀造以兵衛出之詔流康州叔元始
激兵亂者也人以造不戮爲恨以功加檢校禮部尚書賜萬縑賞
其兵入爲兵部侍郎以病自言出東都留守俄節度河陽奏復懷
州古秦渠枋口堰以溉濟源河内温武陟四縣田五千頃召爲御
史大夫方倚以相會疾不能朝改禮部尚書卒年七十贈尚書右
僕射兄邈弟遜邈長慶大和中累以拾遺補闕召不應遜嘗爲邑
宰解印綬去造子璋
璋以父蔭累官大理丞陰平吏盜官物而焚其帑璋刺得其情擢
侍御史賜緋衣遷婺州刺史以政有績賜金紫徙盧宋二州刺史
宣州逐鄭薰也崔鉉調淮南兵討之以璋爲宣州刺史事平就
拜觀察使擢武寧節度使銀刀軍驕横累將姑息而璋政嚴明憚
之相率逐璋詔徙邠寧節度歷京兆尹璋素彊幹鉏宿弊豪右惕

服加檢校吏部尚書同昌公主薨懿宗誅醫無狀者繫親屬三百
餘人璋與劉瞻極諫貶振州司馬歎曰生不逢時死烏足惜仰藥死
彥博裔孫廷筠少敏悟工爲辭章與李商隱皆有名號温李然
薄於行無檢幅又多作側辭艷曲與貴冑裴誠令狐滈等蒲飲狎
昵數舉進士不中第思神速多爲人作文大中末試有司廉視尤
謹廷筠不樂上書千餘言然私占授者已八人執政鄙其爲授方
山尉徐商鎭襄陽署巡官不得志去歸江東令狐綯方鎭淮南廷
筠怨居中時不爲助力過府不肯謁丐錢揚子院夜醉爲邏卒擊
折其齒訴於綯綯爲劾吏吏具道其汙行綯兩置之事聞京師廷
筠徧見公卿言爲吏誣染俄而徐商執政頗右之欲白用會商罷
楊收疾之遂廢卒本名岐字飛卿弟廷晧咸通中署徐州觀察使
崔彥曾幕府龐勛反以刃脅廷晧使爲表求節度使廷晧紿曰表
聞天子當爲公信宿思之勛喜歸與妻子決明日復見勛索表偽
荅曰我豈以筆硯事汝邪其速殺我勛熟視笑曰儒生有膽耶吾

動衆百萬無一人操撽乎四之更使周重草表彥曾遇害廷睶亦
死詔贈兵部郎中
皇甫無逸字仁儉京兆萬年人父誕隋幷州摠管府司馬漢王諒
反逼之不從見殺無逸在長安聞變即號慟人問故對曰吾父生
平重節義必無苟免者頃訃至果然時五等廢煬帝嘉誕忠特封
無逸平輿侯而贈誕柱國弘義郡公無逸歷淯陽太守治爲天下
最再遷右武衛將軍帝幸江都詔居守洛陽帝被殺乃與段達元
文都立越王侗及王世充簒棄母妻斬關自歸追騎及無逸顧曰
吾有死終不能同爾爲逆解金帶投之地曰以與爾無相困騎爭
下取由是獲免高祖以無逸本隋勳舊尊遇之拜刑部尚書封滑
國公歷陝東道行臺民部尚書遷御史大夫時蜀新定吏多橫恣
人不聊詔無逸持節巡撫得承制除吏旣至黜貪暴用廉善法令
嚴明蜀人以安皇甫希仁儉人也誣告無逸爲母故陰交世充帝
判其詐斬希仁遣給事中李公昌馳諭又有告無逸交通蕭銑者

時無逸與行臺僕射竇璡不協因表自陳幷上璡罪有詔劉世龍
温彥博按之無狀遂斬告者而黜璡及還帝勞曰比多譖毀但以
正直爲佞人憎爾無逸頓首謝帝曰卿無負何所謝拜民部尚書
出爲同州刺史徙益州大都督府長史所至輒閉閤不通賓客左
右無敢出入者所須皆市易它境嘗按部宿民家鐙炷盡主人將
續進無逸抽佩刀斷帶爲炷其廉介類如此然過自畏愼每上表
疏讀數十猶懼未審使者上道追省再三乃得遣母在長安疾篤
太宗命馳驛召還承問憂悸不能食道病卒贈禮部尚書諡曰
孝王珪駮曰無逸入蜀不能與母俱留卒京師子道未足稱不可
謂孝乃更諡良
李襲志字重光其先本隴西狄道人五世祖避地更爲金州安康
人仕隋始安郡丞大業末盜賊起襲志傾私產募士得三千人乘
城拒盜蕭銑林士弘屢攻之不下聞煬帝喪乃與士民縞素三日
臨或說曰公臨郡久士大夫悅向蠻夷畏威雖曰隋臣實君長也

今四海分裂自王者非一姓宜遂據嶺表取百粵豈遽不若尉
佗乎襲志曰吾世隋臣今江都雖亂宗社尚有奉諸君當相與勠
力剗雠恥豈怙亂圖不義哉吾寧蹈忠死不逆節以生尉佗不足
爲吾法也欲斬說者衆諫乃止遂固守凡二年力窮援絕爲銑所
陷僞署工部尚書桂州摠管武德初高祖賜書命其子玄嗣召之
襲志約嶺南酋永平郡守李光度潛圖歸國帝復以書諭曰公
朕之宗不可與異姓比宜及子弟並豫宗正屬籍及銑平嶺南六
十餘州皆送款襲志誘而致之趙郡王孝恭承制授桂州摠管五
年來朝進柱國封始安郡公江州都督後討輔公祏爲水軍摠管
轉桂州都督襲志守桂二十八年政尚清省南荒便之表請入朝
以光祿大夫汾州刺史致仕卒
弟襲譽字茂實通敏有識度仕隋爲冠軍府司兵陰世師輔代
王守京師也三輔盜蝗聚襲譽請以兵據永豐倉發粟賑窮乏
出庫物賞戰士馳檄郡縣共逐捕賊世師不從乃求出募山南兵

至漢中高祖已定長安召授太府少卿安康郡公代王世充也拜
潞州摠管時突厥已和親又通使世充襲譽捕斬之詔委典運以
饟東軍擢累揚州大都督府長史江南巡察大使多所黜陟揚州
江吳大都會俗喜商賈不事農襲譽爲引雷陂水築句城塘溉田
八百頃以盡地利民多歸本召爲太府卿爲人嚴愨以威肅閨居
家儉厚于宗親祿稟隨多少散之以餘資寫書罷揚州書遂數
車載嘗謂子孫曰吾性不喜財遂至寠乏然負京有賜田十頃能
耕之足以食河內千樹桑事之可以衣江都書力讀可進求官吾
歿後能勤此無資於人矣遷涼州都督改同州刺史坐在涼州以
私憾杖殺番禾丞劉武當死廢爲民流泉州卒
姜謩秦州上邽人隋大業末爲晉陽長高祖在太原謩前識之謂
所親曰隋政亂將亡必有聖人受之唐公負王霸資度其必撥亂
得天下乃深自結及大將軍府建引爲司功參軍從平霍邑絳
郡兵遂度河謩部勒一夕濟高祖歎其略進平長安除相國曹

參軍長道縣公薛舉寇秦州以謩山西豪望詔安撫隴外委以便宜將行請曰公天人之望已屬宜膺圖緯光有神器謩老矣恐先朝露幸一見踐阼死不恨高祖嘉納乃與竇軌出散關下河池漢陽遇薛舉與戰軌敗召謩還朝爲員外散騎常侍後仁杲平擢秦州刺史帝曰昔人稱衣錦故鄉今以本州相授所以償功涼州荒梗宜有以靖之謩至撫邊俗以恩信盜賊衰止人喜曰不意復見太平官府改守隴州以老去職貞觀元年卒贈岷州都督謚曰安子確

確字行本以字顯貞觀中爲將作少匠護作九成洛陽宮及諸苑籞以幹力稱多所賚賞游幸無不從遷宣威將軍太宗選趫才衣五色袍乘六閑馬直屯營宿衛仗內號曰飛騎每出幸即以從拜行本左屯衛將軍分典之高昌之役爲行軍副揔管出伊州距柳谷百里依山造攻械增損舊法械益精其處有漢班超紀功碑行本磨去古刻更刊頌陳國威靈遂與侯君集進平高昌戰有功璽

書尉勞遷爲金城郡公賜奴婢七十人帛百五十段帝將征高麗行本諫未宜輕用師不從至蓋牟城中流矢卒帝賦詩悼之贈左衛大將軍郕國公謚曰襄陪葬昭陵子簡嗣行本性恪敏所居官雖祁寒烈暑無懈容加有巧思凡朝之營繕所司必諮而後行魏徵見其倚昵恐浸啓侈端勸帝斥之帝賴其彊濟不斥也子柔遠美姿容數奏詳辯武后時至左鷹揚衛將軍攝地官尚書通事舍人內供奉子皎晦

皎長安中爲尚衣奉御玄宗在藩邸皎識其有非常度委心焉及即位自潤州長史召授殿中少監出入卧內陪燕私詔許捨敬坐與妃嬪連榻間擊毬鬬鷄呼之不名也賜宮女廄馬及它珍物前後不勝計帝在殿廷翫一嘉樹皎盛贊之帝遽令徙植其家後將誅竇懷貞等皎與密議以功進殿中監楚國公食封四百戶議者譏短皎任遇太過帝以其藩邸舊恩有以宣布之乃下詔曰殿中監楚國公皎往事朕於藩國雖彭祖同書子陵共學不過也朕嘗遊長楊鄠杜間皎于時奉侍數謂朕曰相王必登天位王且儲副朕叱而後止復言於朕兄弟近戚語聞太上皇太上皇奏之中宗遣嗣虢王邕等鞫問皎一意保護罔或貳言宗楚客紀處訥等請投皎炎荒中宗特詔貶潤州長史專以忠力戴朕謂天且有命故履危蹈難而無變焉朕既即位又參誅姦臣將厚以光寵每所撝遜造膝匪躬擧多規益而悠悠之談醜正惡直天下之人其未及識皎之功何見之異也昔漢昭之任霍光魏祖之明程昱朕之不德庶幾於此且否當其悔則必臧乃宗泰至于再則所酬未補豈流言之聽而厚德之忘哉茍謀始有之圖終可也尋遷太常卿監脩國史弟晦又爲吏部侍郎有權寵宋璟以爲非久安策請抑損之開元五年下詔放歸田里使自娛久之復爲祕書監十年坐洩禁中語爲嗣濮王嶠所劾敕中書門下究狀嶠亦王守一姻家中書令張嘉貞陰希其意傅致皎獄詔免殊死杖之流欽州道病死年五十親厚坐謫死者數人世以爲寃時源乾曜方侍中不能正爲人

所譏詆帝後思皎舊勳令遞柩還以禮葬存問其家追贈澤州刺史後以子尚主更贈吏部尚書仍賜封二百戶爲祠享子慶初慶初主方晬帝許尚主後淪謫二十餘年天寶初皎甥李林甫爲宰相爲帝言之始命以官襲楚國公十載尚新平公主新平故嘗歸裴玲玲卒乃降慶初主慧淑聞文墨帝賢之歷肅代朝恩禮加重慶初亦得幸舊制駙馬都尉多不拜正官特拜慶初太常卿會脩植建陵詔爲之使誤毀連岡代宗怒下吏論不恭賜死建陵使史忠烈等皆誅裴玲子儆亦削官主幽禁中大曆十年薨故事太常職奉陵廟開元末濮陽王徹爲宗正卿有寵始請宗正奉陵天寶中張垍以主婿任太常故復舊及慶初敗又以陵廟歸宗正云

晦起家蒲州參軍累爲高陵令治有聲遷長安令人畏愛之開元初擢御史中丞先是永徽顯慶時御史不拜宰相銜命使四方者延中揖見後稍屈下至晦獨徇舊體謂御史曰不如故事且奏譴公等由是臺儀復振轉太常少卿時國馬乏晦請以詔書市馬六

胡州率得馬三十署游擊將軍詔可閑廄乃稍備除黃門侍郎
辭不拜改兵部滿歲爲吏部侍郎主選曹史嘗請託爲姦前領選
者周棘屋藩檢室內外猶不禁至晦悉除之示無防限然處事精
明私相屬謁罪輒得皆以爲神始晦革舊示簡廷議恐必敗既
而贓賄路塞而銓品有敘衆乃伏晈被放晦亦左除宗正卿貶春
州司馬徙海州刺史卒
崔善爲貝州武城人祖顒爲魏散騎侍郎善爲巧于曆數仕隋調
文林郎督工徒五百營仁壽宮揔監楊素索簿閱實善爲執板
暗唱無一差謬素大驚自是四方有疑獄悉令按訊皆究其情
仁壽中遷樓煩司戶書佐高祖爲太守尤禮接善爲見隋政日紊
密勸高祖圖天下及兵起署大將軍府司戶參軍封清河縣公擢
累尚書左丞用清察稱諸曹史惡之以其短而傴嘲曰曲如鉤例
封侯欲沮罷所任帝聞勉之曰昔齊末姦吏歌斛律明月而高緯
闇不察至滅其家朕雖不德幸免是因下令購謗者謗乃止傳仁

均撰戊寅曆李淳風詆其疏帝令善爲考二家得失多所裁正
貞觀初爲陝州刺史時議戶猥地狹者徙寬鄉善爲奏畿內戶衆
而丁壯悉籍府兵若聽徙皆在關東虛近實遠非經通計詔可歷
大理司農二卿坐與少卿不平出爲秦州刺史卒贈刑部尚書
謚曰忠初天下既定羣臣居喪者皆奪服善爲建言其敝武德
二年始許終喪然猶時以權迫不能免如房玄齡褚遂良者衆矣
李嗣眞字承冑趙州柏人以多藝數舉明經中之累調許州司功
參軍賀蘭敏之修撰東臺表嗣眞直弘文館與學士劉獻臣徐昭
皆少有名號三少高宗東封還詔贈孔子太師命有司爲祝司文
郎中雷少穎文不稱旨更命嗣眞成不淹頃帝覽稱善詔加兩階
敏之等倚恩自如嗣眞不喜求補義烏令敏之敗學士多連坐嗣
眞獨免調露中爲始平令風化大行時章懷太子作寶慶曲閱於
太清觀嗣眞謂道人劉槩輔儼曰宮不召商君臣乖也角與徵戾
父子疑也死聲多且哀若國家無事太子任其咎俄而太子廢槩

等奏其言擢太常丞知五禮儀封常山縣子嗣眞常曰隋樂府有
堂堂曲明唐再受命比日有側堂堂橈堂堂之謡側不正也撓危
也皇帝病日侵事皆決中宮持權與人收之不易宗室雖衆居中
制外勢且不敵諸王殆爲后所蹂踐吾見難作不久矣太常缺黃
鍾鑄不能成嗣眞居崇業里疑土中有之弗得其所道上逢一車
有鐸聲甚厲嗣眞曰宮聲也市以歸振於空地若有應者掘之得
鍾衆樂遂和嘗引工展器于廷后奇其風度應對召相王府參軍
閻玄靜圖之吏部郎中楊志誠爲贊秘書郎殷仲容書時以爲寵
永昌初以右御史中丞知大夫事請周漢爲二王後詔可命巡撫
河東薦宋溫瓊袁嘉祚李日知拔州縣職皆至顯官來俊臣獄方
熾嗣眞上書諫以爲昔陳平事漢祖謀疏楚君臣行反間項羽遂
亡今殆有如平者謀陛下君臣恐爲社稷禍不納出爲潞州刺史
俊臣誣以反流藤州久得還自筮死日豫具棺斂如言卒桂陽有
詔州縣護喪還鄉里贈濟州刺史謚曰昭武后嘗問嗣眞儲貳事

對曰程嬰杵臼存趙氏孤古人嘉之后悟中宗乃安神龍初贈御
史大夫所撰述尤多時雍州人裴知古亦善樂律長安中爲太樂
令神龍元年正月享太廟樂作知古密語萬年令元行沖曰金石
諧婉將有大慶在唐室子孫乎是月中宗復位人有乘馬者知古
聞其嘶乃曰馬鳴哀主必墜死見新婚者聞佩聲曰終必離訖之
皆然

溫皇甫二李姜崔列傳第十六

端明殿學士兼翰林侍讀學士龍圖閣[illegible]奉敕撰

杜伏威，齊州章丘人。少豪蕩，不治生貲，與里人輔公祏約刎頸交。公祏數盜姑家牧羊以餽伏威，縣迹捕急，乃相與亡命為盜，時年十六。伏威狡譎多算，每剽劫，眾用其策，皆效。嘗營護諸盜，出為導，入為殿，故其黨愛服，共推為主。隋大業九年，入長白山，依賊左君行，不得意，舍去，轉剽淮南，稱將軍。下邳賊苗海潮擁眾鈔暴，伏威遣公祏脅諭曰：「天下共苦隋，豪桀相與興義，然力弱勢分，不相統，若合以為彊，則無事隋矣。公能為主，吾且從；不然，一戰以決。」海潮懼，即以眾下之。江都留守遣校尉宋顥將兵捕擊，伏威與戰，偽北，誘顥入葭葦澤中，順風縱火，迫之，步騎燒死幾盡。海陵賊趙破陣聞伏威兵少，輕之，召使并力。伏威引親將十人操牛酒謁，勒公祏嚴兵待變。破陣引伏威入幕，置酒，悉召酋首高會。伏威突斬破

陣，眾眙駭不及救，復殺數十人，下皆畏服。公祏兵亦至，遂并其眾，至數萬，攻安宜，屠之。隋遣虎牙郎將來整戰于黃花輪，伏威大敗，身重創，與公祏財有眾數百亡去，行收卒，得八千，與虎牙郎將公孫上哲戰鹽城，覆其軍。煬帝遣右禦衛將軍陳稜以精兵討之，稜不敢戰，伏威遺以婦人服，書稱「陳姥」，怒其軍，稜果悉兵至。伏威迎出挑戰，稜軍射中其額，伏威怒曰：「不殺汝，矢不拔。」遂馳入稜陣，大呼衝擊，眾披靡，獲所射將，使拔箭，已，斬之，攜其首入稜軍示之，又殺數十人，遂大潰，稜走而免。進破高郵，引兵度淮，攻歷陽，據之，稱總管，分兵徇屬縣，皆下，江淮羣盜爭附。伏威選敢死士五千，號上募，寵遇之，與均甘苦。每攻取，必先登。戰罷，閱創在背者殺之。所虜獲，必分與麾下；士有戰死，以其妻殉，故人自奮，戰無完敵。宇文化及以為歷陽太守，不受；徙丹楊，自稱大行臺，始進用士人。繕利兵械，薄賦斂，除殉葬法，民姦若盜及吏受賕，雖輕皆殺無赦。上表越王侗，侗以為東南道大總管，封楚王。是時，秦王方討王世充，遣

使招懷，伏威乃獻款。高祖授以東南道行臺尚書令、江淮安撫大使、上柱國、吳王，賜姓，豫屬籍，以其子德俊為山陽公，賜帛五千段、馬三百匹。伏威遣其將陳正通、徐紹宗以兵會取世充之梁郡，又遣將王雄誕討李子通於杭州，禽以獻，破汪華於歙州，盡有江東、淮南地，南屬嶺，東至于海。秦王已平劉黑闥，師次曹、兗，伏威懼，乃入朝，詔拜太子太保，兼行臺尚書令，留京師，位在齊王元吉上，以寵之。伏威好神仙長年術，餌雲母被毒，武德七年二月暴卒。初，公祏反，矯伏威令以紿眾，趙郡王孝恭既平公祏，得反書以聞，高祖追其官，削屬籍，沒入家產。貞觀元年，太宗知其冤，詔復官爵，以公禮葬，仍還其子封。伏威有養子三十人，皆壯士，屬以兵，與同衣食，唯闞稜、王雄誕知名。

闞稜，伏威邑人也，貌魁雄，善用兩刃刀，其長丈，名曰拍刀，一揮殺數人，前無堅對。伏威據江淮，以戰功顯，署左將軍。部兵比昔羣盜橫相侵牟，稜案罪殺之，雖親故無脫者，至道不舉遺。從伏威入朝，拜

左領軍將軍、越州都督。公祏反，稜與南討，青山之戰，與陳正通遇，陣方接，稜脫兜鍪謂眾曰：「不識我邪？何敢戰！」其徒多稜舊部，氣遂索，至有拜者。公祏破，稜功多，然頗自伐。公祏被禽，乃誣與己謀。又伏威、王雄誕及稜貲產在丹楊者，當原，而趙郡王孝恭悉籍入之，稜自訴，忤孝恭，遂以謀反誅。

王雄誕，曹州濟陰人。少獷果，膂力絕人。伏威之起，用其計，戰多克，署驃騎將軍。初，伏威度淮，與李子通合，後子通憚其才，襲之。伏威被創，墯馬，雄誕負逃葭葦澤中，裒嘯散亡，又為隋將來整所窘，眾復潰。別將西門君儀妻王勇決，而力負伏威走，雄誕總麾下壯士十餘人從之，追兵至，雄誕還拒，數被創，氣彌厲，伏威遂脫。闞稜年長於雄誕，故軍中號稜大將軍，雄誕小將軍。後伏威令輔公祏擊子通，以雄誕、稜為副，戰溧水，子通敗。公祏乘勝追之，反為所擠，士皆走壁。雄誕曰：「子通狃于勝，無營壘，今急擊之，必克。」公祏不從。雄誕獨提私卒數百，銜枚夜往，乘風火之，子通大敗，走度太湖。武德四

年與子通戰蘇州却之子通以精兵保獨松嶺雄誕遣將陳當率千兵出不意乘高蔽嶮張疑幟夜縛炬于樹徧山澤子通懼燒營遁保餘杭雄誕追禽之歙賊汪華據郡稱王且十年雄誕還師攻之華以勁甲出新安洞拒戰雄誕伏兵山谷以弱卒數千鬬輒走壁華來攻壁中奮殊死不可下會暮還雄誕伏兵已據洞口不得歸遽面縛降蘇賊聞人遂安據崑山無所屬伏威使討之雄誕以邑險而完攻之引日遂單騎造壘門陳國威靈因開曉禍福遂安即降以前後功授歙州揔管封宜春郡公伏威入朝以兵屬雄誕輔公祏將反患其異己縱反間陽言得伏威敎責雄誕素質直信之乃歸臥疾公祏奪其兵遣西門君儀諭計雄誕始悔寤曰天下方靖王在京師當謹守藩恭何爲族夷事雄誕雖死誼不從公祏遂縊之雄誕愛人善撫士能致下死力每破城邑整衆山立無絲毫犯死之日江南士庶爲流涕高祖嘉其節以子世果襲宜春郡封太宗立優詔贈左驍衛大將軍越州都督謚曰忠世果垂拱初至廣州都督安西大都護

張士貴虢州盧氏人本名忽峍彎弓百五十斤左右射無空發隋大業末起爲盜攻剽城邑當時患之號忽峍賊高祖移檄招之士貴即降拜右光祿大夫從征伐有功賜爵新野縣公又從平洛授虢州刺史帝曰顧令卿衣錦晝游耳進封虢國公右屯衛大將軍貞觀七年爲龔州道行軍揔管破反獠還太宗聞其冒矢石先登勞之曰嘗聞以忠報國者不顧身於公見之累遷左領軍大將軍顯慶初卒贈荆州都督陪葬昭陵

李子和同州蒲城人本郭氏爲隋左翊衛以罪徙榆林大業末郡饑子和與死士十八人執丞王才數以不恤下斬之開倉賑窮乏自號永樂王建元丑平號其父爲太公以弟子政爲尚書令子端子升爲左右僕射有騎兵二千南連梁師都北事突厥納弟爲質始畢可汗冊子和爲平楊天子不敢當乃更署爲屋利設武德元年獻款授靈州揔管金河郡公徙郕國公襲師都寧朔城克之又伺突厥虛實陰以章聞爲虜邏騎所獲處羅可汗怒囚子和於是子和危畏舉部南徙詔內延州故城五年從平劉黑闥有功賜姓拜右武衛將軍十一年爲婺州刺史徙夷國公顯慶初轉黔州都督乞骸骨許之進金紫光祿大夫卒

苑君璋馬邑豪家也以趫雄自奮劉武周以兵入寇君璋曰唐以一州兵擬取三輔所向風靡此殆天命非人謀不可爭也太原而南多巖阻今東甲深入無踵軍有失不可償不如連突厥與唐合從南面稱孤上策也武周不聽使君璋守朔州引衆內侵未幾敗亡曰廢君言乃至此即與共趨突厥武周死突厥以君璋爲大行臺統武周部曲使郁射設監兵與舊將高滿政夜襲代州不克高祖遣使招之賜鐵券約不死君璋拒命進寇代州刺史王孝德拒却之滿政勸君璋曰夷狄無禮豈可北面臣之請盡殺其衆以歸唐君璋不從而馬邑困於兵人厭亂滿政因衆不忍夜脅君璋君璋奔突厥滿政以城歸詔拜朔州揔管封榮國公君璋引突厥攻

陷馬邑殺滿政夷其黨乃去退保恒安其部皆中國人多叛去君璋窮乃降自請鄭虔贖罪高祖遣鴈門人元普賜金券會頡利亦召之意猶豫子孝政諫曰大人許唐降又貳頡利自取亡也今糧盡衆攜不即決恐衿肘變生孝政不忍見禍之酷也即單騎南奔君璋喻返之召衆與議恒安人郭子威曰恒安故王者都山川足以自固突厥方彊我援之可觀天下變何遽降君璋然之執元普送突厥頡利德之遺以錦裘羊馬其下怨投書于門曰不早附唐父子誅孝政懼欲自歸爲君璋所拘與突厥寇馬邑犯太原邊人苦之見頡利政亂知將亡遂率所部降頡利追擊走其兵入朝拜安州都督封芮國公食五百戶賜帛四千匹君璋不曉書然天資習事歷職有惠稱貞觀中卒

羅藝字子廷襄州襄陽人家京兆之雲陽父榮隋監門將軍藝剛愎不仁勇攻戰善用槊大業中以戰力補虎賁郎將遼東之役李景以武衛大將軍督饟北平詔藝以兵屬分部嚴一然任氣嘗

慢侮景頻為景辱天下盜起涿郡號富饒伐遼兵仗多在而倉庤盈羨又臨朔宮多珍寶屯師且數萬苦盜賊侵掠留守將趙什住賀蘭誼晉文衍等不能支藝獨擊寇數破卻之勇常冠軍為諸將忌畏藝陰自計因出師詭說眾曰吾軍討賊數有功而食乏官粟若山而留守不賑䘏豈安人彊眾意邪士皆怨既還郡丞出郊謁藝執之陳兵入什住等懼爭聽命藝即發庫貲賜戰士倉粟給窮人境內大悅殺異己者渤海太守唐禕等威動北邊柳城懷遠並歸附黜柳城太守楊林甫改郡曰營州以襄平太守鄧暠為總管藝自稱幽州總管宇文化及至山東遣使招藝藝曰我隋舊臣今大行顛覆義不辱于賊斬使者為煬帝發喪三日臨竇建德高開道亦遣使於藝藝謂官屬曰建德等皆劇賊不足共功名唐公起兵據關中民望所係王業必成吾決歸之敢異議者戮會張道源撫輯山東亦諭藝藝降武德三年乃奉表以地歸詔封燕王賜姓隸屬籍數與建德戰多所禽馘秦王擊劉黑闥高祖詔藝弟監

門將軍壽以兵從藝自率眾數萬破劉什善張君立於徐河黑闥引突厥入寇藝復以兵與皇太子建成會洺州遂請入朝帝厚禮之拜左翊衛大將軍藝負其功且貴重不少屈秦王左右嘗至其營藝疾辱之高祖怒以屬吏久乃釋時突厥放橫藉藝威名欲憚虜詔以本官領天節軍將鎮涇州太宗即位進開府儀同三司藝內懼乃圖反詭言閱武兵既集稱被密詔入朝軍至豳治中趙慈皓出謁遂據州帝命長孫無忌尉遲敬德擊之未至慈皓與統軍楊岌謀誅藝藝覺執慈皓岌居外即攻之藝敗棄妻子從數百騎奔突厥抵寧州騎稍亡左右斬之傳首梟于都市壽時為利州都督亦及誅先是濟陰女子李自言通鬼道能愈疾四方惑之詔取致京師嘗往來藝家謂藝妻孟曰妃相貴當母天下孟令視藝又曰妃之貴由於王王貴色且發藝妻信之亦贊以反既敗與李皆斬

王君廓并州石艾人少孤貧為駔儈無行善盜嘗負竹笱如魚具內置逆刺見鬻繒者以笱囊其頭不可脫乃奪繒去而主不辨也鄉里患之大業末欲聚兵為盜請與叔俱不從乃誣鄰人通叔母者與叔共殺之遂皆亡命眾稍集掠夏長平河東丞丁榮拒之且遣使慰召君廓見使謬為欲歸首者榮輕之因陳兵登山君廓悉伏甲山谷中榮軍還掩擊破之又與賊韋寶鄧豹等掠虞鄉宋老生與戰君廓不利保方山老生列營迫之君廓糧盡詐請降與老生隔澗語祈請哀到老生為感動稍緩之君廓一昔遁去高祖兵起召之不從歸李密密不甚禮乃歸國授上柱國假河內太守常山郡公遷遼州刺史從封上谷從戰東都有功為右武衛將軍詔勞之曰爾以十三人破賊萬自古以少制眾無有也賜雜綵百段別下轘轅羅川二縣破世充將魏隱擊糧道緱氏沈米艘三十拕進爵彭國公鎮幽州擊突厥俘斬二千獲馬五千匹入朝帝賜所乘馬令自廷中乘以出謂侍臣曰昔藺相如叱秦王目皆裂君廓往擊建德李勣遏之至發憤大呼鼻耳皆流血其勇何特古人哉

朕當不以例賞乃賜錦袍金帶還幽州會大都督廬江王瑗反欲奪君廓兵以委王詵君廓本紿瑗使亂為己功乃從數騎候詵門留騎于外曰聞呼聲則入乃獨款詵詐曰有急變當白詵方沐握髮出即斬之因執瑗以功授幽州都督瑗家口悉賜之進左光祿大夫賜帛千段居職不守法度長史李玄道數以法繩督猜惑不自安會被召至渭南殺驛吏亡奔突厥野人斬之太宗顧前功為收葬待其家如初御史大夫溫彥博奏君廓叛臣不宜食封邑有司失所宜言乃貶為庶人

杜張李苑羅王列傳第十七

二李列傳第十八

端明殿學士兼翰林侍讀學士龍圖閣學士朝散大夫守尚書吏部侍郎充集賢殿修撰臣宋祁奉
敕撰

李靖字藥師京兆三原人姿貌魁秀通書史嘗謂所親曰丈夫遭遇要當以功名取富貴何至作章句儒其舅韓擒虎每與論兵輒歎曰可與語孫吳者非斯人尚誰哉仕隋爲殿內直長吏部尚書牛弘見之曰王佐才也左僕射楊素拊其牀謂曰卿終當坐此大業末爲馬邑丞高祖擊突厥靖察有非常志自囚上急變傳送江都至長安道梗高祖已定京師將斬之靖呼曰公起兵爲天下除暴亂欲就大事以私怨殺誼士乎秦王亦爲請得釋引爲三衞從平王世充以功授開府蕭銑據江陵詔靖安輯從數童騎道金州會蠻賊鄧世洛兵數萬屯山谷間廬江王瑗討不勝靖爲瑗謀擊卻之進至峽州阻銑兵不得前帝謂逗留詔都督許紹斬靖紹爲請而免開州蠻冉肇則寇夔州趙郡王孝恭戰未利靖率兵八百

破其屯要險設伏斬肇則俘禽五千帝謂左右曰使功不如使過靖果然因手敕勞曰既往不咎向事吾久已忘之靖遂陳圖銑十策有詔拜靖行軍總管兼攝孝恭行軍長史軍政一委焉武德四年八月大閱兵夔州時秋潦濤瀨漲惡銑以靖未能下不設備諸將亦請江平乃進靖曰兵機事以速爲神今士始集銑不及知若乘水傅壘是震霆不及塞耳有能倉卒召兵無以禦我此必禽也孝恭從之九月舟師叩夷陵銑將文士弘以卒數萬屯清江孝恭欲擊之靖曰不可士弘健將下皆勇士今新失荊門悉銳拒我此救敗之師不可當宜駐南岸待其氣衰乃取之孝恭不聽留靖守屯自往與戰大敗還賊委舟散掠靖視其亂縱兵擊破之取四百餘艘溺死者萬人即率輕兵五千爲先鋒趨江陵薄城而營破其將楊君茂鄭文秀俘甲士四千孝恭軍繼進銑大懼檄召江南兵不及到明日降靖入其都號令靜嚴軍無私焉或請靖籍銑將拒戰者家貲以賞軍靖曰王者之兵弔人而取有罪彼其脅驅以來藉以拒師本非所情不容以叛逆比之今新定荊郢宜示寬大以慰其心若降而籍之恐自荊而南堅城劇屯敺之死守非計之善也止不籍由是江漢列城爭下以功封永康縣公檢校荊州刺史乃度嶺至桂州分道招慰酋領馮盎等皆以子弟來謁南方悉定裁量款效承制補官得郡凡九十六戶六十餘萬詔書勞勉授嶺南撫慰大使檢校桂州總管以嶺海陋遠久不見德非震威武示禮義則無以變風即率兵南巡所過問疾苦延見長老宣布天子恩意遠近懽服輔公祏據丹楊反詔孝恭爲帥召靖入朝受方略副孝恭東討李世勣等七總管皆受節度公祏遣馮惠亮以舟師三萬屯當塗陳正通步騎二萬屯青林自梁山連鎖以斷江道築卻月城延袤十餘里爲掎角諸將議曰彼勁兵連柵將不戰疲老我師若直取丹楊空其巢窟惠亮等自降靖曰不然二軍雖精而公祏所自將亦銳卒也既保石頭則牢未可拔我留不得志退有所忌腹背蒙患非百全計且惠亮正通百戰餘賊非怯野鬬今方

持重特公祏立計爾若出不意挑攻其城必破之惠亮拔公祏禽矣孝恭聽之靖率黃君漢等水陸皆進苦戰殺傷萬餘人惠亮等亡去靖將輕兵至丹楊公祏懼衆尚多不能戰乃出走禽之江南平置東南道行臺以爲行臺兵部尚書賜物千段奴婢百口馬百匹行臺廢檢校揚州大都督府長史帝歎曰靖迺銑公祏之膏肓也古韓白衞霍何以加八年突厥寇太原爲行軍總管以江淮兵萬人屯太谷時諸將多敗獨靖以完軍歸俄權檢校安州大都督太宗踐阼授刑部尚書錄功賜實封四百戶兼檢校中書令突厥部種離畔帝方圖進取以兵部尚書爲定襄道行軍總管率勁騎三千繇馬邑趨惡陽嶺頡利可汗大驚曰兵不傾國來靖敢提孤軍至此於是帳部數恐靖縱諜者離其腹心夜襲定襄破之可汗脫身遁磧口進封代國公帝曰李陵以步卒五千絕漠然卒降匈奴其功尚得書竹帛靖以騎三千蹀血虜庭遂取定襄古未有輩足澡吾渭水之恥矣頡利走保鐵山遣使者謝罪請舉國內附以

靖爲定襄道總管往迎之又遣鴻臚卿唐儉將軍安脩仁尉撫靖謂副將張公謹曰詔使到虜必自安若萬騎齎二十日糧自白道襲之必得所欲公謹曰上已與約降行人在彼奈何靖曰機不可失韓信所以破齊也如唐儉輩何足惜哉督兵疾進行遇候邏皆俘以從去其牙七里乃覺部衆震潰斬萬餘級俘男女十萬禽其子疊羅施殺義成公主頡利亡去爲大同道行軍總管張寶相禽以獻於是斥地自陰山北至大漠矣帝因大赦天下賜民五日酺御史大夫蕭瑀劾靖持軍無律縱士大掠散失奇寶帝召讓之靖無所辯頓首謝帝徐曰隋史萬歲破達頭可汗不賞而誅朕不然赦公之罪錄公之功乃進左光祿大夫賜絹千匹增戶至五百既而曰向人譖短公朕今悟矣加賜帛二千匹遷尚書右僕射靖每參議恂恂似不能言以沈厚稱時遣使十六道巡察風俗以靖爲畿內道大使會足疾懇乞骸骨帝遣中書侍郎岑文本諭旨曰自古富貴而知止者蓋少雖疾頓憊猶力于進公今引大體朕深嘉之欲成公美爲一代法不可不聽乃授檢校特進就第賜物段千尚乘馬二祿賜國官府佐皆勿廢若疾少閒三日一至門下中書平章政事加賜靈壽杖頃之吐谷渾寇邊帝謂侍臣曰靖能復起爲帥乎靖往見房玄齡曰吾雖老尚堪一行帝喜以爲西海道行軍大總管任城王道宗侯君集李大亮李道彥高甑生五總管兵皆屬軍次伏俟城吐谷渾盡火其莽退保大非川諸將議春草未牙馬弱不可戰靖決策深入遂踰積石山大戰數十多所殺獲殘其國國人多降吐谷渾伏允愁蹙自經死靖更立大寧王慕容順而還甑生軍繇鹽澤道後期靖簿責之既歸而憾與廣州長史唐奉義告靖謀反有司按驗無狀甑生等以誣罔論靖乃闔門自守賓客親戚一謝遣改衛國公其妻卒詔墳制如衛霍故事築闕象鐵山積石山以旌其功進開府儀同三司帝將伐遼召靖入謂曰公南平吳北破突厥西定吐谷渾惟高麗未服亦有意乎對曰往憑天威得效尺寸功今疾雖衰陛下誠不棄病且瘳矣帝憫其老不許

二十三年病甚帝幸其第流涕曰公乃朕生平故人於國有勞今疾若此爲公憂之薨年七十九贈司徒幷州都督給班劍羽葆鼓吹陪葬昭陵謚景武子德謇嗣官至將作少匠坐善太子承乾流嶺南以靖故徙吳郡靖兄端字藥王以靖功襲永康公梓州刺史弟客師右武衛將軍累戰功封丹楊郡公致仕居昆明池南善騎射喜馳獵雖老猶未衰自京南屬山西際灃水鳥鵲皆識之每出從之翔噪人謂之鳥賊卒年九十贈幽州都督孫令問玄宗爲臨淄王時與雅舊及即位以協贊功遷殿中少監預誅竇懷貞封宋國公實封五百戶進散騎常侍知尚食事恩待甚渥然未嘗輒干政率游畋自娛厚奉養侈飲食至躬視刲宰有譏之者荅曰此畜豢天所以養人與蔬果何異安用妄分別邪後坐其子與回紇部酋承宗連婚貶撫州別駕卒靖五代孫彥芳大和中爲鳳翔司錄參軍家故藏高祖太宗賜靖詔書數函上之一曰兵事節度皆付公吾不從中治也一曰有晝夜視公疾大老嫗遣來吾欲熟知公起居狀皆太宗手墨它大略如此文宗愛之不廢手其舊物有佩筆以木爲管弢刻金其上別爲環以限其間筆尚可用也請破蕭銑時所賜于闐玉帶十三胯七方六刓胯各附環以金固之所以佩物者又有火鑑大觽笄囊等物常佩于帶者天子悉留禁中又敕摸詔本還賜彥芳并東帛衣服權德輿嘗讀太宗手詔至流涕曰君臣之際乃爾邪

李勣字懋功曹州離狐人本姓徐氏客衛南家富多僮僕積粟常數千鍾與其父蓋皆喜施貸所周給無親疏之間隋大業末韋城翟讓爲盜勣年十七往從之說曰公鄉壤不宜自剽殘宋鄭商旅之會御河在中舟艦相屬往邀取之可以自資讓然之劫公私船取財繇是兵大振李密亡命雍丘勣與浚儀王伯當共說讓推密爲主以奇計破王世充密署勣右武候大將軍東海郡公當是時河南山東大水隋帝令飢人就食黎陽倉吏不時發死者日數萬勣說密曰天下之亂本于飢今若取黎陽粟以募兵大事濟矣密

以麾下兵五千付勣與鄭孝德等濟河襲黎陽守之開倉縱食旬
日勝兵至二十萬宇文化及擁兵北上密使勣守倉周掘塹以自
環化及攻之勣爲地道出鬬化及敗引去武德二年密歸朝廷其
地東屬海南至江西直汝北抵魏郡勣統之未有所屬謂長史郭
孝恪曰人衆土宇皆魏公有也吾若獻之是利主之敗爲己功吾
所羞也乃錄郡縣戶口以啓密請自上之使至高祖訝無表使者
以意聞帝喜曰純臣也詔授黎州總管封萊國公賜姓附宗正屬
籍徙封曹給田五十頃甲第一區封蓋濟陰王固辭改舒國公詔
勣總河南山東兵以拒王世充及密以謀反誅帝遣使示密反狀
勣請收葬詔從之勣爲密服縗絰葬訖乃釋俄爲竇建德所陷質
其父使復守黎陽三年自拔來歸從秦王伐東都戰有功東略地
至虎牢降鄭州司兵沈悅平建德俘世充乃振旅還秦王爲上將
勣爲下將皆服金甲乘戎輅告捷于廟蓋亦自洺州與裴矩入朝
詔復其官又從破劉黑闥徐圓朗累遷左監門大將軍圓朗復反

詔勣爲河南大總管討平之趙郡王孝恭討輔公祏也遣勣以步
卒一萬度淮拔壽陽攻江西賊壁馮惠亮陳正通相次潰公祏平
太宗即位拜并州都督賜實封九百戶貞觀三年爲通漠道行軍
總管出雲中與突厥戰走之引兵與李靖合因曰頡利若度磧保
於九姓果不可得我若約齎薄之不戰縛虜矣靖大喜以與己合
於是意決靖率衆夜發勣勒兵從之頡利欲走磧勣前屯磧口不
得度由是酋長率部落五萬降于勣詔拜光祿大夫行并州大
都督府長史父喪解奪哀還官徙封英治并州十六年以威肅聞
帝嘗曰煬帝不擇人守邊勞中國築長城以備虜今我用勣守并
突厥不敢南賢長城遠矣召爲兵部尚書未至會薛延陀子大度
設以八萬騎侵李思摩詔勣爲朔方道行軍總管將輕騎六千擊
度設青山斬名王一俘口五萬以功封一子爲縣公晉王爲皇太子
授詹事兼左衛率俄同中書門下三品帝曰吾兒方位東宮公舊
長史以宮事相委勿以資屈爲嫌也後帝自將征高麗以勣爲遼

東道行軍大總管破蓋牟遼東白崖等城從戰駐蹕山功多封一
子爲郡公延陀部落亂詔將二百騎發突厥兵討之大戰烏德鞬
山破之降其首領梯眞達干而可汗咄摩支遁入荒谷磧北遂定
改太常卿仍同中書門下三品復爲詹事勣既忠力帝謂可託大
事嘗暴疾醫曰用須灰可治帝乃自翦須以和藥及愈入謝頓首
流血帝曰吾爲社稷計何謝爲後留宴顧曰朕思屬幼孤無易公
者公昔不遺李密豈負朕哉勣感涕因嚙指流血俄大醉帝親解
衣覆之帝疾謂太子曰爾於勣無恩今以事出之我死宜即授以
僕射彼必致死力矣乃授疊州都督高宗立召授檢校洛州刺史
洛陽宮留守進開府儀同三司同中書門下參掌機密遂爲尚書
左僕射永徽元年求解僕射聽之仍以開府儀同三司知政事四
年冊進司空始太宗時勣已畫象淩煙閣至是帝復命圖其形自
序之又詔得乘小馬出入東西臺畀官日一人迎送帝欲立武昭儀
爲皇后畏大臣異議未決李義府許敬宗又請廢王皇后帝召勣

與長孫無忌于志寧褚遂良計之勣稱疾不至帝曰皇后無子罪
莫大于絕嗣將廢之遂良等持不可志寧顧望不對帝後密訪勣
曰將立昭儀而顧命之臣皆以爲不可今止矣答曰此陛下家事
無須問外人帝意遂定而王后廢詔勣志寧奉冊立武氏帝東封
泰山爲封禪大使嘗墜馬傷足帝以所乘馬賜之高麗莫離支男
生爲其弟所逐遣子乞師詔勣爲遼東道行軍大總管率兵二萬
討之破其國執高藏男建等裂其地州縣之詔勣獻俘昭陵明先
帝意具軍容告于廟進位太子太師增食千一百戶總章二年卒
年八十六帝曰勣奉上忠事親孝歷三朝未嘗有過性廉愼不立
產業今亡當無贏貲有司其厚賵卹之因泣下舉哀光順門七日
不視朝贈太尉揚州大都督謚貞武給秘器陪葬昭陵起冢象陰
鐵烏德鞬山以旌功烈葬日帝與皇太子幸未央古城哭送百官
送故城西北初勣拔黎陽倉就食者衆高季輔杜正倫往客焉及
平虎牢獲戴胄咸引見卧內推禮之後皆爲名臣世以勣知人平

洛陽得單雄信故人也表其材武且言若貸死必有以報請納官爵以贖不許乃號慟割股肉啗之曰生死永訣此肉同歸于土爲收養其子焉性友愛其姊病嘗自爲粥而燎其須姊戒止答曰姊多疾而勣且老雖欲數進粥尚幾何其用兵多筭謀料敵應變皆契事機聞人善扺掌嗟嘆及戰勝必推功于下得金帛盡散之士卒無私貯然持法嚴故人爲之用臨事選將必訾相其奇厖福艾者遣之或問故答曰薄命之人不足與成功名既殁士皆爲流涕自屬疾帝及皇太子賜藥即服家欲呼醫巫不許諸子固以藥進輒曰我山東田夫耳位三公年踰八十非命乎生死係天寧就醫求活耶弟弼始爲晉州刺史以勣疾召爲司衛卿使省視忽語曰我似少愈可置酒相樂於是奏樂宴歡列子孫于下將罷謂弼曰我即死欲有言恐悲哭不得盡故一訣耳我見房玄齡杜如晦高季輔皆辛苦立門戶亦望詒後悉爲不肖子敗之我子孫今以付汝汝可愼察有不厲言行交非類者急榜殺以聞毋令後人笑吾

猶吾笑房杜也我死布裝露車載柩斂以常服加朝服其中儻死有知庶著此奉見先帝明器惟作五六寓馬下帳施幔爲皁頂白紗裙中列十偶人它不得以從衆葬願留養子者聽餘出之葬已徙居我堂善視小弱苟違我言同戮尸矣乃不復語弼等遵焉勣本二名至高宗時避太宗偏諱故但名勣後配享高宗廟廷孫弟感年十五有奇操李密敗陷于世充世充令作書召勣對曰兄尚節義今已事主昆弟不能移也固不從殺之勣子震嗣終桂州刺史震子敬業敬猷

敬業少從勣征伐有勇名歷太僕少卿襲英國公爲眉州刺史嗣聖元年坐贓貶柳州司馬會給事中唐之奇貶括蒼令詹事府司直杜求仁貶黟令長安主簿駱賓王貶臨海丞敬猷自盩厔令坐事免俱客揚州失職怏怏時武后既廢中宗又立睿宗實亦囚之諸武擅命唐子孫誅戮天下憤之敬業等乘人怨謀起兵先諭其黨監察御史薛璋求使江都及至令雍人韋超告州長史陳敬之反璋乃收繫之敬業即矯制殺敬之自稱州司馬且言奉密詔募兵討高州叛酋即開府庫令參軍李宗臣釋繫囚役丁數百人授甲斬錄事參軍孫處行以徇乃開三府一曰匡復府二曰英公府三曰揚州大都督府自稱匡復府上將領揚州大都督以之奇爲左長史求仁右長史宗臣左司馬璋右司馬江都令韋知止爲英公府長史賓王爲藝文令前盩厔尉魏思溫爲軍師旬日兵十餘萬傳檄州縣疏武氏過惡復廬陵王天子位又索狀類太子賢者奉之詭衆曰賢實不死楚州司馬李崇福率所部三縣應之武后遣左玉鈐衛大將軍李孝逸兵三十萬往擊之削其祖父官爵毀冢藏除屬籍赦揚楚民脅從者購得敬業首授官三品賞帛五千得之奇等首官五品帛三千敬業問計於思溫對曰公既以太后幽縶天子宜身自將兵直趨洛陽山東韓魏知公勤王附者必衆天下指日定矣璋曰不然金陵負江其地足以爲固且王氣尚在宜先幷常潤爲霸基然後鼓行而北思溫曰鄭汴徐亳士皆豪桀不願武

后居上蒸麥爲飯以待我師奈何欲守金陵投死地乎敬業不從使敬猷屯淮陰韋超屯都梁山自引兵擊潤州下之署宗臣爲刺史始回兵屯高郵下阿谿思溫歎曰兵忌分今敬業不知掃地度淮率山東士先襲東都吾知無能爲也武后又使黑齒常之將江南兵爲孝逸援進擊淮陰都梁兵皆敗後軍揔管蘇孝祥率奇兵五千夜度擊敬業孝祥死兵溺者過半孝逸軍退守石梁有烏羣噪敬業營上監軍御史魏元忠曰賊其敗乎風順荻乾火攻之利也固請戰遂度谿擊之敬業置陣久士疲皆顧望不正列孝逸乘風縱火逼其軍軍稍却敬業麾精兵居前弱者在後陣亂不能制乃敗斬七千餘級敬業與敬猷之奇求仁賓王輕騎遁江都悉焚其圖籍攜妻子奔潤州潛蒜山下將入海逃高麗抵海陵阻風遺山江中其將王那相斬之凡二十五首傳東都皆夷其家中宗反正詔還勣官封屬籍葺完塋冢焉初敬業之叔思文爲潤州刺史敬業兵起以使間道聞固守踰月城陷敬業責曰盧陵王繼天

下無罪見廢今兵以義動何遽拒邪若太后是助宜即姓武思溫等欲殺之敬業不許及揚楚平乃獨免后遂賜武姓歷春官尚書或言本與敬業謀者乃復徐氏卒子欽憲開元中仕至國子祭酒

贊曰唐興其名將曰英衛擢皆罪亡之餘遂能依乘風雲勒功帝籍蓋君臣之際固有以感之獨推期運非也若靖閨門稱疾畏遠權遹功大而主不疑雖古哲人何以尚茲勣之節見于黎陽故太宗勤勤於託孤誠有爲也至以老臣輔少主會房帷易奪天子畏大臣依違不專委誠取決惟議是聽勣乃私己畏禍從而導之武氏奮而唐之宗屬幾殲焉及其孫因民不忍舉兵覆宗至掘冢而暴其骨嗚呼不幾一言而喪邦乎惜其不通學術昧夫臨大節不可奪之誼反與許李同科可不戒哉世言靖精風角鳥占雲祲孤虛之術爲善用兵是不然特以臨機果料敵明根于忠智而已俗人傳著怪詭禨祥皆不足信故列靖所設施如此

二李列傳第十八

端明殿學士兼翰林侍讀學士龍圖閣學士朝請大夫守尚書吏部侍郎充集賢殿修撰臣宋　祁奉
敕撰
侯君集豳州三水人以材雄稱少事秦王幕府從征討有功擢累
左虞候車騎將軍封全椒縣子預誅隱太子尤力王即位拜左衛
將軍進封潞國公邑千戶貞觀四年遷兵部尚書俄檢校吏部尚
書參議朝政李靖討吐谷渾以君集為積石道行軍總管師次鄯
州議所向君集曰王師已至而賊不走險天贊我也若以精兵掩
不備彼不我虞必有大利若遁岨山谷克之實難靖然其計簡銳
士約齎深入追及其衆於庫山大戰破之進會大非川平其國會
詔世封功臣授陳州刺史更封陳君集不願封進吏部尚書君集
本以行伍奮不知學後貴始自喜好書及典選分明課最有譽於
時吐蕃圍松州授當彌道行軍大總管以擊之高昌不臣拜交河道
行軍大總管出討王麴文泰咲曰唐去我七千里磧鹵二千里無

水草冬風裂肌夏風如焚行賈至者百之一安能致大兵乎使能頓
吾城下一再旬食盡當潰吾且係而虜之君集次磧口而文泰
死子智盛襲位進營柳谷候騎言國方葬死君諸將請襲之君集
曰不可天子以高昌驕慢使吾龔行天罰今襲人於墟墓間非
問罪也於是鼓而前賊嬰城自守遣諭之不下乃刊木塞塹引撞
車毀其堞飛石如雨所向無敢當因拔其城俘男女七千進圍都
城初文泰與西突厥欲谷設約有急相援及是欲谷設益懼西走
智盛失援乃降高昌平君集刻石紀功還初君集配沒罪人不以
聞又私取珍寶婦女將士因亦盜入不能制及還京師有司劾之
詔君集詣獄簿對中書侍郎岑文本諫曰高昌之罪議者以其遐
遠欲置度外唯陛下奮獨見之明授決勝之略君集得指期平殄
今推勞將帥從征之人悉蒙重賞未踰數日更以屬吏天下聞之
謂陛下錄過遺功無以勸後且古之出師克敵有重賞不勝蒙顯
戮當其有功也雖貪財縱欲尚蒙爵邑其無功也雖勤躬絜己不
免鈇鉞故曰記人之功忘人之過宜為君者也昔李廣利貪不愛
卒陳湯盜所收康居財物二主皆赦其罪封侯賜金夫將帥之臣
廉慎少而貪沒多軍法曰使智使勇使貪使愚故智者樂立其功
勇者好行其志貪者邀趨其利愚者不計其死是以前聖使人必
收所長而棄所短陛下宜申宥君集俾復朝列以勸有功帝寤釋
不問君集自恃有功以它罪被繫居怏怏不平會張亮出洛州都
督君集譎激說曰何為見排亮曰公排我尚誰咎君集曰我平一
國還觸天子嗔何能排君因攘袂曰鬱鬱不可活能反乎當與公
反亮密以聞帝曰卿與君集皆功臣今獨相語而無左驗奈何秘
不發待君集如初皇太子承乾數有過慮廢知君集怨望因其壻
賀蘭楚石為千牛私引君集入問自安計君集舉手謂曰此手當為
殿下用之又遣楚石語承乾曰魏王得愛陛下若有詔召願毋輕
入承乾納之然君集常畏謀洩忽忽不自安或中夕驚吒妻怪之
曰公國大臣何為爾若有所負宜自歸首領尚可全不從承乾事

覺捕君集下獄楚石告狀帝自臨問曰我不欲令刀筆吏辱公君
集辭窮不能對帝語羣臣曰君集於國有功朕不忍寘諸法將丐
其命公卿其許我乎羣臣皆曰君集罪大逆不道請論如法帝乃
謂曰與公訣矣今而後徒見公遺像已因泣下遂斬之籍其家君
集臨刑色不變謂監吏曰我豈反者乎蹉跌至此然嘗為將破二
國若言之陛下丐一子以守祭祀帝聞原其妻及一子徙嶺表始
帝命李靖教君集兵法既而奏靖且反兵之隱微不以示臣帝以
讓靖靖曰方中原無事臣之所教足以制四夷而求盡臣術此君
集欲反耳靖為右僕射君集為兵部尚書同還省君集馬過門數
步乃覺靖語人曰君集其有異慮乎後果如言
張亮鄭州滎陽人起畎畝志趣奇譎雖外敦厚而內不情隋大業
末李密略地滎汴亮從之未甚甄識時軍中有謀叛去者亮輒以
告密愛其誠乃署驃騎將軍隸李勣勣以黎陽歸亮頗佐佑之擢
鄭州刺史會王世充取鄭亮提孤軍不敢入亡命共城山俄檢校

定州別駕勳討劉黑闥使亮守相州賊方盛棄城遁房玄齡以亮
沈果有謀白秦王引爲車騎將軍隱太子將作難命亮統左右千
人之洛陽陰結山東豪桀以備變齊王告亮反高祖以屬吏詰訊
終無所言乃得釋王即位除右衛將軍封長平郡公累遷御史大
夫進封鄖國公食益州戶五百歷豳夏鄜三州都督相州長史徙
鄖國召拜工部尚書亮爲政多伺察發擿隱微示神明抑彊恤弱
所至有績拜太子詹事出爲洛州都督侯君集已誅以刑部尚書
參預朝政時茂州俚童張仲文自稱天子有司論斥乘輿有害當
死攝刑部尚書韋挺奏童乃妖言無死坐帝怒曰爾作威福于下
而歸虐朕耶挺失據趨出亮爲挺直之帝曰公欲取剛正名乎亮
不謝帝寤曰寧屈我以申公之請童免死帝將伐高麗亮頻諫不
納因自請行詔爲平壤道行軍大總管引兵自東萊浮海襲破沙
卑城進至建安營壁未立賊奄至亮不知所爲踞胡牀直視無所
言衆謂其勇得自安於是副將張金樹鼓于軍士奮擊因破賊及

從帝還至幷州乃得罪初亮棄故妻更娶李氏李妬悍私通歌兒
養爲子名愼幾亮子顗數諫止亮不納李好左道交通巫覡橈政
事亮爲相州假子公孫節以讖有弓長之主當別都亮自以相舊
都弓長其姓陰有怪謀術家程公穎者亮素與厚陰謂曰君前言
陛下眞天下主何其神邪公穎內曉即稱亮卧若龍當大貴亮曰
國家殆必亂吾臂龍鱗奮矣愼幾且大貴公孫常者節兄也亮謂
曰吾有妾相者云必爲諸王姬常曰我兄子大品言有神告公名
在讖書亮悅會陝人常德發其謀幷言亮養假子五百帝使馬周
案之亮讕辭曰因等畏死見誣耳因自陳佐命舊臣帝曰亮養子
五百將何爲正欲反耳詔百官議皆言亮當誅帝遣長孫无忌房
玄齡就獄謂曰法者天下平與公共爲之公不自脩乃至此將柰
何於是斬西市籍其家

薛萬均本燉煌人後徙京兆咸陽父世雄大業末爲涿郡太守萬
均與弟萬徹因客幽州以材武爲羅藝所厚善與藝歸款高祖授
萬均上柱國永安郡公竇建德師衆十萬寇范陽藝逆拒之萬均
曰衆寡不敵宜以計勝即敎藝以羸兵阻水以誘之萬均自以精騎
百匿城左建德師度水邀半度擊之大敗其衆明年建德以二十
萬騎來攻兵已緣堞萬均與萬徹率死士百人出地道掩擊其背
衆驚潰去秦王平劉黑闥引萬均爲右二護軍北門長上柴紹之
討梁師都也以萬均爲副萬徹亦從距朔方數十里突厥兵驟至
王師却萬均兄弟橫擊之斬其驍將虜陣譁乘之俘殺相藉突厥
走遂圍師都諸將以城險未可下萬均曰城中氣死鼓不能聲破
亡兆也旣而賊果斬師都降拜左屯衛將軍俄爲沃沮道行軍副
總管從李靖討吐谷渾軍次青海萬均萬徹各以百騎行前卒與
虜遇萬均單騎馳突無敢當者還語諸將曰賊易與復馳進擊斬
數千級勇蓋三軍追奔至積石山大風折旗萬均曰虜且來乃勒
兵俄而虜至萬均直前斬其將衆遂潰追至圖倫磧乃還與靖會
青海璽書勉勞遷本衛大將軍又副侯君集擊高昌麴智盛堅守

未下萬均麾軍進智盛懼乃降進潞國公會有訴萬均與高昌女
子亂太宗欲窮治魏徵曰君使臣以禮若所訴實罪且輕虛則所
失重矣詔勿治後帝幸芙蓉園坐淸宮不謹下獄憂憤卒帝驚悼
爲舉哀詔陪葬昭陵後嘗賜羣臣膜皮及萬徹而誤呼萬均愴然
曰萬均朕勳舊忽口其名豈死者有知冀此賜乎因命取焚之舉
坐感歎弟萬徹萬淑萬備

萬徹與萬均歸高祖授車騎將軍武安縣公事隱太子太子誅萬
徹督宮兵戰玄武門譟而趣秦府衆失色乃示以太子首然後去
與數十騎亡之南山秦王數使貸諭乃出謝王以其忠於所事不
之罪也從李靖討突厥頡利可汗以功授統軍進爵郡公歷右衛
將軍蒲州刺史副李勣擊薛延陀與虜戰磧南率數百騎爲先鋒
繞擊陣後虜顧見遂潰斬首三千級獲馬萬五千封一子爲縣侯
改左衛將軍尚丹楊公主加駙馬都尉遷代州都督右武衛大將
軍太宗嘗曰當今名將唯李勣江夏王道宗萬徹而已勣道宗雖

不能大勝亦未甞大敗至萬徹非大勝即大敗矣貞觀二十二年以青丘道行軍摠管師師三萬伐高麗次鴨淥水以奇兵襲大行城與高麗步騎萬餘戰斬虜將所夫孫虜皆震恐遂傅泊汋城虜衆三萬來援擊走之拔其城萬徹在軍中任氣不能下人或有上書言狀者帝愛其功直加讓勗而已即爲焚書副將裴行方亦言其怨望李勣曰萬徹位大將軍親主壻而内懷不平罪當誅因詔除籍徙邊會赦還高宗永徽二年授寧州刺史入朝與房遺愛昵甚因曰我雖病足坐置京師諸輩猶不敢動遺愛曰若國有變當與公共輔荆王謀洩下獄誅臨刑曰萬徹大健兒留爲國効死安得坐遺愛殺之遂解衣顧監刑者曰亟斬我斬之不殊叱曰胡不力三斬乃絶萬淑亦以戰功顯歷右領軍將軍梁郡公暢武道行軍摠管萬備有至行居毋喪廬墓前太宗詔表異其門以尚輦奉御從伐高麗李勣圍白巖虜遣兵萬餘來援將軍契苾何力以八百騎苦戰中槊創甚爲賊所窘萬備單馬進救何力獲免仕至

左衛將軍在武德貞觀時又有盛彥師盧祖尚劉世讓劉蘭李君羡等頗以功力顯而皆不終附于左

盛彥師者宋州虞城人少任俠隋大業末爲澄城長高祖兵至汾陰彥師率賔客上謁授行軍摠管從平京師與史萬寶鎮宜陽李密叛謀出山南萬寶懼謂彥師曰密驍賊也以王伯當輔之挾思東歸之士非計出萬全不爲也殆不可當彥師笑曰請以數千兵爲公梟其首萬寶問計答曰兵詭道也難豫言即引衆踰洛水入熊耳山命士持滿夾道伏短兵溪谷間令曰賊半度乃擊所部皆笑曰賊趨洛州何爲備此彥師曰密聲言入洛其實走襄城就張善相我據其要必禽之密果至彥師横擊首尾不相救遂斬密及伯當以功封葛國公授武衛將軍鎮熊州討王世充也彥師與萬寶軍伊闕絶山南路世充平爲宋州摠管始彥師入關世充以陳寶遇爲宋州刺史待其家不以禮及是彥師因事殺之又殺平生所惡數十家州人震駭皆重足立徐圓朗反詔爲安撫大使戰敗爲賊所執圓朗待之厚命作書招其弟使舉虞城叛彥師爲書曰吾奉使無狀爲賊禽誓死報國若宜善侍母勿以我爲念圓朗笑曰將軍壯士也置之武德六年圓朗平彥師得還高祖以罪誅之

盧祖尚字季良光州樂安人家饒財好施以俠聞隋大業末募壯士捕盜時年十九善御衆所向有功盜畏不入境宇文化及之亂據州稱刺史歃血誓衆士皆感泣越王侗立遣使歸地因署本州摠管封沇國公王世充僭位以州歸高祖授刺史封弋陽郡公從趙郡王孝恭討輔公祏爲前軍摠管下宣歙進擊賊帥馮惠亮陳正通破之歷蔣州刺史壽州都督瀛州刺史有能名貞觀二年交州都督以賄敗太宗方擇人任之咸以祖尚才備文武可用也召見内殿謂曰交州去朝廷遠前都督不稱職公爲我行無以道遠辭也祖尚頓首奉詔既而託疾自解帝遣杜如晦等諭意曰匹夫不負然諾公既許朕矣豈得悔三年當召不食吾言對曰嶺南瘴癘而臣不能飲當無還理遂固辭帝怒曰我使人不從何以爲天

下命斬朝堂既而悔之詔復其官

劉世讓字元欽京兆醴泉人仕隋爲徵仕郎高祖入長安以湋川歸授通議大夫時唐弼餘黨寇扶風世讓自請安輯許之得其衆數千因授安定道行軍摠管率兵二萬拒薛舉戰不勝與弟寶皆沒於賊舉令至城下紿說使降世讓陽許之至則告守者曰賊兵極於此矣善自固舉重其節不加害秦王方屯高墌世讓密遣寶間走王言賊虛實高祖悅賜其家帛千匹舉平授彭州刺史俄領陝東道行軍摠管從永安王孝基討呂崇茂於夏縣軍敗爲賊所囚聞獨孤懷恩有逆謀唐儉語世讓曰懷恩謀行則國難未息可亡歸白發之世讓逃還高祖方濟河幸懷恩營驚曰世讓之來天也因封爲弘農郡公賜田百畝錢百萬毋喪免起爲檢校并州摠管竇建德之援王世充也世讓率萬騎出黃沙嶺襲洺州會突厥入寇又詔以兵屯鴈門世讓馳騎八百赴之而可汗軍大至乃保武州可汗與高開道苑君璋合衆攻之城數壞輒立柵完拒鄭元

璹先使可汗可汗使來說世讓叱曰丈夫柰何爲夷狄作說客邪乂之虜引去元璹還具道其忠賜良馬金帶襄邑王神符鎮并州世讓數以氣凌之坐是削籍徙康州未幾召授廣州揔管帝問以備邊策荅曰突厥數南寇者恃有馬邑爲地耳如使勇將屯崞城厚儲金帛以招降者數出奇兵略城下踐禾稼不踰歲馬邑可圖也帝曰非公無可任者乃使馳驛經略於是世讓至馬邑高滿政以地來降突厥患之縱反間云世讓與可汗爲亂帝不之察因誅之籍其家貞觀初突厥降者言世讓無逆謀乃原其妻子

劉蘭字文郁青州北海人仕隋鄱陽郡書佐涉圖史能言成敗事性陰狡以天下將亂見北海完富潛介賊破其鄉取子女玉帛淮安王神通安撫山東率宗黨歸順貞觀初梁師都未平蘭上書陳方略太宗以爲夏州都督府司馬師都以突厥兵頓城下蘭仆旗息鼓賊疑不敢追夜引去蘭追擊破之遂進軍夏州師都平遷豐州刺史召爲右領軍衞將軍十一年爲夏州都督長史時突厥攜

貳郁射設阿史那摸末率屬帳居河南蘭縱反間離之頡利果疑摸末懼來降頡利急追蘭逆拒卻其衆封平原郡公俄檢校代州都督初長社許絢解讖記謂蘭曰天下有長年者咸言劉將軍當爲天下主蘭子昭又曰讖言海北出天子吾家北海也會鄠縣尉游文芝以罪繫獄當死因發其謀蘭及黨與皆伏誅

李君羨洺州武安人初事李密後爲王世充驃騎惡世充爲人率其屬歸高祖授上輕車都尉秦王引置左右從破宋金剛於介休加驃騎將軍賜以宮人繒帛從討王世充爲馬軍副揔管世充子玄應自武牢轉糧入洛君羨俘其軍玄應走從破竇建德劉黑闥所向必先登摧其鋒累授左衞府中郎將突厥至渭橋君羨與尉遲敬德擊破之太宗曰使皆如君羨者虜何足憂改左武候中郎將封武連縣公北門長上在仗讀書不休帝嘉勞歷蘭州都督左監門衞將軍先是貞觀初太白數晝見太史占曰女主昌又謠言當有女武王者會內宴爲酒令各言小字君羨自陳曰五娘子帝愕然因笑曰何物女子乃此健邪又君羨官邑屬縣皆武也忌之未幾出爲華州刺史會御史劾奏君羨與狂人爲妖言謀不軌下詔誅之天授中家屬詣闕訴寃武后亦欲自詫詔復其官爵以禮改葬

贊曰侯君集位將相私謁太子張亮養子五百人薛萬徹與狂豎謀皆死有餘責又何咎哉以太宗之明德蔽于謠讖濫君羨之誅徒使孽后引以自神顧不哀哉

侯張薛列傳第十九

端明殿學士兼翰林侍讀學士龍圖閣學士朝請大夫守尚書吏部侍郎充集賢殿修撰臣宋祁奉敕撰

高儉字士廉以字顯齊清河王岳之孫父勵樂安王入隋爲洮州
刺史士廉敏惠有度量狀貌若晝觀書一見輒誦敏於占對隋司
隸大夫薛道衡起居舍人崔祖濬皆宿臣顯重與爲忘年友繇是
有名自以齊宗室不欲廣交屏居終南山下吏部侍郎高孝基勸
之仕仁壽中舉文才甲科補治禮郎斛斯政奔高麗坐與善貶爲
朱鳶主簿以母老不可居瘴癘地乃留妻鮮于奉養而行會世大
亂京師阻絶交趾太守丘和署司法書佐時欽州俚帥寗長眞以
兵侵交趾和懼欲出迎士廉曰長眞兵雖多縣軍遠客勢不得久
城中勝兵尚可戰柰何受制於人和因命爲行軍司馬逆擊破之
高祖遣使徇嶺南武德五年與和來降於是秦王領雍州牧薦士
廉爲治中親重之隱太子與王隙已熾乃與長孫无忌密計討定

是日率吏卒釋囚授甲趨芳林門助戰王爲皇太子授右庶子進
侍中封義興郡公坐匿王珪奏不時上左授安州都督進益州大
都督府長史蜀人畏鬼而惡疾雖父母病皆委去望舍投餌哺之
昆弟不相假財士廉爲設條教辯告督勵風俗翕然爲變又引諸
生講授經藝學校復興秦時李冰導汶江水灌田瀕水者頃千金
民相侵冒士廉附故渠斷引旁出以廣溉道人以富饒入爲吏部
尚書進封許國公雅負裁鑒又詳氏譜所署用人地無不當者高
祖崩攝司空營山陵加特進遷尚書右僕射士廉三世居此官世
榮其貴太宗幸洛陽太子監國命攝少師手詔曰端拱三川不憂
關中者以屬卿也久之請致仕聽解僕射加開府儀同三司同中
書門下三品知政事帝伐高麗皇太子監國駐定州又攝太傅同
掌機務太子令曰寡人資公訓道而比聽政據案對公情所未安
所司宜別設案奉太傅士廉固辭還至幷州有疾帝即所舍問之
貞觀二十一年疾甚帝幸其第爲流涕卒年七十一又欲臨弔房

玄齡以帝餌金石諫不宜近喪帝曰朕有舊故姻戚之重君臣之
分豈置勿言即從數百騎出長孫无忌伏馬前陳士廉遺言乞不
臨喪帝猶不許无忌至流涕乃還入東苑南向哭詔贈司徒幷州
都督謚曰文獻陪葬昭陵方寔食敕尚宮以食四轝往祭帝自爲
文喪出橫橋又登城西北樓望哭以過喪高宗即位加贈太尉配
享太宗廟廷士廉進止詳華凡有獻納搢紳皆屬以目奏議未嘗
不焚稾家人無見者士廉少識太宗非常人以所出女歸之是爲
文德皇后及遺令墓不得它藏惟置衣一襲與平生所好書示先
王典訓可用終始者初太宗嘗以山東士人尚閥閱後雖衰子孫
猶負世望嫁娶必多取貲故人謂之賣昏由是詔士廉與韋挺岑
文本令狐德棻責天下譜諜參考史傳檢正眞僞進忠賢退悖惡
先宗室後外戚退新門進舊望右膏粱左寒畯合二百九十三姓
千六百五十一家爲九等號曰氏族志而崔幹仍居第一帝曰我
於崔盧李鄭無嫌顧其世衰不復冠冕猶恃舊地以取貲不肖子

偃然自高販鬻松檟不解人間何爲貴之齊據河北梁陳在江南
雖有人物偏方下國無可貴者故以崔盧王謝爲重今謀士勞臣
以忠孝學藝從我定天下者何容納貨舊門向聲背實買昏爲
榮耶太上有立德其次有立功其次有立言其次有爵爲公卿大夫
世世不絶此謂之門戸今皆反是豈不惑邪朕以今日冠冕爲等
級高下遂以崔幹爲第三姓班其書天下高宗時許敬宗以不敘
武后世又李義府恥其家無名更以孔志約楊仁卿史玄道呂才
等十二人刊定之裁廣類例合二百三十五姓二千二百八十七
家帝自敘所以然以四后姓酅公介公及三公太子三師開府儀
同三司尚書僕射爲第一姓文武二品及知政事三品爲第二姓
各以品位高下敘之凡九等取身及昆弟子孫餘屬不入改爲姓
氏録當時軍功入五品者皆昇譜限搢紳恥焉目爲勳格義府奏悉
索氏族志燒之又詔後魏隴西李寶太原王瓊滎陽鄭溫范陽盧
子遷盧渾盧輔清河崔宗伯崔元孫前燕博陵崔懿晉趙郡李楷

凡七姓十家不得自爲昏三品以上納幣不得過三百匹四品五品二百六品七品百悉爲歸裝夫氏禁受陪門財先是後魏太和中定四海望族以竇等爲冠其後矜尚門地故氏族志一切降之王妃主壻皆取當世勳貴名臣家未嘗尚山東舊族後房玄齡魏徵李勣復與昏故望不減然每姓第其房望雖一姓中高下縣隔李義府爲子求昏不得始奏禁焉其後天下衰宗落譜昭穆所不齒者皆稱禁昏家益自貴凡男女皆潛相聘娶天子不能禁世以爲敝云士廉六子履行審行眞行有名履行居母喪毀甚太宗諭使彊食尚東陽公主襲爵歷戸部尚書爲益州大都督府長史政有名坐長孫无忌左授洪州都督改永州刺史眞行至左衛將軍其子岐連章懷太子事詔令自誡切眞行以佩刀刺殺之斷首棄道上高宗鄙其爲貶睦州刺史審行自戸部侍郎貶渝州刺史士廉五世孫重字文明以明經中第李巽表鹽鐵轉運巡官善職凡十年進累司門郎中敬宗愼選侍講學士重以簡厚惇正與崔郾

偕選再擢國子祭酒文宗好左氏春秋命分列國各爲書成四十篇與鄭覃刊定九經于石出爲鄂岳觀察使以美政被襃久之拜太子賓客分司東都卒贈太子少保

贊曰古者受姓受氏以旌有功是時人皆土著故名宗望姓舉郡國自表而譜系興焉所以推敘昭穆使百代不得相亂也遭晉播遷胡醜亂華百宗蕩析士去墳墓子孫猶挾系錄以示所承而代閥顯者至賣昏求財汩喪廉恥唐初流弊仍甚天子屢抑不爲衰至中葉風教又薄譜錄都廢公靡常產之拘士亡舊德之傳言李悉出隴西言劉悉出彭城悠悠世胙訖無考按冠冕皁隸混爲一區可太息哉

竇威字文蔚岐州平陸人父熾在周爲上柱國入隋爲太傅太穆皇后其從兄弟女也威沈邃有器局貫覽羣言家世貴子弟皆喜武力獨威尚文諸兄詆爲書癡內史令李德林舉秀異授祕書郎當遷不肯調者十年故其學益博而諸兄以軍功位通顯矣薄威職閑冗吏謂曰昔仲尼積學成聖猶棲遲不偶汝尚何求耶威笑不荅蜀王秀辟爲記室威以秀多不法謝疾去秀廢府屬皆得罪威獨免大業中累遷內史舍人數諫忤旨轉考功郎中後坐事免高祖入關召補大丞相府司錄參軍方天下亂禮典湮缺威多識朝廷故事乃裁定制度帝語裴寂曰威今之叔孫通也武德元年授內史令每論政事得失必陳古爲諭帝益親矚嘗引入臥內謂曰昔周有八柱國吾與公家是也今我爲天子而公爲內史令事固有不等耶威懼頓首謝曰臣家在漢再爲外戚至元魏有三皇后今陛下龍興臣復以姻戚進夙夜懼不克任帝笑曰公以三后族夸我耶關東人與崔盧婚者猶自矜大公世爲帝戚不亦貴乎後寢疾帝臨問及卒哭之慟贈同州刺史追封延安郡公謚曰靖威性儉素家不樹產比喪無餘貲遺令薄葬詔皇太子百官臨送

兄子軌字士則父恭仕周爲雍州牧酇國公軌性剛果有威大業中爲資陽郡東曹掾去官歸高祖起兵軌募眾千餘人迎謁長春

宮帝大悅賜良馬十四使略地渭南下永豐倉收兵五千從平京師封贊皇縣公爲大丞相諮議參軍稽胡賊五萬掠宜春詔軌討之次黃欽山遇賊乘高叢射眾爲卻軌斬部將十四人更拔其次代之身擁數百騎殿令曰聞鼓不進者斬既鼓士爭赴賊賊射不勝大破之斬首千級獲男女二萬擢太子詹事赤排羌與薛舉叛將鍾俱仇寇漢中拜秦州總管討賊連戰有功餘黨悉降復酇國舊封遷益州道行臺左僕射党項引吐谷渾寇松州詔軌與扶州刺史蔣善合援之善合先期至敗之鉗川軌進軍臨洮擊左封走其眾度羌必爲患始屯田松州詔率所部兵從秦王討王世充明年還蜀軌既貴益嚴酷然能自勤苦每出師臨敵身未嘗解甲其下有不用命即誅至小過亦鞭箠流血人見者皆重足股慄由是蜀盜悉平初以其甥爲腹心嘗夜出呼不時至斬之又戒家奴毋出外忽遣奴取漿公廚既而悔焉曰要當借汝頭以明法命斬奴奴稱冤監刑者疑不時決軌并斬之後入朝賜坐御榻容不肅又

坐對詔帝怒曰公入蜀車騎驃騎從者二十人公斬誅略盡我隴種車騎尚不足給公因繫詔獄俄釋之還鎮益州軌與行臺尚書韋雲起郭行方素不協及隱太子誅詔至軌內詔懷中雲起問詔安在軌不肯示因執殺之行方懼奔京師得免是歲行臺廢授益州都督加食邑戶六百貞觀元年召授右衛大將軍出爲洛州都督周洛閒因隋亂人不土著軌下令諸縣有游手末作者按之由是威信大行民皆趨本卒贈幷州都督子奉節尚永嘉公主歷左衛將軍秦州都督

軌弟琮有武幹大業末犯法亡命太原依高祖與秦王有憾不自安王方收天下豪英降禮接之與出入卧內琮意乃釋大將軍府建引爲統軍從平西河破霍邑授金紫光祿大夫封扶風郡公從劉文靜擊屈突通於潼關敗其將桑顯和通遁去琮以輕騎追獲於稠桑進兵下陝縣拔太原倉遷左領軍大將軍賜物五百段隋河陽都尉獨孤武潛謀歸款命琮摠萬騎自柏崖迎之逗留不進武見殺坐除名武德初爲右屯衛大將軍時將圖洛陽詔琮留守陝護饟道王世充將羅士信數以兵鈔絶琮使人說降之東都平檢校晉州揔管從隱太子平劉黑闥以功封譙國公賜黃金五十斤卒贈左衛大將軍謚曰勤永徽五年加贈特進

威從兄子抗字道生父榮定爲隋洛州揔管陳國公謚曰懿毋隋文帝姊安成公主也抗美容儀性通率涉見圖史以帝甥蚤貴入太學釋褐千牛備身儀同三司侍父疾東帶五旬不弛居喪哀瘠過常襲爵累轉梁州刺史將之官文帝幸其第酣宴如家人禮毋卒數號絶詔宮人節哭歲餘爲岐州刺史轉幽州揔管所至以寬惠聞漢王諒反煬帝疑抗爲應遣李子雄馳往代之子雄因誣抗得諒書不奏按鞫無狀然坐是遂廢抗與高祖少相狎及楊玄感反抗謂高祖曰玄感爲我先耳李氏名在圖錄天所啓也高祖曰爲禍始不祥公無妄言煬帝遣抗出靈武迎護長城聞高祖已定京師喜曰此吾家壻豁達有大度眞撥亂主也因歸長安高祖見

之喜握手曰李氏果王何如因置酒爲樂授將作大匠兼納言尋罷爲左武候大將軍帝聽朝或引升御坐旣退入卧內從容談笑極平生歡以兄呼之宮中稱爲舅或留宿禁省侍燕豫然未嘗干朝廷事後從秦王平薛舉功第一又從征王世充東都平冊勳於廟者九人抗與從弟軌與焉賜女樂一部珍幣不貲卒贈司徒謚曰密子衍靜誕衍襲爵

靜字元休在隋佐親衛以父得罪煬帝久不之進高祖入京師擢幷州大揔管府長史時突厥數爲邊患糧道不屬靜表請屯田太原以省饋運議者以流亡未復不宜重困於是召入與裴寂蕭瑀封倫廷議寂等不能屈帝從之歲收粟十萬斛詔檢校幷州大揔管又請斷石嶺以爲鄣塞制突厥之入太宗即位授司農卿封信都縣男趙元楷爲少卿靜鄙其聚斂因會官屬大言曰如煬帝奢侈竭四海自奉司農須公矣今天子躬節儉屈一人安兆庶惡用公哉元楷大慙改夏州都督突厥攜貳諸將出征者過靜靜爲陳虜中虛實諸將由是大克獲又閒其部落郁射所部欝孤尼等九俟斤皆內附帝嘉之賜馬百匹羊千口及禽頡利詔處其衆河南靜上書曰夷狄窮則搏噬飽則羣聚不可以刑法繩仁義教也衣食仰給不恃耕桑今損有爲之民資無知之虜得之無益於治失之不害於化況首丘未忘則一旦變生犯我王略矣不如因其破亡假以賢王一號妻之宗女披其土地部落使權弱勢分易爲羈制則世爲藩臣矣帝雖不從然嘉其忠優詔答曰北方之務悉以相委以卿爲寧朔大使送無北顧憂矣再遷民部尚書卒謚曰肅子逵尚遂安公主襲爵

誕隋末起家朝請郎義寧初辟丞相府祭酒封安豐郡公尚襄陽公主從秦王征薛舉爲元帥府司馬累遷太常卿高祖諸子幼未出宮者十餘王國司家事皆誕主之出爲梁州都督貞觀初召授右領軍大將軍進莘國公爲宗正卿太宗與語昏謬失對乃下詔曰誕比衰秏不能事朕知而任之是謂不明且爲官擇人者治爲

人擇官者亂其以光祿大夫罷就第卒贈工部尚書荊州刺史謚
曰安
抗弟璡字之推性沈厚隋大業末爲扶風太守唐兵起以郡歸歷
民部尚書從秦王平薛仁杲賜錦袍尋鎮益州時蜀盜賊多皆討
平之與皇甫無逸不協數相訴毀因請入朝至半道詔還之璡內
憂恐會使者至璡引宴卧內厚餉遺無逸以聞坐免官未幾授祕
書監封鄧國公貞觀初遷將作大匠詔脩洛陽宮鑿池起山務極
侈浮費不勝筭太宗怒詔毀之免其官以酆王納璡女爲妃復位
卒贈禮部尚書謚曰安璡有巧思工書武德中與太常少卿祖孝
孫受詔定雅樂是正鍾律云
威從孫德玄隋大業中起家國學生祖照尚周文帝義陽公主封
鉅鹿郡公父彥襲爵終隋西平太守兄德明師事陳留王孝逸通
知文史漢王諒反遣將綦良攻黎州德明年十八募士五千號令
嚴整倍道擊賊破之以功擢累齊王府屬坐事免高祖兵叩長安
而宗室孝基神符道宗及竇誕趙慈景等並繫獄隋將衛文昇陰
世師欲殺之德明諫曰罪不在此殺之無傷於彼秖取怨焉不如
挺之乃止長安平謁高祖終不自言時稱長者拜考功郎中從秦
王擊王世充封顯武男歷常愛二州刺史卒德玄始爲高祖丞相
府千牛歷太宗時不甚顯高宗以舊臣自殿中少監爲御史大夫
歲中遷司元太常伯時帝又以源直心爲奉常正卿劉祥道爲司
刑太常伯上官儀爲西臺侍極郝處俊爲太子左中護凡十餘人
皆帝自擇以示宰相李勣等皆頓首謝麟德初進檢校左相勤職
約已天子嘗臨朝咨其清素加以賜賚居位數年贊圖封禪事與
李勣皆爲使帝次濮陽問古謂帝丘德玄不能對許敬宗具道其
然帝稱善敬宗自矜于人德玄知不爲忤衆服其量禮成進爵二
級以弟德遠未及爵願分封詔可故德玄封鉅鹿男德遠樂安男
德玄迎時取合未嘗有過然無它補益卒年六十九贈光祿大夫
幽州都督謚曰恭

贊曰高竇雖緣外戚姻家然自以才猷結天子厠跡名臣垂榮無
窮時有遇合故見諸事業古來賢豪不遭興運埋光鏟采與草木
俱腐者可勝咤哉竇宗自魏訖唐支胄扶疏數百年所憑厚矣

高竇列傳第二十

端明殿學士兼翰林侍讀學士龍圖閣學士朝請大夫守尚書吏部侍郎兼提舉萬壽觀公事臣宋祁奉
敕撰

房玄齡字喬齊州臨淄人父彥謙仕隋歷司隸刺史玄齡幼警敏
貫綜墳籍善屬文書兼草隸開皇中天下混壹皆謂隋祚方永玄
齡密白父曰上無功德徒以周近親妄誅殺攘神器有之不為子
孫立長久計諸置嫡庶競侈僭相傾閱終當內相誅夷視今雖平
其亡跬可須也彥謙驚曰無妄言年十八舉進士授羽騎尉校讎
祕書省吏部侍郎高孝基名知人謂裴矩曰僕觀人多矣未有如
此郎者當為國器但恨不見其聳壑昂霄云補隰城尉漢王諒反
坐累徙上郡顧中原方亂慨然有憂天下志會父疾綿十旬不解
衣及喪勺飲不入口五日太宗以燉煌公徇渭北杖策上謁軍門
一見如舊署渭北道行軍記室參軍公為秦王即授府記室封臨
淄侯征伐未嘗不從衆爭取怪珍玄齡獨收人物致幕府與諸將
密相申結人人願盡死力王嘗曰漢光武得鄧禹門人益親今我
有玄齡猶禹也居府出入十年軍符府檄或駐馬即辦文約理盡
初不著槀高祖曰若人機識是宜委任每為吾兒陳事千里外猶
對面語隱太子與王有隙王召玄齡與計對曰國難世有惟聖人
克之大王功蓋天下非特人謀神且相之乃引杜如晦協判大計
累進陝東道大行臺考功郎中文學館學士故太子忌二人者奇
譖于帝皆斥逐還第太子將有變王召二人以方士服入夜計事
事平王為皇太子擢右庶子太子即位為中書令第功班賞與如
晦長孫无忌尉遲敬德侯君集功第一進爵邢國公食邑千三百
戶餘皆次叙封拜帝顧羣臣曰朕論公等功定封邑恐不能盡無
有諱各為朕言之淮安王神通曰義師起臣兵最先至今玄齡等
以刀筆吏居第一臣所未諭帝曰叔父兵誠先至然未嘗躬行陣
勞故建德之南軍敗不振討黑闥反動望風輒奔今玄齡等有決
勝帷幄定社稷功此蕭何所以先諸將也叔父以親宜無愛者顧

不可緣私與功臣競先後爾初將軍丘師利等皆怙功或攘袂指
畫自陳見神通絀乃曰陛下至不私其親吾屬可妄訴邪進
尚書左僕射監修國史更封魏帝曰公為僕射當助朕廣耳目訪
賢材比聞閱牒訟日數百豈暇求人哉乃敕細務屬左右丞大事
關僕射帝嘗問創業守文孰難玄齡曰方時草昧羣雄競逐攻破
乃降戰勝乃剋創業則難魏徵曰王者之興必乘衰亂覆昏暴殆
天授人與者既得天下則安于驕逸人欲靜傜役毒之世方敝窶
刻窮之國繇此衰則守文為難帝曰玄齡從我定天下冒百死遇
一生見創業之難徵與我安天下畏富貴則驕驕則怠怠則亡見
守文之不為易然創業之不易既往矣守文之難方與公等慎之
會詔大臣世襲授宋州刺史從國梁而羣臣讓世襲事故罷刺史
遂為梁國公未幾加太子少師始詣東宮皇太子欲拜之玄齡讓
不敢謁乃止居宰相積十五年女為王妃男尚主自以權寵隆極
累表辭位詔不聽頃之進司空仍總朝政玄齡固辭帝遣使謂曰

　王祖

讓誠美德也然國家相眷賴久一日去良弼如亡左右手顧公筋
力未衰毋多讓晉王為皇太子改太子太傅知門下省事以母喪
賜塋昭陵園起復其官會伐遼留守京師詔曰公當蕭何之任朕
無西顧憂矣凡糧械飛輸軍伍行留悉裁總之玄齡數上書勸帝
願毋輕敵久事外夷固辭太子太傅見聽晚節多病時帝幸玉華
宮詔玄齡居守聽臥治事稍棘召許肩輿入殿帝視流涕玄齡亦
感咽不自勝命尚醫臨候尚食供膳日奏起居狀少損即喜見于
色玄齡顧諸子曰今天下事無不得惟討高麗未止上含怒意決
羣臣莫敢諫吾而不言抱愧沒地矣遂上疏曰上古所不臣者陛
下皆臣之所不制者陛下皆制之矣為中國患無如突厥而大小
可汗相次束手弛辮握刀分典禁衛延陀鐵勒披置州縣高昌吐
渾偏師掃除惟高麗歷代逋命莫克窮討陛下責其弒逆身自將
六軍徑荒裔不旬日拔遼東虜獲數十萬殘衆孽君縮氣不敢息
可謂功倍前世矣易曰知進退存亡不失其正者其惟聖人乎蓋

進有退之義存有亡之機得有喪之理爲陛下惜者此也傳曰知足不辱知止不殆陛下威名功烈旣云足矣拓地開疆亦可止矣邊夷醜種不足待以仁義責以常禮古者以禽魚畜之必絕其類恐獸窮則搏苟救其死且陛下每決死罪必三覆五奏進疏食停音樂以人命之重爲感動也今士無一罪驅之行陣之間委之鋒鏑之下使肝腦塗地老父孤子寡妻慈母望轊車抱枯骨摧心掩泣其所以變動陰陽傷害和氣實天下之痛也使高麗違失臣節誅之可也侵擾百姓滅之可也能爲後世患夷之可也今無是三者而坐敝中國爲舊王雪恥新羅報仇非所存小所損大乎臣願下沛然之詔許高麗自新焚陵波之船罷應募之衆即臣死骨不朽帝得疏謂高陽公主曰是已危惙尚能憂吾國事乎疾甚帝命鑿苑垣以便候問親握手與決詔皇太子就省擢子遺愛右衛中郎將遺則朝散大夫令及見之薨年七十一贈太尉幷州都督諡曰文昭給班劍羽葆鼓吹絹布二千段粟二千斛陪葬昭陵高宗

詔配享太宗廟廷玄齡當國夙夜勤彊任公竭節不欲一物失所無媢忌聞人善若己有之明達吏治而緣飾以文雅議法處令務爲寬平不以己長望人取人不求備雖卑賤皆得盡所能或以事被譴必稽顙請罪畏惕視若無所容貞觀末年以譴還第黃門侍郎褚遂良言於帝曰玄齡事君自無所負不可以一眚便示斥外非天子任大臣意帝悟遽召于家後避位不出久之會帝幸芙蓉園觀風俗玄齡敕子弟汛掃廷唐曰乘輿且臨幸有頃帝果幸其第因載玄齡還宮帝在翠微宮以司農卿李緯爲民部尚書會有自京師來者帝曰玄齡聞緯爲尚書謂何曰惟稱緯好鬚無它語帝遽改太子詹事帝討遼玄齡守京師有男子上急變玄齡詰狀曰我乃告公玄齡驛遣追帝帝視奏已斬男子下詔責曰公何不自信其委任類如此治家有法度常恐諸子驕侈席勢凌人乃集古今家誡書爲屏風令各取一具曰留意於此足以保躬矣漢袁氏累葉忠節吾心所尚爾宜師之子遺直嗣次子遺愛誕率無學有武力尚高陽公主爲右衛將軍公主帝所愛故禮與它壻絕主驕蹇疾遺直任嫡遺直懼讓爵帝不許主稍失愛意怏怏與浮屠辯機亂帝怒斬浮屠殺奴婢數十人主怨望帝崩哭不哀高宗時出遺直汴州刺史遺愛房州刺史主又誣遺直罪帝敕長孫无忌鞫治乃得主與遺愛反狀遺愛伏誅主賜死遺直以先勳免貶銅陵尉詔停配享

杜如晦字克明京兆杜陵人祖果有名周隋間如晦少英爽喜書以風流自命內負大節臨機輒斷隋大業中預吏部選侍郎高孝基異之曰君當爲棟梁用願保令德因補滏陽尉棄官去高祖平京師秦王引爲府兵曹參軍徙陝州總管府長史時府屬多外遷王患之房玄齡曰去者雖多不足吝如晦王佐才也大王若終守藩無所事必欲經營四方捨如晦無共功者王驚曰非公言我幾失之因表留幕府從征伐常參帷幄機祕方多事裁處無留僚屬共才之莫見所涯進陝東道大行臺司勳郎中封建平縣男兼文

學館學士天策府建爲中郎王爲皇太子授左庶子遷兵部尚書進封蔡國公食三千戶別食益州千三百戶俄檢校侍中攝吏部尚書總監東宮兵進位尚書右僕射仍領選與玄齡共筦朝政引士賢者下不肖咸得職當時浩然歸重監察御史陳師合上拔士論謂一人不可總數職陰剴諷如晦等帝曰玄齡如晦不以勳舊進特其才可與治天下者師合欲以此離間吾君臣邪斥嶺表久之以疾辭職詔給常俸就第醫候之使道相屬會病力詔皇太子就問帝親至其家撫之梗塞及未亂擢其子左千牛構兼尚舍奉御薨年四十六帝哭爲慟贈開府儀同三司及葬加司空諡曰成手詔虞世南勒文于碑使言君臣痛悼意它日食瓜美輟其半奠焉嘗賜玄齡黃銀帶曰如晦與公同輔朕今獨見公泫然流涕曰世傳黃銀鬼神畏之更取金帶遣玄齡送其家後忽夢如晦若平生明日爲玄齡言之敕所御饌往祭明年之祥遣尚宮勞問妻子國府官佐亦不之罷恩禮無少衰後詔功臣世襲追贈密州刺史

徙國萊方爲相時天下新定臺閣制度憲物容典率二人討裁每
議事帝所玄齡必曰非如晦莫籌之及如晦至卒用玄齡策也蓋
如晦長於斷而玄齡善謀兩人深相知故能同心濟謀以佐佑帝
當世語良相必曰房杜云構位慈州刺史子荷性暴詭不循法
尚城陽公主官至尚乘奉御封襄陽郡公承乾謀反荷曰琅邪顏
利仁善星數言天有變宜建大事陛下當爲太上皇請稱疾上必
臨問可以得志及敗坐誅臨刑意象軒驁構以累貶死嶺表
如晦弟楚客少尚奇節與叔父淹皆沒於王世充淹與如晦有隙
譖其兄殺之并囚楚客瀕死世充平淹當誅楚客請于如晦不許
楚客曰叔殘兄今兄又棄叔門內幾盡豈不痛哉如晦感悟請之
高祖得釋方建成難作楚客逃舍嵩山貞觀四年召爲給事中太
宗曰君居山似之矣謂非宰相不起渠然邪夫走遠者自近人不
卹無官患才不副而兄與我異支一心者兩當如兄事吾而輔我
楚客頓首謝因擢爲中郎將每入直盡夕不釋仗帝知而勞之進

蒲州刺史政有能名徙瀛州後爲魏王府長史遷工部尚書攝府
事以威肅聞揣帝意薄承乾乃爲王請媚用事臣數言王聰睿可
爲嗣人或以聞帝隱恚及王貶爵暴其罪以如晦功免死廢于家
終虔化令
淹字執禮材辯多聞有美名隋開皇中與其友韋福嗣謀曰上好
用隱民蘇威以隱者召得美官乃共入太白山爲不仕者文帝惡
之謫戍江表赦還高孝基爲雍州司馬薦授承奉郎擢累御史中
丞王世充僭號署少吏部頗親近用事洛陽平不得調欲往事隱
太子時封倫領選以諗房玄齡玄齡恐失之白秦王引爲天策府兵
曹參軍文學館學士嘗侍宴賦詩尤工賜銀鍾慶州總管楊文幹
反辭連太子歸罪淹及王珪韋挺並流越嶲王知其誣餉黃金三
百兩及踐阼召爲御史大夫封安吉郡公食四百戶淹建言諸司
文桉稽期請以御史檢促太宗以問僕射封倫倫曰設官各以其
事治御史劾不法而索桉求疵是太苛且侵官淹嘿然帝曰何不

申執對曰倫所引國大體臣伏其議又何言帝悅以資博練帝敕
東宮儀典簿最悉聽淹裁訂俄檢校吏部尚書參豫朝政所薦贏
四十人後皆知名嘗白邽懷道可用帝問狀淹曰懷道及隋時位
吏部主事方煬帝幸江都羣臣迎阿獨懷道執不可帝曰卿時何
云曰臣與衆帝折曰事君有犯無隱卿直懷道者何不讜言謝曰
臣位下又顧諫不從徒死無益帝曰內以君不足諫尚何仕食隋
粟忘隋事忠乎因顧羣臣公等謂何王珪曰比干諫而死孔子稱
仁泄冶諫亦死則曰民之多辟無自立辟祿重責深從古則然帝
笑曰卿在隋不諫宜置世充親任胡不言對曰固嘗言不見用帝
曰世充復諫飾非卿若何而免淹辭窮不得對帝勉曰今任卿已
可有諫未答曰願死無隱貞觀二年疾帝爲臨問卒贈尚書右僕
射謚曰襄始淹典二職貴重於朝矣而亡清白名獲譏當世子敬
同襲爵官至鴻臚卿如晦五世孫元穎貞元末及進士第又擢宏
詞數從使府辟署稍以右補闕爲翰林學士敏文辭憲宗特所賞

歎吴元濟平論書詔勤遷司勳員外郎知制誥穆宗以元穎多識
朝章尤被寵拜中書舍人戶部侍郎爲學士承旨以本官同中書
門下平章事建安縣男自帝即位不閱歲至宰相搢紳駭異甫再
朞出爲劍南西川節度使同平章事帝爲御安福門臨餞敬宗驕
僻不君元穎每欲中帝意以固幸乃巧索珍異獻之踵相躡於道
百工造作無程斂取苛重至削軍食以助裒畜又給與不時戍人
寒飢乃仰足蠻徼於是人人咨苦反爲蠻內覘戎備不脩大和三
年南詔乘虛襲戎嶲等州諸屯聞賊至輒潰戍者爲鄉導遂入成
都已傅城元穎尚不知乃率左右嬰牙城以守賊大掠焚郛郭殘
之留數日去蜀之寶貨工巧子女盡矣初元穎計迫將挺身走會
救至乃止文宗遣使者臨撫南詔南詔上言蜀人祈我誅虐帥不
能克請陛下誅之以謝蜀人由是貶邵州刺史議者不猒斥爲循
州司馬官屬崔璜紇干泉盧并悉奪秩分逐之元穎死於貶所年
六十四將終表丐贈官乞歸葬詔贈湖州刺史元穎與李德裕善

會昌初德裕當國因赦令復其官弟元絳終太子賓客元絳子

審權

審權字殷衡第進士辟浙西幕府舉拔萃中爲右拾遺宣宗時入翰林爲學士累遷兵部侍郎學士承旨懿宗立進同中書門下平章事再遷門下侍郎出爲鎮海軍節度使同平章事龐勛亂徐州審權與令狐綯崔鉉連師掎角饋粟相銜王師賴濟勛破進檢校司空入爲尚書左僕射襄陽郡公繼領河中忠武節度使卒贈太子太師謚曰德審權清重寡言性長厚居翰林最久終不漏禁近語在方鎮視事有常處要非日入未始就內寢坐必斂衽常若對大賓客或晝日少息則顧直將解簾即旁無人自起徹鉤手擁簾徐下乃退與杜悰俱位將相悰先進故世謂審權爲小杜公

子讓能字羣懿擢進士第從宣武王鐸府爲推官以長安尉爲集賢校理喪母以孝聞又辟劉鄴牛蔚二府稍進兵部員外郎蕭遘領度支引判度支桉僖宗狩蜀奔謁行在三遷中書舍人召爲翰

林學士方關東兵興調發綏徠書詔叢結讓能思精敏凡號令行下處事值機無所遺筭帝倚重之從還京師再遷兵部尚書封建平縣子李克用兵至帝夜出鳳翔蒼黃無知者讓能方直徒步從十餘里得遺馬褫紳爲靮乘之朱玫兵逼乘輿帝走寶雞獨讓能從翌日孔緯等乃至俄而進狩梁是時棧道爲山南石君涉所毀天子間關嶮澀讓能未嘗暫去側帝勞曰朕失道再遷宗廟方艱難時卿不少捨朕蓋古所謂忠於所事邪讓能頓首曰臣世蒙國厚恩陛下不以臣不肖使扞牧圉臨難苟免臣之恥也帝大褒中擢兵部侍郎同中書門下平章事於時嗣襄王熅即僞位彊藩大鎮附者已十八貢賦不輸行在無以備賞勞衛兵往往乏食君臣搏手無它策讓能建遣大使入河中以諭王重榮重榮果奉詔已而京師平進中書侍郎從封襄陽郡公官吏多汙僞署有司皆欲論死讓能以脅從不足深治固爭之多所全貸昭宗立進尚書左僕射晉國公賜鐵券累進太尉李茂貞守鳳翔自大順後兵寖彊恃有功不奉法朝廷弱弗能制會楊復恭走山南茂貞欲兼有梁漢請以師問罪未報而兵出帝忿其專然不得已從之山南平詔茂貞領興元武定而以徐彥若爲鳳翔節度使分果閬州隸武定軍茂貞怨不赴鎮上章語悖慢又詒書讓能詆責以爲助守亮爲亂抑忠臣奪己功其言醜肆京師匈懼日數千人守闕下候中尉西門重遂出請與茂貞鳳翔地爲百姓計皆曰事出宰相我無預茂貞益怨帝怒詔讓能計議且趣調發經月不就第時宰相崔昭緯陰結茂貞及王行瑜讓能所言悉漏之茂貞乃以健兒數百雜市人候昭緯與鄭延昌歸第擁肩輿譟曰鳳翔無罪幸公不加討以震驚都輦昭緯曰上委杜太尉吾等何知市人不識孰爲太尉即投瓦石妄擊昭緯等走而免遂喪其印帝愈怒捕首惡誅之京師爭避亂逃山谷間讓能諫帝曰茂貞固宜誅然大盜適去鳳翔國西門又陛下新即位願少寬假以貞元故事姑息之不可使怨望帝曰今詔令不出城門國制橈弱賈生慟哭時也朕顧奄奄

度日坐觀此邪卿爲我圖之朕自以兵屬諸王讓能曰陛下欲削濟僭嫚剛主威隆王室此中外大臣所宜共成之不宜專任臣帝曰卿元輔休戚與我均何所避泣曰臣位宰相所以未乞骸骨者思有以報陛下敢計身乎且陛下之心憲祖心也但時有所未便它日臣蒙晁錯之誅顧不足弭七國患然敢不奉詔景福二年以嗣覃王爲招討使神策將李鐬副之率師三萬送彥若赴鎮昭緯內畏有功密語茂貞曰上不喜兵一出太尉茂貞乃悉兵迎戰盩厔覃王敗乘勝至三橋讓能曰臣固豫言之臣請歸死以紓難帝涕下不能已曰與卿決矣再貶雷州司戶參軍茂貞尚駐兵請必殺之乃賜死年五十三弟彥林官御史中丞弘徽戶部侍郎皆及誅帝痛之後贈太師子光乂次子曉不復仕曉入梁貴顯于世

贊曰太宗以上聖之才取孤隋攘羣盜天下已平用玄齡如晦輔政興大亂之餘紀綱彫弛而能興仆植僵使號令典刑粲然罔不完雖數百年猶蒙其功可謂名宰相然求所以致之之蹟逮不可

見何哉唐柳芳有言帝定禍亂而房杜不言功王魏善諫而房杜讓其直英衛善兵而房杜濟以文持衆美效之君是後新進更用事玄齡身處要地不吝權善始以終此其成令名者諒其然乎如晦雖任事日淺觀玄齡許與及帝所親款則謨謀果有大過人者方君臣明良志叶議從相資以成固千載之遇蕭曹之勛不足進焉雖然宰相所以代天者也輔贊彌縫而藏諸用使斯人由而不知非明哲曷臻是哉彼揚己取名瞭然使戶曉者蓋房杜之細邪

房杜列傳第二十一

端明殿學士兼翰林侍讀學士龍圖閣學士朝請大夫守尚書吏部侍郎充集賢殿修撰臣宋祁奉
敕撰

魏徵字玄成魏州曲城人少孤落魄棄貲產不營有大志通貫書術隋亂詭為道士武陽郡丞元寶藏舉兵應李密以徵典書檄密得寶藏書輒稱善既聞徵所為促召之徵進十策說密不能用王世充攻洛口徵見長史鄭頲曰魏公雖驟勝而驍將銳士死傷略盡又府無見財戰勝不賞此二者不可以戰若浚池峭壘曠日持久賊糧盡且去我追擊之取勝之道也頲曰老儒常語耳徵不謝去後從密來京師久之未知名自請安輯山東乃擢祕書丞馳馹至黎陽時李勣尚為密守徵與書曰始魏公起叛徒振臂大呼衆數十萬威之所被半天下然而一敗不振卒歸唐者固知天命有所歸也今君處必爭之地不早自圖則大事去矣勣得書遂定計歸而大發粟饋淮安王之軍會竇建德陷黎陽獲徵僞拜起居舍

人建德敗與裴矩走入關隱太子引為洗馬徵見秦王功高陰勸太子早為計太子敗王責謂曰爾閱吾兄弟奈何荅曰太子蚤從徵言不死今日之禍王器其直無恨意即位拜諫議大夫封鉅鹿縣男當是時河北州縣素事隱巢者不自安往往曹伏思亂徵白太宗曰不示至公禍不可解帝曰爾行安喻河北道遇太子千牛李志安齊王護軍李思行傳送京師徵與其副謀曰屬有詔宮府舊人普原之今復執送志安等誰不自疑者吾屬雖往人不信即貸而後聞使還帝悅日益親或引至卧內訪天下事徵亦自以不世遇乃展盡底蘊無所隱凡二百餘奏無不剴切當帝心者由是拜尚書右丞兼諫議大夫左右有毀徵阿黨親戚者帝使溫彥博按訊非是彥博曰徵為人臣不能著形迹遠嫌疑而被飛謗是宜責也帝謂彥博行讓徵徵見帝謝曰臣聞君臣同心是謂一體豈有置至公事形迹若上下共由茲路邦之興喪未可知也帝瞿然曰吾悟之矣徵頓首曰願陛下俾臣為良臣毋俾臣為忠臣帝曰

忠良異乎曰良臣稷契咎陶也忠臣龍逢比干也良臣身荷美名君都顯號子孫傳承流祚無疆忠臣己嬰禍誅君陷昏惡喪國夷家秖取空名此其異也帝曰善因問為君者何道而明何失而暗徵曰君所以明兼聽也所以暗偏信也堯舜氏闢四門明四目達四聰雖有共鯀不能塞也靖言庸違不能惑也秦二世隱藏其身以信趙高天下潰叛而不得聞梁武帝信朱异侯景向關而不得聞隋煬帝信虞世基賊徧天下而不得聞故曰君能兼聽則姦人不得壅蔽而下情通矣鄭仁基息女美而才皇后建請為充華典冊具或言許聘矣徵諫曰陛下處臺榭則欲民有棟宇食膏粱則欲民有飽適顧嬪御則欲民有室家今鄭已約昏陛下取之豈為人父母意帝痛自咎即詔停冊貞觀三年以祕書監參豫朝政高昌王麴文泰將入朝西域諸國欲因文泰悉遣使者奉獻帝詔文泰使人厭怛紇干迎之徵曰異時文泰入朝所過供擬不能具今又加諸國焉則瀕塞州縣以乏致罪者衆彼以商賈來則邊人為

之利若賓客之中國蕭然耗矣漢建武時西域請置都護送侍子光武不許不以蠻夷弊中國也帝曰善追止其詔於是帝即位四年歲斷死二十九幾至刑措米斗三錢先是帝嘗歎曰今大亂之後其難治乎徵曰大亂之易治譬飢人之易食也帝曰古不云善人為邦百年然後勝殘去殺邪荅曰此不為聖哲論也聖哲之治其應如響朞月而可蓋不其難封德彝曰不然三代之後澆詭日滋秦任法律漢雜霸道皆欲治不能非能治不欲徵書生好虛論徒亂國家不可聽徵曰五帝三王不易民以教行帝道而帝行王道而王顧所行何如爾黃帝逐蚩尤七十戰而勝其亂因致無為九黎害德顓頊征之已克而治桀為亂湯放之紂無道武王伐之湯武身及太平若人漸澆詭不復返朴今當為鬼為魅尚安得而化哉德彝不能對然心以為不可帝納之不疑至是天下大治蠻夷君長襲衣冠帶刀宿衛東薄海南踰嶺戶闔不閉行旅不齎糧取給於道帝謂羣臣曰此徵勸我行仁義既効矣惜不令封德彝

見之俄檢校侍中進爵郡公帝幸九成宮宮御舍圍川宮下僕射李靖侍中王珪繼至吏改館宮御以舍靖珪帝聞怒曰威福由是等邪何輕我宮人詔并按之徵曰靖珪皆陛下腹心大臣宮人止後宮掃除隸耳方大臣出官吏諮朝廷法式歸來陛下問人間疾苦夫官舍固靖等見官吏之所吏不可不謁也至宮人則不然供饋之餘無所參承以此按吏且駭天下耳目帝悟寢不問後宴丹霄樓酒中謂長孫无忌曰魏徵王珪事隱太子巢剌王時誠可惡我能棄怨用才無羞古人然徵每諫我不從我發言輒不即應何哉徵曰臣以事有不可故諫若不從輒應恐遂行之帝曰弟即應須別陳論顧不得徵曰昔舜戒羣臣爾無面從退有後言若面從可方別陳論此乃後言非稷卨所以事堯舜也帝大笑曰人言徵舉動疏慢我但見其嫵媚耳徵再拜曰陛下導臣使言所以敢然若不受臣敢數批逆鱗哉七年為侍中尚書省滯訟不決者詔徵平治徵不素習法但存大體處事以情人人悅服進左光祿大夫

鄭國公多病辭職帝曰公獨不見金在鑛何足貴邪善治鍛而為器人乃寶之朕方自比於金以卿為良匠而加礪焉卿雖疾未及衰庸得便爾徵懇請數却愈牢乃拜特進知門下省事詔朝章國典參議得失祿賜國官防閤並同職事文德皇后既葬帝即苑中作層觀以望昭陵引徵同升徵孰視曰臣眊昏不能見帝指示之徵曰此昭陵邪帝曰然徵曰臣以為陛下望獻陵若昭陵臣固見之帝泣為毀觀尋以定五禮當封一子縣男徵請封孤兄子叔慈帝愴然曰此可以勵俗即許之後幸洛陽次昭仁宮多所譴責徵曰隋惟責不獻食或供奉不精為此無限而至於亡故天命陛下代之正當兢懼戒約奈何令人悔為不奢若以為足今不啻足矣以為不足萬此寧有足邪帝驚曰非公不聞此言退又上疏曰書稱明德慎罰惟刑之卹禮曰為上易事為下易知則刑不煩上多疑則百姓惑下難知則君長勞夫上易事下易知君長不勞百姓不惑故君有一德臣無二心夫刑賞之本在乎勸善而懲惡帝

王所與天下畫一不以親疏貴賤而輕重者也今之刑賞或由喜怒或出好惡喜則矜刑於法中怒則求罪於律外好則鑽皮出羽惡則洗垢索瘢蓋刑濫則小人道長賞謬則君子道消小人之惡不懲君子之善不勸而望治安刑措非所聞也且暇豫而言皆敦尚孔老至於威怒則專法申韓故道德之旨未弘而鍥薄之風先搖昔州犁上下其手而楚法以敝張湯輕重其心而漢刑以謬況人主而自高下乎頃者罰人或以供張不贍或不能從欲皆非致治之急也夫貴不與驕期而驕自至富不與奢期而奢自至非徒語也且我之所代實在有隋以隋府藏況今之資儲以隋甲兵況今之士馬以隋戶口況今之百姓挈長度大曾何等級焉然隋以富彊而喪動之也我以貧寡而安靜之也靜之則安動之則亂人皆知之非隱而難見微而難察也不蹈平易之塗而遵覆車之轍何哉安不思危治不念亂存不慮亡也方隋未亂自謂必無亂未亡自謂必不亡所以甲兵亟動傜役不息以至戮辱而不悟滅亡之

所由也豈不哀哉夫監形之美惡必就止水監政之安危必取亡國詩曰殷鑒不遠在夏后之世臣願當今之動靜以隋為鑒則存亡治亂可得而知思所以危則安矣思所以亂則治矣思所以亡則存矣存亡之所在節嗜欲省游畋息靡麗罷不急慎偏聽近忠厚遠便佞而已夫守之則易得之實難今既得其所難豈不能保其所易保之不固驕奢淫泆有以動之也帝宴羣臣積翠池酣樂賦詩徵賦西漢其卒章曰終藉叔孫禮方知皇帝尊帝曰徵言未嘗不約我以禮它日從容問曰比政治若何徵見久承平帝意有所忽因對曰陛下貞觀之初導人使諫三年以後見諫者悅而從之比一二年勉彊受諫而終不平也帝驚曰公何物驗之對曰陛下初即位論元律師死孫伏伽諫以為法不當死陛下賜以蘭陵公主園直百萬或曰賞太厚荅曰朕即位未有諫者所以賞之此導人使諫也後柳雄妄訴隋資有司得劾其偽將論死戴胄奏罪當徒執之四五然後赦謂胄曰弟守法如此不畏濫罰此悅而

從諫也近皇甫德參上書言修洛陽宮勞人也收地租厚斂也俗尚高髻宮中所化也陛下恚曰是子使國家不役一人不收一租宮人無髮乃稱其意臣奏人臣上書不激切不能起人主意激切即近訕謗于時陛下雖從臣言賞帛罷之意終不平此難於受諫也帝悟曰非公無能道此者人苦不自覺耳先是帝作飛山宮徵上疏曰隋有天下三十餘年風行萬里威讋殊俗一旦舉而棄之彼煬帝者豈惡治安喜滅亡哉恃其富彊不虞後患也驅天下役萬物以自奉養子女玉帛是求宮宇臺榭是飾傜役無時干戈不休外示威重內行險忌讒邪者進忠正者退上下相蒙人不堪命以致殞匹夫之手爲天下笑聖哲乘機拯其危溺今宮觀臺榭盡居之矣奇珍異物盡收之矣姬姜淑媛盡侍於側矣四海九州盡爲臣妾矣若能鑒彼所以亡念我所以得焚寶衣毀廣殿安處卑宮德之上也若成功不廢即仍其舊除其不急德之次也不惟王業之艱難謂天命可恃因基增舊甘心侈靡使人不見德而勞役

是聞斯爲下矣以暴易暴與亂同道夫作事不法後無以觀人怨神怒則災害生災害生則禍亂作禍亂作而能以身名令終者鮮矣是歲大雨穀洛溢毀宮寺十九漂居人六百家徵陳事曰臣聞爲國基於德禮保於誠信誠信立則下無二情德禮形則遠者來格故德禮誠信國之大綱不可斯須廢也傳曰君使臣以禮臣事君以忠自古皆有死人無信不立又曰同言而信信在言前同令而行誠在令外然則言而不行言不信也令而不從令無誠也不信之言不誠之令君子弗爲也自王道休明縣十餘載倉廩愈積土地益廣然而道德不日博仁義不日厚何哉由待下之情未盡誠信雖有善始之勤而無克終之美故便佞之徒得肆其巧謂同心爲朋黨告訐爲至公彊直爲擅權忠讜爲誹謗謂之朋黨雖忠信可疑謂之至公雖矯僞無咎彊直者畏擅權而不得盡忠讜者慮誹謗而不敢與之爭熒惑視聽鬱於大道妨化損德無斯甚者今將致治則委之君子得失或訪諸小人是譽毀常在小人而

督責常加君子也夫中智之人豈無小惠然慮不及遠雖使竭力盡誠猶未免傾敗況內懷姦利承顏順旨乎故孔子曰君子而不仁者有矣未有小人而仁者然則君子不能無小惡惡不積無害於正小人時有小善善不積不足以忠今謂之善人矣復慮其不信何異立直木而疑其景之曲乎故上不信則無以使下下不信則無以事上信之爲義大矣昔齊桓公問管仲曰吾欲使酒腐於爵肉腐於俎得無害霸乎管仲曰此固非其善者然無害霸也公曰何如而害霸曰不能知人害霸也知而不能用害霸也用而不能任害霸也任而不能信害霸也既信而又使小人參之害霸也晉中行穆伯攻鼓經年而不能下餽間倫曰鼓之嗇夫間倫知之請無疲士大夫而鼓可得穆伯不應左右曰不折一戟不傷一卒而鼓可得君奚不爲穆伯曰間倫之爲人也佞而不仁若使間倫下之吾不可以不賞若賞之是賞佞人也佞人得志是使晉國捨仁而爲佞雖得鼓安用之夫穆伯列國大夫管仲霸者之佐猶能

愼於信任遠避佞人況陛下之上聖乎若欲令君子小人是非不雜必懷之以德待之以信厲之以義節之以禮然後善善而惡惡審罰而明賞無爲之化何遠之有善善而不能進惡惡而不能去罰不及有罪賞不加有功則危亡之期或未可保帝手詔嘉答於是廢明德宮玄圃院賜遭水者它日宴羣臣帝曰貞觀以前從我定天下間關草昧玄齡功也貞觀之後納忠諫正朕違爲國家長利徵而已雖古名臣亦何以加親解佩刀以賜二人帝嘗問羣臣徵與諸葛亮孰賢岑文本曰亮才兼將相非徵可比帝曰徵蹈履仁義以弼朕躬欲致之堯舜雖亮無以抗時上封者衆或不切事帝猒之欲加譴黜徵曰古者立謗木欲聞已過封事其謗木之遺乎陛下思聞得失當恣其所陳言而是乎爲朝廷之益非乎無損於政帝悅皆勞遣之十三年阿史那結社率作亂雲陽石然自冬至五月不雨徵上疏極言曰臣奉侍帷幄十餘年陛下許臣以仁義之道守而不失儉約朴素終始弗渝德音在耳不敢忘也頃年

以來寖不克終謹用條陳裨萬分一陛下在貞觀初清淨寡欲化
被荒外今萬里遣使市索駿馬幷訪怪珍昔漢文帝却千里馬晉
武帝焚雉頭裘陛下居常論議遠輩堯舜今所爲更欲處漢文晉
武下乎此不克終一漸也子貢問治人孔子曰懍乎若朽索之馭
六馬子貢曰何畏哉對曰不以道導之則吾讎也若何不畏陛下
在貞觀初護民之勞煦之如子不輕營爲頃旣奢肆思用人力乃
曰百姓無事則易驕勞役則易使自古未有百姓逸樂而致傾敗
者何有逆畏其驕而爲勞役哉此不克終二漸也陛下在貞觀初
役己以利物比來縱欲以勞人雖憂人之言不絕於口而樂身之
事實切諸心無慮營構輒曰弗爲此不便我身推之人情誰敢復
爭此不克終三漸也在貞觀初親君子斥小人比來輕褻小人禮
重君子重君子也恭而遠之輕小人也狎而近之近之莫見其非
遠之莫見其是莫見其是則不待間而疏莫見其非則有時而昵
昵小人疏君子而欲至治非所聞也此不克終四漸也在貞觀初

不貴異物不作無益而今難得之貨雜然並進玩好之作無時而
息上奢靡而望下朴素力役廣而冀農業興不可得已此不克終
五漸也貞觀之初求士如渴賢者所舉即信而任之取其所長常
恐不及比來由心好惡以衆賢舉而用以一人毀而棄雖積年任
而信或一朝疑而斥夫行有素履事有成迹一人之毀未必可信
積年之行不應頓虧陛下不察其原以爲臧否使讒佞得行守道
疏間此不克終六漸也在貞觀初高居深拱無田獵畢弋之好數
年之後志不克固鷹犬之貢遠及四夷晨出夕返馳騁爲樂變起
不測其及救乎此不克終七漸也在貞觀初遇下有禮羣情上達
今外官奏事顏色不接間因所短詰其細過雖有忠款而不得申
此不克終八漸也在貞觀初孜孜治道常若不足比恃功業之大
負聖智之明長傲縱欲無事興兵問罪遠裔親狎者阿旨不肯諫
疏遠者畏威不敢言積而不已所損非細此不克終九漸也貞觀
初頻年霜旱畿內戶口並就關外攜老扶幼來往數年卒無一戶

亡去此由陛下矜育撫寧故死不攜貳也比者疲於徭役關中之
人勞弊尤甚雜匠當下顧而不遣正兵番上復別驅任市物襁屬
於廛遞子背望於道脫有一穀不收百姓之心恐不能如前日之
帖泰此不克終十漸也夫禍福無門惟人之召人無釁焉妖不妄
作今旱熯之災遠被郡國凶醜之孽起於轂下此上天示戒乃陛
下恐懼憂勤之日也千載休期時難再得明主可爲而不爲臣所
以鬱結長歎者也疏奏帝曰朕今聞過矣願改之以終善道有違
此言當何施顏面與公相見哉方以所上疏列爲屏障庶朝夕見
之兼錄付史官使萬世知君臣之義因賜黃金十斤馬二匹高昌
平帝宴兩儀殿歎曰高昌若不失德豈至於亡然朕亦當自戒不
以小人之言而議君子庶幾獲安也徵曰昔齊桓公與管仲鮑叔
牙甯戚四人者飲桓公請叔牙曰盍起爲寡人壽叔牙奉觴而起
曰願公無忘在莒時使管仲無忘束縛於魯時使甯戚無忘飯牛
車下時桓公避席而謝曰寡人與二大夫能無忘夫子之言則社

稷不危矣帝曰朕不敢忘布衣時公不得忘叔牙之爲人也帝遣
使者至西域立葉護可汗未還又遣使齎金帛諸國市馬徵曰今
立可汗未定即詣諸國市馬彼必以爲意在馬不在立可汗可汗
得立必不懷恩諸蕃聞之以中國薄義重利未必得馬而先失義
矣魏文帝欲求市西域大珠蘇則以爲惠及四海則不求自至求
而得之不足貴也陛下可不畏蘇則言乎帝遂止是後右僕射缺
欲用徵徵讓得不拜皇太子承乾與魏王泰交惡帝曰當今忠謇
貴重無踰徵我遣傅皇太子一天下之望羽翼固矣即拜太子太
師徵以疾辭詔荅曰漢太子以四皓爲助我賴公其義也公雖臥
可擁全之十七年疾甚徵家初無正寢帝命輟小殿材爲營構五
日畢并賜素褥布被以從其尚令中郎將宿其第動靜輒以聞藥
膳賜遺無筭中使者綴道帝親問疾屏左右語終日乃還後復與
太子至徵第徵加朝服拖帶帝悲懣拊之流涕問所欲對曰嫠不
恤緯而憂宗周之亡帝將以衡山公主降其子叔玉時主亦從帝

曰公彊視新婦徵不能謝是夕帝夢徵若平生及旦薨帝臨哭爲之慟罷朝五日太子舉哀西華堂詔內外百官朝集使皆赴喪贈司空相州都督謚曰文貞給羽葆鼓吹班劒四十人陪葬昭陵將葬其妻裴辭曰徵素儉約今假一品禮儀物褒大非徵志見許乃用素車白布幨帷無塗車芻靈帝登苑西樓望哭盡哀晉王奉詔致祭帝作文于碑遂書之又賜家封戶九百帝後臨朝歎曰以銅爲鑑可正衣冠以古爲鑑可知興替以人爲鑑可明得失朕嘗保此三鑑內防己過今魏徵逝一鑑亡矣朕比使人至其家得書一紙始半藁其可識者曰天下之事有善有惡任善人則國安用惡人則國弊公卿之內情有愛憎憎者惟見其惡愛者止見其善愛憎之間所宜詳愼若愛而知其惡憎而知其善去邪勿疑任賢勿猜可以興矣其大略如此朕顧思之恐不免斯過公卿侍臣可書之於笏知而必諫也徵狀貌不逾中人有志膽每犯顏進諫雖逢帝甚怒神色不徙而天子亦爲霽威議者謂賁育不能過嘗

上冢還奏曰向聞陛下有關南之行既辦而止何也帝曰畏卿遂停耳始喪亂後典章湮散徵奏引諸儒校集秘書國家圖籍粲然完整嘗以小戴禮綜彙不倫更作類禮二十篇數年而成帝美其書錄寘內府帝本以兵定天下雖已治不忘經略四夷也故徵侍宴奏破陣武德舞則俛首不顧至慶善樂則諦玩無斁舉有所諷切如此徵亡帝思不已登凌煙閣觀畫像賦詩悼痛聞者媢之毀短百爲徵嘗薦杜正倫侯君集才任宰相及正倫以罪黜君集坐逆誅纖人遂指爲阿黨又言徵嘗錄前後諫爭語示史官褚遂良帝滋不悅乃停叔玉昏而仆所爲碑顧其家衰矣遼東之役高麗靺鞨犯陣李勣等力戰破之軍還悵然曰魏徵若在吾有此行邪即召其家到行在賜勞妻子以少牢祠其墓復立碑恩禮加焉四子叔玉叔琬叔璘叔瑜叔玉襲爵爲光祿少卿神龍初以其子膺紹封叔璘禮部侍郎武后時爲酷吏所殺叔瑜豫州刺史善草隸以筆意傳其子華及甥薛稷世稱善書者前有虞褚後有薛魏華爲檢校太子左庶子武陽縣男開元中寢堂火子孫哭三日詔百官赴弔徵五世孫謩

謩字申之擢進士第同州刺史楊汝士辟爲長春宮巡官文宗讀貞觀政要思徵賢詔訪其後汝士薦爲右拾遺謩姿宇魁秀帝異之邕管經略使董昌齡誣殺參軍衡方厚貶溆州司戶俄徙峽州刺史謩諫曰王者赦有罪唯故無赦比昌齡專殺不辜事跡暴章家人銜冤萬里投訴獄窮罪得特被矜貸中外以爲屈法今又授刺史復使治人柰憲章乖至治不見其可有詔改洪州別駕御史中丞李孝本宗室子坐李訓事誅死其二女没入宮謩上言陛下即位不悅聲色于今十年未始採擇數月以來稍意聲伎教坊閱選百十未已莊宅收市亹亹有聞今又取孝本女內之後宮宗姓不育寵幸爲累傷治道之本速塵穢之嫌諺曰止寒莫若重裘止謗莫若自修惟陛下崇千載之盛德去一旦之玩好帝即出孝本女詔曰乃祖在貞觀時指事直言無所避每覽國史朕與嘉之謩

爲拾遺屢有獻納夫備灑埽於內非曰聲妓恤宗女之幼不爲漁取然疑似之間不可戶曉謩辭深切其惜我之失不亦至乎謩雖居位日淺朕何愛一官增直臣之氣其以謩爲右補闕先是帝謂宰相曰太宗得徵參裨闕失朕今得謩又能極諫朕不敢仰希貞觀庶幾無過之地教坊有工善爲新聲者詔授揚州司馬議者頗言司馬品高郎官刺史迭處不可以授賤工帝意右之宰相諭諫官勿復言謩獨固諫不可工降潤州司馬荊南監軍呂令琛縱傔卒辱江陵令觀察使韋長避不發移內樞密使言狀謩劾長任察廉知監軍侵屈官司不以上聞私白近臣亂法度請明其罰不報俄爲起居舍人帝問卿家書詔頗有存者乎謩對惟故笏在詔令上送鄭覃曰在人不在笏帝曰覃不識朕意此笏乃今甘棠帝因敕謩曰事有不當毋嫌論奏謩對臣頃爲諫臣故得有所陳今則記言動不敢侵官帝曰兩省屬皆可議朝廷事而毋辭也帝索起居注謩奏古置左右史書得失以存鑒戒陛下所爲善無畏不

書不善天下之人亦有以記之帝曰不然我旣嘗觀之謩曰向者取觀史氏爲失職陛下一見則後來所書必有諱屈善惡不實不可以爲史且後代何信哉乃止中尉仇士良捕妖民賀蘭進興及黨與治軍中反狀具帝自臨問詔命斬囚以徇御史中丞高元裕建言獄當與衆共之刑部大理法官也決大獄不與知律令謂何請歸有司未報謩上言事繫軍卽推軍中如齊民宜付府縣今獄不在有司法有輕重何從而知帝停決詔神策軍以官兵留仗內餘付御史臺臺憚士良不敢異卒皆誅死擢諫議大夫兼起居舍人弘文館直學士謩固讓不見可乃拜始謩之進李珏楊嗣復實推引之武宗立謩坐二人黨出爲汾州刺史俄貶信州長史宣宗嗣位移郢商二州刺史召授給事中遷御史中丞發駙馬都尉杜中立藏賦權戚縮氣俄兼戶部侍郎事謩奏中丞紀綱所寄不宜雜領錢穀乃專治戶部詔可頃之進同中書門下平章事建言今天下粗治惟東宮未立不早以正人傅導之非所以存副貳之重

且泣下帝爲感動自敬宗後惡言儲嫡事故公卿無敢開陳者時帝春秋高嫡嗣未辨謩輔政白發其端朝議歸重會詹吡國獻象謩以爲非土性不可畜請還其獻詔可河東節度使李業縱降虜邊部震擾業內恃憑藉人無敢言者謩奏徙滑州遷中書侍郎大理卿馬曙有犀鎧數十首懼而瘞之奴王慶以怨告曙藏甲有異謀按之無它狀投曙嶺外慶免議者謂奴訴主法不聽謩引律固爭卒論慶死累遷門下侍郎兼戶部尚書大中十年以平章事領劍南西川節度使上疾求代召拜吏部尚書用久疾檢校尚書右僕射太子少保卒年六十六贈司徒謩爲宰相議事天子前它相或委抑規諷惟謩讜切無所回畏宣宗嘗曰謩名臣孫有祖風朕心憚之然卒以剛正爲令狐綯所忌讒罷之

贊曰君臣之際顧不難哉以徵之忠而太宗之睿身殁未幾猜譖遽行始徵之諫累數十餘萬言至君子小人未嘗不反復爲帝言之以佞邪之亂忠也久猶不免故曰皓皓者易汙嶢嶢者難全自古所歎云唐柳芳稱徵死知不知莫不恨惜以爲三代遺直諒哉謩之論議挺挺有祖風烈詩所謂是以似之者歟

魏徵列傳第二十二

王薛馬韋列傳第二十三　唐書九十八

宋　祁　奉　敕　撰

王珪字叔玠祖僧辯梁太尉尚書令父顗北齊樂陵郡太守世居郿性沈澹志量隱正恬於所遇交不苟合隋開皇十三年召入秘書内省讎定群書爲太常治禮郎季父頍通儒有鑒裁尤所器許頍坐漢王諒反誅珪亡命南山十餘年高祖入關李綱薦署世子府諮議參軍事建成爲皇太子授中舍人遷中允禮遇良厚太子與秦王有隙帝責珪不能輔導流巂州太子已誅太宗召爲諫議大夫帝嘗曰正主御邪臣不可以致治正臣事邪主亦不可以致治唯君臣同德則海内安朕雖不明幸諸公數相諫正庶致天下於平珪進曰古者天子有争臣七人諫不用則相繼以死今陛下開聖德收采芻言臣願竭狂瞽佐萬分一帝可乃詔諫官隨中書門下及三品官入閤珪推誠納善每存規益帝益任之封永寧縣男黄門侍郎進侍中它日進見有美人侍帝側本廬江王瑗姬也帝指之曰廬江不道賊其夫而納其室何有不亡乎珪避席曰陛下以廬江爲是邪非邪帝曰殺人而取妻乃問朕是非何也對曰臣聞齊桓公之郭問父老曰郭何故亡曰以其善善而惡惡也公曰若子之言乃賢君也何至於亡父老曰不然郭君善善不能用惡惡不能去所

以亡今陛下知廬江之亡其姬尚在竊謂陛下以爲是審知其非所謂知惡而不去也帝嗟美其言帝使太常少卿祖孝孫以樂律授宮中音家伎不進數被讓珪與温彥博同進曰孝孫脩謹士陛下使教女樂又責譙之天下其以士爲輕乎帝怒曰卿皆我腹心乃附下罔上爲人游說邪彥博懼謝罪珪不謝曰臣本事前宮罪當死陛下矜其性命引置樞密責以忠効今疑臣以私是陛下負臣臣不負陛下帝默然慙遂罷明日語房玄齡曰昔武王不用夷齊宣王殺杜伯自古帝王納諫固難矣朕夙夜庶幾于前聖昨責珪等痛自悔公等勿懲是不進諫也時珪與玄齡李靖温彥博戴冑魏徵同輔政帝以珪善人物且知言因謂曰卿標鑒通晤爲朕言玄齡等材且自謂孰與諸子賢對曰孜孜奉國知無不爲臣不如玄齡兼資文武出將入相臣不如靖敷奏詳明出納惟允臣不如彥博濟繁治劇衆務必舉臣不如冑以諫諍爲心恥君不及堯舜臣不如徵至激濁揚清疾惡好善臣於數子有一日之長帝稱善而玄齡等亦以爲盡己所長謂之確論進封郡公坐漏禁近語左除同州刺史帝念名臣俄召拜禮部尚書兼魏王泰師王見之爲先拜珪亦以師自居王問珪何以爲忠孝珪曰陛下王之君事思盡忠陛下王之父事思盡孝忠孝可以立身可以成名王曰忠孝既聞命矣願聞所習珪曰漢東平

王蒼稱爲善最樂願王志之帝聞喜曰兒可以無過矣子敬直尚南平公主是時諸主下嫁以帝女貴未嘗行見舅姑禮珪曰主上循法度吾當受公主謁見豈爲身榮將以成國家之美於是與夫人坐堂上主執笄盥饋乃退其後公主降有舅姑者備禮本於珪十三年病帝遣公主就第省視復遣民部尚書唐儉增損藥膳卒年六十九帝素服哭別次詔魏王率百官臨哭贈吏部尚書謚曰懿珪少孤且貧人或饋遺初無讓及貴厚報之雖已亡必酬贍其家性不苟察臨官務舉綱維去甚不可者至僕妾亦不見喜慍奉寡嫂家事咨而後行教撫孤姪雖其子不過也宗族匱乏周卹之薄於自奉獨不作家廟四時祭于寢爲有司所劾帝爲立廟媿之不罪也世以珪儉不中禮少之始隱居時與房玄齡杜如晦善母李嘗曰而必貴然未知所與游者何如人而試與偕來會玄齡等過其家李闚大驚敕具酒食歡盡日喜曰二客公輔才汝貴不疑敬直封南城縣男後坐交皇太子承乾徙嶺外珪孫燾旭燾性至孝爲徐州司馬母有疾彌年不廢帶視絮湯劑數從高醫游遂窮其術因以所學作書號外臺秘要討繹精明世寶焉歷給事中鄴郡太守治聞於時旭見酷吏傳

薛收字伯褒蒲州汾陰人隋内史侍郎道衡子也出繼從父孺年十二能屬

文以父不得死於隋不肯仕郡舉秀才不應聞高祖興遁入首陽山將應義舉通守堯君素覺之迹置其母城中收不得去及君素東連王世充遂挺身歸國房玄齡亟言之秦王王召見問方略所對合旨授府主簿判陝東大行臺金部郎中是時方討世充軍事繁綜收爲書檄露布或馬上占辭該敏如素構初不竄定竇建德來援諸將爭言斂軍以觀賊形勢收獨曰不然世充據東都府庫盈衍其兵皆江淮選卒正苦乏食爾是以求戰不得爲我所持今建德身總衆以來必飛輓轉糧更相資哺兩賊連固則伊洛間勝負未可歲月定也不若勒諸將嚴兵綿壘浚其溝防戒毋出兵大王親督精鋭據成皋厲兵按甲邀建德路彼以疲老當吾堂堂之鋒一戰必舉不旬日二賊可縛致麾下矣王曰善遂禽建德降世充王入觀隋宮室且嘆煬帝無道殫人力以事奢侈收進曰峻宇彫牆殷辛以亡土階茅茨唐堯以昌始皇興阿房而秦禍速文帝罷露臺而漢祚永後主曾不是察奢虐是矜死一夫之手爲後世笑何此之能保哉王重其言俄授天策府記室參軍從平劉黑闥封汾陰縣男嘗上書諫王止畋獵王答曰覽所陳知成我者卿也明珠兼乘未若一言今賜黄金四十挺武德七年寢疾王遣使臨問相望於道命輿疾至府親舉袂撫之論叙生平感激涕泗卒年三十三王哭之慟與其從兄子元敬

書曰吾與伯褒共軍旅間何嘗不驅馳經略款曲襟抱豈期一朝成千古也
且家素貧而子幼善撫安之以慰吾懷因遣使弔祭贈帛三百段其後圖學
士像歎其早死不得與既即位語房玄齡曰收若在朕當以中書令處之又
嘗夢收如平生賜其家粟帛貞觀七年贈鄭州刺史永徽中又贈太常卿陪
葬昭陵

子元超九歲襲爵及長好學善屬文尚巢王女和靜縣主累授太子舍人高
宗即位遷給事中數上書陳當世得失帝嘉納轉中書舍人弘文館學士省
中有盤石道衡為侍郎時常據以草制元超每見輒泫然流涕以母喪解奪
服授黃門侍郎檢校太子左庶子所薦豪俊士若任希古高智周郭正一王
義方孟利貞鄭祖玄鄧玄挺崔融等皆以才自名於時累拜東臺侍郎李義
府流巂州舊制流人不得乘馬元超為請坐貶簡州刺史歲餘又坐與上官
儀文章款密流巂州上元初赦還拜正諫大夫三年遷中書侍郎同中書門
下三品帝校獵溫泉諸蕃酋長得持弓矢從元超奏夷狄野心而使挾兵在
圍中非所宜帝納可嘗宴諸王召元超與從容謂曰任卿中書寧藉多人哉
俄拜中書令兼左庶子帝幸東都留輔太子監國手敕曰朕留卿若失一臂顧
太子未習庶務關中事卿悉專之時太子射獵詔得入禁籞故太子稍怠政
事元超諫曰內苑之地繚叢薄冒巖壑會絕磴險塗毀下截輕禽逐狡兔銜
橜之變詎無可虞又戶奴多反逆餘族或夷狄遺醜使究其謀竊發將何以禦
哉夫為人子者不登高不臨深謂其近危辱也天皇所賜書戒丁寧惟殿下
罷馳射之勞留情墳典豈不美歟帝知之遣使厚賜慰其意召太子還東都
帝疾劇政出武后因陽瘖乞骸骨加金紫光祿大夫卒年六十二贈光祿大
夫秦州都督陪葬乾陵子曜聖曆中附會張易之官正諫大夫

元敬隋選部郎邁之子與收及族兄德音齊名世稱河東三鳳收為長離德
音為鸑鷟元敬年最少為鵷鶵武德中為祕書郎天策府兵曹直記室文
學館學士時收與房杜處心腹之寄更相結附元敬謹畏未嘗申款曲如
晦嘆曰小記室不可得而親不可得而疏秦王為皇太子除舍人於是軍國
之務總於東宮而元敬掌文翰號稱職卒于官

稷字嗣通道衡曾孫擢進士第累遷禮部郎中中書舍人與從祖兄曜更踐
兩省俱以辭章自名景龍末為諫議大夫昭文館學士初貞觀永徽間虞世
南褚遂良以書顓家後莫能繼稷外祖魏徵家多藏虞褚書故銳精臨倣結
體遒麗遂以書名天下畫又絕品睿宗在藩雅愛之以其子伯陽尚仙源公主
及踐阼遷太常少卿封晉國公實封三百戶會鍾紹京為中書令稷諷使讓

因入言於帝曰紹京本胥史無素才望今特以勳進師長百僚恐非朝廷具
瞻之美帝然之遂許紹京讓改戶部尚書翌日遷稷黃門侍郎參知機務與
崔日用數爭事帝前罷為左散騎常侍歷太子少保禮部尚書帝以翊贊功
每召入宮中與決事恩絕群臣竇懷貞誅稷以知本謀賜死萬年獄年六十
五伯陽為駙馬都尉安邑郡公別食實封四百戶稷死坐貶晉州員外別駕
又流嶺表自殺伯陽子談尚玄宗女常山公主拜駙馬都尉光祿員外卿

馬周字賓王博州茌平人少孤家窶狹嗜學善詩春秋資曠邁鄉人以無
細謹薄之武德中補州助教不治事刺史達奚恕數咎讓周乃去客密州趙
仁本高其才厚以裝使入關留客汴為浚儀令崔賢所辱遂感激而西舍新
豐逆旅主人不之顧周命酒一斗八升悠然獨酌衆異之至長安舍中郎將
常何家貞觀五年詔百官言得失何武人不涉學周為條二十餘事皆當世
所切太宗怪問何何曰此非臣所能家客馬周教臣言之客忠孝人也帝即
召之間未至遣使者四輩敦趣及謁見與語帝大悅詔直門下省明年拜監
察御史奉使稱職帝以何得人賜帛三百段周上疏曰臣每讀前史見賢者
忠孝事未嘗不廢卷長想思履其迹臣不幸早失父母犬馬之養已無所施
顧來事可為者惟忠義而已是以徒步二千里歸于陛下陛下不以臣愚擢
臣不次竊自惟念無以論報輒竭區區惟陛下所擇臣伏見大安宮在宮城
右牆宇門闕方紫極為卑小東宮皇太子居之而在內大安至尊居之反在
外太上皇雖志清儉愛惜人力陛下不敢違而蕃夷朝見四方觀聽有不足
焉臣願營雉堞門觀務從高顯以稱萬方之望則大孝昭矣臣伏讀明詔以
二月幸九成宮竊惟太上皇春秋高陛下宜朝夕視膳今所幸宮去京三百
里而遠非能旦發暮至也萬有一太上皇思感欲即見陛下何以逮之今茲
本為避暑行也太上皇留熱處而陛下走涼處溫凊之道臣所未安然詔書
既下業不中止願示還期以開衆惑臣伏見詔宗室功臣悉就藩國遂貽子
孫世守其政竊惟陛下之意誠愛之重之欲其裔緒承守與國無疆也臣謂
必如詔書者陛下宜思所以安存之富貴之何必使世官也且堯舜之父有
朱均之子若令有不肖子襲封嗣職兆庶被殃國家蒙患正欲絕之則子文
之治猶在也正欲存之則欒黶之惡已暴也必曰與其毒害於見存之人寧
割恩於已亡之臣則向所謂愛之重之者適所以傷之也臣謂宜賦以茅土
疇以戶邑必有材行隨器而授雖幹翮非彊亦可以免累漢光武不任功臣
以吏事所以終全其世者良得其術也願陛下深思其事使得奉大恩而子
孫終其福祿也臣聞聖人之化天下莫不以孝為本故曰孝莫大於嚴父嚴

父莫大於配天國之大事在祀與戎孔子亦言吾不與祭如不祭是聖人之
重祭祀也自陛下踐祚宗廟之享未嘗親事竊惟聖情以乘輿一出所費
無藝故忍孝思以便百姓而一代史官不書皇帝入廟將何以貽厥孫謀示
來葉邪臣知大孝誠不在俎豆之間然聖人訓人必以己先之示不忘本也
臣聞致化之道在求賢審官孔子曰惟名與器不可以假人是言慎舉之爲
重也臣伏見王長通白明達本樂工輿皁雜類韋槃提斛斯正無他材獨
解調馬雖術踰等夷可厚賜金帛以富其家今超授高爵與外廷朝會騶暨
倡子鳴玉曳履臣竊恥之若朝命不可追改尚宜不使在列與士大夫爲伍
帝善其言除侍御史又言臣歷觀夏商周漢之有天下傳祚相繼多者八百
餘年少者猶四五百年皆積德累業恩結於人豈無僻王賴先哲以免自魏
晉逮周隋多者五六十年少者三二十年而亡良由創業之君不務仁化當
時僅能自守後無遺德可思故傳嗣之主其政少衰一夫大呼天下土崩矣
今陛下雖以大功定天下而積德日淺固當隆禹湯文武之道使恩有餘地
爲子孫立万世之基豈特持當年而已然自古明王聖主雖因人設教而大
要節儉於身恩加於人故其下愛之如父母仰之如日月畏之如雷霆卜祚
遐長而禍亂不作也今百姓承喪亂之後比於隋時纔十分一而徭役相望

兄去弟還往來遠者五六千里春秋冬夏略無休時陛下雖詔減省而有司
不得廢作徒行文書役之如故四五年來百姓頗嗟怨以爲陛下不存養之
堯之茅茨土階禹之惡衣菲食臣知不可復行於今漢文帝惜百金之費而
罷露臺集上書囊以爲殿帷所幸慎夫人衣不曳地景帝亦以錦繡纂組妨
害女功特詔除之所以百姓安樂至孝武帝雖窮奢極侈承文景遺德故人
心不摇向使高祖之後即值武帝天下必不能全此時代差近事迹可見今
京師及益州諸處營造供奉器物并諸王妃主服飾皆過靡麗臣聞昧旦丕
顯後世猶怠作法於治其弊猶亂陛下少處人間知百姓辛苦前代成敗目
所親見尚猶如此而皇太子生長深宮不更外事即万歲後聖慮之所當憂
也臣竊尋自古黎庶怨叛聚爲盜賊其國無不即滅人主雖悔未有重能安
全者凡脩政教當脩之於可脩之時若事變一起而後悔之無益也故人主
每見前代之亡則知其政教之所由喪而不知其身之失故紂笑桀之亡而
幽厲笑紂之亡隋煬帝又笑齊魏之失國也今之視煬帝猶煬帝之視齊魏
也往貞觀初率土霜儉一匹絹纔易斗米而天下帖然者百姓知陛下憂憐
之故人人自安無謗讟也五六年來頻歲豐稔一匹絹易粟十餘斛而百姓
咸怨以爲陛下不憂憐之何則今營爲者多不急之務故也自古以來國之

興亡不由積畜多少在百姓苦樂也且以近事驗之隋貯洛口倉而李密因
之積布帛東都而王世充據之西京府庫亦爲國家之用向使洛口東都無
粟帛王世充李密未能必聚大衆但貯積者固有國之常要當人有餘力而
後收之豈人勞而強斂之以資寇邪夫儉以息人貞觀初陛下已躬爲之今
行之不難也爲之一日則天下知之式歌且舞矣若人既勞而用之不息万
一中國水旱而邊方有風塵之警狂狡竊發非徒旰食晏寢而已古語云動
人以行不以言應天以實不以文以陛下之明誠欲厲精爲政不煩遠采上
古但及貞觀初則天下幸甚昔賈誼謂漢文帝云可痛哭及長歎息者言當
韓信王楚彭越王梁英布王淮南之時使文帝即天子位必不能安又言賴
諸王年少傅相制之長大之後必生禍亂後世皆以誼言爲是臣竊觀今諸
將功臣陛下所與定天下無威略振主如韓彭者而諸王年並幼少縱其長
大陛下之日必無他心然則万代之後不可不慮漢晉以來亂天下者何嘗
不在諸王皆由樹置失宜不豫爲節制以至滅亡人主豈不知其然溺於私
愛爾故前車既覆而後車不改轍也今天下百姓尚少而諸王已多其寵遇
過厚者臣愚慮之非特恃恩驕矜也昔魏武帝寵陳思王文帝即位防守禁
閉同獄囚焉何則先帝加恩太多故嗣王疑而畏之也此武帝寵陳思王適

所以苦之也且帝子身食大國何患不富而歲別優賜曾無限極里語曰貧
不學儉富不學奢言自然也今大聖創業豈唯處置見子弟而已當制長久
之法使万代奉行臣聞天下者以人爲本必也使百姓安樂在刺史縣令爾
縣令既衆不可皆賢但州得良刺史可矣天下刺史得人陛下端拱巖廊之
上夫復何爲古者郡守縣令皆選賢德欲有所用必先試以臨人或由二千
石高第入爲宰相今獨重内官縣令刺史頗輕其選又刺史多武夫勳人或
京官不稱職始出補外折衝果毅身力彊者入爲中郎將其次乃補邊州而
以德行才術擢者十不能一所以百姓未安殆在于此疏奏帝稱善擢拜給
事中轉中書舍人周善敷奏機辯明銳動中事會裁處周密時譽歸之帝每
曰我暫不見周即思之岑文本謂所親曰馬君論事會文切理無一言可損
益聽之纚纚令人忘倦蘇張終賈正應此耳然鳶肩火色騰上必速恐不能
久俄遷治書侍御史兼知諫議大夫檢校晉王府長史王爲皇太子拜中書
侍郎兼太子右庶子十八年遷中書令猶兼庶子時置太子司議郎帝高其
除周歎曰恨吾資品妄高不得歷此官帝征遼留輔太子定州及還攝吏部
尚書進銀青光祿大夫帝嘗以飛白書賜周曰鸞鳳沖霄必假羽翼股肱之
寄要在忠力周病消渴連年帝幸翠微宮求勝地爲構第每詔尚食具膳上

醫使者視護躬為調藥太子問疾疾甚周取所上章奏悉焚之曰管晏暴君之過取身後名吾不為也二十二年卒年四十八贈幽州都督陪葬昭陵初帝遇周厚周頗自負為御史時遣人以圖購宅衆以其興書生素無貲皆竊笑它日白有佳宅直二百萬周遽以聞詔有司給直并賜奴婢什物由是人乃悟周每行郡縣食必進雞小吏訟之帝曰我禁御史食肉恐州縣廣費食雞尚何與榜吏斥之及領選猶廢後儀令先是京師晨暮傳呼以警衆後置鼓代之俗曰鼕鼕鼓品官舊服止黃紫於是三品服紫四品五品朱六品七品綠八品九品青城門入由左出由右飛驛以達警急納居人地租宿衛大小番直截驛馬尾城門衛舍守捉士月散配諸縣各取一以防其過皆周建白自周亡帝思之甚將假方士術求見其儀形高宗即位追贈尚書右僕射高唐縣公垂拱中配享高宗廟庭子載咸亨中為司列少常伯與裴行儉分掌選事言吏部者稱裴馬焉終雍州長史

贊曰周之遇太宗顧不異哉由一介草茅言天下事若素宦于朝明習憲章者非王佐才疇以及茲其自視與築巖釣渭亦何以異迹夫帝銳于立事而周所建皆切一時以明佐聖故君宰間不膠漆而固恨相得晚宜矣然周才不逮傅說呂望使後世未有述焉惜乎

韋挺京兆萬年人父冲仕隋為民部尚書挺少與隱太子善高祖平京師署隴西公府祭酒累遷太子左衛驃騎檢校左衛率太子遇之厚宮臣無與比武德七年帝避暑仁智宮或言太子與宮臣謀逆又慶州刺史楊文幹坐大逆誅辭連東宮帝專責宮臣由是挺與杜淹王珪等皆流越巂未幾召拜主爵郎中貞觀初王珪數薦之遷尚書右丞歷吏部黃門侍郎拜御史大夫扶陽縣男太宗謂挺曰卿之任大夫獨朕意左右無為卿地者挺曰臣駑下不足以辱高位且非勳非舊而在藩邸故僚上願後臣以勸立功者不聽是時承隋大亂風俗薄惡人不知教挺上疏曰父母之恩昊天罔極創巨之痛終身何已今衣冠士族辰日不哭謂為重喪親賓來弔輒不臨舉又閭里細人每有重喪不即發問先造邑社待營辦具乃始發哀至假車乘雇棺槨以榮送葬既葬鄰伍會集相與酣醉名曰出孝夫婦之道王化所基故有三日不息燭不舉樂之感今昏嫁之初雜奏絲竹以窮宴歡官司習俗弗為條禁望一切懲革申明禮憲俄復為黃門侍郎兼魏王泰府事時泰有寵太子多過失帝密欲廢立語杜正倫正倫以漏言貶帝謂挺曰不忍復置卿于法改太常卿初挺為大夫時馬周為監察御史挺不甚禮及周為中書令帝欲湔拭用之周言挺佷于自用非宰相器遂止帝將討遼東擇主餽運者周言挺才任麤使帝謂然挺父故為營州揔管有經略高麗故札藏家挺上之帝悅曰自幽距遼二千里無州縣吾軍靡所仰食卿為朕圖之苟吾軍用不乏是公之功其自擇文武官四品十人為子使取幽易平三州銳士若馬各二百以從即詔河北列州皆取挺節度許以便宜帝親解貂裘及中廄馬賜之挺遣燕州司馬王安德行渠作漕艫轉糧自桑乾水抵盧思臺行八百里渠塞不可通挺以方苦寒未可進遂下米臺側倉之待凍泮乃運以為解即上言度王師至食且足帝不悅曰兵尚拙速無工遲我明年師出挺乃度它歲運何哉即詔繁時令韋懷質馳按懷質還劾挺在幽州日置酒弗憂職不前視渠長利即造船行粟縣八百里乃悟非是欲進則不得還且水涸六師所須恐不如陛下之素帝怒遣將作少監李道裕代之敕治書侍御史唐臨馳傳械挺赴洛陽廢為民使白衣從帝破蓋牟城詔挺將兵鎮守不復用城與賊新城接日夜轉鬬無休時挺以失職內不平作書謝所善公孫常常善數者也以他事繫報緣死索橐中得挺書言所屯危蹙意怨望貶象州刺史歲餘卒年五十八子待價萬石

待價初為左千牛備身永徽中江夏王道宗得罪待價以婿貶盧龍府果毅時將軍辛文陵招慰高麗次吐護真水為虜所襲待價與中郎將薛仁貴率

所部兵救之文陵亦苦戰遂免待價重創矢著左足隱不言卒以疾免起為蘭州刺史吐蕃盜邊高宗以沛王賢為涼州大都督而待價為司馬俄遷肅州刺史以功召拜右武衛將軍儀鳳三年吐蕃復入寇以待價檢校涼州都督兼知鎮守兵馬事召還封扶陽侯武后臨朝攝司空護營乾陵改天官尚書同鳳閣鸞臺三品待價起武力典選無銓綜才故朝野共蚩薄之俄為燕然道行軍大揔管禦突厥踰年還拜文昌右相同鳳閣鸞臺三品不自安累表辭職不聽且請盡力行陣許之於是拜安息道行軍大揔管督三十六揔管以討吐蕃進爵公軍至寅識迦河與吐蕃合戰勝負略相當會其副閻溫古逗留又天大寒待價不善撫御師人多死餉道乏乃旋師頓高昌后大怒斬溫古流待價繡州卒曾孫武

武少孤年十一廕補右千牛累遷長安丞德宗幸梁州棄妻子奔行在除殿中侍御史戶部侍郎元琇為水陸轉運使表武以倉部員外郎充判官謀不用杜門數月而琇敗轉刑部員外郎是時帝以反正告郊廟大兵後典章苟完執事者時時咨武武酌宜約用得禮之衷群司奉焉後為絳州刺史鑿汾水灌田万三千餘頃璽書勞勉憲宗時入為京兆尹護治豐陵未成卒贈吏部尚書

萬石頗涉學善音律上元中遷累太常少卿當時郊廟燕會樂曲皆萬石與太史令姚元辯增損之號任職始萬石奏太樂博士弟子遭喪者先無它業請以卒哭追集侍御史劉思立劾奏萬石曰移風易俗莫善於樂睦親化人莫善於孝所以三年之禮天下通喪今遣音聲人釋服爲樂帶経治音豈以小人不能執禮遂欲約爲非法萬石官太常首紊風化請付吏論罪高宗方委任萬石罷其奏後知吏部選事卒于官

贊曰王者用人非難盡其才之爲難觀太宗之責任也謀斯從言斯聽才斯奮洞然不疑故人臣未始遺力天子高拱操成功致太平矣始皆奮亡命布衣嬪然列置上衮薛收雖蚤夭帝本以中書令待之御臣之方顧不善哉挺晩節流落蓋有致而然

列傳第二十三

端明殿學士兼翰林侍讀學士龍圖閣學士朝請大夫尚書吏部侍郎充集賢殿脩撰臣宋祁奉

敕撰

李綱字文紀觀州蓨人少慷慨尚風節始名瑗慕張綱爲人改焉仕周爲齊王憲參軍事宣帝將殺憲召僚屬誣左其罪綱矢死無橈辭及憲誅露車載尸故吏奔匿綱撫棺號慟爲瘞訖乃去事隋爲太子洗馬太子勇宴宮臣左庶子唐令則奏琵琶又歌武媚娘曲綱曰令則官調護乃自比倡優進淫聲惑視聽誠使上聞之豈不爲殿下累乎臣請正其罪勇曰罷之我欲爲樂耳後勇廢文帝切讓宮屬無敢對綱獨曰陛下不素教故太子至此太子資中人得賢者輔而善得不肖導而惡柰何歌舞鷹犬纖兒使日侍側何特太子罪邪帝曰以汝爲洗馬何不擇人綱曰臣非東宮得言者帝曰朕過矣擢尚書右丞時楊素蘇威用事綱據正不詭迎隨素等銜之會大將軍劉方討林邑素言林邑多珍貲非綱不可任遂

署行軍司馬方揣素指數危辱之幾殆軍還不得調稍除齊王府司馬復詔出南海應接林邑久不召乃身入奏威劾綱擅去所部以屬吏會赦免屏居鄠太業末賊帥何潘仁劫爲長史高祖平京師綱上謁授丞相府司録參軍封新昌縣公領選舉受禪拜禮部尚書兼太子詹事齊王元吉爲并州揔管縱左右攘奪民愁苦宇文歆諫不聽騰狀顯言王坐免俄而復留下危惴劉武周入太原元吉懼棄軍奔京師并州陷帝怒謂綱曰王年少不習事故以歆及竇誕佐之太原興王地兵十萬粟支十年柰何一旦棄去歆建此計我當斬于軍綱曰王過惡誕養成之歆事王淺有闕必諍今賴歆計使陛下不失愛子且有功又可加罪乎翼日帝悟引綱升御榻勞曰卿不言我幾濫罰於是釋歆然猶貸誕也帝以舞工安叱奴爲散騎常侍綱諫曰周家均工樂胥不得預士伍雖復妙如師襄才如子野皆繼世不易業故魏武使禰衡擊鼓衡先解朝衣曰不敢以先王法服爲伶人衣齊高緯封曹妙達爲王以安馬

駒開府有國家者可爲鑒戒今新造天下開太平之基功臣賞未及徧高才猶伏草茅而先令舞胡鳴玉曳組位五品趨丹地殆非創業垂統貽子孫之道也帝不納綱在東宮太子建成尤加禮嘗游溫湯綱疾不從有進魚者太子使膾之唐儉趙元楷自言其能太子曰操刀膾鯉和鼎味公等善之若彌諧審諭固屬綱矣遣使賜絹二百匹後太子寖狎亡賴猜間朝廷綱頻諫不見聽遂乞骸骨帝罵曰卿爲潘仁長史而羞朕尚書邪綱頓首曰潘仁賊也志殘殺然每諫輒止爲其長史故無愧陛下功成厚自伐臣言如持水內石敢久爲尚書乎且臣事東宮東宮又與臣忤是以上印綬帝謝曰知公直士幸卒輔吾兒乃拜太子少保尚書詹事如故綱上書太子曰綱老矣幸未就木備位保傅冀得効愚鄙日殿下飲酒過量非養生之道凡爲人子務孝謹以慰上心不宜聽受邪說與朝廷生嫌間太子覽書不懌所爲益縱綱悒悒不自賴固請老優詔解尚書帝以綱隋名臣手敕未嘗名貞觀四年復爲少師以

足疾賜步輿聽乘至閤問以政事詔東宮太子承乾爲拜毋聽政必詔綱與房玄齡王珪侍坐嘗言曰託六尺之孤寄百里之命古人爲難綱以爲易故發言陳事毅然不可奪及疾帝遣玄齡至家存問明年卒年八十五贈開府儀同三司謚曰貞太子爲立碑初齊王憲女孀居綱厚卹之及卒女被髮號哭如喪其親然綱在隋宦不進筮之得鼎筮人曰君當爲卿輔然待易姓乃如志仕不知退折足爲敗故綱雖顯於唐數稱疾辭位云孫安仁安靜安仁永徽中爲太子左庶子太子忠廢還邸寮屬奔散獨安仁泣拜而去終恒州刺史安靜天授中爲右衛將軍武氏革命羣臣皆勸進安靜獨無所請及收繫獄來俊臣問狀安靜曰正以我唐舊臣殺之可也若詰其狀吾誰欺俊臣誣殺之會昌中録忠臣後訪子孫已絕乃贈安靜太子少師自綱五世同居安仁安靜復以義烈聞世稱李氏不衰

李大亮京兆涇陽人祖琰爲魏度支尚書大亮有文武才略隋末

署龍玉行軍兵曹李密寇東都王戰敗大亮被禽賊將張弼異之
就執百餘人皆死獨釋大亮引與語遂定交高祖入關大亮自歸
授土門令方歲飢境多盜賊大亮招亡散撫貧濟賣所乘馬稍稍
資業之勸墾田歲大熟間出擊盜所至輒平秦王行北境下書獎
勞賜馬五乘帛五十段頃之胡賊大至大亮度不能拒乃單馬詣
營說豪帥為分别禍福賊衆感服遂相率降大亮殺所乘馬
與之食至步而返帝聞之悅擢金州總管府司馬王弘烈據襄
陽詔大亮安撫樊鄧因圖之進擊下十餘城遷安州刺史復使徇
廣州至九江會輔公祏反以計禽其將張善安公祏方圍猷州刺
史左難當固守大亮率兵擊走之遷越州都督貞觀初徙交州封
武陽縣男召授太府卿復出涼州都督嘗有臺使見名鷹諷大亮
獻之大亮密表曰陛下絕畋獵久矣而使者求鷹信陛下意邪乃
乖昔旨如其擅求是使非其才太宗報書曰有臣如此朕何憂古
人以一言之重訂千金今賜胡瓶一雖亡千鎰乃朕所自御又賜

荀悅漢紀曰悅論議深博極為政之體公宜繹味之時突厥亡帝
遂欲懷四夷諸部降者人賜袍一領帛五匹酋領拜將軍中郎將
列五品者贏百員又置降胡河南詔大亮為西北道安撫大使使
以綏大度設拓設泥熟特勒及七姓種落之未附者峙糧磧口賑
其飢大亮上言臣聞欲綏遠者必自近中國天下本根四夷猶枝
葉也殘本根厚枝葉而曰求安未之有也屬者突厥傾國入朝陛
下不即俘江淮變其俗而加賜物帛悉官之引處內地豈久安計
哉今伊吾雖臣遠在荒鹵臣以為諸蕃請附者宜羈縻受之使
居塞外畏威懷德永為藩臣謂之荒服者故臣而不内所謂行虛
惠收實福河西積困夷狄州縣蕭條加因隋亂殘耗已甚臣愚願
停招慰省勞役使邊人得就農畮此中國利也帝納其計八年為
劍南道巡省大使會討吐谷渾為河東道行軍總管與李靖俱出
北道涉青海觀河源與虜遇蜀渾山大戰破之俘其名王獲雜畜
數萬進爵為公拜右衛大將軍晉王為皇太子詔大亮兼右衛率

又兼工部尚書身三職宿衛兩宮上毋番直常假寐帝勞曰公在我
得酣卧十八年幸洛陽詔副房玄齡居守玄齡稱有王陵周勃節
可倚大事俄寢疾帝親和藥驛賜之臨終表請罷遼東役又言京
師宗廟所在願以關中為意就墓歎曰吾聞男子不死婦人手命
屏左右言終卒年五十九將欲家無珠玉為含惟貯米五斛布三
十端帝哭為慟贈兵部尚書秦州都督謚曰懿陪葬昭陵大亮性
忠謹外若不能言而内剛烈不可干非其義對天子爭是非無回
撓至妻子未始見惰容事兄嫂以禮閨位通顯居陋狹甚在越州
寫書數百卷及去留都督署初破公祏以功賜奴婢百口謂曰而
曹皆衣冠子女不幸破亡吾何忍錄而為隸乎縱遣之高祖聞咨
美更賜俚婢二十後破吐谷渾復賜奴婢百五十口悉以遺親戚葬
宗族無後者三十餘柩貲糧加焉嘗以張弼脫其死及貴念有以
報之時弼為將作丞匿不見大亮求之不能得一日識諸涂持弼
泣悉推家財與之弼拒不受乃言於帝曰臣及事陛下張弼力也

願悉臣官爵授之帝為遷弼中郎將代州都督世皆賢大亮能報
而多弼不自伐也歿後所育孤姓為大亮行服如所親者十餘人
兄子道裕貞觀末為將作匠有告張亮反者詔百官議皆言亮當
誅獨道裕謂反形未具帝怒不暇省斬之歲餘刑部侍郎缺宰相
屢進名不可帝曰朕得之矣是嘗議張亮者朕時雖不從今尚悔
之遂命道裕終大理卿大亮族孫迥秀
迥秀字茂之及進士第又中英才傑出科調相州參軍事累轉考
功員外郎武后愛其材遷鳳閣舍人大足初檢校夏官侍郎仍領
選銓汰文武號稱職進同鳳閣鸞臺平章事張易之兄弟貴驕因
橈意諂媚士論頓減俄坐贓貶廬州刺史易之誅貶衡州長史中
宗即位召授將作少監累遷鴻臚卿脩文館學士出朔方道行軍
大總管還拜兵部尚書卒年五十贈侍中迥秀少聰悟多通賓客
喜飲酒雖多不亂當時稱其風流母少賤妻嘗詈媵婢母聞不樂
迥秀即出其妻或問之荅曰娶婦要欲事姑苟違顏色何可留武

后嘗遣內人候其母或迎置宮中後所居堂産芝草犬乳鄰猫中宗以爲孝感旌大門閭子齊損開元中以謀逆誅

戴胄字玄胤相州安陽人性堅正幹局明彊善簿最隋末爲門下錄事納言蘇威黄門侍郎裴矩厚禮之爲越王侗給事郎王世充謀篡胄說曰君臣大分均父子休戚同之公當社稷之任與存與亡正在今日願尊輔王室擬伊周以幸天下世充詭曰善俄脅九錫胄又切諫不納出爲鄭州長史使與王行本守武牢秦王攻拔之引爲府士曹參軍封武昌縣男大理少卿缺太宗曰大理人命所繫胄清直其人哉即日命胄長孫无忌被召不解佩刀入東上閤尚書右僕射封德彝論監門校尉不覺罪死當无忌贖胄曰校尉與无忌罪均臣子於尊極不稱誤法著御湯劑飲食舟船雖誤皆死陛下錄无忌功原之可也若罰无忌殺校尉不可謂刑帝曰法爲天下公朕安得阿親戚詔復議德彝固執帝將可胄曰不然校尉緣无忌以致罪法當輕若皆誤不得獨死繇是與校尉皆免時選者盛集有詭資蔭冒牒取調者詔許自首不首罪當死俄有詐得者獄具胄以法當流帝曰朕詔不首者死而今當流是示天下不以信卿賣獄邪胄曰陛下登殺之非臣所及既屬臣敢虧法乎帝曰卿自守法而使我失信柰何胄曰法者布大信於人言乃一時喜怒所發陛下以一朝忿將殺之既知不可而寘於法此忍小忿存大信也若阿忿違信臣爲陛下惜之帝大感寤從其言胄犯顏據正數矣參處法意至析秋豪隨類指擿言若泉涌帝益重之遷尚書左丞矜其貧特詔賜錢十萬會僕射蕭瑀免封德彝卒帝謂胄曰尚書總國綱維失一事天下有受其弊者今以令僕委卿宜副朕舉胄明敏長于操決無宿疑議者美其振職謂武德以來殆無其輩復拜諫議大夫與魏徵更日供奉進民部尚書杜如晦遺言請以選舉委胄由是檢校吏部尚書然好抑文雅獎法吏時以寡學爲訾貞觀四年以本官參豫朝政進爵郡公帝將脩復洛陽宮胄上疏諫曰比關中河外置軍團彊夫富室悉爲兵九成

之役又興司農將作見丁無幾大亂之後戶口單破一人就役舉室損業籍軍者督戎仗課役者責糧齎竭貲經紀猶不能濟七月以來霖潦未止濱河南北田正洿下年之有亡未可知壯者盡行賦調不給則帑藏虛矣今宮殿足庇風雨容羽衛數年後成猶不謂晚何憚而遽自生勞擾邪帝覽奏罷役胄所數內緣政得失咸有可觀奏已即削稾祕外莫知帝嘗謂左右曰胄於我非肺腑親然事之機切無不聞惟其忠繇所激耳七年卒帝爲舉哀贈尚書右僕射追封道國公謚曰忠以第舍陋不容祭詔有司爲立廟聘其女爲道王妃房玄齡魏徵與胄善每至生平故處輒流涕胄無子以兄子至德爲後

至德乾封中累遷西臺侍郎同東西臺三品閱十數年父子繼爲宰相世詫其榮高宗嘗爲飛白書賜侍臣賜至德曰汎洪源俟舟楫郝處俊曰飛九霄假六翮李敬玄曰資啓沃罄丹誠崔知悌曰竭忠節贊皇猷皆見意於辭云遷尚書右僕射時劉仁軌爲左人有所訴率優容之至德乃詰究本末理直者密爲奏終不顯私恩由是當時多稱仁軌者號仁軌爲解事僕射嘗更日聽訟有嫗詣省至德已收牒嫗乃復取曰初以爲解事僕射今乃非是至德笑還之人伏其長者或以問至德荅曰慶賞刑罰人主之柄爲臣豈得與人主爭也帝知歎美之儀鳳四年卒詔百官哭其第贈開府儀同三司幷州大都督謚曰恭

劉洎字思道荊州江陵人初爲蕭銑黄門侍郎南略地嶺表下五十城未還而銑敗遂以城自歸授南康州都督府長史貞觀七年擢給事中封清苑縣男轉治書侍御史於時尚書省詔敕稽壅按成復下彌年不能決洎言尚書萬機本貞觀初未有令僕職併務繁左丞戴胄右丞魏徵應事彈舉無所回撓百司震肅不敢懈比者勳親在位品非其任功勢相傾雖欲自彊先懼囂謗故郎中予奪惟事咨稟尚書依違不得專裁莞轄玩弛綱紀不振今宜精選左右丞兩司郎中使皆得人非惟救曠滯之弊亦固當矯拂趨競

也未幾拜尚書右丞洎徙于職於是尚書復治如德時累加銀青光祿大夫散騎常侍攝黃門侍郎太宗好持論與公卿言古今事必往復難詰究臧否洎諫曰帝王之與臣庶聖哲之與庸愚等級懸絕勢不倫擬故課愚對聖持卑抗尊雖思自彊不可得已陛下降慈旨假柔顏虛心聽納猶恐羣臣惴縮不敢進況以神機天辯飾辭援古而詰其議哉夫天以無言爲尊聖以不言爲德皆弗欲煩也且多記損心多語耗氣心氣內損形神外勞初雖無覺久且爲弊且今之雍平陛下力行所至耳欲其長久匪由辯博但當忘愛憎慎取捨若貞觀初可矣手詔荅曰非慮無以臨下非言無以述慮雖然驕人輕物恐由權論致之若形神心氣不爲勞也皇太子初立洎謂宜尊賢重道上書曰太子宗祧是繫善惡之習與之在焉弗勤于始將悔于末故鼂錯上書令通政術賈誼奏計務知禮教今太子孝友仁愛挺自天姿然春秋鼎盛學當有漸以陛下多才多藝尚垂精厲志以博異聞而太子優游坐棄白日陛下每退朝引見羣臣訪以今古咨以得失而太子處內不接正人不聞正論臣所未諭古者問安而退以廣敬也異宮而處以遠嫌也間者太子一入侍逾旬不出師傅寮寀具員而已非所謂愛之也臣愚以爲授以良書娛以佳賓使耳所未聞睹所未見儲德愈光羣生之福也帝於是敕洎與岑文本馬周遞日直東宮帝嘗怒苑西監穆裕有詔斬朝堂皇太子驟諫帝喜曰朕始得魏徵朝夕進諫徵亡劉洎岑文本馬周褚遂良繼之兒在吾膝前見朕悅諫熟矣故有今日言也誠習以性成哉稍遷侍中帝忽謂羣臣曰朕今欲聞己過卿等爲朕言之長孫無忌李勣楊師道同辭對曰陛下以盛德致太平臣等愚不見其過洎曰然頃上書有不稱旨或面窮詰無不羞汗恐非所以進言者路帝曰卿言善朕能改之及征遼東詔兼太子左庶子檢校民部尚書輔皇太子監國帝曰以卿輔太子社稷安危在焉宜識朕意洎曰願無憂即大臣有罪臣謹按法誅之帝怪其語謬戒曰君不密則失臣臣不密則失身卿性

疏而果恐以此敗洎與褚遂良不相中帝還不豫洎與馬周入候出見遂良泣曰上體患癰殊可懼遂良即誣奏洎曰國家不足慮正當輔少主行伊霍事大臣有異者誅之帝愈召洎問狀洎引馬周爲左遂良執不已帝惑之乃賜死方死時索筆牘欲自言有司不敢與帝後知之有司皆得罪顯慶中其子弘業詣闕訴遂良譖死狀李義府右之高宗問近臣給事中樂彥瑋曰辨之是暴先帝過刑事寢文明初詔復官爵彥瑋字德珪長安人麟德元年以西臺侍郎同東西臺三品數月罷爲大司憲卒贈齊州都督

贊曰劉洎之才之烈易所謂王臣蹇蹇者然性剛疏輔太子欲身任安危以言掩其衆爲媢忌所乘卒陷罪誅嗚呼以太宗之明蔽於所忿洎之忠不能自申於上況其下哉古人以言爲戒可不慎歟

崔仁師定州安喜人武德初擢制舉調管州錄事參軍陳叔達薦仁師才任史官遷右武衛錄事參軍與脩梁魏史貞觀初改殿中侍御史時青州有男子謀逆有司捕支黨累系填獄詔仁師按覆

始至悉去囚械爲具食飲湯沐以情訊之坐止魁惡十餘人它悉原縱大理少卿孫伏伽謂曰原雪者衆誰肯讓死就決而事變奈何仁師曰治獄主仁恕故諺稱殺人刖足亦皆有禮豈有知枉不申爲身謀哉使吾以一介易十四命固吾願也及敕使覆訊諸囚咸叩頭曰崔公仁恕必無枉者舉無異辭由是知名遷度支郎中嘗口陳移用費數千名太宗怪之詔黃門侍郎杜正倫持簿使仁師對唱無一謬帝奇之時校書郎王玄度注尚書毛詩抵孔鄭舊學請遂廢詔諸儒大議博士以下不能詰河間王孝恭請與孔鄭並行仁師以玄度不經條不合大義者奏之玄度報罷遷給事中時有司以律反逆者緣坐兄弟沒官爲輕詔八坐議咸言漢魏晉謀反夷三族請改從死仁師曰父子天屬昆弟累其心此而不卹何愛兄弟房玄齡曰祖有蔭孫義則孫祖親重而兄弟屬輕今應重者流而輕者死非用刑意遂不改後密請魏王爲太子失帝旨左遷鴻臚少卿稍進民部侍郎及征遼東副韋挺知海運又別知河

南漕事仁師以漕路回遠恐所輸不時至以便宜發近海租賦餉軍坐運卒亡命不以聞除名帝還至中山起爲中書舍人檢校刑部侍郎幸翠微宮上清暑賦以諷帝稱善賜帛五十段二十二年遷中書侍郎參知機務被遇尤渥中書令褚遂良忌之會有伏閤訴者仁師不時上帝大怒流連州永徽初授簡州刺史卒子挹挹子湜

湜字澄瀾少以文詞稱第進士擢累左補闕稍遷考功員外郎時桓彥範等當國畏武三思甚構引湜使陰泃其姦中宗稍疏功臣三思日益寵湜反以彥範等計告三思驟遷中書舍人彥範等被徙又說三思速殺之以絶人望三思問誰可使者乃進其外兄周利貞利貞往彥範等皆死擢利貞御史中丞湜附託昭容上官氏數與宣淫於外景龍二年遷兵部侍郎而挹爲禮部侍郎武德以來父子同爲侍郎惟挹湜云俄拜中書侍郎檢校吏部侍郎同中書門下平章事與鄭愔同典選納賂遺銓品無序爲御史李尚隱劾奏

貶江州司馬上官與安樂公主從中申護之改襄州刺史未幾入爲尚書左丞韋氏稱制復以吏部侍郎同中書門下三品睿宗立出爲華州刺史俄除太子詹事初湜建言山南可引丹水通漕至商州自商鑱山出石門抵北藍田可通輓道中宗以湜充使開大昌關役徒數萬死者十五禁舊道不得行而新道爲夏潦奔壓數摧壓不通至是論功加銀青光祿大夫景雲中太平公主引爲同中書門下三品進拜中書令時挹以戶部尚書得謝而性貪數爲人請託以干湜湜多不從由是父子相失玄宗在東宮數至其第申款密湜陰附主時人危之爲寒毛門下客獻海鷗賦以諷湜稱善而不自悛帝將誅蕭至忠等召湜示腹心弟澄諫曰上有所問慎無隱湜不從及見對問失旨至忠等誅湜從嶺外時雍州長史李晉亦坐誅歎曰此本湜謀今我死而湜生何也又宮人元稱嘗與湜謀進酖於帝追及荊州賜死年四十三初在襄州與譙王數相問遺王敗湜當死賴劉幽求張說護免及爲宰相陷幽求嶺表密諷廣州都督周利貞殺之不克又與太平公主逐張說其猜毒詭險殆天性雖蕞適不若也與弟液滌從兄涖並以文翰居要官每宴私自比東晉王謝嘗曰吾一門入仕歷官未嘗不爲第一丈夫當先據要路以制人豈能默默受制於人哉故進趣不已至於敗湜執政時年三十八嘗暮出端門緩轡諷詩張說見之歎曰文與位固可致其年不可及也

液字潤甫尤工五言詩湜歎因字呼曰海子我家龜龍也官至殿中侍御史坐湜當流亡命郢州作幽征賦以見意詞甚典麗遇赦還卒子論有吏幹乾元中爲州刺史以治行稱大曆末遷同州刺史爲黜陟使所按議者不直何故復用爲衢州刺史德宗以舊族耆年擢大理卿卒

澄本名淼玄宗改焉帝在藩與同里居出潞州賓友餞者止國門而澄獨從至華及即位寵昵甚湜既誅帝仍念之用爲秘書監開元二年欲贈其父挹吏部尚書宰相持不可遂用四品禮葬贈和

州刺史澄侍左右與諸王不讓席坐性滑稽善辯帝恐漏禁中語以慎密字親署笏端累遷金紫光祿大夫封安喜縣子卒贈兗州刺史

二李戴劉崔列傳第二十四

陳楊封裴宇文鄭權閻將韋姜張列傳第二十五　唐書一百

宋　祁　奉　敕　撰

陳叔達字子聰陳宣帝子也少封義陽王歷丹楊尹都官尚書入隋久不試大業中授內史舍人出為絳郡通守高祖西師以郡聽命授丞相府主簿封漢東郡公與溫大雅同筦機秘方禪代時書冊誥詔皆其筆也武德初授黃門侍郎判納言封江國公叔達明辯善容止每占奏搢紳屬目江左士客長安或汨振多薦諸朝嘗賜食得蒲陶不舉帝問之對曰臣母病渴求不能致願歸奉之帝流涕曰卿有母遺乎因賜之又賚物百段貞觀初與蕭瑀爭殿中坐忿詐不恭免官未幾居母喪又有疾太宗憂之遣使者諭毋毀除為遂州都督病不拜頃之擢禮部尚書始太子建成等閒間太宗帝惑之叔達極意救辯至是謂曰武德內難卿有讜言故以此報叔達謝曰豈獨為陛下乃社稷計耳後閨薄汙漫為有司露劾帝以名臣為諱捶授散秩歸第卒謚曰繆久之贈戶部尚書更謚曰忠

楊恭仁隋觀王雄子也仁壽中累遷甘州刺史臨事不苛細徼人安之文帝謂雄曰匪特朕得人乃卿善教子矣大業初轉吏部侍郎楊玄感叛詔率兵經略與玄感戰破陵敗之遂與屈突通追獲賊煬帝召見曰比聞與賊戰尤力向但知卿奉法而乃勇決如此朕用自愧蘇威曰仁者必有勇殆謂此邪時威及宇文述裴蘊裴矩參掌選事皆受賕不法恭仁素廉正故惡之出為河南道大使使捕寇賊至譙郡為朱粲所敗奔江都宇文化及弒逆署吏部尚書為化及守魏縣元寶藏執送京師高祖素知之授黃門侍郎封觀國公尋為涼州總管恭仁久乘邊習種落情偽悉心綏尉由蔥嶺以東皆奉貢贄就加納言突厥頡利率眾數萬獵其境恭仁應機設拒張疑屯虛幟示之頡利懼而走瓜州刺史賀拔行威叛朝廷未即討恭仁募驍勇倍道進賊不虞其來遂克二城縱所俘還之眾感悅遂相與縛行威降召拜吏部尚書兼中書令檢校涼州諸軍事遷左衛大將軍武德末拜雍州牧揚州大都督府長史遷洛州都督太宗勞之曰洛陽要重朕子弟不為少恐非所任故以委公恭仁性沖厚以禮自閑未嘗與物忤時人方漢石慶既貴不以勢尚人故譽望益重病乞骸骨詔以特進歸第卒贈潭州都督陪葬昭陵謚曰孝○子思訓襲爵顯慶中歷右屯衛將軍從高宗幸并州右衛大將軍慕容寶節夜邀思訓與謀亂思訓不敢對寶節懼毒酒以進思訓死妻訴之流寶節嶺表至龍門追斬之乃詔以貢毒人者重其法思訓孫睿交尚長寧公主豫誅張易之賜實封五百戶神龍中為秘書監貶絳州別駕

師道字景猷恭仁弟清警有才思客滎陽為王世充所拘間歸高祖授上儀同為備身左右尚桂陽公主除吏部侍郎改太常卿封安德郡公貞觀十年拜侍中參豫朝政親遇隆渥性周謹未嘗語禁省事嘗曰吾讀孔光傳慕其餘風或厭幾云太宗數訪群臣才行師道雖有所推進而乏甄品久之遷中書令太子承乾得罪詔與長孫無忌等雜治其獄師道妻異姓子趙節與承乾通謀乃微諷帝欲活之帝怒罷為吏部尚書師道起貴冑四海人物非所練悉至銓署專抑勢貴親黨以遠嫌用人多違其才不為時所稱帝亦曰師道資性純淑自應無過而實怯懦于吏事緩急不得其力從征高麗攝中書令軍還頗不職改工部尚書復為太常卿師道善草隸工詩每與有名士燕集歌詠自適帝見其詩為擿諷嗟賞後賜宴帝曰聞公每酣賞捉筆賦詩如宿構者試為朕為之師道再拜少選輒成無所竄定一坐嗟伏卒贈吏部尚書并州都督謚曰懿陪葬昭陵詔為立碑子豫之尚巢王元吉女壽春縣主居母喪與永嘉公主亂為主壻竇奉節所殺

執柔恭仁從孫歷地官尚書武后母即恭仁叔父達之女及臨朝武承嗣攸寧相繼用事后曰要欲我家及外氏常一人為宰相乃以執柔同中書門下五品未幾卒弟執一亦以誅張易之功封河東郡公累官右金吾衛大將軍

始雄在隋以同姓貴自武德後恭仁兄弟名位益盛又以武后外家尊寵凡尚主者三人女為王妃五人贈皇后一人三品以上者二十餘人

封倫字德彝以字顯觀州蓨人祖隆之北齊太子太保倫年方少舅盧思道曰是兒識略過人當自致卿相隋開皇末江南亂內史令楊素討之署倫行軍記室泊海上素召計事倫墜水免易衣以見訖不言久乃素知問故謝曰私事也所不敢白素異其為以從妹妻之素營仁壽宮表為土工監規搆鴻侈宮成文帝怒曰素殫百姓力為吾搆怨天下素大懼倫曰毋恐皇后至自當免明日帝果勞素曰公知吾夫婦老無以自娛樂而盛飾此宮邪因大悅素退問何料而知倫曰上節儉故始見必怒然雅聽后言后婦人惟侈麗是好后悅則帝安矣素曰吾不及也素負才勢多所凌藉惟於倫降禮數接或與論天下事袞袞不倦每撫其牀曰封郎終當據此薦之帝擢內史舍人虞世基得幸煬帝然不悉吏事處可失宜倫陰為裁畫內以諂承主意百官章奏若忤旨則寢不聞外以峻文繩天下有功當賞輒抑不行由是世基之寵日隆而隋政日壞矣宇文化及亂持帝出宮使倫數帝罪帝曰卿士人何至是倫羞縮去化及至聊城知化及敗乃結士及得出護餉道化及死遂與士及來降高祖知其諂附逆黨方切讓使就舍倫以秘策干帝帝悅更拜內史舍人遷侍郎兼內史令

秦王討王世充命倫參謀軍事時兵久不決帝欲班師王遣倫西見帝曰賊地雖多羈縻不相使所用命者洛陽爾計窮力屈死在旦暮今解而西則賊勢磐結後難以圖帝納之賊平帝謂侍臣曰始議東討時多沮解者唯秦王謂必克倫贊其行雖張華叶策晉武亦何以加於是封平原縣公判天策府司馬初竇建德援洛王將趣虎牢倫與蕭瑀諫不可至是入賀王笑曰不用公言今日幸而捷豈智者千慮或有失乎倫謝素不及頃之突厥寇太原且遣使和親帝問計群臣咸請許之可紓戰倫曰不然彼有輕中國心謂我不能戰若乘其怠擊之勢必勝勝而後和威德兩全今雖不戰後必復來臣以為擊之便詔可尋檢校吏部尚書進封趙國公徙密國太宗立拜尚書右僕射實封六百戶始倫之歸蕭瑀數薦之及是瑀為左僕射每議事倫初堅定至帝前輒變易由是有隙貞觀元年遘疾卧尚書省帝親臨視命尚輦送還第卒年六十贈司空謚曰明倫資險佞內狹數刺人主意陰導而陽合之外謹順居處衣服陋素而交宮府賄賂狼藉然善矯飾居之自如人莫能探其膺肺隱刺之亂數進忠策太宗以為誠賞賜累萬又密言於高祖曰秦王恃功頡頏太子下若不蚤立則亟圖之復白太子曰為四海不顧其親乞羨者謂何及高祖議廢立倫固諫止當時語秘無知者卒後事寖聞十七年治書侍御史唐臨追劾姦狀帝下其議百官民部尚書唐儉等議倫寵極生前而罪暴身後所歷官不可悉奪請還贈改謚以懲險壬有詔奪司空削食封改謚為繆子言道尚淮南長公主官至宋州刺史

裴矩字弘大絳州聞喜人父訥之為齊太子舍人矩在乳而孤及長好學有文藻智數再補高平王文學齊亡不得調隋高祖為定州總管召補記室以母憂去職高祖已受禪遷給事郎奏舍人事帝伐陳為元帥記室江左平詔矩巡撫嶺南未行而高智慧等亂道不通帝難其遣矩請速進許之次南康得兵數千人是時俚帥王仲宣逼廣州遣別將圍東衡州矩與將軍鹿愿赴之賊立九壁屯大庾嶺矩進擊破之賊懼釋東衡州之圍據原長嶺又擊破之斬其帥自南海趣廣州仲宣懼潰去綏集二十餘州承制署渠帥為刺史縣令還報帝大悅詔外設勞苦之拜開府爵聞喜縣公賜賚異等遷累內史侍郎時突厥彊盛都藍與突利構難屢犯塞詔太平公史萬歲為行軍總管出定襄道以矩為長史破達頭可汗而萬歲誅矩功不見錄還為尚書左丞遷吏部侍郎名稱職煬帝時西域諸國悉至張掖交市帝令矩護視矩知帝勤遠略乃訪諸商胡國俗山川險易撰西域圖記三篇合四十四國凡裂三道北道起伊吾經蒲類鐵勒突厥可汗廷亂北流河至拂菻中道起高昌焉耆龜茲疏勒踰蔥嶺鏺汗蘇對沙那康曹何大小安穆諸國至波斯南道起鄯善于闐朱俱波喝盤陀亦度蔥嶺

涉護密吐火羅挹怛帆延漕國至北婆羅門皆抵西海諸國亦自有空道交通既還奏之帝引內矩問西方事矩盛言胡多環怪名寶俗土著易并吞帝由是甘心四夷委矩經略再遷黃門侍郎參豫朝政大業三年帝有事恒山西方來助祭者十餘國矩遣人說高昌伊吾等啗以厚利使入朝帝西巡燕支山高昌等二十七國謁道左皆使佩金玉服錦罽奏樂歌舞令士女盛飾縱觀亘數十里示中國彊富後遂破吐谷渾拓地數千里遣兵出戍歲委輸巨億萬計帝謂矩有綏懷略擢銀青光祿大夫帝在東都矩以蠻夷朝貢踵至諷帝悉召天下奇倡怪伎大陳端門前衣錦縠珥金翡者十餘萬詔百官都人列繒樓幔閣夾道被服光麗廛邸皆供帳池酒林胾譯長縱蠻夷與民貿易在所令邀飲食相娛樂蠻夷嗟咨謂中國為仙晨帝所天子以為誠謂宇文述牛弘曰矩所建白皆朕之志要未發矩輒先闓非悉心奉國疇能是邪又助城伊吾啗處羅入朝帝益喜賜貂裘西胡珍器從帝巡塞北幸啟民帳時高麗遣使先在突厥啟民引見帝矩因奏言高麗本孤竹國周以封箕子漢分三郡今乃不臣先帝疾之欲討久矣方陛下時安得不事今其使朝突厥及見啟民舉國臣服令入朝可致也請面詔其使令歸語王有如旅拒方率突厥誅之帝納焉高麗不聽命征遼自此始王師再臨遼皆從以勞加右光祿大夫時綱紀日弛宇文述虞世基用事官以賄遷唯矩挺節無穢聲世頗稱之矩以始畢可汗衆漸盛建請以宗女嫁叱吉設建為南面可汗分其勢叱吉不敢受始畢聞之稍怨望矩又言突厥淳陋易離間但內多群胡教導之臣聞史蜀胡悉尤有謀幸於始畢請殺之帝曰善矩因詭計召胡悉受賜斬馬邑下報始畢曰史蜀胡悉背可汗我所共殺既誅之始畢知狀由是不朝後帝北巡始畢率騎十萬圍帝雁門詔矩與虞世基宿朝堂待顧問圍解從幸江都是時盜賊蜂結郡縣上奏不可計矩言于帝帝怒遣詣京師以疾解俄而高祖入關帝令虞世基問方略矩曰唯願陛下亟西天下定矣矩性勤謹未嘗忤物見天下方亂其待遇士尤厚雖廝役皆得其歡是時衞兵數逃去帝憂之以問矩矩曰今乘輿巡狩已二年諸驍果皆無家人無匹合則不久安且請聽納室帝笑曰公定多智因詔矩盡召江都女子嫠家恣將士所欲即配之人情翕然相悅曰裴公惠也宇文化及亂衆劫矩賊皆曰裴黃門無豫也既而衆以秦王子浩為帝詔矩為侍內隨而北化及僭位署矩尚書右僕射為河北道安撫大使又為竇建德所獲建德以矩隋舊臣遇之厚建德起群盜非有君臣制度矩為略制朝儀不閱月憲章擬王者建德尊禮之建德敗來朝擢殿中侍御史爵安邑縣公累遷太子詹事檢校侍中時突厥數盜邊高祖遣使約西突厥連和突厥因請婚帝曰彼勢與我絕緩急

不爲用秦王問矩曰然其謀方熾若一旦有變若權順許以示外援須我完實更議之帝然其計隱太子敗餘黨保宮城不解秦王遣矩諭之乃聽命遷民部尚書太宗即位疾貪吏欲痛懲乂之乃間遣人遺諸曹一史受饋絹帝怒詔殺之矩曰吏受賕死固且然陛下以計紿之因即行法所謂罔人以罪非道之以德之誼帝悅爲群臣言之曰矩遂能廷爭不面從物物若此天下有不治哉年八十精明不忘多識故事見重于時貞觀元年卒贈絳州刺史謚曰敬

宇文士及字仁人京兆長安人父述爲隋右衞大將軍開皇末以述勳封新城縣公文帝引入卧内與語奇之詔尚煬帝女南陽公主爲尚輦奉御從幸江都以父喪免起爲鴻臚少卿其兄化及謀弒逆以主婿忌之弗告已弒帝乃封蜀王初士及爲奉御而高祖任殿中少監雅自款結及從化及至黎陽帝手書召之士及亦遣家童間道走長安通誠勤且獻金環帝悅曰我嘗與士及共事今以此獻是將來矣化及兵日蹙士及勸歸命不從乃與封倫詭求督饋餉而化及敗於是濟北豪傑謀起齊兵擊竇建德以收河北觀形勢士及不納與倫等自歸帝讓之曰汝兄弟率思歸之人爲入關計爾時得我父子尚肯相假乎今欲何地自處士及謝曰臣罪當死但臣往在涿郡嘗與陛下夜論世事頃又奉所獻冀以此贖罪帝笑謂裴寂曰彼與我論天下

事逮今六七年公等皆在其後時士及女弟爲昭儀有寵由是見親禮授上儀同從秦王平宋金剛錄功復隋舊封以宗室女妻之遷王府驃騎將軍從討王世充等進爵郢國公武德八年權檢校侍中兼太子詹事王即位拜中書令真食益州七百戶以本官檢校涼州都督時突厥數入寇士及欲立威以鎮耀邊部每出入盛陳兵衞又痛折節下士或告其反訊無狀召爲殿中監以疾改蒲州刺史政尚寬簡人皆宜之擢右衞大將軍太宗延入閤語或至夜分出遇休沐往往馳召士及益自謹其妻嘗問向所事士及卒不對帝嘗玩禁中樹曰此嘉木也士及從旁美歎帝正色曰魏徵常勸我遠佞人不識佞人爲誰乃今信然謝曰南衙群臣面折廷爭陛下不得舉手今臣幸在左右不少有將順雖貴爲天子亦何聊帝意解又嘗割肉以餅拭手帝屢目陽若不省徐啗之其機悟率類此後以雅舊別封一子新城縣公久之復爲殿中監卒贈左衞大將軍涼州都督陪葬昭陵士及撫幼弟孤兄子以友睦稱好周卹親戚故人然過自奉養服玩食飲必極豐侈有司謚曰恭黃門侍郎劉洎曰士及居家侈肆不可謂恭乃改曰縱

贊曰封倫裴矩其姦足以亡隋其知反以佐唐何哉惟姦人多才能與時而成敗也妖禽孽狐當晝則伏自如得夜乃爲之祥若倫僞行匿情死乃暴聞免兩觀之誅幸矣太宗知士及之佞爲游言自解亦不能斥彼中材之主求不惑於佞難哉

鄭善果鄭州榮澤人祖在魏爲顯家父誠周大將軍開封縣公討尉遲迥戰死善果方九歲以死事子襲爵家人爲其幼弗告也及受詔號慟不自勝隋開皇初進封武德郡公年十四爲沂州刺史累轉魯郡太守善果母崔賢明曉政治嘗坐閤内聽善果處決或當理則悅有不可則引至牀下責愧之故善果所至有績號清吏嘗與武威太守樊子蓋考爲天下第一煬帝賜物千段黃金百兩再遷大理卿突厥圍帝鴈門以守禦功拜右光祿大夫從幸江都宇文化及弒逆署民部尚書從至聊城淮安王神通攻之善果督戰中流矢神通解俄爲竇建德所獲王琮讓之曰公隋大臣自尊夫人亡名稱衰今以忠臣子爲逆賊徇命至傷夷謂何善果慙欲自殺或止之得不死建德不之禮乃歸神通送京師擢太子左庶子更封滎陽郡公數爲太子陳得失未幾檢校大理卿兼民部尚書奉法持正風績顯公卿間詔與裴寂等十人每奏事若侍得升殿而從父兄元璹亦與時以爲榮坐事免會山東平持節爲招撫大使以選舉失實除名後歷刑部尚書貞觀初出爲岐州刺史以累去復拜江州刺史卒

元璹字德芳隋沛國公譯之子性察慧愛尚文藝以父功拜儀同襲爵累遷

右衞將軍更封莘國公大業末出爲文城郡守高祖立興遣將張綸西略地攻拔其城係致軍門釋之授太常卿與襄武王琛使突厥還爲參旗將軍元璹習軍旅事帝令教諸屯軍法劉武周將宋金剛與突厥處羅可汗掎角寇汾晉詔元璹諭罷可汗兵不聽乃進爲武周援會暴疾死其下意元璹寘毒因之處羅死頡利立留帳中數年帝既許可汗婚元璹始得還帝勞曰卿不辱於虜可方蘇武張騫矣拜鴻臚卿母喪免會突厥提精騎數十萬身自將攻太原詔即苫次起元璹持節往勞既至虜以不信咎中國元璹隨語折讓無所屈徐乃數其背約突厥愧服因好謂頡利曰突厥得唐地無所用唐得突厥不可臣而使兩不爲用而相攻伐何哉今掠財貲劫人口皆入所部可汗一不得豈若仆旗援好則金玉重幣一歸可汗且唐有天下約可汗爲兄弟使馹銜輦於道今坐受其利不肯乃蒐德胎怨自取勞苦若何頡利當其言引還太宗賜書曰知公口伐可汗如約邊使烽火息燧朕何惜金石賜於公哉貞觀三年復使突厥還言夷狄以馬羊準盛衰今突厥六畜不蕃人色若菜于内飯粟化爲血不三年必亡無幾突厥果敗後轉左武候大將軍坐事免起爲宜州刺史以老致仕卒贈幽州刺史謚曰簡元璹幹敏所至常有譽五聘絕域危不脫終不自爲解然謹事後母不謹隋文帝嘗賜孝經愧勵

之至元璹亦不以孝聞士醜其行從孫杲知名武后世終天官侍郎

權萬紀其先出天水後徙京兆為萬年人父琢玠隋匡州刺史以慤愿聞萬紀悻直廉約自潮州刺史擢治書侍御史尚書右僕射房玄齡侍中王珪掌內外官考萬紀劾其不平太宗按狀珪不伏魏徵奏言房玄齡等皆大臣所考有私萬紀在考堂無訂正今而彈發非誠心為國者帝乃置之然以為不阿貴近繇是擢禮萬紀又建言宇文智及受隋恩賊殺其君萬世共棄今其子乃任千牛請斥屏以懲不軌帝從之萬紀與侍御史李仁發既以言得進頗掉罄自肆衆情懍懍徵奏萬紀等闇大體詆訐彈射皆不實陛下收其一切遂敢附下罔上釣彊直名迷奪聖明以小謀大群下離心如玄齡等且不得申況疏賤之臣哉帝寤從萬紀散騎常侍而免仁發數年復召萬紀為持書御史即奏言宣饒部中可鑿山冶銀歲取數百萬帝讓曰天子所乏嘉謀善政有益於下者公不推賢進善乃以利規我欲方我漢桓靈邪斥使還第久之由御史中丞進尚書左丞出為西韓州刺史從吳王長史王畏其直善遇之齊王祐不奉法帝素奇萬紀能左右吳王者乃徙為祐長史祐暱比群小萬紀驟諫不入即條過失以聞帝遣劉德威按問因召祐入朝祐恐與所暱燕弘亮謀殺之而萬紀先引道祐遣弘亮馳彀騎追擊斬首殊支體投圂中又殺典軍韋文振文振本以校尉從帝征伐以質謹自將帝使事祐出戲馬切諫不納輒見萬紀道之故祐內嘗忿疾萬紀死文振攫馳去追騎獲之祐平贈萬紀齊州都督武都郡公食二千戶謚曰敢文振左武衛將軍襄陽縣公食千戶萬紀子玄初高宗時兵部侍郎

懷恩萬紀族孫祖弘壽為隋臨汾司倉書佐高祖平京師擢太僕卿盧國公卒謚曰恭故懷恩以蔭累遷尚乘奉御襲爵馭人安畢羅為高宗所寵見帝戲慢不恭懷恩奏事適見之退杖四十帝嗟賞曰良吏也擢萬年令賞罰明見惡輒取時語曰寧飲三斗塵無逢權懷恩其姿狀沈毅每盛服妻子不敢仰視更慶萊衛邢宋五州刺史洛州長史所居威名赫然吏重足立嘗過汴州時刺史揚德幹亦以嚴稱與懷恩名相埒汴橋新成立木中途止過車者懷恩過之宗德幹曰民不可止邪焉用此德幹愧服遷益州大都督府長史卒從子楚璧為左領軍衛兵曹參軍玄宗在東都楚璧乃與李迥秀子齊損陳倉尉盧玢左屯營長上折衝周履濟等謀反以兄子梁山詐為襄王子號光帝擁營兵百餘夜入宮城欲劫留守王志愔不克遲明兵斬楚璧等傳首東都籍其家

閻讓字立德以字行京兆萬年人父毗為隋殿內少監本以工藝進故立德與弟立本皆機巧有思武德初為秦王府士曹參軍從平東都遷尚衣奉御制衮冕六服腰輿傘扇咸有典法貞觀初歷將作少匠大安縣男護治獻陵拜大匠

文德皇后崩攝司空營昭陵坐弛職免起為博州刺史太宗幸洛陽詔立德按爽塏建離宮清暑乃度地汝州西山控汝水睨廣成澤號襄城宮役凡百餘萬宮成煩燠不可居帝廢之以賜百姓坐免官未幾復為大匠即洪州造浮海大航五百艘遂從征遼攝殿中監規築土山破安市城師還遂至遼澤亘二百里淖不可通立德執道為橋梁無留行帝悅賜予良厚又営翠微玉華二宮擢工部尚書帝崩復攝司空典陵事以勞進爵大安縣公永徽五年高宗幸萬年宮留守京師領徒四萬治京城卒贈吏部尚書并州都督陪葬昭陵謚曰康

立本顯慶中以將作大匠代立德為工部尚書總章元年自司平太常伯拜右相博陵縣男初太宗與侍臣泛舟春苑池見異鳥容與波上悅之詔坐者賦詩而召立本侔狀閤外傳呼畫師閻立本是時已為主爵郎中俯伏池左研吮丹粉望坐者羞悵流汗歸戒其子曰吾少讀書文辭不減儕輩今獨以畫見名與廝役等若曹慎毋習然性所好雖被訾屈亦不能罷也既輔政但以應務俗材無宰相器時姜恪以戰功擢左相故時人有左相宣威沙漠右相馳譽丹青之嘲咸亨元年官復舊名改中書令卒謚曰文貞

立德孫知微曾孫用之知微聖曆初為豹韜衛將軍武后時突厥默啜請和親后遣知微攝春官尚書持金帛護送武延秀聘其女默啜怒非天子子因延秀挾知微入寇趙定尊之如可汗以示華人自何以北蕭然朝廷以知微賣國夷其族知微不知逃還武后業已然乃曰惡目疾子賜百官甘心焉於是骨斷臠分非要職者不能得子則先以武三思壻免死玄宗在藩時以善割蒙寵開元中有司奏擬供奉姚元崇以為則先刑戮家又逆人姻屬不可留京師詔曰朕在外日嘗驅使宜令供奉用之初為彭州參軍嘗攝錄事一日糾懲謬不法數十事太守以為材後舉通事舍人累遷右衛郎將知引駕仗金吾將軍李質升殿不解刀呵卻之請按以法左右震悚始有司以三衛執扇登殿用之奏三衛皆趫悍不宜升陛邇御坐請以官者代遂為故事天寶中女為義王妃終左金吾將軍

蔣儼常州義興人擢明經第為右屯衛兵曹參軍太宗將伐高麗募為使者人皆憚行儼奮曰以天子雄武四夷畏威蕞爾國敢圖王人有如不幸固吾死所也遂請行為莫離支所因以兵脅之不屈內窟室中高麗平乃得歸帝奇其節授朝散大夫為幽州司馬劉祥道以巡察使到部表最狀擢會州刺史再遷殿中少監數陳時政病利高宗輒優納進蒲州刺史戶產充夥訴犴積年不平前刺史踵以罪去儼至發隱禁姦號良二千石永隆二年以老致仕未幾復召為太僕卿以父諱辭官徙太子右衛副率中宗在東宮儼數爭

過失不見用臣以懇何謝不應諫於是田游巖與處士為洗馬太子所尊禮儼詒書責之曰太子年盛聖道有所未盡足下受調護之寄居責言之地唯唯悠悠不出一談向使不食王粟僕何敢議今祿及親矣尚何酬塞遊巖愧不能荅儼尋徙右衞大將軍封義興縣子以太子詹事致仕卒年七十八中宗立以舊恩贈禮部尚書

韋弘機京兆萬年人祖元禮隋淅州刺史弘機仕貞觀時為左千牛胄曹參軍使西突厥冊拜同俄設為可汗會石國叛道梗三年不得歸裂裾錄所過諸國風俗物產為西征記比還太宗問外國事即上其書帝大悅擢朝散大夫累遷殿中監顯慶中為檀州刺史以邊人陋僻不知文儒貴乃脩學官畫孔子七十二子漢晉名儒象自為贊敦勸生徒繇是大化契苾何力討高麗次灤水會暴漲師留三日弘機輸給資糧軍無飢高宗善之擢司農少卿主東都營田苑宦者犯法杖乃奏帝嗟賞賜絹五十匹曰後有犯治之毋奏遷司農卿太子弘薨詔蒲州刺史李沖寂治陵成而玄堂阨不容終具將吏為之役者過期不遣衆怨夜燒營去帝詔弘機嗣作弘機令開埏左右為四便房撙制禮物裁工程不多改作如期而辦帝嘗言兩都我東西宅然因隋宮室日仆不完朕將更作柰財用何弘機即言臣任司農十年省惜常費積三十萬緡以治宮室可不勞而成帝大悅詔兼將作少府二官督營繕初作宿羽高山等宮徙洛中橋於長夏門廢利涉橋人便之天子乃登洛北絕岸延眺良久歎其美詔即其地營宮所謂上陽者尚書左僕射劉仁軌謂侍御史狄仁傑曰古天子陂池臺榭皆深宮複禁不欲百姓見之恐傷其心而今列岸謻廊亘王城外豈愛君哉弘機猥曰天下有道百官奉職任輔弼者則思獻替事我乃府藏臣守官而已仁傑非之俄坐家人犯盜劾免官初東都方士朱欽遂為武后所寵姦贓狼藉弘機白欽遂假中宮驅策依倚形勢虧紊皇明為禍亂之漸帝遣中使慰諭敕毋漏言逐欽遂于邊后恨之永淳中帝幸東都至芳桂宮召弘機使白衣檢校園苑將復任之為后掎而止終檢校司農少卿事孫岳子景駿景駿別傳

岳子武后時為汝州司馬以辦治稱召授尚舍奉御入見后賞其能曰卿家事朕悉知之因問舊故至家人皆不忘出為太原令以不習武固辭忤旨下遷宋州長史歷廬海等州刺史皆著風迹以嚴稱睿宗立召為殿中少監恩遇尤異竇懷貞等誅而岳子舊與綴過為姜晈所劾貶渠州別駕起授陝州刺史卒孫皐別有傳

姜師度魏州魏人擢明經調丹陵尉龍崗令有清白稱神龍初試為易州刺史河北道巡察兼支度營田使好興作始厮溝於薊門以限奚契丹循魏武帝故迹並海鑿平虜渠以通餉路罷海運省功多遷司農卿出為陝州刺史太原倉水陸運所湊轉屬諸河師度使依高為廥而注米于舟以故人不勞拜太子詹事玄宗從營州治柳城拜營田支度脩築使進為河中尹安邑鹽池涸廢師度大發卒血引其流置鹽屯公私收利不貲從同州刺史又派洛灌朝邑河西二縣閼河以灌通靈陂收棄地二千頃為上田置十餘屯帝幸長春宮嘉其功下詔褒美加金紫光祿大夫賜帛三百匹進將作大匠左拾遺劉彤建榷天下鹽鐵利內之官免貧民賦詔戶部侍郎強循與師度並攝御史中丞會諸道按察使議所以榷之之法議者沮閡不行卒年七十餘師度喜溝渠所至繇役紛紜不能皆便然所就必為後世利是時太史令傅孝忠以知星顯時為語曰孝忠知仰天師度知相地嘲所嗜也

強循字季先鳳州人仕累雍州司士參軍華原無泉人畜多暍死循教人渠水以浸田一方利之號強公渠詔書襃予甚厚歷大理少卿太子右庶子為政辦給不為威嚴遇人盡信不疑然當時恨其少文云

張知謇字匪躬幽州方城人徙家岐兄弟五人知玄知晦知泰知默皆明經高第瞻迹治清介有守公卿爭為引重調露時知謇監察御史裏行知默左臺侍御史知謇歷十一州刺史所在有威嚴武后降璽書存問萬歲通天中自德州刺史入計后奇其貌詔工圖之稱其兄弟容而才謂之兩絕又門皆列戟白雀巢其廷府數寵賜知泰歷益州長史中臺左丞兵部侍郎封陳留縣公中宗在房州禁察苛嚴知謇與董玄質崔敬嗣繼為刺史供擬保戴不少弛帝復位拜知謇左衞將軍加雲麾將軍封范陽郡公知泰御史臺大夫加銀青光祿大夫封漁陽郡公伯仲華首同貴時以為榮知泰忤武三思故出為并州刺史天兵軍使終魏州刺史謚曰定知謇歷東都副留守左右羽林大將軍同華州刺史大理卿致仕年八十開元時卒知謇敏且亮惡請謁求進士或不才冒位視之若仇每敕子孫經不明不得舉家法可稱云武后革命知泰奏置東都諸關十七所譏斂出入百姓驚駭擁米踊貴卒罷不用議者羞傳之知默與監察御史王守慎來俊臣周興掌詔獄數陷大臣守慎雖其甥惡轖引之懸不得去請度為浮屠后許之而知默卒陷酷吏子孫禁錮為張氏羞知玄子景昇知泰子景佚開元中皆顯官

列傳第二十五

蕭瑀列傳第二十六　唐書一百一

端明殿學士兼翰林侍讀學士龍圖閣學士朝散大夫守尚書吏部侍郎[illegible]

敕撰

蕭瑀字時文後梁明帝子也九歲封新安王國除以姊為隋晉王妃故入長安瑀愛經術善屬文性鯁急鄙遠浮華嘗以劉孝標辯命論詭悖不經乃著論非之以為人稟天地而生而謂之命至吉凶禍福則繫諸人今一於命非先王所以教人者通儒柳顧言諸葛穎歎曰是足鍼孝標膏肓矣晉王為太子授右千牛即帝位妃為后而瑀寖親寵頻遷尚衣奉御檢校左翊衛鷹揚郎將感末疾不呼醫曰天若假吾餘年因得為遁階矣后聞責謂曰爾亡國後不安小官而高為怪語罪不測瑀復治疾良已拜內史侍郎數言事忤旨稍見忌帝至鴈門為突厥所圍瑀謀曰夷俗可賀敦與兵馬事況義成公主以帝女為之若走一介使嚮喻宜不戰而解又眾商陛下已平突厥方復事遼東故怠不肯戰願下詔赦高

麗專討突厥則人自奮矣帝從之既而主詭辭謂突厥果解圍去然帝素意伐遼又銜瑀以謀撅其機謂羣臣曰突厥何能為瑀乘未解時乃紿恐我遂出瑀為河池郡守部有鈔賊萬人吏不制瑀募勇敢士擊降之悉捐貲畜賜有功又擊走薛舉衆數萬高祖入京師招之挈郡自歸授光祿大夫封宋國公拜民部尚書秦王領右元帥攻洛陽署瑀府司馬武德元年遷內史令帝委以樞筦內外百務悉關決或引升御榻呼曰蕭郎瑀自力孜孜拘過繩違無所憚一便宜每見納用手詔曰得公言社稷所賴朕既寶之故賜黃金一函公其勿辭是歲州置七職秦王為雍州牧以瑀為州都督詔嘗下中書未即行帝讓其稽瑀曰隋季內史詔敕多違舛百司不知所承今朝廷初基所以安危者繫號令比承一詔必覆審使先後不謬始得下此所以稽留也帝曰若爾朕何憂乎初瑀關內田宅悉賜勳家至是還給之瑀盡以分宗族獨留廟室奉祠王世充平進尚書右僕射七年以熒惑犯右執法避位不許久之

遷左僕射貞觀初房玄齡杜如晦新得君事任稍分瑀不能無少望秉鋒切詆辭旨疏躁太宗怒廢于家俄拜特進太子少師復為左僕射實封六百戶帝問瑀朕欲長保社稷柰何瑀曰三代有天下所以能長久者類封建諸侯以為藩屏秦置守令二世而絕漢分王子弟享國四百年魏晉廢之亡不旋踵此封建之有明效也帝納之始議封建坐與陳叔達忿爭御前不恭免歲餘起為晉州都督入拜太常卿遷御史大夫參預朝政瑀論議明辯然不能容人短意或褊駁不通而向法深房玄齡魏徵溫彥博頗裁正之其言多黜瑀亦不平會玄齡等小過失瑀即痛劾不報由是自失罷為太子少傅加特進復為太常卿拜河南道巡省大使九年復參預政事帝嘗曰武德季太上皇有廢立議顧朕挾不賞之功於昆弟弗見容瑀於爾時不可以利怵死懼社稷臣也因賜詩曰疾風知勁草版蕩識誠臣又曰公守道耿介古無以過然善惡太明或有時而失瑀頓首謝曰既蒙教又許以忠亮雖死日猶生年也魏

徵曰臣有逆衆持法主恕之以公孤特守節主恕之以介昔聞其言乃今見之使瑀不遇陛下庸能自保邪晉王為皇太子拜太子太保同中書門下三品帝曰三師以德導太子者也禮不尊則無所取法乃詔師入謁太子出門迎拜師荅拜每門讓乃入師坐然後坐書前後著名稱惶恐瑀素貴但中狹每燕見輒言玄齡輩朋黨盜權若膠固然特未反耳帝曰知臣莫若君朕雖不明寧頓懵臧否因為瑀曉解瑀以帝有所偏信帝積久亦不平瑀好浮屠法間請捨家為桑門帝許之矣復奏自度不能為又足疾不入謁帝曰瑀豈不得其所邪乃詔奪爵下除商州刺史未幾復其封加特進卒年七十四遺命斂以單衣無卜日詔贈司空荊州都督陪葬昭陵太常謚曰肅帝以其性忌改謚貞褊子銳尚襄城公主為太常少卿

鈞瑀從子有才譽永徽中累遷諫議大夫弘文館學士左武候屬盧文操踰垣盜庫財高宗以其職主幹當自盜罪死鈞曰囚罪誠

死然恐天下聞謂陛下重貨輕法任喜怒殺人帝曰且諫議也詔
原死太常丞爲官人通訊遺詔殺之且附律鈞言禁當有漸雖附
律丞不應死帝曰如姬竊符朕以爲戒令不濫丞死然言得忠言
即宥丞徙遠裔終太子率更令子璀爲渝州長史居母喪以毀卒
鈞兄子嗣業少從煬帝后入突厥貞觀九年歸以其知虜曲折詔
領突厥衆擢累鴻臚卿兼單于都護府長史調露中突厥叛嗣業
與戰敗績高宗責曰我不殺薛仁貴郭待封故使爾至此然爾門
與我家有雅舊故貸死乃流桂州
嵩璀子貌偉秀美須髯始娶會稽賀晦女僚婿陸象先宰相子
時爲洛陽尉已有名士爭往交而嵩汩汩未仕人不之異夏榮者
善相謂象先曰君後十年貴冠人臣然不若蕭郎位高年艾舉門
蕃熾時人不許神龍元年始調洛州參軍事桓彥範爲刺史待以
異禮河北黜陟使姜師度表爲判官開元初擢中書舍人時崔琳
王丘齊澣皆有名以嵩少術學不以華行許也獨姚崇稱其遠到

歷宋州刺史遷尚書左丞十四年以兵部尚書領朔方節度使既
赴軍有詔供帳餞定鼎門外玄宗賦詩勞行會吐蕃大將悉諾
邏恭祿及燭龍莽布支陷瓜州執刺史田元獻回紇又殺涼州守
將王君㚟河隴大震帝擇堪任邊者徙嵩河西節度使判涼州事
封蘭陵縣子嵩表裴寬郭虛己牛仙客置幕府以建康軍使張守
珪爲瓜州刺史完樹陴塢懷保邊人於時悉諾邏恭祿威憺諸部
吐蕃倚其健噬邊嵩乃縱反間示疑端贊普果誅之使悉末明攻
瓜州守珪拒其力虜引卻會鄯州都督張志亮破賊青海西嵩又
遣副將杜賓客率彊弩四千與吐蕃戰祁連城下自晨鬭迄晡乃
大潰斬一將虜哭震山谷露布至帝大悅授嵩同中書門下三品
又官一子恩顧第一十七年進兼中書令自張說罷宰相令缺四
年嵩得之然常遙領河西節度在公慎密人莫見其際子衡尚
新昌公主嵩妻入謁帝呼爲親家儀物貴甚俄封徐國公初裴光
廷與嵩數不協光廷卒帝委嵩擇相嵩推韓休及休同位峭正不

相假至校曲直帝前嵩慚乞骸骨帝慰之曰朕未厭卿何庸去乎
嵩伏曰臣待罪宰相爵位既極幸陛下未厭得以乞身有如厭臣
首領且不保又安得自遂因流涕帝爲改容曰卿言切矣朕未能
決第歸夕當有詔俄遣高力士詔嵩曰朕將爾留而君臣誼當有
始有卒者乃授尚書右丞相與休皆罷是日荆州進黃甘帝以紫
帕包賜之擢子華給事中久之進太子太師而幽州節度使張守
珪坐賂中人牛仙童得罪李林甫素忌嵩因言嵩嘗以城南墅
遺仙童貶青州刺史尋復拜太子太師固請老見許嵩退脩耆
園區優游自怡家饒財而華爲工部侍郎衡以尚主位三品就養
年踰八十盡其榮天寶八載卒贈開府儀同三司
華謹重方雅有家法嗣爵天寶末爲兵部侍郎祿山亂陷賊逼守
魏州郭子儀攻安慶緒於相州華間道奉表欲舉魏以應爲賊
所執會崔光遠得魏州破械出之魏人德華庇免爭來詣光遠乞
留有詔即授刺史思明反子儀懼復失華乃表崔光遠代之而召

置軍中相州兵潰華還朝猶以汙賊降試秘書少監稍遷尚書
右丞擢河中晉絳節度使上元初以中書侍郎同中書門下平章
事李輔國用事求宰相華拒之輔國怨會肅宗大漸矯詔罷華
爲禮部尚書引元載以代方代宗諒闇載助輔國貶華爲峽州司
馬卒二子恒悟
復字履初衡子生戚里嬾從豪汰以服御輿馬相夸復常衣垢弊
居一室學自力非名士夙儒不與游以清操顯華每歎曰此子當
興吾宗推主蔭爲宮門郎廣德中歲大饑家百口不自振議鬻嵩
昭應墅宰相王縉欲得之使弟紘說曰以君才宜在左右胡不以
墅奉丞相取右職復曰鬻嵩先人墅以濟孀單吾何用美官使門內
餒且寒乎縉憾之由是廢數歲乃歷歙池二州刺史治狀應條遷
湖南觀察使改同州刺史歲歉州有京畿觀察使儲粟復輒發以
貸人有司劾治詔削階停刺史或弔之復曰苟利於人胡責之辭
久乃拜兵部侍郎普王爲襄漢元帥進復戶部尚書統軍長史舊

制謂行軍長史德宗以復父諱更之未行扈狩奉天帝懇辭欲西如鳳翔依張鎰復曰鳳翔乃泚舊兵今泚悖亂當有同惡者雖鎰臣畏不免帝曰朕業行留一日以驗爾言俄而鎰爲李楚琳所害於是拜吏部尚書同中書門下平章事復嘗言艱難以來始用宦者監軍權太重是曹正可委宮掖事兵要政機宜使參領帝不聽又言陛下厥初清明自楊炎盧杞放命穢盛德播越及茲今阽于危當懲乂前敗因述君臣大端即自言若使臣依阿偷免不敢當宰相杞對上或諂諛阿旨復厲言杞詞不正帝色眙謂左右曰復慢我因詔復充山南江淮湖南嶺南等道宣撫安慰使興元初進門下侍郎初淮南陳少游左附李希烈而張鎰判官韋皐殺邠隴叛卒不應楚琳復還執政建言陛下反正功臣已貴矣唯甄善汰惡爲未明少游位將相首臣賊皐名淺官下獨挺挺抗忠如以皐代少游則天下瞭然知逆順之理帝許之復出中官馬欽緒揖宰相劉從一附耳語既而從一密諗復曰有詔與公議向所奏不欲李勉盧翰關知復曰堯舜有僉曰之言朝廷大事尚當謀及公卿如勉等非其人當罷去既曰宰相而謀議可獨避之乎今與公行此或可第恐寖以生常政由是敝從一以聞帝不悅復辭疾上政事許之第外尚郜國大長公主肅宗女也外早卒主以姦蠱事再得罪廢諸子悉逐醜地女爲皇太子妃太子請離婚帝銜曩忮故復坐是檢校太子左庶子廢居饒州貞元四年卒年五十七復望閥高華厲名節不通狎流俗及爲相臨事嚴方數咈帝意故居位皆解然性孝友既貶晏然口未嘗言所累復子湛湛子寘咸通中位宰相無顯功史逸其傳

俛字思謙恒子貞元中及進士第又以賢良方正對策異等拜右拾遺元和六年召爲翰林學士凡三年進知制誥會張仲方以李吉甫數調發疲天下訾其謚憲宗怒逐仲方而俛坐與善奪學士下除太僕少卿皇甫鎛薦爲御史中丞鎛與令狐楚皆善俛兩人同輔政數稱其善故帝待俛厚襲徐國公穆宗立逐鎛議所以代者楚薦之授中書侍郎同中書門下平章事進門下侍郎吐蕃寇涇州調兵護邊帝因問兵法有必勝乎俛曰兵凶器聖人不得已用之故武不可玩玩則無震夫以仁討不仁以義討不義先招懷後掩襲故有不殺厲不禽二毛不犯田稼其救人如免水火此必勝術也若乃以小不忍輕任干戈師曲而敵怨非徒不勝又將自危是以聖王慎於兵帝重其言嘗詔俛撰王承宗先銘俛奏承宗比不臣迷而後復臣不忍稱道其先又辭成當畀有餉謝拒之則非朝廷撫納意受之臣誼不當取帝善而止令狐楚罷執政西川節度使王播賂權幸求宰相俛劾播纖佞不可污台宰帝不許自請罷冀有感寤帝亦不省俄罷爲尚書左僕射用播爲鹽鐵使後卒相俛自謂輔政淺固辭僕射換吏部尚書又避選事徙兵部移病求分司不許授太子少保爲同州刺史復以少保分司東都性簡絜以聲利爲污疾邪太甚孤特一槩故輕去位無所藉文宗即位召授少師稱疾力不拜乃還左僕射許致仕莊恪太子時

議選舊德保輔東宮復以少師召輒上還制書堅辭即遷太子太傅優詔褒尚開成初弟俶爲楚州刺史召見帝曰俛先帝賢宰相筋力未衰可一來爾善道朕意乃以詔書并絹三百因俶致之俛終不起以壽卒母韋賢明治家嚴俛雖宰相侍左右如褐衣時居喪哀毀既老家於洛歲時賓客請謝以爲煩乃舍濟源墅自放山野優游窮年然其居位頗介謹持法重名器狹於用人每除吏常憂不稱鮮有簡拔穆宗初兩河底定俛與段文昌當國謂四方無虞遂議太平事以爲武不可黷勸帝偃革尚文乃密詔天下鎮兵十之歲限一爲逃死不補謂之銷兵既而籍卒逋亡無生業曹聚山林間爲盜賊會朱克融王廷湊亂燕趙一日悉收用之朝廷調兵不充乃召募市人烏合戰輒北遂復失河朔矣

贊曰俛議銷兵惡乎不野哉當此時河朔雖挈地還天子而悍卒頑夫開口仰食者故在彼皆不能自返於本業者也又朱克融等客長安餓且死不得一官而俛未有以措置便欲去兵使羣臣失職

一日叫呼其從如市幽魏相挻復爲賊淵可謂見豪末而不察輿
薪矣宰相非其人禍可既乎
傚字思道悟子大和中擢進士第除累給事中宣宗方治喜直言
嘗以李遂爲嶺南節度使使者已賜節而傚封還詔書帝方作樂
不暇命使遣優工趨出追之未及遂所而還後以封敕脫誤法當
罰侍講學士孔温裕曰給事中駁奏爲朝廷論得失與有司奏事
不類不應罰詔可令狐綯用李琢經略安南琢以貪暴免俄起爲
壽州團練使傚劾奏琢無所回時推其直自集賢學士拜嶺南節
度使南方珍賄叢夥不以入門家人病取槁梅於廚以和劑傚知
趣市還之咸通初爲左散騎常侍懿宗怠政事喜佛道引桑門
入禁中爲禱祠事數幸佛廬廣施予傚諫以爲天竺法割愛取滅
非帝王所尚慕今筆梵言口佛音不若懲謬賞濫罰振殃祈福況
佛者可以悟取不可以相求帝雖昏縱猶嘉歎其言後官數遷拜
義成軍節度使滑州瀕河累歲水壞西北防傚徙其流遠去樹堤

自固人得以安以兵部尚書再判度支進中書侍郎同中書門下
平章事再遷司空蘭陵縣侯時天下盜起宦人持兵柄傚以鯁正
爲權近所忌卒年八十子廩字富侯第進士遷尚書郎傚領南
海解官往侍爲人退約少合南海多榖紙傚敕諸子繕補殘書
廩諫曰州距京師且萬里書成不可露齎必貯以橐笥貪者伺
望得無菑悉以嫌乎傚曰善吾思不及此乃止廣明初以諫議大夫
知制誥請厲止夜行以備賊謀出太倉粟賤估以濟貧民俄遷京
兆尹田令孜養子有罪亡擊捕吏繫獄請救踵門廩不納杖殺之
内外畏讋令孜拒黃巢以廩爲糧料使辭疾貶賀州司戶參軍事
會襄王熅據挈族逃河朔鎮冀節度使王鎔厚禮之光化中以
給事中召不至卒
遘字得聖冥子咸通中擢進士第辟節度府入朝拜右拾遺與韋
保衡聯第而遘姿寓秀偉氣孤峻嘗慕李德裕爲人保衡才下
諸儒靳薄之不甚齒獨呼遘太尉保衡憾焉於是保衡已爲相撫

遘罪繇起居舍人斥播州司馬道三峽方迫畏不瞋若有人謂曰
公無恐子爲公訶禦遘恍悟俄謁白帝祠見帝貌類向所睹異之
未幾保衡死召爲禮部員外郎乾符中累擢戶部侍郎翰林學士
承旨僖宗入蜀以兵部判度支次緜州拜同中書門下平章事始
王鐸主貢舉而得遘及是與鐸並位鐸年老嘗入對踣殿中遘掖
起之帝喜曰遘善事長大臣和予之幸也遘曰不止以長乃鐸門
生帝笑曰鐸選士朕選宰相卿無負我遘頓首謝從還京師累拜
司空封楚國公遘負大節以王佐自任既當國風采峭整天子器
之時藩鎮多興於盜賊橫放莫能制權綱濯弛支詳在徐州引
散騎常侍李損子凝吉爲佐會軍將時溥逐詳而取節度溥爲
饔幹所毒不死或讒凝吉爲詳報仇者溥怒殺之損時在朝溥即
上言損連謀請并誅田令孜受溥金劾損付御史獄中丞盧渥傅
成其罪御史王華嫉惡甚表損不知狀令孜請移神策獄華不奉
詔奏言損近臣法當死即死獨不宜取辱於宦人手遘即時叩延

英爭曰凝吉以冤就屠已不可言損與子音問不接且數朞安得
謂同謀哉溥恃功壞天子法請案近臣畢侮王室有無將之萌令
損可無罪誅禍且及臣輩帝寤止免官當此時令孜持禁軍權
寵可炙公卿無不附順唯遘未嘗少下後令孜取安邑解鹽給衛
軍王重榮固爭乃徙重榮宅鎮不受詔令孜以兵討之重榮引沙
陀拒王師王師敗逐而西帝驚幸鳳翔諸節度共劾令孜生事離
間大臣遘素惡之與裴澈計共召朱玫於邠玫起邠兵五千奉迎
與沙陀等連和令孜迫帝幸陳倉夜出百官不及從玫怒令孜
并望帝不諒其心謂遘曰上奔播六年中原之人與賊肝髓流野
得復宗廟遺老殘民聞輿馬音流涕相歡上曾不念以諸侯勤
王功爲敕使之寵令姦臣爲國產怨我奉命而來返以爲脅君
臣報國極矣戰力殫矣尚能垂頭塌翅求生於黃門哉喪君有君
公其圖之遘曰上無負天下顧爲令孜掣制每言必涕數行下陳
倉之行又劫於兵公誠有憂王室意宜還藩奉表請天子復國策

無宜比父曰諸王才可任天下者不乏遘曰人非伊霍欲爲禍首未或利也玫退曰我擇一王爲帝違者斬尚何事乃立嗣襄王熅而召遘作冊遘苦辭玫更委鄭昌圖滋恨遘及還長安使昌圖相熅罷遘爲太子太保移疾不出方其弟蘧爲永樂令往從之帝還宮宰相孔緯與遘雅隙乃劾嘗爲僞臣即賜死其所實光啓三年遘見柄任凡五朞行完而材逢世多故召愎臣以濟亂身汙僞署不得其死人爲哀之

定字梅臣瑀曾孫以蔭起家陝州參軍事金城丞莅事清挺選補黜陟使裴遵慶表爲判官還調萬年主簿歷左右司郎中爲元載所惡外遷袁潤等六州刺史大曆中有司差天下刺史治最定與常州蕭復豪州張鎰爲第一而勸桑稼均賦稅業徠游口在鎰復右遷戶部侍郎太常卿朱泚反詭姓名爲張誕匿里中與蔣沇不俛于賊事平擢太子少師卒年七十七贈太子太師

贊曰梁蕭氏興江左實有功在民厥終無大惡以寖微而亡故餘祉及其後裔自瑀逮遘凡八葉宰相名德相望與唐盛衰世家之盛古未有也

蕭瑀列傳第二十六

岑虞李褚姚令狐列傳第二十七　唐書一百二

端明殿學士翰林侍讀學士龍圖閣學士朝散大夫守尚書吏部侍郎充集賢殿修撰臣宋祁奉

敕撰

岑文本字景仁鄧州棘陽人祖善方後梁吏部尚書更家江陵父之象仕隋為邯鄲令坐為人訟不得申文本年十四詣司隸理冤辯對哀暢無所詘衆屬目命作蓮華賦文成合臺嗟賞遂得直性沈敏有姿儀善文辭多所貫綜郡舉秀才不應蕭銑僭號召為中書侍郎主文記河間王孝恭平荊州其下欲掠奪文本說孝恭曰自隋無道四海救死于頸以望真主蕭氏君臣決策歸命者意欲去危就安大王誠縱兵剽係恐江嶺以南向化心沮狼顧麏驚不如厚撫荊州勸未附陳天子厚惠誰非王人孝恭善之遽下令止侵略署文本別駕從擊輔公祏典機符進署行臺考功郎中貞觀元年除祕書郎兼直中書省太宗既藉田又元日朝羣臣文本奏藉田三元頌二篇文致華贍李靖復薦于帝擢中書舍人

時顏師古為侍郎自武德以來詔誥或大事皆所草定及得文本號善職而敏速過之或策令叢遽敕吏六七人泚筆待分口占授成無遺意師古以譴罷溫彥博為請帝曰師古練時事長於文誥人少逮者幸得復用帝曰朕自舉一人公毋憂乃授文本侍郎專典機要封江陵縣子是時魏王泰有寵侈第舍冠諸王文本上疏勸崇節儉陳嫡庶分宜有抑損帝善之賜帛三百段踰年為令從伐遼東事一委倚至糧漕最目甲兵凡要料配差序籌不廢手由是神用頓耗容止不常帝憂曰文本今與我同行恐不與同返矣至幽州暴病帝臨視流涕卒年五十一是夕帝聞夜嚴曰文本死所不忍聞命罷之贈侍中廣州都督謚曰憲陪葬昭陵始文本貴常自以興孤生居處卑室無茵褥幃帟事母以孝顯撫弟姪篤恩義生平故人雖羈賤必鈞禮帝每稱其忠謹吾親之信之晉王為皇太子大臣多兼宮官帝欲文本兼攝辭曰臣守一職猶懼其盈不願希恩東宮請一心以事陛下帝乃止但詔五日一參東宮每進見太子答拜始為中書令有憂色母問之答曰非勳非舊責重位高所以憂也有來慶者輒曰今日受弔不受賀或勸其營產業文本歎曰吾漢南一布衣徒步入關所望不過祕書郎縣令耳今無汗馬勞以文墨位宰相奉稍已重尚何殖產業邪故口未嘗言家事既任職久賚錫豐饒皆令弟文昭主之文昭任校書郎多交輕薄帝不悅謂文本曰卿弟多過朕將出之文本曰臣少孤母所鍾念者弟也不欲離左右今若外出母必憂無此弟是無老母也泣下嗚咽帝愍其意召文昭讓敕卒無過孫羲從子長倩

羲字伯華第進士累遷太常博士坐伯父長倩貶郴州司法參軍遷金壇令時弟仲翔為長洲令仲休為溧水令皆有治績宰相宗楚客語本道巡察御史毋遺江東三岑乃薦羲為汜水令武后令宰相舉為員外郎者韋嗣立薦羲且言惟長倩為累久不進后曰羲誠材何諉之拘即拜天官員外郎於是坐親廢者皆得援而進

矣俄為中書舍人中宗時武三思用事敬暉欲上表削諸武封王者衆畏三思不敢為草羲為之詞誼勁切由是下遷祕書少監進吏部侍郎時崔湜鄭愔及大理少卿李元恭分掌選皆以賄聞獨羲勁廉為時議嘉仰帝崩詔擢右散騎常侍同中書門下三品睿宗立罷為陝州刺史再遷戶部尚書景雲初復召同三品進侍中封南陽郡公初節愍太子之難冉祖雍誣帝及太平公主連謀賴羲與蕭至忠保護得免羲監脩中宗實錄自著其事帝見之賞歎賜物三百段良馬一匹下詔褒美時羲兄獻為國子司業仲翔陝州刺史仲休商州刺史兄弟子姪在清要者數十人羲歎曰物極則反可以懼矣然不能抑退坐豫太平公主謀誅籍其家

長倩少孤為文本鞠愛永淳中累官至兵部侍郎同中書門下平章事垂拱初自夏官尚書遷內史知夏官事俄拜文昌右相封鄧國公武后擅位喜符瑞事羣臣爭言之長倩懼閒亦開陳請

改皇嗣為武氏且為周家儲貳后順許賜實封戶五百加特進輔國大將軍鳳閣舍人張嘉福洛州民王慶之建請以武承嗣為皇太子長倩謂皇嗣在東宮不宜更立與格輔元不署奏請切責嘉福等和州浮屠上大雲經著革命事后喜始詔天下立大雲寺長倩爭不可繇是與諸武忤罷為武威道行軍大總管征吐蕃未至召還下獄來俊臣脅誣長倩與輔元歐陽通數十族謀反斬于市五子同賜死發暴先墓睿宗立追復官爵備禮改葬輔元者汴州浚儀人父處仁仕隋為汾州丞與同郡王孝逸繁師元靖君亮鄭祖咸鄭師善李行簡盧協皆有名號陳留八俊輔元擢明經累遷殿中侍御史歷御史中丞同鳳閣鸞臺平章事既持承嗣不可遂及誅子遵亦舉明經第為太常寺太祝亡命匿中年十餘年神龍初訴父冤擢累贊善大夫輔元兄希元洛州司法參軍同章懷太子注范曄後漢書者

虞世南越州餘姚人出繼叔陳中書侍郎寄之後故字伯施性沈靜寡欲與兄世基同受學于吳顧野王餘十年精思不懈至累旬不盥櫛文章婉縟慕僕射徐陵陵自以類己由是有名陳天嘉中父荔卒世南毀不勝喪文帝高荔行知二子皆博學遣使至其家護視召為建安王法曹參軍時寄陷於陳寶應世南雖服除仍衣布飯蔬寄還乃釋布啗肉至德初除西陽王友陳滅與世基入隋世基辭章清勁過世南而贍博不及也俱名重當時故議者方晉二陸煬帝為晉王與秦王俊交辟之大業中累至秘書郎煬帝雖愛其才然疾峭正弗甚用為七品十年不徙世基佞敏得君日貴盛妻妾被服擬王者而世南躬貧約一不改宇文化及已弒帝間殺世基而世南抱持號訴請代不能得自是哀毀骨立從至聊城為竇建德所獲署黃門侍郎秦王滅建德引為府參軍事轉記室遷太子中舍人王踐祚拜員外散騎侍郎弘文館學士時世南已衰老屢乞骸骨不聽遷太子右庶子固辭改秘書監封永興縣子世南貌儒謹外若不勝衣而中抗烈論議持正太宗嘗曰朕與世南商略古今有一言失未嘗不悵恨其懇誠乃如此貞觀八年進封縣公會隴右山崩大蛇屢見山東及江淮大水帝憂之以問世南對曰春秋時梁山崩晉侯召伯宗問焉伯宗曰國主山川故山崩川竭君為之不舉降服乘縵徹樂出次祝幣以禮焉梁山晉所主也晉侯從之故得無害漢文帝元年齊楚地二十九山同日崩水大出詔郡國無來貢施惠天下遠近洽穆亦不為災後漢靈帝時青蛇見御坐晉惠帝時大蛇長三百步見齊地經市入廟蛇宜在草野而入市此所以為怪耳今蛇見山澤適其所居又山東淫雨江淮大水恐有冤獄枉繫宜省錄累囚庶幾或當天意帝然之於是遣使賑饑民申挺獄訟多所原赦後星孛虛危歷氐餘百日帝訪群臣世南曰昔齊景公時彗見公問晏嬰嬰曰公穿池沼畏不深起臺榭畏不高行刑罰畏不重是以天見彗為戒耳景公懼而脩德後十六日而滅臣願陛下勿以功高而自矜勿以太平久而自驕慎終于初彗雖見猶未足憂帝曰誠然吾良無景公之

過但年十八舉義兵二十四平天下未三十即大位自謂三王以來撥亂之主莫吾若故負而矜之輕天下士上天見變其為是乎秦始皇剗除六國隋煬帝有四海之富卒以驕敗吾何得不戒邪高祖崩詔山陵一準漢長陵故事厚送終禮於是程役峻暴人力告弊世南諫曰古帝王所以薄葬者非不欲崇大光顯以榮其親然高墳厚隴寶具珍物適所以累之也聖人深思遠慮安於菲薄為長久計昔漢成帝造延昌二陵劉向上書曰孝文居霸陵悽愴悲懷顧謂群臣曰嗟乎以北山石為槨用紵絮斮陳漆其間豈可動哉張釋之曰使其中有可欲雖錮南山猶有隙使無可欲雖無石槨又何戚焉夫死者無終極而國家有廢興孝文寤焉遂以薄葬又漢法人君在位三分天下貢賦之一以入山陵武帝歷年長久比葬方中不復容物霍光暗於大體奢侈過度其後赤眉入長安破茂陵取物猶不能盡無故聚斂為盜之用甚無謂也魏文帝為壽陵作終制曰堯葬壽陵因山為體無封樹寢殿園邑棺槨足

以藏骨衣衾足以朽肉吾營此不食之地欲使易代之後不知其處無藏金銀銅鐵一以瓦器喪亂以來漢氏諸陵無不發者至乃燒取玉匣金縷骸骨並盡乃不重痛哉若違詔妄有變改吾爲戮屍地下死而重死不忠不孝使魂而有知將不福汝以爲永制藏之宗廟魏文此制可謂達於事矣陛下之德堯舜所不逮而俯與秦漢君同爲奢泰此臣所以尤戚也今爲丘隴如此其中雖不藏珍寶後世豈及信乎臣愚以爲霸陵因山不起墳自然高顯今所卜地勢即平宜依周制爲三仞之墳明器一不得用金銀銅鐵事訖刻石陵左以明示大小高下之式一藏宗廟爲子孫萬世法豈不美乎書奏未報又上疏曰漢家即位之初便營陵墓近者十餘歲遠者五十年今以數月之程課數十年之事其於人力不亦勞矣漢家大郡戶至五十萬今人衆不逮往時而功役一之此臣所以致疑也時議者頗言宜奉遺詔於是稍稍裁抑帝嘗作宮體詩使賡和世南曰聖作誠工然體非雅正上之所好下必有甚者

臣恐此詩一傳天下風靡不敢奉詔帝曰朕試卿耳賜帛五十匹帝數出畋獵世南以爲言皆蒙嘉納嘗命寫列女傳於屏風於時無本世南暗疏之無一字謬帝每稱其五絕一曰德行二曰忠直三曰博學四曰文詞五曰書翰世南始學書於浮屠智永究其法爲世秘愛十二年致仕授銀青光祿大夫弘文館學士如故祿賜防閣視京官職事者卒年八十一詔陪葬昭陵贈禮部尚書謚曰文懿帝手詔魏王泰曰世南於我猶一體拾遺補闕無日忘之蓋當代名臣人倫準的今其云亡石渠東觀中無復人矣後帝爲詩一篇述古興亡既而歎曰鍾子期死伯牙不復鼓琴朕此詩將何所示邪敕起居郎褚遂良即其靈坐焚之後數歲夢進讜言若平生翌日下制厚卹其家子昶終工部侍郎

李百藥字重規定州安平人隋內史令德林子也幼多病祖母趙以百藥名之七歲能屬文父友陸乂等共讀徐陵文有刈琅邪之稻之語歎不得其事百藥遽曰春秋鄅子籍稻杜預謂在琅邪客大驚號奇童引蔭補三衛長乃性跌佚喜劇飲開皇初授太子通事舍人兼學士被讒輒謝病去十九年召見仁壽宮襲父爵安平公僕射楊素吏部尚書牛弘愛其才署禮部員外郎奉詔定五禮律令陰陽書初以疾去舍人也煬帝在揚州召不赴銜之及即位奪爵爲桂州司馬官廢還鄉里大業九年戍會稽管崇亂城守有功帝顧其名謂虞世基曰是子故在宜斥醜處乃授建安郡丞至烏程江都難作沈法興李子通杜伏威更相滅百藥轉側寇亂中數被僞署危得不死會高祖遣使招伏威百藥勸朝京師既至歷陽中悔欲殺之飲以石灰酒因大利瀕死既而宿病皆愈伏威詒書輔公祏使殺之爲王雄誕保護得免公祏反授吏部侍郎或謂帝百藥與同反帝大怒及平得伏威所與公祏書乃解猶貶涇州司戶太宗至涇州召與語悅之貞觀元年拜中書舍人封安平縣男明年除禮部侍郎時議裂土與子弟功臣百藥上封建論理據詳切帝納其言而止四年授太子右庶子太子數戲嬻無度乃

作贊道賦以諷它日帝曰朕見卿賦述古儲貳事勸勵甚詳向在卿固所望耳賜綵三百段遷散騎常侍進左庶子宗正卿晉爵爲子久之固乞致仕帝嘗與借賦帝京篇歎其工手詔曰卿何身之老而才之壯齒宿而意之新乎卒年八十四謚曰康百藥名臣子才行世顯爲天下推重侍父母喪還鄉徒跣數千里服雖除容貌臞瘠者累年好獎薦後進得俸祿與親黨共之翰藻沈鬱詩尤其所長樵廝皆能諷之所撰齊史行於時子安期

安期亦七歲屬文父貶桂州遇盜將加以刃安期跪泣請代盜哀釋之貞觀初爲符璽郎累除主客員外郎高宗即位遷中書舍人司列少常伯數豫決國事帝屢責侍臣以不能進賢衆不敢對安期進曰邑十室且有忠信天下至廣不爲無賢比見公卿有所薦進皆劾爲朋黨滯抑者未申而主薦者已訾所以人人爭嘿以避囂謗若陛下忘其親讎曠然受之惟才是用塞讒毀路其誰敢不竭忠以聞上乎帝納之尋檢校東臺侍郎同東西臺三品出爲

荆州大都督府長史卒謚曰烈自德林至安期三世掌制誥孫羲
仲又爲中書舍人
褚亮字希明杭州錢塘人曾祖湮父玠皆有名梁陳間亮少警
敏博見圖史一經目輒誌于心年十八詣陳僕射徐陵陵與語異
之後主召見使賦詩江揔諸詞人在席皆服其工累遷爲尚書殿
中侍郎入隋爲東宮學士遷太常博士煬帝議改宗廟之制亮
請依古七廟而太祖高祖各一殿法周文武二祧與始祖而三餘則
分室而祭始祖二祧不從迭毀未及行坐與楊玄感善煬帝矜己
嫉才因是亦貶西海司戶時博士潘徽貶威定主簿亮與俱至隴
山徽死爲斂瘞人皆義之後爲薛舉黃門侍郎舉滅秦王謂曰寡
人受命而來嘉於得賢公久事無道君得無勞乎亮頓首曰舉
不知天命抗王師今十萬衆兵加其頸大王釋不誅豈獨亮蒙更
生邪王悅賜乘馬帛二百段即授王府文學高祖獵親格虎亮懇
愊致諫帝禮納其言王每征伐亮在軍中嘗預秘謀有裨輔之益

貞觀中累遷散騎常侍封陽翟縣侯老于家太宗征遼子遂良
從詔亮曰疇日師旅卿未嘗不在中今朕薄伐君已老俛仰歲月
且三十載眷言及此我勞如何今以遂良行想君不惜一子於朕耳
善居加食亮頓首謝及寢疾帝遣醫中使候問踵相逮卒年八
十八贈太常卿陪葬昭陵謚曰康遂良自有傳初武德四年太宗
爲天策上將軍寇亂稍平乃鄉儒宮城西作文學館收聘賢才於
是下教以大行臺司勳郎中杜如晦記室考功郎中房玄齡及于
志寧軍諮祭酒蘇世長天策府記室薛收文學褚亮姚思廉太學
博士陸德明孔穎達主簿李玄道天策倉曹參軍事李守素王
府記室參軍事虞世南參軍事蔡允恭顏相時著作郎攝記室許
敬宗薛元敬太學助教蓋文達軍諮典籤蘇勗並以本官爲學士
七年收卒復召東虞州錄事參軍劉孝孫補之凡分三番遞宿
于閣下悉給珍膳每暇日訪以政事討論墳籍榷略前載無常禮
之間命閻立本圖象使亮爲之贊題名字爵里號十八學士藏之

書府以章禮賢之重方是時在選中者天下所慕向謂之登瀛洲
劉孝孫者荆州人祖貞周石臺太守孝孫少知名大業末爲王世
充弟杞王辯行臺郎中辯降衆引去獨孝孫攀援號慟送于郊
貞觀六年遷著作佐郎吴王友歷諮議參軍遷太子洗馬未拜
卒李玄道者本隴西人世居鄭州仕隋爲齊王府屬李密據洛
口署記室密敗爲王世充所執衆懼不能寐獨玄道曰死生有命
憂能了乎寢甚安及見世充辭色不撓釋縛爲著作佐郎東都
平爲秦王府主簿貞觀初累遷給事中姑臧縣男出爲幽州長史
佐都督王君廓專持府事君廓不法每以義裁糾之嘗遺玄道婢
乃良家子爲所掠遣去不納由是始隙君廓入朝玄道寓書房玄
齡玄齡本甥也君廓發其書不識草字疑以謀己遂反坐是流巂
州未幾擢常州刺史風績清簡下詔褒美賜繒帛久之致仕加銀
青光祿大夫以祿歸第卒李守素者趙州人王世充平召署天策
府倉曹參軍通氏姓學世號肉譜虞世南與論人物始言江左山

東尚相酬對至北地則笑而不荅歎曰肉譜定可畏許敬宗曰倉
曹此名豈雅目邪宜有以更之世南曰昔任彥昇通經時稱五經
笥今以倉曹爲人物志可乎時渭州刺史李淹亦明譜學守素所
論惟淹能抗之
姚思廉本名簡以字行陳吏部尚書察之子陳亡察自吴興遷京
兆遂爲萬年人思廉少受漢書於察盡傳其業寡嗜欲惟一於
學未嘗問家人生貲仕陳會稽王主簿入隋爲漢王府參軍事以
父喪免服除補河間郡司法書佐初察在陳嘗修梁陳二史未就
死以屬思廉思廉表父遺言有詔聽續煬帝又詔與起居舍人
崔祖濬脩區寓圖志遷代王侍讀高祖定京師府僚皆奔亡獨思
廉侍王兵將升殿思廉厲聲曰唐公起義本安王室若等不宜無
禮於王衆眙却布列階下帝義之聽扶王至順陽閤泣辭去觀者
歎曰仁者有勇謂此人乎俄授秦王府文學王討徐圓朗嘗語隋
事慨然歎曰姚思廉蒙素刃以明大節古所難者時思廉在洛陽

遺使遺物三百段致書曰㬅想節義故有是贈王爲皇太子遷洗馬即位改著作郎弘文館學士詔與魏徵共撰梁陳書思廉采謝炅顧野王等諸家言推究綜括爲梁陳二家史以卒父業賜雜綵五百段加通直散騎常侍以藩邸恩凡政事得失許密以聞思廉亦展盡無所諱帝幸九成宮思廉以爲離宮游幸是秦皇漢武事非堯舜禹湯所爲帝諭曰朕嘗苦氣疾熱即頓劇豈爲游賞者乎賜帛五十匹拜散騎常侍豐城縣男卒贈太常卿謚曰康陪葬昭陵孫璹

贊曰隋煬帝失德高祖總豪英興北方鼓行入關舉京師若囊霆思廉以諸生侍房升王奮然陳大義挫虓虎而奪之氣勇夫悍心祇駭自卻不敢加無禮於其君誠使有國家者舉不失義天下其何以抗之哉宜太宗之尊表云

璹字令璋少孤撫昆娣友愛力學才辯擢明經第補太子宮門郎以論撰勞進秘書郎稍遷中書舍人封吳興縣男武

后時擢夏官侍郎坐從弟敬節叛貶桂州長史后方以符瑞自神璹取山川草樹名有武字者以爲上應國姓㬅類以聞后大悅拜檢校天官侍郎權文昌左丞同鳳閣鸞臺平章事永徽後左右史唯對仗承旨仗下謀議不得聞璹以帝王謨訓不可闕紀請仗下所言軍國政要責宰相自撰號時政記以授史官從之時政有記自璹始坐事降司賓少卿延載初拜納言有司以璹族犯法不可爲侍臣者璹曰王敦犯順導典樞機嵇康被戮紹以忠死是能爲累乎后曰此朕意卿無恤浮言證聖初加秋官尚書明堂火后欲避正殿應天變璹奏此人火非天災也昔宣榭火周世延建章焚漢業昌且彌勒成佛七寶臺須臾散壞聖人之道隨物示化況明堂布政之宮非宗廟不宜避正殿貶常禮左拾遺劉承慶曰明堂所以宗祀爲天所焚當側身思過振除前祀璹挾前語以傾后意后乃更御端門大酺燕羣臣與相娛樂遂造天樞著已功德命璹爲使董督之功費浩廣見金不足乃斂天下農器并鑄以功賜爵一級后封嵩山詔璹揔知儀注爲封禪副使更造明堂又以使護作加銀青光祿大夫大食使者獻師子璹曰是獸非肉不食自碎葉至都所費廣矣陛下鷹犬且不蓄而厚資養猛獸哉有詔大食停獻時九鼎成后欲用黃金塗之璹奏鼎者神器貴質朴不待外飾臣觀其上先有五采雜暉豈待塗金爲符曜耶后乃止契丹李盡忠盜塞副梁王武三思爲榆關道安撫使坐累下遷益州長史始蜀吏貪暴璹擿發之無所容貸后聞降璽詔慰勞因謂左右曰爲二千石清其身者易使吏盡清者難唯璹爲兼之新都丞朱待辟坐贓應死待辟所厚浮屠理中謀殺璹據劍南有密告者詔璹窮按璹深探其獄跡疑似皆捕逮株黨牽聯數千人獄具后遣洛州長史宋玄爽御史中丞霍獻可覆視無所翻坐没入五十餘族知反流徙者什八以上道路冤誅監察御史袁恕己劾奏璹獄不平有詔勿治召拜地官冬官二尚書久之致仕卒年七十四遺令薄葬贈越州都督謚曰成弟班

班篤學有立志擢明經歷六州刺史政皆有績數被褒賜累封

宣城郡公遷太子詹事兼左庶子時節愍太子稍失道班凡四上書諫其一曰臣聞賈誼稱選天下端士使與太子居處出入故太子見正事聞正言行正道左右前後皆正人也夫習與正人居不能無正習與不正人居不能無不正致得而左右正則太子正太子正天下定矣伏見內置作坊諸工伎得入宮闈之內禁衛之所或言語內出或事狀外通小人無知因爲詐僞有黷盛德臣望悉出宮內造作付所司其二曰漢文帝身衣弋綈足革舄齊高帝鬧檻用銅者皆易以鐵經侯帶玉具劍環佩以過魏太子太子不視經侯曰魏國亦有寶乎太子曰主信臣忠魏之寶也經侯委劍佩去杜門不出夫聖賢以簡素爲貴皇王以菲薄爲德惟殿下留意恭儉損省玩好以訓天下其三曰前世東宮門閤往來皆有簿籍殿下時有所須唯門司宣令姦僞乘之因緣增損近呂昇之乃代署宣敕賴殿下糾發其姦以後墨令忍覆事並請內印畫署冀

免詐繆其四曰聖人不專其德賢智必有所師今司經無學士供
奉無侍讀宜視膳時奏請其人俾奉講勸夫經所以立行修身史
所以諳識成敗斯急務也太子雖稱善不能用其言及敗索宮中
得班諫書中宗嘉歎時宮臣皆得罪獨班擢右散騎常侍遷祕書
監睿宗立拜戶部尚書所歷定州刺史尚書官皆與璹相繼卒
年七十四始曾祖察嘗撰漢書訓纂而後之注漢書者多竊取其
義爲已說班著紹訓以發明舊義云

令狐德棻宜州華原人父熙隋鴻臚卿其先乃燉煌右姓德棻博
貫文史大業末爲藥城長屬亂不就官淮安王神通據太平宮起
兵立揔管府署德棻府記室高祖入關引直大丞相府記室武德
初爲起居舍人遷祕書丞帝嘗問大夫冠婦人髻比高大何邪德
棻對曰冠髻在首君之象也晉之將亡君弱臣彊故江左士女衣
小而裳大宋武帝受命君德尊嚴衣裳隨亦變改此近事驗也帝
然之方是時大亂後經籍亡散秘書湮缺德棻始請帝重購求

天下遺書置吏補錄不數年圖典略備又建言近代無正史梁陳
齊文籍猶可據至周隋事多脫捐今耳目尚相及史有所憑一易
世事皆汨暗無所掇拾陛下受禪于隋隋承周二祖功業多在周
今不論次各爲一王史則先烈世庸不光明後無傳焉帝謂然
於是詔中書令蕭瑀給事中王敬業著作郎殷聞禮主魏中書
令封德彝舍人顏師古主隋大理卿崔善爲中書舍人孔紹安太
子洗馬蕭德言主梁太子詹事裴矩吏部郎中祖孝孫祕書丞魏
徵主齊祕書監竇璡給事中歐陽詢文學姚思廉主陳侍中陳
叔達太史令庾儉及德棻主周整振論譔多歷年不能就罷之
貞觀三年復詔撰定議者以魏有魏收魏澹二家書爲已詳惟五
家史當立德棻更與祕書郎岑文本殿中侍御史崔仁師次周史
中書舍人李百藥次齊史著作郎姚思廉次梁陳二史祕書監魏
徵次隋史左僕射房玄齡揔監脩撰之原自德棻發之書成賜絹
四百匹遷禮部侍郎兼修國史累進爵彭城縣子轉太子右庶子
太子承乾廢坐除名爲民召拜雅州刺史又坐事免會修晉家史
房玄齡奏起之預柬凡十有八人德棻爲先進故類例多所諏定
除祕書少監永徽初復爲禮部侍郎弘文館學士監修國史遷太
常卿高宗嘗召宰相及弘文學士坐中華殿問何脩而王若而霸
又當孰先德棻曰王任德霸任刑夏殷周純用德而王秦專刑而
霸至漢雜用之魏晉以降王霸兩失若用之王爲先而莫難焉帝
曰今茲何爲而要對曰古者爲政清心簡事爲本今天下無虞年
穀豐衍惟薄賦斂省征役爲要又問禹湯桀紂所以興亡對曰傳
稱禹湯罪己其興也勃焉桀紂罪人其亡也忽焉然二王惑嬖色
戮諫者造炮烙之刑此所以亡也帝悅厚賜以荅其言遷國子祭酒
崇賢館學士爵爲公以金紫光祿大夫致仕卒年八十四謚曰憲時
又有鄧世隆顧胤李延壽李仁實皆以史學稱當世鄧世隆者相
州人隋大業末王世充兄子太戍河陽引爲賓客秦王攻洛陽遣
書諭太世隆報書李慢洛陽平亡命變姓名號隱玄先生棲白鹿

山貞觀初召授國子主簿與崔仁師慕容善行劉顗庾安禮敬播
俱爲修史學士世隆內負罪居不聊太宗遣房玄齡諭曰爾爲太
作書各忠其主我爲天子尚甘心匹夫邪毋有後疑改著作佐
郎歷衞尉丞初帝以武功定天下晚始嚮學多屬文賦詩天格
贍麗意悟沖邁十三年世隆上疏請加集錄帝謙不許終著作郎

顧胤蘇州吳人父覽仕隋祕書學士胤永徽中累遷起居郎兼脩
國史以撰太宗實錄勞加朝散大夫弘文館學士論次國史加朝
請大夫封餘杭縣男終司文郎中子琮武后時爲天官侍郎同鳳
閣鸞臺平章事卒后曰琮不幸今雖不舉哀然朕以股肱特廢
視事一日

李延壽者世居相州貞觀中累補太子典膳丞崇賢館學士以脩
撰勞轉御史臺主簿兼直國史初延壽父大師多識前世舊事
常以宋齊梁陳齊周隋天下參隔南方謂北爲索虜北方指南爲
島夷其史於本國詳佗國略往往訾美失傳思所以改正擬春秋

編年刋究南北事未成而歿延壽既數與論譔所見益廣乃追終先志本魏登國元年盡隋義寧二年作本紀十二列傳八十八謂之北史本宋永初元年盡陳禎明三年作本紀十列傳七十謂之南史凡八代合二書百八十篇上之其書頗有條理刪落釀辭過本書遠甚時人見年少位下不甚稱其書遷符璽郎兼脩國史卒嘗撰太宗政典調露中高宗觀之咨美直筆賜其家帛五十段藏副秘閣仍別錄以賜皇太子云李仁實魏州頓丘人官至左史著格論通曆等書行于時

峘德棻五世孫天寶末及進士第遇祿山亂去隱南山豹林谷楊綰微時數從之游而峘博學有口辯綰為禮部侍郎脩國史薦峘自華原尉拜右拾遺兼史職累遷起居舍人撰玄宗實錄屬起居注亡散峘裒掇詔策備一朝之遺自開元天寶間名臣事多漏略拙于取弃不稱良史大曆中以刑部員外郎判南曹遷司封郎中知制誥兼史館脩撰德宗立詔元陵制度務極優厚當竭帑藏

奉用度峘諫曰臣伏讀漢劉向論山陵之誡良史咨欷何者聖賢勤儉不作無益昔舜葬蒼梧弗變其肆禹葬會稽不改其列周武葬畢陌無丘隴漢文葬霸陵不起山墳禹非不忠啓非不順周公非不悌景帝非不孝其奉君親皆以儉觳為無窮計宋文公厚葬春秋書華元為不臣桓魋為石槨夫子以為不如速朽由是觀之有德者葬薄無德者葬厚章章可見陛下仁孝切於聖心然尊親之義貴合于禮先帝遺詔送終之制一用儉約不得以金銀緣飾陛下奉先志無違物若務優厚是咈顧命蔑經誼臣竊懼之今赦令甫下諸條未出望速詔有司從遺制便詔荅曰朕頃議山陵荒哀迷謬以違先旨卿引據典禮非唯中朕之失亦使朕不遺君親于患敢不聞義而從奉以終始雖古遺直何以加焉峘在吏部因尚書劉晏方時楊炎為侍郎故峘內德晏至分闕以善闕奉晏惡闕與炎炎心不平建中初峘為禮部侍郎炎執政不為憾炎出故宰相杜鴻漸門下其子封求弘文生以託峘峘謝使者曰得公手署峘得以識炎不疑署送之峘即日奏言宰相迫臣以私從之負陛下不從則害臣帝以詰炎炎具道所以然帝怒曰此姦人無可柰何欲殺之炎苦救解乃貶衡州別駕遷刺史李泌執政召拜太子右庶子復為脩撰性愎且介人人與為怨孔述睿同脩史峘忿細故數侵之述睿長者無所校貞元五年坐守衡州冒前刺史戶口為己最竇參素惡之貶吉州別駕稍遷刺史齊映為江西觀察使按部及州峘輕映後出先至宰相今雖屬刺史自挾所以過映者至迎謁頗怏怏以語其妻妻曰君自視何如人以白頭走小生前君不以此見映雖黜死我無憾映至峘入謁從容步進不袜首屬戎器映以為恨去至府擿峘舉奏前刺史過失無狀不宜按部貶衢州別駕刺史田敦峘門生也與峘昧生平至是迎拜分俸半以賙給之在衢十年順宗立以秘書少監召未至卒初受詔撰代宗實錄未就會貶詔聽在外成書元和中其子太僕丞丕獻之以勞贈工部尚書

贊曰文本才猷世南鯁諤百藥之持論亮思廉之邃雅德棻之辭章皆治世華采而渙汩於隋光明於唐何哉蓋天下未嘗無賢以不用亡不必多賢以見用興夫典章圖史有國者尤急所以考存亡成敗陳諸前而為之戒方天下初定德棻首發其議而後唐之文物粲然誠知治之本歟

岑虞李褚姚令狐列傳第二十七

蘇韋孫張列傳第二十八　　唐書一百三

端明殿學士兼翰林侍讀學士龍圖閣學士朝請大夫守尚書吏部侍郎充集賢殿脩撰臣宋祁奉
敕撰

蘇世長京兆武功人祖彤仕後魏通直散騎常侍父振周宕州刺史建威縣侯世長十餘歲上書周武帝帝異其幼問讀何書對治孝經論語帝曰何言可道荅曰爲國者不敢侮於鰥寡爲政以德帝曰善使卒學虎門館父死王事有詔襲爵世長號踊不自勝帝顣然改容入隋爲長安令數條上便宜大業末爲都水少監督漕上江會煬帝被弒發喪慟聞行路更爲王世充太子太保行臺右僕射與世充兄子弘烈及其將豆盧行褒戍襄陽高祖與之舊數遣使者諭降輒殺之洛陽平始與弘烈歸帝誅褒而詰世長頓首謝曰古帝王受命以比逐鹿一人得禽萬夫斂手豈有獲鹿後忿同獵者問爭肉罪邪今陛下應天順民安可忘管仲雍齒事且武功舊人亂離以來死亡略盡唯臣得見太平若殺之是絕其類帝笑釋之授玉山屯監引見玄武門與語平生調之曰卿自謂佞邪直邪對曰愚且直帝曰若直者何爲背賊歸我對曰洛陽平天下爲一臣智窮力屈乃歸陛下使世充不死臣據漢南尚爲勍敵帝大笑嘲曰何名長而意之短口正而心之邪世長曰名長意短誠如聖旨口正心邪不敢奉詔昔竇融以河西降漢十世侯之臣舉山南以歸唯蒙屯監帝悅拜諫議大夫從獵涇陽大獲帝入旌門詫左右曰今日畋樂乎世長曰陛下廢萬機事游獵不滿十旬未爲樂也帝色變既而笑曰狂態發邪曰爲臣計則狂爲陛下計忠矣時武功鄠新經突厥寇掠鄉聚凋虛帝將遂獵武功世長諫曰突厥向盜劫人陛下救卹之言未出口又獵其地殆百姓不堪所求帝不聽侍宴披香殿酒酣進曰此煬帝作邪何雕麗底此帝曰卿好諫似直然詐也豈不知此殿我所營乃詭云煬帝邪對曰臣但見傾宮鹿臺非受命聖人所爲者陛下武功舊第纔蔽風雨時以爲足今天下猒隋之侈以歸有道陛下宜刈奢淫

復朴素今乃即其宮加雕飾焉欲易其亂得乎帝咨重其言歷陝州長史天策府軍諮祭酒引爲學士貞觀初使突厥與頡利爭禮不屈拒卻賂遺朝廷壯之出爲巴州刺史舟敗溺死世長有機辯淺于學嗜酒簡率無威儀初在陝邑里犯法不能禁乃引咎自撻于廛五伯疾其詭鞭之流血世長不勝痛呼而走人笑其不情

子良嗣高宗時爲周王府司馬王年少不法良嗣數諫王以法繩府官不職者甚見尊憚帝異之遷荆州長史帝遣宦者采怪竹江南將蒔上苑宦者所過縱暴至荆良嗣囚之上書言狀帝下詔慰獎取竹弄之徙雍州時關內饑人相食良嗣政上嚴毋盜發三日內必禽號稱神明垂拱初遷冬官尚書拜納言封溫國公留守西京賞遇尤渥尚方監裴匪躬案諸苑建言鬻果蔬儲利佐公上良嗣曰公儀休一諸侯相拔葵去織未聞天子賣果蔬與人爭利遂上遷文昌左相同鳳閣鸞臺三品遇薛懷義于朝懷義偃蹇良嗣怒叱左右批其頰曳去武后聞之戒曰弟出入北門彼南衙宰相

行來毋犯之載初元年罷左相加特進仍知政事與韋方質素不平方質坐事誅引逮之后辨其非良嗣悸謝不能興輿還第卒年八十五詔百官往弔贈開府儀同三司益州都督始良嗣爲洛州長史坐僚壻累下徙冀州刺史其人往謝良嗣色泰定曰初不聞有累在荆州時州有河東寺李蕭登爲兄河東王所建良嗣曰江漢間何與河東乎奏易之而當世根其少學云子踐言官太常丞爲酷吏所陷死嶺南削父爵没其家神龍元年復贈司空以踐言子務元襲爵終邠王府長史

從孫弁字元容擢進士調奉天主簿德宗出狩而縣令計事在府官屬皆惶恐欲遁走弁曰昔肅宗幸靈武至新平安定二太守坐伏匿斬以徇諸君知之乎衆乃定車駕至儲侍畢給帝嘉之試大理司直朱泚平進監察御史擢累倉部郎中判度支案裴延齡死帝召弁見延英賜紫衣金魚以度支郎中副知度支事位郎中上知度支有副自弁始弁通學術吏事精明承延齡後平賦緩

役略煩苛人賴其寬久之遷戶部侍郎判度支改太子詹事舊制
詹事位在太常宗正卿下御史中丞竇參畢之徒班河南太原尹
下并造朝颿就舊㫖著有司疑詰給曰我已白宰相復舊班殿中侍
御史鄭儒立劾奏待罪金吾有詔原罪坐前以腐粟給邊貶汀州
司戶參軍是時兄衮為贊善大夫晁京兆士曹參軍以并故貶衮
永州晁信州司戶參軍衮年老瞑不能視帝閔之聽還又有稱晁
才者帝悔不用而衮以老先還重追晁更問大臣昆弟可任者左
右以王紹之兄紓韓皐之兄羣對帝乃擢紓右補闕羣考功員
外郎晁遂不復用數年起并為滁州刺史卒并聚書至二萬卷手
自讎定當時稱與祕府埒并之判度支方大旱州縣有逋米斷貞
元八年以前凡三百八十萬斛人亡數在并奏請出以貸貧民至秋
而償詔可當時識其罔君云

韋雲起京兆萬年人隋開皇中以明經補符璽直長嘗奏事文帝
前帝曰外事不便可言之時兵部侍郎柳述侍雲起即奏述性豪

侈未嘗更事特緣主婿私握兵要議者謂陛下官不擇賢此不便
者帝顧述曰雲起言而藥石也可師之仁壽初詔百官舉所知述
舉雲起通事舍人大業初改謁者建言今朝廷多山東人自作門
戶附下罔上為朋黨不抑其端必亂政因條陳姦狀煬帝屬大理
推究於是左丞郎蔚之司隸別駕郎楚之等皆坐免會契丹寇營
州詔雲起護突厥兵討之啓民可汗以二萬騎受節度雲起使
離為二十屯屯相聯絡四道並引令曰鼓而行角而止非公使毋
走馬三諭五復之既而紇斤一人犯令即斬以徇於是突厥酋長
入謁者皆膝而進莫敢仰視始契丹事突厥無間且不虞雲起至
既入境使突厥紿云詣柳城與高麗市易敢言有隋使在者斬契
丹不疑因引而南過賊營百里夜還陣以遲明俄縱擊之獲契丹
男女四萬以女子及畜產半賜突厥男子悉殺之以餘衆還帝大
喜會百官於廷曰雲起將突厥兵平契丹以奇用師有文武才朕
自舉之拜治書御史因劾奏內史侍郎虞世基御史大夫裴蘊怙

寵放命四方有變不以聞聞不以實朝議少賊不多發兵官兵少
賊衆數見敗北賊氣日張請付有司案罪大理卿鄭善果奏雲起
訾大臣毀朝政所言不情貶大理司直帝幸江都請告歸高祖入
關上謁長樂宮授司農卿陽城縣公武德初進上開府儀同三司
判農圃監時議討王世充雲起上言京師初平人未堅附百姓流
離仍歲無年盩厔司竹藍田谷口盜賊羣屯京都推剽乘夜竊發
重以梁師都嫁情北胡陰計內釁為腹心患釋此不圖而窺兵函
洛姦人乘虛一旦有變禍且不細臣愚以為不若戢兵務農須關
中安安士氣餘飽然議討伐一舉可定從之會突厥入寇詔總豳
寧以北九州兵禦之得一切便宜改遂州都督益州行臺兵部尚
書時僕射竇軌數奏生獠反冀得集兵以威衆雲起數持劾軌宜
言雲起通賊營私由是始隙雲起弟慶儉慶嗣事隱太子太子
死詔軌息驛報軌疑雲起有變陰設備乃告之雲起不信曰詔
安在軌曰公建成黨今不奉詔反明矣遂殺之初雲起師太學博

士王頍每歎曰韋生識悟富貴可自致然疾惡甚恐不得死訖如
言孫方質光宅初為鳳閣侍郎同鳳閣鸞臺平章事遷地官尚
書嘗屬疾武承嗣兄弟往候方質據牀自若或曰倨見權貴且速
禍答曰吉凶命也丈夫豈能折節近戚以苟免邪俄為酷吏所陷
流死儋州没其家神龍初復官爵

孫伏伽貝州武城人仕隋以小史累勞補萬年縣法曹高祖武
德初上言三事其一臣聞天子有爭臣雖無道不失其天下隋失
天下者何不聞其過也方自謂功德盛五帝邁三王窮侈極欲使
天下士肝腦塗地戶口殫耗盜賊日滋當時非無直言之臣卒不
聞悟者君不受諫而臣不敢告之也向使開不諱之路官賢授能賞
罰時當人人樂業誰能搖亂者乎陛下舉晉陽天下響應計不
旋跬大業以成勿以得天下之易而忘隋失之不難也天子動則左
史書之言則右史書之凡蒐狩當順四時不可妄動且陛下即位
之明日有獻鷂者不卻而受此前世弊事柰何行之相國參軍

事盧牟子獻琵琶長安丞張安道獻弓矢並被賚賞以率土之富何索不致豈少此物哉其二百戲散樂本非正聲隋末始見崇用此謂淫風不得不變近太常假民裙襦五百稱以衣妓工待玄武門游戲臣以爲非詒子孫之謀傳曰放鄭聲遠佞人今散妓者匪韶匪夏請並廢之以復雅正其三臣聞性相近習相遠今皇太子諸王左右執事不可不擇大抵不義無賴及馳騁射獵歌舞聲色慢游之人止可悦耳目備驅馳至拾遺補闕決不能也汎觀前世子姓不克孝兄弟不克友莫不由左右亂之願選賢才澄僚友之選帝大悦即詔周隋之晚忠臣結舌是謂一言喪邦者朕惟寡德不能性與天道然冀弼諧以輔不逮而羣公卿士罕進直言伏伽至誠慷慨據義懇切指朕失無所諱其以伏伽爲治書侍御史賜帛三百匹初帝授禪伏伽最先諫帝欲盡下情故不次見拔以示羣臣是時軍興賦斂重伏伽數請蠲損帝語裴寂曰隋爲無道主驕於上臣諂於下下上蔽蒙至身死匹夫手寧不痛哉我今不

然平亂責武臣守成責儒臣程能付事以佐不逮虛心盡下冀聞嘉言若李綱孫伏伽可謂誼臣矣俛首噤默豈朕所望哉東都平大赦天下又欲責賊支黨悉流徙惡地伏伽諫曰臣聞王者無戲言書稱爾無不信朕不食言言之不可不慎也陛下制詔曰常赦不免皆原之此非直赦有罪是亦與天下更新辭也世充建德所部赦後乃欲流徙書曰殲厥渠魁脅從罔治渠魁尚免脅從何辜且蹠狗吠堯吠非其主今與陛下結髮雅故往爲賊臣彼豈忘陛下哉壅隔故也至疏者安得而罪之由古以來何始無君然止稱堯舜者何也直由善名難得也昔天下未平容應機制變今四方已定設法須與人共之法者陛下自作須自守之使天下百姓信而畏也自爲無信欲人之信若爲得哉賞罰之行無貴賤親疏惟義所在臣愚以爲賊黨於赦當免者雖甚無狀宜一切加原則天下幸甚又表置諫官帝皆欽納太宗即位封樂安縣男遷大理少卿帝數出馳射伏伽諫曰臣聞天子之居禁衛九重出也警言入也蹕

非直尊其居處爲社稷生人計也比聞陛下走馬射帖娛悦羣臣殆非所以導養聖躬垂憲後代此直少年諸王務耳安得既爲天子尚行之乎竊爲陛下不取帝悦曰卿能言朕失朕能改之天下庶有瘳乎後坐奏囚失免官起爲刑部郎中累遷大理卿時司農市木橦倍直與民右丞韋悰劾吏隱没事下大理訊鞫伏伽曰緣官市貴故民直賤臣見司農識大體不見其罪帝悟顧悰曰卿不逮伏伽遠矣久之出爲陝州刺史致仕顯慶三年卒始伏伽拜御史時先被内旨而制未出歸卧于家無喜色頃之御史造門子弟驚白伏伽徐起見之時人稱其有量以比顧雍云

張玄素蒲州虞鄉人仕隋爲景城縣戶曹竇建德陷景城執將殺之邑人千餘號泣請代曰此清吏殺之是無天也大王即定天下無使善人解體建德命釋縛署治書侍御史不拜聞江都已弑始爲建德黄門侍郎賊平授景州録事參軍太宗即位問以政對曰自古未有如隋亂者得非君自專法日亂乎且萬乘之尊身決庶

務日斷十事五不中中者信善有如不中者何一日萬機積其失不亡何待若上賢右能使百司善職則高居深拱孰敢犯之隋末盜起爭天下者不十數餘皆保城邑以須有道聽命是欲背上怙亂者果鮮特人君不能安之而挺之亂也以陛下聖神跡所以危鑒所以亡日慎一日雖堯舜何以加帝曰善拜侍御史遷給事中貞觀四年詔發卒治洛陽宫乾陽殿且東幸玄素上書曰臣惟秦始皇帝藉周之餘夷六國統壹尊將貽之萬世及子而亡者殫嗜奔欲以逆天害人也天下不可以力勝唯當務儉約薄賦斂以身先之乃能大安今東都未有幸期前事土木咸王出藩又當營構科調繁仍失疲人望一不可也陛下向平東都曽觀廣殿皆撤毁之天下翕然一口頌歌豈有初惡後靡而後好雕麗哉二不可也陛下每言巡幸者不急之務徒爲虛費今國儲無兼年又興別都之役以産怨讟三不可也百姓承亂離之後財賦殫空雖蒙更生意未完定柰何營未幸之都重耗其力四不可也漢祖將都洛

陽憂勞一言即日西駕非不知地土中道里所均但形勝不及關內弗敢康也伏惟陛下化凋弊之俗爲日尚淺詎可東巡以撓人心五不可也臣嘗見隋家造殿伐木於豫章二千人挽一材以鐵爲轂行不數里轂輒壞別數百人齎轂自隨終日行不三十里一材之費已數十萬工擦其餘可知已昔阿房成秦人散章華就楚衆離乾陽畢功隋人解體今民力未及隋日而役殘創之人襲亡國弊臣恐陛下之過甚於煬帝帝曰卿謂我不如煬帝何如桀紂對曰若此殿卒興同歸於亂臣聞東都始平太上皇詔宮室過度者焚之陛下謂瓦木可用請賜貧人事雖不從天下稱爲盛德今復度而宮之是隋役又興不五六年間一捨一取天下謂何帝顧房玄齡曰洛陽朝貢天下中朕營之意欲便四方百姓今玄素言如此使後必往雖露坐庸何苦即詔罷役賜綵二百匹魏徵名梗挺聞玄素言歎曰張公論事有回天之力可謂仁人之言哉歷太子少詹事遷右庶子時太子承乾事游畋不悅學玄素上書曰天道無親惟德是輔苟違天道人神棄之古者田三驅非以教殺除民害也今反以獵爲娛行之無常不損盛德哉傳曰事不師古匪說攸聞然則操道在學古學古在師訓孔穎達奉詔講勸宜數逮問稗萬分博選賢傑朝夕侍左右與相規摩曰知所亡月無忘所能此則善美矣夫在人上者常求爲善也然性不勝情耽惑成亂下有諫言君道乃虧古人有云勿以惡小不去善小不爲禍福之來皆根於初護終若始猶懼其替始不護焉終將安歸太子不納又上書曰周公資聖人而握沐吐飧下白屋況下周公之人哉殿下資質天就尚須學以表飾之孔穎達趙弘智皆宿德鉅髦兼識政機望數召見述古今增懿明德雕蟲小技正可閒召代博弈不宜屢也騎射畋游褻戲酣歌悅耳目移情靈不可以御夫心爲萬事主動而無節則亂敗德之原實在於此帝知數財正太子頻擢至銀青光祿大夫行左庶子太子久不見賓友玄素曰宮中所見止婦人不知如樊姬等可與益聖德者幾何若無之即使諛豔嬖何足

顧哉上惟東宮之重高署賢才爲寮佐今乃不得進見將何以朝納誨夕補遺哉太子諱其切夜遣戶奴以騎檛伹擊危脫死嘗聞宮中擊鼓命閽正言太子出鼓對玄素破之既不悛醜德日聞玄素不能已上書曰孔子曰能近取譬可謂仁之方也書傳所載或遠臣請以近事諭之周武帝平山東庳宮陋食以安海內而太子贇有穢德烏丸軌以聞帝慈仁不忍廢及踐祚狂暴日熾宗祀以亡隋文帝所代是也文帝因周衰藉女資雖無大功於人然布德行惠上下安賴勇爲太子驕肆敗度今宮中山池殿下所親見者也當是時自謂有太山之安詎知壬臣敢進其說哉向使動靜有常進止有度親君子疏小人黜浮華守恭儉雖有離間烏能致慈父之隙哉蓋積德弗純令問不著一遭讒遂成其禍今上以殿下父子親故所資用不爲限節然詔未六旬而用踰七萬驕奢亡藝孰有過此龍樓望苑爲工匠之肆既闕視膳問安之宜又無悅學好道之實上違君父慈訓之方下有因緣戮辱之罪所施與者不游手雜色則圖畫雕鏤之人外所瞻仰此失已暴內隱密者尚可勝計哉右庶子趙弘智經明行脩臣謂宜數進召以廣徽美今反猜嫌謂妄相推引從善若流尚恐不逮飾非拒諫禍可既乎書入太子怒遣刺客同之會宮廢玄素坐除名爲民頃之召授潮州刺史徙鄧州訖不復親近高宗時以老致仕麟德初卒始玄素與孫伏伽在隋皆爲令史太宗常問玄素官立所來深自羞汗褚遂良見帝曰君子不失言於人明主不失言於戲故言則史書之禮成之樂歌之居上能禮其臣乃盡力以奉其上近世宋武帝侮靳朝臣攻其門戶至恥懼狼狽前史以爲非陛下昨問玄素在隋任何官對曰縣尉又問未爲尉時曰流外又問何曹司玄素出不能徙步顏若死灰精爽頓盡見者咸駭共驚怪唐家創業任官以才卜祝庸保量能並用陛下以玄素擢任三品佐皇儲豈宜復對羣臣使辭窮負恥欲責其伏節死義安可得乎帝曰朕亦悔之伏伽雖廣坐陳說往事無少隱焉

贊曰始唐有天下懲隋敝敷內讜言而世長等仇然獻忠時主方褒聽藉以勸天下雖觸禁忌而無忤情及禍亂已平君位尊安後者視前人之爲猶以鯁論期榮故時時遭斥讓爲所厭苦非言有巧拙所遭之時異也夫性有不可移雖堯舜弗能訓承乾之惡根著于心而歸責玄素其何救哉此士亹辭不能傅太子諒矣

蘇韋孫張列傳第二十八

于高張列傳第二十九　　唐書一百四

端明殿學士兼翰林侍讀學士龍圖閣學士朝請大夫守尚書吏部侍郎充集賢殿修撰臣宋祁奉敕撰

于志寧字仲謐京兆高陵人曾祖謹有功於周爲太師燕國公父宣道仕隋至内史舍人大業末志寧調冠氏縣長山東盜起棄官歸高祖入關率羣從迎謁長春宮詔授渭北道行軍元帥府記室與殷開山參謀議薛仁杲平識褚亮於囚虜中遷天策府中郎文學館學士引亮與同列貞觀三年爲中書侍郎太宗嘗宴近臣問志寧安在有司奏敕召三品志寧品第四帝悟特詔預宴因加散騎常侍太子左庶子黎陽縣公是時議立七廟羣臣請以涼武昭王爲始祖志寧以涼非王業所因獨建議違之帝詔功臣世襲刺史志寧奏古今異時慕虛名遺實患非久安計帝皆從之嘗謂志寧曰古者太子既生士負之即置輔弼昔成王以周召爲師傅日聞正道習以成性今太子幼卿當輔以正道無使邪僻啓其心勉之官賞可不次得也太子承乾數有過惡志寧欲救止之上諫苑以諷帝見大悅賜黃金十斤絹三百匹俄兼詹事以母喪免有詔起復本官固請終喪帝遣中書侍郎岑文本敦譬曰忠孝不兩立今太子須人教約卿彊起爲我卒輔道之志寧乃就職時太子以農時造曲室累月不止又好音樂過度志寧諫以爲今東宮乃隋所營當時號爲侈麗豈容復事營襲彩飾於其間丁匠官奴皆犯法亡命鉗鑿槌杵往來出入監門宿衛直長千牛不得苛問爪牙在外廝役在内其可無憂乎又宮中數聞鼓聲太樂伎兒輒留不出往年口敕丁寧殿下可不思之太子不納而左右多任宦官志寧復諫曰奄官者體非全氣專柔便佞託親近爲威權假出納爲禍福故伊戾敗宋易牙亂齊趙高亡秦張讓傾漢近高齊任鄧長顒爲侍中陳德信爲開府内預宴私外干朝政齊卒顛覆今殿下左右前後皆用寺人輕忽高班陵轢貴仕品命失序經紀不立行路之人咸以爲怪太子益不悅東宮僕御舊得番休而

太子不聽又私引突厥與相狎比志寧懷不能已上疏極言曰竊見僕寺司馭爰及獸醫自春迄夏不得番息或家有慈親以闕溫凊或室有幼弱以虧撫養殆非恕愛之意又突厥達哥支等人狀野心不可以禮教期不可以仁信待狎而近之無益令望有損盛德況引内閤中使常親近人皆震駭而殿下獨安此乎太子大怒遣張師政紇干承基往刺之二人者入其第見志寧寢苫塊中不忍殺乃去太子敗帝知狀謂曰聞公數諫承乾不聽公故至此是時宮臣皆罪廢獨志寧蒙勞勉晉王爲皇太子復拜左庶子遷侍中加光祿大夫進封燕國公監脩國史永徽二年洛陽人李弘泰誣告太尉長孫无忌反有詔不待時斬之志寧以爲方春少陽用事不宜行刑且誣謀非本惡逆請依律待秋分乃決從之衡山公主既公除將下嫁長孫氏志寧以爲禮女十五而笄二十而嫁有故二十三而嫁固知遇喪須終三年春秋魯莊公如齊納幣母喪未再期而圖婚二家不譏以其失禮明也今議者云公除從吉此漢文創制爲天下百姓耳公主身服斬衰服可以例除情不可以例改心喪成婚非人情所忍於是詔公主待服除乃婚拜尚書左僕射同中書門下三品頃之兼太子少師四年隕石十八于馮翊高宗問曰此何祥也朕欲悔往脩來以自戒若何志寧對春秋隕石于宋五内史過曰是陰陽之事非吉凶所生物固有自然非一繫人事雖然陛下無災而戒不害爲福也俄遷太傅嘗與右僕射張行成中書令高季輔俱賜田志寧奏臣家自周魏來世居關中貲業不墜今行成季輔始營產土願以臣有餘賜不足者帝嘉之分其田以與二人顯慶四年以老乞骸骨詔解僕射更拜太子太師仍同中書門下三品王皇后之廢長孫无忌褚遂良固爭不見從志寧不敢言武后以其不右己銜之後因殺无忌坐免官出爲榮州刺史改華州聽致仕卒年七十八贈幽州都督謚曰定後追復左光祿大夫太子太師志寧愛賓客樂引後進然多嫌畏不能有所薦達也爲士議所少凡格式律令禮典皆與論譔賞

賜以巨萬初志寧與司空李勣脩定本草并圖合五十四篇帝曰
本草尚矣今復脩之何所異邪對曰昔陶弘景以神農經合雜家
別録註銘之江南偏方不周曉藥石往往紕繆四百餘物今考正
之又增後世所用百餘物此以爲異帝曰本草別録何爲而二對
曰班固唯記黃帝内外經不載本草至齊七録乃稱之世謂神農
氏嘗藥以拯含氣而黃帝以前文字不傳以識相付至桐雷乃載
篇冊然所載郡縣多在漢時疑張仲景華佗竄記其語別録者
魏晉以來吳普李當之所記其言華葉形色佐使相須附經爲說
故弘景合而録之帝曰善其書遂大行曾孫休烈
休烈機鑒融敏善文章與會稽賀朝萬齊融延陵包融齊名開元
初第進士又擢制科歷秘書省正字吐蕃金城公主請文籍四種
玄宗詔秘書寫賜休烈上疏曰戎狄國之寇經籍國之典也戎之
生心不可以無備昔東平王求史記諸子漢不與之以史記多兵
謀諸子雜詭術也東平漢之懿戚尚不示征戰之書今西戎國之

寇讎安可貽以經典且吐蕃之性慓悍果決善學不回若達於書
則知戰深於詩則知武夫有師干之試深於禮則知月令有廢興
之兵深於春秋則知用師詭詐之計深於文則知往來書檄之制
此何異假寇兵資盜糧也臣聞魯秉周禮齊不加兵吳獲乘車楚
屢奔命喪法危邦可取鑒也公主下嫁異國當用夷禮而反求良
書恐非本意殆有姦人鬭導其中若陛下慮失其情亦不得已請
去春秋夫春秋當周德既衰諸侯盛彊征伐競興情僞於是乎生
變詐於是乎起有以臣召君取威定霸之事誠與之國之患也狄
固貪婪貴貨易土正可錫以錦綵厚以金玉無足所求以資其智
跡入詔中書門下議侍中裴光庭曰吐蕃不識禮經孤背國恩今
求哀啓顙許其降附漸以詩書陶聲教斯可致也休烈但見情
僞變詐於是乎生不知忠信節義亦於是乎在帝曰善遂與之累
遷起居郎直集賢殿學士比部郎中楊國忠爲宰相斥不附己者
出爲中部郡太守肅宗立休烈奔行在擢給事中遷太常少卿知

禮儀事兼脩國史帝嘗謂曰良史者君舉必書朕有過失頗卿何
如對曰禹湯罪己其興也勃焉有德之君不忘規過於時經大盜後
史籍燔爇休烈奏國史開元實録起居注及餘書三千八百餘篇
藏興慶宮兵興焚煬皆盡請下御史覈史館所由購府縣有得
者許上送官一書進官一資一篇絹十匹凡數月止獲一二篇唯韋
述以其家藏國史百三十篇上獻中興文物未完休烈獻五代論
討著舊章天子嘉之轉工部侍郎仍脩史宰相李揆矜己護前惡
與同史任爲等列奏徙休烈爲國子祭酒權留史館脩撰以卑下
之休烈安然無屑意乾元初始詔百官元日冬至於光順門賀皇
后休烈奏周禮有命夫朝人君命婦朝女君自顯慶以來則天皇
后用此禮而命婦與百官雜處在禮不經帝罷之代宗嗣位數
別名品元載稱其清諒拜右散騎常侍兼脩國史加禮儀使遷太
常卿累進工部尚書封東海郡公雖一歷清要不治産性恭儉仁愛
無喜慍之容樂賢下善推轂士甚衆年老篤意經籍嗜學不猒

妻韋卒天子嘉休烈父子著儒行詔贈韋國夫人葬給鹵簿鼓吹
歲中休烈亦卒年八十一帝爲歎息贈尚書左僕射謚曰元遣謁者
就第宣慰爲儒者榮二子益肅及休烈時相繼爲翰林學士益天
寶初及進士第肅終給事中贈吏部侍郎肅子敖字蹈中擢進士
爲秘書省校書郎楊憑李鄘呂元膺相繼辟幕府元和初拜監察
御史五遷至右司郎中進給事中左拾遺盧嚴爲元稹李紳所厚
與蔣防俱薦爲翰林學士李逢吉誣紳罪逐之而出嚴爲信州刺
史防汀州刺史敖封還詔書稽紳意申嚴枉及駁奏下乃論貶嚴
太輕衆皆嗤誚逢吉乃厚敖三遷至戸部侍郎出爲宣歙觀察使
敖脩謹家世用文學進初爲時所稱及居官無所建明不逞物以
自容名益減卒贈禮部尚書四子球珪瓌琮皆清顯琮知名龐
嚴者字子肅壽州壽春人第進士擧賢良方正策第一拜拾遺
辭章峭麗累遷駕部郎中知制誥坐累出復入稍遷太常少卿大
和五年權京兆尹彊幹不阿貴勢然貪利溺聲色卒于官

琮字禮用落魄不事事以門資爲吏女不調駙馬都尉鄭顥獨器之宣宗詔選士人尚公主者顥語琮曰子有美才不飾細行爲衆毀所抑能爲之平琮許諾中書舍人李潘知貢舉顥以琮託之擢第授左拾遺初尚永福公主主未降食帝前以事折匕箸帝知其不可妻士大夫更詔尚廣德公主咸通中以水部郎中爲翰林學士遷中書舍人閱五月轉兵部侍郎判戶部八年同中書門下平章事進中書侍郎兼戶部尚書爲韋保衡所構檢校司空山南東道節度使三貶詔州刺史保衡敗僖宗以太子少傅召未幾復爲山南節度使入拜尚書右僕射黃巢陷京師以病臥家巢欲起爲相琮辭疾賊迫脅不止乃曰吾死在旦夕位宰相義不受汚賊遂害之

高馮字季輔以字行德州蓨人居毋喪以孝聞兄元道仕隋爲汲令縣人反城應賊殺元道季輔率其黨與縣人戰禽之斬首以祭賊衆畏伏更歸附之至數千人賊與武陟李厚德將其衆降授陟州摠管府戶曹參軍貞觀初拜監察御史彈治不避權要累轉中書舍人列上五事以爲今天下大定而刑未措何哉蓋謀猷之臣臺閣之吏不崇簡易而昧經遠故熟憲者以深刻爲奉公當官者以侵下爲益國如尚書八坐人主所責成者也宜擇溫厚脩絜者任之敦樸素革浮僞使家識慈孝人知廉恥過行者被嗤於鄉不恥者蒙擯於親自然禮節興矣陛下身帥節儉而營繕未息丁匠不能給驅使又和雇以重勞費人主所欲何求而不得願愛其財毋使殫惜其力毋使弊畿內數州京師之本土狹人庶儲畜少而科役多宜蒙優貸令得休息彊本弱支之義也至江南河北人頗舒閑宜爲差等均量勞逸公侯勳戚之家邑入俸稍足以奉養而貸息出舉爭求什一下民化之競爲錐刀宜加懲革今外官卑品皆未得祿故饑寒之切夷惠不能全其行爲政之道期於易從不恤其匱而須其廉正恐巡察歲出輶軒繼軌而侵漁不息也宜及戶口之繁倉庾且實稍加稟賜使得事父母養妻子然後督責其勤則官人畢力矣密王元曉等俱陛下懿親當正其禮比見

帝子拜諸叔諸叔荅拜爵封既同當明昭穆願垂訓正以爲彝法書奏太宗稱善進授太子右庶子數上書言得失辭誠切至帝賜鍾乳一劑曰而進藥石之言朕以藥石相報後爲吏部侍郎善銓敘人物帝賜金背鏡一況其清鑒焉久之遷中書令兼檢校吏部尚書監脩國史進爵蓨縣公永徽初加光祿大夫侍中兼太子少保感疾歸第有詔以其兄虢州刺史季通爲宗正少卿視疾遣中使日候增損卒年五十八贈開府儀同三司荊州都督謚曰憲官給轜車歸葬於鄉子正業仕至中書舍人坐善上官儀貶嶺表

張行成字德立定州義豐人少師事劉炫炫謂門人曰行成體局方正廊廟才也隋大業末察孝廉爲謁者臺散從員外郎後爲王世充度支尚書世充平以隋資補穀熟尉家貧代計吏集京師擢制舉乙科改陳倉尉高祖謂吏部侍郎張銳曰今選吏豈無才用特達者朕將用之銳言行成調富平主簿有能名召補殿中侍御史糾劾嚴正太宗以爲能謂房玄齡曰古今用人未嘗不因介紹若行成者朕自舉之無先容也嘗侍宴帝語山東及關中人意有同異行成曰天子四海爲家不容以東西爲限是示人以隘矣帝稱善賜名馬一錢十萬衣一稱自是有大政事令與議焉累遷給事中帝嘗謂羣臣朕爲人主兼行將相事豈不是奪公等名舜禹湯武得稷卨伊呂而四海安漢高祖有蕭曹韓彭而天下寧茲事朕皆兼之行成退上疏曰有隋失道天下沸騰陛下撥亂反正拯人塗炭何周漢君臣所能比數雖然盛德含光規模宏遠左右文武誠無將相材奚用大庭廣衆與之量校損萬乘之尊與臣下爭功哉帝嘉納之轉刑部侍郎太子少詹事太子駐定州監國謂曰吾乃遊公衣錦過鄉邪今有司祠其先墓行成薦里人魏唐卿崔寶權馬龍駒張君劼皆以學行聞太子召見以其老不可任以事厚賜遣之太子使行成詣行在帝見悅甚賜勞尤渥還爲河南巡察大使稱旨檢校尚書左丞是歲帝幸靈州詔皇太子從行成諫曰皇太子宜留監國對百寮曰決庶務既爲京師重且示

四方盛德帝以爲忠遷侍中兼刑部尚書高宗即位封北平縣公監脩國史時晉州地震不息帝問之對曰天陽也君象地陰也臣象君宜動臣宜靜今靜者顧動恐女謁用事大臣陰謀又諸王公主參承起居或伺間隙宜明設防閑且晉陛下本封應不虛發伏願深思以杜未萌帝然之詔五品以上極言得失俄拜尚書左僕射太子少傅永徽四年自三月不雨至五月行成懼以老乞身制荅曰古者策免乖罪己之義此在朕寡德非宰相咎乃賜宮女黃金器敕勿復辭行成固請帝曰公朕之舊奈何舍朕去邪泫然流涕行成惶恐不得已復視事未幾卒於尚書省舍年六十七詔九品以上就第哭比斂三遣使賜內衣服尚宮宿其家護視贈開府儀同三司幷州都督祭以少牢諡曰定弘道元年詔配享高宗廟廷族子易之昌宗

易之幼以門蔭仕累遷尚乘奉御既冠頎晳美姿制善音技多所曉通武后時太平公主薦其弟昌宗得侍昌宗白進易之材用過臣

善治鍊藥石即召見悅之兄弟皆幸出入禁中傅朱粉衣紈錦盛飾自喜即日拜昌宗雲麾將軍行左千牛中郎將易之司衞少卿賜甲第帛五百段給奴婢橐它馬牛充入之不數日進拜昌宗銀青光祿大夫賜防閤同京官朝朔望追贈父希臧爲襄州刺史母韋毋臧竝封太夫人尚宮問省起居詔尚書李迥秀私侍臧昌宗興不旬日貴震天下諸武兄弟及宗楚客等爭造門伺望顏色親執轡箠號易之爲五郎昌宗六郎又加昌宗右散騎常侍聖曆二年始置控鶴府拜易之爲監久之更號奉宸府以易之爲令乃引知名士閻朝隱薛稷員半千爲供奉后每燕集則二張諸武雜侍摴博爭道爲笑樂或嘲詆公卿淫蠱顯行無復羞畏時無檢輕薄者又諂言昌宗乃王子晉後身后使被羽裳吹簫乘寓鶴裴回庭中如仙去狀詞臣爭爲賦詩以媚后后知醜聲甚思有以掩覆之乃詔昌宗即禁中論著引李嶠張說宋之問富嘉謨徐彥伯等二十有六人譔三教珠英加昌宗司僕卿易之麟臺監權勢震赫皇太子相王請封昌宗爲王后不聽遷春官侍郎封鄴國公易之恒國公實封各三百戶后既春秋高易之兄弟顓政邵王重潤與永泰郡主竊議皆得罪縊死御史大夫魏元忠嘗劾奏易之等辜易之訴於后反誣元忠與司禮丞高戩約曰天子老當挾太子爲耐久朋后問孰爲證左易之曰鳳閣舍人張說翌日庭辯皆不讎然元忠說猶皆被逐其後易之等益自肆姦贓狼藉御史臺劾奏之乃詔宗晉卿李承嘉桓彥範袁恕己參鞫而司刑正賈敬言窺望后旨奏昌宗彊市罪當贖詔曰可承嘉彥範進曰昌宗贓四百萬尚當免官昌宗大言曰臣有功於國不應免官后問宰相內史令楊再思曰昌宗主鍊丹劑陛下餌之而驗功最大者也即詔釋之歸罪其兄昌儀同休皆貶官已而后久疾居長生院宰相不得進見惟昌宗等侍側昌宗恐后不諱禍且及乃引支黨日夜與謀爲不軌事然小人疎險道路皆知之至有榜其事於衢左者左臺御史中丞宋璟請按攝后陽許璟俄詔璟外按幽州

都督屈突仲翔更敕司刑卿崔神慶問狀神慶妄奏昌宗應原璟執奏昌宗法當斬后不荅左拾遺李邕進曰璟之言社稷計也願可之后終不許神龍元年張柬之崔玄暐等率羽林兵迎皇太子入誅易之昌宗於迎仙院及其兄昌期同休從弟景雄皆梟首天津橋士庶讙踊臠取之一夕盡坐流貶者數十人天寶九載昌期女上表自言楊國忠助之詔復易之兄弟官爵賜同休一子官

贊曰于志寧諫太子承乾幾遭賊殺然未嘗懼知太宗之明雖匕首揕胸不愧也及武后立不敢出一言知高宗之昧雖死無益也季輔行成數進諫然雍容有禮皆長厚君子哉

于高張列傳第二十九

長孫褚韓來李上官列傳第三十　唐書一百五

端明殿學士兼翰林侍讀學士龍圖閣學士朝散大夫尚書吏部侍郎兼集賢殿脩撰臣宋祁奉

敕撰

長孫无忌字輔機性通悟博涉書史始高祖兵度河進謁長春宮授渭北道行軍典籤從秦王征討有功累擢比部郎中上黨縣公皇太子建成毒王王病舉府危駭房玄齡謂无忌曰禍隙已牙敗不旋踵矣夫就大計者遺細行周公所以紲管蔡也遂俱入白王請先事誅之王未許无忌曰大王以舜何如人王曰濬哲文明爲子孝爲君仁又何議哉對曰向使濬井弗出得爲孝乎塗廩弗下得爲仁乎大杖避小杖受良有以也王未決事益急乃遣无忌陰召房玄齡杜如晦定計无忌與尉遲敬德侯君集張公謹劉師立公孫武達獨孤彥雲杜君綽鄭仁泰李孟嘗討難平之王爲皇太子授左庶子即位遷吏部尚書以功第一進封齊國公帝以无忌皇后兄又少相友眷倚日厚常出入臥內進尚書右僕射突厥頡利可汗

已盟而政亂諸將請遂討之帝顧新歃血不取爲失機取之失信計猶豫以問大臣蕭瑀曰兼弱攻昧討之便无忌曰今我務戢兵待夷狄至乃可擊使遂弱且不能來我又何求臣謂按甲存信便帝曰善然卒取突厥或有言无忌權太盛者帝持表示无忌曰我與公君臣間無少疑使各懷所聞不言則蔽矣因普示羣臣曰朕子幼无忌於我有大功視之猶子也疏間親新閒舊之謂不順朕無取焉无忌亦自懼貴且元后又數言之遂解僕射授開府儀同三司與房玄齡杜如晦尉遲敬德以元勳封一子郡公進冊司空知門下尚書省事无忌辭又因高士廉口陳以外戚位三公嫌議者謂天子以私后家帝曰朕任官必以才不者雖親若襄邑王神符不妄授若才雖仇如魏徵不棄也夫緣后兄愛昵厚以子女玉帛豈不得以其兼文武兩器朕故相之公等孰不曰然无忌固讓詔荅曰黃帝得力牧爲五帝先夏禹得咎繇爲三王祖齊桓得管仲爲五伯長朕得公遂定天下公其無讓帝又思所與共艱難

賴无忌以免作威鳳賦以賜且況其功帝欲功臣竝世襲刺史貞觀十一年乃詔有司朕憑明靈之祐賢佐之力克翦多難清寓內蓋時屯共資其力世安專享其利朕所不取刺史古諸侯雖名不同而監統一也无忌等義貫休戚效珽夷險嘉庸懿績簡在朕心其改錫土宇用世及之制乃以无忌爲趙州刺史以趙爲公國房玄齡宋州刺史國於梁杜如晦贈密州刺史國於萊李靖濮州刺史國於衛高士廉申州刺史國於申侯君集陳州刺史國於陳道宗鄂州刺史王江夏孝恭觀州刺史王河間尉遲敬德宣州刺史國於鄂李勣蘄州刺史國於英段志玄金州刺史國於褒程知節普州刺史國於盧劉弘基朗州刺史國於夔張亮澧州刺史國於鄖凡十有四人爵官食邑尚不在无忌等辭曰羣臣披荊棘事陛下今四海混一誠不願違遠左右而使世牧外州與遷徙等帝曰割地封功臣欲公等後嗣長爲藩翰而薄山河之誓反爲怨望朕亦安可彊公土宇邪遂止後帝幸其第自家人姻婭勞賜皆有

差久之進位司徒太子承乾廢帝欲立晉王未決坐兩儀殿羣臣已罷獨留无忌玄齡勣言東宮事因曰我三子一弟未知所立吾心亡聊即投牀取佩刀自向无忌等驚爭抱持奪刀授晉王而請帝所欲立帝曰我欲立晉王无忌曰謹奉詔異議者斬帝顧王曰舅許汝矣宜即謝王乃拜帝復曰公等與我意合天下其謂何荅曰王以仁孝聞天下久矣固無異辭有如不同臣負陛下百死於是遂定以无忌爲太子太師同中書門下三品同三品自此始帝又欲立吳王恪无忌密爭止之帝征高麗詔攝侍中還辭師傅官聽罷太子太師遙領揚州都督帝嘗從容問曰朕聞君聖臣直人常苦不自知公宜面攻朕得失无忌曰陛下神武聖文冠卓千古性與天道非臣等愚所及誠不見有所失帝曰朕冀聞過公等乃相諛悅朕當評公等可否以相規謂高士廉心術警悟臨難不易節所乏者骨鯁耳唐儉有辭善和解人酒杯流行發言可意事朕二十年未嘗一言國家事楊師道性謹審自能無過而怯不

更事緩急非可倚少今文本敦厚文章論議其所長也謀常經遠自當不負於物劉洎堅正其言有益不輕然諾於人能自補闕馬周敏銳而正評裁人物直道而行所任皆稱朕意褚遂良鯁亮有學術竭誠親於朕若飛鳥依人自加憐愛无忌應對機敏善避嫌求於古人未有其比摠兵攻戰非所善也二十三年帝疾甚召入卧內帝引手捫无忌頤无忌哭帝感塞不得有所言翌日與遂良入受詔顧遂良曰我有天下无忌力也爾輔政勿令讒毀者害之有頃崩方在離宮皇太子悲慟无忌曰大行以宗廟社稷屬殿下宜遠即位因祕不發喪請還宮太子即位是為高宗進无忌太尉檢校中書令猶知門下尚書二省固辭尚書省許之帝欲立武昭儀為后无忌固言不可帝密以寶器錦帛十餘車賜之又幸其第擢三子皆朝散大夫昭儀母復詣其家申請許敬宗數勸之无忌厲色折拒帝後召无忌遂良及于志寧言后無息昭儀有子必欲立之者无忌已數諫即曰先帝付託遂良願陛下訪之遂良極

道不可帝不聽后既立以无忌受賜而不助己銜之敬宗揣后指陰使洛陽人李奉節上无忌變事與侍中辛茂將臨按傅致反狀帝驚曰將妄人構間殆不其然敬宗具言反跡已露陛下不忍非社稷之福帝泣曰我家不幸高陽公主與我同氣往謀反今舅復爾使我重愧天下柰何對曰房遺愛口乳臭與女子反安能就事无忌姦雄天下所畏伏一旦竊發陛下誰使禦之今即急恐攘袂一呼以嘯同惡且為宗廟憂陛下不見隋室乎宇文化及父宰相弟尚主而身掌禁兵煬帝與之不疑然而起為戎首遂亡隋願陛下決之帝猶疑更詔審覈明日敬宗言无忌反明甚請逮捕帝泣曰舅果爾我決不忍殺後世其謂我何敬宗曰漢文帝舅薄昭從代來有功後坐殺人帝惜撓法令朝臣喪服就哭之昭自殺良史不以為失今无忌忘先帝之德捨陛下至親乃欲移社稷敗宗廟豈特昭比邪在法夷五族臣聞當斷不斷反受其亂乘機亟行緩必生變无忌與先帝謀取天下天下伏其智王莽司馬懿之流今

逆徒自承何疑而不決帝然之不質問遂下詔削官爵封戶以揚州都督一品俸置于黔州所在發兵護送流其子秘書監沖等於嶺外從弟渝州刺史知仁貶翼州司馬後數月又詔司空勣中書令敬宗侍中茂將等覆按反獄敬宗令大理正袁公瑜御史宋之順等即黔州暴訊无忌投繯卒沖免死殺族子祥流族弟恩于檀口大抵朞親皆謫徙初无忌與遂良悉心奉國以天下安危自任故永徽之政有貞觀風帝亦賓禮老臣拱己以聽綱紀設張此兩人維持之也既二后廢立計不合姦臣陰圖帝暗於聽受卒以屠覆自是政歸武氏幾至亡國上元元年追復官爵以孫元翼襲封初无忌自作墓昭陵塋中至是許還葬文宗開成三年詔曰每覽國史至太尉无忌事未嘗不廢卷而歎其以裔孫鈞為猗氏令无忌從父敞字休明隋煬帝為晉王敞以庫直從畋驪山王凌危逐鹿諫曰大王冒垂堂逕原獸可乎王遂止即位頗見識擢及幸江都留守禁籞高祖入關率子弟謁新豐授將作少監出為杞州

刺史貞觀初坐受賕免太宗以后屬歲私給帛米償其費累封平原郡公卒贈幽州都督謚曰良陪葬昭陵從父弟操字元節父覽為周大司徒薛國公操有學術初高祖辟署相國府金曹參軍未幾檢校虞州刺史從秦王征討常侍旁與聞秘謀從陝州城中無井人勤于汲操為釃河溜入城百姓利安以母喪解長老守闕頌遺愛服除封樂壽縣男為齊揚益三州刺史課皆最下詔褒揚永徽初以陝州刺史卒贈吏部尚書謚曰安葬給鼓吹至虞罷子詮尚新城公主詮女兄為韓瑗妻无忌得罪詮流巂州有司希旨殺之詮有甥趙持滿者工書善騎射力搏虎走逐馬而仁厚下士京師無貴賤愛慕之為涼州長史嘗逐野馬射之矢洞于前邊人畏伏詮之貶許敬宗懼持滿才能仇己追至京屬吏訊掠色不變曰身可殺辭不可枉吏代為占死獄中无忌族叔順德

順德仕隋為右勳衛征遼當行亡命太原素為高祖親厚太宗將起兵令與劉弘基募士於外嚳備賊至數萬人乃結隊按屯大將

軍府建授統軍從平霍邑臨汾絳郡有功與劉文靜擊屈突通於潼關通將奔洛陽順德跳追桃林執通以獻遂定陝縣以多進左驍衛大將軍封薛國公討建成餘黨食千二百戶賜宮女詔宿內省俄以受賕為有司劾發帝曰順德元勳外戚爵隆位厚至矣若令觀古今自鑒有以益國家者朕當與共府庫何至以貪冒聞乎因賜帛數十媿切之大理少卿胡演曰順德以賂破法不可赦柰何又賜之帝曰使有恥者得賜甚於戮如不能乃禽獸也殺之何益李孝常謀反坐與交削籍為民歲餘帝閱功臣圖見其像憐之遣宇文士及視順德順德方頹然醉遂召為澤州刺史復爵邑順德素少檢侈放自如至是折節為政以嚴明稱先時守長多通餉問順德繩擿無所容遂為良吏前刺史張長貴趙士達占部中腴田數十頃奪之以給貧單尋坐累還第喪息女感疾甚帝薄之謂房玄齡曰順德無剛氣以兒女牽愛至大病胡足卹未幾卒遣使弔之贈荊州都督謚曰襄貞觀十三年封邳國公永徽中加贈開府儀同三司

褚遂良字登善通直散騎常侍亮子隋大業末為薛舉通事舍人仁杲平授秦王府鎧曹參軍貞觀中累遷起居郎博涉文史工隸楷太宗嘗歎曰虞世南死無與論書者魏徵白見遂良帝令侍書帝方博購王羲之故帖天下爭獻然莫能質真偽遂良獨論所出無舛冒者十五年帝將有事太山至洛陽星孛太微犯郎位遂良諫曰陛下撥亂反正功超古初方告成岱宗而彗輒見此天意有所未合昔漢武帝行岱禮優柔者數年臣愚願加詳慮帝寤詔罷封禪遷諫議大夫兼知起居事帝曰卿記起居大抵人君得觀之否對曰今之起居古左右史也善惡必記戒人主不為非法未聞天子自觀史也帝曰朕有不善卿必記邪對曰守道不如守官臣職載筆君舉必書劉洎曰使遂良不記天下之人亦記之矣帝曰朕行有三一監前代成敗以為元龜二進善人共成政道三斥遠羣小不受讒言朕能守而勿失亦欲史氏不能書吾惡也是時魏王泰禮秩如嫡羣臣未敢諫帝從容訪左右曰方今何事尤急岑文本訊言禮義為急帝以不切未領可遂良曰今四方仰德誰弗率者惟太子諸王宜有定分帝曰有是哉朕年五十日以衰怠雖長子守器而弟支子尚五十人心常念焉自古宗姓無良則傾敗相仍公等為我柬賢者保傅之夫事人久情媚數則非意自生其令王府官不得過四考著為令帝嘗怪舜造漆器禹雕其俎諫者十餘不止小物何必爾邪遂良曰雕琢害力農纂繡傷女工奢靡之始危亡之漸也漆器不止必金為之金又不止必玉為之故諫者救其源不使得開及夫橫流則無復事矣帝咨美之于時皇子雖幼皆外任都督刺史遂良諫曰昔二漢以郡國參治雜用周制今州縣率倣秦法而皇子孺年並任刺史陛下誠以至親扞四方雖然刺史民之師帥也得人則下安措失人則家勞劬故漢宣帝曰與我共治惟良二千石乎臣謂皇子未冠者可且留京師教以經學畏仰天威不敢犯禁養成德器審堪臨州然後

敦遣昔東漢明章諸帝友愛子弟雖各有國幼者率留京師訓飭以禮訖其世諸王數十百惟二人以惡敗自餘飡和染教皆為善良此前事已驗惟陛下省察帝嘉納太子承乾廢魏王泰間侍帝許立為嗣因謂大臣曰泰昨自投我懷中云臣今日始得為陛下子更生之日也臣惟有一子百年後當殺之傳國晉王朕甚憐之遂良曰陛下失言安有為天下主而殺其愛子授國晉王乎陛下昔以承乾為嗣復寵愛泰嫡庶不明紛紛至今若必立泰非別置晉王不可帝泣曰我不能即詔長孫无忌房玄齡李勣與遂良等定策立晉王為皇太子時飛雉數集宮中帝問是何祥也遂良曰昔秦文公時有侲子化為雉雌鳴陳倉雄鳴南陽侲子曰得雄者王得雌者霸文公遂雄諸侯始為寶雞祠漢光武得其雄起南陽有四海陛下本封秦故雄雌並見以告明德帝悅曰人之立身不可以無學遂良所謂多識君子哉俄授太子賓客薛延陀請婚帝已納其聘復絕之遂良曰信為萬事本百姓所歸故文王

許楷骨而不違仲尼去食存信貴之也延陀曩裹一俟斤耳因天兵北討蕩平沙塞威加諸外而恩結於內以為餘寇不可以無酋長故璽書鼓纛立為可汗負抱之恩與天無極數遣使請婚於朝陛下既開許為御北門受獻食今一朝自為進退所惜少所失多虧信夷狄方生嫌恨殆不可以訓戎兵勵軍事也且龍沙以北部落牛毛中國擊之不能盡亦猶可比敗苟苟興突厥亡延陀盛是以古人虛外實內懷之以德使為惡在夷不在華失信在彼不在此也惟陛下裁幸不納帝欲自討遼東遂良固勸無行一不勝師必再興再興為忿兵兵忿者勝負不可必帝然可會李勣詆其計帝意遂決東遂良懼上言臣請譬諸身兩京腹心也四境手足也殊裔絕域殆非支體所屬高麗王陛下所立莫離支殺之討其逆夷其地固不可失但遣一二慎將付銳兵十萬翔膺雲輣唾手可取昔侯君集李靖皆庸人爾猶能搬高昌縛突厥陛下止發蹤指示得歸功聖明前日從陛下平天下虓士爪臣氣力未衰可驅策

惟陛下所使臣聞涉遼而左或水潦平地淖三尺帶方玄菟海壤荒漫決非萬乘六師所宜行是時帝銳意蕩平不見省進黃門侍郎參綜朝政莫離支遣使貢金遂良曰古者討殺君之罪不受其賂魯納郜鼎太廟春秋譏之今莫離支所貢不臣之篚不容受詔可以其使屬吏帝既平高昌歲調兵千人往屯遂良誦諍不可帝志取西域寘其言不用西突厥寇西州帝曰往魏徵褚遂良勸我立麴文泰子弟不用其計乃今悔之帝於寢宮側別置院居太子遂良諫以為朋友深交者易怨父子滯愛者多忿宜許太子間還東宮近師傅專學藝以廣懿德帝從其言會父喪免起復拜中書令帝寢疾召遂良長孫无忌曰漢武帝寄霍光劉備託諸葛亮朕今委卿矣太子仁孝其盡誠輔之謂太子曰无忌遂良在而毋憂因命遂良草詔高宗即位封河南縣公進郡公坐事出為同州刺史再歲召拜吏部尚書同中書門下三品監脩國史兼太子賓客進拜尚書右僕射帝將立武昭儀召長孫无忌李勣于志寧及遂良入或謂无忌當先諫遂良曰太尉國元舅有不如意使上有棄親之譏又謂勣上所重當進曰不可司空國元勳有不如意使上有斥功臣之嫌曰吾奉遺詔若不盡愚無以下見先帝既入帝曰罪莫大於絕嗣皇后無子今欲立昭儀謂何遂良曰皇后本名家奉事先帝先帝疾執陛下手語臣曰我兒與婦今付卿且德音在陛下耳可遽忘之皇后無它過不可廢帝不悅翌日復言對曰陛下必欲改立后者請更擇貴姓昭儀昔事先帝身接帷第今立之柰天下耳目何帝羞默遂良因致笏殿階叩頭流血曰還陛下此笏丐歸田里帝大怒命引出武氏從幄後呼曰何不撲殺此獠无忌曰遂良受顧命有罪不加刑會李勣議異武氏立乃左遷遂良潭州都督顯慶二年徙桂州未幾貶愛州刺史遂良內憂禍恐死不能自明乃上表曰往者承乾廢岑文本劉洎奏東宮不可少曠宜遣濮王居之臣引義固爭明日仗入先帝留无忌玄齡勣及臣定策立陛下當受遺詔獨臣與无忌二人在陛下方草

土號慟臣即奏請即位大行柩前當時陛下手抱臣頸臣及无忌請即還京發哀大吉內外寧謐臣力小任重動貽伊戚螻蟻餘齒乞陛下哀憐帝昏懦牽於武后訖不省歲餘卒年六十三後二歲許敬宗李義府奏長孫无忌逆謀皆遂良驅煽乃削官爵二子彥甫彥沖流愛州殺之帝遺詔聽其家北還神龍中復官爵德宗追贈太尉文宗時詔以遂良五世孫虔為臨汝尉安南觀察使高駢表遂良客窆愛州二男一孫祔咸通九年詔訪其後護喪歸葬陽翟云遂良曾孫璆字伯玉擢進士第累拜監察御史裏行先天中突厥圍北廷詔璆持節監總督諸將破之遷侍御史拜禮部員外郎而氣象凝挺不減在臺時

韓瑗字伯玉京兆三原人父仲良武德初與定律令建言周律其屬三千秦漢後約為五百依古則繁請崇寬簡以示惟新於是採開皇律宜於時者定之終刑部尚書秦州都督府長史潁川縣公瑗少負節行博學曉吏事貞觀中以兵部侍郎襲爵永徽三年

遷黃門侍郎俄同中書門下三品監脩國史進侍中兼太子賓客王后之廢瑗雪泣言曰皇后乃陛下在藩時先帝所娶今無罪輒廢非社稷計不納明日復諫曰王者立后配天地象日月匹夫匹婦尚知相擇況天子乎詩云赫赫宗周褒姒威之臣讀至此常輟卷太息不圖本朝親見此禍宗廟其不血食乎帝大怒詔引出褚遂良貶潭州都督明年瑗上言遂良受先帝顧託一德無二向日論事至誠懇切詎肯令陛下後堯舜而塵史冊哉遭厚謗醜言損陛下之明折志士之銳況被遷以來再離寒暑其責塞矣願寬無辜以順衆心帝曰遂良之情朕知之矣其孛戾好犯上朕責之詎有過邪瑗曰遂良社稷臣蒼蠅點白傅致有罪昔微子既去殷以亡張華不死晉不及亂陛下富有四海安於清泰忽驅逐舊臣遂不省察乎帝愈不聽瑗憂憤自表歸田里不報顯慶二年許敬宗李義府奏瑗以桂州援遂良桂用武地倚之謀不軌於是貶振州刺史踰年卒年五十四長孫无忌死義府等復奏瑗與通謀遣使即

殺之既至瑗已死發棺驗視乃還追削官爵籍其家子孫謫廣州官奴神龍初武后遺詔復官爵自瑗與遂良相繼死內外以言爲諱將二十年帝造奉天宮御史李善感始上疏極言時人喜之謂爲鳳鳴朝陽

來濟揚州江都人父護兒隋左翊衛大將軍宇文化及難闔門死之濟幼得免轉側流離而篤志爲文章善議論曉暢時務擢進士貞觀中累遷通事舍人太子承乾敗太宗問侍臣何以處之莫敢對濟曰陛下上不失爲慈父太子得盡天年則善帝納之除考功員外郎十八年初置太子司議郎高其選而以濟爲之兼崇賢館直學士遷中書舍人永徽二年拜中書侍郎兼弘文館學士監脩國史俄同中書門下三品封南陽縣男遷中書令檢校吏部尚書帝將以武氏爲后濟諫曰王者立后以承宗廟母天下宜擇禮義名家幽閑令淑者副四海之望稱神祇之意故文王興姒關雎之化蒙被百姓其福如彼成帝縱欲以婢爲后皇統中微其禍如此

惟陛下詳察初武氏被寵帝特號宸妃濟與韓瑗諫妃有常員今別立號不可武氏已立不自安后更謾言濟等忠鯁恐前經執奏輒懷反仄請加賞慰而實銜之帝示濟及瑗濟等益懼顯慶初兼太子賓客進爵爲侯帝嘗從容問馭下所宜濟曰昔齊桓公出遊見老人命之食曰請遺天下食遺之衣曰請遺天下衣公曰吾府庫有限安得而給老人曰春不奪農時即有食夏不奪蠶工即有衣由是言之省傜役馭下之宜也於時山東役丁歲別數萬人又議取庸以償雇紛然煩擾故濟對及之二年兼詹事尋坐褚遂良事貶台州刺史徙庭州龍朔二年突厥入寇濟總兵拒之謂其衆曰吾嘗絓刑罔蒙赦死今當以身塞責遂不介胄而馳賊沒焉年五十三贈楚州刺史給靈轝還鄉初濟與高智周郝處俊孫處約客宣城石仲覽家仲覽衍於財有器識待四人甚厚私相與言志處俊曰願宰天下濟及智周亦然處約曰宰相或不可冀願爲通事舍人足矣後濟領吏部處約始以瀛州書佐入

調濟遽注曰如志遂以處約爲通事舍人後皆至公輔云濟異母兄恒上元中爲黃門侍郎同中書門下三品父子驍將而恒濟俱以學行稱相次知政事時虞世南子昶無才術歷將作少匠工部侍郎主工作許敬宗曰護兒兒作相世南男作匠文武豈有種邪

李義琰魏州昌樂人其先出隴西望姓及進士第補太原尉李勣爲都督僚吏憚其威義琰獨敢廷辨曲直勣甚禮之徙白水令有能名擢司刑員外郎義琰姿體魁秀博學有智識累遷中書侍郎上元中進同中書門下三品兼太子右庶子高宗欲使武后攝國政義琰與郝處俊固爭事得寢章懷太子之廢盡赦宮臣罪庶子薛元超等皆蹈舞義琰獨引咎涕泣搢紳義之帝每顧問必鯁切不回宅無正寢弟義璡爲市堂材送之義琰曰以吾爲國相且自愧尚營美宅是速吾禍豈愛我者邪義璡曰凡仕爲丞尉且崇第舍兄位高安可偪下哉答曰不然事難全遂物不兩興既處貴仕又廣居宅非有令德必受其殃卒不許後其木久腐乃棄之

義琰改葬其先使舅家移塋而兆其所帝聞怒曰是人不可使秉政義琰懼以疾乞骸骨遷銀青光祿大夫聽致仕乃歸田里公卿以下悉祖餞通化門外時人比漢疏廣垂拱初起爲懷州刺史自以失武后意辭不拜卒子巢幼豪俊善騎射而不治細行義琰嘗拘之絕其交游後亡走闕下獻書陳利害拜監察御史與李義府同按柳奭韓瑗獄遷殿中上書忤旨貶龍編主簿義琰從祖弟義琛

義琛擢進士第歷監察御史貞觀中文成公主貢金遇盜於岐州主名不立太宗召羣御史至目義琛曰是人神情爽拔可使推捕義琛往數日獲賊帝喜爲加七階初義琰使高麗其王據榻召見義琰不拜曰吾天子使可當小國之君柰何倨見我王詞屈爲加禮及義琛再使亦坐召之義琛匍匐拜伏時人由是見兄弟優劣累遷刑部侍郎爲雍州長史時關輔大饑詔貧人就食商鄧義琛恐流徙不還上疏固爭左遷黎州都督終岐州刺史子綰爲柏人令有仁政縣爲立祠

上官儀字游韶陝州陝人父弘爲隋江都宮副監大業末爲陳稜所殺時儀幼左右匿免冒爲沙門服寖工文詞涉貫墳典貞觀初擢進士第召授弘文館直學士遷秘書郎太宗每屬文遣儀視藁宴私未嘗不預轉起居郎高宗即位爲秘書少監進西臺侍郎同東西臺三品時以雍州司士參軍韋絢爲殿中侍御史或疑非遷儀曰此野人語耳御史供奉赤墀下接武夔龍簉羽鵷鷺豈雍州判佐比乎時以爲清言儀工詩其詞綺錯婉媚及貴顯人多効之謂爲上官體麟德元年坐梁王忠事下獄死籍其家初武后得志遂牽制帝專威福帝不能堪又引道士行厭勝中人王伏勝發之帝因大怒將廢爲庶人召儀與議儀曰皇后專恣海內失望宜廢之以順人心帝使草詔左右奔告后后自申訴帝乃悔又恐后怨恚乃曰上官儀教我后由是深惡儀始忠爲陳王時儀爲諮議與王伏勝同府至是許敬宗構儀與忠謀大逆后[illegible]世自褚遂良等元老大臣相次屠覆公卿莫敢正議獨儀納忠禍又不旋踵由是天下之政歸於后而帝拱手矣子庭芝歷周王府屬亦被殺庭芝女中宗時爲昭容追贈儀爲中書令秦州都督楚國公庭芝黃門侍郎岐州刺史天水郡公以禮改葬

贊曰高宗之不君可與爲治邪內牽嬖陰外劫讒言以无忌之親遂良之忠皆顧命大臣一旦誅斥忍而不省反天之剛撓陽之明卒使牝咮鳴辰胙移后家可不哀哉天以女戎間唐而興雖義士仁人抗之以死決不可支然瑗濟義琰儀四子可謂知所守矣噫使長孫不逐江夏害吳王褚不譖死劉洎其盛德可少訾乎

長孫褚韓來李上官列傳第三十

杜二崔高郭趙楊盧二劉李孫邢列傳第三十一　唐書一百六

端明殿學士兼翰林侍讀學士龍圖閣學士朝請大夫守尚書吏部侍郎充集賢殿修撰臣宋祁奉
敕撰

杜正倫相州洹水人隋世重舉秀才天下不十人而正倫一門三秀才皆高第爲世歆美調武騎尉太宗素知名表直秦王府文學館貞觀元年魏徵薦其才擢兵部員外郎帝勞曰朕舉賢者非朕獨私以能益百姓也我於宗姻故人苟無能終不得任卿宜思有以稱吾舉者俄遷給事中知起居注帝嘗曰朕坐朝不敢多言必待有利于民乃出諸口正倫曰臣職左史陛下一言失非止損百姓且筆之書千載累德帝悅賜綵段二百進累中書侍郎與韋挺虞世南姚思廉論事稱旨帝爲設宴具召四人者謂曰我聞神龍可擾以馴然頷有逆鱗嬰者死人君亦有之卿屬遂犯吾鱗裨闕失朕其慮危亡哉思卿至意故舉酒以相樂也各賜帛有差太子監國詔正倫行左庶子兼崇賢館學士帝謂正倫吾兒幼未有就

德我常物物戒之今當監國不得朝夕見故輟卿於朝以佐太子愼之勗之它日又言朕年十八猶在人間情僞無不嘗及即位處置有失必待諫乃釋然悟況太子生深宮不及知邪且人主一不可自驕今若詔天下敢諫者死將無復發言矣故朕孜孜延進直言卿其以是曉太子冀裨益之擢中書侍郎封南陽縣侯仍兼太子左庶子出入兩宮典機密以辦治稱後太子稍失道帝語正倫太子數私小人卿可審諭之教而不從其語我來故正倫顯諫無所避太子不從輒道帝語督切太子即表聞帝責曰何漏洩我語對曰開示不入故以陛下語怖之冀當反善帝怒出爲穀州刺史再貶交州都督太子廢坐受金帶流驩州久之授郢石二州刺史顯慶元年擢黃門侍郎兼崇賢館學士進同中書門下三品又兼度支尚書仍知政事遷中書令封襄陽縣公初正倫已通貴李義府官尚微及同執政不能下中書侍郎李友益義府族也晚附正倫同擿義府釁缺義府使人告正倫友益交通罔上有異計高宗惡

之出正倫爲橫州刺史流友益峯州正倫卒于貶正倫與城南諸杜昭穆素遠求同譜不許銜之諸杜所居號杜固世傳其地有壯氣故世衣冠正倫既執政建言鑿杜固通水以利人既鑿川流如血閱十日止自是南杜稍不振正倫工屬文嘗與中書舍人董思恭夜直論文章思恭歸謂人曰與杜公評文今日覺吾文頓進無子以兄子志靜爲嗣從子求仁從孫咸皆顯名求仁有雅才永淳中授監察御史坐事爲黜令與徐敬業舉兵爲興復府左長史死于難咸擢進士第累遷右臺監察御史牂柯反咸監軍出討賊保壘自固道荒漫師不能進咸乃息士示不欲戰陰伺之時旱暑風熾咸縱火譟而前賊眩怖相失自騰踐死擒其酋遂平之遷侍御史出爲汾州長史開元中爲河北按察使坐用法深貶睦州司馬

崔知溫字禮仁許州鄢陵人仕爲左千牛稍遷靈州司馬境有渾斛薩萬帳數擾齊民農皆釋耒習騎射以扞賊知溫表徙河北虜不樂遷將軍契苾何力爲言乃止知溫固請蹶十五報卒徙河北

自是人得就耕渾斛薩至徙地顧善水草亦忘遷後入朝過州謝曰初徙且怨公今地膏腴衆孳夥更荷公恩皆再拜四遷蘭州刺史党項羌三萬入寇州兵寡衆懼莫知所出知溫披闔不設備羌怪之不敢進俄會將軍權善才率兵至大破其衆善才欲遂窮追取之知溫曰古善戰弗逆奔且谿谷複深草木荒延萬分一有變不可悔善才曰善分降口五百贈知溫辭曰我議公事圖私利邪累遷尚書左丞轉黃門侍郎脩國史永隆初以秩卑特詔同門下三品兼脩國史遷中書令卒年五十七贈幽州大都督謚曰忠子泰之開元時爲工部尚書諤之爲將作少匠與誅二張功封博陵縣侯實封戶二百終少府監兄知悌亦至中書侍郎與戴至德郝處俊李敬玄等同賜飛白書贊而知悌敬玄以忠勤見表遷尚書左丞裴行儉之破突厥斬泥孰匐殘落保狼山詔知悌馳往定襄慰將士佐行儉平遺寇有功終戶部尚書

高智周常州晉陵人第進士補越王府參軍遷費令與丞尉均取

俾民安其化刻石頌美入擢秘書郎弘文館直學士嘗覆奕誦碑無謬者三遷蘭臺大夫孝敬在東宮與司文郎中賀敳司經大夫王真儒並爲侍讀得告還鄉里嘆曰進不知退取禍之道也即移病去俄拜壽州刺史其治尚文雅行部先見諸生質經義及政得失既乃録獄訟考耕餉勸惰以爲常遷正諫大夫黃門侍郎儀鳳初進同中書門下三品遷太子左庶子是時崔知溫劉景先脩國史故智周與郝處俊監並父之罷爲御史大夫與薛元超裴炎同治章懷太子獄無所同異固表去位高宗美其槩授右散騎常侍請致仕聽之卒年八十二贈越州都督謚曰定智周始與郝處俊來濟孫處約共依江都石仲覽仲覽傾産結四人驩因請各語所期處俊曰丈夫惟無仕仕至宰相乃可智周濟如之處約曰得爲舍人在殿中周旋吐納可也仲覽使相工視之工語仲覽曰高之貴君不及見之來早顯而末躓高晚顯而壽吾聞速登者易顚徐進者少患天道也後濟居吏部處約以瀛州參軍入調濟曰如

志擬通事舍人畢降階勞問平生既仲覽卒而濟等益顯智周所善義興蔣子慎有客嘗視兩人曰高公位極人臣而嗣少弱蔣侯官不達後且興子慎終達安尉其子繒往見智周智周方貴以女妻之生子挺歷湖延二州刺史生子洌渙皆擢進士洌爲尚書左丞渙永泰初歷鴻臚卿日本使嘗遺金帛不納唯取牋一番爲書以貽其副云挺之卒洌兄弟廬墓側植松栢千餘渙終禮部尚書封汝南公洌子鍊渙子銖又有清白名而高氏後無聞

郭正一定州鼓城人貞觀時由進士署第歷中書舍人弘文館學士永隆中遷秘書少監檢校中書侍郎詔與郭待舉岑長倩魏玄同並同中書門下承受進止平章事平章事自正一等始永淳中眞遷中書侍郎執政久明習故事文辭詔敕多出其手劉審禮與吐蕃戰青海大敗高宗召羣臣問所以制戎正一曰吐蕃曠年梗寇師數出坐費糧貲近討則喪威深入則不能得其巢穴今上策莫如少募兵且明烽候勿事侵擾須數年之遲力有餘人思戰一舉可破矣劉齊賢皇甫文亮等議亦與正一合帝納之武后專國罷爲國子祭酒出檢校陝州刺史與張楚金元萬頃皆爲周興所誣構殺之籍入其家妻息流放文章無存者

趙弘智河南新安人元魏車騎大將軍肅之孫蚤喪母事父篤孝通書傳仕隋爲司隸從事武德初大理卿郎楚之白爲詹事府主簿太宗時豫論譔録勤縣太子舍人進黃門侍郎兼弘文館學士移病出爲萊州刺史稍遷太子右庶子父事兄弘安俸祿歸之不敢私弘安卒哀慟過期奉嫂謹甚撫兄子慈均所生會太子廢免官俄拜光州刺史永徽初入爲陳王師講孝經百福殿於是宰相弘文館學士太學生皆在弘智舉五孝諸儒更詰辨隨問酬悉舌無留語高宗喜曰試爲我陳經之要以輔不逮對曰天子有爭臣七人雖無道不失天下願以此獻帝悅賜絹二百名馬一四年進國子祭酒仍爲學士卒年八十二謚曰宣弘安亦終國子祭酒曾孫矜舉明經調舞陽主簿吳少誠反以縣歸從襄城主簿賜牙緋

歷襄陽丞客死郴州官爲斂葬後十七年子來章始壯自襄陽往求其喪不得野哭再閱旬卜人秦誗爲筮曰金食其墨而火以貴其墓直丑在道之右南有貴神冢土是守宜遇西人深目而鬍乃其得實明日有老人過其所問之得矜墓直杜北遂歸葬弘安墓次時人哀來章孝皆爲出涕云

崔敦禮字安上祖仲方在隋爲禮部尚書其先博陵著姓魏末徙爲雍州咸陽人敦禮涉書傳以節義自將武德中官通事舍人善辭令進止觀者皆竦嘗持節幽州召盧江王瑗瑗已舉兵執之脅問朝廷事敦禮不爲言太宗壯之還除左衛郎將賜金幣良馬擢中書舍人四遷兵部侍郎出爲靈州都督召還拜兵部尚書詔撫輯回紇鐵勒部姓會薛延陀寇邊與李勣合兵破之置祁連州處其餘衆瀚海都督回紇吐迷度爲下所殺詔往綏定立其嗣而還敦禮通知四夷情僞其少慕蘇武爲人故屢使突厥前後建明九會事機永徽四年拜侍中監脩國史累封固安縣公進中書令兼

檢校太子詹事以父疾自言不任事奉兩宮更拜太子少師同中書門下三品弟餘慶時爲定襄都督府司馬召使侍疾卒年六十一高宗爲舉哀東雲龍門賻布袐器尤厚贈開府儀同三司并州大都督諡曰昭陪葬昭陵餘慶位亦至兵部尚書

楊弘禮字履莊隋尚書令素弟之子雅與玄感不咸表其必亂玄感誅父岳繫長安獄煬帝使赦之比至岳已死高祖即位以素有功于隋詔弘禮襲清河郡公除太子通事舍人貞觀中累遷中書舍人太宗征遼東拜兵部侍郎駐蹕之役領步騎二十四軍跳出賊背所向摧靡帝自山下望其衆袍仗精整人人盡力壯之謂許敬宗曰越公兒郎故有家風時宰相悉留定州輔皇太子唯褚遂良敬宗弘禮掌行在機務還拜中書侍郎遷司農卿爲崑丘道副大揔管破處密殺焉耆王降駁支部獲龜茲于闐王凱旋會帝崩大臣疾之下遷涇州刺史永徽初追論其功遷勝州都督改太府卿卒贈蘭州都督諡曰質弟弘武

弘武少脩謹永徽中累爲吏部郎中太子中舍人高宗東封泰山自荆州司馬擢司戎少常伯從帝還詔補授吏部五品官遷西臺侍郎帝嘗讓曰尒在戎司授官多非其才何邪弘武曰臣妻剛悍此其所屬不敢違以諷帝用后言也帝笑不罪乾封二年同東西臺三品弘武無它才特謙慎自守然居職以清簡稱卒贈汴州刺史諡曰恭三子元亨元禧元禕元禧爲尚舍奉御善醫武后所信愛嘗忤張易之易之奏素在隋有逆節子孫不可供奉后乃詔素及兄弟有子若孫不得任京官及侍衛貶元亨睦州刺史元禧資州刺史元禕梓州司馬易之誅復任京官並至刺史

纂字續卿弘禮族父大業時第進士爲朔方郡司法書佐坐玄感近屬廢居蒲城高祖度河上謁長春宮遷累侍御史數上書言事稱旨除考功郎中貞觀初爲長安令賜爵長安縣男有告女子袁妖逆者纂按之情不得奏敢太宗惡其不忠將殺之中書令溫彥博以過誤當宥乃免後爲吏部侍郎有俗才抑文雅進黠吏度時舞數以自進終戶部尚書贈幽州都督諡曰恭纂從子昉武后時爲肅機宇文化及子訴治先蔭昉方食未即判遽曰肅機而未食甫知天下有冤而求食乎昉怒取牒署曰父弒隋主子訴隋資可乎人服其敏終工部尚書

盧承慶字子餘幽州涿人隋散騎侍郎思道之孫父赤松爲河東令與高祖雅故聞兵興迎見霍邑拜行臺兵部郎中終率更令范陽郡公承慶美儀矩博學而才少襲爵貞觀初爲秦州參軍奏軍事太宗偉其辯擢考功員外郎累遷民部侍郎帝問歷代戶版承慶敘夏商至周隋增損曲折引據該詳帝嗟賞俄兼檢校兵部侍郎知五品選辭曰選事在尚書臣掌之爲出位帝不許曰朕信卿卿何不自信歷雍州別駕尚書左丞高宗永徽時坐事貶簡州司馬閱歲改洪州長史帝將幸汝湯泉故拜汝州刺史顯慶四年以度支尚書同中書門下三品坐調非法免俄拜潤州刺史拜刑部尚書以金紫光祿大夫致仕卒臨終誡其子曰死生至理

猶朝有暮吾死斂以常服晦朔無薦牲葬勿卜日器用陶漆棺而不槨墳高可識碑志著官號年月無用虛文贈幽州都督諡曰定初承慶典選校百官考有坐漕舟溺者承慶以失所載考中下以示其人無慍也更曰非力所及考中中亦不喜承慶嘉之曰寵辱不驚考中上其能著人善類此弟承業承泰承業爲雍州長史尚書左丞有能名承泰子齊卿長安初爲雍州參軍武后詔長史薛季昶擇僚吏堪御史者季昶訪於齊卿齊卿白長安尉盧懷慎李休光萬年尉李乂崔湜咸陽丞倪若水盩厔尉田崇璧新豐尉崔日用季昶用其言後皆爲通顯巨人及拜幽州刺史而張守珪隸果毅齊卿厚遇曰君十年至節度使已而果然喜飲酒踰斗不亂寬厚樂易士友以此親之終太子詹事廣陽縣公承慶從孫藏用別有傳

劉祥道字同壽魏州觀城人父林甫武德時爲內史舍人典機密以才稱與蕭瑀等撰定律令著律議萬餘言歷中書吏部二侍郎

賜爵樂平縣男唐沿隋制十一月選集至春停日薄事叢有司不及研詳林甫建請四時聽選隨到輒擬於是官無滯人始天下初定州府及詔使以赤牒授官至是罷悉集吏部調至萬員林甫隨才銓錄咸以爲宜論者方隋高孝基祥道少襲爵歷御史中丞顯慶中遷吏部黃門侍郎知選事既世職乃釐補敝闕上疏陳六事一曰今取士多且濫入流歲千四百多也雜色入流未始銓汰濫也故共務者善人少惡人多臣謂應雜色進者切責有司試判爲四等第一付吏部二付兵部三付主爵四付司勳若坐負當責雖經赦仍配三司不者還本貫則官不雜矣二曰内外官一品至九品萬三千四百六十五員大抵三十而仕六十而退取其中數不三十年存者略盡若歲入流五百人則三十年自相充補況三十年外在官猶多不慮其少今入流歲千四百其倍兩之又停選六七千人復年別新加其類寖廣殆非經久之制古者爲官擇人不聞取人多而官少也三曰永徽以來在官者或以善政擢論

事者或以單言進而庠序諸生未聞甄異是獎勸之道未周也四曰唐有天下四十年未有舉秀才者請自六品以下至草野審加搜訪無令赫赫之辰斯學遂絕五曰唐虞三載考績黜陟幽明二漢用人亦久其職今任官率四考罷官知秩滿則懷去就民知遷徙則苟且以去就之官臨苟且之民欲移風振俗烏可得乎請四考進階八考聽選以息迎新送故之弊六曰三省都事主事主書比選補皆取流外有刀筆者雖欲參用士流率以儔類爲恥前後相從遂成故事且掖省崇峻王言秘密尚書政本人物所歸專責曹史理有未盡宜稍革之以清其選會中書令杜正倫亦言入流者衆爲官人猥乃詔與祥道參議而執政憚改作又以勳戚子進取無他門遂格稍遷司刑太常伯每覆大獄必歔欷累歎奏決日爲再不食詔巡察關内道多振冤滯兼沛王府長史麟德元年拜右相祥道性審謹居宰相憂畏不自堪數陳老病丐解坐與上官儀善罷爲司禮太常伯高宗封泰山有司請太常卿亞獻

光祿卿終獻祥道建言三代六卿重故得佐祠漢魏以來權歸臺省九卿爲常伯屬官今封岱大禮不以八坐用九卿無乃徇古名忘實事乎帝可其議以司徒徐王元禮亞獻祥道終獻禮成進爵廣平郡公乾封元年以金紫光祿大夫致仕卒年七十一贈幽州都督謚曰宣子齊賢襲爵繇侍御史出爲晉州司馬帝以其方直尊憚之時將軍史興宗從獵苑中言晉州出佳鷂可捕取帝曰齊賢豈捕鷂人耶卿安得以此待之累遷黃門侍郎脩國史永淳元年進同中書門下平章事武后時代裴炎爲侍中辨炎不反后怒左遷普州刺史道貶吉州長史永昌中爲酷吏所陷繫州獄自經死沒其家建中三年贈太子太保齊賢三世至兩省侍郎典選從父應道吏部郎中從父弟令植禮部侍郎凡八人前後歷吏部郎中員外世以爲榮令植孫從一擢進士宏詞第調渭南尉雅爲常袞盧杞所厚薦授監察御史普王討李希烈表爲元帥判官德宗居奉天超拜刑部侍郎同中書門下平章事從幸梁州改中書

侍郎帝遇之善然無它材能容身遠罪而已貞元初以疾自乞罷爲戶部尚書卒贈太子太傅

李敬玄亳州譙人該覽群籍尤善於禮高宗在東宮馬周薦其材召入崇賢館侍讀假中秘書讀之爲人峻整然造請不憚寒暑許敬宗頗薦延之歷西臺舍人弘文館學士遷右肅機檢校太子右中護拜西臺侍郎同東西臺三品兼檢校司列少常伯時員外郎張仁禕有敏才敬玄委以曹事仁禕爲造姓曆狀式銓簿鉤鍵周密病心太勞死敬玄因其法衡綜有序自永徽後選員寖多惟敬玄居職有能稱性彊記雖官萬員遇諸道未嘗忘姓氏有來訴者口諭書判參外及殿累本末無少謬天下伏其明杭州參軍徐太玄哀其僚張惠以贓抵死而惠母老乃詣獄自言與惠偕受薄其罪惠得不死太玄坐免官十年敬玄廉知之擢爲鄭州司功參軍後至秘書少監申王師以德行聞其鑒拔率若此咸亨二年轉中書侍郎又改吏部兼太子右庶子同中書門下三品監脩國

史進吏部尚書居選部久人多附嚮凡三娶皆山東舊族又與趙
李氏合譜故臺省要職多族屬姻家高宗知之不能善也儀鳳元
年拜中書令封趙國公劉仁軌西討吐蕃有所建請敬玄數持異
由是有隙因奏河西鎮守非敬玄不可敬玄辭以非將帥才且仁
軌逞憾故彊臣以不能帝厭之因曰仁軌若須朕朕且行卿安得辭
乃拜洮河道大總管兼鎮撫大使檢校鄯州都督統兵十八萬代
仁軌與吐蕃將論欽陵戰青海使劉審禮為先鋒鏖虜敬玄按
軍自如審禮戰歿尚首鼠不進乃頓承風嶺又阻溝淖莫能前賊
屯高壓其營偏將黑齒常之率死士夜擊賊敬玄始得至鄯州又
戰湟川遂大敗數稱疾求罷歸許之既入見不引謝即還府視事
帝察實不病貶衡州刺史久之遷揚州長史卒官贈兗州都督謚
曰文憲撰次禮論及它書數十百篇二子思沖守一思沖神龍初歷
工部侍郎左羽林軍將軍從節愍太子誅武三思見殺籍其家守
一郟令孫紳別傳敬玄弟元素為武德令刺史李文暕橫調民黃金
造常滿尊以獻官屬無敢諫元素固爭文暕為少損更以私財助
之延載初繇文昌左丞遷鳳閣侍郎同鳳閣鸞臺平章事為武
懿宗所構與綦連耀等同誅神龍中追洗其辜

劉德威徐州彭城人姿皃魁秀有幹略隋大業末從裴仁基討淮
賊手劍賊酋傳行在後歸李密密分麾下兵使守懷州密降俱入
朝授左武候將軍封滕縣公詔將兵擊劉武周因判并州總管府
司馬裴寂失律齊王元吉棄州遁德威總留府事賊薄城民皆
叛附賊遂為武周所獲使率本部徇地浩州得自拔歸盡上賊中
虛實高祖嘉納改彭城縣公未幾檢校大理少卿從平洛陽有功
轉刑部侍郎加散騎常侍妻以平壽縣主貞觀初歷大理卿綿州
刺史政號廉平百姓立石頌德尋檢校益州大都督府長史入為
大理卿太宗問曰比刑網寖密咎安在德威曰在君不在臣下之
寬猛視主之好律失入者減三失出者減五今坐入者無辜坐出
者有罪所以吏務深文為自營計非有教使然也帝然其言後遷

刑部尚書檢校雍州別駕詔至齊州按齊王祐獄還半道聞祐反
入據濟州詔德威就發河南兵經略之會母喪免既除為同州刺
史永徽三年卒官年七十一贈禮部尚書幽州都督謚曰襄陪葬
獻陵德威於閨門友睦為人寬平生平所得奉祿以分宗親無留
藏子審禮審禮少喪母為祖母元所養隋末大亂道不通審禮
尚少自鄉里負祖母度江轉側避地及天下平西入長安元每疾
病必親煮藥嘗而進元曰見孝通幽顯吾一顧念疾輒閒貞觀中
歷左驍衛郎將父喪免比葬徒跣血流行路咨嘆服除當襲爵
讓其弟不聽見父執必感泗滂沱事繼母尤謹與弟延景為閒友
得祿多資之而妻子執寒苦晏如也再從皆同居合二百口內外
無閒言遷工部尚書檢校左衞大將軍儀鳳三年吐蕃寇涼州副
中書令李敬玄討之遇虜青海上與戰敬玄逗撓不前審禮敗
為虜執其子尚乘直長殆庶及延景詣闕待罪請入賊以贖有詔
審禮徇忠以沒非有罪宜各還職特詔殆庶弟易從省之既至而
審禮卒易從晝夜哭不止吐蕃哀其志乃還父尸徒跣萬里扶護
以歸見者流涕審禮贈工部尚書謚曰僖延景字冬日終陝州刺
史睿宗初以后父追贈尚書右僕射陪葬乾陵易從累遷彭城長
史任城縣男永昌中為酷吏周興誣構坐死將刑百姓奔走爭解
衣投地曰為長史祈福有司平直乃十餘萬當時號孝義劉家及
易從以非禍死天下冤之子昇年十餘歲流嶺表六道使誅流人
昇以信愛為首領所庇免後易姓溫北歸洛景雲中特授右武衞
騎曹參軍開元中累遷中書舍人太子右庶子昇能文善草隸審
禮從弟延嗣為潤州司馬徐敬業攻潤州延嗣與刺史固守俄而
城陷敬業邀以降延嗣曰吾世蒙國恩今城不守所負多矣詎能苟
生為宗族羞敬業怒將斬之其黨魏思溫救止繫江都獄敬業敗
錄忠當敘以裴炎近親貶梓州長史轉汾州刺史宗族至刺史
者二十餘人

孫處約始名道茂汝州郟城人貞觀中為齊王祐記室祐多過失

數上書切諫王誅帝得其書咨嘆之擢中書舍人高宗即位令杜
正倫請增舍人員帝曰虔約一人足辦我事止不除以論譔勞數
賜段物再遷司禮少常伯麟德元年以西臺侍郎同東西臺三品
爲少司成以老致仕卒子佺延和初爲羽林將軍幽州都督率兵
十二萬討奚李大酺分三屯以副將李楷洛周以悌領之次冷硎楷
洛與大酺戰不勝壯校多沒佺氣𧈧乃紿言天子詔我招慰奚楷
洛違詔妄戰當斬遣人諭大酺大酺曰審介願出天子賜明不欺
佺斂軍中幣萬餘匹悉袍帶并與之大酺知佺詐好語勸引
還而佺部伍離沮奚逼之大敗死者數萬佺以悌同見獲送默啜
所殺之

邢文偉滁州全椒人與歷陽高子貢壽春裴懷貴俱以博學聞咸
亨中歷太子典膳丞時孝敬罕見宮臣文偉即減膳上書曰古者
太子既冠則有司過之史虧膳之宰史不書過死之宰不徹膳死
之皇帝簡料英俊自庶子至司議舍人學士侍讀使佐殿下成就

聖德比者不甚廷議謁對稀簡三朝之後與內人獨居何繇發揮
天資使濬哲文明哉今史既闕官宰得奉職謹守禮經以聞太子
荅曰幼嗜墳典欲研精極意而未閑將衛耽誦致勞比苦風虛奉
陛下恩旨不許彊勉加以趨侍朝夕無自專之道屢闕坐朝乖廢
學緒觀尋來請良符宿志自非義均弼諧渠能進此藥石文偉
由是益知名後右史缺高宗謂侍臣曰文偉切諫吾見此直臣也
遂授之武后時累遷鳳閣侍郎兼弘文館學士載初元年爲內
史后御明堂詔文偉發孝經后問天與帝異稱云何文偉曰天帝
一也制曰郊后稷以配天祀文王于明堂以配上帝奈何而一對曰
先儒執論不同昊天及五方總六天帝后曰帝有六則天不同稱
固矣文偉不得對后曰移風易俗莫善於樂伯牙鼓琴鍾期聽之
知意在山水是人能移風易俗矣何取樂邪文偉曰聖人作樂平
人心變風俗末世樂壞則爲人所移后喜賜帛宗秦客以姦贓
抵罪文偉坐所善貶珍州刺史會它使者至文偉內悸自經死高

子貢善太史書與朱敬則善擢明經歷秘書省正字弘文館直學
士不得志因棄官去徐敬業起兵弟敬猷統兵五千逼和州子貢
率鄉人數百拒之賊引去以功擢朝散大夫爲成均助教東莞公
融爲和州刺史從子貢受業及融謀舉兵令黃公譔見子貢推
爲謀主書跡往返因結諸王內應謀泄坐死

杜二崔高郭趙楊盧三劉李孫邢列傳第三十一

傳呂陳列傳第三十二　　唐書一百七

端明殿學士兼翰林侍讀學士龍圖閣學士朝散大夫守尚書吏部侍郎充集賢殿脩撰臣宋祁奉

敕撰

傅奕相州鄴人隋開皇中以儀曹事漢王諒諒反問奕今茲熒惑
入井果若何對曰東井黃道所由熒惑之舍烏足怪邪若入地上
井乃為災諒怒俄及敗奕以對免徙扶風高祖為扶風太守禮之
及即位拜太史丞會令庾儉以父質占候忤煬帝死懲其事恥以
術官薦奕自代奕遷令與儉同列數排毀之儉不為恨於是人多
儉仁罪奕褊且忿時國制草具多仍隋舊奕謂承亂世之後當有
變更乃上言龍紀火官黃帝廢之咸池六英堯不相沿禹弗行舜
政周弗襲湯禮易稱巳日乃孚革而信也故曰革之時大矣哉有
隋之季違天害民專峻刑法殺戮賢俊天下兆庶同心叛之陛下
撥亂反正而官名律令一用隋舊且懲沸羹者吹冷齏傷弓之鳥
驚曲木況天下久苦隋暴安得不新其耳目哉改正朔易服色變

律令革官名功極作樂治終制禮使民知盛德之隆此其時也然
官貴簡約夏后官百不如虞氏五十周三百不如商之百又曰夏
有亂政而作禹刑商有亂政而作湯刑周有亂政而作九刑衛鞅
為秦制法增鑿顛抽脅鑊烹等六篇始皇為挾書律此失於煩不
可不監是時太僕卿張道源建言官曹文簿繁總易欺請減之以
鈐吏姦公卿舉不為然奕獨是之為眾沮詘不得行武德七年上
疏極詆浮圖法曰西域之法無君臣父子以三塗六道嚇愚欺庸追
既往之罪窺將來之福至有身陷惡逆獄中禮佛口誦梵言以圖
偷免且生死壽夭本諸自然刑德威福繫之人主今其徒矯託皆
云由佛攘天理竊主權書曰惟辟作福惟辟作威惟辟玉食臣有
作福作威玉食害于而家凶于而國五帝三王未有佛法君明臣
忠年祚長久至漢明帝始立胡祠然惟西域桑門自傳其教西晉
以上不許中國髡髮事胡至石苻亂華乃弛厥禁主庸臣佞政虐
祚短事佛致然梁武齊襄尤足為戒昔褒姒一女營惑幽王能亡

其國況今僧尼十萬刻繒泥像以惑天下有不亡乎陛下以十萬
之眾自相夫婦十年滋產十年教訓兵農兩足利可勝既邪昔高
齊章仇子他言僧尼塔廟外見毀宰臣內見疾妃嬙陽讒陰譖卒
死都市周武帝入齊封寵其墓臣竊賢之又上十二論言益痛切
帝下奕議有司唯道源佐其請中書令蕭瑀曰佛聖人也非聖人
者無法請誅之奕曰禮始事親終事君而佛逃父出家以匹夫抗
天子以繼體悖所親瑀非出空桑乃尊其言蓋所謂非孝者無親
瑀不答但合爪曰地獄正為是人設矣帝善奕對未及行會傳位
止初九年太白躔秦分奕奏秦王當有天下帝以奏付王及太宗
即位召賜食謂曰向所奏幾敗我雖然自今毋有所諱而不盡言
又嘗問御拒佛法奈何奕曰佛西胡黠人爾欺訹夷狄以自神至
入中國而孅兒幻夫摸象莊老以文飾之有害國家而無補百姓
也帝異之貞觀十三年卒年八十五奕病未嘗問醫忽酣臥蹶然
悟曰吾死矣乎即自誌曰傅奕青山白雲人也以醉死嗚乎遺言

戒子六經名教言若可習也妖胡之法慎勿為吾死當倮葬奕雖
善數然嘗自言其學不可以傳又注老子并集晉魏以來與佛議
駮者為高識篇武德時所改漏刻定十二軍號皆詔奕云
呂才博州清平人貞觀時祖孝孫增損樂律與音家王長通白明
達更質難不能決太宗詔侍臣舉善音者中書令溫彥博白才夫
悟絕人聞見一接輒究其妙侍中王珪魏徵盛稱才製尺八凡十二
枚長短不同與律諧契即召才直弘文館參論樂事帝嘗覽周
武帝三局象經不能通或言太子洗馬蔡允恭能之召問允恭少
通其略老乃忘試問才退一昔即解具圖以聞允恭記其舊與才
正同由是知名擢累太常博士帝病陰陽家所傳書多謬偽淺
惡世益拘畏命才與宿學老師刪落煩訛掇可用者為五十三篇
合舊書四十七凡百篇詔頒天下才於持議儒而不俚以經誼推
處其驗術諸家共訶短之又舉世相惑以禍福終莫悟云才之言不。
甚文要欲救俗失切時事俾易曉也故剟其三篇卜宅篇曰易稱

上古穴居而野處後世聖人易之以宮室蓋取諸大壯殷周時有卜擇之文詩稱相其陰陽書卜洛食近世乃有五姓謂宮也商也角也徵也羽也以為天下萬物悉配屬之以處吉凶然言皆不類如張王為商武庾為羽是以音相諧附至柳為宮趙為角則又不然其間一姓而兩屬復姓數字不得所歸是直野人巫師說爾按堪輿經黃帝對天老始言五姓且黃帝時獨姬姜數姓耳後世賜族者寖多然管蔡郕霍魯衛毛聃郜雍曹滕畢原酆郇本之姬姓孔殷宋華向蕭亳皇甫本之子姓至因官命氏因邑賜族本同末異叵為配宮商哉春秋以陳衛秦為水姓齊鄭宋為火姓或所出之祖所分之星所居之地以著由來非宮商角徵羽相管攝也祿命篇曰漢宋忠賈誼譏司馬季主曰卜筮者高人祿命以悅人心矯言禍福以規人財王充曰見骨體知命祿見命祿知骨體此則言祿命尚矣推索本原固不其然積善之家必有餘慶豈建祿而後吉乎積惡之家必有餘殃豈劫殺而後災乎皇天無親常與善

人天人之交如影響有夏多罪天命勦絕宋景脩德妖星退舍學也祿在其中不生當建學文王憂勤損壽非初值空亡長平坑降卒非俱犯三刑南陽多近親非俱當六合歷陽成湖不共河魁蜀郡炎火不盡災厄世有同建與祿而貴賤殊域共命若胎而夭壽異科魯桓公六年七月子同生是為莊公按曆歲在乙亥月建申然則值祿空亡據法應窮賤又觸句絞六害背驛馬身剋驛馬三刑法無官命火也生當病鄉法曰為人尫弱矬陋而詩言莊公曰猗嗟昌兮頎而長兮美目揚兮巧趨蹌兮惟向命一物法當壽而公薨止四十五一不驗秦莊襄王四十八年始皇帝生以正月故名政是歲壬寅正月命偝祿於法無官假得祿奴婢應少又破驛馬三刑身剋驛馬法望官不到命金也正月為絕無始有終老而吉旻建命生法當壽帝崩時不過五十二不驗漢武帝以乙酉歲七月七日平旦生當祿空亡於法無官雖向驛馬乃隔四辰法少無官老而吉武帝即位年十六末年戶口減耗三不驗後魏高祖孝

文皇帝生皇興元年八月是歲丁未為背祿命與驛馬三刑身剋驛馬於法無官又生父死中法不見父而孝文受其父顯祖之禪禮君未踰年不得正位故天子無父事三老也孝文率天下以事其親而法不合識父四不驗宋高祖癸亥三月生祿與命皆空亡於法無官又生子墓中法宜嫡子雖有次子當早卒而高祖長子先被弒次子義隆享國又生祖祿下法得嫡孫財若祿其孫劭濬皆簒逆幾失宗祧五不驗葬篇曰易稱古之葬者衣之以薪不封不樹喪期無數後世聖人易之以棺槨蓋取諸大過經曰葬者藏也欲人之弗得見也又曰卜其宅兆而安厝之以是為感慕之所也魂神之宅也朝市貿遷不可知石泉頹齧不可常是其謀及卜筮庶無後艱斯則備於慎終之禮也後代葬說出於巫史一物有失便謂災及死生多為妨禁以售其術附妄憑妖至其書乃有百二十家春秋王者七日而殯七月而葬諸侯五日而殯五月而葬大夫三月士庶人踰月而已貴賤不同禮亦異數此直為赴弔遠近

之期量事制法故先期而葬謂之不懷也後期不葬謂之殆禮也此則葬有定期不擇年與月一也又曰丁巳葬定公雨不克葬至于戊午襄事君子善之禮卜先遠日者自未而進避不懷也今法巳亥日用葬最凶春秋是日葬者二十餘族此葬不擇日二也禮周尚赤大事用旦殷尚白大事用日中夏尚黑大事用昏大事者何喪禮也此直取當代所尚而不擇時早晚也鄭卿子產及子太叔葬簡公於是司墓大夫室當柩路若壞其室即平旦而堋不壞其室即日中而堋子產不欲壞室欲待日中子太叔曰若日中而堋恐久勞諸侯大夫來會葬者然子產太叔不問時之得失惟論人事可否而已曾子曰葬逢日蝕舍於路左待明而行所以備非常也按法葬家多取乾艮二時乃近夜半文與禮乖此葬不擇時三也經曰立身行道揚名於後世以顯父母易謂聖人之大寶曰位何以守位曰仁而法曰官爵富貴葬可致也年壽脩促子姓蕃衍葬可招也夫日慎一日澤及無疆德則不建而祚乃無永臧孫

有後于魯曾不聞葬得吉也若敖絶祀於荆不聞葬得凶也此葬有
吉凶不可信四也今法皆據五姓爲之古之葬並在國都之北趙
氏之葬在九原漢家山陵或散處諸域又何上利下利大墓小墓
爲哉然劉之子孫本支不絶趙後與六國等王此則葬用五姓不
可信五也且人有初賤而後貴始泰而終否者子文爲令尹三仕
三已展禽三黜於士師彼冢墓已定而不改此名位不常何也故
知榮辱升降事關諸人而不由於葬六也世之人爲葬巫所欺忘擗
踊荼毒以期徼幸由是相塋隴希官爵擇日時規財利謂辰日
不哭欣然而受弔謂同屬不得臨壙吉服避送其親詭斁禮俗不
可以法七也帝又詔造方域圖及教飛騎戰陣圖屢稱指擢太常
丞麟德中以太子司更大夫卒生平豫脩書及著述甚多子方毅
七歲能誦經太宗聞其敏召見奇之賜束帛長爲右衞鎧曹參
軍毋喪以毀卒布車從毋葬通人郎餘令以白粥玄酒生芻祭路
隅世共哀之

陳子昂字伯玉梓州射洪人其先居新城六世祖太樂當齊時兄
弟競豪桀梁武帝命爲郡司馬父元敬世高貲歲飢出粟萬石賑
鄉里舉明經調文林郎子昂十八未知書以富家子尚氣決弋博
自如它日入鄉校感悔即痛脩飭文明初舉進士時高宗崩將遷
梓宮長安於是關中無歲子昂盛言東都勝塏可營山陵上書曰
臣聞秦據咸陽漢都長安山河爲固而天下服者以北假胡宛之
利南資巴蜀之饒轉關東之粟而收山西之寶長羈利策横制宇
宙今則不然燕代迫匈奴巴隴嬰吐蕃西老千里贏糧北丁十五
乘塞歲月奔命秦之首尾不完所餘獨三輔間耳頃遭荒饉百
姓荐飢薄河而右惟有赤地循隴以北不逢青草父兄轉徙妻子
流離賴天悔禍去年薄稔羸耗之餘幾不沈命然流亡未還白骨
縱横阡陌無主至於蓄積猶可哀傷陛下以先帝遺意方大駕
長驅按節西京千乘萬騎何從仰給山陵穿復必資徒役率癯弊
之衆興數萬之軍調發近畿督扶稚老鏟山輦石驅以就功春作

無時何望有秋彫昭遺噍再罹艱苦有不堪其困則逃爲盜賊揭
梃叫噑可不深圖哉且天子以四海爲家舜葬蒼梧禹葬會稽
豈愛夷裔而鄙中國耶示無外也周平王漢光武都洛而山陵寢
廟並在西土者實以時有不可故遺小存大去禍取福也今景山
崇秀北對嵩邙右眄汝海祝融太昊之故墟在焉園陵之美復何
以加且太原廥鉅萬之倉洛口儲天下之粟乃欲捨而不顧儻鼠
竊狗盜西入陝郊東犯虎牢取敖倉一抔粟陛下何與遏之武后
奇其才召見金華殿子昂貌柔野少威儀而占對慷慨擢麟臺正
字垂拱初詔問羣臣調元氣當以何道子昂因是勸后興明堂大
學即上言臣聞之於師曰元氣天地之始萬物之祖王政之大端也
天地莫大於陰陽萬物莫靈於人王政莫先於安人故人安則陰
陽和陰陽和則天地平天地平則元氣正先王以人之通於天也
於是養成羣生順天德使人樂其業甘其食美其服然後天瑞降
地符升風雨時草木茂遂故顓頊唐虞不敢荒寧其書曰百姓昭

明協和萬邦黎人於變時雍迺命羲和欽若昊天曆象日月星
辰敬授人時和之得也夏商之衰桀紂昏暴陰陽踳行天地震怒
山川神鬼發妖見災疾疫大興終以滅亡和之失也迨周文武創業
誠信忠厚加于百姓故成康刑措四十餘年天人方和而幽厲亂
常苛慝暴虐詬黷天地川冢沸崩人用愁怨其詩曰昊天不惠
降此大戾不先不後爲虐爲瘵顧不哀哉近隋煬帝恃四海之富
鑿渠決河自伊洛屬之揚州疲生人之力洩天地之藏中國之難
起故身死人手宗廟爲墟逆元氣之理也臣觀禍亂之動天人之
際先師之說昭然著明不可欺也陛下含天地之德日月之明
然遠思欲求太和此伏羲氏所以爲三皇首也昔者天皇大帝攬
元符東封太山然未建明堂享上帝使萬世鴻業闕而不照殆留
此盛德以發揮陛下哉臣謂和元氣睦人倫捨此則無以爲也昔
黃帝合宮有虞總期堯衢室夏世室皆所以調元氣治陰陽也
臣聞明堂有天地之制陰陽之統二十四氣八風十二月四時五行

二十八宿莫不率備王者政失則災政順則祥臣願陛下爲唐恢
萬世之業相國南郊建明堂與天下更始按周禮月令而成之迺
月孟春乘鸞輅駕蒼龍朝三公九卿大夫于青陽左个負斧扆馮
玉几聽天下之政躬籍田親蠶以勸農桑養三老五更以教孝悌
明訟恤獄以息淫刑脩文德以止干戈察孝廉以除貪吏後宮非
妃嬪御女者出之珠玉錦繡雕琢伎巧無益者棄之巫鬼淫祀營
惑於人者禁之臣謂不數期且見太平云又言陛下方興大化而
太學久廢堂皇埃蕪詩書不聞明詔尚未及之愚臣所以私恨也
太學者政教之地也君臣上下之取則也俎豆揖讓之所興也天
子于此得賢臣焉今委而不論雖欲睦人倫興治綱失之本而求
之末不可得也君子三年不爲禮禮必壞三年不爲樂樂必崩奈
何爲天下而輕禮樂哉願引冑子使歸太學國家之大務不可廢
巳后召見賜筆札中書省令條上利害子昂對三事其一言九道
出大使巡按天下申黜陟求人瘼臣謂計有未盡也且陛下發使

必欲使百姓知天子夙夜憂勤之也群臣知考績而任之也姦暴
不逞知將除之也則莫如擇仁可以恤孤明可以振滯剛不避彊
禦智足以照姦者然後以爲使故輶軒未動而天下翹然待之矣
今使且未出道路之人皆已指笑欲望進賢下不肖豈可得邪宰
相奉詔書有遣使之名無任使之實使愈出天下愈弊徒令百姓
治道路送往迎來不見其益也臣願陛下更選有威重風槩爲衆
推者因御前殿以使者之禮禮之諄諄戒敕所以出使之意乃授
以節自京師及州縣登拔才良求人瘼宣布上意令若家見而戶
曉昔堯舜不下席而化天下蓋黜陟幽明能折衷者陛下知難得
人則不如少出使彼煩數而無益於化是烹小鮮而數撓之矣其
二言刺史縣令政教之首陛下布德澤下詔書必待刺史縣令謹
宣而奉行之不得其人則委棄有司掛牆屋耳百姓安得知之一
州得才刺史十萬戶賴其福得不才刺史十萬戶受其困國家興
衰在此職也今吏部調縣令如補一尉但計資考不求賢良有

如不次用人則天下翕然相誘矣毋于常而不變也故庸人皆任
縣令教化之陵遲顧不甚哉其三言天下有危機禍福因之而生
機靜則有福動則有禍百姓安則樂生不安則輕生者是也今軍
旅之弊夫妻不得安父子不相養五六年矣自劍南盡河隴山東
由青徐曹汴河北舉滄瀛趙鄭或困水旱或頓兵疫死亡流離略
盡尚賴陛下憫其失職凡兵戍調發一切罷之使人得妻子相見
父兄相保可謂能靜其機也然臣恐將相有貪夷狄利以廣地
彊武說陛下者欲動其機機動則禍構宜脩文德去刑罰勸農
桑以息疲民蠻夷知中國有聖王必累譯至矣于時吐蕃九姓叛
詔田揚名發金山道十姓兵討之十姓君長以三萬騎戰有功遂
請入朝后責其嘗不奉命擅破回紇不聽子昂上疏曰國家能制
十姓者繇九姓彊大臣服中國故勢微弱委命下吏今九姓叛亡
北蕃喪亂君長無主回紇殘破磧北諸姓已非國有欲掎角亡叛
唯金山諸蕃共爲形勢有司乃以揚名擅破回紇歸十姓之罪拒

而遣還不使入朝恐非羈戎之長策也夫戎有鳥獸心親之則順
疑之則亂今阻其善意則十姓內無國家親信之恩外有回紇報
讎之患懷不自安鳥駭狼顧則河西諸蕃自此拒命矣且夷狄相
攻中國之福今回紇已破既無可言十姓非罪又不當絕罪止揚
名足以慰其酋領矣近詔同城權置安北府其地當磧南口制
匈奴之衝常爲劇鎮臣頃聞磧北突厥之歸者已千餘帳來者
未止甘州降戶四千帳亦置同城今磧北喪亂荒饉之餘無所存
仰陛下開府招納誠覆全戎狄之仁也然同城本無儲峙而降附
蕃落不免寒飢更相劫掠今安北有官牛羊六千粟麥萬斛城
孤兵少降者日衆不加救卹盜劫日多夫人情以求生爲急今有
粟麥牛羊爲之餌而不救其死安得不爲盜乎盜興則安北不
全甘涼以往蹐以待陷後爲邊患禍未可量是則誘使亂誨之盜
也且夷狄代有雄桀與中國抗有如勃起招合遺散衆將係興此
國家大機不可失也又謂河西諸州軍興以來公私儲蓄尤可嗟

痛涼州歲食六萬斛屯田所收不能償墾陛下欲制河西定亂戎
此州空虛未可動也甘州所積四十萬斛觀其山川誠河西喉咽
地北當九姓南逼吐蕃姦回不測伺我邊罅故甘州地廣粟多左
右受敵但戶止三千勝兵者少屯田廣夷倉庾豐衍瓜肅以西皆
仰其餽一旬不往士已枵飢是河西之命係于甘州矣且其四十
餘屯水泉良沃不待天時歲取二十萬斛但人力寡乏未盡墾發
異時吐蕃不敢東侵者繇甘涼士馬彊盛以振其入今甘州積粟
萬計兵少不足以制賊若吐蕃敢大入燔蓄穀蹂諸屯則河西諸
州我何以守宜益屯兵外得以防盜內得以營農取數年之收可
飽士百萬則天兵所臨何求不得哉其後吐蕃果入寇終后世為
邊患最甚后方謀開蜀山由雅州道翦生羌因以襲吐蕃子昂上
書以七驗諫止之曰臣聞亂生必由於怨雅州羌未嘗一日為盜
今無罪蒙戮怨必甚怨甚則蜂駭且亡而邊邑連兵守備不解蜀
之禍構矣東漢喪敗亂始諸羌一驗也吐蕃黠獪抗天誅者二十

餘年前日薛仁貴郭待封以十萬眾敗大非川一甲不返李敬玄
劉審禮舉十八萬眾困青海身執賊廷關隴為空今迺欲建李
處一為上將驅疲兵襲不可幸之吐蕃舉為賊笑二驗也夫事有
求利而得害者昔蜀與中國不通秦以金牛美女啖蜀侯侯使五
力士棧褒斜鑿通谷迎秦之饋秦隨以兵而地入中州三驗也吐
蕃愛蜀富思盜之矣徒以障隧隘絕頓餓喙不得噬今撤山羌
開阪險使賊得收奔亡以攻邊是除道待賊舉蜀以遺之四驗也
蜀為西南一都會國之寶府又人富粟多浮江而下可濟中國今
圖僥倖之利以事西羌得羌地不足耕得羌財不足富是過殺無
辜之眾以傷陛下之仁五驗也蜀所恃有險也蜀所安無役也今
開蜀險役蜀人險開則便寇人役則傷財臣恐未及見羌而姦盜
在其中矣異時益州長史李崇真託言吐蕃寇松州天子為盛
軍師趣轉餉以備之不三年巴蜀大困不見一賊而崇真姦贓已
鉅萬今得非有姦臣圖利復以生羌為資六驗也蜀士尫孱不知

兵一虜持矛百人不敢當若西戎不即破滅臣見蜀之邊垂且不
守而為羌夷所暴七驗也國家近廢安北拔單于棄龜茲疏勒
天下以為務仁不務廣務養不務殺行太古三皇事今徇貪夫之
議誅無罪之羌遺全蜀患此臣所未諭方山東飢關隴弊生人流
亡誠陛下寧靜思和天人之時安可動甲兵興大役以自生亂又
西軍失守北屯不利邊人駭情今復舉輿師投不測小人徒知議
夷狄之利非帝王至德也善為天下者計大而不計小務德而不
務刑據安念危值利思害願陛下審計之后復召見使論為政
之要適時不便者毋援上古角空言子昂乃奏八科一措刑二官
人三知賢四去疑五招諫六勸賞七息兵八安宗子其大權謂今
百度已備但刑急罔密非為政之要凡大人初制天下必有凶亂
叛逆之人為我驅除以明天誅凶叛已滅則順人情赦過宥罪蓋
刑以禁亂亂靜而刑息不為承平設也太平之人樂德而惡刑刑
之所加人必慘怛故聖人貴措刑也比大赦滌蕩群罪天下蒙慶

咸得自新近日詔獄稍滋鉤捕支黨株蔓推窮蓋獄吏不識天
意以抵慘刻誠宜廣愷悌之道敕法慎罰省白誣冤此太平安人
之務也官人惟賢政所以治也然君子小人各尚其類若陛下好
賢而不任任而不能信信而不能終終而不賞雖有賢人終不肯
至又不肯勸反是則天下之賢集矣議者乃云賢不可知人不易
識臣以為固易知固易識夫尚德行者無凶險務公正者無邪朋
廉者憎貪信者疾偽智不為愚者謀勇不為怯者死猶鸞隼
不接翼薰蕕不共氣其理自然何者以德並凶勢不相入以正攻
佞勢不相利以廉勸貪勢不相售以信質偽勢不相和智者尚謀
愚者所不聽勇者徇死怯者所不從此趣向之反也賢人未嘗不
思効用顧無其類則難進是以湮汩于時誠能信任俊良知左右
有灼然賢行者賜之尊爵厚祿使以類相舉則天下之理得矣
陛下知得賢須任今未能者蓋以常信任者不效如裴炎劉禕之
周思茂騫味道固蒙用矣皆孤恩前死以是陛下疑於信賢臣固

不然昔人有以噎得病乃欲絕食不知食絕而身殞賢人於國猶食在人人不可以一噎而止飱國不可以謬一賢而遠正士此神鑒所知也聖人大德在能納諫太宗德參三王而能容魏徵之直今誠有敢諫骨鯁之臣陛下廣延順納以新盛德則萬世有述臣聞勞臣不賞不可勸功死士不賞不可勸勇今或勤勞死難名爵不及偷榮尸祿寵秩妄加非所以表庸勵行者也願表顯徇節勵勉百僚古之賞一人千萬人悅者蓋云當也今事之最大者患兵甲歲興賦役不省興師十萬則百萬之家不得安業自有事北狄于今十年不聞中國之勝以庸將御穴兵屠役日廣兵甲日敝願審量損益計利害勢有不可毋虛出兵則人安矣廼賊千紀自取屠滅罪止魁逆無復緣坐宗室子弟皆得更生然臣願陛下重曉慰之使明知天子慈仁下得自安臣聞人情不能自明則疑疑則懼懼則罪生惟賜愷悌之德使居無過之地俄遷右衛胄曹參軍后既稱皇帝改號周子昂上周受命頌以媚悅后雖數召

見問政事論亦諄切故奏聞輒罷以母喪去官服終擢右拾遺子昂多病居職不樂會武攸宜討契丹高置幕府表子昂參謀次漁陽前軍敗舉軍震恐攸宜輕易無將略子昂諫曰陛下發天下兵以屬大王安危成敗在此舉安可忽哉今大王法制不立如小兒戲願審智愚量勇怯度衆寡以長攻短此刷恥之道也夫按軍尚威嚴擇親信以虞不測大王提重兵精甲頓之境上朱亥竊發之變良可懼也王能聽愚計分麾下萬人為前驅契丹小醜指日可禽攸宜以其儒者謝不納居數日復進計攸宜怒徙署軍曹子昂知不合不復言聖曆初以父老表解官歸侍詔以官供養會父喪廬冢次每哀慟聞者為涕縣令段簡貪暴聞其富欲害子昂家人納錢二十萬緡簡薄其賂捕送獄中子昂之見捕自筮卦成驚曰天命不祐吾殆死乎果死獄中年四十三子昂資褊躁然輕財好施篤朋友與陸餘慶王無競房融崔泰之盧藏用趙元最厚唐興文章承徐庾餘風天下祖尚子昂始變雅正初為感遇詩三十八章王適曰是必為海內文宗乃請交子昂所論著當世以為法大曆中東川節度使李叔明為立旌德碑於梓州而學堂至今猶存子光復與趙元子少微相善俱以文稱光終商州刺史子易甫簡甫皆位御史

王無競者字仲列世徙東萊宋太尉弘之遠裔家足于財頗負氣豪縱擢下筆成章科調欒城尉三遷監察御史改殿中會朝宰相宗楚客楊再思離立偶語無競揚笏曰朝禮上尚公等大臣不宜慢常典楚客怒徙無競太子舍人神龍初詆權幸出為蘇州司馬張易之等誅坐嘗交往貶廣州仇家矯制榜殺之

趙元者字貞固河間人祖掞號通儒在隋與同郡劉焯俱召至京師補黎陽長徙居汲元少負志略好論辯來游雒陽士爭慕嚮所以造謝皆搢紳選武后方稱制懼不容其高調宜祿尉到職非公事不言彈琴蒔藥如隱者之操自傷位不配才卒年四十九其友魏元忠孟詵宋之問崔璩等共謚昭夷先生

贊曰子昂說武后興明堂太學其言甚高殊可怪笑后竊威柄誅大臣宗室脅逼長君而奪之權子昂乃以王者之術勉之卒為婦人訕侮不用可謂薦圭璧於房闥以脂澤汙漫之也瞽者不見泰山聾者不聞震霆子昂之于言其聾瞽歟

唐書列傳第三十二

劉裴婁列傳第三十三　唐書一百八

端明殿學士兼翰林侍讀學士龍圖閣學士朝散大夫守尚書吏部侍郎充集賢殿脩撰臣宋祁奉
敕撰

劉仁軌字正則汴州尉氏人少貧賤好學值亂不能安業每動止
畫地書空寓所習卒以通博聞武德初河南道安撫大使任瓌上
疏有所論奏仁軌見其稾竄定數言瓌驚異赤牒補息州參軍
轉陳倉尉部人折衝都尉魯寧者豪縱很法縣莫敢屈仁軌約不
再犯而寧暴横自如仁軌榜殺之州以聞太宗曰尉而殺吾折衝可
乎召詰讓仁軌對曰寧辱臣臣故殺之帝以為剛正更擢咸陽丞
貞觀十四年校獵同州時秋斂未訖仁軌諫曰今茲澍澤霑足百
穀犪茂收纔十二常日贊調已有所妨又供獵事繕橋治道役雖
簡省猶不損數萬少延一旬使場圃畢勞陛下六飛徐驅公私交
泰璽書襃納拜新安令累遷給事中為李義府所惡出為青州刺
史顯慶五年伐遼義府欲斥以罪使督漕而船果覆役坐免官白

衣隨軍初蘇定方既平百濟留郎將劉仁願守其城左衛中郎將
王文度為熊津都督撫納殘黨文度死百濟故將福信及浮屠道
琛迎故王子扶餘豐立之引兵圍仁願詔仁軌檢校帶方州刺史
統文度之衆幷發新羅兵為援仁軌將兵嚴整轉鬬陷陣所向無
前信等釋仁願圍退保任存城既而福信殺道琛幷其衆招還叛
亡勢張甚仁軌與仁願合則解甲休士時定方伐高麗圍平壤不
克高宗詔仁軌拔軍就新羅與金法敏議去留計將士咸欲還仁
軌曰春秋之義大夫出疆有可以安社稷便國家者得專之今天
子欲滅高麗先誅百濟留兵鎮守制其心腹雖孽豎跳梁方未
完宜厲兵粟馬乘無備擊不意百下百全戰勝之日開張形勢騰
檄濟師聲援接廣亡矣今平壤不勝熊津又拔則百濟之燼復炎
高麗之滅無期吾等雖入新羅正似坐客有不如志悔可得邪扶
餘豐猜貳表合內攜勢不支久宜堅守伺變以圖之不可輕動衆
從其議乃請益兵時賊守眞峴城仁軌夜督新羅兵薄城扳堞比

明入之遂通新羅饟道而豐果襲殺福信遣使至高麗倭丐援會
詔遣右威衛將軍孫仁師率軍浮海而至士氣振於是諸將議所
向或曰加林城水陸之衝盍先擊之仁軌曰兵法避實擊虛加林險
而固攻則傷士守則曠日周留城賊巢穴羣凶聚焉若克之諸城
自下於是仁師仁願及法敏帥陸軍以進仁軌與杜爽扶餘隆繇
熊津白江會之遇倭人白江口四戰皆克焚四百艘海水為丹扶
餘豐脫身走獲其寶劒僞王子扶餘忠勝忠志等率其衆與倭人
降獨酋帥遲受信據任存城未下始定方破百濟酋領沙吒相如
黑齒常之嘯亡散據險以應福信至是皆降仁軌以赤心示之畀
取任存自効即給鎧仗糧糒仁師曰夷狄野心難信若受甲濟粟
資寇便也仁軌曰吾觀相如常之忠而謀因機立功尚何疑二人訖
拔其城遲受信委妻子奔高麗百濟餘黨悉平仁師等振旅還詔
留仁軌統兵鎮守百濟再被亂殭屍如莽仁軌始命瘞埋弔祭焉
葺復戶版署官吏開道路營聚落復防堰賑貧貸乏勸課耕種為

立官社民皆安其所遂營屯田以經略高麗仁願至京師帝勞曰
若本武將軍中奏請皆有文理何道而然對曰仁軌之辭非臣所
能帝歎賞之超進仁軌六階眞拜帶方州刺史賜第一區厚賚妻
子璽書襃勉先是貞觀永徽中士戰歿者皆詔使弔祭或以贈官
推授子弟顯慶後討伐恩賞殆絕及破百濟平壤有功者皆不甄
敘州縣購募不願行身壯家富者以財參逐率得避免所募皆傭
劣寡憊無鬬志仁軌具論其弊請加慰賚以鼓士心又表用扶餘
隆使綏定餘衆帝乃以隆為熊津都督時劉仁願為卑列道總管
詔率兵度海使代舊屯與仁軌俱還仁軌曰上巡狩方岳又經略高
麗方農時而吏與兵悉被代新至者未習萬一蠻夷生變誰與捍
之不如留舊兵畢穫等級遣還仁軌當留未可去仁願不可曰吾
但知準詔耳仁軌曰不然苟利國家知無不為臣之節也因陳便
宜願留屯詔可由是以仁願為不忠始仁軌任帶方州謂人曰天
將富貴此翁邪乃請所須曆及宗廟諱或問其故荅曰當削平遼

海湏示本朝正朔卒皆如言及封泰山仁軌乃率新羅百濟儋羅倭四國酋長赴會天子大悅擢爲大司憲遷右相兼檢校太子左中護累功封樂城縣男總章元年爲熊津道安撫大使兼浿江道摠管副李勣討高麗平之以疾辭位進金紫光祿大夫聽致仕俄召爲隴州刺史拜太子左庶子同中書門下三品監脩國史咸亨五年爲雞林道大摠管東伐新羅仁軌率兵絶瓠蘆河攻大鎮七里城破之進爵爲公子及兄子授上柱國者三人州黨榮之號所居爲樂城鄉三柱里俄拜尚書左僕射兼太子賓客仍知政事吐蕃入寇命爲洮河道行軍鎮守大使永隆二年加太子少傅數乞骸骨聽解左僕射帝幸東都太子監國詔仁軌與裴炎薛元超留輔及太子赴東都又詔太孫重照留守仁軌副之武后臨朝復拜左僕射太孫廢仁軌專知留守事上疏辭疾因陳呂后禄産禍敗事以規后后遣武承嗣齎璽書慰勉改文昌左相同鳳閣鸞臺三品卒年八十五詔百官赴哭册贈開府儀同三司幷州大都督陪

葬乾陵賜其家實封三百戸仁軌雖貴顯不自矜踞接舊故如布衣時嘗爲御史袁異式所劾慢辱之脅使引決及拜大司憲異式尚在臺不自安因醉以情自解仁軌持觴曰所不與公者有如此觴後既執政薦爲司元大夫然官由州縣至宰輔善致聲譽得吏下歡心及鎮洮河奏請機急多爲中書令李敬玄抑郤仁軌乃表敬玄爲帥以代己果覆其衆裴炎下獄仁軌方留守京師郎將姜嗣宗以使來因語炎事且曰炎異於常久矣仁軌曰使人知邪曰知及還表嗣宗知炎反狀不告武后怒拉殺之子濬官太子舍人垂拱中爲酷吏所殺中宗即位以仁軌有東宮舊再贈司空濬子晃開元中爲給事中表請立碑追謚曰文獻

裴行儉字守約絳州聞喜人父仁基隋光祿大夫自王世充所謀歸國被害贈原州都督謚曰忠行儉幼引蔭補弘文生貞觀中舉明經調左屯衛倉曹參軍時蘇定方爲大將軍謂曰吾用兵世無可教者今子也賢乃盡畀以術遷長安令高宗將立武昭儀行儉以爲國家憂從此始與長孫无忌褚遂良祕議大理袁公瑜擿語昭儀母左除西州都督府長史麟德二年擢累安西都護西域諸國多慕義歸附召爲司文少卿遷吏部侍郎與李敬玄馬載同典選有能名時號裴馬行儉始設長名榜銓注等法又定州縣升降資擬高下爲故事上元三年吐蕃叛出爲洮州道左二軍摠管改秦州右軍並受周王節度儀鳳二年十姓可汗阿史那都支及李遮匐誘蕃落以動安西與吐蕃連和朝廷欲討之行儉議曰吐蕃叛渙方熾敬玄失律審禮喪元安可更爲西方生事今波斯王死其子泥涅師質京師有如遣使立之即路出二蕃若權以制事可不勞而功也帝因詔行儉册送波斯王且爲安撫大食使徑莫賀延磧風礫晝冥導者迷將士饑乏行儉止營致祭令曰水泉非遠衆少安俄而雲徹風恬行數百步水草豐美後來者莫識其處衆皆驚以方漢貳師將軍至西州諸蕃郊迎行儉召豪桀千餘人自隨揚言大熱未可以進宜駐軍須秋都支覘知之不設備行儉

徐召四鎮酋長僞約畋謂曰吾念此樂未始忘孰能從吾獵者於是子弟願從者萬人乃陰勒部伍數日倍道而進去都支帳十餘里先遣其所親問安否外若閑暇非討襲者又使人趣召都支都支本與遮匐計及秋拒使者已而聞軍至倉卒不知所出率子弟五百餘人詣營謁遂禽之是日傳契箭召諸部酋長悉來請命並執送碎葉城簡精騎約齎襲遮匐道獲遮匐使者釋之俾前往諭其主幷言都支已禽狀遮匐乃降悉俘至京師將吏爲刻石碎葉城以紀功帝親勞宴曰行儉提孤軍深入萬里兵不血刃而叛黨禽夷可謂文武兼備矣其兼授二職即拜禮部尚書兼檢校右衛大將軍調露元年突厥阿史德溫傅反單于管二十四州叛應之衆數十萬都護蕭嗣業討賊不克死敗係踵詔行儉爲定襄道行軍大摠管討之率太僕少卿李思文營州都督周道務部兵十八萬合西軍程務挺東軍李文暕等摠三十餘萬旗幟亘千里行儉咸節制之先是嗣業饋糧數爲虜鈔軍餧死行儉曰以謀制

敵可也因詐爲糧車三百乘車伏壯士五輩齎陌刀勁弩以羸兵挽進又伏精兵躡其後虜果掠車羸兵走險賊驅就水草解鞍牧馬方取糧車中而壯士突出伏兵至殺獲幾盡自是糧車無敢近者大軍次單于北暮已立營塹壕既周行儉更命徙營高岡吏白士安堵不可擾不聽促徙之比夜風雨暴至前占營所水深丈餘衆莫不駭嘆問何以知之行儉曰自今第如我節制毋問我所以知也賊拒黑山數戰皆敗行儉縱兵前後殺虜不勝計僞可汗泥孰匐爲其下所殺持首來降又禽大首領奉職而還餘黨走狼山行儉既還阿史那伏念僞稱可汗復與溫傅合明年行儉還總諸軍頓代州之陘口縱反閒說伏念令與溫傅相貳伏念懼密送款且請縛傅自效行儉祕不布密以聞後數日煙塵漲天而南斥候惶駭行儉曰此伏念執溫傅來降非佗也且受降如受敵乃敕嚴備遣單使往勞既而果然於是突厥餘黨悉平帝悅遣戶部尚書崔知悌勞軍初行儉許伏念以不死侍中裴炎害其功建言伏念

爲程務挺張虔勗脅遂又磧北回紇逼之計窮而降卒斬伏念及溫傅於都市行儉之功不錄封聞喜縣公行儉歎曰渾濬之事古今恥之但恐殺降則後無復來矣遂稱疾不出永淳元年十姓突厥車薄叛復爲金牙道大總管未行卒年六十四贈幽州都督謚曰獻詔皇太子遣官護視家事子孫能自立乃停中宗即位再贈揚州大都督行儉工草隸名家帝嘗以絹素詔寫文選覽之祕愛其法賚物良厚行儉每曰褚遂良非精筆佳墨未嘗輒書不擇筆墨而妍捷者余與虞世南耳所譔選譜草字雜體數萬言又爲營陣部伍料勝負別器能等四十六訣武后詔武承嗣就第取去不復傳行儉通陰陽曆術每戰豫道勝日善知人在吏部時見蘇味道王勮謂曰二君後皆掌銓衡李敬玄盛稱王勃楊炯盧照鄰駱賓王之才引示行儉行儉曰士之致遠先器識後文藝如勃等雖有才而浮躁衒露豈享爵祿者哉炯頗沈嘿可至令長餘皆不得其死所引偏裨若程務挺張虔勗崔智辯王方翼黨金毗劉敬同郭待封李多祚黑齒常之類爲世名將所奏至刺史將軍者數十人嘗賜馬及珍鞍令史私馳馬馬蹶鞍壞懼而逃行儉招還之不加罪初平都支遮匐獲瓌寶不貲蕃酋將士願觀焉行儉因宴徧出示坐者有碼碯盤廣二尺文彩粲然軍吏趨跌盤碎惶怖叩頭流血行儉笑曰爾非故也何至是色不少吝帝賜都支資產皿金三千餘物橐駝馬牛稱是行儉分給親故洎麾下數日輒盡

子光廷

光廷字連城早孤母厙狄氏有婦德武后召入宮爲御正甚見親寵光廷由是累遷太常丞以武三思壻坐貶郢州司馬開元中擢兵部郎中鴻臚少卿性靜默寡交游雖驟歷臺省人未之許既而以職業稱議者更推之玄宗有事岱宗中書令張說以天子東巡京師空虛恐夷狄乘閒竊發議欲加兵守邊召光廷與謀對曰封禪者所以告成功也夫成功者德無不被人無不安萬國無不懷今將告成而懼夷狄非昭德也大興力役用備不虞非安人也方

謀會同而阻戎心非懷遠也此三者名實乖矣且諸蕃突厥爲大贄幣往來願脩和好有年矣若遣一使召其大臣使赴行在必欣然應命突厥受詔則諸蕃君長必相率而來我偃旗息鼓不復事矣說曰善吾所不及因奏用其策突厥果遣使來朝東封還遷兵部侍郎久之拜中書侍郎同中書門下平章事兼御史大夫遷黃門侍郎拜侍中兼吏部尚書弘文館學士撰搖山往則維城前軌二篇獻之手制褒美詔皇太子諸王於光順門見光廷謝所以規諷意光廷又引壽安丞李融拾遺張琪著作佐郎司馬利賓直弘文館撰續春秋經傳自戰國訖隋表請天子脩經光廷等作傳書久不就時有建言唐應爲金德者中書令蕭嵩請百官普議光廷以唐符命表著天下久矣不可改亟奏罷之二十年封正平縣男初知星者言上象變不利大臣請禳之光廷曰使禍可禳而去則福可祝而來也論者以爲知命卒年五十八贈太師初吏部求人不以資考爲限所獎拔惟其才往往得俊乂任之士亦自奮其後士

人猥衆專務趨競銓品枉撓光廷懲之因行儉長名榜乃爲循資格無賢不肖一據資考配擬又促選限盡正月任門下省主事閻麟之專主過官凡麟之裁定光廷輒然可時語曰麟之口光廷手素與蕭嵩輕重不平及卒嵩奏一切罷之光廷所引盡斥外官博士孫琬以其用循資格非獎勸之誼謚曰克平時以爲希嵩意帝聞特賜謚曰忠憲詔中書令張九齡文其碑子稹以蔭仕累遷起居郎開元末壽王瑁以母寵欲立爲太子稹陳中生戾園禍以諫玄宗改容謝之詔授給事中稹曰陛下絕招諫之路爲日滋久今臣一言而荷殊寵則言者將衆何以錫之帝善其讓止不拜俄授祠部員外郎卒子倚字容卿歷信州刺史勸民墾田二萬畝以治行賜金紫服代第五琦爲度支郎中卒謚曰節子均

均字君齊以明經爲諸暨尉數從使府辟硜硜以才顯張建封鎮濠壽表團練判官時李希烈以淮蔡叛建封扞賊均參贊之以勞加上柱國襲正平縣男遷累膳部郎中擢荊南節度行軍司馬就

拜荊南節度使劉闢叛先騷黔巫脅荊楚以固首尾均發精甲三千逆擊之賊望風奔却加檢校吏部尚書初均與崔太素俱事中人竇文場太素嘗晨省文場入卧內自謂待己至厚徐觀後榻有頻伸者乃均也德宗以均任方鎮欲遂相之諫官李約上疏斥均爲文場養子不可汙台輔乃止元和三年入爲尚書右僕射判度支上日唱授按送印皆尚書郎爲之文武四品五品郎官御史拜廷下御史中丞左右丞升階荅拜時以爲禮太重俄檢校左僕射同中書門下平章事爲山南東道節度使累封郇國公以財交權倖任將相凡十餘年荒縱無法度卒年六十二贈司空

婁師德字宗仁鄭州原武人第進士調江都尉揚州長史盧承業異之曰子台輔器也當以子孫相諉詎論僚吏哉上元初爲監察御史會吐蕃盜邊劉審禮戰沒師德奉使收敗亡於洮河因使吐蕃其首領論贊婆等自赤嶺操牛酒迎勞師德喻國威信開陳利害虜爲畏悅後募猛士討吐蕃乃自奮戴紅抹額來應詔高宗假朝散大夫使從軍有功遷殿中侍御史兼河源軍司馬并知營田事與虜戰白水澗八遇八克天授初爲左金吾將軍檢校豐州都督衣皮袴率士屯田積穀數百萬兵以饒給無轉饟和糴之費武后降書勞之長壽元年召授夏官侍郎判尚書事進同鳳閣鸞臺平章事后嘗謂師德師在邊必待營田公不可以劬勞憚也乃復以爲河源積石懷遠軍及河蘭鄯廓州檢校營田大使入遷秋官尚書原武縣男改左肅政御史大夫並知政事證聖中與王孝傑拒吐蕃於洮州戰素羅汗山敗績貶原州員外司馬萬歲通天二年入爲鳳閣侍郎同鳳閣鸞臺平章事後與武懿宗狄仁傑分道撫定河北進納言更封譙縣子隴右諸軍大使復領營田聖曆三年突厥入寇詔檢校并州長史天兵軍大總管九月卒于會州年七十贈幽州都督謚曰貞葬給往還儀仗師德長八尺方口博脣深沈有度量人有忤己輒遜以自免不見容色嘗與李昭德偕行師德素豐碩不能遽步昭德遲之恚曰爲田舍子所留師德笑

曰吾不田舍復在何人其弟守代州辭之官教之耐事弟曰人有唾面潔之乃已師德曰未也潔之是違其怒正使自乾耳在夏官注選選者就按閱簿師德曰容我擇之可乎選者不去乃灑筆曰墨汙爾狄仁傑未輔政師德薦之及同列數擠令外使武后覺問仁傑曰師德賢乎對曰爲將謹守賢則不知也又問知人乎對曰臣嘗同僚未聞其知人也后曰朕用卿師德薦也誠知人矣出其奏仁傑慚已而歎曰婁公盛德我爲所容乃不知吾不逮遠矣總邊要爲將相者三十年恭勤樸忠心無適莫方酷吏殘鷙人多不免獨能以功名始終與郝處俊相亞世之言長者稱婁郝

贊曰仁軌等以兵開定四夷其勇無前至奉上則瞿瞿若不及行儉臨下以恕師德寬厚其能以功名始終者蓋近乎勇于敢則殺勇于不敢則活者邪

劉裴婁列傳第三十三

端明殿學士兼翰林侍讀學士龍圖閣學士[illegible]奉
敕撰
崔義玄貝州武城人隋大業亂往見李密密不用河內賊黃君漢
爲密守柏崖義玄見君漢鼠度河矟刃有華文曰此王敦亡兆也因
說君漢以城歸乃拜君漢懷州刺史行軍總管以義玄爲司馬王
世充將高毗寇河內義玄擊走之多下屯堡君漢以所掠子女金
帛分之拒不受以功封清丘縣公太宗討世充數用其謀東都平
轉隰州都督府長史貞觀初歷左司郎中兼韓王府長史與王友
孟神慶志趣不同而俱以介直任永徽中累遷婺州刺史時睦州
女子陳碩貞舉兵反始碩貞自言仙去與鄉鄰辭訣或告其詐已
而捕得詔釋不問於是姻家章叔胤妄言碩貞自天還化爲男子
能役使鬼物轉相熒惑用是能幻衆自稱文佳皇帝以叔胤爲僕
射破睦州攻歙殘之分遣其黨圍婺州義玄發兵拒之其徒爭言

碩貞有神靈犯其兵輒滅宗衆兇懼不肯用司功參軍崔玄籍曰
伏順起兵猶無成此乃妖人孰不持久義玄乃署玄籍先鋒而自統
衆繼之至下淮戍禽其諜數十人有星墜賊營義玄曰賊必亡詰
朝奮擊左右有以盾鄣者義玄曰刺史而有避邪誰肯死敕去之
由是衆爲用斬首數百級降其衆萬餘賊平拜御史大夫義玄有
章句學先儒疑繆或音故不通者輒采諸家條分節解能是正之
高宗詔與博士討論五經義武氏爲皇后義玄贊帝決又以后旨
按長孫无忌等誅之終蒲州刺史年七十一贈幽州都督謚曰貞后
持政贈揚州大都督賜其家實封戶二百子神基襲爵
神基長壽中爲司賓卿同鳳閣鸞臺平章事爲酷吏所構流嶺南
中宗初稍用爲大理卿弟神慶舉明經武后時累遷萊州刺史入
朝待制億歲殿奏事稱旨后以歷官有佳政且其父於己有功擢
拜并州長史謂曰并州朕鄉里宿兵多前長史皆尚書爲之今授
卿宜知所以委重者乃親爲按行圖謀日而遣神慶始至有詔改

錢幣法州縣布下俄而物價踊昂百賈驚擾神慶質其非于朝果
豪猾妄爲之后喜下制褒美初州隔汾爲東西二城神慶跨水聯
堞合而一之省防禦兵歲數千神基既下獄馳赴都告變得召見
后出其獄示之神慶爲申理得減死然用是貶歙州司馬長安中
累轉禮部侍郎數上疏陳時政轉太子右庶子封魏縣子是時突
厥使者入見皇太子應朝有司移文東宮召太子神慶諫曰五品
以上佩龜者蓋防徵召之詐內出龜以合之況太子乎古者召太
子用玉契此誠重慎防萌之意不可不察凡慮事於未萌之前故
長無悔吝之咎今太子與陛下異宮非朝朔望而別喚者請降墨
敕玉契詔可尋詔與詹事祝欽明更日侍讀東宮歷司刑卿劾張
昌宗獄頗闊略不盡神龍初昌宗伏誅坐流欽州卒五王得罪緣
昌宗被流者皆詔原雪贈神慶幽州都督神慶子琳明政事開元
中與高仲舒同爲中書舍人侍中宋璟親禮之每所訪逮嘗曰古
事問仲舒今事問琳尚何疑累遷太子少保天寶二年卒祕書監

潘肅聞之泫然曰古遺愛也琳長子儼諫議大夫其群從數十人
自興寧里謁大明宮冠蓋騶哄相望每歲時宴于家以一榻置笏
猶重積其上琳與弟太子詹事珪光祿卿瑤俱列棨戟世號三戟
崔家開元天寶間中外宗屬無緦麻喪初玄宗每命相皆先書其
名一日書琳等名覆以金甌會太子入帝謂曰此宰相名若自意
之誰乎即中且賜酒太子曰非崔琳盧從愿乎帝曰然賜太子酒
時兩人有宰相望帝欲相之數矣以族大恐附離者衆卒不用
楊再思鄭州原武人第明經爲人佞而智初調玄武尉使至京師舍
逆旅有盜竊其衣囊再思遇之盜窘謝再思曰而苦貧故至此囊中
檄無所事幸留它物可持去初不爲人言但假貸以還累遷天官員
外郎歷左肅政御史中丞延載初擢鸞臺侍郎同鳳閣鸞臺平章事
加檢左肅政御史大夫封鄭縣侯遷內史居宰相十餘年阿匼取容
無所薦達人主所不喜毀之所善譽之畏慎足恭未嘗忤物或曰公
位尊何自屈折答曰世路孔艱直者先禍不爾豈全吾軀於時水沴

閑坊門以襛再思入朝有車陷于濘叱牛不前恚曰癡宰相不能和陰陽而閑坊門遣我艱于行再思遣吏謂曰汝牛自弱不得獨責宰相張昌宗坐事司刑少卿桓彥範劾免其官昌宗訴諸朝武后意申釋之問宰相昌宗於國有功乎再思曰昌宗為陛下治丹餌而愈此為有功后悅昌宗還官自是天下貴彥範賤再思左補闕戴令言賦兩腳狐以譏之再思怒謫令言為長社令士愈蚩誚易之兄司禮少卿同休請公卿宴其寺酒酣戲曰公面似高麗再思欣然翦縠綴巾上反披紫袍為高麗舞舉動合節滿坐鄙笑昌宗以姿貌幸再思每曰人言六郎似蓮華非也正謂蓮華似六郎耳其巧諛無恥類如此俄檢校右庶子中宗立拜戶部尚書同中書門下三品京師留守封弘農郡公加兼揚州長史檢校中書令改侍中鄭國公賜實封戶三百為順天皇后奉冊使武三思誣陷王同皎再思與李嶠韋巨源按獄希意抵同皎死眾以為冤復拜中書令監脩國史遷尚書右僕射仍同三品卒贈特進并州大都督陪葬乾陵諡曰恭弟季昭中茂才第為殿中侍御史武后誅駙馬都尉薛紹紹兄顗為齊州刺史命季昭按之不得反狀后怒放于沙州赦還為懷州司馬

竇懷貞字從一左相德玄子少詭激衣服麤儉不為輿馬豪侈事仕累清河令有治狀後遷越州都督揚州長史神龍中進左御史大夫兼檢校雍州長史會歲除中宗夜宴近臣謂曰聞卿喪妻今欲繼室可乎懷貞唯唯俄而禁中寶扇鄣衞有衣翟衣出者已乃韋后乳媼王所謂莒國夫人者故蠻婢也懷貞納之不辭又避后先諱而以字稱世謂媼婿為阿奢懷貞每謁見奏請輒自署皇后阿奢而人或謂為國奢軒然不慚以自媚於后時政令多門赤尉由墨制授御史者眾或戲曰尉入臺多而縣辦否對曰辦於異日問其故答曰佳吏在僥倖去故辦聞者皆笑又附宗楚客安樂公主等以取貴位為素議所斥名稱盡矣韋后敗斬妻獻其首貶濠州司馬再徙益州長史乃復故名景雲初以殿中監召閱月遷左御

史大夫同中書門下平章事封中山縣公再遷侍中方太平公主干政懷貞傾己附離日視事退輒詣主第刺取所欲睿宗為金仙玉真二公主營觀費鉅萬諫者交跡不止唯懷貞勸成之躬護役作族弟維鍌諫曰公位上袞當思獻可替否輔天子而計校瓦木雜廁工匠間使海內何所瞻仰乎不荅督繕益急時語曰前作后國奢後為主邑丞言事公主如邑官屬也在位半歲無所事帝引見承天門切責之俄與李日知郭元振張說皆罷為左御史大夫于時歲犯左執法術家文言懷貞且有禍大懼表請為安國寺奴不許踰年復同中書門下三品兼太子詹事監脩國史又以尚書右僕射兼御史大夫軍國重事宜共平章玄宗受內禪進左僕射封魏國公與太平公主謀逆既敗投水死追戮其尸改姓毒氏然生平所得俸祿悉散親族無留畜敗時家惟粗米數石而已性諂詐善諂結權貴宦者用事尤所畏奉或見無須者誤為之禮監察御史魏傳弓嫉中人輔信義欲劾奏其姦懷貞曰是安樂所信任者奈何繩之傳弓曰王綱壞矣正坐此屬今日殺之明日誅無所悔懷貞猶固止之傳弓者鉅鹿人忠謇士也終司農丞懷貞從子兢字思慎舉明經為英王府參軍尚乘直長調鄠令脩鄠舍道路設冠婚喪紀法百姓德之

宗楚客字叔敖其先南陽人曾祖丕後梁南弘農太守梁亡入隋居河東之汾陰故為蒲州人父岌仕魏王泰府與謝偃等撰括地志楚客武后從姊子長六尺八寸明皙美須髯及進士第累遷戶部侍郎兄秦客垂拱中勸武后革命進為內史而弟晉卿典羽林兵後兄弟並坐姦贓流嶺外歲餘秦客死而楚客等還俄檢校夏官侍郎同鳳閣鸞臺平章事與武懿宗不協會賜將作材營第僭侈過度為懿宗所劾自文昌左丞貶播州司馬晉卿流峯州稍為豫州長史還少府少監岐陝二州刺史久之復以夏官侍郎同鳳閣鸞臺平章事坐聘邵王妓貶原州都督神龍初為太僕卿郢國公武三思引為兵部尚書以晉卿為將作大匠節愍太子敗逃于鄠

被殺殊其首祭三思等柩楚客請之也俄同中書門下三品韋后
安樂公主親賴之與紀處訥爲黨世號宗紀景龍二年詔突厥娑
葛爲金河郡王而其部闕啜忠節賂楚客等罷之娑葛怨將兵患
邊監察御史崔琬廷奏楚客處訥專威福有無君心納境外交爲
國取怨晉卿專徇贓私驕恣跋扈並請收付獄三司推鞫故事大
臣爲御史對仗彈劾必趨出立朝堂待罪楚客乃厲色大言性忠
鯁爲琬誣詆中宗不能窮也詔琬與楚客處訥約兄弟兩解之故
世謂帝爲和事天子尋遷中書令韋氏敗與晉卿同誅楚客性明
達武后時降突厥沓實力吐敦者部落在平夏會邊書至言吐
敦反楚客爲兵部員外郎后召問方略對曰吐敦者臣昔與之言
其爲人忠義和厚且國家與有恩必不反其兄之子默子者狡悍
與吐敦不和今言叛疑默子爲之然無能爲俄而夏州表默子劫
部落北奔爲州兵及吐敦所禽後張仁亶請築三城議者或不同
獨楚客言萬世利也然冒于權利嘗諷右補闕趙延禧陳符命以

媚帝曰唐有天下當百世繼周陛下承母禪周唐一統其符兆有
八天皇再以陛下爲周王是在唐與周則天立陛下爲皇太子是
在周興唐一也天后立文王廟二也唐同泰洛水圖云永昌帝業
三也讖曰百代不移宗四也孔子曰百世繼周五也桑條韋歌應
二聖在位九十八年而子孫相承九十八世六也乃二月慶雲五色
天應以和七也去六月九日內出瑞麥八也起則天爲一世聖朝爲
二世後子孫相承九十八其數正滿百世唐之曆乃三千餘年帝大
喜擢延禧諫議大夫識者以楚客等欺神誣君且有大咎又嘗密
語其黨曰始吾在卑位尤愛宰相及居之又思天子南面一日足
矣雖外附韋氏而內畜逆謀故卒以敗晉卿騃頑雄偉聲如鍾雖
不學然性倜儻垂拱後武后任之宮苑閑廏內外衆作無不揔開
中嶽造明堂鑄九鼎有力焉
紀處訥者秦州上邽人爲人魁岸鬚長數尺其妻武三思婦之姊
縱使通三思繇是款昵進爲太府卿神龍元年夏大旱穀價騰踊

中宗召問所以救人者三思知之陰諷太史迦葉志忠奏是夜攝
提入太微近帝坐此天子與大臣接有納忠之符帝信之下詔褒
美賜處訥衣一副綵六十段與楚客並同三品進侍中後伏誅
祝欽明字文思京兆始平人父綝字叔良少通經頗著書質諸家
疑異門人張後胤既顯官薦于朝詔對策高第終無極尉欽明擢
明經爲東臺典儀永淳天授間又中英才傑出業奧六經等科拜
著作郎爲太子率更令中宗在東宮欽明兼侍讀授太子經兼弘
文館學士中宗復位擢國子祭酒同中書門下三品進禮部尚書
封魯國公食實封戶三百桓彥範崔玄暐袁恕己敬暉等皆從受
周官大義朝廷尊之以匿親忌日爲御史中丞蕭至忠所劾貶申
州刺史入爲國子祭酒景龍三年天子將郊欽明與國子司業郭
山惲陰迎韋后意謬立議曰周官天神曰祀地祇曰祭宗廟曰享
大宗伯曰祀大神祭大祇享大鬼王有故不預則攝而薦追師掌
后首服以待祭祀內司服掌后六服祭祀則供又九嬪凡大祭祀

后祼獻則贊瑤爵然則后當助天子祀天神祭地祇鄭玄稱闕狄
后助王祭羣小祀服小祀尚助況天地哉闕狄之上禕褕狄三服
皆以助祭知禕衣助大祀也王之祭服二曰先王衮冕先公鷩冕故
后助祭亦以禕衣祭先王褕狄祭先公不言助祭天地舉此以明
彼反三隅也春秋外傳禘郊天子親射其牛王后親舂其粢世婦
詔后之禮事不專主宗廟祭統曰祭也者必夫婦親之所以備內
外之官哀公問孔子曰冕而親迎不已重乎荅曰合二姓之好以繼
先聖之後以爲天地宗廟社稷主君何謂已重焉則知后宜助祭
臣請因經誼制儀典帝雖不睿猶疑之召禮官質問於是太常博
士唐紹蔣欽緒對欽明所引皆宗廟禮非祭天地者周隋而上無
皇后助祭事帝令宰相參訂紹欽緒又引博士彭景直共議曰周
官所云祀祭享皆互言典瑞兩圭以祀地司几筵設祀先王昨席
內宗掌宗廟祭祀傳曰聖人爲能饗帝春秋祭祀以時思之此祀
天稱享享廟稱祭也禮家凡稱大祭祀不獨主天爵人大祭祀與

量人受舉斝之卒爵祭天不祼則九嬪贊瑤爵容廟稱大祭祀也欽明据大宗伯之職以謂后有祭天地之禮按經凡祀大神祭大祇享大鬼帥執事而卜宿視滌濯涖玉鬯省牲鑊奉玉齍制大號若王不與祭祀則攝位自凡而推兼言王祭天地宗廟也下言凡大祭祀王后不與則攝而薦直王后祭廟一凡耳若當助祭天地應不列重凡且內宗外宗所掌皆佐王后廟薦無佐祭天地語有如助祭天地誰當贊佐者是則攝薦爲宗廟明甚內司服掌后祭服無祭天服禮家說曰后不助祭天地五岳故無其服又言后有五輅以重翟從祭先王先公以厭翟從饗諸侯以安車朝夕見王以翟車采桑以輦車游宴按此后無祭天車明甚然后助王祭天地古無聞焉時左僕射韋巨源助后擠掣帝奪政事即傅欽明議帝果用其言以皇后爲亞獻取大臣李嶠等女爲齋娘奉豆籩禮成詔齋娘有夫者悉進官初后屬婚上食禁中帝與羣臣宴欽明自言能八風舞帝許之欽明體肥醜據地搖頭睆目左右顧眄帝大笑

吏部侍郎盧藏用歎曰是舉五經掃地矣景雲初侍御史倪若水劾奏欽明山惲等腐儒無行以諂佞亂常改作百王所傳一朝隳放今聖德中興不宜使小人在朝請斥遠之以肅具臣乃貶欽明饒州刺史山惲括州刺史欽明於五經爲該淹自見坐不孝免無以澡祓乃阿附韋氏圖再用又坐是見逐諸儒共羞之後徙洪州都督入爲崇文館學士卒山惲者河東人善治禮景龍中累遷國子司業帝晁宴近臣及脩文學士詔徧爲伎工部尚書張錫爲談容娘舞將作大匠宗晉卿爲渾脫舞左衛將軍張洽爲黃麞舞給事中李行言歌駕車西河曲餘臣各有所陳皆鄙黷而山惲奏無所習惟知誦詩乃誦鹿鳴蟋蟀二篇未畢中書令李嶠以其近規諷止之帝嘉其直下詔褒咨賜服一稱其後與欽明辟論阿世不能終其守久之復拜國子司業

贊曰欽明以經授中宗爲朝大儒乃詭聖辟說引豔妻邪見上帝腥德播聞享胙不終蓋與少正卯順非而澤莊周以詩書破冢者同科獨保腰領死家簀寧不幸邪後之託儒爲姦者可少戒云

王璵者方慶六世孫少爲禮家學玄宗在位久推崇老子道好神仙事廣脩祠祭靡神不祈璵上言請築壇東郊祀青帝天子入其言擢太常博士侍御史爲祠祭使璵專以祠解中帝意有所禳祓大抵類巫覡漢以來葬喪皆有瘞錢後世里俗稍以紙寓錢爲鬼事至是璵乃用之肅宗立累遷太常卿又以祠禱見寵乾元三年拜蒲同絳等州節度使俄以中書侍郎同中書門下平章事時大兵後天下願治璵望輕無它才不爲士議諸可旣驟得政中外悵駭乃奏置太一壇勸帝身見九宮祠帝由是尊意它議不能奪帝嘗不豫太卜建言祟在山川璵遣女巫乘傳分禱天下名山大川巫皆盛服中人護領所至干託州縣賂遺狼藉時有一巫美而蠱以惡少年數十自隨尤憸狡不法馳入黃州刺史左震晨至館請事門鐍不啓震怒破鐍入取巫斬廷下悉誅所從少年籍其贓得十餘萬因遣還中人旣以聞璵不能詰帝亦不加罪明年罷璵爲刑

部尚書又出爲淮南節度使猶兼祠祭使徙浙東召入再遷太子少師卒贈開府儀同三司謚曰簡懷始璵託鬼神致位將相當時以左道進者紛紛出焉李國禎者以術士顯廣德初建言唐家仙系宜崇表福區招致神靈請度昭應南山作天華上宮露臺大地婆父祠并三皇道君太古天皇中古伏羲女媧等各爲堂皇給百戶掃除又即義扶谷故湫祠龍置房宇有詔從之乃除地課工方歲饑人不堪命昭應令梁鎭上疏切諫以爲有七不可天地之神推之尊極者掃地可祭精意可享太子發先王之典爲人祈福未至而人已困又違神虐人何從而致福邪宗廟月無三祭此不宜然婆父之鄙語不經見若爲地建祖廟上天必貽向背之責夫湫者龍所託耳今湫竭已久龍安所存不宜崇去龍之穴破生人之產若三皇五帝道君等兩京及所都各有宮廟春秋彝饗此復營造是謂瀆神夫休咎豐凶本於五事不在山川百神明矣即劾國禎等動衆則得人興工則獲利祭祀則受胙主執則市權營罔天

聽負抱粢糈道路相望無時而息人神胥怨災孽並至臣昨受命有所安輯陛下許以權宜今所興造臣謹以便宜悉停帝從之鎮

忼慨有名士也仕至司門郎中璵曾孫摶別傳

崔楊竇裴宗祝王列傳第三十四

諸夷蕃將列傳第三十五　　唐書一百一十

端明殿學士兼翰林侍讀學士龍圖閣學士朝請大夫守尚書吏部侍郎充集賢殿修撰臣宋祁奉敕撰

史大柰本西突厥特勒也與處羅可汗入隋事煬帝從伐遼積勞爲金紫光祿大夫後分其部於樓煩高祖興太原大柰提其衆隸麾下桑顯和戰飲馬泉諸軍却大柰以驍騎數百背擊顯和破之軍遂振授光祿大夫從平長安以多賞帛五千匹賜姓史從秦王平薛舉王世充竇建德劉黑闥功殊等積前後賜侍女三雜綵萬段貞觀初擢累右武衛大將軍檢校豐州都督封竇國公食封戶三百卒贈輔國大將軍

馮盎字明達高州良德人本北燕馮弘裔孫弘不能以國下魏亡奔高麗遣子業以三百人浮海歸晉弘已滅業留番禺至孫融事梁爲羅州刺史子寶聘越大姓洗氏女爲妻遂爲首領授本郡太守至盎三世矣隋仁壽初盎爲宋康令潮成等五州獠叛盎馳至

京師請討之文帝詔左僕射楊素與論賊形勢素奇之曰不意蠻夷中乃生是人即詔盎發江嶺兵擊賊平之拜漢陽太守從煬帝伐遼東遷左武衛大將軍隋亡奔還嶺表嘯署酋領有衆五萬番禺新興名賊高法澄洗寶徹等授林士弘節度殺官吏盎率兵破之寶徹兄子曰智臣復聚兵拒戰盎進討兵始合輒釋胄大呼曰若等識我耶衆委戈袒而拜賊遂潰禽寶徹智臣等遂有番禺蒼梧朱崖地自號總管或說盎曰隋季崩蕩海內震騷唐雖應運而風教未孚嶺越無所係屬公克平二十州地數千里名謂未正請上南越王號盎曰吾居越五世矣牧伯惟我一姓子女玉帛吾有也人生富貴如我希矣常恐忝先業尚自王哉武德五年始以地降高祖析爲高羅春白崖儋林振八州授盎上柱國高州總管封越國公拜其子智戴爲春州刺史智彧爲東合州刺史盎徙封耿貞觀初或告盎叛盎舉兵拒境太宗詔右武衛將軍藺謩發江淮甲卒將討之魏徵諫曰天下初定創夷未復大兵之餘疫癘方作且王者兵不宜爲蠻夷動勝之不武不勝爲辱且盎不及未定時略州縣搖遠夷今四海已平尚何事反未狀當懷之以德盎懼必自來帝乃遣散騎常侍韋叔諧喻盎盎遣智戴入侍帝曰徵一言賢於十萬衆時暮兵已出欲遂有功遣副將上盎可擊狀帝不許罷之五年盎來朝宴賜甚厚俄而羅竇諸洞獠叛詔盎率衆二萬爲諸軍先鋒賊據險不可攻盎持弩語左右曰矢盡勝負可知矣發七矢斃七人賊退走盎縱兵乘之斬首千餘級帝詔智戴還慰省賞予不可計奴婢至萬人盎善爲治閱簿最擿姦伏得民懽心卒贈左驍衛大將軍荆州都督子三十人智戴知名勇而有謀能撫衆得士死力酋帥皆樂屬之嘗隨父至洛陽統本部鋭兵宿衛煬帝弑引其下逃歸時盜賊多嶺嶠路絕智戴轉戰而前至高源俚帥脅爲謀主會盎至智戴得與盎俱去後入朝帝勞賜加等授衞尉少卿聞其善兵指雲問曰下有賊今可擊乎對曰雲狀如樹方辰在金金利木柔擊之勝帝奇其對累遷左武衛將軍卒贈洪州都

督盎族人子猷以豪俠聞貞觀中入朝載金一舸自隨高宗時遣御史許瓘視其貲瓘至洞子猷不出迎後率子弟數十人擊銅鼓蒙排執瓘而奏其罪帝馳遣御史楊璟驗訊璟至卑辭以結之委罪於瓘子猷喜遺金二百兩銀五百兩璟不受子猷曰君不取此且留不得歸璟受之還奏其狀帝命納焉

阿史那社尒突厥處羅可汗之次子年十一以智勇聞拜拓設建牙磧北與頡利子欲谷設分統鐵勒回紇僕骨同羅諸部處羅卒哀毀如禮治衆十年無課斂或勸厚賦以自奉荅曰部落豐餘於我足矣故首領咸愛之頡利數用兵社尒諫弗納貞觀元年鐵勒回紇薛延陀等叛敗欲谷設於馬獵山社尒助擊之弗勝明年將餘衆西保可汗浮圖城會頡利滅西突厥統葉護又死奚利邲咄陸可汗與泥孰爭國社尒引兵襲之得其半國有衆十餘萬乃自號都布可汗謂諸部曰始爲亂破吾國者延陀也今我據西方而不平延陀是忘先可汗非孝也事脫不勝死無恨酋長皆曰我新

得西方須留撫定今直棄之遂襲擊延陀延陀未禽葉護子孫將復吾國社尒不從選騎五萬討延陀磧北連兵十旬士苦其久稍潰去延陀縱擊大敗之乃走保高昌衆纔萬人又與西突厥不平由是率衆內屬十年入朝授左驍衛大將軍處其部于靈州詔尚衡陽長公主為駙馬都尉典衛屯兵十四年以交河道行軍摠管平高昌諸將咸受賞社尒以未奉詔秋毫不敢取見別詔然後受又所取皆老弱陳弊太宗美其廉賜高昌寶鈿刀雜綵千段詔檢校北門左屯營封畢國公從征遼東中流矢拔去復戰所部奮厲皆有功還擢兼鴻臚卿二十一年以崑丘道行軍大摠管與契苾何力郭孝恪楊弘禮李海岸等五將軍發鐵勒十三部及突厥騎十萬討龜茲師次西突厥擊處蜜處眞敗之入自焉耆西兵出不意龜茲震恐進屯磧石伊州刺史韓威以千騎先進右驍衛將軍曹繼叔次之至多褐城其王率衆五萬拒戰威陽卻王悉兵逐北威與繼叔合殊死戰大破之社尒因拔都城王輕騎遁社尒留孝恪

守自率精騎追躡行六百里王據大撥換城嬰險自固社尒攻凡四十日入之禽其王并下五大城遣左衛郎將權祗甫徇諸酋長示禍福降者七十餘城宣諭威信莫不歡服刻石紀功而還因說于闐王入朝王獻馬畜三百餉軍西突厥焉耆安國皆爭犒師孝恪之在軍牀帷器用多飾金玉以遺社尒社尒不受帝聞曰二將優劣不復問人矣帝崩請以身殉衛陵寢高宗不許遷右衛大將軍永徽六年卒贈輔國大將軍并州都督陪葬昭陵治冢象葱山謚曰元子道眞歷左屯衛大將軍咸亨初為邏娑道副大摠管與薛仁貴討吐蕃以援吐谷渾為論欽陵所敗盡失其兵詔有司問狀免死為民

阿史那忠者字義節蘇尼失子也資清謹以功擢左屯衛將軍尚宗室女定襄縣主始詔姓獨著史居父喪哀慕過人會立阿史那思摩為突厥可汗以忠為左賢王及出塞不樂見使者必泣請入侍許焉封薛國公擢右驍衛大將軍宿衛四十八年無纖隙人比之金日磾卒贈鎮軍大將軍謚曰貞陪葬昭陵

執失思力突厥酋長也貞觀中護送隋蕭后入朝授左領軍將軍會頡利敗太宗令思力諭降渾斛薩部落稍親近帝逐兔苑中思力諫曰陛下為四海父母乃自輕臣竊殆之帝異其言後復逐鹿思力脫巾帶固諫帝為止及討遼東詔思力屯金山道領突厥扞薛延陀延陀兵十萬寇河南思力示羸不與確賊深入至夏州乃整陣擊敗之追躡六百里會毗伽可汗死耀兵磧北而歸復從江夏王道宗破延陀餘衆與平吐谷渾詔尚九江公主拜駙馬都尉封安國公坐交房遺愛高宗以其戰多赦不誅流巂州主請削封邑偕往主前卒龍朔中以思力為歸州刺史卒麟德元年復公主封邑贈思力勝州都督謚曰景

契苾何力鐵勒哥論易勿施莫賀可汗之孫父葛隋末為莫賀咄特勒以地近吐谷渾隘陿多癘暍徙去熱海上何力九歲而孤號大俟利發貞觀六年與母率衆千餘詣沙州內屬太宗處其部於

甘涼二州擢何力左領軍將軍九年與李大亮薛萬徹萬均討吐谷渾於赤水川萬均率騎先進為賊所包兄弟皆中創墮馬步鬬士死十七八何力馳壯騎冒圍奮擊虜披靡去是時吐谷渾王伏允在突淪川何力欲襲之萬均懲前敗以為不可何力曰賊無城郭逐薦草美水以為生不乘其不虞正恐鳥驚魚駭後無以窺其巢穴乃閱精騎千餘直擣其牙斬首數千級獲橐它馬牛羊二十餘萬俘其妻子伏允挺身免有詔勞軍於大斗拔谷萬均恥名出其下乃排何力引功自名何力不勝憤挺刀起將殺之諸將勸止及還帝責謂其故何力具言萬均敗狀帝怒將解其官授何力何力頓首曰以臣而解萬均官恐四夷聞者謂陛下重夷輕漢則誣告益多又夷狄無知謂漢將皆然非示遠之義帝重其言乃止有詔宿衞北門檢校屯營事尚臨洮縣主十四年為葱山道副大摠管與討高昌平之始何力母姑臧夫人與弟沙門在涼州沙門為賀蘭都督十六年詔何力往視母於是薛延陀毗伽可汗方強契苾

諸酋爭附之乃脅其母弟使從何力驚謂其下曰上於爾有大恩且遇我厚何遽反皆曰可敦都督去矣尚何顧何力曰弟往侍足矣我義許國不可行衆執之至毗伽牙下何力箕踞拔佩刀東向呼曰有唐烈士受辱賊廷邪天地日月臨鑒吾志即割左耳誓不屈毗伽怒欲殺之其妻諫而止何力被執也或讒之帝曰何力入延陀如涸魚得水其脫必遽帝曰不然若人心如鐵石殆不背我會使至言狀帝泣下即詔兵部侍郎崔敦禮持節許延陀尚主因求何力乃得還授右驍衛大將軍公主行有日何力陳不可帝曰天子無戲言既許之叵柰何何力曰禮有親迎宜詔毗伽身到京師或詣靈武彼畏我必不來則姻不成而憂憤不知所出下必攜貳不及一年交相疑沮毗伽素很戾必死死則二子爭國內判外攜不戰而禽矣帝然之毗伽果不敢迎鬱邑不得志恚而死少子拔酌殺其庶兄突利失自立國中亂如其策云帝征高麗詔何力為前軍總管次白崖城中賊矟創甚帝自為傅藥城拔得刺何力者高

突勃驍使自殺之辭曰彼為其主冒白刃以刺臣此義士也犬馬猶報其養況於人乎卒捨之俄以崑丘道總管平龜茲帝崩欲以身殉高宗諭止永徽中西突厥阿史那賀魯以處月處密姑蘇歌邏祿卑失五姓叛寇廷州陷金嶺略蒲類詔何力為弓月道大總管率左武衛大將軍梁建方統秦成岐雍及燕然都護回紇兵八萬討之處月酋朱邪孤注遂殺招慰使果毅都尉單道惠據牢山以守何力等分兵數道攀藟而上急攻之賊大潰孤注夜遁輕騎窮躡行五百里孤注戰死虜渠帥六十俘斬萬餘牛馬雜畜七萬取處密時健俟斤合支賀等以歸遷左驍衛大將軍封郕國公顯慶中為浿江軍行軍大總管與蘇定方及右驍衛大將軍劉伯英伐高麗不克龍朔初復拜遼東道行軍大總管率諸蕃三十五軍進討帝欲自率師繼之次鴨綠水蓋蘇文遣男生以精兵數萬拒險衆莫敢濟會冰合何力引兵譟而濟賊驚遂潰追奔斬首三萬級餘衆降男生脫身走有詔班師時鐵勒九姓叛詔何力為安撫大使何力以輕騎五百馳入其部虜大驚何力諭曰朝家知而詿誤遂及翻動使我貰爾過得自新罪在凶渠取之則已九姓大喜共擒偽葉護及特勤等二百人以歸何力數其罪誅之餘衆遂安士卒道死者令所在收瘞錮護其家未幾蓋蘇文死男生為弟所逐使子詣闕請降乃拜何力為遼東道行軍大總管安撫大使經略之副李勣同趨高麗勣已拔新城留何力守時高麗兵十五萬屯遼水引靺鞨數萬衆據南蘇城何力奮擊破之斬首萬級乘勝進拔八城引兵還與勣會合攻辱夷大行二城克之進拔扶餘勣勒兵未進何力率兵五十萬先趨平壤勣繼進攻凡七月拔之虜其王以獻進鎮軍大將軍行左衛大將軍徙封涼總章儀鳳間吐蕃滅吐谷渾勢益張入寇鄯廓河坊等州詔周王為洮州道相王為涼州道行軍元帥率何力等討之二王不行亦會何力卒贈輔國大將軍并州大都督陪葬昭陵謚曰毅始龍朔中司稼少卿梁脩仁新作大明宮植白楊于廷示何力曰此木易成不數年可庇

何力不荅但誦白楊多悲風蕭蕭愁殺人之句脩仁驚悟更植以桐子明字若水孺褓授上柱國封漁陽縣公年十二遷奉輦大夫李敬玄征吐蕃明為栢海道經略使以戰多進左威衛大將軍襲封賜錦袍寶帶它物蕃夥擢嫡子三品官再遷雞田道大總管至烏德鞬山誘附二萬帳武后時明妻及母臨洮縣主皆賜姓武以左鷹揚衛大將軍卒年四十六贈涼州刺史謚曰靖明性淹厚喜學長辯論子嵩襲爵

黑齒常之百濟西部人長七尺餘驍毅有謀略為百濟達率兼風達郡將猶唐刺史云蘇定方平百濟常之以所部降而定方囚老王縱兵大掠常之懼與左右酋長十餘人遁去嘯合逋亡依任存山自固不旬日歸者三萬定方勒兵攻之不克常之遂復二百餘城龍朔中高宗遣使招諭乃詣劉仁軌降累遷左領軍員外將軍洋州刺史儀鳳三年從李敬玄劉審禮擊吐蕃審禮敗敬玄欲引還阻泥溝兵不得出賊屯高壁官軍常之夜率敢死士五百

人擒其營殺掠數百人賊酋跋地設棄軍走帝歎其才擢左武衛將軍檢校左羽林軍賜金帛殊等進爲河源軍副使調露中吐蕃使贊婆等入寇屯良非川李敬玄之敗常之引精騎三千夜襲其軍斬首二千級獲羊馬數萬贊婆等單騎去即拜河源道經略大使因建言河源當賊衝宜增兵鎮守而運饟須廣乃斥地置烽七十所墾田五千頃歲收粟斛百餘萬由是食衍士精戍邏有備永隆二年贊婆營青海常之馳擒其屯破之悉燒糧畜獲羊馬甲首不貲詔書勞賜凡涖軍七年吐蕃憚畏不敢盜邊封燕國公垂拱中突厥復犯塞常之率兵追擊至兩井忽與賊遇賊騎三千方擐甲常之見其囂以二百騎突之賊皆棄甲去其暮賊大至常之潛使人伐木列炬營中若烽燧然會風起賊疑救至遂夜遁久之爲燕然道大總管與李多祚王九言等擊突厥骨咄祿元珍於黃花堆破之追奔四十里賊潰歸磧北會左監門衞中郎將爨寶璧欲窮追要功詔與常之共計寶璧獨進爲虜所覆舉軍沒寶

璧下吏誅常之坐無功會周興等誣其與右鷹揚將軍趙懷節反捕繫詔獄投繯死常之御下有恩所乘馬爲士所箠或請罪之答曰何遽以私馬鞭官兵乎前後賞賜分麾下無留貲及死人皆哀其枉

李謹行靺鞨人父突地稽部酋長也隋末率其屬千餘內附居營州授金紫光祿大夫遼西太守武德初奉朝貢以其部爲燕州授總管劉黑闥叛突地稽身到定州上書見秦王請節度以戰功封耆國公徙部居昌平高開道以突厥兵攻幽州突地稽邀擊敗之貞觀初進右衞將軍賜氏李卒謹行偉容貌勇蓋軍中累遷營州都督家童至數千以財自雄夷人畏之爲積石道經略大使論欽陵衆十萬寇湟中候邏不知士樵采半散謹行聞虜至即植旗伐鼓開門以伺欽陵疑有伏不敢進上元三年破吐蕃于青海璽書勞勉封燕國公卒贈幽州都督陪葬乾陵

泉男生字元德高麗蓋蘇文子也九歲以父任爲先人遷中裏小兄猶唐謁者也又爲中裏大兄知國政凡辭令皆男生主之進中裏位頭大兄久之爲莫離支兼三軍大將軍加大莫離支出按諸部而弟男建男產知國事或曰男生惡君等逼已將除之建產未之信又有謂男生將不納君男生遣諜往男建捕得即矯髙藏命召男生懼不敢入男建殺其子獻忠男生走保國內城率其衆與契丹靺鞨兵內附遣子獻誠訴諸朝高宗拜獻誠右武衛將軍賜乘輿馬瑞錦寶刀使還報詔契苾何力率兵援之男生乃免授平壤道行軍大總管兼持節安撫大使舉哥勿南蘇倉巖等城以降帝又命西臺舍人李虔繹就軍慰勞賜袍帶金釦七事明年召入朝詔所過州縣傳舍作鼓吹右羽林將軍李同以飛騎仗廷寵遷遼東大都督玄菟郡公賜第京師因詔還軍與李勣攻平壤使浮屠信誠內間引高麗銳兵潛入禽高藏詔遣子齋手制金皿即遼水勞賜還進右衞大將軍卞國公賜寶器宮侍女二馬八十儀鳳二年詔安撫遼東并置州縣招流冗平斂賦罷力役民悅其寬卒年四十六帝爲擧哀贈幷州大都督喪至都詔五品以上官哭之謚

曰襄勒碑著功男生純厚有禮奏對敏辯善射藝其初至伏斧鑕待罪帝宥之世以此稱焉

獻誠天授中以右衞大將軍兼羽林衞武后嘗出金幣命宰相南北牙羣臣舉善射五輩中者以賜內史張光輔舉獻誠獻誠讓右玉鈐衞大將軍薛吐摩支摩支固辭獻誠曰陛下擇善射者然皆非華人臣恐唐官以射爲恥不如罷之后嘉納來俊臣嘗求貨獻誠不荅乃誣其謀反縊殺之后後知其冤贈右羽林衞大將軍以禮改葬

李多祚其先靺鞨酋長號黃頭都督後入中國世系湮遠至多祚驍勇善射以軍功累遷右鷹揚大將軍討黑水靺鞨誘其渠長置酒高會因醉斬之擊破其衆室韋及孫萬榮之叛多祚與諸將進討以勞改右羽林大將軍遂領北門衞兵張柬之將誅二張以多祚素感槩可動以義乃從容謂曰將軍居北門幾何曰三十年矣將軍擊鍾鼎食金貝重當世非大帝恩乎多祚位數行下曰死且不

忘棄之曰將軍知感恩則知所以報今在東宮乃大帝子而孽豎擅朝危逼宗社國家廢興在將軍將軍誠有意乎捨今日尚何在荅曰苟緣王室惟公所使乃引天地以自誓辭氣毅然柬之遂定謀以敬暉李湛爲右羽林將軍命揔禁兵與多祚王同皎請太子至玄武門斬關入及長生殿白武后曰諸將誅逆臣易之昌宗恐漏大謀不敢豫奏頓首請歸死后病卧顧湛曰我於而父子不薄亦豫是邪中宗復位封多祚遼陽郡王食實戶八百子承訓爲衛尉少卿湛遷大將軍封趙國公食實戶五百帝祠太廟特詔多祚與相王登輿夾侍監察御史王覿謂多祚夷人雖有功不宜共輿輦帝曰朕推以心腹勿復言崔玄暐等得罪多祚畏禍及故陽厚韋氏節愍太子誅武三思多祚與成王千里率兵先至玄武樓下且言所以誅三思狀按兵不戰宮闈令楊思勗方侍帝即挺刀斬其婿羽林中郎將野呼利兵因沮潰多祚爲其下所殺二子亦見害籍沒其家景雲初追復官爵并宥家屬湛者義府最幼子字興宗沈厚有度六歲授周王府文學累遷右散騎常侍襲河閒郡公武后徙上陽宮留湛宿衛頃之復爲右散騎常侍賜鐵券三思惡之貶果州刺史歷洺絳二州累遷左領軍大將軍開元十年卒贈幽州都督初義府以立武后故得宰相而湛爲中興功臣世不以其父惡爲貶云

論弓仁本吐蕃族也父欽陵世相其國聖曆二年弓仁以所統吐渾七千帳自歸授左玉鈐衛將軍封酒泉郡公神龍三年爲朔方軍前鋒遊弈使時張仁愿築三受降城弓仁以兵出諾眞水草心山爲邏衛開元初突厥九姓亂弓仁引軍度漠踰白檉林收火拔部喻多眞種落降之跌跌思太叛戰赤柳澗弓仁騎才五百自新堡進時賊四環之衆不敵弓仁椎牛誓士自若再宿潰圍出人服其壯凡閱大小戰數百未嘗負賜寶玉甲第良田等列莫與比累遷左驍衛大將軍朔方副大使會病玄宗遣上醫馳視卒年六十六贈撥川郡王謚曰忠孫惟貞

惟貞名瑀以字行志向恢大開元末爲左武衛將軍肅宗在靈武以衛尉少卿募兵綏銀閱旬衆數萬從還鳳翔遷光祿卿爲元帥前鋒討擊使戰陝州以功進殿中監史思明攻李光弼於河陽周摯以兵二十萬陣城下惟貞請銳卒數千鑿數門出自旦及午苦戰破之光弼表爲開府儀同三司光弼討史朝義以惟貞守徐州賊將謝欽讓據陳乃假惟貞穎州刺史斬賊將降者萬人封蕭國公實封百戶光弼病表以自代擢左領軍衛大將軍爲英武軍使卒

尉遲勝本王于闐國天寶中入朝獻名玉良馬玄宗以宗室女妻之授右威衛將軍毗沙府都督歸國與安西節度使高仙芝擊破薩毗播仙累進光祿卿安祿山反勝使弟曜攝國事身率兵五千赴難國人固留勝勝以少女爲質而行肅宗嘉之拜特進兼殿中監廣德中進驃騎大將軍遣還固請留宿衛加開府儀同三司封武都郡王實封百戶勝請授國於曜詔可勝既留乃穿築池觀學賓客士大夫多從之游從德宗至興元爲右領軍將軍歷睦王傅貞元初曜上言國中以嫡承嗣今勝讓國請立其子銳帝欲遣銳襲王勝固辭以曜久行國事人安之銳生京華不習其俗不可遣當是時兄弟讓國人莫不賢之睦府除徙原王傅卒贈涼州都督

尚可孤字可孤東部鮮卑宇文之別種世處松漠間天寶末隸范陽節度使安祿山復事史思明上元中自賊所歸累授左右威衛大將軍封白水縣伯爲神策大將以功試太常卿徙封馮翊郡王食實戶一百五十魚朝恩主衛兵器其勇養爲子名智德使將兵三千屯扶風武功歷十餘年隊伍閑整朝恩死詔賜氏李名嘉勳李希烈叛擢爲招討應援荊襄使復本姓名累戰有功朱泚之難召可孤可孤率兵三千道襄鄧而西屬賊兵銳乃壁七盤僞將仇敬忠等來寇可孤擊卻之遂收藍田德宗將還梁州命引兵守灞上拜神策京畿渭南商州節度招討使敬忠拒戰可孤急擊斬之進軍與李晟收長安爲先鋒以功加檢校尚書右僕射封馮翊郡

王食實戶二百又會諸軍進討李懷光次沙苑卒于軍贈司空司
孤性謹番𤠔壯既有勳勞未嘗自論功御衆公嚴晟數稱之
裴玢五世祖紏本王跡勤武德中來朝拜鷹揚大將軍封天山郡
公留不去遂籍京兆玢初事金吾將軍論惟明爲傔力德宗在奉
天以功封忠義郡王從惟明鎮鄜坊署牙將後節度使王栖曜卒
中軍將何朝宗夜縱火作亂玢獨匿不出遲明禽朝宗以待命有
詔弃軍司馬崔輅斬之以同州刺史劉公濟領節度擢玢爲司馬
踰年公濟卒乃授玢節度使元和二年徙山南西道玢爲治嚴稜
畏遠權勢不務貢奉蔬食弊衣居處取避風雨而巳倉庫完實
百姓安之當世將帥未有及者以疾辭位入朝不事騶仗妻乘竹
輿二侍婢黃碧縑服七年卒贈尚書左僕射謚曰節
贊曰夷狄性悍固其能知義所在者鷙鷹挺不可遷蓋巧不足而諒
常有餘觀大柰等事君皆一其志無有顧望用能功績光明爲天
子倚信至渾瑊跌跌光顏輩烈垂無窮惟其諒有餘故也瑊光顏

自有傳今類其人著之篇

諸夷蕃將列傳第三十五

端明殿學士兼翰林侍讀學士龍圖閣學士朝散大夫守尚書吏部侍郎充集賢殿脩撰臣宋祁奉
敕撰

郭孝恪許州陽翟人少有奇節不治貲產父兄以爲無賴隋亂率少年數百附李密密喜謂曰世言汝類多奇士不謬也使與李勣守黎陽密敗勣遣孝恪送款封陽翟郡公拜宋州刺史詔與勣經略武牢以東所定州縣委以選補竇建德之援洛也孝恪上謁秦王進計曰王世充力竭計窮其面縛可跂足待建德悉衆遠來糧餉阻絕殆天亡時也若固守武牢以軍汜水逐機應變禽必矣王然之賊平置酒大會洛陽宮語諸將曰孝恪策禽賊王長先下漕功固在諸君右遷上柱國歷貝趙江涇四州刺史所至有能名改左驍衛將軍累加金紫光祿大夫貞觀十六年拜涼州都督改安西都護西州刺史其地高昌舊都流徙罪人與鎮兵雜限以沙磧隔絕中國孝恪推誠撫御盡得其歡心初王師滅高昌詔以所虜焉耆生口七百還焉耆王王叛歸欲谷設可汗孝恪請擊之即拜西州道行軍摠管率步騎三千出銀山道夜襲其城禽其王龍突騎支虜之帝悅降璽書褒勞俄拜崑丘道副大摠管進討龜茲破其國城乃自留守遣餘軍分道進龜茲國相那利遁去孝恪以餘部未平出營於外國人有謂孝恪曰那利素得士心今亡在外勢必爲變城中頗有異志願公備之孝恪忽其言不設備那利果率衆陰與城內胡爲應悉薄城鼓譟始覺之乃率千餘人合戰城中舉應那利孝恪殊死鬬中流矢卒子待詔亦歿將軍曹繼叔進兵復拔其城太宗責孝恪斥候不明至顛覆奪其官爵後愍死戰更爲舉哀高宗即位追還官爵贈待詔游擊將軍賻物三百段次子待封官左豹韜衛將軍咸亨初副薛仁貴討吐蕃戰大非川敗績貸死爲民

張儉字師約京兆新豐人隋相州刺史皖城郡公威孫父植車騎將軍連城縣公儉高祖從外孫也高祖起儉以功除右衛郎將遷朔州刺史時頡利可汗方強每有求取所遣書輒稱詔敕邊吏奉

承不敢郤及儉獨拒不受大教民營田歲收穀數十萬斛雖霜旱勸百姓相振贍免飢殍州以完安李靖既平突厥有思結部者窮歸于儉儉受而安輯之其在磧北者親戚私相過省儉不禁示羈縻而已儉徙勝州後將不察其然遽奏思結叛朝廷議進討時儉以母喪奪服爲使者撫納之儉單騎入其部召酋帥慰諭推腹心咸匍匐歸命因舉徙代州遂檢校代州都督儉勸墾田力耕歲數稔私蓄富實儉恐虜易驕乃建平糴法入之官虜悅喜由是儲斛流羸遷營州都督兼護東夷校尉坐事免詔白衣領職營州部與契丹奚霫靺鞨諸蕃切畛高麗引衆入寇儉率兵破之俘斬略盡復拜營州都督太宗將征遼東遣儉率蕃兵先進略地至遼西川漲久未度帝以爲畏懦召還見洛陽宮陳水草美惡山川險易并言不進狀帝悅拜行軍摠管使領諸蕃騎爲六軍前鋒時高麗候者言莫離支且至帝詔儉自新城路邀擊虜不敢出儉進度遼趨建安城破賊斬數千級累封皖城郡公後改東夷校尉官爲都護府即以儉爲都護永徽初加金紫光祿大夫卒年六十謚曰密儉兄大師太僕卿華州刺史武功縣男弟延師左衛大將軍范陽郡公性謹畏典羽林兵三十年未嘗有過卒贈荊州都督謚曰敬陪葬昭陵儉兄弟三人門皆立戟時號三戟張家

王方翼字仲翔并州祁人祖裕隋州刺史尚同安大長公主官開府儀同三司卒謚曰文方翼早孤哀毀如成人時號孝童母李爲主所斥居鳳泉墅方翼尚幼雜庸保執苦不棄日墾田植樹治林垠既完牆屋燎松丸墨爲富家主薨還京師嘗夜行見長人丈餘引弓射仆之乃朽木也太宗聞擢右千牛高宗立而從祖女弟爲皇后調安定令誅滅大姓藪豪猾息從瀚海都護司馬坐事下遷朔州尚德府果毅歲餘代還居母喪哀瘠甚帝遣侍醫療視其友趙持滿誅死尸諸道親戚莫敢視方翼曰欒布哭彭越義也周文王掩骼仁也絕友義蔽主仁何以事君遂往哭其尸具禮收葬金吾劾繫帝嘉之不罪再遷肅州刺史州無隍壍寇易以攻方翼乃發卒建樓堞

廝多樂水自環烽邏精明儀鳳間河西蝗獨不至方翼境而它郡民或餓死皆重繭走方翼治下乃出私錢作水磑簿其贏以濟飢瘵構舍數十百楹居之全活甚衆芝產其地裴行儉討遮匐奏爲副兼檢校安西都護徙故都護杜懷寶爲庭州刺史方翼築碎葉城面三門紆還多趣以詭出入五旬畢西域胡縱觀莫測其方略悉獻珍貨未幾徙方翼庭州刺史而懷寶自金山都護更鎮安西遂失蕃戎之和永淳初十姓阿史那車簿啜叛圍弓月城方翼引軍戰伊麗河敗之斬首千級俄而三姓咽麪兵十萬踵至方翼次熱海進戰矢著臂引佩刀斷去左右莫知所部雜虜謀執方翼爲內應方翼悉召會軍中厚賜以次出壁外縛之會大風雜金鼓而號譁無聞者殺七千人即遣騎分道襲咽麪等皆驚潰烏鶻引兵遁去禽首領突騎施等三百人西戎震服初方翼次葛水暴漲師不可度沈祭以禱師涉而濟又七月次葉河無舟而冰一昔合時以爲祥西域平以功遷夏州都督屬牛疫民廢田作方翼爲耦耕法張

機鍵力省而見功多百姓順賴明年召方翼議西域事引見奉天宮賜食帝前帝見衣有汗濯處問其故具對熱海苦戰狀視其創帝咨嗟久之賜賚良厚俄而妖賊白鐵余以綏州反詔方翼與程務挺討之飛矯擊賊火其柵平之封太原郡公阿史那元珍入寇被詔進擊時庫無完鎧方翼斷六板畫虎文鉤聯解合賊馬忽見奔駭遂敗獲大將二因降桑乾舍利二部武后時王后屬無在者方翼自視功多冀不坐而后內欲因罪除之未得也及務挺被殺即并坐方翼追入朝捕送獄流崖州卒于道年六十三神龍初復官爵方翼善書與魏叔琬齊名子珣字伯玉與兄瑨弟璿以文學稱時號三王天授初珣及進士第應制科遷藍田尉以拔萃擢長安尉因進見武后召問刑政嘉之詢其族氏對曰廢后臣之姑也后不悅左遷亳州司法參軍神龍初爲河南丞武三思矯制貶臨川令宋璟輔政召授侍御史出許州長史歲旱珣時假刺史事開廩振民即自劾玄宗赦之累遷工部侍郎而璿至中書舍人珣嘗爲祕書少監數年而璿繼職終右散騎常侍卒贈戶部尚書謚曰孝子銷天寶中歷右補闕殿中侍御史璿子鉷自有傳

蘇烈字定方以字行冀州武邑人後徙始平父邕當隋季率里中數千人爲本郡討賊定方驍悍有氣決年十五從父戰數先登陷陣邕卒代領其衆破劇賊張金稱楊公卿追北數十里自是賊不舍墳鄉黨賴之貞觀初爲匡道府折衝從李靖襲突厥頡利於磧口率彀馬二百爲前鋒乘霧行去賊一里許霧霽見牙帳馳殺數十百人頡利及隋公主惶窘各遁去靖亦尋至餘黨悉降還左衛中郎將與程名振討高麗破之拜右屯衛將軍臨清縣公從葱山道大總管程知節征賀魯至鷹娑川賀魯率二萬騎來拒總管蘇海政連戰未決鼠尼施等復引二萬騎爲援定方始休士見塵起率精騎五百踰嶺馳擣賊營賊衆大潰殺千餘人所棄鎧仗牛馬藉藉山野不可計副總管王文度疾其功譖謂知節曰賊雖走軍死傷者衆今當結輜重陣闊被甲而趨賊來即戰是謂萬全

又矯制收軍不深入於是馬癯卒勞無鬭志定方說知節曰天子詔討賊今反自守何功之立哉且公爲大將而閫外之事不得專顧副將乃得專之理不其然胡不囚文度待天子命不從至怛篤城有胡人降文度猥曰師還而降且爲賊不如殺之取其貲定方曰此乃自作賊耳寧曰伐叛及分財定方一不取太宗知之比知節等還悉下吏當死貸爲民擢定方伊麗道行軍大總管復征賀魯以任雅相回紇婆閏爲副出金山北先擊處木昆部破之俟斤嬾獨祿擁衆萬帳降定方撫之發其千騎并回紇萬人進至曳咥河賀魯率十姓兵十萬拒戰輕定方兵少舒左右翼包之定方令步卒據高攢矟外向親引勁騎陣北原賊三突步陣不能入定方因其亂擊之鏖戰三十里斬首數萬級賊大奔明日振兵復進五弩失畢舉衆降賀魯獨與處木昆屈律啜數百騎西走定方令副將蕭嗣業回紇婆閏率雜虜兵趨邪羅斯川追北定方與雅相領新附兵絕其後會大雪吏請少休定方曰虜恃雪方止舍謂

我不能進若縱使遠遁則莫能禽遂勒兵進至雙河與彌射步真合距賀魯所百里下令陣而行薄金牙山方賀魯將畋定方縱擊破其牙下數萬人悉歸所部賀魯走石國彌射子元爽以兵與嗣業會縛賀魯以還由是脩亭障列蹊隧定疆畛問疾收骨唐之州縣極西海矣高宗臨軒定方戎服奉賀魯以獻策功拜左驍衛大將軍邢國公別封子慶節為武邑縣公會思結闕俟斤都曼先鎮諸胡劫所部及疏勒朱俱波喝槃陀三國復叛詔定方還為安撫大使率兵至葉葉水而賊堞馬頭川定方選精卒萬騎三千襲之晝夜馳三百里至其所都曼驚戰無素遂大敗走馬保城師進攻之都曼計窮遂面縛降俘獻於乾陽殿有司請論如法定方頓首請曰臣向諭陛下意許以不死願丐其命帝曰朕為卿全信乃宥之葱嶺以西遂定加食邢州鉅鹿三百戶遷左武衛大將軍出為神丘道大揔管率師討百濟自城山濟海至熊津口賊瀕江屯兵定方出左涯乘山而陣與之戰賊敗死者數千王師乘潮而上舳艫銜尾

進鼓而譟定方將步騎夾引直趨真都城賊傾國來酣戰破之殺虜萬人乘勝入其郛王義慈及太子隆北走定方進圍其城義慈子泰自立為王率衆固守義慈之孫文思曰王與太子出而叔豈得擅為王若王師還我父子安得全遂率左右縋城下人多從之泰不能止定方使士登城建唐旗幟於是泰開門請命其將禰植與義慈降隆及諸城送款百濟平俘義慈隆泰等獻東都定方所滅三國皆生執其王賞賚珍寶不勝計加慶節尚輦奉御未幾定方為遼東道行軍大揔管俄徙平壤道破高麗之衆於浿江奪馬邑山為營遂圍平壤會大雪解圍還拜涼州安集大使以定吐蕃吐谷渾乾封二年卒年七十六帝悼之責謂侍臣曰定方於國有功當褒贈若等不言何邪乃贈左驍衛大將軍幽州都督謚曰莊

薛仁貴絳州龍門人少貧賤以田為業將改葬其先妻柳曰夫有高世之材要須遇時乃發今天子自征遼東求猛將此難得之時君盍圖功名以自顯富貴還鄉葬未晚仁貴乃往見將軍張士貴應募至安地會郎將劉君卬為賊所圍仁貴馳救之斬賊將係首馬鞍賊皆懾伏由是知名王師攻安市城高麗莫離支遣將高延壽等率兵二十萬拒戰倚山結屯太宗命諸將分擊之仁貴恃驍悍欲立奇功乃著白衣自標顯持戟腰鞬兩弓呼而馳所向披靡軍乘之賊遂奔潰帝望見遣使馳問先鋒白衣者誰曰薛仁貴帝召見嗟異賜金帛口馬甚衆授游擊將軍雲泉府果毅令北門長上師還帝謂曰朕舊將皆老欲擢驍勇付閫外事莫如卿者朕不喜得遼東喜得虓將遷右領軍中郎將高宗幸萬年宮山水暴至夜突玄武門宿衛皆散走仁貴曰當天子緩急安可懼死遂登門大呼以警宮內帝遽出乘高俄而水入帝寢帝曰賴卿以免始知有忠臣也賜以御馬蘇定方討賀魯仁貴上疏曰臣聞兵出無名事故不成明其為賊敵乃可服今泥熟不事賀魯為其所破虜係妻子王師有於賀魯部落轉得其家口者宜悉取以還厚加賚遺使百姓知賀魯為暴而陛下至德也帝納之遂還其家屬泥熟

請隨軍效死顯慶三年詔副程名振經略遼東破高麗於貴端城斬首三千級明年與梁建方契苾何力遇高麗大將溫沙多門戰橫山仁貴獨馳入所射皆應弦仆又戰石城有善射者殺官軍十餘人仁貴怒單騎突擊賊弓矢俱廢遂生禽之俄與辛文陵破契丹於黑山執其王阿卜固獻東都拜左武衛將軍封河東縣男詔副鄭仁泰為鐵勒道行軍揔管將行宴內殿帝曰古善射有穿七札者卿試以五甲射焉仁貴一發洞貫帝大驚更取堅甲賜之時九姓衆十餘萬令驍騎數十來挑戰仁貴發三矢輒殺三人於是虜氣懾皆降仁貴慮為後患悉坑之轉討磧北餘衆擒偽葉護兄弟三人以歸軍中歌曰將軍三箭定天山壯士長歌入漢關九姓遂衰鐵勒有思結多覽葛等部先保天山及仁泰至懼而降仁泰不納虜其家以賞軍賊相率遁去有候騎言虜輜重畜牧被野可往取仁泰選騎萬四千卷甲馳絕大漠至仙萼河不見虜糧盡還人飢相食比入塞餘兵纔二十之一仁貴亦取所部為妾多納賕遺為有

司刻奏以功見原乾封初高麗泉男生內附遣將軍龐同善高偘往慰納弟男建率國人拒弗納乃詔仁貴率師援送同善至新城夜為虜襲仁貴擊之斬數百級同善進次金山衂虜勇不敢前高麗乘勝進仁貴擊虜斷為二衆即潰斬馘五千拔南蘇木底蒼巖三城遂會男生軍手詔勞勉仁貴負銳提卒三千進攻扶餘城諸將以兵寡勸止仁貴曰在善用不在衆身帥士遇賊輒破殺萬餘人拔其城因旁海略地與李勣軍合扶餘既降它四十城相率送款威震遼海有詔仁貴率兵二萬與劉仁軌鎮平壤拜本衛大將軍封平陽郡公檢校安東都護移治新城撫孤存老檢制盜賊隨才任職褒崇節義高麗士衆皆欣然忘亡咸亨元年吐蕃入寇命為邏娑道行軍大總管率將軍阿史那道真郭待封擊之以援吐谷渾待封嘗為鄯城鎮守與仁貴等夷及是恥居其下頗違節度初軍次大非川將趨烏海仁貴曰烏海地險而瘴吾入死地可謂危道然速則有功遲則敗今大非嶺寬平可置二柵悉內輜重留萬人守之吾倍道掩賊不整滅之矣乃約齎至河口遇賊破之多所殺掠獲牛羊萬計進至烏海城以待後援待封初不從領輜重踵進吐蕃率衆二十萬邀擊取之糧仗盡沒待封保險仁貴退軍大非川吐蕃益兵四十萬來戰王師大敗仁貴與吐蕃將論欽陵約和乃得還吐谷渾遂沒仁貴歎曰今歲在庚午星在降婁不應有事西方鄧艾所以死於蜀吾固知必敗有詔原死除名為庶人未幾高麗餘衆叛起為雞林道總管復坐事貶象州會赦還帝思其功乃召見曰疇歲萬年宮微卿我且為魚前日殄九姓破高麗爾功居多人有言向在烏海城下縱虜不擊以至失利此朕所恨而疑也今遼西不寧瓜沙路絕卿安得高枕不為朕指麾邪於是拜瓜州長史右領軍衛將軍檢校代州都督率兵擊突厥元珍於雲州突厥問曰唐將為誰曰薛仁貴突厥曰吾聞薛將軍流象州死矣安得復生仁貴脫兜鍪見之突厥相視失色下馬羅拜稍稍遁去仁貴因進擊大破之斬首萬級獲生口三萬

牛馬稱是永淳二年卒年七十贈左驍衛大將軍幽州都督官給轝護喪還鄉里

子訥字慎言起家城門郎遷藍田令富人倪氏訟息錢於肅政臺中丞來俊臣受賕發義倉粟數千斛償之訥曰義倉本備水旱安可絕衆人之仰私一家報上不與會俊臣得罪亦止後突厥擾河北武后以訥世將詔攝左威衛將軍安東道經略使對同明殿具言醜虜憑暴以廬陵王藉言今雖還東宮議不堅信若太子無動賊不討而解后納其言俄遷幽州都督安東都護改并州長史檢校左衛大將軍訥久處邊有戰功開元初玄宗講武新豐詔訥為左軍節度時諸部頗失序唯訥與解琬軍不動帝令輕騎召之至軍門不得入禮成尤見慰勞明年契丹奚突厥連和數入邊訥建議請討詔監門將軍杜賓客定州刺史崔宣道與訥帥衆二萬出檀州賓客議方暑士負戈囊糧深討慮恐無功姚元崇亦持不可訥獨曰夏草薦茂羔犢方息不費饋饟因盜資振國威靈不可失也天子方欲夸威四夷喜訥言而授紫微黃門三品以重之師至灤河與賊遇諸將不如約為虜覆盡亡其軍訥脫身走而罪宣道及大將李思敬等八人有詔斬以徇獨賓客免盡奪訥官爵俄而吐蕃大酋坌達延乞力徐等衆十萬寇臨洮入蘭州剽牧馬詔訥白衣攝羽林將軍為隴右防禦使與王晙擊之追及賊戰武階驛掎角劫之破其衆尾北至洮水又戰長城堡殺鹵數萬禽其酋六指鄉彌洪悉收所掠及仗械不貲時帝欲自將北伐及訥大克乃止行命紫微舍人倪若水即軍陟功狀拜訥左羽林大將軍復封平陽郡公以子暢為朝散大夫又授涼州鎮軍大總管赤水建康河源邊州皆隸節度俄為朔方行軍大總管久之以老致仕卒年七十二贈太常卿謚曰昭定訥性沈勇寡言其用兵臨大敵益壯弟楚玉開元中為范陽節度使以不職廢生子嵩

嵩生燕薊間氣豪邁不肯事產利以膂力騎射自將豫安祿山亂晚為史朝義守相州僕固懷恩破朝義長驅河朔嵩懼迎

拜軍門懷恩釋之奏爲檢校刑部尚書相衞洺邢等州節度使方大亂後人亦猒禍嵩謹奉職頗有治名大曆初封高平郡王實封二百戶號其軍爲昭義遷檢校尚書右僕射更封平陽七年卒贈太保詔其弟崿知留後事累加檢校太子少師十年爲其將裴志清所逐以兵歸田承嗣崿奔洺州請入朝降服待罪銀臺門赦之乃分其地以嵩族子擇爲相州刺史雄衞州刺史堅洺州刺史承嗣誘雄亂不從遣客刺殺之初嵩好蹴踘隱士劉鋼勸止曰爲樂甚衆何必乘危邀晷刻歡嵩悅圖其形坐右嵩子平

平字坦途年十二爲磁州刺史父喪軍吏以故事脅知留務僞許之已而讓崿夕以喪歸累授右衞將軍宿衞三十年宰相杜黃裳擢爲汝州刺史治有風績王師討蔡繇左龍武大將軍授鄭滑節度使數戰有功始河溢瓠子東泛滑距城纔二里所平按求故道出黎陽西南因命其右裴弘泰往請魏博節度使田弘正弘正許之乃籍民田所當者易以它地疏道二十里以釃水悍還壖田七百頃於河

南自是滑人無患入爲左金吾衞大將軍未幾復帥鄭滑李師道平詔分淄青齊登萊五州爲平盧軍徙平爲節度使王庭湊圍牛元翼棣州危詔平出援平遣將李叔佐率兵二千往刺史王稷餽餉陋狹衆潰而歸推突將馬士端爲帥劫屯士萬人薄州堞城中兵寡平悉公帑家貲募銳卒二千迎戰以奇兵掩賊輜重賊狼顧遂大敗降餘黨平引謀亂者二千人斬堂皇下脅從皆縱還田里威震一方詔遷檢校尚書右僕射封魏國公在鎮六年兵鎧完礪傜賦均一寶曆初入朝民鄣路願留數日得出拜檢校司空河中絳隰節度使復得隸晉慈二州益兵三千進檢校司徒更封韓召拜太子太保以司徒致仕卒年八十贈太傅子從字順之以蔭授左清道率府兵曹參軍累遷汾州刺史隄文谷慮河二水引溉公私田汾人利之徙濮州儲粟二萬斛以備凶災於是山東大水詔右司郎中趙傑爲賑卹使傑表其才擢將作監終左領軍衞上將軍贈工部尚書

程務挺洺州平恩人父名振隋大業末仕竇建德爲普樂令盜不跡境俄棄賊自歸高祖詔授永寧令使率兵經略河北即夜襲鄴縣俘男女千餘人以歸去數舍閱婦人方乳者九十餘人還之鄴人感其仁劉黑闥陷洺州名振與刺史陳君賓自拔歸母妻爲賊所得名振率衆千餘掠冀貝滄瀛等州邀擊糧道悉毀賊水陸餉具黑闥怒殺其母妻賊平請手斬黑闥以其首祭母拜營州長史封東平郡公賜物二千段黃金三百兩轉洺州刺史太宗征遼東召問方略不合旨帝勃然詰之名振辯對益詳帝意解謂左右曰房玄齡常在朕前見朕嗔餘人色不能主名振生平未識我一旦誚讓而辭吐不屈奇士哉拜右驍衞將軍平壤道行軍摠管攻沙卑城破獨山陣皆以少擊衆號爲名將遷營州都督兼東夷都護擊高麗於貴端水焚其新城歷晉蒲二州刺史鏤方道摠管卒贈右衞大將軍謚曰烈務挺少從父征討以勇力聞拜右領軍衞中郎將破突厥六萬騎於雲州會僞可汗阿史那伏念叛摠管李

文暕等三將以次奔敗詔裴行儉討之以務挺副檢校豐州都督時伏念屯金牙山務挺與副摠管唐玄表引兵赴之伏念懼乃間道降於行儉故裴炎以爲非行儉功遷務挺右武衞將軍封平原郡公綏州部落稽白鐵余據城平叛建僞號署置百官進攻綏德大斌殺官吏火廬舍詔務挺與夏州都督王方翼討之務挺生禽白鐵余進左驍衞大將軍檢校左羽林軍嗣聖初與右領軍大將軍張虔勗等豫廢中宗立豫王爲皇帝累被褒賚以左武衞大將軍爲單于道安撫大使禦突厥務挺善綏禦士服其威突厥憚之不敢盜邊裴炎下獄務挺密表申治又素與唐之奇杜求仁善或言務挺與炎及徐敬業陰相援結后遣左鷹揚將軍裴紹業即軍中斬之籍其家突厥聞務挺死率相慶爲立祠每出師輒禱焉

王孝傑京兆新豐人少以軍功進儀鳳中劉審禮討吐蕃孝傑以副摠管戰大非川爲虜執贊普見之曰貌類吾父故不死歸之武

后時爲右鷹揚衞將軍孝傑居虜中久悉其虛實長壽元年爲武威道總管與阿史那忠節討吐蕃克龜茲于闐疏勒碎葉等城武后曰貞觀中西境在四鎮其後不善守棄之吐蕃今故土盡復孝傑功也乃遷左衞大將軍進夏官尚書同鳳閣鸞臺三品清源縣男證聖初復爲朔方道總管與吐蕃戰不利免會契丹李盡忠等叛有詔起白衣爲淸邊道總管將兵十八萬討之軍至東硤石谷與賊接道隘虜衆孝傑率銳兵先驅出谷整陣與賊戰而後軍總管蘇宏暉以其軍退援不至爲虜所乘軍潰孝傑墮谷死士相蹂且盡初進軍平州白鼠晝入營頓伏皆謂鼠坎精胡象也白質歸命天亡之兆及戰乃孝傑覆焉時張說以管記還白狀后問之說具陳孝傑乃心國家敢深入以少當衆雖敗功可録也乃贈夏官尚書耿國公以其子无擇爲朝散大夫遣使者斬宏暉使未至而宏暉已立功遂贖罪

唐璿字休璟以字行京兆始平人曾祖規爲後周驃騎大將軍休璟少孤授易於馬嘉運傳禮於賈公彥舉明經高第爲吳王府典籤改營州戶曹參軍會突厥誘奚契丹叛都督周道務以兵授休璟破之於獨護山斬馘多遷朔州長史永淳中突厥圍豐州都督崔智辯戰死朝廷議棄豐保靈夏休璟以爲不可上疏曰豐州控河遏寇號爲襟帶自秦漢以來常郡縣之土田良美宜耕牧隋季喪亂不能堅守乃遷就寧慶戎羯得以乘利而交侵始以靈夏爲邊唐初募人以實之西北一隅得以完固今而廢之則河傍地復爲賊有而靈夏亦不足自安非國家利也高宗從其言垂拱中遷安西副都護會吐蕃破焉耆安息道大總管韋待價等敗休璟收其潰亡以定西土授靈州都督乃陳方略請復四鎮武后遣王孝傑拔龜茲等城自休璟倡之聖曆中授涼州都督右肅政御史大夫持節隴右諸軍副大使吐蕃大將麴莽布支率騎數萬寇涼州入洪源谷休璟以兵數千臨高望之見賊旗鎧鮮明謂麾下曰吐蕃自欽陵死贊婆降莽布支新將兵欲以示武且其下皆貴臣酋豪子弟騎雖精不習戰吾爲諸君取之乃被甲先登六戰皆克斬二將獲首二千五百築京觀而還吐蕃來請和旣宴使者屢覘休璟后問焉對曰洪源之戰是將軍多殺臣士卒其勇無比今願識之后嗟異擢爲右武威金吾二衞大將軍西突厥烏質勒失諸蕃和舉兵相攻安西道閉武后詔休璟與宰相計議不少選畫所當施行者旣而邊州建請屯置盡如休璟策后恨用卿晚進拜夏官尚書同鳳閣鸞臺三品后誚楊再思李嶠姚元崇等曰休璟練知邊事卿輩十不當一改太子右庶子仍知政事會契丹入塞復以夏官尚書檢校幽營等州都督安東都護時中宗爲皇太子休璟將行進啓曰易之兄弟恩寵過幸數入禁闥非人臣所宜願加防察帝復位召授輔國大將軍同中書門下三品酒泉郡公謂曰初欲召公計事以有北狄憂前曰直言今未忘也加特進尚書右僕射賜邑戶三百封宋國公是歲大水上疏自劾免不許累遷檢校吏部尚書景龍二年致仕未幾復起爲太子少師同中書門下三品

監脩國史景雲初以特進爲朔方行軍大總管備突厥停舊封別賜百戶明年復請老給一品全祿延和元年卒年八十六贈荊州大都督謚曰忠休璟以儒者號知兵自碣石踰四鎮其間緜地幾萬里山川夷岨障塞之要皆能言之故行師料敵未嘗敗初得封以賦絹數千散賙其族又出財數十萬大爲塋墓盡葬其五服親當時稱重惟張仁愿議築受降城而休璟獨謂不可卒就之而漠南無虜患始老已踰八十猶託倚權近求復用於是賀婁尚宮方用事附者輒榮赫休璟乃爲子取其義女故復起宰相頗爲時譏訾其當國亦無它毗益云子先愼至陳州刺史先擇爲右金吾衞將軍

張仁愿華州下邽人本名仁亶以睿宗諱音近避之有文武材武后時累遷殿中侍御史御史郭弘霸者稱后乃彌勒佛身又鳳閣舍人張嘉福王慶之請以武承嗣爲皇太子邀仁愿聯章仁愿正色拒之後王孝傑爲吐剌軍總管與吐蕃戰不利仁愿監其軍因入言狀孝傑坐免擢仁愿侍御史萬歲通天中監察御史

孫承景監清邊軍戰還自圖先鋒當矢石狀武后歎曰御史乃能
如是乎擢為右肅政臺中丞詔仁愿即敘其麾下功仁愿先問承
景破敵曲折承景實不行所問皆窮仁愿劾奏承景罔上虛列虜
級貶為崇仁令以仁愿代為中丞檢校幽州都督默啜寇趙定還
出塞仁愿以兵邀之賊引去矢著其手武后遣使勞問賜藥待傳
遷并州都督長史神龍中進左屯衛大將軍兼檢校洛州長史會
穀貴多盜仁愿一切捕殺屍積府門畿甸震懾無敢犯先是賈
敦頤嘗為長史有政績時人為之語曰洛有前賈後張敵京兆三
王三年朔方軍摠管沙吒忠義為突厥所敗詔仁愿攝御史大
夫代之既至賊已去引兵躡擊夜掩其營破之始朔方軍與突厥
以河為界北厓有拂雲祠突厥每犯邊必先謁祠禱解然後料兵
度而南時默啜悉兵西擊突騎施仁愿請乘虛取漠南地於河北
築三受降城絕虜南寇路唐休璟以為兩漢以來皆北守河今築
城虜腹中終為所有仁愿固請中宗從之表留歲滿兵以助功咸

陽兵二百人逃歸仁愿禽之盡斬城下軍中股慄役者盡力六旬
而三城就以拂雲為中城南直朔方西城南直靈武東城南直榆
林三壘相距各四百餘里其北皆大磧也斥地三百里而遠又於牛
頭朝那山北置烽候千八百所自是突厥不敢踰山牧馬朔方益無
寇歲損費億計減鎮兵數萬初建三城也不置壅門曲敵戰格
或曰邊城無守備可乎仁愿曰兵貴攻取賊退守寇至當併力出
拒敢回望城者斬何事守備退恧其心哉後常元楷代為摠管始
築壅門議者益重仁愿而輕元楷景龍二年拜左衛大將軍同
中書門下三品封韓國公春還朝秋復督軍備邊帝為賦詩祖
道賞賚不貲遷鎮軍大將軍睿宗立乃致仕加兵部尚書稟祿全
給開元二年卒贈太子少保仁愿為將號令嚴將吏信伏按邊撫
師賞罰必直功罪後人思之為立祠受降城出師輒享焉宰相文
武兼者當時稱李靖郭元振唐休璟仁愿云在朔方奏用御史張
敬忠何鸞長安尉寇泚鄠尉王易從始平主簿劉體微分摠軍事

太子文學柳彥昭為管記義烏尉晁良貞為隨機皆著稱後至
大官世名仁愿知人子之輔至趙州刺史張敬忠自監察御史累遷
吏部郎中開元七年拜平盧節度使

王晙滄州景城人後徙洛陽父行果為長安尉知名晙少孤好學祖有
方奇之曰是子當興吾宗長豪曠不樂為術檢事擢明經第始調清
苑尉歷除殿中侍御史會朔方元帥魏元忠討賊不利劾奏副將韓
思忠敗律當誅晙以思忠偏裨權不已制且其人勇智可惜不宜獨誅
固爭得釋晙亦出為渭南令景龍末授桂州都督州有兵舊常仰
餉衡永晙始築羅郛罷戍卒隸江開屯田數千頃以息轉漕百姓賴
之後求歸上冢州人詣闕留有詔桂往罹寇暴戶口彫瘵宜即留以
須政成在桂踰朞年人丐刻石頌德初劉幽求放封州廣州都督
周利貞欲必殺之道出晙所晙知其故留不遣利貞移書督趣幽
求懼曰執且難全正恐累君奈何晙曰公之坐非朋友所絕晙在終
不忍公無罪就死俄崔湜等誅幽求復執政故詔幽求為刻石辭

遷鴻臚少卿充朔方軍副大摠管安北大都護豐安定遠等城並
授節度進太僕少卿隴右群牧使開元二年吐蕃以精甲十萬寇
臨洮次大來谷其酋坌達延以兵踵而前晙率所部二千與臨洮
軍合料奇兵七百易胡服夜襲去賊五里令曰前遇寇士大呼鼓
角應之賊驚疑伏在旁自相鬭死者萬計俄而薛訥至武階距
大來二十里賊陣兩軍閒亘一舍而近晙往迎訥夜使壯士銜枚
麋突虜駭引去追至洮水敗之俘獲如積以功加銀青光祿大夫
清源縣男兼原州都督以子珽為朝散大夫又進并州都督長
史明年突厥默啜為拔曳固所殺其下多降分置河曲既而小殺繼
降降者稍稍叛去晙上言突厥向以國亂故款塞與部落無間也
延頸北風何嘗忘之今徙處河曲使內伺邊罅久必為患比者不
受要約兵已屢動擅作烽區閉障行李虜脫南牧降帳必與連
衡以相應接表裏有敵雖韓彭孫吳無所就功請至農隙令朔
方軍大陳兵召酋豪告以禍福啗以金繒且言南方麋鹿魚米之

饒並邊置淮右河南寬鄉給之程糧雖一時之勞然不二十年漸
服諸華料以充兵則皆勁卒議者若謂降狄不可以南處則高麗
舊俘置沙漠之西城傍編夷居青徐之右何獨降胡不可徙歟臣
復料議者必曰故事置于河曲前日已寧今無獨異且往者頡利
破亡邊鄙安定故降戶得以久安今虜未殄滅此降人皆戚屬固
不與往年同已臣請以三策料之悉其部落置內地獲精兵之實
閉黠虜之患此上策也其次障之下蕃華參處廣屯戍為備擬費甚
人勞下策也置之朔塞滋成禍萌此無策也不然前至河冰且必
有變書未報而虜已叛乃敕晙將幷州兵濟河以討晙間行卷甲
捨幕趨山谷夜遇雪恐失期誓於神曰晙事君不以忠不討有罪
天所殛者當自蒙罰士衆無罪心誠忠而天監之則止雪反風以
獎成功俄而和霽時叛胡分二道走晙自東道追及之獲級三千
以功遷左散騎常侍朔方行軍大總管改御史大夫跌跌部及僕
固都督勺磨等散保受降城之鄙潛引突厥內擾晙密言上盡誘

而誅之拜兵部尚書復為朔方軍大總管九年蘭池胡康待賓據
長泉反陷六州詔郭知運與晙討平之封清源公官一子玄宗以宮
人賜知運等晙獨不敢取曰臣之事君猶子事父詎有常近閨掖
而臣子敢當乎誓言死以免見聽初晙奏朔方兵力有餘願罷知運
獨當戎未報而知運至故不協晙所降附知運輒縱擊賊意晙賣
己乃復叛晙坐貶梓州刺史改太子詹事中山郡公進吏部尚書太
原尹代張說為兵部尚書同中書門下三品充朔方軍節度大使
河北河西隴右河東之軍盡屬是冬帝親郊追會大禮晙以冰
壯請留將兵待邊手勅慰勉會有人告許州刺史王喬謀反辭逮
晙詔源乾曜張說雜訊無狀以黨與貶蘄州刺史遷定州復以戶
部尚書為朔方軍節度使卒贈尚書左丞相謚曰忠烈晙氣自偉
特時謂為熊虎相感慕節義有古人風其操下肅言吏人畏愛
始二張之誣魏元忠晙獨上疏申治宋璟曰魏公全矣子再觸逆
鱗其殆乎晙曰魏公以忠獲罪苟得辨雖死弗悔晙卒後信安王

禕討奚於幽州告捷且言戰時士咸見晙與部將高昭麾兵赴敵
天子嗟異戶部郎中陽伯成上疏請封晙墓表異之優其子孫帝
乃遣使祭晙廟進諸子官

贊曰唐所以能威振夷荒斥大封域者亦有虎臣為之牙距也至
師行數千萬里窮討殊鄰獵取其國由鹿豕然可謂選值其才
歟夫宰相代天秩物變化人神惟有德者宜之若休璟仁愿用以
丞弼非彊所不能邪據功名之地則綽綽矣

郭二張三王蘇薛程唐列傳第三十六

二王貞韓蘇薛柳馮蔣列傳第三十七　唐書一百一十二

端明殿學士兼翰林侍讀學士龍圖閣學士朝散大夫守尚書吏部侍郎充集賢殿脩撰臣宋　祁奉
敕撰

王義方泗州漣水人客于魏孤且窶事母謹甚淹究經術性謇特高自標樹舉明經詣京師客有徒步疲于道者自言父宦遠方病且革欲往省困不能前義方哀之解所乘馬以遺不告姓名去由是譽振一時不肯造請貴勢太宗使宰相聽其論於是尚書外郎獨孤悊以儒顯給事中許敬宗推悊確論義方引逮百家異同連拄悊直出其上左右爲悊不平輒罷會補晉王府參軍直弘文館魏徵異之欲妻以夫人之姪辭不取俄而徵薨乃取女人問其然曰初不附宰相今感知己故也素善張亮亮抵罪故貶吉安丞道南海舟師持酒脯請福義方酌水誓曰有如忠獲戾孝見尤四維廓氛千里安流神之聽之無作神羞是時盛夏濤霧蒸湧既祭天雲開露人壯其誠吉安介蠻夷梗悍不馴義方召首領稍選生徒爲開陳經書行釋奠禮清歌吹籥登降跽立人人悅順久之徙洹水丞而亮兄子皎自朱崖還依義方將死諉妻子願以尸歸葬義方許之以皎妻少故與之誓於神使奴負柩輟馬載皎妻身步從之既葬皎原武歸妻其家而告亮墓乃去遷雲陽丞顯慶元年擢侍御史不再旬會李義府縱大理囚婦淳于迫其丞畢正義縊死無敢白其姦義方自以興縣屬劉不三時拜御史且疾當世附離匪人以欺朝廷內決劾奏意必得罪即問計於母母曰昔王母伏劍成陵之誼汝能盡忠吾願之死不恨義方即上言天子置公卿大夫士欲水火相濟鹽梅相成不得獨是獨非也昔堯失之四凶漢高祖失之陳豨光武失之逢萌魏武失之張邈彼聖傑之主然皆失於前而得於後今陛下撫萬邦而有之蠻陬夷落罪無逃罰況輦轂下姦臣肆虐乎殺人滅口此生殺之柄不自主出而下移佞臣履霜堅冰彌不可長請下有司雜治正義死狀即昇法冠對仗叱義府下跪讀所言帝方安義府狡佞恨義方以孤士觸宰相貶萊州司

戶參軍歲終不復調往客昌樂聚徒教授母喪隱居不出卒年五十五義方爲御史時買第後數日愛廷中樹復召主人曰此佳樹得無欠償乎又予之錢其廉不貪類此始魏徵愛其材也每恨太直後卒以疾惡不容于時既死門人員半千何彥先行喪蒔松栢冢側三年乃去彥先齊州全節人武后時位天官侍郎

員半千字榮期齊州全節人其先本彭城劉氏十世祖凝之事宋起部郎及齊受禪奔元魏以忠烈自比伍員因賜姓員終鎮西將軍平涼郡公半千始名餘慶生而孤爲從父鞠愛羈丱通書史客晉州州舉童子房玄齡異之對詔高第已能講易老子長與何彥先同事王義方以邁秀見賞義方常曰五百歲一賢者生子宜當之因改今名凡舉八科皆中咸亨中上書自陳臣家貲不滿千錢有田三十畝粟五十石聞陛下封神岳舉豪英故鬻錢走京師朝廷九品無葭莩親行年三十懷志潔操未嘗一官不能陳力歸報天子陛下何惜玉陛方寸地不使臣披露肝膽乎得天下英才五千與權所長有一居先臣當伏死都市書奏不報調武陟尉歲旱勸令殷子良發粟振民不從及子良謁州半千悉發之下賴以濟刺史大怒囚半千于獄會薛元超持節度河讓太守曰君有民不能恤使惠出一尉尚可罪邪釋之俄舉岳牧高宗御武成殿問兵家有三陣何謂邪衆未對半千進曰臣聞古者星宿孤虛天陣也山川向背地陣也偏伍彌縫人陣也臣謂不然夫師以義出沛若時雨得天之時爲天陣足食約費且耕且戰得地之利爲地陣舉三軍士如子弟從父兄得人之和爲人陣捨是則何以戰帝曰善既對策擢高第歷華原武功尉厭卑劇求爲左衛胄曹參軍使吐蕃將行武后曰久聞爾名謂爲古人乃在朝邪境外事不足行宜留待制即詔入閣供奉遷司賓寺主簿稍與丘悅王勮石抱忠同爲弘文館直學士又與路敬淳分日待制顯福門下擢累正諫大夫兼右控鶴內供奉半千以控鶴在古無有而授任者皆浮狹少年非朝廷德選請罷之忤旨下遷水部郎中會詔擇牧守

除棣州刺史復入弘文館爲學士武三思用事以賢見忌出豪斬
二州刺史半千不顓任吏常以文雅粉澤故所至禮化大行睿宗
初召爲太子右諭德仍學士職累封平原郡公表丐骸骨有詔聽
朝朔望半千事五君有清白節年老不衰樂山水自放開元九年
遊堯山沮水閒愛其地遂定居卒年九十四即葬焉吏民哭野中
抱忠長安人名屬文初置右臺自清道率府長史爲殿中侍御史
進檢校天官郎中與侍郎劉奇張詢古共領選寡廉潔而奇號清
平二人坐綦連耀伏誅悅河南人亦善論譔仕至岐王傅
韓思彥字英遠鄧州南陽人游太學事博士谷那律律爲匪人所
辱思彥欲殺之律不可萬年令李乾祐異其才舉下筆成章志烈
秋霜科擢第授監察御史昌言當世得失高宗夜召加二階待詔
弘文館仗內供奉巡察劍南益州高貲兄弟相訟累年不決思彥
敕廚宰飲以乳二人寤齧肩相泣曰吾乃夷獠不識孝義公將以
兄弟共乳而生邪乃請輟訟至西洱河誘叛蠻降之會蜀大饑開

倉振民然後以聞璽書褒美使并州方賊殺人主名不立醉胡懷
刀而汙訊掠已服思彥疑之晨集童兒數百暮出之如是者三因
問兒出亦有問者乎皆曰有之乃物色推訊遂禽眞盜後大白晝
見勸帝修德荅天譴帝讓中書令李義府曰八品官能言得失而
卿冒沒富貴主何事邪義府謝罪司農武惟良擅用并州賦二百
萬緡思彥劾奏死武后爲請而免義府與諸武共譖思彥出爲山
陽丞初尉遲敬德子姓陷大逆思彥按釋其冤至是贈黃金良馬
思彥不受至官閱月自免去放蹟江淮閒父之補建州司戶參軍
帝召問不見卿父今何官邪思彥泣道所以然帝謂宰相此亦太
屈復召爲御史俄出爲江都主簿又徙蘇州錄事參軍罷客汴州
張僧徹者廬墓三十年詔表其閭請思彥爲頌餉縑二百不受時
歲凶家窶甚僧徹固請爲受一匹命其家曰此孝子縑不可輕
用上元中復召見思彥久去朝儀矩梗野拜忘蹈舞又詆外戚擅
權后惡之中書令李敬玄劾奏思彥見天子不蹈舞負氣鞅鞅不

可用時已拜乾封丞故徙宋爲丞遷賀州司馬卒始思彥在蜀引
什邡令鄧惲右坐曰公且貴願以子孫諉公比其斥而惲已爲文
昌左丞子琬
琬字茂貞喜交酒徒落魄少崖檢有姻勸舉茂才名動里中刺史
行鄉飲餞之主人揚觶曰孝于家忠于國今始充賦請行無筭爵
儒林榮之擢第又舉文藝優長賢良方正連中拜監察御史景雲
初上言國安危在於政政以法暫安焉必危以德始不便焉終治夫
法者智也德者道也智權宜也道可以久大也故以智治國國之賊
不以智治國國之福貞觀永徽之閒農不勸而耕者衆法施而犯
者寡俗不偷薄器不行窳吏貪者士恥同列忠正淸白者比肩而
立罰雖輕而不犯賞雖薄而勸位尊不倨家富不奢學校不勵而
勤道佛不懲而戒土木質厚裨販弗蚩其故奈何雜以皇道也自
茲以來任巧智斥謇諤趨勢者進守道者退諂附者無黜剝之憂
正直者有後時之歎人趨家競風俗淪替其故奈何行以霸道也

貞觀永徽之天下亦今日天下淳薄相反由治則然夫巧者知忠孝
爲立身之階仁義爲百行之本託以求進口是而心非言同而意
乖陛下安能盡察哉貪冒者謂能淸貞者謂孤浮沉者爲黠剛正
者爲愚位下而驕家貧而奢歲月漸漬不救其弊何由變浮之淳
哉不務省事而務捉搦夫捉搦者法也法設而滋章滋章則盜賊
多矣法而益國設之可也比法令數改或行未見益止未知損譬弈
者一棊爲善而復之者愈善故曰設法不如息事事息則巧不生聖
人防亂未然天下何繇不治哉永淳時雍丘令尹元貞坐婦女治
道免官今婦夫女役常不知怪調露時河內尉劉憲父喪人有請
其員者有司以爲名教不取今謂爲見機太宗朝司農以市木橦
倍價抵罪大理孫伏伽言官木橦貴故百姓者賤臣見司農識大
體未聞其過太宗曰善今和市顓刻剝名爲和而實奪之往者學
生佐史里正每一員闕擬者十人今當選者亡匿以免往選司從
容有禮今如仇敵賈販往官府代儲什物俟其至今交罷執符紛

競校在亡往商賈出入萬里今市井至失業往家藏鏹積粟相夸
今匿貲示羸以相尚往夷狄款關今軍屯積年往召募人賈其
勇今差勒閭宗逃亡往倉儲盈衍今所在空虛夫流亡之人非愛
羈旅忘桑梓也斂重役亟家產已空鄰伍牽連遂爲游人窮詐而
犯禁救死而抵刑夫亂繩已結急引之則不可解今刻薄吏能結
者也舉劾吏能引者也則解者不見其人願取奇材卓行者畀能
授官又言仕路太廣故棄農商而趨之一夫耕一婦蠶衣食百人
欲儲蓄有餘安可得乎書入不報出監河北軍兼按察使先天中
賦絹非時於是穀賤縑益貴丁別二縑人多徙亡琬曰御史乃耳
目官知而不言尚何賴又上言須報則弊已甚移檄罷督乃聞詔可
開元中遷殿中侍御史坐事貶官卒

蘇安恒冀州武邑人博學尤明周官春秋左氏學武后末年太子
雖還東宮政事一不與大臣畏禍無敢言安恒投匭上書曰陛下
膺先聖顧託受嗣子揖讓應天順人二十餘年豈不聞虞舜褰裳
周公復辟事乎今太子孝謹春秋盛壯使統臨宸極何異陛下身
撫天下哉胡不傳位東宮休安聖躬自昔天下無二姓並興且梁
河內建昌諸王以親得封恐萬歲後不能良計宜退就公侯任以
閑簡又陛下二十餘孫無尺土封非長久計也請以都督府要州
分而王之縱今尚幼且擇立師傅養成德器藩屏皇家書奏后雖
猜克不能無感乃召見賜食厚慰遣之明年復諫曰臣聞天下者
高祖太宗之天下有隋失馭羣雄鹿駭唐家親事戎旅以平寓縣
指河爲誓非李氏不王非功臣不封陛下雖居正統實唐舊基前
日太子在諒闇相王非長嗣唐祚中弱故陛下因以即位今太子
年德已盛尚貪有大寶忘母子之恩蔽其元良以據神器何施顏
面見唐家宗廟大帝陵寢哉臣謂天意人事還歸李氏物極則
復器滿則覆當斷不斷將受其亂誠能高揖萬機自怡聖心史
臣書之樂府歌之斯盛事也臣聞見過不諫非忠畏死不言非勇
陛下以臣爲忠則擇是而用以爲不忠則斬臣頭以令天下書聞

不報於是魏元忠爲張易之兄弟所構獄方急安恒獨申救曰王
者有容天下之量故濟其心能進天下之善故除其惡不然則神
鬼馮怒陰陽紛舛陛下始革命勤秉政樞博達謀猷天下以爲明
主暮年猒怠讒佞熾結水火相災百姓不親五品不遜天下以爲暗
君邪正糅進獄訟冤劇何昔是而今非邪居安忘危之失也竊見
元忠廉直有名位宰相履忠正邪佞之徒嫉之若讎易之兄弟無
功無德但以馮附不閱數朞位勢隆極指馬獻蒲先害善良自元
忠下獄人人偶語謂易之交亂且及四國烈士撫髀忠臣鉗口懼易
之之權恐先諫受戮虛死無名況賊虜方彊賦斂重困而自縱讒
慝搖變遐邇臣恐四夷低目窺覘爲邊鄙患百姓託義以清君
側逐鹿之人叩關而至陛衞左右從中以應爭鋒朱雀之門問鼎大
明之宮陛下何以謝之臣今計者莫若收雷電之威解恢恢之網
復爵還位君臣如初則天下幸甚陛下縱不能斬佞臣塞人望且
當抑奪榮寵翦其羽翅無使驕橫爲社稷之憂疏奏易之等
大怒遣刺客邀殺之賴鳳閣舍人桓彥範等悉力營解乃免神
龍初爲習藝館內教節愍太子難或讒安恒豫謀死獄中睿宗
立知其枉詔贈諫議大夫

薛登常州義興人父士通爲隋鷹揚郎將江都亂與州民聞人嗣
安據城拒賊武德初持地自歸授東武州刺史輔公祏反士通與
賊將西門君儀戰破之及平封臨汾侯終泉州刺史登通貫文史
善議論根證該審與徐堅劉子玄齊名調閬中主簿天授中累
遷左補闕時選舉濫甚乃上疏曰比觀舉薦類不以才馳聲假譽
互相推引非所謂報國求賢者也古之取士考素行之原詢鄉邑
之譽崇禮讓明節義以敦樸爲先雕文爲後故人崇勸讓士去輕
浮以計貢賢愚必爲州之榮辱昔李陵降而隴西慙干木隱而西河
美名勝於利則偷競日銷利勝於名則貪暴滋煽蓋冀缺以禮讓
升而晉人知禮文翁以經術教而蜀士多儒未有上好而下不從者
也漢世求士必觀其行故士有自脩爲閭里推舉然後府寺交辟

魏取放達晉先門閥梁陳薦士特尚詞賦隋文帝納李諤之言詔
禁文章浮詞時泗州刺史司馬幼之表不典實得罪由是風俗稍
改煬帝始置進士等科後生復相馳競赴速趨時緝綴小文名曰
策學不指實爲本而以浮虛爲貴方今舉士尤乖其本明詔方
下固已驅馳府寺之廷出入王公之第陳篇希恩奏記誓報故俗
號舉人皆稱覓舉覓者自求也非彼知之義是以耿介之士羞於
自拔循常小人弃踈取附願陛下降明制頒峻科斷無當之游言
收實用之良策文試效官武閱守禦昔吳起將戰左右進劒吳
子辭之諸葛亮臨陣不親戎服蓋不取弓劒之用也漢武帝聞司
馬相如之文恨不與同時及其至也終不處以公卿之位非所任故也
漢法所舉之主終身保任楊雄之坐田儀成子之得魏相賞罰之
令行則請謁之心絕退讓之義著則貪競之路銷請寬年限以容
簡汰不實免官得人加賞自然見賢不隱貪祿不專矣時四夷質
子多在京師如論欽陵阿史德元珍孫萬榮皆因入侍見中國法

度及還並爲邊害登諫曰臣聞戎夏不雜古所戒也故斥居塞外
有時朝謁已事則歸三王之法也漢魏以來革襲衣冠築室京
師不令歸國較其利害三王是而漢魏非拒邊長而質子短昔晉
郭欽江統以夷狄處中夏必爲變武帝不納卒有永嘉之亂伏見
突厥吐蕃契丹往因入侍並被獎遇官戎秩步黃門服改氊罽
語習楚夏窺圖史成敗孰山川險易國家雖有冠帶之名而狼子
孤恩患必在後昔申公奔晉使子狐庸爲吳行人教吳戰陣使之
叛楚漢遷五部匈奴於汾晉卒以劉石作難竊計秦并天下及
劉項用兵人士凋散以冒頓之盛乘中國之虛而高祖困厄平城
匈奴卒不入中國者以其生長磧漠謂穹廬賢於城郭氊罽美
於章綬既安所習是以無窺中國心不樂漢故也元海五部散亡
之餘而能自振者少居內地明習漢法鄙單于之陋竊帝王之稱
使其未嘗內徙不過劫邊人繒綵麴蘖歸陰山而已今皇風所覃
含識革面方由余効忠日磾盡節然臣慮備豫不謹則夷狄稱

兵不在方外非貽謀之道臣謂願充侍子可一切禁絕先在國者
不使歸蕃則夷人保疆邊邑無爭武后不納久之出爲常州刺史
屬宣州賊鍾大眼亂百姓潰震登嚴勒守備闔境賴安再遷尚
書左丞景雲中爲御史大夫僧慧範恃太平公主勢奪民邸肆官
不能直登將治之或勸以自安登曰憲府直枉朝奏暮黜可矣遂
劾奏反爲主所構出岐州刺史遷太子賓客開元初爲東都留守
再爲太子賓客登本名謙光以與皇太子名同詔賜今名坐子累
歸田里家苦貧詔給致仕祿卒年七十三贈晉州刺史

王求禮許州長社人武后時爲左拾遺監察御史后方營明堂雕
飾譎怪侈而不法求禮以爲鐵鷟金龍丹雘珠玉乃商瓊臺夏瑤
室之比非古所謂茅茨棌椽者自軒轅以來服牛乘馬今輦以人
負則人代畜上書譏切久不報契丹叛使孫萬榮寇河北詔河內
王武懿宗禦之懦撓不進賊敗數州去懿宗乃條華人爲賊詿誤
者數百族請誅之求禮劾奏曰詿誤之人無良邊吏教習城不完

固爲虜脅制寧素持叛心哉懿宗擁兵數十萬聞敵至走保城邑
今乃移禍無辜之人不亦過乎請斬懿宗首以謝河北懿宗大懼
后盡赦其人當是時契丹陷幽州饋輓屈竭左相豆盧欽望請停
京官九品以上兩月奉助軍興求禮曰公祿萬鍾正可輟仰祿之人可
柰何欽望拒不應既奏求禮歷階進曰天子富有四海何待九品
奉使宰相奪之以濟軍國用乎姚璹曰秦漢皆有稅算以佐軍求
禮不識大體對曰秦漢虛天下事邊柰何使陛下効之后曰止久
視二年三月大雨雪鳳閣侍郎蘇味道等以爲瑞率羣臣入賀求
禮讓曰宰相燮和陰陽而季春雨雪乃災也果以爲瑞則冬月雷
渠爲瑞雷邪味道不從既賀者入求禮即厲言今陽氣僨升而陰
冰激射此天災也圭荒臣佞寒暑失序戎狄亂華盜賊繁興正官
少僞官多百司非賄不入使天有瑞何感而來哉羣臣震恐后爲
罷朝然以剛正故官齟齬神龍初終衞王府參軍

柳澤蒲州解人曾祖亨字嘉禮隋大業末爲王屋長陷李密已

而歸京師姿貌魁異高祖奇之以外孫竇妻之三遷左衛中郎將壽陵縣男以罪貶邛州刺史進散騎常侍代還數年不得調持兄喪方葬會太宗幸南山因得召見哀之數曰入對北門拜光祿少卿耳射獵無檢帝謂曰卿於朕舊且親然多交游自今宜少戒耳由是痛飭厲謝賓客身安靜亨亦力吏事終檢校岐州刺史贈禮部尚書幽州都督諡曰恭澤耿介少言笑風度方嚴景雲中爲右率府鎧曹參軍四歲不遷先是中宗時長寧宜城安定諸公主及后女弟昭容上官與其母鄭尚宮柴隴西夫人趙及姻聯數十族皆能降墨敕授官號斜封及姚元崇宋璟輔政白罷斜封官數千員元崇等罷去太平公主盡奏復之澤詣闕上疏曰臣聞藥不毒不可以蠲疾詞不切不可以補過故習甘旨者非攝養之方邇諛佞者非治安之宜臣竊見神龍以來綱紀大壞內寵專命外嬖制權因貴憑勢賣官鬻爵妃主之門同商賈然舉選之署若闤闠然屠販者由邪忝官廢黜者因姦冒進天下溷亂幾危社稷賴

陛下聰明神武拯溺舉墜耳目所親豈可忘鑒誡哉且斜封官者皆僕妾私謁迷謬先帝豈盡先帝意邪陛下即位之初用元崇等計悉以停廢今又收用之若斜封之人不可棄邪韋月將燕欽融不應褒贈李多祚鄭克乂不容盪雪也陛下何不能忍於此而能忍於彼使善惡混幷反覆相攻道人以非勸人以僻今天下咸稱太平公主與胡僧慧範以此誤陛下故語曰姚宋爲相邪不如正太平用事正不如邪臣恐流遁致遠積小爲大累微成高勿謂何傷其禍將長勿謂何害其禍將大又言尚醫奉御彭君慶以巫覡小伎超授三品柰何輕用名器加非其人臣聞賞一人而千萬人悅者賞之罰一人而千萬人勸者罰之惟陛下裁察疏入不報澤入調會有詔選者得言事乃上書曰頃者韋氏蠱亂姦臣同惡政以賄成官以寵進言正者獲戾行殊者見疑海內寒心人用不保陛下神聖勇智安宗社於已危振黎苗之將溺乃今蠲煩省徭法明德舉萬邦愷樂室家胥歡詩曰靡不有初鮮克有終惟陛下愼

厥初惰其終書曰惟德罔小萬邦惟慶惟不德罔大墜厥宗甚可懼也夫驕奢起於親貴綱紀亂於寵倖禁之於親貴則天下從制之於寵倖則天下畏親貴爲而不禁寵倖撓而不制故政不常令不一則姦詐起而暴亂生焉雖朝施暮戮而法不行矣陛下欲親與愛莫若安之福之夫寵祿之過罪之階也謂安之邪驕奢之淫危之梯也謂福之邪前事不忘後之師也陛下斅求俊哲使朝夕納誨其有逆于耳謬于心者無速罰姑求之道順于耳便于身者無急賞姑求之非道羞淫巧者拒之則淫巧息進忠讜者賞之則忠讜進臣聞生於富者驕生於貴者傲書曰罔淫於逸罔遊於樂今儲宮肇建王府復啓願采溫良博聞恭儉忠鯁者爲之僚友仍請東宮置拾遺補闕使朝夕講論出入侍從授以訓誥交修不逮臣又聞馳騁畋獵令人發狂今貴戚打毬擊鼓飛鷹奔犬狎比宵人盤游藪澤書曰內作色荒外作禽荒惟陛下誕降謀訓勸以學業示之以好惡陳之以成敗則長享福祿矣臣聞富不

與驕期而驕自至驕不與罪期而罪自至罪不與死期而死自至頃韋庶人安樂公主武延秀等可謂貴且寵矣權侔人主威震天下然怙侈滅德神怒人棄豈不謂愛之太極富之太多乎殷鑒不遠在夏后之世今陛下何勸其皇祖謀訓之則乎陛下何懲其孝和寵任之失乎故愛而知其惡憎而知其善夫寵愛之心未有能免要去其太甚閑之以禮則可矣諸王公主駙馬陛下之所親愛也矯枉監戒宜在厥初使居寵思危觀過務善書曰三風十愆卿士有一于身家必喪邦君有一于身國必亡惟陛下黜奢僭驕怠進樸素行業以勗其非心臣聞常厥德保厥位厥德匪常九有以亡願陛下不作無益不啓私門不差刑不濫賞則惟德是輔惟人之懷天祿永終矣睿宗善之拜監察御史開元中轉殿中侍御史監嶺南選時市舶使右威衛中郎將周慶立造奇器以進澤上書曰不見可欲使心不亂是知見可欲而心必亂矣慶立雕製詭物造作奇器用浮巧爲珍玩以譎怪爲異寶乃治國之巨蠹明王所宜嚴

罰者也昔露臺無費明君不忍象箸非大忠臣憤歎慶立求媚聖意搖蕩上心陛下信而使之乎是宣淫於天下慶立矯而為之乎是禁典之所無赦陛下新即位固宜昭宣菲薄廣示節儉豈可以怪好示四方哉書奏玄宗稱善歷遷太子右庶子為鄭州刺史未行卒贈兵部侍郎澤從祖範𬱖範貞觀中為侍御史時吳王恪好田獵範彈治之太宗曰權萬紀不能輔道恪罪當死範進曰房玄齡事陛下猶不能諫止畋獵豈宜獨罪萬紀帝怒拂衣起頃之召謂曰何廷折我範謝曰主聖則臣直陛下仁明臣敢不盡愚帝乃解高宗時歷尚書右丞揚州大都督府長史𬱖字子邵以父隋時使高麗卒焉故往迎喪號踊盡哀為夷人所慕貞觀中累遷中書舍人外孫為皇后遷中書侍郎進中書令皇后挾媚道覺罷為吏部尚書后廢貶愛州刺史許敬宗等構𬱖通宮掖謀行鴆毒與褚遂良朋黨罪大逆遣使殺之沒其家朞以上親並流嶺表𬱖房隸桂州為奴婢神龍初乃復官爵子孫親屬緣坐者悉免開元初澤兄

渙為中書舍人上言臣從伯祖𬱖去顯慶三年與褚遂良等五門同被譴戮雖被原雪而子孫殆盡唯曾孫无忝客籍冀州陛下先天後詔書嘗任宰相家並錄其後況臣之伯祖無辜被誅今墓空之未還後嗣僑處願許伯祖歸葬孤孫北遷於是詔无忝護𬱖柩歸鄉里官給喪事无忝後歷潭州都督

馮元常相州安陽人其先蓋長樂信都著姓曾祖子琮北齊右僕射叔祖慈明有文辭仕隋為內史舍人奉詔討李密為密將所縛身數劇密厚禮之情謂曰東都危蹙我欲率四方賢豪建功業幸公同之慈明曰公家事先帝名在王室乃挾玄感舉兵亡命至今復圖反噬何耶密囚之俄為翟讓所殺武德初贈吏部尚書謚壯武元常舉明經及第調浚儀尉高宗時擢累監察御史劍南道巡察使興利除害蜀人順賴歷尚書左丞嘗密諫帝中宮權重宜少抑帝雖置其計而內然之由是為武后所惡元常在職脩舉識鑒澄遠帝委遇特厚及不豫詔平章百司奏事武后擅朝嵩陽令樊文

進瑞石后暴石朝堂示百官元常奏石妄僞不可以示羣臣后怒出為隴州刺史會天下岳牧集乾陵后不欲元常得會故道徙眉州刺史劍南有光火盜夜掠人晝伏山谷元常喻以恩信約悔過自新賊相率脫甲面縛賊平轉廣州都督詔便驛走官安南酋領李嗣仙殺都護劉延祐劫州縣詔元常討之率士卒航海馳檄先示禍福賊黨多降元常縱兵斬首惡而還雖有功猶以拂旨見怨不錄功凡三徙終不得至京師卒為酷吏周興所陷追赴都下獄死元常閨門雍睦有禮法雖小功喪不御私室神龍中旌其家大署曰忠臣之門天下高其節凡名族皆願通婚從弟元淑及后時歷清漳浚儀始平三縣令右善去惡人稱為神明與奴僕日一食馬日一秣所至不挈妻子斥奉餘以給貧窮或譏其近名元淑曰吾性也不為苦中宗降璽書勞勉付狀史官元淑約潔過於元常然剛直不及也終祠部郎中

蔣欽緒萊州膠水人頗工文辭擢進士第累遷太常博士中宗始

親郊國子祭酒祝欽明建言皇后應亞獻欲以媚韋氏天子疑之詔禮官議衆曲意阿徇欽緒獨抗言不可諸儒壯其節歷吏部員外郎始韓琬為高郵主簿使京師自負其才有不遇之言題客舍它日欽緒見之笑曰是子歎後時耶久之琬舉賢良方正欽緒擢其文異等因謂曰朋友之過免未琬曰今日乃見君子之心其務薦引士類此欽緒精治道馭吏整嚴雖銖秒罪不貸出為華州長史蕭至忠自晉州被召過欽緒欽緒李姻家因戒曰以君才不患不見用患非分而求耳至忠音及禍開元十三年以御史中丞錄河南因宣慰百姓振窮乏徙吏部侍郎歷汴魏二州刺史卒性孤潔自守唯與賈曾郭利貞相友云子沇亦專潔博學少有名以孝廉授洛陽尉遷監察御史與兄演溶弟清俱為才吏有名天寶間始河南尹韓朝宗裴迥嘗委訊覆檢句而處事平剖斷精允羣寮莫能望也乾元中歷陸渾盩厔咸陽高陵四縣令美政流行長老紀焉郭子儀軍出其縣敕麾下曰蔣沇賢令供億當有

素士得蔬飯足矣毋撓其清也遷長安令以刑部郎中兼侍御史領渭橋運出納使元載持政守道士類不遷沇以故滯郎位不得調常袞代相聞士議恨沇屈故擢御史中丞東都副留守再遷大理卿持法明審號稱職德宗出奉天沇奔行在爲賊所拘欲誘署僞職沇絶食不應命竄伏里中不復見京師平乃出擢右散騎常侍卒年七十四贈工部尚書

清舉明經中第調羣丞東京留守李憕賢之表爲判官與憕同死安祿山亂贈禮部侍郎憲宗時錄其孫郕爲伊闕令初清家難以秩卑不及謚大和初其出吏部郎中王高言之朝追謚曰忠

二王貢韓蘇薛柳馮蔣列傳第三十七

端明殿學士兼翰林侍讀學士龍圖閣學士朝散大夫尚書吏部侍郎充集賢殿修撰臣宋祁奉敕撰

唐臨字本德京兆長安人周内史瑾之孫其先自北海内徙武德初隱太子討王世充臨以策進説太子引直典書坊授右衞率府鎧曹參軍太子廢出爲萬泉丞有輕囚久繫方春農事興臨説令可且出囚使就畎畝不許臨曰有所疑丞執其罪令移疾臨悉縱歸與之約囚如期還再遷侍御史大夫韋挺責著位不肅明日挺越次與江夏王道宗語臨進曰王亂班道宗曰與大夫語何至爾臨曰大夫亦亂班挺失色衆皆悚伏俄持節按獄交州出冤繫三千人累遷大理卿高宗嘗録囚臨占對無不盡帝喜曰爲國之要在用法刻則人殘寬則失有罪惟是折中以稱朕意它日復訊餘司斷者輒紛訴不已獨臨所訊無一言帝問故荅曰唐卿斷囚不冤所以絶意帝歎曰爲獄者固當若是乃自述其考曰形如死灰心若鐵石云永徽元年拜御史大夫蕭齡之嘗任廣州都督受賕當死詔羣臣議請論如法詔戮于朝堂臨建言羣臣不知天子所以議之之意在律有八王族戮于隱議親也刑不上大夫議貴也今齡之負贓狼扈死有餘咎陛下以異於它囚故議之有司又令入死非堯舜所以用刑者不可爲後世法帝然之齡之齊高帝五世孫由是免死臨累遷吏部尚書初來濟謫台州李義府謫普州臨奏許禕爲江南巡察使張倫劒南巡察使禕與濟善而倫與義府有隙武后常右義府察知之謂臨遣所私督其過坐免官起爲潮州刺史卒年六十臨儉薄寡欲不好治第宅性旁通專務掩人過見妻子必正衣冠兄皎武德初爲秦王府記室從王征討掌書檄貞觀中官吏部侍郎先是選集四時補擬不爲限皎請以冬初集盡季春止後遂爲法終益州長史贈太常卿子之奇給事中坐章懷太子屬徙邊後除括蒼令與徐敬業起兵誅臨孫紹

紹神龍時爲太常博士遷左臺侍御史度支員外郎常兼博士韋庶人請妃公主命婦以上葬給鼓吹詔可紹曰鼓吹本軍容黄帝戰涿鹿以爲警衞故曲有靈夔吼鵰鶚爭石墜崖壯士怒之類惟功臣詔葬得兼用之男子有四方功所以加寵雖郊祀天地不參設容得接閨閫哉在令五品官昏葬無給鼓吹者唯京官五品則假四品蓋班秩在夫若子請置前詔用舊典不省中宗始郊國子祭酒祝欽明等知韋后能制天子欲迎諂之即奏以皇后亞獻安樂公主終獻又四時及列帝誕日遣使者詣陵如事生紹以爲非禮引正誼固爭帝又詔武氏陵及諸武墓皆置守戶紹謂昊順二陵守戶五百與昭陵同在令先世帝王陵戶二十今雖崇奉外家宜準附常典又親王墓戶十梁魯乃追贈不可踰眞王褒德衞率至踰宗廟不可明甚請罷之又言比羣臣務厚葬以俑人象騎眩耀相矜下逮衆庶流宕成俗願按令切敕裁損凡明器不許列衢路惟陳墓所昏家盛設障車擁道爲戲樂邀貨捐貲動萬計甚傷化紊禮不可示天下事雖不從議者美歎睿宗即位數言政損益再遷給事中兼太常少卿先天二年玄宗講武驪山紹以典儀坐失軍容當斬帝怒甚執纛下左右猶冀少貸金吾將軍李邈遽傳詔斬之時深咎邈帝亦悔俄詔罷邈官擯于家

張文瓘字稚圭貝州武城人隋大業末徙家魏州之昌樂幼孤事母兄以孝友聞貞觀初第明經補并州參軍時李勣爲長史嘗歎曰稚圭今之管蕭吾所不及勣入朝文瓘與屬僚二人皆餞勣贈二人以佩刀玉帶而不及文瓘文瓘以疑請勣曰子無爲嫌若某尤豫少決故贈以刀欲其果於斷某放誕少檢故贈以帶俾其守約東若子才無施不可焉用贈因極推引再遷水部員外郎時兄文琮爲戶部侍郎於制兄弟不並臺閣出爲雲陽令累授東西臺舍人參知政事乾封二年遷東臺侍郎同東西臺三品遂與勣同爲宰相俄知左史事時高宗造蓬萊上陽合璧等宮復征討四夷京師養廏馬萬匹帑藏寖虛文瓘諫曰王者養民逸則富以康勞則怨以叛秦漢廣事四夷造宮室至二世土崩武帝末年戶口減

半夫制治於未亂保邦於未危人罔常懷懷于有仁臣願撫之無使勞而生怨隋監未遠不可不察帝善其言賜綃錦百段爲減廏馬數千改黃門侍郎兼太子右庶子又兼大理卿不旬日斷疑獄四百抵罪者無怨言嘗有小疾因相與禱禱願亟視事時以執法平恕方戴冑後拜侍中兼太子賓客諸囚聞其遷皆垂泣其得人心如此性嚴正未嘗回容諸司奏議悉心糾駮故帝委之或時移疾佗宰相奏事帝必問與文瓘議未若不者曰往共籌之或曰已議即皆報可新羅叛帝將出兵討之時文瓘病臥家自力請見曰吐蕃盜邊兵屯境未解新羅復叛議者欲出師二虜俱事臣恐人不堪弊請息兵脩德以懷異俗詔可初同列以堂饌豐餘欲少損文瓘曰此天子所以重樞務待賢才也吾等若不任職當自引避不宜節減以自取名衆乃止卒年七十三贈幽州都督謚曰懿以嘗事孝敬皇帝詔陪葬恭陵四子潛爲魏州刺史沛同州刺史洽衞尉卿涉殿中監父子皆至三品時謂萬石張家韋温誅涉爲亂兵所殺

文琮好自寫書筆不釋手子弟諫止曰吾好此不爲倦貞觀中爲治書侍御史遷亳州刺史永徽初獻文皇帝頌優制褒美拜戶部侍郎坐房遺愛從母弟出爲建州刺史州尚淫祀不立社稷文琮下教曰春秋二社本于農今此州廢不立尚何觀比歲田畝卒荒或未之思乎神在于敬可以致福於是始建祀場民悅從之卒于官子錫父視初爲鳳閣侍郎同鳳閣鸞臺平章事代其甥李嶠爲宰相請還廬陵王不爲張易之所右與鄭杲俱知選坐洩禁中語又賕謝鉅萬時蘇味道亦坐事同被訊繫鳳閣俄徙司刑三品院錫按轡專道神氣不懾日膳豐鮮無損貶味道徒步赴逮席地菜食武后聞之釋味道將斬錫既而流循州神龍中累遷工部尚書兼脩國史東都留守韋后臨朝詔同中書門下三品旬日出爲絳州刺史累封平原郡公卒文琮從父弟文收終太子率更令善音律著新樂書十餘篇

徐有功名弘敏避孝敬皇帝諱以字行國子博士文遠孫也舉明經累補蒲州司法參軍襲封東莞縣男爲政仁不忍杖罰民服其恩更相約曰犯徐參軍杖者必斥之訖代不辱一人累遷司刑丞時武后僭位畏唐大臣謀己於是周興來俊臣丘神勣王弘義等揣識后指置揔監牧院諸獄捕將相俾相鉤逮掩搦護送楚掠凝慘又汙引天下豪桀馳使者即按切以反論吏爭以周內窮詆相高后輒勸以官賞於是以急變相告言者無虛日朝野震恐莫敢正言獨有功數犯顏爭枉直后厲語折抑有功爭益牢時博州刺史琅邪王沖責息錢于貴鄉遣家奴督斂與尉顏餘慶相聞知奴自市弓矢還會沖坐逆誅魏州人告餘慶豫沖謀后令俊臣鞫給以反狀聞有司議餘慶更永昌赦法當流侍御史魏元忠謂餘慶爲沖督償通書合謀明甚非曰支黨請殊死籍其家詔可有功曰永昌赦令與虺貞同惡魁首已伏誅支黨未發者原之書曰殲厥渠魁律以造意爲首尋赦已伏語則魁首無遺餘慶赦後被言是

謂支黨今以支爲首是以生入死赦而復罪不如勿赦生而復殺不如勿生竊謂朝廷不當爾后怒曰何謂魁首答曰魁者大帥首者元謀后曰餘慶安得不爲魁首答曰若魁首者虺貞是已既已伏誅餘慶今方論罪非支黨何后意解乃曰公更思之遂免死當此時左右及衞仗在廷陛者數百人皆縮項不敢息而有功氣定言詳巘然不橈有韓紀孝者受徐敬業僞官前已物故推事使顧仲琰籍其家詔已報可有功追議曰律謀反者斬身亡即無斬法無斬法則不得相緣所緣之人亡則所因之罪滅詔從之皆以更赦免如此獲宥者數十百姓累轉秋官郎中鳳閣侍郎任知古冬官尚書裴行本等七人被誣當死后謂宰相曰古人以殺止殺我今以恩止殺就羣公丐知古等賜以再生可乎俊臣張知默固請如法后不許俊臣獨引行本更驗前罪有功奏曰俊臣違陛下再生之賜不可以示信於是悉免死道州刺史李仁褒兄弟爲人誣搆有功爭不能得秋官侍郎周興劾之曰漢法附下罔上者斬面欺者

亦斬在古折言破律者殺有功故出反囚罪當誅請按之后不許猶坐免官俄起爲左肅政臺侍御史辭曰臣聞鹿走山林而命繫庖廚者勢固自然陛下以法官用臣臣守正行法必坐此死矣后固授之天下聞有功復進洒然相賀時有詔公坐流私坐徒以上會赦免踰百日不首者復論有功奏曰陛下寬殊死罪已發者原之是通改過之心自新之路故律告赦前事以其罪坐之若無告言所犯終不自發如告言赦前事則與律乖今赦前之罪不自言者還以法論即恩雖布天下而一罪不能貸臣竊爲陛下不取后更詔五品以上議可又上疏曰天下員有定比選者日多選曹詭囑公行買誘滿路唐季人多逆節鞫訊結斷刑慘獄嚴革命歲久其流弗改事表生情法外構理而刻薄吏驅扇成姦雖朝堂進表列匭內牒叫閽弗聽叩鼓弗聞使申其冤正增其枉誠令天官銓注有所不平法司推斷舞法深詆三司理匭受所上章擁塞不白者皆許臣按驗劾發奪祿貶勞不越月踰時可致刑措后納

之竇孝諶妻龐爲其奴怖以妖祟教爲夜解因告以厭詛給事中薛季昶鞫之龐當死子希瑊訟冤有功明其枉季昶劾有功黨惡逆當弃市有功方視事令史泣以告有功曰豈吾獨死而諸人長不死邪安步去后召詰曰公比斷獄多失出何耶對曰失出臣小過好生陛下大德后默然龐得減死有功免爲民起拜左司郎中轉司刑少卿與皇甫文備同按獄誣有功縱逆黨文之文備坐事下獄有功出之或曰彼嘗陷君於死今生之何也對曰爾所言者私忿我所守者公法不可以私害公嘗謂所親曰大理人命所繫不可阿旨詭辭以求苟免故有功爲獄常持平守正以執據寃罔凡三坐大辟將死泰然不憂赦之亦不喜后以此重之所全活甚衆酷吏爲少衰然疾之如讎矣改司僕少卿卒年六十八贈司刑卿中宗即位加贈越州都督遣使就第弔祭賜物百段授一子官開元初竇希瑊等請以已官讓有功子倫以報舊德由是自大理司直遷恭陵令會昌中追謚忠正初鹿城主簿潘好禮慕有功爲人論之曰昔稱張釋之爲廷尉天下無寃人今有功斷獄亦天下無寃人然釋之當漢文帝時中外無事守法而已有功居革命之際周興來俊臣等揣義隱賊崇飾惡言以誣盛德有功守死明道身瀕殆者數矣此其賢於釋之明甚或稱有功仁恕過漢于張起居舍人盧若虛曰徐公當雷霆之震而能全仁恕雖千載未見其比五世孫商

贊曰徐有功不以唐周貳其心推一於法身蹈死以救人之死故能處猜后酷吏之間以恕自將內挫虐焰不使天下殘於燎可謂仁人也哉議者謂過漢于張渠不信夫

商字義聲或字秋卿客新鄭再世因爲新鄭人幼隱中條山擢進士第大中時擢累尚書左丞宣宗詔爲巡邊使使有指拜河中節度使突厥殘種保特峨山以千帳度河自歸詔商綏定商表處山東寬鄉置備征軍凡千人襞紙爲鎧勁矢不能洞徙節山南東道襄多山棚爲票賊商取材卒爲捕盜將別爲屯營寇所發輒迹

捕捕必得遂爲精兵江西都將反韋宙乘傳抵山南發兵商命部將韓季友以捕盜營士往賊平宙表留季友所部爲綱紀咸通初以刑部尚書爲諸道鹽鐵轉運使封東莞縣子四年進同中書門下平章事出爲荊南節度使累進太子太保卒子彦若事僖宗爲中書舍人昭宗立再用爲御史中丞張濬師敗太原以彦若爲戶部侍郎同中書門下平章事俄代李茂貞爲鳳翔節度使不得入還爲御史大夫乾寧初復當國進位太保齊國公崔胤專政以彦若位己右不悅以平章事爲清海軍節度使卒於鎮而行軍司馬劉隱因主留務方時多難彦若最見信于帝有以事自陳者帝曰彼當問彦若其所倚任如此

唐張徐列傳第三十八

崔徐蘇豆盧列傳第三十九　唐書一百十四

端明殿學士兼翰林侍讀學士龍圖閣學士朝散大夫守尚書吏部侍郎充集賢殿修撰臣宋祁奉敕撰

崔融字安成齊州全節人擢八科高第累補宮門丞崇文館學士中宗爲太子時選侍讀與東朝章疏武后幸嵩高見融銘啓母碣歎美之及已封即命銘朝覲碑授著作佐郎遷右史進鳳閣舍人時有司議關市行人盡征之融上疏謂周官九賦其七曰關市以市多淫巧而關通末游欲止抑之故加稅耳然唯斂工商而不及往來今一切通取則事不師古且四人異業舊矣復動而搖之市者兼受善惡也若甚則細人無所容細人無所容久必爲亂天下之關必險道市必要津豪宗惡少在焉閒一旦變法或致騷動恐南走蠻北走狄今江津河濟列鋪率稅檢覆稽留加主司僦略邀丐則商人廢業魏晉齊隋所不行況陛下乎有如師興費廣雖倍筭商旅加斂齊人可也后納之張易之兄弟頗延文學士融與李嶠蘇味道麟臺少監王紹宗降節佞附易之誅貶袁州刺史召授國子司業與脩武后實錄勞封清河縣子融爲文華婉當時未有輩者朝廷大筆多手敕委之其洛出寶圖頌尤工譔武后哀冊最高麗絕筆而死時謂思苦神竭云年五十四贈衞州刺史謚曰文膳部員外郎杜審言爲融所獎引爲服緦麻六子其聞者禹錫翹禹錫開元中中書舍人贈定州刺史謚曰貞翹禮部尚書贈荊州大都督謚曰成孫巨右補闕亦有文曾孫從

從字子乂少孤貧與兄能偕隱太原山中會歲饑拾橡實以飯講學不廢擢進士第從山南嚴震府爲推官以母喪免兄弟廬墓手蓺松栢喪闋不應辟命久之韋皐引爲西山運務使奏遷判官攝守邛州前刺史有以盜繫獄辭已具從疑其冤縱不治俄得眞盜皐卒劉闢反欲幷東川從以書諭止闢闢怒從乃募兵嬰城守闢方悉兵拒高崇文戰而敗從完州自如盧坦表宣州副使入爲殿中侍御史遷吏部員外郎異時史給選者成牒以先後丐賕從一限出之後遂爲陸裴度爲御史中丞奏以右司郎中知雜事度已相代爲中丞所彈治不屈權幸事繫臺閣而付仗內者必請還有司薦引御史務取質重廉退者李翛以寵得京兆尹爲莊憲太后山陵橋道使務以減耒偶費爲功至不治道輴車留渭橋久不得進從三劾之無少貸俄授陝虢觀察使遷尚書右丞王承宗請割德棣而遣子入侍也憲宗選堪使者以命從議者謂承宗很譎非單使可屈次魏田弘正請以五百騎從辭之惟童騎十數疾趨鎮集軍士毬場宣詔爲陳逆順大節禍福之效音辭暢厲士感動承宗自失貌愈恭至泣下即按二州戶口符印上之還爲山南西道節度使帝欲遂相監軍使揣知爲用事者求金從不肯荅用是不得相長慶初爲尚書左丞領鄜坊節度屬部多神策屯軍數亂法驕橫吏不能制從一繩以法下皆重足畏之党項互市羊馬類先遺帥守從獨不取而厚慰待之羌不敢盜境寶曆初爲東都留守故事留司官入宮城門列晨衙見留守吏誕傲久廢至是復行召拜戶部尚書宰相李宗閔以從裴度李德裕所善內不喜從求致仕除太子賓客分司東都告滿百日去於是衆譁語不平宗閔懼復授檢校尚書左僕射淮南節度副大使知節度事揚州凡交易貲産奴婢有貫率錢畜羊有口筭又貿麴牟其羸以佐用度從皆罷除之官吏俸帛常加估以給獨節度使則否從皆與之同大和六年卒年七十二下有封股肉以祭者贈司空謚曰貞從爲人嚴偉立朝稜稜有風望不喜交權利忠厚而讓階品當立門戟終不請仕方鎮內無聲妓娛玩士大夫賢之

能字子才朱泚之亂渾瑊以朔方軍戰武功引佐幕府進累侍御史河東鄭儋表爲判官累遷黔中觀察使以讒坐貶從爲中丞奏以自代繇將作監授嶺南節度使與從皆秉節居鎮世傳爲榮卒年六十八贈禮部尚書從子愼由安潛能子彥曾

愼由字敬止聰警彊記資端厚有父風采繇進士第擢賢良方正異等鄭滑高銖辟府判官入爲右拾遺進翰林學士授湖南觀察

使召還由刑部侍郎領浙西入遷戶部侍郎判戶部始慎由苦目疾不得視醫為治刮適愈而召俄進工部尚書同中書門下平章事與蕭鄴有隙鄴輔政引劉瑑而出慎由為東川節度使初宣宗餌長年藥病渴且中躁而國嗣未立帝對宰相欲肆赦患無其端慎由曰太子天下本若立之赦為有名帝惡之不荅鄴等乘是譖去之時大中十二年也咸通初徙華州刺史改河中節度使以吏部尚書請老授太子太保分司東都卒贈司空謚曰貞子瀆別傳

安潛字進之進士擢第咸通中歷江西觀察使忠武節度使乾符初王仙芝寇河南安潛募人增陴繕械不以力費仰朝廷首請會兵討捕號令精明賊畏之不犯陳許境使大將張自勉將兵七千援宋州時宋威屯曹州而官軍數却賊圍宋益急自勉收南月城斬賊二千級仙芝夜解去宰相鄭畋建言請以陳許兵三千隸宋威而威忌自勉乞盡得安潛軍使自勉隸麾下畋謂威有疑怨必殺自勉奏言今以兵悉畀威是自勉以功受辱安潛抗賊有功乃取

銳兵付威後有緩急何以戰是勞不賞賞無以示天下詔止以四千付威餘還自勉俄代高駢領西川節度吏倚駢為姦利者安潛皆誅之數更除繆政於是盜賊衰蜀民以安宰相盧攜素厚駢乃詆以罪罷為太子賓客分司東都僖宗避賊興元召為太子少師王鐸任都統表以自副鐸解兵安潛復為少師東都留守青州王敬武卒詔拜平盧節度使檢校太師兼侍中會敬武子師範專地不得入而還後遷太子太傅卒贈太子太師謚貞孝安潛於吏事尤長雖位將相閱具獄未嘗不身聽之

彥曾咸通初繇太僕卿為徐州觀察使曉律令然卞急為政剛猛徐軍素驕而彥曾長于撫民短治軍士多怨之初蠻寇五管陷交趾詔節度使孟球募兵三千往屯以八百人戍桂林舊制三年一更至期請代而彥曾親吏尹戡徐行儉貪不恤士乃議亶稟賜乏請無發兵復留屯一年戍者怒殺都將王仲甫脅糧料判官龐勛為將取庫兵剽湘衡虜丁壯合眾千餘北還自浙西趨淮南達泗口所過先遣俳兒弄木偶伺人情以防邀遏彥曾命牙將田厚簡慰勞而用都虞候元密伏甲任山館擊賊勛遣吏紿言士思歸不敢遏請至府解甲自歸彥曾斬其吏勛陷宿州發廥錢募兵忘命者從亂如歸船千艘與騎夾岸譟而進彥曾料丁男乘城或勸率眾奔兗州彥曾曰我方帥也奉命守此惟有死爾斬議者一人號于眾俄而勛傅城城中大霧如晦彥曾悉誅賊家屬勛眾四面超墉入囚彥曾大彭館有曹君長者說勛曰貴者不並處今朝廷未以留後命公蓋觀察使存爾勛乃殺彥曾於寢自監軍使遠官屬皆死始彥曾治第鄭州引水灌沼水十步忽化為血署張佛塗液蜜為人一昔鼠齧皆斷首徐有子亭下瀦水為沱彥曾遣清河崔之鑴石龍首注溜蔽以屋徐人謂屋覆龍於文為龐清河崔望也為吞噬云贈刑部尚書乾符中錄其子祐之為滎陽尉徐吏有路審中者彥曾知其能頗任之既遇害賂守卒斂藏其尸張玄稔攻徐州審中率死士應官軍開南白門官兵入因得破勛後位嵐州

刺史鄭畋謂審中節貫神明請擢為右羽林將軍詔可有許鐸者罷武城令客於徐勛脅以官不從彥曾官屬被囚鐸潛饋資糧及死為收瘞匿免其子弟賊平乃皆歸其喪詔拜石首令賜銀緋僚官焦璐溫廷皓李梲崔蘊柳泰盧崇嗣韋廷範贈官有差錄其子官之

徐彥伯兗州瑕丘人名洪以字顯七歲能為文結廬太行山下薛元超安撫河北表其賢對策高第調永壽尉蒲州司兵參軍時司戶韋暠善判司士李亘工書而彥伯屬辭時稱河東三絕遷職方員外郎奉迎中宗房州進給事中武后撰三教珠英取文辭士皆天下選而彥伯李嶠居首遷宗正卿出為齊州刺史帝復位改太常少卿以脩武后實錄勞封高平縣子為衞州刺史政善狀璽書褒勞徙蒲州以近畿會郊祭上南郊賦一篇辭致典縟擢脩文館學士工部侍郎歷太子賓客以疾乞骸骨許之開元二年卒彥伯事寡嫂謹撫諸姪同己姓秉筆累朝後來翕然慕倣晚為文稍強澀然

當時不及也始武后時大獄興王公卿士以語言爲酷吏所引死徙不可計彥伯著樞機論以謂言者德之柄行之主志之端身之文也君子之樞機動則物應得失之見也可以濟身亦以覆身否泰榮辱一繫之能審思而應精慮而動擇其交以後談則悔吝何由而生怨惡何由而至如此乃可以言也以爲戒世云

蘇味道趙州欒城人九歲能屬辭與里人李嶠俱以文翰顯時號蘇李建冠州舉進士中第累調咸陽尉吏部侍郎裴行儉才之會征突厥引管書記裴居道爲左金吾衛將軍倩味道作章攬筆而具閑徹清密當時盛傳延載中以鳳閣舍人檢校侍郎同鳳閣鸞臺平章事歲餘爲眞證聖元年與張錫俱坐法繫司刑獄錫雖下吏氣象自如味道獨席地飯蔬爲危惴可憐者武后聞放錫嶺南纔降味道集州刺史召爲天官侍郎聖曆初復以鳳閣侍郎同鳳閣鸞臺三品更葬其親有詔州縣治喪事味道因役庸過程遂侵毀鄉人墓田蕭至忠劾之貶坊州刺史遷益州大都督府長史張易之敗

坐黨附貶眉州刺史復還益州長史未就道卒年五十八贈冀州刺史味道練臺閣故事善占奏然其爲相特具位未嘗有所發明脂韋自營而已常謂人曰決事不欲明白誤則有悔摸稜持兩端可也故世號摸稜手性友愛其弟味元味元嘗請託不遂因慢折之味道怡然不屑所論著行于時

豆盧欽望雍州萬年人祖寬隋文帝外孫爲梁泉令高祖定關中與郡守蕭瑀率豪姓進款擢累殿中監子懷讓尚萬春公主詔寬用魏太和詔去豆姓著盧貞觀中遷禮部尚書左衞大將軍芮國公卒贈特進幷州都督陪葬昭陵謚曰定復其舊姓欽望累官越州都督司賓卿長壽二年拜內史封芮國公李昭德被罪有司劾奏欽望阿順昭德不執正附臣罔君貶趙州刺史入爲司府卿遷秋官尚書中宗還東宮拜太子宮尹進文昌右相同鳳閣鸞臺三品罷爲太子賓客帝復位擢尚書左僕射平章軍國重事欽望居宰相積十餘年方易之三思等干勢宣淫窺間王室幾忘戚觖異非常不能有所裁抑獨謹身諄諄自全進開府儀同三司檢校安國相王府長史卒年八十贈司空幷州大都督陪葬乾陵謚曰元

武后時宰相又有史務滋崔元綜周允元略可述者附左方史務滋宣州溧陽人累吏勞遷司賓卿進拜納言后革命詔務滋等十人分行天下雅州刺史劉行實兄弟爲侍御史來子珣誣其反詔務滋與來俊臣雜治俊臣言務滋與因善掩其反狀后命俊臣幷治遂自殺崔元綜鄭州新鄭人祖君肅武德中爲黃門侍郎鴻臚卿元綜天授初以鸞臺侍郎同鳳閣鸞臺平章事性恪愼坐政事堂東帶終日不休偃尤謹細甚外若謹厚而中刻薄每受制鞫獄必深垢索疵不入死不肯止人畏鄙之未幾坐事流振州搢紳爲慶會赦還除監察御史遷蒲州刺史致仕善攝生年九十餘卒周允元字汝良豫州安城人自右肅政御史中丞拜檢校鳳閣侍郎同鳳閣鸞臺平章事武后宴宰相詔陳書傳善言允元曰恥其君不如堯舜武三思劾奏語指斥后曰聞其言足以誡安得爲過卒

贈貝州刺史

崔徐蘇豆盧列傳第三十九

狄郝朱列傳第四十　唐書一百一十五

端明殿學士兼翰林侍讀學士龍圖閣學士朝請大夫尚書吏部侍郎充集賢殿修撰臣宋　祁奉　敕撰

狄仁傑字懷英并州太原人爲兒時門人有被害者吏就詰衆爭辨對仁傑誦書不置吏讓之荅曰黃卷中方與聖賢對何暇偶俗吏語耶舉明經調汴州參軍爲吏誣訴黜陟使閻立本召訊異其才謝曰仲尼稱觀過知仁君可謂滄海遺珠矣薦授并州法曹參軍親在河陽仁傑登太行山反顧見白雲孤飛謂左右曰吾親舍其下瞻悵久之雲移乃得去同府參軍鄭崇質母老且疾當使絕域仁傑謂曰君可貽親萬里憂乎詣長史藺仁基請代行仁基咨美其誼時方與司馬李孝廉不平相語曰吾等可少愧矣則相待如初每曰狄公之賢北斗以南一人而已稍遷大理丞歲中斷久獄萬七千人時稱平左威衛大將軍權善才右監門中郎將范懷義坐誤斧昭陵柏罪當免高宗詔誅之仁傑奏不應死帝怒曰是使我爲不孝子必殺之仁傑曰漢有盜高廟玉環文帝欲當之族張釋之廷諍曰假令取長陵一抔土何以加其法於是罪止棄市陛下之法在象魏固有差等犯不至死而致之死何哉今誤伐一柏殺二臣後世謂陛下爲何如主帝意解遂免死數日授侍御史左司郎中王本立怙寵自肆仁傑劾奏其惡有詔原之仁傑曰朝廷借乏賢如本立者不尠陛下惜有罪虧成法奈何臣願先斥爲羣臣戒本立抵罪繇是朝廷肅然使岐州亡卒數百剽行人道不通官捕繫盜黨窮訊而餘黨紛紛不能制仁傑曰是其計窮且爲患乃明開首原格出繫者稟而縱之使相曉皆自縛歸帝嘆其達權宜遷度支郎中帝幸汾陽宮爲知頓使并州長史李沖玄以道出妬女祠俗言盛服過者致風雷之變更發卒數萬改馳道仁傑曰天子之行風伯清塵雨師灑道何妬女避邪止其役帝壯之曰真丈夫哉出爲寧州刺史撫和戎落得其歡心郡人勒碑以頌入拜冬官侍郎持節江南巡撫使吳楚俗多淫祠仁傑一禁止凡毀千七百房止留夏禹吳太伯季札伍員四祠而已轉文昌右丞出豫州刺史時越王兵敗支黨餘二千人論死仁傑釋其械密疏曰臣欲有所陳似爲逆人申理不言且累陛下欽恤意表成復毀自不能定然此皆非本惡詿誤至此有詔悉謫戍邊囚出寧州父老迎勞曰狄使君活汝耶因相與哭碑下因齋三日乃去至流所亦爲立碑初宰相張光輔討越王軍中恃功多暴索仁傑拒之光輔怒曰州將輕元帥邪仁傑曰亂河南者一越王公董士三十萬以平亂縱使暴橫使無辜之人咸墜塗炭是一越王死百越王生也且王師之至民歸順以萬計自縋而下四面成蹊奈何縱邀賞之人殺降以爲功冤痛徹天如得上方斬馬劒加君頸雖死不恨光輔還奏仁傑不遜左授復州刺史徙洛州司馬天授二年以地官侍郎同鳳閣鸞臺平章事武后謂曰卿在汝南有善政然有譖卿者欲知之乎謝曰陛下以爲過臣當改之以爲無過臣之幸也譖者乃不願知后嘆其長者時太學生謁急后亦報可仁傑曰人君惟生殺柄不以假人至簿書期會宜責有司尚書省決事左右丞不句杖左右丞相不判徒況天子乎學徒取告丞簿職耳若爲報則冑子數千凡幾詔耶爲定令示之而已后納其言會爲來俊臣所構捕送制獄于時訊反者一問即臣聽減死俊臣引仁傑置對荅曰有周革命我乃唐臣反固實俊臣乃挺繫其屬王德壽以情謂曰我意求少遷公爲我引楊執柔爲黨公且免死仁傑歎曰皇天后土使仁傑爲此乎即以首觸柱血流沬面德壽懼而謝守者寖弛即丐筆書帛置褚衣中好謂吏曰方暑請付家徹絮仁傑子光遠得書上變后遣使案視俊臣命仁傑冠帶見使者私令德壽作謝死表附使以聞后乃召見仁傑謂曰臣反何耶對曰不臣反死笞掠矣示其表曰無之后知代署因免死武承嗣屢請誅之后曰命已行不可返時同被誣者鳳閣侍郎任知古等七族悉得貸御史霍獻可以首叩殿陛苦爭欲必殺仁傑等乃貶仁傑彭澤令邑人爲置生祠萬歲通天中契丹陷冀州河北震動擢仁

傑爲魏州刺史前刺史懼賊至驅民保城修守具仁傑至曰賊在遠何自疲民萬一虜來吾自辦之何預若輩悉縱就田虜聞亦引去民愛仰之復爲立祠俄轉幽州都督賜紫袍龜帶后自製金字十二於袍以旌其忠召拜鸞臺侍郎復同鳳閣鸞臺平章事時發兵戍疏勒四鎮百姓怨苦仁傑諫曰天生四夷皆在先王封域之外東距滄海西隔流沙北橫大漠南阻五嶺天所以限中外也自典籍所紀聲敎所暨三代不能至者國家旣已兼之詩人矜薄伐於太原化行於江漢前代之遐裔而我之域中過夏商遠矣今乃用武荒外邀功絕域竭府庫之實以爭磽确不毛之地得其人不足以增賦獲其土不可以耕織苟求冠帶遠夷不務固本安人此秦皇漢武之所行也傳曰與覆車同軌者未嘗安此言雖小可以喩大臣伏見國家師旅歲出調度之費狃以寖廣右戍四鎭左屯安東杼軸空匱轉輸不絕行役旣久怨曠者多上不是恤則政不行政不行則害氣作害氣作則蟲螟生水旱起矣方今關東荐饑蜀漢流亡江淮而南賦斂不息人不復本則相率爲盜本根一搖憂患非淺所以然者皆貪功方外耗竭中國也昔漢元帝納賈捐之之謀而罷珠崖宣帝用魏相之策而棄車師田貞觀中克平九姓冊拜李思摩爲可汗使統諸部夷狄叛則伐降則撫得推亡固存之義無遠戍勞人之役今阿史那斛瑟羅皆陰山貴種代雄沙漠若委之四鎭以統諸蕃建爲可汗遣禦寇患則國家有繼絕之美無轉輸之苦損四鎭肥中國罷安東實遼西省軍費於遠方并甲兵於要塞恒代之鎭重而邊州之備豐矣且王者外寧容有內危陛下姑敕邊兵謹守備以逸待勞則戰士力倍以主禦客則我得其便堅壁淸野寇無所得自然深入有顚躓之慮淺入無虜獲之益不數年二虜不討而服矣又請廢安東復高姓爲君長省江南轉饟以息民不見納張易之嘗從容問自安計仁傑曰惟勸迎廬陵王可以免禍會后欲以武三思爲太子以問宰相衆莫敢對仁傑曰臣觀天人未猒唐德比匈奴犯邊陛下使梁王三思募勇士

於市踰月不及千人廬陵王代之不浹日輒五萬今欲繼統非廬陵王莫可后怒罷議久之召謂曰朕數夢雙陸不勝何也於是仁傑與王方慶俱在二人同辭對曰雙陸不勝無子也天其意者以儆陛下乎且太子天下本本一搖天下危矣文皇帝身蹈鋒鏑勤勞而有天下傳之子孫先帝寢疾詔陛下監國陛下掩神器而取之十有餘年又欲以三思爲後且姑姪與母子孰親陛下立廬陵王則千秋萬歲後常享宗廟三思立廟不祔姑后感悟即日遣徐彥伯迎廬陵王於房州王至后匿王帳中召見仁傑語廬陵事仁傑敷請切至涕下不能止后乃使王出曰還爾太子仁傑降拜頓首曰太子歸未有知者人言紛紛何所信后然之更令太子舍龍門具禮迎還中外大悅初吉頊李昭德數請還太子而后意不回唯仁傑每以母子天性爲言后雖忮忍不能無感故卒復唐嗣尋拜納言兼右肅政御史大夫突厥入趙定殺掠甚衆詔仁傑爲河北道行軍元帥假以便宜突厥盡殺所得男女萬計由五回道去仁傑追不能逮更拜河北安撫大使時民多脅從於賊賊已去懼誅逃匿仁傑上疏曰議者以爲虜入寇始明人之逆順或迫脅或願從或受僞官或爲招慰誠以山東之人重氣一往死不爲悔比緣軍興調發煩重傷破家產剔屋賣田人不爲售又官吏侵漁州縣科役督趣鞭笞情危事迫不循禮義投跡犬羊以圖賒死此君子所愧而小人之常民猶水也壅則爲淵疏則爲川通塞隨流豈有常性昔董卓之亂神器播越卓已誅禽部曲無赦故事窮變生流毒京室此由恩不溥洽失在機先今負罪之伍潛竄山澤赦之則出不赦則狂山東羣盜緣茲聚結故臣以爲邊鄙暫警不足爲憂中土不寧可爲慮也夫持大國者不可以小治事廣者不可以細分人主所務弗檢常法願曲赦河北一不問罪詔可還除內史后幸三陽宮王公皆從獨賜仁傑第一區眷禮卓異時無輩者是時李楷固駱務整討契丹克之獻俘含樞殿后大悅二人者本契丹李盡忠部將盡忠入寇楷固等數挫王師後降有司請論如法仁傑稱其驍勇

可任若貸死必感恩納節可以責功至是凱旋后舉酒屬仁傑賞
其知人授楷固左玉鈐衛大將軍燕國公賜姓武務整右武威衛
將軍后將造浮屠大像度費數百萬官不能足更詔天下僧日施一
錢助之仁傑諫曰工不役鬼必在役人物不天降終由地出不損
百姓且將何求今邊垂未寧宜寬征鎮之僃省不急之務就令顧
作以濟窮人既失農時是為棄本且無官助理不得成既費官財
又竭人力一方有難何以救之后由是罷役聖曆三年卒年七十一
贈文昌右相謚曰文惠仁傑所薦進若張柬之桓彥範景暉姚崇等
皆為中興名臣始居母喪有白鵲馴擾之祥中宗即位追贈司空
睿宗又封梁國公子光嗣景暉光嗣聖曆初為司府丞武后詔宰
相各舉尚書郎一人仁傑薦光嗣由是拜地官員外郎以稱職
聞后曰祁奚內舉果得人歷淄許貝三州刺史母喪奪為太府少
卿固讓睿宗嘉其誠許之累遷揚州長史以罪貶歙州別駕卒景
暉官魏州司功參軍貪暴為虐民苦之因共毀其父生祠不復奉

至元和中田弘正鎮魏博始奏葺之血食不絕族孫兼謨
兼謨字汝諧及進士第辟襄陽使府剛正有祖風令狐楚執政薦
授左拾遺數上書言事歷刑部郎中鄭鄧三州刺史歲旱饑發
粟賑濟民人不流徙改蘇州以治最擢給事中左藏史盜度支縑
帛文宗以經赦詔勿治兼謨封還詔書帝問之對曰典史犯贓不
可免帝曰朕已赦其長官吏亦宜宥與其失信寧失罪人既而曰
後或事有不可勿以還詔為憚遷御史中丞帝曰御史臺朝廷綱
紀一臺正則朝廷治朝廷正則天下治畏忌顧望則職業廢矣卿
梁公後當嗣家聲不可不慎兼謨頓首謝江西觀察使吳士矩加
給其軍擅用上供錢數十萬兼謨劾奏觀察使為陛下守土宜國
詔條知臨戎賞士州有定數而與奪由己貽弊一方為諸道觖望
請付有司治罪士矩繇是貶蔡州別駕歷兵部侍郎河東節度使
還為尚書左丞武宗子峴封益王命兼謨為傅俄領天平節度使
辭疾以秘書監歸洛陽遷東都留守卒

郝處俊安州安陸人父相貴因隋亂與婦翁許紹據峽州歸國拜
滁州刺史封甑山縣公處俊甫十歲而孤故吏歸千縑賵之已能
讓不受及長好學嗜漢書崖略暗誦貞觀中第進士解褐著作佐
郎襲父爵兄弟友睦事諸舅謹甚再轉滕王友恥為王府屬棄官
去久之召拜太子司議郎累遷吏部侍郎高麗叛詔李勣為浿江道
大摠管處俊副之師入虜境未陣賊遽至舉軍危駭處俊方據胡
牀體胖安餐乾糒不顧密畀料精銳擊之虜卻衆壯其謀入拜東
臺侍郎時浮屠盧伽逸多治丹曰可以續年高宗欲遂餌之處俊
諫曰脩短固有命異方之劑安得輕服哉昔先帝詔浮屠那羅邇
娑寐案其方書為秘劑取靈藥怪石歷歲乃能就先帝餌之俄而
大漸上醫不知所為君羣臣請顯戮其人議者以為取笑夷狄故法
不得行前鑑不遠惟陛下深察帝納其言弟拜盧伽逸多為懷化
大將軍進處俊同東西臺三品咸亨初幸東都皇太子監國諸宰
相皆留而處俊獨從帝嘗曰王者無外何爲守衛而重門擊柝備

待不虞耶我嘗疑秦法為寬荊軻匹夫耳匕首竊發羣臣皆荷戟
侍莫敢拒豈非習慢使然處俊對曰此乃法急耳秦法輒升殿者
夷三族人皆懼族安有敢拒邪魏曹操著令京城有變九卿各
守其府後嚴才亂與徒數十人攻左掖門操登銅爵臺望之無敢
救者時王脩為奉常聞變召車騎未至領官屬步至宮門操曰彼
來者必王脩乎此由脩察變識幾故冒法赴難向若拘常則遂成
禍矣故王者設法不可急亦不可慢詩曰不懈于位人之攸塈仁
也式遏寇虐無俾作慝刑也書曰高明柔克沈潛剛克中道也帝
曰善轉中書侍郎監脩國史初顯慶中令狐德棻劉胤之撰國史
其後許敬宗復加緒次帝恨敬宗所紀失實更命宰相刊正且曰
朕昔從幸未央宮辟仗既過有橫刀伏草中者先帝斂蹕却謂朕
曰事發當死者數十人汝可命出之史臣惟叙此為實處俊曰先
帝仁恩溥博類非一臣之弟處傑被俾供奉時有三衛誤拂御衣
者懼甚先帝曰左右無御史我不汝罪也帝曰此史臣應載處俊乃

表左使李仁實欲刪整僞辭會仁實死而止上元初帝觀酺翔
鸞閣時赤縣與太常音技分東西朋帝詔雍王賢主東周王顯主
西因以角勝處俊曰禮所以示童子無誑者恐其欺詐之心生也
二王春秋少意操未定乃分朋造黨使相誇彼俳兒優子言辭無
度爭負勝相譏誚非所以道仁義示雍和也帝遽止歎曰處俊遠
識非衆臣所逮還中書令兼太子賓客檢校兵部尚書帝多疾欲
遜位武后處俊諫曰天子治陽道后治陰德然則帝與后猶日之
與月陽之與陰各有所主不相奪也若失其序上謫見于天下降
災諸人昔魏文帝著令帝崩不許皇后臨朝今陛下柰何欲身傳
位天后乎天下者高祖太宗之天下非陛下之天下正應謹守宗
廟傳之子孫不宜持國與人以喪厥家中書侍郎李義琰曰處俊
言可從惟陛下不疑事遂沮又兼太子左庶子拜侍中罷爲太子
少保開耀元年卒年七十五贈開府儀同三司荊州大都督帝哀歎
其忠舉哀光順門祭以少牢賻絹布八百段米粟八百石詔百官

赴哭官庀葬事子北叟固辭未聽裴炎爲白帝曰處俊臨死誨臣
曰生無益于國死無煩費凡詔賜願一罷之帝聞惻然荅其意止
賻物而已處俊資約素土木形骸然臨事敢言自秉政在帝前議
論諄諄必傳經義凡所規獻得大臣體武后雖忌之以其操履無
玷不能害與舅許圉師同里俱官達鄉人田氏彭氏以高貲顯故
江淮間爲語曰貴如郝許富如田彭孫象賢垂拱中爲太子通事
舍人后素銜處俊故因事誅之臨刑極罵乃死后怒令離磔其尸
斲夷祖父棺冢自是訖后世將刑人必先以木丸窒口云

朱敬則字少連亳州永城人以孝義世被旌顯一門六闕相望敬
則志尚恢博好學重節義然諾善與人交振其急難不責報於
人與左史江融左僕射魏元忠善咸亨中高宗聞其名召見異之
爲中書令李敬玄所毀故授洹水尉久之除右補闕初武后稱
制天下頗流言遂開告密羅織之路興大獄誅將相大臣至是已革
命事益寧敬則諫曰臣聞李斯之相秦也行申商之法重刑名之

家杜私門張公室棄無用之費損不急之官惜日愛功敬戰疾耕
旣庶而富遂屠諸侯此救弊之術也故曰刻薄可施於進趨變詐
可陳於攻戰天下已平故可易之以寬簡潤之以淳和秦乃不然
淫虐滋甚往而不反卒至土崩此不知變之禍也陸賈叔孫通事
漢祖當滎陽成皋間糧餉窮智勇困未嘗敢開一說效一奇唯進
豪猾貪暴之人及區宇適定乃陳詩書說禮樂開王道高帝忿
然曰吾以馬上得之安事詩書對曰馬上得之可馬上治之乎帝默
然於是賈著新語通定禮儀此知變之善也向若高帝斥二子置
詩書重攻戰尊首級則複道爭功拔劍擊柱晷漏之不保何十二
帝二百年乎故曰仁義者聖人之蘧廬禮者先王之陳迹祠祝畢
芻狗捐淳精流糟粕棄仁義尚爾況其輕乎國家自文明以來天
地草昧內則流言外則構難故不設鉤距無以順人不切刑罰無以
息暴於是置神器開告端故能不出房闥而天下晏然易主矣
臣聞急趨者無善迹促柱者無和聲拯溺不規行療饑不鼎食

即向時祕策今之芻狗也願鑒秦漢之失考時事之宜毀蘧廬
遺糟粕下寬大之令流曠蕩之澤去萋斐之角牙頓姦險之芒刃
塞羅織之妄源掃朋黨之險迹曠然使天下更始豈不樂哉后善
其言遷正諫大夫兼脩國史乃請高史官選以求名才侍中韋安
石嘗閱其槀史歎曰董狐何以加世人不知史官權重宰相宰相
但能制生人史官兼制生死古之聖君賢臣所以畏懼者也時賦
斂繁重民多蕩析后數召入禁中訪失得進同鳳閣鸞臺平章
事張易之構魏元忠張說欲誅之無敢言者敬則獨奏曰元忠說
秉心忠一而所坐無名殺之失天下望乃得不死以老疾還政事俄
改成均祭酒冬官侍郎易之等集名儒撰三教珠英又繪武三思
李嶠蘇味道李迥秀王紹宗等十八人像以爲圖欲引敬則固辭
不與世潔其爲人出爲鄭州刺史遂致仕侍御史冉祖雍誣奏與王
同皎善貶涪州刺史旣明其非罪改廬州代還無淮南一物所乘
止一馬子曹步從以歸卒年七十五敬則與三從昆弟居四十年

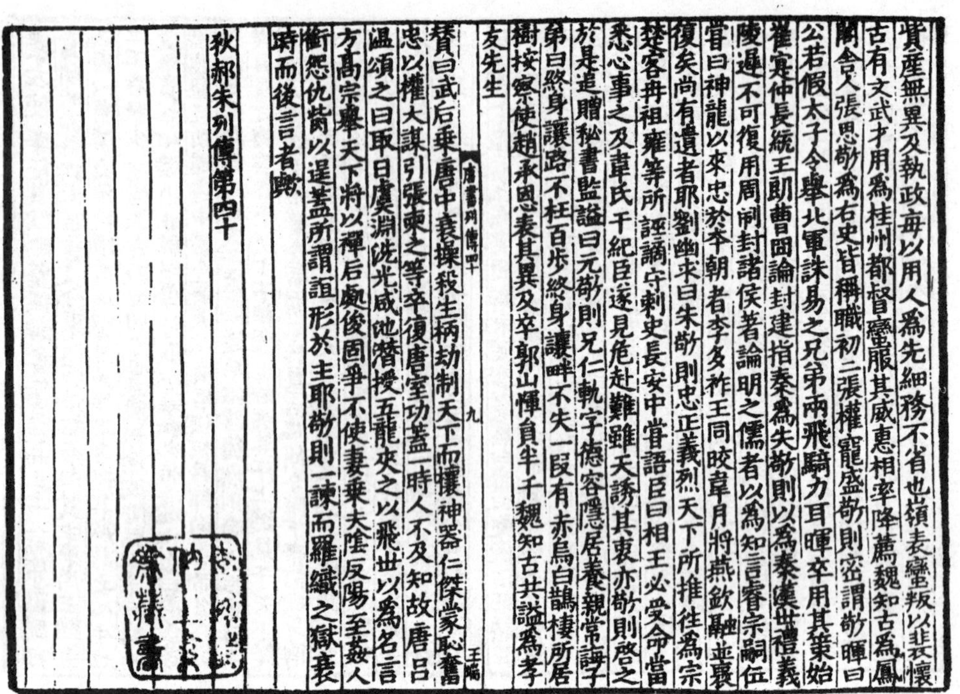

貲産無異及執政毋以用人為先細務不省也嶺表蠻叛以裴懷古有文武才用為桂州都督蠻服其威恵相率降薦魏知古為鳳閣舍人張思敬為右史皆稱職初二張權寵盛敬則密謂敬暉曰公若假太子令舉北軍誅易之兄弟兩飛騎力耳暉卒用其策始崔寔仲長統王朗曹冏論封建指秦為失敬則以為秦漢世禮義陵遲不可復用周制封諸侯著論明之儒者以為知言睿宗嗣位嘗曰神龍以來忠於李朝者李多祚王同皎韋月將燕欽融並褒復矣尚有遺者耶劉幽求曰朱敬則忠正義烈天下所推往為宗楚客冉祖雍等所誣謫守刺史長安中嘗語臣曰相王必受命當悉心事之及韋氏干紀臣遂見危赴難雖天誘其衷亦敬則啓之於是追贈秘書監謚曰元敬則兄仁軌字德容隱居養親常誨子弟曰終身讓路不枉百步終身讓畔不失一段有赤烏白鵲棲所居樹按察使趙承恩表其異及卒郭山惲負土千魏知古共謚為孝友先生

贊曰武后乘唐中衰操殺生柄劫制天下而攘神器仁傑蒙恥奮忠以權大謀引張柬之等卒復唐室功蓋一時人不及知故唐呂溫頌之曰取日虞淵洗光咸池潛授五龍夾之以飛世以為名言方高宗舉天下將以禪后處後固爭不使妻乘夫陰反陽至姦人銜怨仇齮以逞蓋所謂詛形於主耶敬則一諫而羅織之獄衰時而後言者歟

秋郝朱列傳第四十

端明殿學士兼翰林侍讀學士龍圖閣學士朝請大夫尚書吏部侍郎充集賢殿修撰臣宋祁奉
敕撰

王綝字方慶以字顯其先自丹楊徙雍咸陽父弘直爲漢王元昌
友王好畋游上書切諫王稍止然益踈斥終荊王友方慶起家越
王府參軍受司馬遷班固二史於記室任希古希古它遷就卒其
業武后時遷累廣州都督南海歲有崑崙舶市外區琛琲前都督
路元叡冒取其貨舶酋不勝忿殺之方慶至秋毫無所索始部中
首領皆怠民詣府訴府曹素相餉謝未嘗治方慶約官屬不得與
交通犯者痛論以法境內清畏議者謂治廣未有如方慶者號第
一下詔賜瑞錦雜綵以著善政轉洛州長史封石泉縣子遷鸞臺
侍郎同鳳閣鸞臺平章事進鳳閣侍郎神功初清邊道大揔管武
攸宜破契丹凱還且獻俘內史王及善以孝明帝忌月請鼓吹備
而不作方慶曰晉穆帝納后當康帝忌月時以爲疑荀訥謂禮有

忌日無忌月自月而推則忌時忌年愈無理據世用其言臣謂軍
方大凱作樂無嫌詔可武后幸玉泉祠以山道險欲御腰輿方慶
奏昔張猛諫漢元帝乘船危就橋安帝乃從橋今山阿危峭隥道
曲狹比於樓船又復甚危陛下奈何輕蹈畏塗哉后爲罷行方慶
嘗以令著及大功喪未葬不聽朝賀未除弗豫享宴比羣臣不遵
用頹素教誼不可長有詔申責內外畏之后嘗就求羲之書方慶
奏十世從祖羲之書四十餘番太宗求之先臣悉上送今所存惟
一軸并上十一世祖導十世祖洽九世祖珣八世祖曇首七世祖
僧綽六世祖仲寶五世祖騫高祖規曾祖襃并九世從祖獻之等
凡二十八人書共十篇后御武成殿偏示羣臣詔中書舍人崔融
序其代閥號寶章集復以賜方慶士人歆其寵以老乞身改麟臺
監脩國史中宗復爲皇太子拜方慶檢校左庶子后欲季冬講武
有司不時辦遂用明年孟春方慶曰按月令孟冬天子命將帥講
武習射御角力此乃三時務農一時講武安不忘危之道孟春不

可以稱兵兵金也金勝木方春木王而舉金以害盛德逆生氣孟
春行冬令則水潦爲敗雪霜大摯首種不入今孟春講武以陰政
犯陽氣害發生之德臣恐水潦敗物霜雪損稼夏麥不登願陛下
不違時令前及孟冬以順天道手制襃允是歲真拜左庶子進封
公奉入同職事三品兼侍太子讀書方慶奏人臣於天子未有斥
太子名者晉山濤啓事稱皇太子不名孝敬爲太子更弘爲崇沛
王爲太子更賢爲文今東宮門殿名多嫌觸請一改之以協舊典
制可長安二年卒贈兗州都督謚曰貞中宗復位以東宮舊臣贈
吏部尚書方慶博學練朝章著書二百餘篇尤精三禮學者有所
咨質酬復淵詣故門人次爲雜禮答問家聚書多不減秘府圖畫
皆異本方慶歿後諸子不能業隨皆散亡孫倩六世孫璵別傳璵
曾孫搏

贊曰李德裕著書稱方慶爲相時子爲眉州司士參軍武后曰君
在相位何子之遠對曰廬陵是陛下愛子今尚在遠臣之子庸敢

相近以比倉唐悟文侯事嗟乎君子哉雖造次不忘悟君於善及
建言不斥太子名以動羣臣示中興之漸所謂人難言者於方慶
難乎哉德裕之稱爲不誣矣

倩字雍龜明經調莫州參軍辟范陽節度使張守珪幕府時契丹
屈烈部將謀入寇河北騷然倩至虜中脅說禍福虜乃不入安祿
山叛拜博陵常山二太守副河北招討卒贈太常卿自襃至倩六
世封石泉云倩孫遂

遂好興利操下以嚴累遷鄧州刺史太府卿西北供軍使與度支
潘孟陽爭營田事憲宗怒出遂爲柳州刺史親吏韋行素柳季常
當受課料兩地吏見遂斥即抵以罪始詔書出左丞呂元膺劾遂
補吏犯贓法當坐而詔稱清能業官按遂犯有狀不宜謂清且柳
大州不可使治帝諭之乃下會兵宿淮西亟財賦藉遂幹彊拜宣
歙觀察使蔡已平師東討李師道召爲光祿卿淄青行營糧料
使辭卿職換檢校左散騎常侍兼御史大夫始調兵食歲三百萬

俄而賊誅遂簿羨貲百萬以獻帝高其能于時析齊為三鎮即拜遂沂兗海觀察使遂貪褊刻杖扑皆踰制盛夏治署舍牆垣程督慘峭將吏素悍戾遂輒罵曰反賊人人蓄忿裨校王弁與役人浴于川語曰天方雨牆且毀等罪耳乃謀亂明日遂方燕弁率其黨挾兵進遂驚匿廁下執而數其罪殺之其副張敦實官屬李矩甫皆死弁自知留事帝以沂海新定畏青鄆亦搖乃拜弁開州刺史至徐州械送京師斬東市監軍上遂所製杖出示於朝為戒云

摶字昭逸擢進士第辟佐王鐸滑州節度府累遷蘇州刺史久之為威勝節度使未行加檢校尚書右僕射浙東西宣撫使會錢鏐以戶部侍郎判戶部乾寧初進同中書門下平章事董昌誅出兼領二浙故留拜門下侍郎同中書門下平章事判度支昭宗建嫡后摶請因赦天下以尊大其禮正拜右僕射遷司空封魯國公初中官權盛帝欲翦抑之自石門還政一決宰相羣官不平構藩鎮內脅天子摶曰人君務平心大體御萬物偏聽產亂古所戒也

今奄人盜威福偪制君上道路人皆知之方朝廷多難未可卒除當徐以計去之事急且有變崔胤與摶並位素忌摶明達有謀即劾摶為中官外應會胤罷宰相疑摶擠斥乃厚結朱全忠薦己復輔政即誣摶與樞密使宋道弼景務脩交私將危社稷全忠因顯疏其尤光化三年罷為工部侍郎貶溪州刺史又貶崖州司戶參軍事賜死藍田驛

韋思謙名仁約以近武后父諱為嫌遂以字行其先出雍州杜陵後客襄陽更徙為鄭州陽武人八歲喪母以孝聞及進士第累調應城令負殿不得進官吏部尚書高季輔曰子始得此一人豈以小疵棄大德邪擢監察御史常曰御史出使不能動搖山岳震懾州縣為不任職中書令褚遂良市地不如直思謙劾之罷為同州刺史及復相出思謙清水令或弔之答曰吾狷直觸機輒發暇卹身乎丈夫當敢言地要須明目張膽以報天子焉能錄錄保妻子邪沛王府長史皇甫公義引為倉曹參軍謂曰公非池中物屈公為數旬客以重吾府改侍御史高宗賢之每召與語雖甚倦徙倚軒楹猶數刻罷疑獄劇事多與參裁武候將軍田仁會誣奏御史張仁禕帝廷詰仁禕懦不得對思謙為辯其枉因言仁會營罔陷人不測者詞旨詳暢帝善之仁禕得不坐累遷右司郎中尚書左丞振明綱轄朝廷肅然進御史大夫性謇諤顏色莊重不可犯見王公未嘗屈禮或以為譏答曰耳目官固當特立鵰鶚鷹鸇豈眾禽之偶奈何屈以狎之帝崩思謙扶疾入臨涕泗氷須俯伏號絕詔給扶侍轉司屬卿復為右肅政大夫故事大夫與御史鈞禮思謙獨不荅或以為疑思謙曰班列固有差奈何尚姑息邪垂拱初封博昌縣男同鳳閣鸞臺三品轉納言辭疾不許詔肩輿以朝聽子孫侍以太中大夫致仕卒贈幽州都督子承慶嗣立

承慶字延休性謹畏事繼母為篤孝擢進士第補雍王府參軍府中文翰悉委之王為太子遷司議郎儀鳳中詔太子監國太子稍嗜聲色興土功承慶見造作玩好浮廣倡優鼓吹讙譁戶奴小人

皆得親左右承顏色恐因是作威福宜加繩察乃上疏極陳其端又進諭善箴太子頗嘉納承慶嘗謂人所以擾濁浮躁本之於心乃著靈臺賦譏切當世亦自廣其志太子廢出為烏程令累遷鳳閣舍人掌天官選屬文敏無留思雖大詔令未嘗著藁失大臣意出為沂州刺史明堂災上疏諫以文明垂拱後執政者未滿歲率以罪去大抵皆惡逆不道夫構大廈濟巨川必擇文梓舟艫若亟毀而敗則是庇朽木乘膠船也臣謂陛下求賢之意切而取人之路寬故一言有合而付大任夫以堯舉舜猶歷試諸難況庸庸者可超處輔相以百揆萬機畀小人哉書聞不報未幾復為舍人掌選病免改太子諭德歷豫虢二州刺史有善政轉天官侍郎脩國史凡三掌選銓授平允議者公之長安中拜鳳閣侍郎同鳳閣鸞臺平章事張易之誅承慶以素附離免冠待罪時議草赦令咸推承慶召使為之無橈色誤辭援筆而就眾歎其壯然以累猶流嶺表歲餘拜辰州刺史未行以秘書員外少監召兼脩國史封

扶陽縣子詔撰武后紀聖文中宗善之遷黃門侍郎未拜卒帝悼之召其弟相州刺史嗣立會葬因拜黃門侍郎繼其位贈禮部尚書謚曰溫

嗣立字延構與承慶異母少友悌母遇承慶嚴每笞輒解衣求代母不聽即遣奴自棰母感寤爲均愛世比晉王覽第進士累調雙流令政爲二川最承慶解鳳閣舍人武后召嗣立謂曰爾父嘗稱二子忠且孝堪事朕比兄弟稱職如而父言今使卿兄弟自相代即拜鳳閣舍人時學校廢刑濫及善人乃上書極陳永淳後庠序隳散胄子衰缺儒學之官輕章句之選弛貴閥後生以儌倖升寒族平流以替業去垂拱間仕入彌多公行私謁選補逾濫經術不聞猛暴相夸陛下誠下明詔追三館生徒敕王公以下子弟一入太學尊尚師儒發揚勸獎海內知嚮然後審畀銓揔各程所能以之臨人則官無曠民樂業矣又曰揚豫以來大獄屢興窮治連捕數年不絕大猾伺間陰相影會構似是之言正不赦之辜恣行楚慘類自誣服王公士人至連頸就戮道路籍籍咸知其非而鍛練已成不可翻動小則身誅大則族夷相緣共坐者庸可勝道彼皆報讎復嫌苟圖功求官賞其臣願陛下廓天地之施雷雨之仁取垂拱以來罪無重輕所不赦者普皆原洗死者還官生者霑恩則天下曉然知向所陷罪非陛下意也長安中拜鳳閣侍郎同鳳閣鸞臺平章事時州縣非其人后以爲憂李嶠唐休璟白今朝廷重內官輕外職每除牧守皆訴不行非過累不得遣請選臺閣賢者分典大州自近臣始后曰誰爲朕行嗣立曰內典機要非臣所堪請先行以示羣臣后悅以本官檢校汴州刺史由是左肅政大夫楊再思等十八人悉補外未幾承慶知政事嗣立以成均祭酒徙魏洺二州政無它異坐善二張貶饒州長史繇相州刺史入爲黃門侍郎轉太府卿修文館大學士中宗景龍中拜兵部尚書同中書門下三品時崇飾觀寺用度百出又恩倖食邑者衆封戶凡五十四州皆據天下上腴一封分食數州隨土所宜牟取利入至安樂

太平公主率取高貲多丁家無復如平民有所損免爲封戶者亟於軍興監察御史宋務光建言願停徵封一切附租庸輸送不納嗣立建言今虞帑秏竭無一歲之儲假遇水旱人須賑給不時軍興士待資裝陛下何以具之伏見營立寺觀累年不絕鴻侈繁麗務相矜勝大抵費常千萬以上轉徙木石廢功害農地藏開發蟄蟲傷露上聖至慈理必不然雖之道法則乖質之生人則損陛下豈不是思又食封之家日月猥衆凡用戶部丁六十萬人課二絹則固一百二十萬臣見太府歲調絹纔百萬匹少則十之二有所貸免曾不半在比諸封家所入已寡國初功臣共定天下食封不三十家今橫恩特賜家至百四十以上天下租賦在公不足而私有餘又封家徵求各遣奴皁凌突侵漁百姓怨嗟或貿易斷盜誅責紛紜曾無少息下民窶之何以堪命臣願以丁課一送太府封家詣左藏仰給禁止自徵以息重困臣聞設官建吏本於治人而務安之也明官得其人則天下治古者取士先鄉曲之譽然後辟於州州已試然後辟五府五府著聞乃升諸朝得不謂所擇悉而所歷深乎今之取人未試而遽遷務進徼幸比肩係踵故文者治官則回邪贓汙武者治軍則庸懦怯弱補授亡限員外置官吏困供承官竭資奉國家大事豈甚於此古者設爵待士才者有之不才者進則有才之路塞賢人據正遠僥倖之門僥倖開則賢者隱矣賢者隱則人不安人不安國將危矣刺史縣令治人之首比年不加簡擇京官坐負及聲稱下者乃典州吏部年高不善刀筆者乃擬縣朝輕用人何以治國願下有司精加汰擇凡諸曹侍郎兩省二臺及五品以上清望官當先選用刺史縣令所異守宰稱職以興太平帝不聽嗣立與韋后屬疏帝特詔附屬籍顧待甚厚營別第驪山鸚鵡谷帝臨幸命從官賦詩制序冠篇賜況優備因封嗣立逍遙公名所居曰清虛原幽棲谷嗣立獻木桔藤盤數十物唐隆初拜中書令韋后敗幾死于亂寧王爲救免出爲許州刺史以定策立睿宗賜封百戶徙汝州入爲國子祭酒太子賓客

坐宗楚客等削遺制事不執正貶岳州別駕再徙爲陳州刺史開
元中河南道巡察使表其廉欲復用會卒年六十六贈兵部尚書
謚曰孝初嗣立代承慶爲鳳閣舍人黃門侍郎承慶亦代爲天官
侍郎及知政事父子並爲宰相世罕其比有二子恒濟知名恒開
元初爲碭山令政寬惠吏民愛之天子東巡州縣供張皆鞭扑趣
辦恒不立威而事給姑子御史中丞宇文融薦恒有經濟才讓以
其位擢殿中侍御史累轉給事中爲隴右河西黜陟使時河西節度
使蓋嘉運恃左右援橫恣不法妄列功狀恒劾奏之人代其恐出爲
陳留太守卒濟開元初調鄄城令或言吏部選縣令非其人既衆
謝有詔問所以安人者對凡二百人惟濟居第一不能對者悉免
官於是擢濟醴泉令侍郎盧從愿李朝隱並貶爲刺史濟四遷
戶部侍郎爲太原尹著先德詩四章世服其典懿天寶中授尚書
左丞凡三世居之濟文雅頗能脩飾政事所至有治稱終馮翊太
守子奧夏令亦以能政聞

嗣立孫弘景擢進士第數佐節度府以左補闕召爲翰林學士
蘇光榮爲涇原節度使弘景當草詔書辭不如旨罷學士遷累
度支郎中張仲方黜李吉甫謚得罪憲宗意弘景擿助出爲綿
州刺史李夷簡鎮淮南奏以自副召入再遷給事中駙馬都尉劉
士涇賂權近擢太僕卿弘景上還詔書穆宗使諭其先人昌有功
朕所以念功睦親者弘景固執帝怒使宣慰安南由是有名時蕭
俛輔政弘景議論常佐佑之還再遷吏部侍郎銓綜平序貴幸憚
其嚴不敢恩以私歷陝虢觀察使召拜尚書左丞駁正吏銓所除
六十餘官不當進資於是鄭絪丁公著楊嗣復皆奪俸郎吏肅然
望風脩整吏部員外郎楊虞卿以累下吏詔弘景與御史詳讞虞
卿私造門弘景厲言曰有詔按公尚私謁邪虞卿多朋助自謂必
見納及是惶恐去遷禮部尚書東都留守卒年六十六贈尚書左僕
射弘景以直道進議論持正有守當時風教所倚賴爲長慶名卿
陸元方字希仲蘇州吳人陳給事黃門侍郎琛之曾孫伯父柬之

善書名家官太子司議郎元方初明經後舉八科皆中累轉監察
御史武后時使嶺外方涉海風濤壯舟人懼元方曰吾受命不
私神豈害我趣使濟而風訖息使還除殿中侍御史擢鳳閣舍人
秋官侍郎爲來俊臣所陷后置不罪遷鸞臺侍郎同鳳閣鸞臺
平章事坐附會昌李昭德貶綏州刺史擢天官侍郎兼司衛卿或言
其薦引皆親黨后怒免官令白衣領職元方薦人如初后召讓之
對曰舉臣所知不暇問讎黨又薦其友崔玄暐有宰相才后知無
它復拜鸞臺侍郎同鳳閣鸞臺平章事后嘗問外事對曰臣備
位宰相大事當白奏民間碎務不敢以聞忤旨下除太子右庶子
進文昌左丞卒元方素清慎再執政每進退羣臣后必先訪問外
秘莫知臨終取奏稾焚之曰吾陰德在人後當有興者又曰吾嘗
壽但領選久耗傷吾神有一柙生平所緘鑰者歿後家人發之乃
前後詔敕贈越州都督諸子皆美才而象先景倩景融尤知名
象先器識沈邃舉制科高第爲揚州參軍事時吉頊與元方同

爲吏部侍郎頊擢象先爲洛陽尉元方不肯當頊曰爲官擇人豈
以吏部子廢至公邪卒以授俄遷監察御史累授中書侍郎景雲
中進同中書門下平章事監脩國史初太平公主謀引崔湜爲宰
相湜曰象先人望宜輔近若不者湜敢辭主不得已爲言之遂
並知政事然其性恬靜寡欲議論高簡爲時推向湜嘗曰陸公
加於人一等公主既擅權宰相爭附之象先未嘗往謁及謀逆召
宰相議曰寧王長不當廢嫡立庶象先曰帝得立何也主曰帝有
一時功今失德安可不廢對曰立以功者廢必以罪今不聞天子
過失安得廢主怒更與竇懷貞等謀卒誅死時象先與蕭至忠岑
羲等坐爲主所進將同誅玄宗遽召免之曰歲寒然後知松柏之後
凋也以保護功封兗國公賜封戶二百初難作睿宗御承天樓羣
臣稍集帝麾曰助朕者留不者去於是有投名自驗者事平玄宗
得所投名詔象先收按象先悉焚之帝大怒欲并加罪頓首謝
曰赴君之難忠也陛下方以德化天下奈何殺行義之人故臣違命

安反側考其敢逃死帝寤善之時窮治忠義等黨與象先密為申救保全甚眾當時無知者罷為益州大都督府長史劍南按察使為政尚仁恕司馬韋抱真諫曰公當峻扑罰以示威不然民慢且無畏答曰政在治之而已必刑法以樹威乎卒不從而蜀化累徙蒲州刺史兼河東按察使小吏有罪誡遣之大吏白爭以為可杖象先曰人情大抵不相遠謂彼不曉吾言邪必責者當以汝為始大吏慚而退嘗曰天下本無事庸人擾之為煩耳第澄其源何憂不簡邪故所至民吏懷之入為太子詹事歷戶部尚書知吏部選事母喪免起為揚州大都督府長史遷太子少保卒年七十二贈尚書左丞相謚曰文貞始象先名景初睿宗曰子能紹先構是謂象賢者乃賜名焉弟景倩為扶溝丞河南按察使畢構薦州縣殿最欲必得實有吏言狀曰某彊清某詐倩惟景倩且真清終監察御史

景融長七尺美姿質寬中而厚外博學工筆札以蔭補千牛轉新鄭令政有風績累遷工部尚書東京留守卒贈廣陵郡都督景融於象先後母弟也象先被訾景融諫不入則自楚毋為損威人多其友四世孫希聲

希聲博學善屬文通易春秋老子論著甚多為商州刺史鄭愚表為屬後去隱義興久之召為右拾遺時儉腐秉權歲數歉梁宋尤甚希聲見州縣刓敝上言當謹視盜賊明年王仙芝反株蔓數十州遂不制擢累歙州刺史昭宗聞其名召為給事中拜戶部侍郎同中書門下平章事在位無所輕重以太子少師罷李茂貞等兵犯京師輿疾避難卒贈尚書左僕射謚曰文元方從父餘慶

餘慶陳右衛將軍珣孫方雅有祖風已冠名未顯兄玄表嘗曰爾名宦不立奈何餘慶感激閉戶誦書三年以博學稱舉制策甲科補蕭尉累遷陽城尉武后封嵩山以辦具勞擢監察御史聖曆初靈勝二州党項誘北胡寇邊詔餘慶招慰喻以恩信蕃酋率眾內附遷殿中侍御史鳳閣舍人后嘗命草詔殿上恐懼不能得一詞降左司郎中久之封廣平郡公太子右庶子餘慶於寒品晚進必悉力薦藉人有過輒面折退無一言開元初為河南河北宣撫使薦富春孫逖京兆韋述吳興蔣冽河南達奚珣後皆為知名士遷大理卿終太子詹事謚曰莊雅善趙貞固盧藏用陳子昂杜審言宋之問畢構郭襲微司馬承禎釋懷一時號方外十友餘慶才不逮子昂等而風流敏辯過之初武后時酷吏用事中宗朝倖臣貴主斜封大行蹈利畜禍之人與相乾沒雖亟貴驟用而殘不反踵餘慶以道自將雖仕不赫赫訖無悔尤子璪字仲采舉明經補長安尉以清幹稱開元初中朝臣子弟不任京畿改新鄉令人為立祠用按察使宇文融薦遷緱氏令累遷兵部郎中東畿驛使還除洛陽令時車駕在洛權勢姦豪人不敢犯為中書令蕭嵩所器嵩罷佗宰相畏陰廉嵩短璪曰與人交過且不可言況無有邪以是忤貴近出為太原少尹累徙西河太守封平恩縣男歸邑多虎前守設檻穽璪至徹之而虎不為暴

王及善洺州邯鄲人父君愕有沈謀隋亂并州人王君廓掠邯鄲君愕往說曰隋氏失御豪傑共救其亂宜撫納遺甿而保全之觀時變待真主足下無尺寸之地兼旬之糧劫眾而興但恣殘剽所過失望竊為足下羞之君廓謝曰計安出答曰井陘之險可先取君廓從其言遂屯井陘山高祖入關與君廓偕來拜君愕大將軍封新興縣公累遷左武衛將軍從太宗征遼領左屯營兵與高麗戰駐蹕山死于陣贈左衛大將軍幽州都督邢國公陪葬昭陵及善以父死事授朝散大夫襲邢國公爵時皇太子弘立擢及善左奉裕率太子宴于宮命宮臣擲倒及善辭曰殿下自有優人臣苟奉令非羽翼之美太子謝之高宗聞賜絹百匹除右千牛衛將軍帝曰以爾忠謹故擢三品要職群臣非搜辟不得至朕所爾佩大橫刀在朕側亦知此官貴乎以病免召為衛尉卿垂拱中歷司屬卿山東飢詔為巡撫賑給使拜春官尚書出為秦州都督益州長史加光祿大夫以老病致仕神功元年契丹擾山東擢魏州刺

史武后勞曰逆虜盜邊公雖病可與妻子行日三十里爲朕臥治
爲屛蔽也因延問朝政得失及善陳治亂所宜后悅曰御寇末也
輔政本也公不可行留拜内史來俊臣繫獄當死后欲釋不誅及
善曰俊臣凶狡不道引亡命汙戮善良天下疾之不剿絶元惡且
搖亂胎禍憂未既也后納之廬陵王之還密贊其謀既爲皇太子
又請出外朝以安羣臣及善不甚文而清正自將臨事不可奪有
大臣節時二張怙寵毋侍宴無人臣禮及善數裁抑之后不悅曰
卿年高不宜侍游燕但檢校閤中及善即移病餘月后不復問歎
曰中書令可一日不見天子乎遂乞骸骨猶不許改文昌左相同
鳳閣鸞臺三品卒年八十二贈益州大都督謚曰貞陪葬乾陵

李日知鄭州滎陽人及進士第天授中歷司刑丞時法令嚴吏爭
爲酷日知獨平寬無文致嘗免一囚死少卿胡元禮執不可曰吾
不去曹囚無生理日知曰僕不去曹囚無死法皆以狀讞而武后
用日知議神龍初爲給事中母老病取急調侍數日須鬢輒白母

未及封而卒方葬吏乃齎贈制曰知殯絶于道左右爲泣莫能視
巡察使路敬潛欲表其孝使求狀辭不報服除累遷黃門侍郎
景龍初同中書門下平章事轉御史大夫仍知政事初安樂公主
館第成中宗臨幸燕從官賦詩日知卒章獨以規誡睿宗它日謂
曰嚮時雖朕亦不敢諫非公挺直何能爾即拜侍中先天元年罷
爲刑部尚書屢乞骸骨許之日知將有請不謀于家歸乃治行妻
驚曰産利空空何辭之遽日知曰仕至此已過吾分人亦何猒之
有若猒于心無日而足也既罷不治田園唯飾臺池引賓客與娛
樂開元三年卒日知貴諸子方總角皆通婚名族時人譏之後
少子伊衡以妾爲妻鬻田宅至兄弟訟䦧家法遂替云

杜景佺冀州武邑人性嚴正舉明經中第累遷殿中侍御史出
爲益州録事參軍時隆州司馬房嗣業徙州司馬詔未下欲即視
事先笞責吏以示威景佺謂曰公雖受命爲司馬州未受命何急
數日祿邪嗣業怒不聽景佺曰公持咫尺制眞僞莫辨即欲攬亂
一府翫業揚州之禍非此類邪叱左右罷去既乃除荆州司馬吏
歌之曰録事意與天通州司馬折威風由是浸知名入爲司刑丞
與徐有功來俊臣侯思止專治詔獄時稱遇徐杜者生來侯者死
改秋官員外郎與侍郎陸元方按員外郎侯味虛罪已推輒釋之
武后怒其不待報元方大懼景佺獨曰陛下明詔六品七品官文
辨已定待命于外今雖欲罪臣奈明詔何宰相曰詔爲司刑設何
預秋官邪景佺曰詔令一布無臺寺之異后以爲守法擢鳳閣舍
人遷洛州司馬延載元年檢校鳳閣侍郎同鳳閣鸞臺平章事
后嘗季秋出梨華示宰相以爲祥衆賀曰陛下德被草木故秋再
華周家仁及行葦之比景佺獨曰陰陽不相奪倫瀆即爲災故曰
冬無愆陽夏無伏陰春無淒風秋無苦雨今草木黃落而木復華
瀆陰陽也竊恐陛下布德施令有所虧紊臣位宰相助天治物治
而不和臣之咎也頓首請罪后曰眞宰相會李昭德下獄景佺苦
申救后以爲面欺左遷溱州刺史入拜司刑卿聖曆元年復以鳳

閣侍郎同鳳閣鸞臺平章事契丹入寇陷河北數州虜已去武懿
宗欲盡論其罪景佺以爲脅從可原后如其議罷爲秋官尚書坐
漏省内語降司刑少卿出爲幷州長史道病卒贈相州刺史初名
元方垂拱中改今名

李懷遠字廣德邢州柏仁人少孤嗜學宗人欲藉以高廕懷遠辭
退而曰因人之勢高士恥之假蔭而官吾志邪擢四科第累轉司
禮少卿出爲本州刺史改冀州遷揚益二都督府長史徙同州刺
史治尚清簡累遷鸞臺侍郎進同鳳閣鸞臺平章事封平鄉縣
男以左散騎常侍同中書門下三品爵趙郡公賜實封戸三百以
老聽致仕中宗還京師召知東都留守復加同中書門下三品懷
遠久貴益素約不治居室嘗乘款段馬僕射豆盧欽望謂曰公貴
顯顧當然邪荅曰吾幸其馴不願它駿神龍二年卒帝賜錦衾斂
自爲文祭之贈侍中謚曰成子景伯景龍中爲諫議大夫中宗
宴侍臣及朝集使酒酣各命爲回波詞或以諂言媚上或要丐諧

寵至景伯獨爲箴規語以諷帝帝不悦中書令蕭至忠曰具諫官也景雲中進太子右庶子時有建言置都督府非是詔羣臣普議景伯與太子舍人盧俌議今天下諸州分隷都督專生殺刑賞使授非其人則權重釁生非彊幹弱枝經邦軌物之誼願罷都督留御史以時按察秩卑任重以制姦宄便繇是停都督終右散騎常侍子彭年有才剖析明悟歷遷中書舍人吏部侍郎與李林甫善常慕山東著姓爲婚姻引就清列典選七年卒以贓敗長流臨賀郡天寶十二載擢爲濟陰太守徙馮翊天子幸蜀陷於賊脅以偽官憂憤死贈禮部尚書

三王韋陸二李杜列傳第四十一

端明殿學士兼翰林侍讀學士龍圖閣學士朝散大夫守尚書吏部侍郎兼集賢殿修撰臣宋祁奉
敕撰
裴炎字子隆絳州聞喜人寬厚寡言笑有奇節補弘文生休澣它
生或出游炎讀書不廢有司欲薦狀以業未就辭不舉服勤十年
尤通左氏春秋舉明經及第補濮州司倉參軍歷御史起居舍人
寖遷黃門侍郎調露二年同中書門下三品進拜侍中高宗幸東
都留皇太子京師以炎調護帝不豫太子監國詔炎與劉齊賢郭
正一於東宮平章政事及大漸受遺輔太子是為中宗改中書令
舊宰相議事門下省號政事堂長孫无忌以司空房玄齡以僕射
魏徵以太子太師皆知門下省事至炎以中書令執政事筆故徙
政事堂於中書省中宗欲以后父韋玄貞為侍中及授乳媪　五
品官炎固執不從帝怒曰我意讓國與玄貞豈不可何惜侍中邪
炎懼因與武后謀廢帝后命炎洎劉禕之率羽林將軍程務挺張
虔勖勒兵入宮宣太后令扶帝下殿帝曰我何罪后曰以天下與
玄貞安得無罪乃廢帝為廬陵王更立豫王為皇帝以定策功封
永清縣男后已持政稍自肆於是武承嗣請立七廟追王其先炎
諫曰太后天下母以盛德臨朝宜存至公不容追王祖考示自私
且獨不見呂氏事乎后曰呂氏之王權屬生人今追崇先世在亡
迹異安得同哉炎曰蔓草難圖漸不可長后不悅而罷承嗣又諷
太后誅韓王元嘉魯王靈夔以絕宗室望劉禕之韋仁約畏默不
敢言炎獨固爭后愈銜怒未幾賜爵河東縣侯豫王雖為帝未嘗
省天下事炎謀乘太后出游龍門以兵執之還政天子會久雨太
后不出而止徐敬業兵興后議討之炎曰天子年長矣不豫政故
豎子有辭今若復子明辟賊不討而解御史崔詧曰炎受顧託身
總大權聞亂不討乃請太后歸政此必有異圖后乃捕炎送詔獄
遣御史大夫騫味道御史魚承曄參鞫之鳳閣侍郎胡元範曰炎
社稷臣有功於國悉心事上天下所知臣明其不反納言劉齊賢左

衛率蔣儼繼辨之后曰炎反有端顧卿未知耳元範齊賢曰若炎
反臣輩亦反矣后曰朕知炎反卿輩不反遂斬于都亭驛炎被劾
或勉其遜辭炎曰宰相下獄理不可全卒不折節籍其家無儋石
之贏初炎見裴行儉破突厥有功沮薄之乃斬降虜阿史那伏念
等五十餘人議者恨其媢克且使國家失信四夷以為陰禍有知
云睿宗立贈太尉益州大都督諡曰忠元範者申州義陽人介廉
有才以炎故流死嶲州炎從子伷先
伷先未冠推蔭為太僕丞炎死坐流嶺南上變求面陳得失后召
見盛氣待之曰炎謀反法當誅尚何道伷先對曰陛下唐家婦身
荷先帝顧命今雖臨朝當責任大臣須東宮年就德成復子明辟
柰何遽王諸武斥宗室炎為唐忠臣而戮逮子孫海內憤怨臣愚
謂陛下宜還太子東宮罷諸武權不然豪桀乘時而動不可不懼
后怒命曳出杖之朝堂長流瀼州歲餘逃歸為吏蹟捕流北庭無
復名檢專居賄五年至數千萬娶降胡女為妻妻有黃金駿馬牛
羊以財自雄養客數百人自北庭屬京師多其客詗候朝廷事聞
知十常七八時補闕李秦授為武后謀曰讖言代武者劉劉無彊
姓殆流人乎今大臣流放者數萬族使之叶亂社稷憂也后謂然
夜拜秦授考功員外郎分走使者賜墨詔慰安流人實命殺之伷
先前知以橐它載金幣賓客奔突厥行未遠都護遣兵追之與格
鬭為所執械繫獄以狀聞會武后度流人已誅畏天下姍誚更遣
使者安撫十道以好言自解釋曰前使使慰安有罪而不曉朕意
擅誅殺殘忍不道朕甚自咎今流人存者一切縱還繇是伷先得
不死中宗復位求炎後授伷先太子詹事丞遷秦桂廣三州都督
坐累且誅賴宰相張說右之免官久乃擢范陽節度使太原京兆
尹以京師官冗奏罷畿縣員外及試官進工部尚書年八十六以
東京留守累封翼城縣公卒官下
劉禕之字希美常州晉陵人父子翼字小心在隋為著作郎峭直
有行嘗面折僚友短退無餘訾李伯藥曰子翼善罵人人都不憾貞

覲初召之辭以母老詔許終養江南道巡察使李襲譽嘉其孝表
所居為孝慈里母已喪召拜吳王府功曹參軍終著作郎弘文館
直學士褘之少與孟利貞高智周郭正一俱以文辭稱號劉孟高
郭並直昭文館俄遷右史弘文館直學士上元中與元萬頃等偕
召入禁中論次新書凡千餘篇高宗又密與參決時政以分宰相
權時謂北門學士兄懿之亦給事中同兩省先是姊為內官武后
遣至外家問疾褘之因賀蘭敏之私省之坐流嶲州后為丐還除
中書舍人儀鳳中吐蕃寇邊帝訪侍臣所以置之討之之宜人人
異謀褘之獨勸帝夷狄猶禽獸雖被馮陵不足校願戢威紓百姓
之急帝內其言俄拜相王府司馬檢校中書侍郎帝謂曰卿家忠
孝朕子賴卿以師矩冀蓬在麻不扶而挺也后既立王為帝以其
參奉大議愈親之擢中書侍郎同中書門下三品賜爵臨淮縣男
方是時詔令叢繁褘之思致華敏裁可占授少選可待也司門員
外郎房先敏坐累貶衛州司馬訴于相府內史騫味道謂曰太后
旨褘之曰乃上從有司所奏云后聞以味道歸非於上貶青州刺
史加褘之太中大夫賜物百段后因曰君為元首臣為股肱以手
足疾移於腹背尚為一體乎褘之引咎於己忠臣也納言王德眞
排順曰戴至德無異于惟能歸善於君為時所服后曰善後私語
鳳閣舍人賈大隱曰后能廢昏立明盍反政以安天下大隱表其
言后怒曰褘之乃負我垂拱中或告褘之受歸誠州都督孫萬
榮金與許敬宗妾私通太后遣肅州刺史王本立鞫治以敕示
褘之褘之曰不經鳳閣鸞臺何謂之敕后以為拒制使賜死于家
年五十七初褘之得罪睿宗以舊屬申理之姻友冀得釋褘之
曰吾死矣太后威福由己而帝營救速吾禍也在獄上疏自陳臨
誅洗沐神色自若命其子執筆占為表子號塞不能書褘之乃
自援筆得數紙詞懇[illegible]到人皆傷之麟臺郎郭翰太子文學周思
鈞悵歎其文后惡之貶翰巫州司法參軍思鈞播州司倉參軍睿
宗嗣位贈褘之中書令翰者嘗為御史巡察隴右多所按劾次寧

州時狄仁傑為刺史民爭言有異政翰就館以筆紙置于[illegible]謂僚
屬曰入其境其政可知願薦使君美於朝毋久留即命駕去性寬
簡讀老子至和其光同其塵慨然曰大雅君子以保其身乃辭憲
官改麟臺郎云

魏玄同字和初定州鼓城人祖士廓仕齊為輕車將軍玄同進士
擢第調長安令累官司列大夫坐與上官儀善流嶺外既赦不自
護藉乃馳逐為生事上元初會赦還工部尚書劉審禮表其材拜
岐州長史再遷吏部侍郎永淳元年詔與中書門下同承受進止
平章事封鉅鹿男上疏言選舉法弊曰方今人不加富盜賊未衰
禮誼寖薄者下吏不稱職庶官非其才取人之道有所未盡也武
德貞觀庶事草創人物固乏天胙大聖享國永年異人間出諸色
入流歲以千計官有常員人無定限選集猥至十不收一取捨諸
蒸夏商以前制度多闕至周煥然可觀諸侯之臣不皆命天子王
朝庶官不專一職穆王以伯冏為太僕正命曰慎簡乃僚此乃自
擇下吏之言也太僕正特中大夫耳尚以僚屬委之則三公九卿
亦當然也故太宰內史並掌爵祿廢置司徒司馬別掌興賢詔
事是分任群司而統以數職王命其大者而自擇其小者漢制諸
侯自置吏四百石以下其傅相大臣則漢為置之州郡掾史督郵
從事悉任之牧守自魏晉以後始歸吏部而迄于今以刀筆量才
簿書察行法與世弊其來久矣尺丈之量鍾庾之器非所及則不
能度非所受則無以容況天下之大士類之衆可委數人手乎又
尸厥任者間非其選至為人擇官為身擇利下筆繫親疏措情觀
勢要悠悠風塵此焉奔競使百行折之一面九能斷之數言不亦
難乎且臣聞在官者不可以無學傳曰學以從政不聞以政入學
今貴戚子弟一皆早仕弘文崇賢千牛輦腳之類程較既淺技能
亦薄而門閥有素資望自高夫所謂胄子者必裁諸學少則受業
長而入官然後移家事國謂之德進夫少仕則不務學輕試則無
才又勳官三衛流外之屬不待州縣之舉直取書判非先德後言

之誼臣聞國之用人如人用財貧者止糟糠富者餘粱肉故當衰弊之乏則磨策朽鈍以馭之太平多士則遴柬駿俊而使之今選者猥多宜以簡練爲急竊見制書三品至九品並得薦士此誠仄席旁求意也但褒貶不明故上不憂黜責下不盡搜揚莫慎所舉而苟以應命且惟賢知賢聖人篤論皋陶既舉不仁者遠身苟濫進庸及知人不擇舉者之賢而責所舉之濫不可得已以陛下聖明國家德業而不建經久之策但顧望魏晉遺風臣竊惑之願少遵周漢之規以分吏部選即所用詳所失鮮矣不納進拜文昌左丞鸞臺侍郎同鳳閣鸞臺三品遷地官尚書檢校納言玄同與裴炎締交能保終始故號耐久朋先是秋仁傑督太原運失米萬斛將坐誅玄同救免而河陽令周興未知也數於朝堂聽命玄同曰明府可去矣毋久留興以爲沮已銜之至是誣玄同言太后老矣當復皇嗣后不察賜死于家年七十三初監察御史房濟監刑謂曰丈人盍上變冀召見得自陳玄同曰人殺與鬼殺等耳不能爲告事人玄同子恬字安禮事親以孝聞第進士爲御史主簿開元中至潁王傅

李昭德雍州長安人父乾祐貞觀初爲殿中侍御史鄃令裴仁軌私役門卒太宗欲斬之乾祐曰法令與天下共之非陛下獨有也仁軌以輕罪致極刑非畫一之制刑罰不中則民無所措手足帝意解繇是免死遷侍御史母卒廬墓側負土成墳帝遣使就弔表異其閭歷治書侍御史有能名永徽初擢御史大夫爲褚遂良所惡出爲邢魏二州刺史乾祐雖彊直而昵小人嘗爲書與所善吏刺取朝廷事迷隱其辭爲吏所賣遂良白發於朝坐流驩州召拜滄州刺史入爲司刑太常伯舉雍州司功參軍崔擢爲尚書郎不得報私語擢所以然後擢犯罪告乾祐漏禁中語以自贖詔免官卒昭德彊幹有父風擢明經累官御史中丞永昌初坐事貶振州陵水尉還爲夏官侍郎如意元年拜鳳閣侍郎同鳳閣鸞臺平章事武后營神都昭德規創文昌臺及定鼎上東諸門標置華壯洛有

二橋司農卿韋機徙其一直長夏門民利之其一橋廢省巨萬計然洛水歲淙齧之繕者告勞昭德始累石代柱銳其前廝殺暴濤水不能怒自是無患俄檢校內史薛懷義討突厥以昭德爲行軍長史不見虜還武承嗣任文昌左相昭德諫曰承嗣已王不宜典機衡以惑衆庶且父子猶相簒奪況姑姪乎后矍然曰我未之思也乃罷承嗣爲太子少保洛陽人王慶之率險佞數百人請以承嗣爲皇太子后不許固請后遣昭德詰其故昭德笞殺慶之餘黨散走因奏曰自古有姪爲天子而爲姑立廟乎以親親言之天皇陛下夫也皇嗣陛下子也當傳之子孫爲萬世計陛下承天皇顧託而有天下又立承嗣臣見天皇不來食矣后乃止承嗣恨譖短之后曰吾任昭德而獲安枕是代我勞非而所知也有人獲洛水白石而赤文者獻闕下曰此石赤心故以獻昭德叱曰洛水餘石豈盡能反邪時來俊臣侯思止舞文法數誅陷大臣人皆懾懼昭德每奏其誣罔不道狀卒榜殺思止其黨稍摧沮然昭德頗怙權爲衆

指目魯王府功曹參軍丘愔上疏曰臣聞魏冉誅庶族以安秦忠也弱諸侯以彊國功也然出入自專擊斷無忌威震人主不聞有王張祿一言而卒用憂死向使昭王不即覺悟則秦之霸業或不傳子孫陛下天授以前萬機獨斷公卿百執具職而已自長壽以來厭怠細政擢委昭德乘總權綱而才小任重負氣彊愎聾盲下民卻恂同列刻薄慶賞多所矯虔聲威翕習天下杜口臣伏見南臺敕目羣臣奏請陛下制曰可而昭德建言不可制又從之且人臣參奉機密獻可替否事或便利不豫咨謀而畫可已行方興駁異是揚露擅命以示於人歸美引咎誼不類此一切奏讞皆承風指陰相傅會臣觀其膽乃大於身鼻息所衝上拂雲漢夫小家給生有千百之貲將以託人尚憂失授況天下之重可輕委寄乎履霜堅冰須防其漸大權一去收之良難願陛下察臣之言又果毅鄧注著石論數千言述其專恣鳳閣舍人逄弘敏以聞后由是惡之謂姚璹曰誠如所言昭德固負國矣乃貶欽州南賓尉俄

召授監察御史萬歲通天二年來俊臣誣以逆謀旣而俊臣亦下獄同日誅時甚雨衆庶莫不寃昭德而快俊臣神龍二年贈左御史大夫建中三年加贈司空

吉頊洛州河南人長七尺性陰克敢言事舉進士及第調明堂尉父哲爲易州刺史坐贓當死頊往見武承嗣自陳有二女弟請侍王巾盥者承嗣喜以犢車迎之三日未言問其故荅曰父犯法且死故憂之承嗣爲表貸哲死遷頊龍馬監劉思禮謀反頊上變事后命武懿宗雜訊因諷囚引近臣高閑生平所牾者凡三十六姓捕繫詔獄榜楚百慘以成其獄同日論死天下寃之擢右肅政臺中丞來俊臣下獄司刑當以死狀三日不下頊從武后游苑中因間言臣爲陛下耳目知俊臣狀入不出人以爲疑后曰朕以俊臣有功徐思之頊曰于安遠告虺貞反今爲成州司馬俊臣誣殺忠良罪惡如山國蠹賊也尚何惜於是后斬俊臣而召安遠爲尚食奉御突厥陷趙定授檢校相州刺史且募兵制虜南向頊辭不知武后曰賊方走藉卿坐鎮耳初太原溫彬茂死高宗時封一笥書誘妻曰吾死後須年及垂拱獻之垂拱初妻上其書言后革命事及突厥至趙去故后知虜且還頊至募士無應者俄詔以皇太子爲元帥應募日數千頊還言狀后曰人心若是邪卿可爲羣臣道之頊誦語于朝諸武惡之始頊善張易之與殿中少監田歸道鳳閣舍人薛稷正諫大夫員半千夏官侍郎李迥秀皆爲控鶴內供奉頊又彊敏故后倚爲腹心聖曆二年進天官侍郎同鳳閣鸞臺平章事爲刺史時武懿宗討契丹退保相州後爭功殿中懿宗陋短俯僂頊厲語侵之無所容假后怒曰我在乃藉諸武它曰安可保衛之張易之兄弟以寵盛思自全問頊計安出頊曰公家以倖進非有大功於天下勢必危吾有不朽策願效之非止保身且世世不絕能易之流涕請頊曰天下思唐久矣廬陵斥外相王幽閉上春秋高武諸王非海內屬意公盍從容請相王廬陵以副人望易之爲賀之資也易之昌宗乘間如頊教后意乃定旣而知

頊與謀召見問狀頊對廬陵相王皆陛下子先帝顧託於陛下當速有所付乃還中宗明年頊坐弟冒僞官貶琰川尉及辭召見泣曰臣去國無復再謁願有所言然病棘請須臾間后命坐頊曰水土皆一盎有爭乎曰無曰以爲塗有爭乎曰無曰以塗爲佛與道有爭乎曰有之頊頓首曰雖臣亦以爲有夫皇子外戚有分則兩安今太子再立而外家諸王並封陛下何以和之貴賤親疏之不明是驅使必爭臣知兩不安矣后曰朕知之業已然且柰何頊尋徙始豐尉客江都卒中宗之立頊實倡之會得罪無知者睿宗初有發明其忠乃下詔贈御史大夫

贊曰異乎炎之暗于幾也知中宗之不君不知武后之盜朝假虎翼而責其搏人死固宜哉昭德頊進不以道君子恥之雖然一情區區抑武興唐其助有端則賢炎遠矣褘之玄同漏言及誅不失所以事君者云

裴劉魏李吉列傳第四十二

端明殿學士兼翰林侍讀學士龍圖閣學士朝散大夫尚書吏部侍郎兼修國史臣宋祁奉敕撰

張廷珪河南濟源人慷慨有志尚第進士補白水尉舉制科異等累遷監察御史按劾平直武后税天下浮屠錢營佛祠於白司馬坂作大象廷珪諫以爲傾四海之財殫萬民之力窮山之木爲塔極冶之金爲像然猶有爲之法不足高也填塞澗穴覆獸蟲螘且巨億計工員窮窶驅役爲勞饑渇所致疾疹方作又僧尼乞丐自贍而州縣督輸星火迫切鬻賣以充非浮屠所謂隨喜者今天下虛竭蒼生彫弊謂宜先邊境實府庫養人力后善之召見長生殿賞慰良厚因是罷役會詔市河南河北牛羊荆益奴婢置監登萊以廣軍資廷珪上書曰今河南牛疫十不一在詔雖和市甚於抑奪并市則價難準簡擇則吏求賄是牛再疫農重傷也高原耕地奪爲牧所兩州無復丁田牛羊踐暴舉境何賴荆益奴婢多國家戶

口姦豪掠買一入於官永無免期南北異宜至必生疾此有損無益也抑聞之君所恃在民民所恃在食食所資在耕耕所資在牛牛廢則耕廢耕廢則食去食去則民亡民亡則何恃爲君羊非軍國切要假令蕃滋不可射利后乃止張易之誅議窮治黨與廷珪建言自古革命務歸人心則以刑勝治今唐曆不移天地復主宜以仁化蕩宥且易之盛時趨附奔走半天下盡誅則已暴罰一二則法不平宜一切洗貸中宗納之神龍初詔白司馬坂復營佛祠廷珪方奉詔抵河北道出其所見營築勞亟懷不能已上書切爭且言自中興之初下詔書弛不急斥少監楊務廉以示中外今土木復興不稱前詔掘壤伐木害生氣願罷之以紓窮乏帝不省尋爲中書舍人再遷禮部侍郎玄宗開元初大旱關中飢詔求直言廷珪上疏曰古有多難興國殷憂啓聖蓋事危則志銳情苦則慮深故能轉禍爲福也景龍先天間凶黨構亂陛下神武汛掃氛垢日月所燭無不濡澤明明上帝宜錫介福而頃陰陽愆候九

穀失稔關輔尤劇臣思天意殆以陛下春秋鼎盛不崇朝有大功輕堯舜而不法思秦漢以自髙故昭見咎異欲曰慎一日永保大和是皇天於陛下睠顧深矣陛下得不奉若休旨而寅畏哉誠願約心削志考前王之書敦素樸之道登端士放佞人屏後宮減外廏場無蹴鞠之玩野絶從禽之樂促遠境罷縣戍矜惠惸獨蠲薄傜賦去淫巧捐珠璧不見可欲使心不亂或謂天戒不足畏而上帝馮怒風雨迷錯荐饑日甚則無以濟下矣或謂人窮不足恤而億兆攜離愁苦昬墊則無以奉上矣斯安危所繫禍福之原奈何不察今受命伊始華夷百姓清耳以聽刮目以視冀有聞見何遽孤其望哉再遷黄門侍郎監察御史蔣挺坐法詔決杖朝堂廷珪執奏御史有譴當殺殺之不可辱也士大夫服其知體王琚持節巡天兵諸軍方還復詔行塞下議者皆謂將襲回紇廷珪陳五不可且言中國步多騎少人齎一石糧負甲百斤盛夏長驅晝夜不休勞逸相絶其勢不敵一也出軍掩敵兵不數萬不可以行糜

廣饋飢歲不支二也千里遠襲其誰不知賊有斥候必能預防三也狄人獸居磧漠譬之石田克而無補四也天下無年當養人息兵五也又請復十道按察使巡視州縣帝然納之因詔陸象先等分使十道時遣使齎繒錦至石國市犬馬廷珪曰犬馬非土性弗畜珍禽異獸不育于國不宜勞遠人致異物願省無益之故救必然之急天下之幸坐漏禁内語出爲沔州刺史頻徙蘇宋魏三州初景龍中宗楚客紀處訥武延秀韋温等封戶多在河南河北諷朝廷詔兩道蠶產所宜雖水旱得以蠶折租廷珪謂兩道倚大河地雄奧股肱走集宜得其歡心安可不恤其患而殫其力若以桑蠶所宜而加別稅則隴右羊馬山南椒漆山之銅錫鉛錯海之蜃蛤魚鹽水旱皆免寧獨河南北外於王度哉願依貞觀永徽故事準令折免詔可在官有威化入爲少府監封范陽縣男以太子詹事致仕卒贈工部尚書謚貞穆廷珪偉姿儀善八分書與李邕友善及邕躓於仕屢表薦之人尚其方介云

韋湊字彥宗京兆萬年人祖叔諧貞觀中爲庫部郎中與弟吏部郎中叔謙兄主爵郎中季武同省時號三列宿湊永淳初解褐婺州參軍事徙資州司兵觀察使房昶才之表于朝遷揚州法曹州人孟神爽罷仁壽令豪縱數犯法交通貴戚吏莫敢繩湊按治杖殺之遠近稱伏入爲相王府屬時姚崇兼府長史嘗曰韋子識遠文詳吾恨晚得之六遷司農少卿忤宗楚客出爲貝州刺史睿宗立授鴻臚少卿徙太府兼通事舍人時改葬故太子重俊有詔加謚又詔雪李多祚等罪議贈官湊上言王者發號出令必法大道善善著惡惡明也賞罰所不加則考行立謚以襃貶之臣議其君子議其父曰靈曰厲者不敢以私亂公也臣伏見故太子與多祚等擁北軍犯宸居破扉斬關兵指黃屋騎騰紫微和帝御玄武門親諭逆順太子據鞍自若督衆不止逆黨悔非回兵執賊多祚伏誅太子乃遁去明日帝見羣臣涕數行下曰幾不與公等相見其爲危甚矣臣子之禮過位必趨蹙路馬芻有誅昔漢成帝爲太子行不敢絕馳道秦師免胄過周北門王孫滿策其必敗推此則太子稱兵宮中爲悖已甚以斬三思父子而嘉之乎則弄兵討逆以安君父可也因欲自立則是爲逆又奚可襃此時韋氏逆未明義未絕於太子母也子無廢母之理非中宗命廢之則又劫父廢母且君或不君臣安可不臣父或不父子安可不子晉太子申生謚曰恭漢太子據謚曰戾今太子乃謚節閔臣所未諭願與議謚者質於御前使臣言非耶甘鼎鑊之誅申大義示天下臣言是耶咸蒙冰釋不復異議如曰未然柰何使後世亂臣賊子資以爲辭宜易謚以合經禮多祚等罪云免而不云雪帝瞿然引內閤中勞曰誠如卿言業已爾柰何對曰太子實逆不可以襃請質行以謚時大臣亦重改唯罷多祚等贈官景雲初作金仙等觀湊諫以爲方農月興功雖貲出公主然高直售庸則農人捨耕取顧趨末棄本恐天下有受其飢者不聽湊執爭以萬物生育草木昆蚑傷伐甚多非仁聖本意帝詔外詳議中書令崔湜侍中岑羲曰公敢是耶湊曰食厚祿死不敢顧況聖世必無死乎朝廷爲減費萬計出爲陝汝岐三州刺史開元初欲建碑靖陵湊以古園陵不立碑又方旱不可興工諫而止遷將作大匠詔復孝敬皇帝廟號義宗湊諫曰傳云必也正名禮祖有功宗有德其廟百世不毀商有三宗周宗武王漢文帝爲太宗武帝爲世宗歷代稱宗者皆方制海內德澤可尊列於昭穆是謂不毀孝敬皇帝未嘗南面且別立寢廟無稱宗之義遂罷遷右衛大將軍玄宗謂曰故事諸衛大將軍與尚書更爲之近時職輕故用卿以重此官其母喪辭徙河南尹封彭城郡公會洛陽主簿王鈞以賕抵死詔曰兩臺御史河南尹縱吏侵漁春秋重責帥其出湊曹州刺史侍御史張洽通州司馬久之遷太原尹兼北都軍器監邊備脩舉詔賜時服勞勉之及病遣上醫臨治卒年六十五贈幽州都督謚曰文子見素

見素字會微質性仁厚及進士第授相王府參軍襲父爵擢累諫議大夫天寶五載爲江西山南黔中嶺南道黜陟使繩糾吏治所至震畏遷文部侍郎平判皆誦於口銓敘平允官有丏求輒下意聽納人多德之十三載玄宗苦雨潦閱六旬謂宰相非其人罷左相陳希烈詔楊國忠審擇大臣時吉溫得幸帝欲用之溫爲安祿山所厚國忠懼其進沮止之謀於中書舍人竇華宋昱皆以見素安雅易制國忠入白帝帝亦以相王府屬有舊恩遂拜武部尚書同中書門下平章事集賢院學士知門下省事明年祿山表請蕃將三十二人代漢將帝許之見素不悅謂國忠曰祿山反狀暴天下今又以蕃代漢難將作矣國忠不應見素曰知禍之牙不能防見禍之形不能制焉用彼相明日當懇論之既入帝迎諭曰卿等有疑祿山意耶國忠見素趨下流涕具陳祿山反明其詔復位因以祿山表置帝前乃出帝令中官袁思藝傳詔曰此姑忍朕徐圖之由是奉詔然每進見未嘗不爲帝言之帝不入其語未幾祿山反從帝入蜀陳玄禮之殺國忠也兵傷其首衆傳聲曰毋害韋公父子獲免帝令壽王賜藥傅創次巴西詔兼左相封豳國公肅宗

立與房琯崔渙持節奉傳國璽及册宣揚制命帝曰太子仁孝去
十三載已有傳位意屬方水旱左右勸我且須豐年今帝受命朕
如釋負矣煩卿等遠去善輔道之見素涕泣拜辭又命見素子諤
及中書舍人賈至為册使判官謁見肅宗於順化郡肅宗聞琯名
且舊虛懷待之以見素嘗附國忠禮遇獨減是歲十月丙申有星
犯昴見素言於帝曰昴者胡也天道謫見所應在人祿山將死矣
帝曰日月可知乎見素曰福應在德禍應在刑昴金忌火行當火
位昴之昏中乃其時也既死其月亦死其日明年正月甲寅祿山
其殪乎帝曰賊何等死答曰五行之說子者視妻所生昴犯以丙
申金木之妃也木火之母也丙火為金子申亦金也二金本同末
異還以相剋賊殆為子與首亂者更相屠戮乎及祿山死日月皆
驗明年三月至鳳翔拜尚書右僕射罷知政事初行在所承喪亂
後兵吏三銓簿領燼散選部文符偽濫帝欲廣收士心至者切
補官不加檢覆見素奏宜明條綱以為持久帝未及從既還都選
者猥集補署無所日訴于朝乃追行其言會郭子儀亦為僕射徙
見素太子太師詔至蜀郡奉迎太上皇以功食實封三百戶上元初
以疾求致仕許之詔朝朔望寶應元年卒年七十六贈司徒謚忠
貞子諤

贊曰楊國忠本與安祿山爭寵故捕吉溫以激其亂陰儲蜀貲待
天子之出則已與韋見素泣涕爭祿山反狀將信所言以久其權
見素能言祿山反不能言所以反是佐國忠敗王室也玄宗不悟
仍相之卒為後帝所薄然猶完其要領幸矣謂見素為前知果非也
諤歷京兆府司錄參軍國忠之死軍聚不解陳玄禮請殺貴妃以
安衆帝意猶豫諤諫曰臣聞以計勝色者昌以色勝計者亡今宗
廟震驚陛下棄神器奔草莽惟割恩以安社稷因叩頭流血帝
寤賜妃死軍乃大悅擢諤御史中丞為置頓使乘輿將行或曰國
忠死不可往蜀請之河隴或請幸太原朔方涼州或曰如京師雜
然不一帝心向蜀未能言諤曰今兵少不能捍賊還京非萬全計不

如至扶風徐圖去就帝問於衆衆然之遂至扶風乃決西幸後終
給事中

顗字周仁諤弟益之子蚤孤事姊恭順及長身不衣帛通陰陽象
緯博知山川風俗論議典據以門調補千牛備身自鄠尉判入等
授萬年尉歷御史補闕與李約李正辭更進諷諫數移大事裴
垍韋貫之李絳崔羣蕭俛皆布衣舊繼為宰相朝廷典章多所
咨逮嘗曰吾儕五人智不及一韋公長慶初為大理少卿累遷給
事中敬宗立授御史中丞為戶部侍郎徙吏部卒贈禮部尚書
所著易緼解推演終始有深誼既喜接士後出莫不造門而李
逢吉方結黨與擅國政頗傳會之素議遂衰然節儉自居天下
推其尚云

知人字行哲叔謙子弱而好古以國子舉授校書郎高宗時擢州
參軍八人為中臺郎知人自荊府兵曹遷司庫員外郎兼判司戎
大夫事未幾卒子維縉維字文紀進士對策高第擢武功主簿
督役乾陵會歲飢均力勸功人不知勞坐徐敬業親貶五泉主簿
徙內江令敎民耕桑縣為刻頌遷戶部郎中善裁剖時員外宋之
問善詩故時稱戶部二妙終太子右庶子縉長文辭撫養宗屬孤
幼無異情舉孝廉以母老不肯仕踰二十年乃歷長安尉威行京
師擢監察御史更泗涇鄜三州刺史天寶初入為祕書少監玄宗
尚文視其職如尚書丞郎縉刊是圖簡以善職稱終陳王傅
虛心字無逸維子舉孝廉遷大理丞侍御史神龍中按大獄僕射
竇懷貞侍中劉幽求有所輕重虛心据正不橈景龍中蜀羌叛既
禽捕有詔悉誅虛心推論酋長死原活其餘遷御史中丞歷荊潞
揚三大都督府長史荊州有鄉豪負勢干法虛心籍其貲入之官
以廬江多盜遂縣舒城盜賊為衰入為工部尚書東京留守累封
南皮郡子卒贈揚州大都督謚曰正弟虛舟歷洪魏二州刺史有
治名入為刑部侍郎初維為郎時柳于廷及虛心兄弟居郎省對
之輒斂容自叔謙後至郎中者數人世號郎官家

韓思復字紹出京兆長安人祖倫貞觀中歷左衛率封長山縣男思復少孤年十歲母為語父亡狀感咽幾絕故倫特愛之嘗曰此兒必大吾宗然家富有金玉車馬玩好未嘗省篤學舉秀才高第襲祖封永淳中家益窶歲飢京兆杜瑾者以百綾餉思復思復方併日食而綾完封不發調梁府倉曹參軍會大旱輒開倉賑民州劾責對曰人窮則濫不如因而活之無趣為盜賊州不能詘轉汴州司戶仁恕不行鞭罰以親喪去官鬻薪自給姚崇為夏官侍郎識之擢司禮博士五遷禮部郎中建昌王武攸寧母亡請鼓吹思復持不可而止坐為王同皎所薦貶始州長史遷滁州刺史州有銅官人鑿礦尤苦思復為罷他郵費省獲多有黃芝五生州署民為刻頌其祥徙襄州入拜給事中帝作景龍觀思復諫曰禍難初弭土木遽興非憂物恤人所急不見省嚴善思坐譙王重福事捕送詔獄有司劾善思任汝州刺史與王游至京師不暴王謀但奏東都有兵氣匿反罔上宜伏誅思復曰往韋氏擅內謀危社稷

善思詣相府白陛下必即位今詔追善思晝夜發即至使有逆節者肯遽奔命哉請集百官議議多同善思得免死流靜州遷中書舍人數指言得失頗見納用開元初為諫議大夫山東大蝗宰相姚崇遣使分道捕瘞思復上言夾河州縣飛蝗所至苗輒盡今游食至洛使者往來不敢顯言且天災流行庸可盡瘞望陛下悔過責躬損不急之務任至公之人持此誠實以荅譴咎其驅蝗使一切宜罷玄宗然之出其疏付崇崇建遣思復使山東按所損還以實言崇又遣監察御史劉沼覆視沼希宰相意悉易故牒以聞故河南數州賦不得蠲崇惡之出為德州刺史拜黃門侍郎帝北巡為行在巡問賑給大使遷御史大夫性恬澹不喜為繩察徙太子賓客進爵伯累遷吏部侍郎復為襄州刺史治行名天下代還仍拜太子賓客卒年七十四謚曰文天子親題其碑曰有唐忠孝韓長山之墓故吏盧僎邑人孟浩然立石峴山初鄭仁傑李無為者隱居太白山思復少從二人游嘗曰子識清貌古恨仕不及宰相也子

朝宗朝宗初歷左拾遺睿宗詔作乞寒胡戲諫曰昔辛有過伊川見被髮而祭知其必戎今乞寒胡非古不法無乃為狄又道路藉藉咸言皇太子微服觀之且匈奴在郊刺客卒發大憂不測自龍魚服深可畏也況天象變見疫癘相仍厭兵助陰是謂無益帝稱善特賜中上考帝傳位太子朝宗與將軍龐承宗諫曰太子雖睿聖宜且養成盛德帝不聽累遷荊州長史開元二十二年初置十道採訪使朝宗以襄州刺史兼山南東道襄州南楚故城有昭王井傳言汲者死行人雖暍困不敢視朝宗移書諭神自是飲者亡恙人更號韓公井坐所任吏擅賦役貶洪州刺史天寶初召為京兆尹分渭水入金光門匯為潭以通西市材木出為高平太守始開元末海內無事訛言兵當興衣冠潛為避世計朝宗廬終南山為長安尉霍仙奇所發玄宗怒使侍御史王鉷訊之貶吳興別駕卒朝宗喜識拔後進嘗薦崔宗之嚴武於朝當時士咸歸重之朝宗孫佽字相之性清簡元和初第進士自山南東道使府入為殿中侍御

史累遷桂管觀察使部二十餘州自參軍至縣令無慮三百員吏部所補纔十一餘皆觀察使商才補職佽下車悉來謁一吏持籍請補缺員佽下教曰居官治吾不奪其不奉法無望縱舍缺者須按籍取可任任之會春服使至鄉有豪猾厚進賄使者求為縣令使者請佽佽許之既去召鄉豪責以橈法笞其背以令部中自是豪右畏戢時詔置五管監兵盡境賦不足充其費佽處以儉約遂為定制衆以為難卒贈工部侍郎

宋務光字子昂一名烈汾州西河人舉進士及第調洛陽尉遷右衛騎曹參軍神龍元年大水詔文武九品以上官直言極諫務光上書曰后王樂聞過罔不興拒諫罔不亂樂聞過則下情通下情通則政無缺此所以興也拒諫則羣議壅羣議壅則上孤立此所以亂也臣嘗觀天人相與之際有感必應其間甚密是以教失於此變生於彼易曰天垂象見吉凶聖人象之竊見自夏以來水氣勃戾天下多罹其災洛水暴漲漂損百姓傳曰簡宗廟廢祠祀則水

不潤下夫王者即位必郊祀天地嚴配祖宗自陛下御極郊廟山
川不時薦見又水者陰類臣妾之道氣盛則水泉溢塡虹蜺紛錯
暑雨滯霪陰勝之沴也後廷近習或有離中饋之職以干外政願
深思天變杜絕其萌又自春及夏牛多病死疫氣浸淫傳曰思
之不睿時則有牛禍意者萬機之事陛下未躬親乎鼂錯曰五帝
其臣不及則自親之今朝廷賢佐雖多然莫能仰陛下淸光願勤
思法宮凝就大化以萬方爲念不以聲色爲娛以百姓爲憂不以
犬馬爲樂臣聞三五之君不能免淫亢顧備御存乎人耳災興細
微安之不怪及禍變已成駭而圖之猶水決治防病困求藥雖復
僶俛尚何救哉夫塞變應天實繫人事今霖雨即閉坊門豈一坊
一市能感發天道哉必不然矣故里人呼坊門爲宰相謂能節宣
風雨天工人代乃爲虛設又數年以來公私匱竭戶口減耗家無
接新之儲國乏俟荒之蓄陛下近觀朝市則以爲既庶且富試踐
閭陌則百姓衣馬牛之衣食犬彘之食十室而九丁壯盡於邊塞

孀孤轉於溝壑猛吏奮毒急政破資馬困斯佚人窮斯詐起爲姦
盜從而刑之良可嘆也今人貧而奢不息法設而僞不止長吏貪冒
選舉以私稼穡之人少商旅之人衆願坦然更化以身先之凋殘
之後緩其力役久弊之極訓以敦厖十年之外生聚方足臣聞太子
者君之貳國之本所以守器承祧養民贊業願擇賢能早建儲
副安社稷慰黎元姻戚之間謗議所集積疑成患憑寵生災愛
之適以害之也如武三思等誠不宜任以機要國家利器庸可久假
於人祕書監鄭普思國子祭酒葉靜能挾小道淺術列朱紫取
銀黃虧國經悖天道書曰制治于未亂保邦于未危此誠治亂安
危之秋也願陛下遠佞人親有德乳保之母妃主之家以時接見無
令媟黷跡奏不省俄以監察御史巡察河南道時滑州輸丁少
而封戶多每配封人皆亡命失業務光建言通邑大都不以封今命
侯之家專擇雄奧滑州七縣而分封者五王賦少於侯租入家倍
於輸國請以封戶均餘州又請食賦附租庸歲送停封使息傳驛

之勞不見納以考最進殿中侍御史遷右臺嘗薦汝州參軍事李
欽憲後爲名臣卒年四十二時又有清源尉呂元泰亦上書言時
政曰國家者至公之神器一正則難傾一傾則難正今中興政化
之始幾微之際可不愼哉自頃營寺塔度僧尼施與不絕非所
謂急務也林胡數叛獯虜內侵帑藏虛竭戶口亡散天下人失業
不謂太平邊兵未解不謂無事水旱爲災不謂年登倉廩未實
不謂國富而乃驅役飢凍彫鐫木石營構不急勞費日深恐非
陛下中興之要也比見坊邑相率爲渾脫隊駿馬胡服名曰蘇莫
遮旗鼓相當軍陣勢也騰逐喧譟戰爭象也錦繡夸競害女工也
督斂貧弱傷政體也胡服相歡非雅樂也渾脫爲號非美名也安
可以禮義之朝法胡虜之俗詩云京邑翼翼四方是則非先王之
禮樂而示則於四方臣所未諭書曰謀時寒若何必贏形體灌衢
路鼓舞跳躍而索寒焉書聞不報
辛替否字協時京兆萬年人景龍中爲左拾遺時置公主府官屬

而安樂府補授尤濫武崇訓死主弃故宅別築第侈費過度又
盛興佛寺公私疲匱替否上疏曰古之建官不必備九卿有位而闕
其選故賞不僭官不濫士有完行家有廉節朝廷餘奉百姓餘
食下忠於上上禮於下委裘無倉卒之危垂拱無顚沛之患夫事
有惕耳目動心慮作不師古以行於今臣得言之陛下倍百行賞
倍十增官金銀不供於印束帛不充於錫何所媿於無用之臣無
力之士哉古語曰福生有基禍有胎且公主陛下愛子也選賢嫁
之設官輔之傾府庫以賜之壯第觀以居之廣池籞以嬉之可謂至
重至憐也然用不合古義行不根人心將變愛成憎轉福爲禍何
者竭人之力費人之財奪人之家怨也愛一女取三怨於天下使邊
疆士不盡力朝廷士不盡忠人心散矣獨持所愛何所恃乎向使
魯王賞同諸壻則有今日之福無曩日之禍人徒見其禍不知禍
所來所以禍者寵過也今弃一宅造一宅忘前悔忽後禍臣竊謂
陛下乃憎之非愛之也臣聞君以人爲本本固則邦寧邦寧則陛

下夫婦母子長相保也願外謀宰臣爲久安計不使姦臣賊子
有以伺之今疆場危駭倉廩空虛卒輸不充士賞不及而大建寺
宇廣造第宅伐木空山不給棟梁運土塞路不充牆壁所謂佛
者清淨慈悲體道以濟物不欲利以損人不榮身以害教今三時
之月掘山穿地損命也殫府虛帑損人也廣殿長廊榮身也損命
則不慈悲損人則不愛物榮身則不清淨寧佛者之心乎昔夏爲
天子二十餘世而商受之商二十餘世而周受之周三十餘世而漢受
之由漢而後歷代可知已咸有道之長無道之短豈窮金玉脩塔
廟享久長之祚乎臣以爲減彫琢之費以賙不足是有佛之德息
穿掘之苦以全昆蟲是有佛之仁罷營構之直以給邊垂是有湯
武之功回不急之祿以購廉清是有唐虞之治陛下緩其所急急
其所緩親未來疏見在失真實冀虛無重俗人之所爲而輕天子
之業臣竊痛之今出財依勢避役亡命類度爲沙門其未度者窮
民善人耳拔親樹知豈離朋黨畜妻養孥非無私愛是致人毀道

非廣道求人也陛下常欲填池塹捐苑囿以賑貧人今天下之寺
無數一寺當陛下一宮壯麗用度尚或過之十分天下之財而佛有
有七八陛下何有之矣雖役不食之人不衣之士猶尚不給況必待
天生地養風動雨潤而後得之乎臣聞國無九年之儲曰非其國
今計倉廩度府庫百僚共給萬事用度臣恐不能卒歲假如兵
旱相乘則沙門不能擐甲冑寺塔不足穰飢饉矣帝不省睿宗立
罷斜封官千餘人俄詔復之方營金仙玉眞觀替否以左補闕上
疏曰臣謂古之用度不時爵賞不當國破家亡者口說不若身逢
耳聞不若目見臣請以有唐治道得失陛下所及見者言之太宗
陛下之祖撥亂立極得至治之體省官清吏舉天下職司無虛
授用天下財帛無枉費賞必待功官必得才爲無不成征無不服
不多寺觀而福祿至不度僧尼而咎殃滅陰陽不愆五穀遂成
粟腐帛爛萬里貢賦百蠻歸款享國久長多歷年所陛下何憚
而不法之中宗陛下之兄居先帝之業忽先帝之化不聽賢臣之言而

悅子女之意虛食祿者數千人妄食土者百餘戶造寺蠹財數
百億度人免租庸數十萬是故國家所出日加所入日減倉乏半
歲之儲庫無一時之帛所惡者逐逐必忠良所愛者賞賞皆讒慝
朋佞喋喋交相傾動奪百姓之食以養殘凶剝萬人之衣以塗土木
人怨神怒親忿衆離水旱疾疫六年之間三禍爲變享國不永受
終於凶婦取譏萬代詒笑四夷陛下所見也若法太宗治國太山
之安可致也法中宗治國累卵之危亦可致也頃淫雨不解穀荒
于隴麥爛于場入秋亢旱霜損蟲暴草木枯黃下人咨嗟未知
所濟而營寺造觀日繼于時道路流言計用緡錢百餘萬陛下
知倉有幾歲儲庫有幾歲帛百姓何所活三邊何所輸民散兵亂
職此由也而以百萬構無用之觀受天下之怨陛下忍棄太宗之治
本不忍棄中宗之亂階忍棄太宗久長之謀不棄中宗短促之計
何以繼祖宗觀萬國耶陛下在韋氏時切齒羣凶今貴爲天子不
改其事恐復有切齒於陛下者往見明敕一用貞觀故事且貞觀

有營寺觀加浮屠黃老益無用之官行不急之務者乎往者和帝
之憐悖逆也宗晉卿勸爲第宅趙履溫勸爲園亭土徒未息義
兵交馳亭不得游宅不得息信邪僻之說成骨肉之刑陛下所見
也今茲二觀得無晉卿之徒陰勸爲之冀誤骨肉不可不察也惟
陛下停二觀以須豐年以所費之財給貧窮塡府庫則公主福
無窮矣疏奏帝不能用然嘉切直稍遷右臺殿中侍御史雍令
劉少微恃權貪贓替否按之岑羲屢以爲請替否曰我爲憲司
懼勢以縱罪謂王法何少微坐死遷累潁王府長史卒年八十
李渤字濬之魏橫野將軍申國公發之裔父鈞殿中侍御史以不
能養母廢于世渤恥之不肯仕刻志於學與仲兄涉偕隱廬山
嘗以列禦寇拒粟其妻怒是無婦也樂羊子捨金妻讓之是無
夫也乃撫古聯德高蹈者以楚接輿老萊子黔婁先生於陵子王
仲儒梁鴻六人圖象讚其行因以自儆久之更徙少室元和初戶
部侍郎李巽諫議大夫韋況交章薦之詔以右拾遺召於是河

南少尹杜兼遣吏持詔幣即山敦促渤上書謝昔屠羊說有言位
三旌祿萬鍾知貴於屠羊然不可使吾君妄施彼賤貫也猶能忘
己愛君臣雖欲盜榮以濟所欲得無愧屠羊乎不拜洛陽令韓愈遺
書曰有詔河南敦喻遺公朝廷士引頸東望若景星鳳鳥始見爭先
覩之爲快方今天子仁聖小大之事皆出宰相樂善言如不得聞自
即大位凡所出而施者無不得宜勤儉之聲寬大之政幽閨婦女草
野小子飽聞而厭道之愈不通於古請問先生茲非太平世歟加
又有非人力而至者年穀屢熟符貺委至干紀之姦不戰而拘纍彊
梁之凶銷鑠縮栗迎風而委伏其有一事未就正視若不成人四
海所環無一夫甲而兵者若此時也遺公不疾起與天下士樂而
享之斯無時矣昔孔子知不可爲而爲之不已跡接於諸侯之國
今可爲之時自藏深山牢關而固拒即與仁義者異守矣想遺
公冠帶就車惠然肯來舒所畜積以補綴盛德之闕利加于時名
垂將來踴躍懷企頃刻以冀又竊聞朝廷議必起遺公使者往

若不許即河南必繼以行拾遺徵若不至更加高秩如是辭少就多
傷於廉而害於義遺公必不爲也善人進其類皆有望於公公不
爲起是使天子不盡得良臣君子不盡得顯位人庶不盡被惠
利其害不爲細必審察而諦思之務使合於孔子之道乃善渤心
善其言始出家東都每朝廷有闕政輒附章列上元和九年討
淮西上平賊三術一曰感二曰守三曰戰感不成不失爲守守不成
不失爲戰又上禦戎新錄乃以著作郎召渤遂起歲餘遷右補闕
以直忤旨下遷丹王府諮議參軍分司東都十三年上言至德以來
天下思致治平訖今不稱者人倦而不知變天以變通之運遺陛
下陛下順而革之則悠久宜乘平蔡之勢以德羈服恒兖無不濟
則恩威暢矣昔舜禹以匹夫宅四海其烈如彼今以五聖營太平其
難如此臣恐宰相羣臣蘊晦術略啓沃有所未盡使陛下翹然思
文武禹湯而不獲也宜正六官敘九疇脩王制月令崇孝悌敦九
族廣諫路黜選舉復俊造定四民省抑佛老明刑行令治兵禦戎

願下宰相公卿大夫議博引海內名儒大開學館與羣臣參講據
經稽古應時便俗者使切磋周復作制度合宜又繼周之言謹上五
事一禮樂二食貨三刑政四議都五辨讎渤雖處外然志存朝廷
表踈凡四十五獻擢爲庫部員外郎會皇甫鎛輔政務剝下佐用
度而渤奉詔弔鄜士美喪在道上言渭南長源鄉戶四百今纔四
十閿鄉戶三千而今千它州縣大抵類此推其敝始於攤逃人之
賦假令十室五逃則均責未逃者若抵石于井非極泉不止誠繇
聚斂之臣割下媚上願下詔一賜禁止計不三年人必歸于農夫農
國之本本立而太平可議矣又言道路薾不治驛馬多死憲宗得
奏咨駭即詔出飛龍馬數百給畿驛渤既以峭直觸要臣意乃謝
病歸穆宗立召拜考功員外郎歲終當校考渤自宰相而下升黜
之上奏曰宰相俛文昌植陛下即位倚以責功安危治亂繫也方陛
下訪大臣未有昵比左右自驕之心而天下事一以付之俛等不推至
公陳先王道德又不振祓舊典復百司之本政之興廢在賞罰俛等

未聞慰一首公使天下吏有所勸黜一不職使尸祿有所懼士之
邪正混然無章陛下比幸驪山宰相學士皆股肱心腹宜皆知之
不先事以諫陷君於過俛與學士杜元穎等請考中下御史大夫
李絳左散騎常侍張惟素右散騎常侍李益諫幸驪山鄭覃等
諫畋游得事君之禮請考上下崔元略當考上下前考于暈不實
暈以賄死請降中中大理卿許季同任暈者應考中下然頃陷劉
闢棄家以歸宜補厥過考中中少府監裴通職脩舉考應中上以
封母捨嫡而追所生請考中下奏入不報會渤請急馮宿領考功
以考課令取歲中善惡爲上下郎中校京官四品以下黜陟之由
三品上爲清望官歲進名聽內考非有司所得專渤舉舊事爲褒
貶違朝廷制請如故事渤議遂廢會魏博節度使田弘正表渤爲
副元穎劾奏渤賣直售名貪狂躁于進不已外交方鎮求尉薦不
宜在朝出爲虔州刺史渤奏還信州移稅錢二百萬免賦米二萬
石廢冗役千六百人觀察使上狀不閱歲遷江州刺史度支使張

平叔斂天下逋租渤上言度支所收貞元二年流戶賦錢四百四十萬臣州治田二千頃今旱死者千九百頃若徇度支所斂臣懼天下謂陛下當大旱責民三十年逋賦臣刺史上不能奉詔下不忍民窮無所逃死請放歸田里有詔蠲責渤又治湖水築隄七百步使人不病涉入爲職方郎中進諫議大夫時敬宗晏朝紫宸入閤帝久不出羣臣立屏外至頓仆渤見宰相曰昨論晏朝事今益晚是諫官不能移人主意渤請出閤待罪會喚仗乃止退上跡曰今日入閤陛下不時見羣臣羣臣皆布路跛倚夫跛倚形諸外則憂思結諸內憂倦既積災釁必生小則爲旱爲孽大則爲兵爲亂禮三諫不聽則逃之陛下新即位臣至三諫恐危及社稷又言左右常侍職規諷循默不事若設官不責實不如罷之俄充理匭使建言事大者以聞次白宰相下以移有司有司不當許再納匭妄訴者加所坐一等以絕冒越詔可時政移近倖紀律蕩然渤勁正不顧患通章封無闋日天子雖幼昏亦感寤擢給事中賜金紫服五坊卒夜鬬傷

縣人鄠令崔發怒敕吏捕捽其一中人也釋之帝大怒收發送御史獄會大赦改元發以囚坐雞竿下俄而中人數十持梃亂擊發敗面折齒幾死吏哀請乃去既而囚皆釋而發不得原渤上跡曰縣令曳辱中人中人敺御囚其罪一也然令罪在赦前而中人在赦後不寘于法臣恐四夷聞之慢侮之心生矣渤又誦言前神策軍在慢城莫綦京兆進食牙盤不時治致官人益橫帝以問左右皆曰無之帝謂渤有黨出爲桂管觀察使它日宰相李逢吉等見帝曰發辱中人誠不敬然其母故宰相韋貫之姊年八十憂發成疾陛下方孝治宜少捐之帝惻然曰比諫官但言發枉未嘗道此即遣使送發於家且撫尉其母韋拜詔泣對使者杖發四十猶奪其官至文宗乃用發爲懷州長史桂有灕水出海陽山世言秦命史祿伐粵鑿爲漕馬援討徵側復治以通餽後爲江水潰毀渠遂廢淺每轉餉役數十戶濟一艘渤釃浚舊道鄣泄有宜舟楫利焉踰年以病歸洛大和中召拜太子賓客卒年五十九贈禮部尚書渤孤操自將不苟合於世人咸謂之沽激屢以言斥而悻直不少衰守節者尚之

裴潾本河東聞喜人篤學善隸書以蔭仕元和初累遷左補闕於是兩河用兵憲宗任宦人爲館驛使檢稽出納有曹進玉者尤恃恩倨甚使者過至加捽辱宰相李吉甫奏罷之會伐蔡復以中人領使潾諫曰凡驛有官專尸之畿內以京兆尹道有觀察使刺史相監臨臺又御史爲之使以察過闕猶有不職則宜明科條督責之誰不惕懼若復以宮闈臣領之則內人而及外事職分亂矣夫事不善誡於初體有非不必大方開太平澄本正末宜塞侵官之原出位之漸帝雖不用而嘉其忠擢起居舍人帝喜方士而柳泌爲帝治丹劑求長年帝御劑中躁病渴潾諫曰夫除天下之害者常受天下之利共天下之樂者常饗天下之福故上自黃帝顓頊堯舜禹湯文武咸以功濟生人天皆報以耆壽垂榮無疆陛下以孝安宗廟以仁牧黎庶攘剗祆凶復張太平賓禮賢俊待以終始神功聖

德前古所不及陛下躬行之天地宗廟必相陛下以億萬之永今乃方士韋山甫柳泌等以丹術自神更相稱引詭爲陛下延年臣謂士有道者皆匿名滅景無求於世豈肯干謁貴近自鬻其伎哉今所至者非曰知道咸求利而來自言飛鍊爲神以誅權賄僞窮情得不恥遁亡豈可信厥術御其藥哉臣聞人食味別聲被色而生者也味以行氣氣以實志水火鹽梅以烹魚肉宰夫和之齊之以味君子食之以平其心夫三牲五穀稟五行以生也發爲五味天地生之所以奉人聖人節調以致康彊若乃藥劑者所以禦疾豈常進之餌哉況又金石性託酷烈而燒治積年包炎產毒未易可制夫秦漢之君亦信方士矣如盧生徐福欒大李少君後皆詐譎無成功事暴前策皆可驗視禮君之藥臣先嘗之父之藥子先嘗之臣子一也願以所治劑俾其人服之賁一歲以考眞僞則無不驗矣帝怒貶江陵令穆宗立泌等誅召潾再遷刑部郎中前率府倉曹參軍曲元衡杖民柏公成母死有司以死在辜外推元衡父蔭贖

金公成受賕不訴以赦免潾議曰杖捶者官得施所部非所部雖有罪必請有司明不可擅也元衡非在官公成母非所部不可以蔭免公成取賄仇家利母之死逆天性當伏誅有詔元衡流公成論死久之繇給事中爲汝州刺史越法杖人輒死以太子左庶子分司東都遷左散騎常侍集賢殿學士改刑部侍郎爲華州刺史召拜兵部侍郎出爲河南尹復還舊官卒贈戶部尚書謚曰敬潾以道自任悉心事上疾黨附不爲權近所持嘗裒古今辭章續梁昭明太子文選自號大和通選上之當時文士非與游者皆不取世恨其隘憲宗竟以藥棄天下世益謂潾知言穆宗雖誅泌而後稍稍復惑方士有布衣張皐者上疏曰神慮澹則血氣和嗜欲勝則疾疹作古之聖賢務自頤養不以外物撓耳目聲色敗情性繇是和平自臻福慶用昌在易無妄之疾勿藥有喜在詩自天降康降福穰穰此天人符也然則藥以攻疾無疾不用藥也高宗時處士孫思邈達於養生其言曰人無故不應餌藥藥有所偏助則藏氣爲不平推此論之可謂達見至理夫寒暑爲賊節宣乖度有資於醫尚當重慎故禮稱醫不三世不服其藥庶士猶爾況天子乎先帝晚節喜方士累致危疾陛下所自知不可蹈前覆迎後悔也今人人竊議直畏忤旨莫敢言臣蓬蓽之生非以邀寵顧忠義可爲者聞而默則不安願陛下無忽帝善其言詔訪皐不獲

李中敏字藏之系出隴西元和中擢進士第性剛峭與杜牧李甘善其文辭氣節大抵相上下沈傳師觀察江西辟爲判官入拜侍御史鄭注誣逐宰相宋申錫天下以目大和六年大旱文宗內憂詔詢所以致雨者中敏時以司門員外郎上言雨不時降夏陽驕熾苗欲槁枯陛下亶憂勤降德音俾下得盡言臣聞昔東海誤殺一孝婦大旱三年臣頃爲御史臺推因華封儒殺良家子三人陛下赦封儒死然三人者亦陛下赤子也神策士李秀殺平民法當死以禁衞刑止流宋申錫位宰相生平饋致一不受其道勁正姦人忌之陷不測之辜獄不參驗銜恨而沒天下士皆指目鄭注臣知

數寃必列訴上帝天之降災殆有由然漢武帝國用空竭桑弘羊興筦榷之利然卜式請亨以致雨況申錫之枉天下知之何惜斬一注以快忠臣之寃則天且雨矣帝不省中敏以病告滿歸潁陽注誅以司勳員外郎召累遷諫議大夫爲理匭使建言上書者將納於匭有司先審其副有不可輒卻之臣謂匭出禁中暮而入爲下開必達之路廣聰明直枉結若有司先裁可否恐事不重密非窮塞得自申意請一裁諸上詔可遷給事中仇士良以開府階蔭其子中敏曰內謁者監安得有子士良慙恚繇是復棄官去開成末爲婺杭二州刺史卒于官中敏所善李款字言源長慶初第進士爲侍御史注自邠寧入朝款伏閤劾奏注內通敕使外結朝臣往來兩地卜射財賄帝不省後注寖用事款被斥去注死繇倉部員外郎累遷江西觀察使終澧王傅

李甘字和鼎長慶末第進士舉賢良方正異等累擢侍御史鄭注侍講禁中求宰相朝廷譁言將用之甘顯倡曰宰相代天治物者當先德望後文藝注何人欲得宰相白麻出我必壞之既而麻出乃以趙儋爲鄜坊節度使甘坐輕肆貶封州司馬而李訓內亦惡注繇是注卒不相甘終于貶所始河南人楊牢字松年有至行甘方未顯以書薦於尹曰執事之部孝童楊牢父茂卿從田氏府趙軍反殺田氏茂卿死牢之兄蜀三往索父喪慮死不果至牢自洛陽走常山二千里號伏叛壘委髮羸骸有可憐狀讎意感解以尸還之單縗冬月往來太行間凍膚皸瘃銜哀雨血行路稱之爲牢泣歸責其子以牢勉之牢爲兒跂操如此未聞執事門唁而書顯之豈樹風扶教意耶且鄉人能韜齒狙剸雖急親之病皆一時決耳猶蒙表其閭脫之徭上有大禮則差問以粟帛今河北驕叛萬師不能攘而牢徒步請尸仇手與夫含腐忍瘡者孰多牢絕乳即能詩洛陽兒曹壯於牢者皆出其下聞牢之贖喪豁師償其費其葬也涓師賻之時斯執事之事他人既莫之矣即有稱牢於上者執事能無恨其後乎其激卬自任類此牢後亦擢進士第

贊曰夫以下摩上士所甚患然取名最多故上失德則與下爭名而後有誅夷斥竄事然或依古肆言高而難從以邀主賈直者逆之從傷道行之不切時此言事常弊也若廷珪數子優游彌縫皆中時病非所謂賈直自榮者也至渤爭晏朝潾諫方士甘斥鄭注不可作宰相排寵救危不得不爾賢哉

張韋韓宋辛二李裴列傳第四十三

武李賈白列傳第四十四　唐書一百一十九

宋　祁　奉　敕　撰

武平一名甄以字行潁川郡王載德子也博學通春秋工文辭武后時畏禍不敢與事隱嵩山脩浮圖法屢詔不應中宗復位平一居母喪迫召為起居舍人丐終制不見聽景龍二年兼脩文館直學士時天子暗柔不君韋后烝亂外戚盛平一重斥語即自請抑母黨上言去歲熒惑入羽林太白再經天太陽虧月犯大角臣聞災不妄生上見下應信如影響詩曰唯此文王小心翼翼昭事上帝聿懷多福陛下天性孝愛戚屬外家恩渥無已一宗階三等家數侯朱輪華轂過許史梁鄧遠甚恩崇者議積位厚者釁速故月滿必虧日中則移時不再來榮難久藉昔永淳之後王室多難先聖從權故臣家以宗子竊祿跡封今上聖復辟宜退守園廬乃再假光寵爵封如初高班厚位遂超涯極故陰氣僭陽河洛氾溢昔王族驕盈梅福上書竇氏專縱丁鴻進諫且后妃之家因過寵深一朝覆沒遂無噍類願思抑損之宜長遠之策推遠時權以全親親帝慰勉不許遷考功員外郎于時太平安樂公主各立黨相捉毀親貴離閒帝患之欲令敦和以訪平一因上書曰病之在四體者跡外而易逐居心腹者候遠而難治刑政乖舛四支疾也親權猜閒心腹患也書曰克明俊德以親九族九族既睦平章百姓詩曰協比其鄰婚姻孔云是知親族以輯睦為義也自頃權貴猜防外和內離怨結姻婭疑生骨肉邀榮之徒譖獻忠款言賢之伍苟輸讒計貴有邸第之中禁闥媼官之側故過從絕猜嫌構親愛乖黨與生積釁成禍不可既領悉乃近親貴人會宴內殿告以輯睦申以恩勤斥姦人塞讒路若猶未已則捨近圖遠抑慈示嚴惟陛下之命帝美其忠切卒不用初崔日用自言明左氏春秋諸侯官族它日學士大集日用折平一曰君文章固耐久若言經則敗績矣時崔湜張說素知平一該習勸令酬詰平一乃請所疑日用曰魯三桓鄭七穆奈何荅曰慶父叔牙季友桓三子也孟孫至黶凡九世叔孫舒季孫肥凡八世鄭穆公十一子子然及士子孔三族亡子羽不為卿故稱七穆子罕子駟子良子國子游子印子豐也一坐驚服平一問日用曰公言齊桓公楚莊王時諸侯屬齊若楚凡幾平公靈王時諸侯屬晉若楚凡幾晉六卿齊楚執政幾何人日用謝曰吾不知君能知乎平一條舉始末無留語日用曰吾請北面闔坐大笑後宴兩儀殿帝命后兄光祿少卿嬰監酒嬰滑稽敏給詔學士嘲之嬰能抗數人酒酣胡人襪子何懿等唱合生歌言淺穢因倨肆欲奪司農少卿宋廷瑜賜魚平一上書諫曰樂天之和禮地之序禮配地樂應天故音動於心聲形于物因心哀樂感物應變樂正則風化正樂邪則政教邪先王所以達廢興也伏見胡樂施于聲律本備四夷之數比來日益流宕異曲新聲哀思淫溺始自王公稍及閭巷妖伎胡人街童市子或言妃主情貌或列王公名質詠歌蹈舞號曰合生昔齊衰有行伴侶陳滅有玉樹後庭花趨數驁僻皆亡國之音夫禮慊而不進即銷樂流而不反則放臣願屏流僻崇肅雍凡胡樂備四夷外一皆罷遣況兩儀承慶殿者陛下受朝聽訟之所比大饗群臣不容以倡優媟狎虧汙邦典若聽政之暇苟玩耳目自當奏之後廷可也不納玄宗立貶蘇州參軍徙金壇令平一見寵中宗時雖宴豫嘗因詩頌規誡然不能卓然自引去故被謫既謫而名不衰開元末卒孫元衡儒衡別傳

李乂字尚真趙州房子人少孤年十二屬文中書令薛元超曰是子且有海內名第進士茂才異等累調萬年尉長安三年詔雍州長史薛季昶擇部吏才中御史者季昶以乂聞擢監察御史劾奏無避景龍初葉靜能怙勢乂條其姦中宗不納遷中書舍人脩文館學士帝遣使江南贖生在所市取以贖生乂上疏以為江南魚鼈之利衣食所資江湖之生無既而府庫之財有限與其拯物不如憂民且鬻者尚生之徒推利所視錢刀日至網罟歲廣施之一朝營之百倍若回所贖之貲減方困之徭其澤多矣韋氏之變詔令嚴促多乂草定進吏部侍郎仍知制誥與宋璟等同典選事請謁不行時人語曰李下無蹊徑改黃門侍郎封中山郡公制敕不便輒駁正貴幸有求官者睿宗曰朕非有靳顧李乂不可過耳諫罷金仙玉真二觀帝雖不從優容之太平公主干政欲引乂自附乂深自拒絕開元初姚崇為紫微令薦為侍郎外託引重實去其糾駁權畏乂明切也未幾除刑部尚書卒年六十八贈黃門監諡曰貞遺令薄葬毋還鄉里乂沈正方雅識治體時稱有宰相器蘇頲畢構馬懷素往祖之哭曰非公為慟而誰慟歟乂事兄尚一尚貞孝謹甚又俱以文章自名弟兄同為一集號李氏花萼集乂所著甚多尚一終清源尉尚貞博州刺史

賈曾河南洛陽人父言忠貌魁梧事母以孝聞補萬年主簿護役蓬萊宮或短其苛高宗廷詰辯列詳諦帝異之擢監察御史方事遼東奏使軍餉還奏上山川道里井陳高麗可破狀帝問諸將材否對曰李勣舊臣陛下所自悉龐同善雖非鬪將而持軍嚴薛仁貴勇冠軍高偘忠果而謀契苾何力性沈毅雖忌前有統御才然夙夜小心忘身憂國莫逮於勣者帝然所許衆亦以為知言累轉吏部員外郎李敬玄兼尚書言忠尚氣及主選不能下

貶邵州司馬失武宗意下獄幾死左除建州司戶參軍卒曾以省名舉雲中爲吏部員外郎玄宗爲太子遊讌宮僚以曾爲舍人太子數遣使采女樂就率更寺肄習曾諫曰作樂崇德以和人神韶夏有容咸英有節而女樂不與其間昔魯用孔子幾霸戎有由余而彊齊秦遺以女樂故孔子行由余出奔良以冶容蠱心喪志聖賢疾之最甚殿下渴賢之美未彰好伎之聲先聞非所以追啓誦嗣堯舜之烈也今儻閑宴私接延伎樂古亦有之猶當祕隱不以示人況閱之所司明示群臣哉願下令屏倡優女子諸使者採召一切罷止太子手令嘉答俄擢中書舍人以父嫌名不拜徙諫議大夫知制誥天子親郊有司議不設皇地祇位曾請合享天地如古制并從祀等坐睿宗詔宰相禮官議皆如曾請開元初復拜中書舍人曾固辭議者謂中書乃曹司非官稱嫌名在禮不諱乃就職與蘇晉同掌制誥皆以文辭稱時號蘇賈後坐事貶洋州刺史歷虔鄭等州刺史遷禮部侍郎卒子至

至字幼鄰擢明經第解褐單父尉從玄宗幸蜀拜起居舍人知制誥帝傳位至當撰冊既進帝曰昔先天誥命乃父爲之辭今茲命冊又爾爲之兩朝盛典出卿家父子手可謂繼美矣至頓首嗚咽流涕歷中書舍人至德中將軍王去榮殺富平令杜徽肅宗新得陝且惜去榮材詔貸死以流人使自效至諫

曰聖人誅亂必先示法令崇禮義漢始入關約法三章殺人者死不易之法也按將軍去榮以朔方偏裨提數千士不能整行列坿私怨殺縣令有犯上之逆或曰去榮善守陝新下非去榮不可守臣謂不然李光弼守太原程千里守上黨許叔冀守靈昌魯炅守南陽賈賁守雍丘張巡守睢陽初無去榮未聞賊能下也以一能而免死彼弧矢絕倫劒術無前者恃能犯上何以止之若捨去榮誅將來是法不一而招罪人也惜一去榮殺士去榮之材其傷益多彼逆亂之人有逆於此而順於彼乎亂富平而治於陝乎悖縣令能不悖於君乎律令者太宗之律令陛下不可以一士小材廢祖宗大法帝詔群臣議太子太師韋見素文部郎中崔器等皆以爲法者天地大典王者不敢專也帝王不擅殺而小人得擅殺者是權過人主開元以前無敢專殺尊朝廷也今有之是弱國家也太宗定天下陛下復鴻業則去榮非至德罪人乃貞觀罪人也其罪祖宗所不赦陛下可易之耶詔可蒲州刺史以河東瀕賊徹傳城廬舍五千室不使賊得保聚民大擾詔遣至尉安官助營完葺人乃安坐小法貶岳州司馬寶應初召復故官遷尚書左丞楊綰建請依古制縣令舉孝廉於刺史升天子禮部詔有司參議多是綰言至議以爲自晉後衣冠遷徙人多僑處因緣官族所在占籍今鄉舉取人未盡明請廣學校

增國子博士員十道大州得置大學館詔博士領之召置生徒使保桑梓者鄉里舉焉在流寓者庠序推焉議者更附至議轉禮部侍郎待制集賢院大曆初徙兵部累封信都縣伯進京兆尹七年以右散騎常侍卒年五十五贈禮部尚書謚曰文

白居易字樂天其先蓋太原人北齊五兵尚書建有功于時賜田韓城子孫家焉又徙下邽父季庚爲彭城令李正己之叛說刺史李洧自歸累擢襄州別駕居易敏悟絕人工文章未冠謁顧況況吳人恃才少所推可見其文自失曰吾謂斯文遂絕今復得子矣貞元中擢進士拔萃皆中補校書郎元和元年對制策乙等調盩厔尉爲集賢校理月中召入翰林爲學士遷左拾遺四年天子以旱甚下詔有所蠲貸振除災沴居易見詔節未詳即建言乞盡免江淮兩賦以救流瘠且多出宮人憲宗頗采納是時于頔入朝悉以歌舞人內禁中或言普寧公主取以獻皆頔嬖愛居易以爲不如歸之無令頔得歸曲天子李師道上私錢六百萬爲魏徵孫贖故第居易言徵任宰相太宗用殿材成其正寢後嗣不能守陛下猶宜以賢者子孫贖而賜之師道人臣不宜掠美帝從之河東王鍔將加平章事居易以爲宰相天下具瞻非有重望顯功不可任按鍔誅求百計不卹彫瘵所得財號爲羨餘以獻今

若假以名器四方聞之皆謂陛下得所獻與宰相諸節度私計曰誰不如鍔爭裒割生人以求所欲與之則綱紀大壞不與則有厚薄事一失不可復追是時孫璹以禁衛勞擢鳳翔節度使張奉國定徐州平李錡有功遷金吾將軍居易爲帝言宜罷璹進奉國以竦天下忠臣心度支有囚繫閿鄉獄更三赦不得原又奏言父死繫其子夫久繫妻嫁債無償期禁無休日請一切免之奏凡十餘上益知名會王承宗叛帝詔吐突承璀率師出討居易諫唐家制度每征伐專委將帥責成功比年始以中人爲都監韓全義討淮西賈良國監之高崇文討蜀劉貞亮監之且興天下兵未有以中人專統領者神策既不置行營節度即承璀爲制將又充諸軍招討處置使是實都統恐四方聞之必輕朝廷後世且傳中人爲制將自陛下始陛下忍受此名哉且劉濟等洎諸將必恥受承璀節制心有不樂無以立功此乃資承宗之姦挫諸將之銳帝不聽既而兵老不決居易上言陛下討伐本委承璀外則盧從史范希朝張茂昭今承璀進不決戰已喪大將希朝茂昭數月乃入賊境觀其勢似陰相爲計空得一縣即壁不進理無成功不亟罷之且有四害以府帑金帛齊民膏血助河北諸侯使益富彊一也河北諸將聞吳少陽受命將請洗滌承宗章一再上無不許則河北合從其勢益固與奪恩信不出朝廷二

也今暑濕暴露兵氣熏蒸雖不顧死孰堪其苦又神策雜募市人不忸于役脫奔逃相動諸軍必搖三也回鶻吐蕃常有游偵聞討承宗歷三時無功則兵之彊弱費之多少彼一知之乘虛入寇渠能救首尾哉兵連事生何故蔑有四也事至而罷則損威失柄祇可逆防不可追悔亦會承宗請罪兵遂罷後對殿中論執彊鯁帝未諭輒進曰陛下誤矣帝變色罷謂李絳曰是子我自拔擢乃敢爾我叵堪此必斥之絳曰陛下啓言者路故群臣敢論得失若黜之是箝其口使自爲謀非所以發揚盛德也帝悟待之如初歲滿當遷帝以資淺且家素貧聽自擇官居易請如姜公輔以學士兼京兆戶曹參軍以便養詔可明年以母喪解還拜左贊善大夫是時盜殺武元衡京都震擾居易首上疏請亟捕賊刷朝廷恥以必得爲期宰相嫌其出位不悅俄有言居易母墮井死而居易賦新井篇言浮華無實行不可用出爲州刺史中書舍人王涯上言不宜治郡追貶江州司馬既失志能順適所遇託浮屠生死說若忘形骸者久之徙忠州刺史入爲司門員外郎以主客郎中知制誥穆宗好畋游獻續虞人箴以諷曰唐受天命十有二聖兢兢業業咸勤厥政鳥生深林獸在豐草春蒐冬狩取之以道鳥獸蟲魚各遂其生民野君朝亦克用寧在昔玄祖厥訓孔彰馳騁畋獵俾心發狂何以效之曰羿與康曾不是誡終然覆亡高祖方獵蘇長進言不滿十旬未足爲懽上心既悟爲之輟畋降及宋璟亦諫玄宗溫顏聽納獻替從容璟趨以出鷂死握中噫竟遂歎于野走馬千路豈不快哉銜橛可懼審其安危惟聖之慮俄轉中書舍人田布拜魏博節度使命持節宣諭布遺五百縑詔使受之辭曰布父讎國恥未雪人當以物助之乃取其財誼不忍方諭問旁午若悉有所贈則賊未殄布貲竭矣詔聽辭餉是時河朔復亂合諸道兵出討遷延無功賊取弓高絕糧道深州圍益急居易上言兵多則難用將衆則不一宜詔魏博澤潞定滄四節度令各守境以省度支貲餉每道各出銳兵三千使李光顏將光顏故有鳳翔徐滑河陽陳許軍無慮四萬可徑薄賊開弓高糧路合下博解深州之圍與牛元翼合還裴度招討使悉太原兵西壓境見利乘隙夾攻之間令招諭以動其心未及誅夷必自生變且光顏久將有威名度爲人忠勇可當一面無若二人者於是天子荒縱宰相才下賞罰失所宜坐視賊無能爲居易雖進忠不見聽乃丐外遷爲杭州刺史始築堤捍錢塘湖鍾洩其水溉田千頃復浚李泌六井民賴其汲久之以太子左庶子分司東都復拜蘇州刺史病免文宗立以祕書監召遷刑部侍郎封晉陽縣男大和初二李黨事興險利乘之更相奪移進退毀譽若旦暮然楊虞卿與居易姻家而善李宗閔居易惡緣黨人斥乃移病還東都除太子賓客分司踰年即拜河南尹復以賓客分司開成初起爲同州刺史不拜改太子少傅進馮翊縣侯會昌初以刑部尚書致仕六年卒年七十五贈尚書右僕射宣宗以詩弔之遺命薄葬毋請謚居易被遇憲宗時事無不言湔剔抉摩多見聽可然爲當路所忌遂擯斥所蘊不能施乃放意文酒既復用又皆幼君偃蹇益不合居官輒病去遂無立功名意與弟行簡從祖弟敏中友愛東都所居履道里疏沼種樹構石樓香山鑿八節灘自號醉吟先生爲之傳暮節惑浮屠道尤甚至經月不食葷稱香山居士嘗與胡杲吉旼鄭據劉真盧真張渾狄兼謨盧貞燕集皆高年不事者人慕之繪爲九老圖居易於文章精切然最工詩初頗以規諷得失及其多更下偶俗好至數千篇當時士人爭傳雞林行賈售其國相率篇易一金甚僞者相輒能辯之初與元稹酬詠故號元白稹卒又與劉禹錫齊名號劉白其始生七月能展書姆指之無兩字雖試百數不差九歲暗識聲律其篤於才章蓋天稟然敏中爲相請謚有司曰文後履道第卒爲佛寺東都江州人爲立祠焉

贊曰居易在元和長慶時與元稹俱有名最長於詩它文未能稱是也多至數千篇唐以來所未有其自敘言關美刺者謂之諷諭詠性情者謂之閑適觸事而發謂之感傷其它爲雜律又譏世人所愛惟雜律詩彼所重我所輕至諷諭意激而言質閑適思澹而辭迂以質合迂宜人之不愛也今視其文信然而杜牧謂纖豔不逞非莊士雅人所爲流傳人間子父女母交口教授淫言媟語入人肌骨不可去蓋救所失不得不云觀居易始以直道奮在天子前爭安危冀以立功雖中被斥晚益不衰當宗閔時權勢震赫終不附離爲進取計完節自高而稹中道徼險得宰相名望漼然嗚呼居易其賢哉

○行簡字知退擢進士辟盧坦劍南東川府罷與居易自忠州入朝授左拾遺累遷主客員外郎代韋詞判度支按進郎中長慶時振武營田使賀拔志歲終結課最詔行簡閱實發其妄志懼自刺不殊行簡敏而有辭後學所慕尚寶曆二年卒

敏中字用晦少孤承學諸兄長慶初擢第進士辟義成節度使李聽府聽一見許其遠到遷右拾遺改殿中侍御史爲符澈邠寧副使澈卒以能政聞御史中丞高元裕薦爲侍御史再轉左司員外郎武宗雅聞居易名欲召用之是時居易足病廢宰相李德裕言其衰苶不任事即薦敏中文詞類其兄而有器識即日知制誥召入翰林爲學士進承旨宣宗立以兵部侍郎同中書門下平章事遷中書侍郎兼刑部尚書德裕貶敏中抵之甚力議者皆惡德

裕著書亦言惟以怨報德為不可測蓋斥敏中云累遷尚書右僕射門下侍郎
封太原郡公自員外凡五年十三遷崔鉉輔政欲專任患敏中居右會党項
數寇邊鉉言宜得大臣鎮撫天子嘉其言故敏中以司空平章事兼邠寧節
度招撫制置使初帝愛萬壽公主欲下嫁士人時鄭顥擢進士第有閥閱敏
中以充選顥與盧氏婚將授室而罷銜之敏中自以居外畏顥緣怨自訴于帝
帝曰朕知久矣若用顥言寧相任耶顧左右取書一函發視悉顥所上敏中
乃安及行帝御安福樓以餞須臾書諭尉賜通天帶衙以神策兵開府辟
士禮如裴度討淮西時次寧州諸將已破羌賊敏中即說諭其衆皆釋兵
為業乃自南山並河按屯保回繞千里又規蕭關通靈威路使為耕戰具踰
年檢校司徒徙劍南西川增騎卒完劍關壁治蜀五年有勞加兼太子太師
徙荊南懿宗立召拜司徒門下侍郎還平章事數月足病不任謁固求避
位不許中使者勞問俾對別殿毋拜右補闕王譜奏言敏中病四月陛下坐
朝與他宰相語不三刻安暇論天下事願聽其請無使有持寵曠責之譏書
聞帝怒斥譜陽翟令給事中鄭公輿申救不聽譜者侍中珪之遠裔未幾加
敏中中書令自裴度以勳德居而敏中以恩澤進咸通二年南蠻擾邊召敏
中入議許挾扶升殿固求免乃出為鳳翔節度使三奏願歸守墳墓除東都

留守不敢拜許以太傅致仕詔書未至卒冊贈太尉博士曹鄴責其病不
堅退且逐諫臣怙威肆行謚曰醜

列傳第四十四

端明殿學士兼翰林侍讀學士龍圖閣學士朝請大夫守尚書吏部侍郎兼集賢殿脩撰臣宋祁奉敕撰

桓彥範字士則潤州丹楊人以門廕調右翊衛遷司衛主簿狄仁傑曰君之才當自光大毋郵于初厚爲禮尋擢監察御史遷累中丞長安中爲司刑少卿張昌宗引妖人迎占言計不軌宋璟請窮治其姦武后以昌宗嘗自歸不許彥範諫曰昌宗謬橫恩苞禍心億測天命皇神降怒自擿其咎推原厥情蓋防事暴之日得引首以免未敗則俟時爲逆此凶詭之臣嘗惑聖心既自歸露而尚與妖人祈福禳解則果於必成初無悔意今而宥之誠恐昌宗自謂應運天下皓然從之父在子稱尊爲逆子君在臣圖位爲逆臣逆而不誅社稷懼亡請付三司考治不納時內史李嶠等屢奏往爲酷吏破家者請皆宥雪依違未從彥範復上言自文明後得罪惟揚豫博三州不免它可悉赦疏十上卒見聽嘗曰大理人命所縣

不可便辭詭合以自免張柬之將誅易之等引與定策於是以彥範敬暉爲左右羽林將軍屬以禁兵時中宗毋北門起居因得謁陳祕計神龍元年正月彥範暉率羽林兵與將軍李湛李多祚楊元琰薛思行等千騎五百人討賊令湛多祚就東宮迎中宗至玄武門彥範等斬關入士皆鼓譟時武后處迎仙宮之集仙殿斬易之等廡下后聞變而起見中宗曰乃汝耶豎子誅可還宮彥範進曰太子今不可以歸往天皇棄羣臣以愛子託陛下今久居東宮羣臣思天皇之德不血刃清內難此天意人事歸李氏臣等謹奉天意惟陛下傳位萬世不絕天下之幸后乃卧不復言明日中宗復位以彥範爲侍中封譙郡公賜實封五百戶上書戒帝曰詩以關雎爲始言后妃者人倫之本治亂之端也故舜之興以皇英而周之興以任姒桀奔南巢禍階末嬉魯桓滅國惑始齊姜伏見陛下臨朝視政皇后必施帷殿上預聞政事臣愚謂古王者謀及婦人皆破國亡身傾輈繼路且以陰乘陽違天也以婦凌夫違人也

違天不祥違人不義故書曰牝雞之晨惟家之索易曰無攸遂在中饋言婦人不得預外政也伏願上以社稷爲重令皇后無居正殿干外朝深居宮掖脩陰教以輔佐天子又道路籍籍皆云胡僧慧範託浮屠法詭惑后妃出入禁奧瀆撓朝政陛下嘗輕騎微服數幸其居上下汙慢君臣齵齬臣謂興化致治以康乂國家者繇進善而棄惡孔子曰執左道以亂政者殺假鬼神以危人者殺今慧範亂政危人者也不急誅且有變除惡務本願早裁之帝昏狃左右不能有所省納俄墨敕以方士鄭普思爲祕書監葉靜能爲國子祭酒彥範執不可帝曰要已用之不可止彥範曰陛下始復位制詔軍國皆用貞觀故事貞觀時以魏徵虞世南顏師古爲監以孔穎達爲祭酒如普思等方伎猥下安足繼蹤前烈臣恐物議謂陛下官不擇才以天秩加私愛不從時武三思以遷太后銜恚慮不利諸武而韋后雅爲帝寵畏且三思與烝亂由是朋讒奇中未幾罷彥範等政事五月加特進封扶陽郡王賜姓韋同后屬

籍錫金銀錦繡皆以鐵券恕十死令朝朔望尋出爲洺州刺史改濠州王同皎謀誅三思事洩三思誣彥範等同逆陰令許州司功參軍鄭愔上變乃貶彥範瀧州司馬敬暉崖州司馬袁恕己竇州司馬崔玄暐白州司馬張柬之新州司馬悉奪勳封三思又跡韋后隱穢榜於道請廢之帝震怒三思猥曰此殆彥範輩爲之命御史大夫李承嘉鞫狀物色其人承嘉即奏彥範暉柬之恕己玄暐暴訕搖變內託廢后而實危君人臣無將當伏誅詔有司議罪大理丞李朝隱執奏彥範等未訊即誅恐爲讎家誣蠛請遣御史按實卿裴談請即誅斬家籍沒帝業嘗許以不死遂流瀼州禁錮終身子弟年十六以上謫徙嶺外擢承嘉金紫光祿大夫襄武郡公談刑部尚書而貶朝隱三思又諷節愍太子請夷彥範等三族帝不從三思慮五人者且復用乃納崔湜計遣周利貞矯制殺之利貞至貴州逢彥範即縛曳竹槎上肉盡杖殺之年五十四睿宗即位彥範等並追復官爵賜實封二百

戶還其子孫論曰忠烈開元六年詔與暉柬之恕己勤勞王家皆配享中宗廟庭建中三年復贈彥範司徒暉太尉玄暐太子太師柬之司徒恕己太子太傅彥範工屬文然不甚喜觀書所志惟忠孝大略居若不能言及議論帝前雖被詰讓而安辭定色辯爭愈切誅二張也柬之勒兵景運門將遂夷諸武洛州長史薛季昶勸曰二凶雖誅產祿猶在請除之會日暮事遽彥範不欲廣殺因曰三思机上肉爾留為天子藉手季昶歎曰吾無死所矣俄而三思竊入宮因韋后反盜朝權同功者歎曰死我者桓君也彥範亦曰主上昔為英王故吾留武氏使自誅定今大事已去得非天乎初將起事告其母母曰忠孝不並立義先國家可也御史李福業者與彥範謀及被殺福業亦流番禺後亡匿吉州參軍齊元禮家吏捕得元禮俱坐死福業將刑謝元禮曰子有親吾且愧恨元禮曰公窮而歸我我得已乎見者傷之時監察御史盧龔秀亦坐與桓敬善為冉祖雍所按不屈或報曰南使至桓敬已死龔秀陸然祖雍怒曰彥範等負國君乃流涕且君下獄諸弟皆縱酒無憂色何邪對曰我何負哉正坐與彥範善耳今盡殺諸弟則已如獨殺龔秀恐公不得高枕而瞑祖雍色動握其手曰當活公遂得不坐龔秀者其祖方慶武德中為察非掾秦王器之嘗引與議建成事方慶辭曰母老矣丐身歸養王不逼也貞觀中為襄城令

彥範弟玄範官至常州刺史臣範工部侍郎

薛季昶者絳州龍門人武后時上書自布衣擢監察御史以累左遷平遙尉復拜御史屢按獄如旨擢給事中夏官郎中侯味虛將兵討契丹不利妄言賊行有蛇虎導軍后惡其詭拜季昶為河北道按察使季昶馳至軍斬味虛以聞威震北方襄城尉吳澤射殺驛使髡民女髮為髲州不能劾季昶杖殺之然後布恩信甄表善良或傳季昶曩為味虛所辱故深文報怨自給事中數月為御史中丞坐事左遷久乃入為雍州長史遷文昌左丞為洛州長史預誅易之等功進戶部侍郎五王失柄出季昶荊州長史貶儋州司

馬初季昶與昭州首領周慶立廣州司馬光楚客不叶懼二怨不敢往歎曰吾至是邪即具棺沐浴仰藥死葬昭州睿宗立詔贈左御史大夫同彥範等賜一子官季昶剛烈然喜入先語以為實後雖有辨理不能得也而敦愛故舊禮有名士其長可蓋所缺云

楊元琰者字溫虢州閿鄉人漢太尉震十八代孫生數歲未言相者視曰語遲者神定必為重器及長秀眉美鬚髯崇肩博頤居父喪七日不食服除補梓州參軍平棘令課第一御史府表其政璽書褒厲再擢永寧軍副使忤用事者免載初中為安南副都護三徙為荊府長史五遷州刺史咸有風績初張柬之代為荊州共乘艫江中私語外家革命元琰悲涕慷慨志在王室柬之執政故引為右羽林將軍謂曰江上之言君豈忘之今可以勉乃與李多祚等定計斬二張進雲麾將軍封弘農郡公實封戶五百賜鐵券恕十死敬暉等為武三思所構元琰知禍未已乃詭計請祝髮事浮屠悉還官封中宗不許暉聞尚戲曰胡頭應祝以多鬚貌似胡云元琰曰功成不退懼亡我不空言暉感之然已不及計暉等死獨元琰全再遷衛尉卿又上官封願追寵其親帝哀憐贈越州都督長史李多祚死太子難元琰坐厚善繫獄蕭至忠救之免睿宗立數上書乞骸骨不聽四遷刑部尚書封魏國公徙太子賓客罷設位東宮太子為拜餞致仕開元六年卒年七十九謚曰忠生平無留畜中外食其家常數十人臨終敕諸子薄葬子仲昌字蔓以通經為脩文生累調不甚顯以河陽尉對策玄宗擢第一授蒲州法曹參軍判入異等遷監察御史坐累為孝義令鸞降庭樹太守蕭恕表其政徙下邽終吏部郎中仲昌資長于吏常分父邑租振宗黨御身以約善與人交士樂從之游云

敬暉字仲曄絳州平陽人弱冠舉明經聖曆初為衛州刺史是時河北經突厥所騷方秋而城暉曰金湯非粟不守豈有棄農畝事池隍哉縱民歸斂闔部賴安遷夏官侍郎出為太州刺史改洛州長史武后幸長安為副留守以治辦聞璽書勞之多賜物段長

安二年授中臺右丞以誅二張功加金紫光祿大夫爲侍中平陽郡公實封五百戶進封齊國暉表請諸武王者宜悉降爵踰是皆爲公三思憤俄封平陽郡王加特進罷政事初易之已誅薛季昶請收諸武暉亦苦諫不從三思濁亂暉每椎坐悵恨彈指流血尋及貶又放瓊州爲周利貞所害睿宗時追復官爵又贈秦州都督謚曰肅愍

崔玄暐博陵安平人本名曄武后時有所避改焉少以學行稱叔父秘書少監行功器之舉明經爲高陵主簿居父喪盡禮廬有燕更巢共乳母盧有賢操常戒玄暐曰吾聞姨兄辛玄馭云子姓仕官有言其貧窶不自存此善也若貲貨盈衍惡也吾嘗以爲確論比見親表仕者務多財以奉親而親不究所從來必出于祿稟則善如其不然何異盜乎若今爲吏不能忠清無以戴天履地宜識吾意故玄暐所守以清白名母亡哀毀甘露降庭樹後以庫部員外郎累遷鳳閣舍人長安元年爲天官侍郎當公介然不受私謁

執政忌之改文昌左丞不踰月武后曰卿向改職乃聞令史設齋相慶此欲肆其貪耳卿爲朕還舊官乃復拜天官侍郎厚賜綵物三年授鸞臺侍郎同鳳閣鸞臺平章事兼太子左庶子四年遷鳳閣侍郎先是酷吏誣籍數百家玄暐開陳其枉后感悟皆爲原洗宋璟劾張昌宗不軌事玄暐頗助璟及有司正昌宗罪而玄暐弟昪爲司刑少卿執論大辟兄弟守正如此后久疾宰相不召見者累月及少間玄暐奏言皇太子相王皆仁明孝友宜侍醫藥不宜引異姓出入禁闥后慰納以誅二張功爲中書令博陵郡公后還上陽宮顧玄暐曰諸臣進皆因人而玄暐我所擢何至是對曰此正所以報陛下也俄拜博陵郡王罷政事冊其妻爲妃賜實封五百戶檢校益州大都督府長史知都督事會貶文泳古州道病卒年六十九謚曰文獻玄暐三世不異居家人怡怡如也貧寓郊墅群從皆自遠會食無它爨與昪尤友愛族人貧孤者撫養教勵後雖秉權而子弟仕進不使踰常資當時稱事少頗爲辭晚以非己

長不復構思專意經術子璩亦有文開元二年詔玄暐東之神龍之初保乂王室姦臣忌焉謫歿荒海泳落變遷感激忠義宜以玄暐子璩東之孫毖並爲朝散大夫璩終禮部侍郎璩子渙

渙博綜經術長論議十歲居父喪毀瘠加人陸元方異之起家亳州司功參軍還調於是入判者千餘吏部侍郎嚴挺之擢特掛試彝尊銘謂曰子清廟器故以題相命累遷司門員外郎楊國忠惡不附己出爲巴西太守玄宗西狩迎謁于道帝見占奏以爲明治體恨得之晚房琯亦薦之即日拜門下侍郎同中書門下平章事肅宗立與韋見素等同赴行在時京師未復舉選不至詔渙爲江淮宣諭選補使收采遺逸不以親故自嫌常曰抑于虞誇吾不忍爲然聽受不甚精以不職罷爲左散騎常侍兼餘杭太守江東採訪防禦使入遷吏部侍郎集賢院待制簡淡自處時望尤重遷御史大夫元載輔政與中官董秀樂結固寵渙疾之因進見慨然論載姦代宗曰載雖非重慎然協和中外無間然能臣也對曰和之

爲貴者由禮節也不節之以禮焉得和今干戈甫定品物思乂載爲宰相宜明制度易海內耳目而怙權樹黨毀法爲通衢恩爲怨附下苟容乃幽國卑主術臣所未諭帝默然會渙兼稅地青苗錢物使以錢給百官而吏用下直爲使料上直爲百司料載諷皇城副留守張清擿其非詔尚書左丞蔣渙按實且載所惡由是貶道州刺史卒贈太子太傅謚曰元子縱縱舉協律郎三遷監察御史會詔擇令長授藍田令德化大行縣人立碑頌德渙之貶縱棄金部員外郎就養後爲汴西水陸運兩稅鹽鐵等使王師圍田悅乏食詔縱餉四節度攝軍無乏德宗出奉天方鎮兵未至縱勸李懷光奔命悉軍財稱所須懷光兵疲久戰次河中遷延不進縱以金帛先度曰濟者即賜衆趨利爭西遂及奉天遷京兆尹上言懷光反覆不情宜備之及帝徙梁州追扈不及左右短縱素善懷光殆不來帝曰知縱者朕也非爾輩所及後數日至授御史大夫處大體不急細事獄訴付成僚屬而已自兵興內外官冗溢時議併省

縱奏兵未息仕進者多緒在官則累遷有功而褒賞不可廢也比選集乃據闕留人怨望滋結朝廷頻詔録勞而諸道敘優日廣若停減吏員非但承優者無官可敘亦恐序進者無路勝置矣詔可

貞元元年天子郊見爲大禮使歲旱用屈縱撙裁文物儉而不陋除吏部侍郎尋爲河南尹時兵雖定民彫耗縱治簡易蠲略細苛先是戍邊者道由洛儲餼取於民縱始令官辦使五家相保自占發斂以絕胥吏之私又引伊洛溉高仰通利里閈人甚宜之入爲太常卿封常山縣公卒年六十二贈吏部尚書謚曰忠初涣爲元載所抑縱訖載世不求聞達涣有嬖妾縱以母事之妾剛酷雖縱顯官而數笞詬然率妻子候顔色承養不懈時以爲難孫碣

碣字東標及進士第遷右拾遺武宗方討澤潞碣建請納劉稹降忤旨貶鄧城令稍轉商州刺史擢河南尹右散騎常侍再爲河南尹邑有大賈王可久轉貨江湖間值龐勛亂盡亡其貲不得歸妻詣卜者楊乾夫咨在亡乾夫名善數而内悅妻色且利其富既占陽驚曰乃夫殆不還矣即陰以百金謝媒者誘聘之妻乃嫁乾夫遂爲富人它年徐州平可久困甚丐衣食歸閭里往見妻乾夫大怒詬逐之妻詣吏自言乾夫厚納賂可久反得罪再訴復坐誣可久恨歎遂失明碣之來可久陳冤碣得其情即敕吏掩乾夫并前獄史下獄悉發贓姦一日殺之以妻還可久時淫潦獄決而霽都民相語歌舞于道徙陝虢觀察使軍亂貶懷州司馬卒

張柬之字孟將襄州襄陽人少涉經史補太學生祭酒令狐德棻異其才以王佐期之中進士第始調清源丞永昌元年以賢良召時年七十餘矣對策者千餘柬之爲第一授監察御史遷鳳閣舍人時突厥默啜有女請和親武后欲令武延秀娶之柬之奏古無天子取夷狄女者忤旨出爲合蜀二州刺史故事歲以兵五百戍姚州地險瘴到屯輒死柬之論其弊曰臣按姚州古哀牢國域土荒外山阻水深漢世未與中國通唐蒙開夜郎滇筰而哀牢不附東漢光武末始請内屬置永昌郡統之賦其鹽布氈罽以利中

土其國西大秦南交趾奇珍之貢不闕劉備據蜀甲兵不充諸葛亮五月度瀘收其產入以益軍使張伯岐選取勁兵以增武備故蜀志稱亮南征後國以富饒此前世置郡以其利之也今鹽布之稅不供珍奇之貢不入戈戟之用不實於戎行寶貨之資不輸於大國而空竭府庫驅率平人受役蠻夷肝腦塗地臣竊爲陛下惜之昔漢歷博南山涉蘭倉水更置博南哀牢二縣蜀人愁苦行者作歌曰歷博南越蘭津度蘭倉爲他人蓋譏其貪珍奇之利而爲蠻夷所驅役也漢獲其利人且怨歌今減耗國儲費調日引使陛下赤子身膏野草骸骨不歸老母幼子哀號望祭於千里之外朝廷無絲髮利而百姓蒙終身之酷臣竊爲國家痛之往諸葛亮破南中即用渠率統之不置漢官不留戍兵言置官留兵有三不易置官必夷漢雜居猜嫌將起留兵轉糧爲患滋重後忽反叛勞費必甚故粗設綱紀自然久定臣謂亮之策誠盡羈縻蠻夷之要今姚州官屬既無固邊厭寇之心又無亮且縱且擒之伎唯詭謀狡筭恣情割剝扇動酋渠遣成朋黨折支諂笑取媚蠻夷拜跪趨伏無復爲恥提挈子弟嘯引凶愚聚會蒱博一擲累萬凡逋逃亡命在彼州者戶贏二千專事剽奪且姚州本龍朔中武陵主簿石子仁奏置其後長史李孝讓辛文協死於群蠻詔遣郎將趙武貴討擊兵無噍類又以將軍李義摠繼往而郎將劉惠基戰死其州遂廢臣竊以亮有三不易其言卒驗垂拱中蠻郎將王善寶昆州刺史爨乾福復請置州言課稅自支不旁取於蜀及置州掾李稜爲蠻所殺延載中司馬成琛更置瀘南七鎮戍以蜀兵蜀始擾矣且姚府總管五十七州閒皆巨猾游客國家設官所以正俗防姦而無恥之吏敢謬至此今劫害未止恐驕擾之禍日滋宜罷姚州隸巂府歲時朝覲同蕃國廢瀘南諸鎮而設關瀘北非命使不許交通增巂屯兵擇清良吏以統之臣愚以爲便疏奏不納俄爲荊州大都督府長史長安中武后謂狄仁傑曰安得一奇士用之仁傑曰陛下求文章資歷今宰相李嶠蘇味道足矣豈文士齷齪不足

與成天下務哉后曰然仁傑曰荆州長史張柬之雖老宰相材也用之必盡節於國即召爲洛州司馬它日又求人仁傑曰臣嘗薦張柬之未用也后曰遷之矣曰臣薦宰相而爲司馬非用也乃授司刑少卿遷秋官侍郎後姚崇爲靈武軍使將行后詔舉外司可爲相者崇曰張柬之沈厚有謀能斷大事其人老惟亟用之即日召見拜同鳳閣鸞臺平章事進鳳閣侍郎誅二張也柬之首發其謀以功擢天官尚書同鳳閣鸞臺三品漢陽郡公實封五百戶不半歲以漢陽郡王加特進罷政事柬之既失權願還襄州養疾乃授襄州刺史中宗爲賦詩祖道又詔羣臣餞定鼎門外至州持下以法雖親舊無所縱貸會漢水漲齧城郭柬之因壘爲隄以遏湍怒闔境賴之又懇辭王爵不許俄及貶又流瀧州憂憤卒年八十二景雲元年贈中書令謚曰文貞授一子官柬之剛直不傅會然邃於學論次書數十篇子愿愿仕至襄州刺史漪以著作佐郎侍父襄陽恃其家立功簡接鄉人鄉人怨之初易之等誅後中宗以監國告武氏廟而天久陰不霽侍御史崔渾奏陛下復國當正唐家位號稱天下心奈何尚告武氏廟請毀之復唐宗廟帝嘉納是日詔書下霽驟澄駮咸以爲天人之應

袁恕己滄州東光人仕累司刑少卿知相王府司馬與誅二張又從相王統南衙兵備非常以功加銀青光祿大夫中書侍郎同中書門下三品封南陽郡公實封五百戶將作少匠楊務廉者以工巧進恕己恐其復啓游娛侈麗之漸言於中宗曰務廉位九卿忠言嘉謨不聞而專事營構以媚上不斥之亡以昭德乃授陵州刺史未幾拜中書令特進南陽郡王罷政事例及貶又流環州爲周利貞所逼恕己素餌黃金至是飲野葛數升不死憤懣抔土以食爪甲盡不能絕乃擊殺之謚曰貞烈孫高

高字公頤少慷慨有節尚擢進士第代宗時累遷給事中建中中拜京畿觀察使坐累貶韶州長史復拜給事中德宗將起盧杞爲饒州刺史高當草詔見宰相盧翰劉從一曰杞當國矯誣陰賊斥忠誼傲明德反易天常使宗祏失守天下疵痏朝廷不實以法寺示貶黜今還授大州天下其謂何翰等不悅命舍人作詔詔出高執不下奏曰陛下用杞爲相出入三年附下罔上使陛下越在草莽羣臣願食其肉且不猒漢法三光不明雨旱不時皆宰相請罪小者免大者戮杞罪萬誅陛下赦不誅止貶新州俄又內移今復拜刺史誠失天下望帝曰杞不逮是朕之過朕已再赦答曰杞天資詭險非不逮彼固所餘赦者止赦其罪不宜授刺史願問外廷并敕中人聽於民若億兆異臣之言臣請前死諫官亦力爭帝前帝曰與上佐可乎羣臣奉詔翌日遣使慰高曰朕惟卿言切至已如奏太子少保韋倫曰高言鯁挺自是陛下一良臣宜加優禮貞元二年帝以大盜後關輔百姓貧田多荒蕪詔諸道上耕牛委京兆府勸課量地給牛不滿五十畝不給高以爲聖心所憂乃在窮乏今田不及五十畝即是窮人請兩戶共給一牛從之卒年六十中外悵惜憲宗時李吉甫言其忠謇特贈禮部尚書文宗開成三

年又詔玄暐曾孫郢爲監察御史暉曾孫元膺河南丞柬之四世孫憬壽安尉恕己曾孫德文校書郎始帝訪御史中丞狄兼謨以仁傑功且言五王遺烈乃求其後秩以官唯彥範後無聞云

贊曰五王提衛兵誅嬖臣中興唐室不淹辰天下晏然其謀深矣至謂中宗爲英王不盡誅諸武使天子藉以爲威何其淺耶釁一啓爲豔后豎兒所乘劫持戮辱若放豚然何哉無亦神奪其明厚韋氏毒以興先天之業乎不然安李之功賢於漢平勃遠矣

五王列傳第四十五

端明殿學士兼翰林侍讀學士龍圖閣學士朝請大夫守尚書吏部侍郎充集賢殿脩撰臣宋　祁奉
勑撰

劉幽求冀州武彊人聖曆中舉制科中第調閬中尉刺史不禮棄官去久之授朝邑尉桓彥範等誅張易之昌宗而不殺武三思幽求謂彥範曰公等無葬地矣不早計後且噬臍不從既五王皆爲三思構死臨淄王入誅韋庶人預參大策是夜號令詔敕一出其手以功授中書舍人參知機務爵中山縣男實封二百戸授二子五品官二代俱贈刺史睿宗立進尚書右丞徐國公增封戸至五百賜物千段奴婢二十人第一區良田千畝金銀雜物稱是景雲二年以戸部尚書罷政事不旬月遷吏部拜侍中璽詔曰頃王室不造中宗厭代戚孽專亂將隕社稷朕與王公皆幾于難幽求處危思奮翊贊聖儲協和義士震殄元惡國家之復存翳幽求是賴厥庸茂焉朕用嘉之雖胙以土宇而賦入未廣昔西漢行封更擇

多戸東京定賞復增大邑宜加賜實封二百戸子子孫孫傳國無絕特免十死銘諸鐵券以傳其功先天元年爲尚書右僕射同中書門下三品監脩國史幽求自謂有勞于國在諸臣右意望未滿而竇懷貞爲左僕射崔湜爲中書令殊不平見於言面已而湜等附太平公主有逆計幽求與右羽林將軍張暐定計使暐說玄宗曰湜等皆太平黨與日夜陰計若不早圖且產大害太上不得高枕矣臣請督羽林兵除之帝許之未發也而暐漏言於侍御史鄧光賓帝懼即列其狀睿宗以幽求等屬吏劾奏以疏間親罪應死帝密申右之乃流幽求於封州暐於峯州光賓於繡州明年太平公主誅即日召復舊官知軍國事還封戸賜錦衣一襲開元初進尚書左丞相兼黃門監俄以太子少保罷姚崇素忌之奏幽求鬱怏散職有怨言詔有司鞫治宰相盧懷慎等奏言幽求輕肆不恭失大臣體乖崖分之節翌日貶睦州刺史削實封戸六百遷杭郴二州恚憤卒于道年六十一贈禮部尚書謚曰文獻六年詔與蘇瓌配享睿宗廟廷建中中追贈司徒

鍾紹京虔州贛人初爲司農錄事以善書直鳳閣武后時署諸宮殿明堂及銘九鼎皆其筆也景龍中爲苑揔監會討韋氏難紹京帥戸奴丁夫從事平夜拜中書侍郎參知機務明日進中書令越國公實封五百戸賚賜與劉幽求等既當路以賞罰自肆當時惡之因上疏讓官睿宗用薛稷謀進戸部尚書出爲彭州刺史玄宗即位復拜戸部尚書增實封改太子詹事不爲姚崇所喜與幽求並以怨望得罪貶果州刺史賜封邑百戸後坐它事貶懷恩尉悉奪階封再遷溫州別駕十五年入朝見帝泣曰陛下忘疇日事邪忍使棄死草莽且同時立功者今骨已朽而獨臣在陛下不垂愍乎帝惻然即日授太子右諭德久之遷少詹事年踰八十以壽卒紹京嗜書畫如王羲之獻之褚遂良真跡藏家者至數十百卷建中中追贈太子太傅

崔日用滑州靈昌人擢進士第爲芮城尉大足元年武后幸長安

陝州刺史宗楚客委以頓峙饋獻豐甘稱過賓使者楚客歎其能亟薦之擢爲新豐尉遷監察御史陰附安樂公主得稍遷神龍中鄭普思納女後宮日用劾奏中宗初不省廷爭切至普思由是得罪時諸武若三思延秀及楚客等權寵交煽日用多所結納驟拜兵部侍郎宴內殿酒酣起爲回波舞求學士即詔兼脩文館學士帝崩韋后專制畏禍及更因僧普潤道士王曄私謁臨淄王以自託且密贊大計王曰謀非計身直紓親難爾日用曰至孝動天舉無不克然利先發不則有後憂及韋氏平夜詔權雍州長史以功授黃門侍郎參知機務封齊國公賜實戸二百坐與薛稷相忿競罷政事爲婺州長史歷揚汴兗三州刺史由荆州長史入奏計因言太平公主逆節有萌陛下往以宮府討有罪臣子勢須謀與力今據大位一下制書定矣帝曰畏驚太上皇奈何日用曰庶人之孝承順顏色天子之孝惟安國家定社稷若令姦宄竊發以亡大業可爲孝乎請先安北軍而後捕逆黨於太上皇固無所驚帝納

之及討逆詔擢檢校雍州長史以功益封二百戶進吏部尚書會
帝誕日日用采詩大小雅二十篇及司馬相如封禪書獻之借以
諷諭且勸告成事有詔賜衣一副物五十段以示無言不酬之義
父之坐兄累出爲常州刺史後以例減封戶三百徙汝州開元七
年詔曰唐元之際日用實贊大謀功多不宜減封復食二百戶徙
幷州長史卒年五十幷人懷其惠吏民數百皆縞服送喪贈吏部
尚書謚曰昭再贈荊州大都督日用才辯絕人而敏于事能乘機
反禍取富貴先天後求復相然亦不獲也嘗謂人曰吾平生所事
皆適時制變不專始謀然每一反思若芒刺在背云子宗之襲封
亦好學寬博有風檢與李白杜甫以文相知者日用從父兄日知
字子駿少孤貧力學以明經進至兵部員外郎與張說同爲魏元
忠判官以健吏稱遷洛州司馬會譙王重福之變官司逃日
知獨率吏卒助屯營擊賊以功加銀青光祿大夫遷殿中少監建
言廄馬多請分牧隴右省關畿芻調授荊州長史四遷京兆尹封

安平縣侯坐贓爲御史李如璧所劾貶歙縣丞後歷殿中監進中
山郡公說執政薦爲御史大夫帝不許遂爲左羽林大將軍而自
用崔隱甫隱甫繇是怨說日知俄授太常卿自以處朝廷久每入
謁必與尚書齒時謂尚書里行終潞州長史謚曰襄
王琚懷州河內人少孤敏悟有才略明天文象緯以從父隱客嘗
爲鳳閣侍郎故數與貴近交時年甫冠見駙馬都尉王同皎同皎
器之會謀刺武三思琚義其爲即與周璟張仲之等共計事洩亡
命自傭於揚州富商家識非庸人以女嫁之厚給以貲琚亦賴以
濟睿宗立琚自言本末主人厚齎使還長安玄宗爲太子間游獵
韋杜間怠休樹下琚以儒服見且請過家太子許之至所廬乃蕭
然窶陋坐久殺牛進酒殊豐厚太子駭異自是每到韋杜輒止其
廬初太子在潞州襄城張暐爲銅鞮令性豪殖喜賓客弋獵事厚
奉太子數集其家山東倡人趙元禮有女善歌舞得幸太子止暐
第其後生子瑛者也太子已平內難召暐拜宮門郎與姜皎崔滌

李令問王守一薛伯陽等並侍左右令門郎擢殿中少監守一太
僕少卿此數人以東宮皆勢重天下琚是時方補諸暨縣主簿過
謝東宮至廷中徐行高視侍衞何止曰太子在琚怒曰在外惟聞
太平公主不聞有太子太子本有功於社稷孝於君親安得此聲
太子遽召見琚曰韋氏躬行弒逆天下動搖人思李氏故殿下取
之易也今天下已定太平專思立功左右大臣多爲其用天子以
元妹能忍其過臣竊爲殿下寒心太子命坐且泣曰計將安便琚
曰昔漢蓋主供養昭帝其後與上官桀謀殺霍光不及天子而帝
猶以大義去之今太子功定天下公主乃敢妄圖大臣樹黨有廢
立意太子誠召張說劉幽求郭元振等計之憂可紓也太子曰先
生何以自隱而日與寡人游琚曰臣善丹沙且工諧隱願比優人
太子喜恨相知晚翌日授詹事府司直內供奉兼崇文學士日以
諸王及姜皎等入侍獨琚常豫秘謀不踰月遷太子舍人兼諫議
大夫太子受內禪擢中書侍郎公主謀益甚幽求暐謀先事誅之

侍御史鄧光賓漏謀不克皆得罪久之琚見事迫請帝決策先天
二年七月乃與岐王薛王姜皎李令問王毛仲王守一以鐵騎至
承天門太上皇聞外譁譟召郭元振升承天樓閉關以拒俄而侍
御史任知古召募數百人於朝堂不得入少選琚從帝至樓下誅
蕭至忠岑羲竇懷貞常元楷李慈北闕下賈膺福李猷於內
客省事平琚進戶部尚書封趙國公皎工部尚書楚國公毛仲輔
國大將軍霍國公守一太常卿晉國公各食實戶五百令問殿中
監宋國公實戶三百琚皎令問辭不就以舊官增戶二百於是帝
召燕內殿賜金銀雜皿皆一牀帛二千第一區帝於琚眷委特異
豫大政事時號內宰相每見閤中視日薄乃得出遇休日使者至
第召之而皇后亦使尚宮勞琚母賜賚接足羣臣不能無望或說
帝曰王琚麻嗣宗皆譎詭縱橫可與履危不可與共安方天下已
定宜益求純樸經術士以自輔帝悟稍疏之俄拜御史大夫持節
巡天兵以北諸軍改紫微侍郎道未至拜澤州刺史削封戶百歷

九刺史復封戶又改六州二郡琚自以立勳至天寶時爲舊臣性豪侈其處方面去故就新受饋遺至數百萬侍兒數十寶帳備具闔門三百口既失志稍自放不能遵法度在州與官屬小史酣飲謔嘑博藏鉤爲樂每從官車馬數里不絕從賓客女伎馳弋凡四十年李邕故與琚善皆華首外遷書跡往復以讙謫留落爲慊右相李林甫恨琚特功使氣欲除之使人劾發琚宿贓削封階貶江華員外司馬又使羅希奭深按其罪琚懼仰藥未及死希奭縊之時人哀其無罪始琚爲中書侍郎母居洛陽來京師讓琚曰爾家上世皆州縣職今汝無攻城野戰勞以諂佞取容海內切齒吾恐汝家墳墓無人復掃除也琚卒不免寶應元年贈太子少保太平之誅張暐召還爲大理卿封鄧國公實封戶三百進京兆尹入侍宴樂出主京邑時人以爲寵然自以幹治稱累遷太子詹事判尚書右丞再爲羽林大將軍三至左金吾大將軍以年高加特進子履冰季良弟晤仕皆清近暐嘗還鄉上冢帝賜詩及錦袍繒綵乘驛就道子弟車馬聯咽使者賜賚敕州縣供擬居處尊顯天

寶五載卒年九十贈開府儀同三司履冰歷金吾將軍季良殿中監俱列棨戟

王毛仲高麗人父坐事沒爲官奴生毛仲故長事臨淄王王出潞州有李守德者爲人奴善騎射王市得之並侍左右而毛仲爲明悟景龍中王還長安二人常負弓箙以從王數引萬騎帥長及豪俊賜飲食金帛得其驩心毛仲曉旨亦布誠結納王嘉之韋后稱制令韋播高嵩爲羽林將軍押萬騎以苛峭樹威果毅葛福順陳玄禮訴於王王方與劉幽求薛崇簡及利仁府折衝麻嗣宗謀舉大計幽求諷之皆願效死遂入討韋氏守德從帝止死中而毛仲匿不出事定數日乃還不之責例擢將軍王爲皇太子以毛仲知東宮馬騶鷹狗等坊不旬歲至大將軍階三品與誅蕭至忠等以功進輔國大將軍檢校內外閑廐知監牧使進封霍國公實封戶五百與諸王及姜皎等侍禁中至連榻而坐帝暫不見悃悃若有失見則釋然開元九年詔持節爲朔方道防禦討擊大使與左領軍大總管王晙天兵軍節度使張說幽州節度使裴伷先等數計事毛仲始見飾擢頗持法不避權貴爲可喜事兩營萬騎及閑廐官吏憚之無敢犯雖官田草萊穉斂不敢欺於牧事尤力娩息不訾初監馬二十四萬後乃至四十三萬牛羊皆數倍蒔茼麥苜蓿千九百頃以禦冬市死畜售絹八萬募嚴道僰僮千口爲牧圉檢勒芻菽無漏隱歲贏數萬石從帝東封取牧馬數萬匹每色一隊相間如錦繡天子才之還加開府儀同三司自開元後唯王仁皎姚崇宋璟及毛仲得之然資小人志既滿不能無驕遂求爲兵部尚書帝不悅毛仲鞅鞅及與葛福順爲姻家而守德及左監門將軍盧龍子唐地文左右威衛將軍王景耀高廣濟數十人與毛仲相倚杖爲姦毛仲特舊最不法中使至其家稱詔毛仲不甚恭位卑者或踞見迕意即侮誶以自矜凌之直出其上高力士楊思勗等銜之毛仲有兩妻其一上所賜皆有國邑嘗生子帝命力士就賜

仍授子五品官還問曰毛仲喜乎力士奏毛仲熟視臣曰是子亦何辱三品官帝怒曰前毛仲負我未嘗爲意今以嬰兒顧云云乃士等知帝怒它日從容曰北門奴官皆毛仲所與不除之必起大患後毛仲移書太原索甲仗少尹嚴挺之以聞帝恐毛仲遂亂匿其狀十九年有詔貶瀼州福順壁州守德嚴州盧龍子唐地文振州王景耀黨州高廣濟道州並爲別駕員外置毛仲四子悉奪官貶惡地緣坐數十人有詔縊毛仲於零陵守德本名宜得立功乃改今名位武衛將軍嘗遇故主於道主走避守德命左右迎之至第親上食奉酒主流汗不敢當數日入奏曰臣蒙國恩過分而故主無寸祿請解官授之帝嘉其志擢爲郎將陳玄禮宿衛宮禁以淳篤自檢帝嘗欲幸虢國夫人第諫曰未宣敕不可輕去就帝爲止後在華清宮正月望夜帝將出游復諫曰宮外曠野無備豫陛下必出游願歸城闕帝不能奪安祿山反謀誅楊國忠關下不克至馬嵬卒誅之從入蜀還封蔡國公及李輔國遷帝西內玄禮

以老卒

贊曰幽求之謀紹京之果日用之智琚之辯皆足濟危紓難方多故時必資以成功者也雄邁之才不用其奇則猒然不滿誠不可與共治平哉姚崇勸不用功臣宜矣然待幽求等恨太薄云毛仲小人志得而驕不足論已

劉鍾崔三王列傳第四十六

端明殿學士兼翰林侍讀學士龍圖閣學士朝請大夫守尚書吏部侍郎兼知集賢院事臣宋祁奉敕撰

魏元忠宋州宋城人爲太學生跌蕩少檢久不調盩厔人江融曉兵術元忠從之游盡傳所學儀鳳中吐蕃數盜邊元忠上封事洛陽宮言命將用兵之要曰天下之柄有二文武而已至制勝御人其道一也今言武者先騎射不稽之權略言文者首篇章不取之經綸臣觀魏晉齊梁文章固不乏然何益治亂哉養由基射能穿札不止鄢陵之奔陸機識能辨亡無救河橋之敗斷可見已夫才生於世世實須才何世而不生才何才而不資世故物有不求未有無物之歲士有不用未有無士之時也志士在富貴與貧賤皆思立功名以傳于後然知己難而所遇罕士之懷琬琰就煨塵抱棟幹困溝壑者悠悠之人直覩此士之貧賤安知其方略哉故漢拜韓信舉軍驚笑蜀用魏延羣臣觖望此富貴者易爲善貧賤者難爲功也昔漢文帝不知魏尚賢而囚之知李廣才而不用乃歎其生不逢時夫以廣之才天下無雙時方歲事匈奴而卒不任故近不知尚廣之賢而遠想廉頗李牧馮唐是以知其有而不能用也此身爲時主所知不得盡其才也晉羊祜謀舉吳賈充荀勗沮之祜歎曰天下事不如意十常七八以二人不同終不大舉此據立功之地而不獲展其志也布衣之人懷奇抱策而望朝奏夕召豈易得哉臣願歷訪文武五品以上得無有智如羊祜武如李廣而不得騁其才者乎使各言其志毋令久失職又言人無常俗政有治亂軍無常勝將有能否兵爲王者大事存亡繫焉將非其任則殄人敗國齊段孝玄有言持大兵如擎盤水一致蹉跌求止可得哉周亞夫堅壁以挫吳楚司馬懿閉營而困諸葛亮此皆全軍制勝不戰而卻敵是知大將臨戎以智爲本今之用人類將家子或死事孤兒進非幹略雖竭力盡誠不免於傾敗若之何用之且建功者言其所濟不言所來言其所能不言所藉若陳湯呂蒙馬隆

孟觀並出貧賤而勳伐甚高不聞其家世將帥也故陰陽不和擢士爲相蠻貊不廷擢校爲將今以四海之廣億兆之衆豈無卓越之士臣恐未之思乎又賞者禮之基罰者刑之本禮崇則謀夫竭其能賞厚則義士輕其死刑正故君子勗其心罰重則小人懲其過賞罰者軍國之綱紀政教之藥石吐蕃本非彊敵而薛仁貴郭待封至棄甲喪師脫身以免國家寬政罪止削除綱漏吞舟何以過此雖陛下顧收後効然朝廷所少豈此一二人乎夫賞不勸謂之止善罰不懲謂之縱惡臣誠疏賤干非其事豈欲閒陛下君臣生薄厚哉正以刑賞一虧百年不復故國無賞罰雖堯舜不能爲今罰既不行賞復難信故議者皆謂比日征行虛立賞格而無其實蓋忘大體之臣恐賫勳庸竭府庫留意錐刀以爲益國所謂惜毫釐失千里者也且黔首雖微不可以欺安有寓不信之令設虛賞之格乎自蘇定方平遼東李勣破平壤賞既不行勳亦淪廢歲月紛淆眞僞相錯臣以吏不奉法慢自京師僞勳所由主司過也其則不遠近在尚書省中然未聞斬一臺郎戮一令史使天下知之陛下何照遠而不照近哉神州化首文昌政本治亂攸在臣故冐死而言夫明鑑所以照形往事所以知今臣請借近以爲諭貞觀中萬年尉司馬玄景舞文飾智以邀乾没太宗棄之都市後征高麗總管張君乂不進擊賊斬之旗下臣以爲僞勳之罪多於玄景仁貴等敗重於君乂使早誅之則諸將豈復有負哉慈父多敗子嚴家無格虜且人主病不廣大人臣病不節儉臣恐陛下病之於不廣大過在於慈父斯日月一蝕也又今將吏貪暴所務口馬財利臣恐戎狄之平未可旦夕望也凡人識不經遠皆言吐蕃戰前隊盡後隊方進甲堅騎多而山有氛瘴官軍遠入前無所獲不積穀數百萬無大舉之資臣以爲吐蕃之望中國猶孤星之對太陽有自然之大小不疑之明暗夷狄雖禽獸亦知愛其性命豈肯前盡死而後進哉由殘迫其人非下所願也必其戰不顧死則兵法許敵能鬭當以智算取之何憂不克哉向使將能殺敵積尸蔽

野斂其頭顱以爲京觀則此虜聞官軍鍾鼓望塵卻走何暇前隊皆死哉自仁貴等覆師喪氣故虜得跳梁山谷又師行必藉馬力不數十萬不足與虜爭臣請天下自王公及齊人挂籍之口人稅百錢又弛天下馬禁使民得乘大馬不爲數限官籍其凡勿使得隱不三年人閒畜馬可五十萬即詔州縣以所稅口錢市之若王師大舉一朝可用且虜以騎爲彊若一切使人乘之則市取其良以益中國使得漸耗虜兵之盛國家之利也高宗善之授秘書省正字直中書省仗內供奉遷監察御史帝嘗從容曰外以朕爲何如主對曰周成康漢文景也然則有遺恨乎曰有之王義方一世豪英而死草萊議者謂陛下不能用賢帝曰我適用之聞其死顧已無及元忠曰劉藏器行副於才陛下所知今七十爲尚書郎徒歎彼而又棄此帝默然慙遷殿中侍御史徐敬業舉兵詔元忠監李孝逸軍至臨淮而偏將雷仁智爲賊敗孝逸懼其鋒按兵未敢前元忠曰公以宗室將天下安危繫焉海內承平久聞狂狡竊發

皆傾耳翹心以待其誅今軍不進使遠近解情萬有一朝廷以他將代公且何辭孝逸然之乃部分進討時敬業保下阿谿弟敬猷屯淮陰咸請先擊下阿下阿敗淮陰自破今淮陰急敬業必救是敵在腹背也元忠曰不然賊勁兵盡守下阿利在一決苟有負則大事去矣敬猷博徒不知戰且其兵寡易搖大軍臨之勢宜克敬業畏直擣江都必將邀我中路吾今乘勝進又以逸擊勞破之必矣譬之逐獸弱者先禽今捨必禽之弱而趨難敵之彊非計也孝逸乃引兵擊淮陰敬猷脫身遁遂進擊敬業平之還授司刑正遷洛陽令陷周興獄當死以平揚楚功得流歲餘爲御史中丞復爲來俊臣所構將就刑神色不動前死者宗室子三十餘尸相枕藉於前元忠顧曰大丈夫行居此矣俄救鳳閣舍人王隱客馳騎免死傳聲及于市諸囚歡叫元忠獨堅坐左右命起元忠曰未知實否既而隱客至宣詔已乃徐謝亦不改容流費州復爲中丞歲餘陷侯思止獄仍放嶺南酷吏誅人多訟元忠者乃召復舊官因侍

宴武后曰卿累負謗鑠何邪對曰臣猶鹿也羅織之吏如獵者苟須臣肉爲之羹耳彼將殺臣以求進臣顧何辜聖曆二年爲鳳閣侍郎同鳳閣鸞臺平章事俄檢校并州長史天兵軍大總管以備突厥遷左肅政臺御史大夫兼檢校洛州長史治號威明張易之家奴暴百姓橫甚元忠笞殺之權豪憚服俄爲隴右諸軍大使以討吐蕃又爲靈武道行軍大總管禦突厥元忠馭軍持重雖無赫然功而亦未嘗敗中宗在東宮爲檢校左庶子時二張勢傾朝廷元忠嘗奏曰臣承先帝之顧且受陛下厚恩不能徇忠使小人在君側臣之罪也易之等恨怒因武后不豫即共譖元忠與司禮丞高戩謀挾太子爲耐久朋遂下制獄詔皇太子相王及宰相引元忠等辨於廷不能決昌宗乃引張說爲讚說初僞許之至是迫使言狀不應后又促之說曰臣不聞也易之等遽曰說與同逆說曩嘗謂元忠爲伊周夫伊尹放太甲周公攝王位此反狀明甚說曰易之昌宗安知伊周臣乃能知之伊尹周公歷古以爲忠臣陛下

不遣學伊周將何效焉說又曰臣知附易之朝夕可宰相從元忠則族滅今不敢面欺懼元忠之冤后寤其讒然重違易之故貶元忠高要尉中宗復位召爲衞尉卿同中書門下三品不閱旬遷兵部尚書進侍中武后崩帝居喪軍國事委元忠裁可拜中書令封齊國公神龍二年爲尚書右僕射知兵部尚書當朝用事羣臣莫敢望謁告上冢詔宰相諸司長官祖道上東門賜錦袍給千騎四人侍賜銀千兩元忠到家於親戚無所賑施及還帝爲幸白馬寺迎勞之安樂公主私請廢太子求爲皇太女帝以問元忠元忠曰公主而爲皇太女駙馬都尉當何名主恚曰山東木彊安知禮阿母子尚爲天子我何嫌宮中謂武后爲阿母子故主稱之元忠固稱不可自是語塞武三思用事京兆韋月將渤海高軫上書言其惡帝榜殺之後莫敢言王同皎謀誅三思不克反被族元忠居其間依違無所建明初元忠相武后有清正名至是輔政天下傾望冀幹正王室而稍憚權倖不能賞善罰惡譽望大減陳郡男子

秦楚客者以書規之曰今皇帝新服厥德任官惟賢才左右惟其人因以布大化充古誼以正天下君侯安得事循默哉苟利社稷專之可也夫安天下者先正其本本正則天下固國之興亡繫焉太子天下本譬之大樹無本則枝葉零悴國無太子朝野不安儲君有次及之勢故師保教以君人之道用蘊崇其德所以重天下也今皇子既長未定嫡嗣是天下無本天下無本猶樹而亡根枝葉何以存乎願君侯以清宴之閒言於上擇賢而立之此安天下之道曠而不置朝廷一失也女有內則男有外傳豈相濫哉幕府者丈夫之職今公主並開府置吏以女處男職所謂長陰抑陽也而望陰陽不愆風雨時若得乎此朝廷二失也今度人既多緇衣半道不本行業專以重寶附權門皆有定直昔之賣官錢入公府今之賣度錢入私家以茲入道徒為游食此朝廷三失也唯名與器不可以假人故曰天工人其代之夫代天非材不可也代非其人必失天意失天意而無患禍未之有也今倡優之輩因耳目之好遂授以官非輕朝廷亂正法邪人君無私私怨害物私賞費財況私人以官乎此朝廷四失也賢者邦家之光任之致治棄之生亂近詔博求多士雖有好賢之名無得賢之實蓋有司選士非賄即勢上失天心下違人望非為官擇吏乃為人擇官葛洪有言舉秀才不知書察孝廉濁如泥高第賢良吝如黽此朝廷五失也閹豎者給宮掖掃除事古以奴隸畜之中古以來大道乖喪賢哲親近習乃委之以事授之以權故豎刁亂齊伊戾敗宋君側之人眾所畏懼所謂鷹頭之蠅廟垣之鼠者也後漢時用事尤甚晚節卒亂天下今大君中興獨有閹豎坐升班秩既無正闕率授員外乃盈千人綰青紫耗府藏前事之驗後事之師此朝廷六失也古者茅茨採椽以儉約遺子孫所以愛力也今公主所賞傾庫府所造皆官供其跡築臺沼崇峙觀無山無本石木無近產造之終歲功用不絕夫為君所以養人非以害人今外戚不助養而反害之是使人主受謗天下此朝廷七失也官以安人非以害于人也先王欲人治必

選材欲人安必省事此誠同天下憂也人有樂君共之君有樂人慶之可謂同樂矣如此則上下無間而均一體也今天下困窮州牧縣宰非以選進割剝自私人不聊生是下有憂而上不卹也而更員外置官非助殘斂夫人情自以員外吏恐下不己畏也必峻法懼之恐財不己奉也必枉道奪之欲不亂可得哉古語有之十羊九牧羊既不得食人亦不得息書曰官不必備惟其人此言正員猶難其備況員之外乎此朝廷八失也政出多門大亂之漸近封數夫人皆先帝宮嬪以為備內職則不當知外不備內職則自可處外而今出入禁掖使內言必出外言必入固將弄君之法縱而不禁非所以重宗廟固國家孔子曰彼婦之口可以出走彼婦之謁可以死敗此朝廷九失也不以道事其君者所以危天下也危天下之臣不可不逐安天下之臣不可不任今有引鬼神執左道以惑主者託鬼神為難知故致其詐而據非才之地食非德之祿此國盜也傳曰國將興聽於人將亡聽於神今幾聽於神乎此朝廷十失也君侯不正誰與正之元忠得書責益慚思以三思專權思有以誅之會節愍太子起兵與聞其謀太子已誅三思引兵走闕下元忠子太僕少卿昇遇於永安門太子脅使從戰已而被殺議者未辨逆順元忠誦言曰既誅賊謝天下雖死鼎鑊所甘心惟皇太子沒為恨耳帝以其嘗有功且為高宗武后素所禮置不問宗楚客紀處訥大怒固請夷其族不聽元忠不自安上政事及國封詔以特進齊國公致仕朝朔望楚客等引右衛郎將姚廷筠為御史中丞暴奏反狀繇是貶渠州司馬楊再思李嶠皆希順楚客傅致元忠罪唯蕭至忠議當申宥之楚客復遣再思與冉祖雍奏元忠緣逆不宜處內地監察御史袁守一固請行誅遂貶務川尉守一又劾天后嘗不豫狄仁傑請陛下監國元忠止之此其逆久萌帝謂楊再思曰守一非是事君者一其心豈有上少疾遽異論哉朕未見元忠過也元忠至涪陵卒年七十餘景龍四年贈尚書左僕射齊國公本州刺史睿宗詔陪葬定陵以實封一百五十戶賜

其子晃開元六年謚曰貞元忠始名真宰以諸生見高宗高宗慰遣不知謝即出儀舉自安帝目送謂薛元超曰是子未習朝廷儀然名不虛謂真宰相也避武后母諱改今名

韋安石京兆萬年人曾祖孝寬爲周大司空鄖國公祖津隋大業末爲民部侍郎與元文都等留守洛拒李密戰上東門爲密禽後王世充殺文都而津獨免密敗復歸洛世充平高祖素與津善授諫議大夫檢校黃門侍郎陵州刺史卒父琬仕爲成州刺史安石舉明經調乾封尉雍州長史蘇良嗣器之永昌元年遷雍州司兵參軍良嗣當國謂安石曰大才當大用徒勞州縣可乎薦于武后擢膳部員外郎遷并州司馬有善政后手制勞問陟拜德鄭二州刺史安石性方重不苟言笑其政尚清嚴吏民尊畏久視中遷文昌右丞以鸞臺侍郎同鳳閣鸞臺平章事兼太子左庶子仍侍讀尋知納言事時二張及武三思寵橫安石數折辱之會侍宴殿中易之引蜀商宋霸子等博塞后前安石跪奏商等賤類不當戲殿

上顧左右引出坐皆失色后以安石辭正改容慰勉鳳閣侍郎陸元方自以爲不及退告人曰韋公眞宰相后嘗幸興泰宮議趨疾道安石曰此道板築所成非自然之固千金子且誡垂堂況萬乘可輕乘危哉后爲回輦長安二年同鳳閣鸞臺三品俄又知納言檢校揚州大都督府長史神龍元年罷政事俄復同三品遷中書令兼相王府長史封鄖國公賜封三百戶加特進爲侍中中宗與韋后以正月望夜幸其第賚賜不貲帝嘗幸安樂公主池主請御船安石曰御輕舟乘不測非帝王事乃止睿宗立授太子少保改封郇國復爲侍中中書令進開府儀同三司太平公主有異謀欲引安石數因其壻唐晙邀之拒不往帝一日召安石曰朝廷傾心東宮卿胡不察對曰太子仁孝天下所稱且有大功陛下今安得亡國語此必太平公主計也帝矍然曰卿勿言朕知之主竊聞乃構飛變欲訊之賴郭元振保護免遷尚書右僕射兼太子賓客同三品俄罷政事留守東都會妻薛怨婿婢笞殺之爲御史中丞楊

茂謙所劾下遷蒲州刺史徙青州安石在蒲太常卿姜皎有所請拒之皎弟晦爲中丞以安石昔相中宗受遺制而宗楚客韋溫擅削相王輔政語安石無所建正諷侍御史洪子輿劾舉子輿以更赦不從監察御史郭震奏之有詔與韋嗣立趙彥昭等皆貶安石爲沔州別駕皎又奏安石護作定陵有所盜沒詔籍其贓安石歎曰祇須我死乃已發憤卒年六十四開元十七年贈蒲州刺史天寶初加贈左僕射郇國公謚文貞二子陟斌

陟字殷卿與弟斌俱秀敏異常童安石晚有子愛之神龍二年安石爲中書令陟甫十歲授溫王府東閤祭酒朝散大夫風格方整善文辭書有楷法一時知名士皆與游開元中居喪以父不得志歿乃與斌杜門不出八年親友更往敦曉乃彊調爲洛陽令宋璟見陟歎曰盛德遺範盡在是矣累除吏部郎中中書令張九齡引爲舍人與孫逖梁涉並司書命時號得才遷禮部侍郎陟於藝裁尤長故事取人以一日試爲高下陟許自通所工先就其能試之

已乃程考由是無遺材遷吏部侍郎選人多僞集與正調相冒陟有風采擿辨無不伏者黜正數百員銓綜號爲公平然任威嚴或至詈詰議者訾其峻又自以門品可坐階三公居常簡貴視僚黨替然其以道誼合雖後進布衣與均禮李林甫惡其名高恐逼已出爲襄陽太守徙河南採訪使以判官員錫善計覆支使韋元甫工書奏時號員推韋狀陟皆倚任之俄襲郇國公坐事貶守鍾離義陽後爲河東太守以失職內怏怏乃毀廉隅頗餉謝權倖欲自結天寶十二載入考華清宮楊國忠忌其才謂拾遺吳象之曰子能發陟罪乎吾以御史相處象之乃劾陟饋遺事國忠又使甥婿韋元志左驗陟惶悸賂吉溫求救由是俱得罪陟貶桂嶺尉坐不行徙平樂會安祿山陷洛陽弟斌沒賊國忠欲構陟與賊通密諭守吏令脅陟使憂死州豪桀共說曰昔張說被竄屠陳氏以免今若詔書下誰敢庇公願公乘扁舟遁去事寧乃出不亦美乎陟慨然曰命當爾其敢逃刑因謝遣堅卧不出歲餘肅宗即位起爲吳

郡太守使者趣追未至會永王兵起委陟招諭乃授御史大夫江東節度使與高適來瑱會安州陟曰今中原未平江淮騷離若不齊盟質信以示四方知吾等協心戮力則無以成功乃推瑱爲地主爲載書登壇曰淮西節度使瑱江東節度使陟淮南節度使適銜國威命糾合三垂翦除凶慝好惡同之毋有異志有渝此盟墜命亡族罔克生育皇天后土祖宗明神實鑒斯言辭旨慷慨士皆隕泣永王敗帝趣陟赴鳳翔初李廣琛從永王亂非其本謀陟表廣琛爲歷陽太守尉安之至是恐廣琛有後變乃馳往諭詔恩釋其疑而後趣召帝雅聞陟名欲倚以相及是遷延疑有顧望意止除御史大夫會杜甫論房琯詞意迂慢帝令陟與崔光遠顏眞卿按之陟奏甫言雖狂不失諫臣體帝繇是疏之富平人將軍王去榮殺其縣令帝將宥之陟曰昔漢高帝約法殺人者死今陛下殺人者生恐非所宜時朝廷尚新羣臣班殿中有相弔哭者帝以陟不任職用顏眞卿代之更拜吏部尚書父之宗人伐墓柏坐不相教

貶絳州刺史還授太常卿呂諲入輔薦爲禮部尚書東京留守史思明逼伊洛李光弼議守河陽陟率東京官屬入關避之詔授吏部尚書令就保永樂以圖收復卒年六十五贈荊州大都督陟早有名而爲林甫國忠擯廢及肅宗擇相自謂必得以後至不用任事者皆新進望風憚之多言其驕倨及入關又不許至京師鬱鬱不得志成疾且卒歎曰吾道窮於此乎性侈縱喜飾服馬侍兒閹童列左右常數十侔於王宮主第窮治饌羞擇膏腴地藝穀麥以鳥羽擇米每食視庖中所棄其直猶不減萬錢宴公侯家雖極水陸曾不下筯常以五采牋爲書記使侍妾主之其裁答受意而已皆有楷法陟唯署名自謂所書陟字若五朵雲時人慕之號郇公五雲體然家法脩整敎子允就學夜分視之見其勤旦日問安色必怡稍怠則立堂下不與語雖家僮數十然應門賓客必允主之永泰元年贈尚書左僕射太常博士程皓議謚忠孝顏眞卿以爲許國養親不兩立不當合二行爲謚主客員外郎歸崇敬亦駮

正之右僕射郭英乂無學術卒用太常議去

斌父爲相時授太子通事舍人少脩整好文藝容止嚴峭有大臣體與陟齊名開元中薛王業以女妻之遷祕書丞天寶中爲中書舍人兼集賢院學士改太常少卿李林甫構韋堅獄斌以宗累貶巴陵太守移臨汝父之拜銀青光祿大夫列五品時陟守河東而從兄由爲右金吾衛將軍縚爲太子少師四第同時列戟衣冠罕比者祿山陷洛陽斌爲賊得署以黃門侍郎憂憤卒乾元元年贈祕書監斌天性質厚每朝會不敢離立笑言嘗大雪在廷者皆振裾更立斌不徙足雪甚幾至韈亦不失恭子況少隱王屋山孔述睿稱之及述睿以諫議大夫召薦況爲右拾遺不拜未幾以起居郎召半歲輒棄官去從家龍門除司封員外郎稱疾固辭元和初授諫議大夫勉諭到職數月乞骸骨以太子左庶子致仕卒況雖世貴而志沖遠不爲聲利所遷當時重其風操

叔夏安石兄通禮家學叔父太子詹事琨嘗曰而能繼漢丞相業

矣擢明經第歷太常博士高宗崩卹禮亡缺叔夏與中書舍人賈大隱博士裴守眞譔定其制擢春官員外郎武后拜洛享明堂凡所沿改皆叔夏祝欽明郭山惲等所裁討每立一議衆咨服之累遷成均司業后又詔五禮儀物司禮博士有所脩革須叔夏欽明等評處然後以聞進位春官侍郎中宗復位轉太常少卿爲建立廟社使進銀青光祿大夫累封沛郡公國子祭酒卒贈兗州都督脩文館學士謚曰文子縚

縚開元時歷集賢脩撰光祿卿遷太常唐興禮文雖具然制度時時繆缺不倫至顯慶中許敬宗建言籩豆以多爲貴宗廟乃踰于天請大祀十二中祀十小祀八大祀中祀簠簋甑俎皆一小祀無甑詔可二十三年赦令以籩豆之薦未能備物宜詔禮官學士共議以聞縚請宗廟籩豆皆加十二又言郊尊爵容止一合容小則陋宜增大之兵部侍郎張均職方郎中韋述議曰禮天之所生地之所長苟可薦者莫不咸在聖人知孝子之情深而物類無限故

爲之節使物有品器有數貴賤差降不得相越周制王食用六穀膳用六牲飲用六清羞用百有二十品珍用八物醬用百有二十甕而以四簋四籩四豆供祭祀祭祀與賓客豐省不得同舊矣且嗜好燕私之饌與時而遷故聖人一約以禮雖平生所嗜非禮則不薦所惡是禮則不去屈建命去羋祭之芰曰祭典有之不羞珍異不陳庶侈此則禮外之食前古不薦今欲以甘旨肥濃皆充於祭苟踰舊制其何極焉雖籩豆有加不能備也若曰以今之珍生所嗜愛求神無方是簠簋可去而盤盂杯案當御矣韶濩可抵而箜篌笙笛應奏矣且自漢以來陵有寢宮歲時朔望薦以常饌固可盡孝子之心至宗廟法享不可變古從俗有司所承一升爵五升散禮凡宗廟貴者以爵賤者以散此貴小賤大以示節儉請如故太子賓客崔沔曰古者有所飲食必先嚴獻未火化則有毛血之薦未麴蘖則有玄酒之奠至後王作酒醴用犧牲故有三牲八簋五齊九獻然神尚玄可存而不可測也祭主敬可備而不可廢也蓋薦貴新

味不尚褻雖曰備物猶有節制存焉鉶俎籩豆簠簋尊罍周人時饌也其用通於燕享賓客周公乃與毛血玄酒共薦晉中郎盧諶家祭皆晉日食則當時之食不可闕於祀已唐家清廟時享禮饌備進周法也園寢上食時膳具陳漢法也職貢助祭致遠物也有新必薦順時令也苑囿躬稼所入蒐田親發所中皆因宜以薦薦而後食則濃腴鮮美盡在矣又勅有司著于令不必加籩豆之數也大凡祭器視物所宜故大羹古饌也盛以甑甑古器也和羹時饌也盛以鉶鉶時器也有古饌而用時器者則毛血于盤玄酒于尊未有進時饌用古器者古質而今文有所不稱也雖加籩豆十二未足盡天下之美而措諸廟徒以近侈而見訾抵臣闇墨家者流出於清廟是廟貴儉不尚奢也禮部員外郎楊仲昌戶部郎中陽伯成左衞兵曹參軍劉秩等請如舊禮宰相白奏玄宗曰朕承祖宗休德享祀粢盛實豐有如不應於法亦不敢用乃詔太常擇品味可增者稍加焉縚又請室加籩豆各六每四時以新果

珍饈實之制可又詔獻爵視樂升所容以合古二十三年詔書服紀所未通者令禮官學士詳議縚上言禮喪服舅緦麻三月從母小功五月傳曰何以小功以名加也而堂姨舅恩所不及焉外祖父母小功五月傳曰何以小功以尊加也舅緦麻三月皆情親而屬疏也外祖正尊服同從母姨舅一等而有輕重堂姨舅親未疏不相爲服親舅母不如同爨其亦古意有所未暢且外祖小功此爲正尊請進至大功姨舅儕親服宜等請進舅至小功堂姨舅以疏降親舅從母一等親舅母古未有服請從祖免於是韋述議曰自高祖至玄孫幷身謂之九族由近及遠差其輕重遂爲五服傳曰外親服皆緦鄭玄曰外親之服異姓正服不過緦外祖父母小功以尊加從母小功以名加舅甥外孫中外昆弟皆緦以匹言之外祖則祖也舅則伯叔也父母之恩不殊而獨殺於外者有以也禽獸知母而不知父野人則父母等都邑之士則知尊禰大夫則知尊祖諸侯及太祖天子及始祖聖人究天道厚祖禰繫姓族

親子孫則母黨之於本族不同明甚家無二尊喪無二斬人之所奉不可貳也爲人後降其父母喪女子嫁殺其家之喪所存者遠抑者私也若外祖及舅加一等而堂舅及姨著服則中外其別幾何且五服有上殺之義伯叔父母服大功從父昆弟亦大功以其出於祖服不得過於祖也從祖祖父母從祖父母從祖昆弟皆小功以其出於曾祖服不得過曾祖也族祖祖父母族祖父母族昆弟皆緦以其出於高祖服不得過高祖也堂姨舅出外曾祖若爲之服則外曾祖父母外伯叔祖父母亦可制服矣外祖至大功則外曾祖小功外高祖緦推而廣之與本族無異棄親錄疏不可謂順且服皆有報則堂甥外曾孫姪女之子皆當服聖人豈薄其骨肉恩愛哉蓋本於公者末於私義有所斷不得不然苟可加也則可減也如是禮可隳矣請如古便楊仲昌又言舅服小功魏徵嘗進之矣今之所請正同徵論堂舅堂姨舅母皆升袒免則外祖父母進至大功不加報於外孫乎外孫而報以大功則本宗之庶孫

用何等邪帝手敕曰朕謂親姨舅服小功則舅母於舅有三年之喪不得全降於舅宜服緦堂姨舅古未有服朕思睦厚九族宜袒免古有同爨緦若比堂姨舅於同爨不已厚乎傳曰外親服皆緦是亦不備堂姨舅也若謂所服不得過本而復為外曾祖父母外伯叔父母制服亦何傷皆親親敦本意也侍中裴耀卿中書令張九齡禮部尚書李林甫奏言外服無降甥為舅母服舅母亦報之夫之甥既報則夫之姨舅又當服恐所引益疏臣等愚皆所不及詔曰從服六此其一也降殺於禮無文皆自身率親為之數姨舅屬近以親言之亦姑伯之匹可曰所引疏耶婦人從夫者也夫於姨舅既服矣從夫而服是謂睦親卿等宜熟計耀卿等奏言舅母緦堂姨舅袒免請準制曰自我為古罷諸儒議制曰可初帝詔歲率公卿迎氣東郊至三時常以孟月讀時令於正寢二十六年詔縚月奏令一篇朔日於宣政側設榻東向置案縚坐讀之諸司官長悉升殿坐聽歲餘罷高宗上元三年將祫享議者以禮緯三年

祫五年禘公羊家五年再殷祭二家舛互諸儒莫能決太學博士史玄璨曰春秋僖公三十三年十二月薨文公之二年八月丁卯大享公羊曰祫也則三年喪畢新君之二年當祫明年當禘羣廟又宣公八年禘僖公宣公八年皆有禘則後禘距前禘五年此則新君之二年祫三年禘爾後五年再殷祭則六年當祫八年禘昭公十年齊歸薨十三年喪畢當祫為平丘之會冬公如晉至十四年祫十五年禘傳曰有事於武宮是也至十八年祫二十年禘二十三年祫二十五年禘昭公二十五年有事於襄宮是也則禘後三年而祫又二年而禘合於禮議遂定後睿宗喪畢祫於廟至開元二十七年禘祭五祫祭七是歲縚奏四月嘗已禘孟冬又祫祀禮叢數請以夏禘為大祭之源自是相循五年再祭矣縚終太子少師

抗者安石從父兄子弱冠舉明經累官吏部郎中景雲初為永昌令華轂繁要抗不事威刑而治前令無及者遷右御史臺中丞邑民詣闕留不聽乃立碑著其惠開元三年自太子左庶子為益州大都督府長史授黃門侍郎河曲胡康待賓叛詔持節慰撫抗於武略非所長稱疾逗留不及賊而返俄代王晙為御史大夫兼按察京畿弟拯方為萬年令兄弟領本部時以為榮坐薦御史非其人授安州都督改蒲州刺史入為大理卿進刑部尚書分掌吏部選卒抗歷職以清儉不治產及終無以葬玄宗聞之特給轜車贈太子少傅諡曰貞所表奉天尉梁昇卿新豐尉王倕華原尉王燾皆為僚屬後皆為顯人昇卿涉學工書於八分尤工歷廣州都督書東封朝覲碑為時絕筆倕累遷河西節度使天寶中功聞于邊它所辟舉如王維王縉崔殷等皆一時選云

郭震字元振魏州貴鄉人以字顯長七尺美須髯少有大志十六與薛稷趙彥昭同為太學生家嘗送資錢四十萬會有縗服者叩門自言五世未葬願假以治喪元振舉與之無少吝一不質名氏稷等嘆駭十八舉進士為通泉尉任俠使氣撥去小節嘗盜鑄及掠賣部中口千餘以餉遺賓客百姓厭苦武后知所為召欲詰既

與語奇之索所為文章上寶劍篇后覽嘉歎詔示學士李嶠等即授右武衛鎧曹參軍進奉宸監丞會吐蕃乞和其大將論欽陵請罷四鎮兵披十姓之地乃以元振充使因覘虜情還上疏曰利或生害害亦生利國家所患唯吐蕃與默啜耳今皆和附是將大利於中國也若圖之不審害且隨之欽陵欲裂十姓地解四鎮兵此動靜之機不可輕也若直遏其意恐邊患必甚於前宜以策緩之使其和望勿絕而惡不得萌因當取捨審也夫患在外者十姓四鎮是也患在內者甘涼瓜肅是也關隴屯戍向三十年力用困竭脫甘涼有一日警豈堪廣調發耶善為國者先料內以敵外不貪外以害內然後安平可保欽陵以四鎮近已畏我侵掠此吐蕃之要然青海吐渾密邇蘭鄯易為我患亦國家之要今宜報欽陵曰四鎮本扼諸蕃走集以分其力使不得併兵東侵今委之則蕃力益彊易以擾動保後無東意當以吐渾諸部青海故地歸於我則俟斤部落還吐蕃矣此足杜欽陵口而和議未絕且四鎮久附其

倚國之心豈與吐蕃等今未知利害情實而分裂之恐傷諸國意非制御之筭后從之又言吐蕃倦㑺戍久矣咸願解和以欽陵欲裂四鎮專制其國故未歸款陛下誠能歲發和親使而欽陵常不從則其下必怨設欲大舉固不能斯離間之漸也后然其計後數年吐蕃君臣相猜攜卒誅欽陵而其弟贊婆等來降因詔元振與河源軍大使夫蒙令卿率騎往迎授主客郎中久之突厥吐蕃聯兵寇涼州后方御洛城門宴邊遽至因輟樂拜元振為涼州都督即遣之初州境輪廣纔四百里虜來必傳城下元振始於南硤口置和戎城北磧置白亭軍制束要路遂拓境千五百里自是州無虜憂又遣甘州刺史李漢通闢屯田盡水陸之利稻收豐衍舊涼州粟斛售數千至是歲數登至匹縑易數十斛支廥十年牛羊被野治涼五歲善撫御夷夏畏慕令行禁止道不舉遺河西諸郡置生祠揭碑頌德神龍中遷左驍衛將軍安西大都護西突厥酋烏質勒部落盛彊款塞願和元振即牙帳與計事會大雨雪元振立

不動至夕凍洌烏質勒已老數拜伏不勝寒會罷即死其子娑葛以元振計殺其父謀勒兵襲擊副使解琬知之勸元振夜遁元振不聽堅臥營爲不疑者明日素服往弔道逢娑葛兵虜不意元振來遂不敢逼揚言迎衛進至其帳脩弔贈禮哭甚哀為留數十日助喪事娑葛感義更遣使獻馬五千駝二百牛羊十餘萬制詔元振為金山道行軍大總管烏質勒之將闕啜忠節與娑葛交怨屢相侵而闕啜兵弱不支元振奏請追闕啜入宿衛徙部落置瓜沙間詔許之闕啜遂行至播仙城遇經略使周以悌以悌說之曰國家厚秩待君以部落有兵故也今獨行入朝一羇旅胡人耳何以自全乃教以重寶賂宰相無入朝請發安西兵導吐蕃以擊娑葛求阿史那獻為可汗以招十姓請郭虔瓘使拔汗那蒐其鎧馬以助軍既得復讎部落更存闕啜然之即勒兵擊于闐坎城下之因所獲遣人間道齎黃金分遺宗楚客紀處訥使就其謀元振知之上疏曰國家往不與吐蕃十姓四鎮而不擾邊者蓋其諸豪泥婆

羅等屬國自有攜貳故贊普南征身殞寇庭國中大亂嫡庶競立將相爭權自相屠滅牲畜疫癘財力困窮顧人事天時兩不諧契所以屈志於漢非實忘十姓四鎮也如其有力後且必爭今忠節忽國家大計欲為吐蕃鄉導主人四鎮危機恐從此啓吐蕃得志忠節亦當在賊掌股若為復得事我哉往吐蕃於國無有恩力猶欲爭十姓四鎮今若効力樹恩則請分于闐疏勒者欲何理抑之且其國諸蠻及婆羅門方自嫌阻藉令求我助討者亦何以拒之是以古之賢人不願夷狄妄惠非不欲其力懼後求無厭益生中國事也臣愚以為用吐蕃之力不見其便又請阿史那獻者豈非以可汗子孫能招綏十姓乎且斛瑟羅及懷道與獻父元慶叔僕羅兄俀子俱可汗子孫也往四鎮以他匐十姓之亂請元慶為可汗卒亦不能招來而元慶沒賊四鎮淪陷忠節亦嘗請以斛瑟羅及懷道為可汗矣十姓未附而碎葉幾危又吐蕃亦嘗以俀子僕羅幷拔布為可汗矣亦不能得十姓而皆自亡滅此非它其子孫

無惠下之才恩義素絕故也豈止不能招懷且復為四鎮患則冊可汗子孫其效固試矣獻又遠於其父兄人心何緣即附若兵力足取十姓不必要須可汗子孫也又請以郭虔瓘蒐兵稅馬於拔汗那往虔瓘已嘗與忠節擅入其國臣時在疏勒不聞得一甲一馬而拔汗那挾怨侵擾南導吐蕃將俀子以擾四鎮且虔瓘往至拔汗那國四面無助若履虛邑猶引俀子為嗷況今北有娑葛知虔瓘之西必引以相援拔汗那倚堅城而抗于內突厥邀伺于外虔瓘等豈能復如往年得安易之幸哉疏奏不省楚客等因建遣攝御史中丞馮嘉賓持節安撫闕啜以御史呂守素處置四鎮以牛師奬為安西副都護代元振領甘涼兵召吐蕃併力擊娑葛娑葛之使娑臘知楚客謀馳報之娑葛怒即發兵出安西撥換焉耆疏勒各五千騎於是闕啜在計舒河與嘉賓會娑葛兵奄至禽闕啜殺嘉賓又殺呂守素於僻城牛師奬於火燒城遂陷安西四鎮路絕元振屯疏勒水上未敢動楚客復表周以悌代元振且以

阿史那獻爲十姓可汗置軍焉耆以取娑葛娑葛遺元振書且言無仇于唐而楚客等受賂發金欲加兵擊滅我故懼死而鬭且請斬楚客元振奏其狀楚客大怒誣元振有異圖召將罪之元振使子鴻閒道奏乞留定西土不敢歸京師以懼乃得罪流白州而赦娑葛睿宗立召爲太僕卿將行安西酋長有剺面哭送者旌節下玉門關去涼州猶八百里城中爭具壺漿歡迎都督嗟歎以聞景雲二年進同中書門下三品遷吏部尚書封館陶縣男先天元年爲朔方軍大總管築豐安定遠城兵得保頓明年以兵部尚書復同中書門下三品玄宗誅太平公主也睿宗御承天門諸宰相走伏外省獨元振總兵扈帝事定宿中書者十四昔乃休進封代國公實封四百戶賜一子官物千段俄又兼御史大夫復爲朔方大總管以備突厥未行會玄宗講武驪山旣三令帝親鼓之元振遽奏禮止帝怒軍容不整引坐纛下將斬之劉幽求張說扣馬諫曰元振有大功雖得罪當宥乃赦死流新州開元元年帝思舊

功起爲饒州司馬怏怏不得志道病卒年五十八十年贈太子少保元振雖少雄邁及貴居處乃儉約手不置書人莫見其喜慍建宅宣陽里未嘗一至諸院廄自朝還對親欣欣退就室儼如也距國初仕至宰相而親具者唯元振云

贊曰魏韋皆感槩而奮似矣及在昏上側臣閒臨機會不一引手捄姦邪之謀誠可鄙哉至韋后亂主以蒸譖撼宗社亦不肯從也古所謂具臣者諒乎元振功顯節完一跌未復世恨其蚤歿云

魏韋郭列傳第四十七

李蕭盧韋趙和列傳第四十八

端明殿學士兼翰林侍讀學士龍圖閣學士[illegible]奉敕撰

李嶠字巨山趙州贊皇人早孤事母孝爲兒時夢人遺雙筆自是有文辭十五通五經薛元超稱之二十擢進士第始調安定尉舉制策甲科遷長安時畿尉名文章者駱賓王劉光業嶠最少與等夷授監察御史高宗擊邕巖二州叛獠詔監其軍嶠入洞喻降之由是罷兵稍遷給事中會來俊臣構狄仁傑李嗣眞裴宣禮等獄將抵死敕嶠與大理少卿張德裕侍御史劉憲覆驗德裕等內知其冤不敢異嶠曰知其枉不申是謂見義不爲者卒與二人列其枉忤武后旨出爲潤州司馬久乃召爲鳳閣舍人文冊大號令多主爲之初置右御史臺察州縣吏善惡風俗得失嶠上疏曰禁網上疏法象宜簡簡則法易行而不煩雜則所羅廣而不苛碎伏見垂拱時諸道巡察使科條四十有四至別敕令又三十而使以

三月出盡十一月奏事每道所察吏多者二千少亦千計要在品覈才行而褒貶之今期會迫促奔逐不暇欲望詳究所能不亦艱哉此非隳於職才有限力不逮耳臣願量其功程以爲節制使器周於用力濟於時然後得失可以精覈矣又言今所察按準漢六條而推廣之則無不包矣烏在多張事目也且朝廷萬機非無事而機事之動常在四方故出使者冠蓋相望今已置使則外州之事悉得專之傳驛減矣請率十州置一御史以期歲爲之限容其身到屬縣過閭里督察姦訛采風俗然後可課其成功且御史出入天禁厲己自脩比他吏相百也按劾回庸糾擿隱欺比他吏相十也陛下誠用臣言妙擇能者委之莫不盡力効死矣武后善之下制析天下爲二十道擇堪使者會爲衆議沮止俄知天官侍郎事進麟臺少監同鳳閣鸞臺平章事遷鸞臺侍郎會張錫輔政嶠其出也罷爲成均祭酒俄檢校文昌左丞留守東都長安三年以本官復爲平章事知納言遷內史嶠辭劇復爲成均祭酒平章事

武后將建大像於白司馬坂嶠諫造像雖俾浮屠輸錢然非州縣承辦不能濟是名雖不稅而實稅之臣計天下編戶貧弱者衆有賣舍帖田供王役者今造像錢積十七萬緍若頒之窮人家給千錢則紓十七萬戶飢寒之苦德無窮矣不納張易之敗坐附會貶豫州刺史未行改通州數月以吏部侍郎召俄遷尚書神龍二年代韋安石爲中書令嶠在吏部時陰欲藉時望復宰相乃奏置員外官數千既吏衆猥府庫虛耗乃上書歸咎于時因蓋向非曰元首之尊居有重門擊柝之衛出有清警戒道之禁所以備非常息異望誠不可易舉動慢防閑也陛下厭崇邃輕尊嚴微服潛游閱廛過市行路私議朝廷驚懼如禍產意外縱不自惜柰宗廟蒼生何又分職建官不可以濫傳曰官不必備惟其人自帝室中興以不慎爵賞爲惠冒級躐階朝陞夕改正闕不給加以員外內則府庫爲殫外則黎庶蒙害非求賢助治之道也願愛惜班榮息匪服之議今文武六十以上而天造含容皆矜恤之老病者已解還授

員外者既遣復留恐非所以消敝救時也請敕有司料其可用進不可用退又遠方夷人不堪治事國家向務撫納而官之非立功酋長類廩俸祿願商度非要者一切放還又易稱何以守位曰仁何以聚人曰財今百姓乏窶不安居處不可以守位倉儲蕩耗財力傾殫不足以聚人山東病水潦江左困輸轉國匱於上人窮於下如今邊場少竦恐逋亡遂多盜賊羣行何財召募何衆閑遏乎又崇作寺觀功費浩廣今山東歲饑糟糠不厭而投艱厄之會收庸調之半用吁嗟之物以滎土木恐怨結三靈謗蒙四海又比緣征戍巧詐百情破役隱身規脫租賦今道人私度者幾數十萬其中高戶多丁黠商大賈詭作臺符羼名偽度且國計軍防並仰丁口今丁皆出家兵悉入道征行租賦何以備之又重賂貴近補府若史移沒籍産以州縣甲等更爲下戶當道城鎮至無捉驛者役逮小弱即破其家願許十道使訪察括取使姦猾不得而隱又太常樂戶已多復求訪散樂獨持大鼓者已二萬員願量留之餘勒

還籍以杜妄費中宗以嶠身宰相乃自陳失政丐罷官無所嫁非
手詔詰讓嶠惶恐復視事三年加脩文館大學士封趙國公以特
進同中書門下三品睿宗立罷政事下除懷州刺史致仕初中宗
崩嶠嘗密請相王諸子不宜留京師及玄宗嗣位獲其表宮中或
請誅之張說曰嶠誠昧逆順然為當時謀吠非其主不可追罪天
子亦顧數更赦遂免貶滁州別駕聽隨子虔州刺史暢之官改廬
州別駕卒年七十嶠富才思有所屬綴人多傳諷武后時汜水獲
瑞石嶠為御史上皇符一篇為世譏薄然其仕前與王勃楊盈川
接中與崔融蘇味道齊名晚諸人沒而為文章宿老一時學者取
法焉

蕭至忠沂州丞人祖德言為祕書少監至忠少與友期諸路會雨
雪人引避至忠曰寧有與人期可以失信卒友至乃去衆歎服仕
為伊闕洛陽尉遷監察御史劾奏鳳閣侍郎蘇味道贓貪超拜吏
部員外郎至忠長擊斷譽聞當時中宗神龍初為御史中丞始至

忠為御史而李承嘉為大夫嘗讓諸御史曰彈事有不咨大夫可
乎衆不敢對至忠獨曰故事臺無長官御史天子耳目也其所請
奏當專達若大夫許而後論即劾大夫者又誰白哉承嘉慙至是
承嘉為户部尚書至忠劾祝欽明竇希玠與承嘉等罪百寮震悚
遷吏部侍郎猶兼中丞節愍太子以兵誅武三思而敗宗楚客等
諗侍御史冉祖雍上變言相王與太子謀帝欲按之至忠泣曰往
者天后欲以相王為太子而王不食累日獨請迎陛下其讓德天
下莫不聞陛下貴為天子不能容一弟受人羅織耶竊為陛下不
取帝納其言止尋授中書侍郎同中書門下平章事上疏陳時政
曰求治之道首于用賢苟非其才則官曠官曠則事廢事廢則人
殘歷代所以陵遲者此也今授職用人多因貴要為粉飾上下相
蒙苟得為是夫官爵公器也恩倖私惠也王者正可金帛富之粱
肉食之以存私澤也若公器而私用之則公義不行而勞人解體私
謁開而正言塞日朘月削卒見凋弊今列位已廣冗員復倍陛下

降不貲之澤近戚有無厓之請臺閣之內朱紫充滿官秩益輕恩
賞彌數才者不用用者不才故人不効力官匪其人欲求治固難
矣又宰相要官子弟多居美爵並罕才藝而更相誇託詩云私人
之子百寮是試或以其酒不以其漿鞙鞙佩璲不以其長此言王
政不平而衆官廢職私家子列試榮班徒長其佩爾臣願陛下愛
惜爵賞官無虛授進大雅以樞近退小人於閑左使政令惟一私
不害公則天下幸甚且貞觀故事宰相子弟多居外職非直抑彊
宗亦以擇賢才爾請自宰相及諸司長官子弟並授外官共寧百
姓表裏相統帝不納俄為侍中中書令時楚客懷姦植黨而韋巨
源楊再思李嶠務自安無所弼正至忠介其間獨不詭隨時望翕
然歸重帝亦曰宰相中至忠最憐我韋后嘗為其弟洵與至忠殤
女冥婚至忠又以女妻后舅崔從禮子無詖兩家合禮帝主蕭后
主崔時謂天子嫁女皇后娶婦唐隆元年以后黨應坐而太平公
主為言出為晉州刺史治有名黜陟遣大臣來朝見至忠風采遂

巡畏俯謂人曰是宜相天子何乃居外乎太平寖用事至忠乃自
附納且丐還主以至忠子任千牛死韋氏難意怨望易動能助己
請于帝拜刑部尚書復為中書令封酇國公乃參主逆謀先天二
年主敗至忠遁入南山數日捕誅之籍其家至忠始在朝有風望
容止閑敏見推為名臣外方直糾擿不法而內無守觀時輕重而
去就之始為御史桓彥範等顧引重五王失政更因武三思得中
丞附安樂公主為宰相及韋氏敗遽發韋洵冢持其女柩歸後依太
平復當國嘗出主第遇宋璟璟戲曰非所望於蕭傅至忠曰善乎
宋生之言然不能自返也姊嫁蔣欽緒欽緒每戒之至忠不聽歎
曰九世卿族一舉而滅之可哀也已不喜接賓客以簡儉自高故
生平奉賜無所遺施及籍沒珍寶不可計然玄宗賢其為人後得
源乾曜亟用之謂高力士曰若知吾進乾曜遽乎吾以其貌言似
蕭至忠力士曰彼不嘗負陛下乎帝曰至忠誠國器但晚謬爾其
始不謂之賢哉弟元嘉工部侍郎廣微工部員外郎

盧藏用字子潛幽州范陽人父璥魏州長史號才吏藏用能屬文舉進士不得調與兄徵明偕隱終南少室二山學練氣為辟穀登衡廬彷洋岷峨與陳子昂趙貞固友善長安中召授左拾遺武后作興泰宮於萬安山上疏諫曰陛下離宮別觀固多矣又窮人力以事土木臣恐議者以陛下為不愛人而奉己也且頃歲穀雖頗登而百姓未有儲陛下巡幸訖靡休息斤斧之役歲月不空不因此時施德布化而又廣宮苑臣恐下未易堪今左右近臣以諛意為忠犯忤為患至令陛下不知百姓失業百姓亦不知左右傷陛下之仁也忠臣不避誅震以納君於仁明主不惡切詆以趨名于後陛下誠能發明制以勞人為辭則天下必以為愛力而苦己也不然下臣此章得與執事者共議不從姚元崇持節靈武道奏為管記還應縣令舉甲科為濟陽令神龍中累擢中書舍人數糾駁偽官歷吏部黃門侍郎脩文館學士坐親累降工部侍郎進尚書右丞附太平公主主誅玄宗欲捕斬藏用顧未執政意解乃流新

州或告謀反推無狀流驩州會交趾叛藏用有捍禦勞改昭州司戶參軍遷黔州長史判都督事卒于始興藏用善蓍龜九宮術工草隸大小篆八分善琴弈思精遠士貴其多能嘗以俗徇陰陽拘畏乖至理泥變通有國者所不宜專謂天道從人者也古為政者刑獄不濫則人壽賦斂省則人富法令有常則邦寧賞罰中則兵彊禮者士所歸賞者士所死禮賞不倦則士爭先否者雖揆時行罰涓日出號無成功矣故任賢使能不時日而利明法審令不卜筮而吉養勞貴功不禱祠而福乃為析滯論以暢其方世謂知言子昂貞固前死藏用撫其孤有恩人稱能終始交始隱山中時有意當世人目為隨駕隱士晚乃徇權利務為驕縱素節盡矣司馬承禎嘗召至闕下將還山藏用指終南曰此中大有嘉處承禎徐曰以僕視之仕宦之捷徑耳藏用慚無子弟若虛多才博物隴西辛怡諫為職方有獲異鼠者豹首虎臆大如拳怡諫謂之鼮鼠而賦之若虛曰非也此許慎所謂鼨鼠豹文而形小一坐驚服終起

居郎集賢院學士

韋巨源與安石同系後周京兆尹總曾孫祖貞伯襲鄖國公入隋改舒國巨源有吏幹武后時累遷夏官侍郎同鳳閣鸞臺平章事其治委碎無大體句校省中遺隱下符斂克不少蠲雖收其利然下所怨苦坐李昭德累貶鄜州刺史累拜地官尚書神龍初以吏部尚書同中書門下三品時要官缺執政以次用其親巨源秉筆當除十人楊再思得其一試問餘授皆諸宰相近屬再思喟然曰吾等誠負天下巨源曰時當爾耳是時雖賢有德終莫得進士大夫莫不解體會安石為中書令避親罷政事尋遷侍中舒國公韋后與敘昆弟附屬籍武三思封戶在貝州屬大水刺史宋璟議免其租巨源以為蠶桑可輸繇是河朔人多流徙者景龍二年韋后自言衣笥有五色雲巨源倡其偽勸中宗宣布天下帝從其言因是大赦巨源見帝昏惑乃與宗楚客鄭愔趙延禧等推處祥妖陰導韋氏行武后故事俄遷尚書左僕射仍知政事帝方南郊巨源

請后為亞獻而自為終獻及臨淄王平諸韋家人請避之巨源曰吾大臣無容見難不赴出都街亂兵殺之年八十睿宗立贈特進荊州大都督博士李處直請謚為昭戶部員外郎李邕以巨源附武三思為相託韋后親屬論昭為非處直執不改邕列陳其惡不見用然世皆直邕韋氏自安石及武后時宰相待價巨源皆近親其族至大官者又數十人

趙彥昭字奐然甘州張掖人父武孟少游獵以所獲饋其母母泣曰汝不好書而敖蕩吾安望哉不為食武孟感激遂力學淹該書記自長安丞為右臺侍御史著河西人物志十篇彥昭少豪邁風骨秀爽及進士第調南部尉與郭元振薛稷蕭至忠善自新豐丞為左臺監察御史景龍中累遷中書侍郎同中書門下平章事金城公主嫁吐蕃始以紀處訥為使處訥辭乃授彥昭彥昭顧己處外恐權寵奪移不悅司農卿趙履溫曰公天宰而為一介使不亦鄙乎彥昭問計安出履溫乃為請安樂公主留之遂以將軍楊

矩代睿宗立出為宋州刺史坐累貶歸州俄授涼州都督為政嚴下皆股慄入為吏部侍郎持節按邊遷御史大夫蕭至忠等誅郭元振張說言彥昭與祕謀改刑部尚書封耿國公實封百戶彥昭本以權幸進中宗時有巫趙挾鬼道出入禁掖彥昭以姑事之嘗衣婦服乘車與妻偕謁其得宰相巫力也於是殿中侍御史郭震劾暴舊惡會姚崇執政惡其為人貶江州別駕卒

和逢堯岐州岐山人武后時負鼎詣闕下上書自言願助天子和飪百度有司讓曰昔桀不道伊尹負鼎于湯今天子聖明百司以和尚何所調逢堯不能荅流莊州十餘年乃舉進士高第累擢監察御史突厥默啜請尚公主逢堯以御史中丞攝鴻臚卿報可默啜遣貴近頡利來曰詔送金鏤具鞍乃塗金非天子意使者不可信雖得公主猶非實請罷和親欲馳去左右色動逢堯呼曰我大國使不受我辭可輒去乃牽持其人謂曰漢法重女壻而送鞍具欲安且久不以金為貴可汗乃貪金而不貴信邪默啜聞曰漢使

至吾國衆矣斯食鐵石人不可易因備禮以見逢堯說之曰天子昔為單于都護思與可汗通舊好可汗當嚮風慕義襲冠帶取重諸蕃默啜信之為斂髮紫衣南面再拜稱臣遣子入朝逢堯以使有指擢戶部侍郎坐善太平公主斥朗州司馬終柘州刺史逢堯談詭當大事敢徼福故卒以附麗廢然唐興奉使者稱逢堯

贊曰異哉玄宗之器蕭至忠也不亦惑乎至忠本非賢而寄賢以奸利失之則邀利以喪賢姻豔后挾寵主取宰相謀閒王室身誅家破遺臭無窮而帝以乾曜似之遽使當國是帝舉不知至忠之不可用又不知乾曜之所可用也或稱帝不以罪掩才益可怪嘆嗚呼力士誠腐夫庸人不能發擿天子之迷若曰至忠賢於初固不繆於末既繆於末果不賢於初惟陛下圖之如是帝且悟往失而精來鑒已其後相李林甫將安祿山皆甚于不明身播岷陬信自取之歟

李蕭盧韋趙和列傳第四十八

端明殿學士兼翰林侍讀學士龍圖閣學士朝請大夫尚書吏部侍郎充集賢殿修撰臣宋祁奉
敕撰

姚崇字元之陝州硤石人父懿字善懿貞觀中爲嶲州都督贈幽州大都督謚曰文獻崇少倜儻尚氣節長乃好學仕爲孝敬挽郎舉下筆成章授濮州司倉參軍五遷夏官郎中契丹擾河北兵檄叢進崇奏決若流武后賢之即拜侍郎后嘗語左右往周興來俊臣等數治詔獄朝臣相逮引一切承反朕意其枉更畀近臣臨問皆得其手牒不冤朕無所疑即可其奏自俊臣等誅遂無反者然則向論死得無冤邪崇曰自垂拱後被告者類自誣當是時以告言爲功故天下號曰羅織甚於漢之鉤黨雖陛下使近臣覆訊彼尚不自保敢一搖手以悖酷吏意哉且被問不承則重罹其慘如張虔勗李安靜等皆是也今賴天之靈發寤陛下凶豎殲夷朝廷乂安臣以一門百口保內外官無復反者陛下以告牒置弗推後若反有端臣請坐知而不告后悅曰前宰相務順可陷我爲淫刑主聞公之言乃得朕心賜銀千兩聖曆三年進同鳳閣鸞臺平章事遷鳳閣侍郎俄兼相王府長史以母老納政歸侍乃詔以相王府長史侍疾月餘復兼夏官尚書同鳳閣鸞臺三品崇建言臣事相王而夏官本兵臣非惜死恐不益王乃詔改春官張易之私有請於崇崇不納易之譖於后降司僕卿猶同鳳閣鸞臺三品出爲靈武道大總管張柬之等謀誅二張崇適自屯所還遂參計議以功封梁縣侯實封二百戶后遷上陽宮中宗率百官起居王公更相慶崇獨流涕柬之等曰今豈涕泣時邪恐公禍由此始崇曰比與討逆不足以語功然事天后久違舊主而泣人臣終節也由此獲罪甘心焉俄爲亳州刺史後五王被害而崇獨免歷宋常越許四州睿宗立拜兵部尚書同中書門下三品進中書令玄宗在東宮太平公主干政宋王成器等分典閑廄禁兵崇與宋璟建請主就東都出諸王爲刺史以壹人心帝以謂主主怒太子懼上疏以崇

等其間王室請加罪貶爲申州刺史徙徐潞二州遷揚州長史政條簡肅人爲紀德于碑徙同州刺史先天二年玄宗講武新豐故事天子行幸牧守在三百里者得詣行在時帝亦密召崇崇至帝方獵渭濱即召見帝曰公知獵乎對曰少所習也臣年二十居廣成澤以呼鷹逐獸爲樂張憬藏謂臣當位王佐無自棄故折節讀書遂待罪將相然少爲獵師老而猶能帝悅與俱馳逐緩速如旨帝歡甚既罷乃咨天下事衮衮不知倦帝曰卿宜遂相朕崇知帝大度銳于治乃先設事以堅帝意即陽不謝帝怪之崇因跪奏臣願以十事聞陛下度不可行臣敢辭帝曰試爲朕言之崇曰垂拱以來以峻法繩下臣願政先仁恕可乎朝廷覆師青海未有牽復之悔臣願不倖邊功可乎比來壬佞冒觸憲網皆得以寵自解臣願法行自近可乎后氏臨朝喉舌之任出閹人之口臣願宦豎不與政可乎戚里貢獻以自媚于上公卿方鎮寖亦爲之臣願租賦外一絕之可乎外戚貴主更相用事班序荒雜臣請戚屬不任臺省可乎先朝褻狎大臣虧君臣之嚴臣願陛下接之以禮可乎燕欽融韋月將以忠被罪自是諍臣沮折臣願羣臣皆得批逆鱗犯忌諱可乎武后造福先寺上皇造金仙玉真二觀費鉅百萬臣請絕道佛營造可乎漢以祿莽閻梁亂天下國家爲甚臣願推此鑒戒爲萬代法可乎帝曰朕能行之崇乃頓首謝翌日拜兵部尚書同中書門下三品封梁國公遷紫微令固辭實封乃停舊食賜新封百戶中宗時近戚奏度僧尼溫戶彊丁因避賦役至是崇建言佛不在外悟之于心行事利益使蒼生安穩是謂佛理烏用姦人以汩真教帝善之詔天下汰僧僞濫髮而農者餘萬二千人崇嘗於帝前序次郎吏帝左右顧不主其語崇懼再三言之卒不荅崇趨出內侍高力士曰陛下新即位宜與大臣裁可否今崇亟言陛下不應非虛懷納誨者帝曰我任崇以政大事吾當與決至用郎吏崇顧不能而重煩我邪崇聞乃安由是進賢退不肖而天下治開元四年山東大蝗民祭且拜坐視食苗不敢捕崇奏詩云秉彼

蟊賊付畀炎火漢光武詔曰勉順時政勸督農桑去彼螟蜮以及
蟊賊此除蝗誼也且蝗畏人易驅又田皆有主使自救其地必不
憚勤請夜設火坎其旁且焚且瘞蝗乃可盡古有討除不勝者特
人不用命耳乃出御史為捕蝗使分道殺蝗汴州刺史倪若水上
言除天災者當以德昔劉聰除蝗不克而害愈甚拒御史不應命
崇移書誚之曰聰偽主德不勝祅今祅不勝德古者良守蝗避其
境謂脩德可免彼將無德致然乎今坐視食苗忍而不救因以無
年刺史其謂何若水懼乃縱捕得蝗十四萬石時議者諠譁帝疑
復以問崇對曰庸儒泥文不知變事固有違經而合道反道而適
權者昔魏世山東蝗小忍不除至人相食後秦有蝗草木皆盡牛
馬至相噉毛今飛蝗所在充滿加復蕃息且河南河北家無宿藏
一不穫則流離安危繫之且討蝗縱不能盡不愈於養以遺患乎
帝然之黃門監盧懷慎曰凡天災安可以人力制也且殺蟲多必
戾和氣願公思之崇曰昔楚王吞蛭而厥疾瘳叔敖斷虵福乃降

今蝗幸可驅若縱之穀且盡如百姓何殺蟲救人禍歸於崇不以
諉公也蝗害訖息於是帝方躬萬機朝夕詢逮它宰相畏帝威決
皆謙憚唯獨崇佐裁決故得專任崇第賒僻因近舍客廬會懷慎
卒崇病瘧移告凡大政事帝必令源乾曜就咨焉乾曜所奏善帝
則曰是必崇畫之有不合則曰胡不問崇乾曜謝其實也乃已帝
欲崇自近詔徙寓四方館日遣問食飲起居髙醫尚食踵道崇以
館局華大不敢居帝使語崇曰恨不處禁中此何避乆之紫微史
趙誨受夷人賕當死崇素親倚署奏營減帝不悅時曲赦京師惟
誨不原崇惶懼上還宰政引宋璟自代乃以開府儀同三司罷政
事帝將幸東都而太廟屋自壞帝問宰相宋璟蘇頲同對曰三年
之喪未終不可以行幸壞壓之變天所以示教戒陛下宜停東巡
脩德以荅至譴帝以問崇對曰臣聞隋取苻堅故殿以營廟而唐
因之且山有朽壞乃崩況木積年而木自當蠹乎但壞與行會不
緣行而壞且陛下以關中無年輸餉告勞因以幸東都所以為人

不為已也百司已戒供擬既具請車駕如行期舊廟難復完盍奉
神主舍太極殿更作新廟申誠奉大孝之德也帝曰卿言正契朕
意賜絹二百匹詔所司如崇言天子遂東因詔五日一參入閤供
奉八年授太子少保以疾不拜明年卒年七十二贈揚州大都督
謚曰文獻十七年追贈太子太保崇析貲產令諸子各有定分治
令曰比見達官之裔多貧困至銖尺是競無論曲直均受嗤詆田
宅水磑既共有之至相推倚以頓廢陸賈石苞古達者也亦先有
定分以絕後爭昔楊震趙咨盧植張奐咸以薄葬知真識去身貴
速朽耳夫厚葬之家流于俗以奢靡為孝令死者戮尸暴骸可不
痛哉死者無知自同糞土豈煩奢葬使其有知神不在柩何用破
貲徇侈乎吾亡斂以常服四時衣各一稱性不喜冠衣毋以入墓
紫衣玉帶足便於體今之佛經羅什所譯姚興與之對翻而興命
不延國亦隨滅梁武帝身為寺奴齊胡太后以六宮入道皆亡國
殄家近孝和皇帝發使贖生太平公主武三思等度人造寺身嬰

夷戮為天下笑五帝之時父不喪子兄不哭弟致仁壽無凶短也
下逮三王國祚延乆其臣則彭祖老聃皆得長齡此時無佛豈抄
經鑄像力邪緣死喪造經像以為追福夫死者生之常古所不免
彼經與像何所施為兒曹慎不得為此崇尤長吏道處決無淹思
三為宰相常兼兵部故屯戍斥候士馬儲械無不諳記玄宗初立
賓禮大臣故老雅尊遇崇每見便殿必為之興去輒臨軒以送它
相莫如也時承權戚干政之後綱紀大壞先天末宰相至十七人
臺省要職不可數崇常先有司罷冗職脩制度擇百官各當其材
請無廣釋道無數移吏繇是天子責成于下而權歸于上矣然資
權譎始為同州張說以素憾諷趙彥昭劾崇及當國說懼潛詣岐
王申款崇它日朝眾趨出崇曳踵為有疾狀帝召問之對曰臣損
足曰無甚痛乎曰臣心有憂痛不在足問以故曰岐王陛下愛弟
張說輔臣而密乘車出入王家恐為所誤故憂之於是出說相州
魏知古崇所引及同列稍輕之出攝吏部尚書知東都選知古憾

焉時崇二子在洛通賓客餽遺憑舊請託知古歸悉以聞他日帝
召崇曰卿子才乎皆安在崇揣知帝意曰臣二子分司東都其為
人多欲而寡慎是必嘗以事干魏知古帝始以崇私其子或為隱
微以言動之及聞乃大喜問安從得之對曰知古臣所薦也臣子
必謂其見德而請之帝於是愛崇不私而薄知古欲斥之崇曰臣
子無狀橈陛下法而逐知古外必謂陛下私臣乃止然卒罷為工
部尚書崇始名元崇以與突厥叱剌同名武后時以字行至開元
世避帝號更以今名二子彝弈弈皆至卿刺史弈少脩謹始崇欲
吏不越官次而習知吏道故自右千牛進至太子舍人皆平遷開
元中有事五陵有司以鷹犬從弈曰非禮也奏罷之請治劇為睢
陽太守召授太僕卿後為尚書右丞子閎居右相牛仙客幕府仙
客病甚閎彊使薦弈及盧奐為宰相仙客妻以聞閎坐死弈貶永
陽太守卒曾孫合勗合元和中進士及第調武功尉善詩世號姚
武功者遷監察御史累轉給事中奉先馮翊二縣民訴牛羊使奪

其田詔美原主簿朱儔覆按猥以田歸使合劾發其私以地還民
歷陝虢觀察使終祕書監勗字斯勤長慶初擢進士第數為使府
表辟進監察御史佐鹽鐵使務累遷諫議大夫更湖常二州刺史
為宰相李德裕厚善及德裕為令狐綯等譖逐擿索支黨無敢通
勞問既居海上家無資病無湯劑勗數饋餉候問不傳時為厚薄
終夔王傅自作壽藏於萬安山南原崇塋之旁署兆曰寂居穴墳
曰復真堂中剟土為牀曰化臺而刻石告後世

宋璟邢州南和人七世祖弁為元魏吏部尚書璟耿介有大節好
學工文辭舉進士中第調上黨尉為監察御史遷鳳閣舍人居官
鯁正武后高其才張易之誣御史大夫魏元忠有不臣語引張說
為驗將廷辯說惶遽璟謂說曰名義至重不可陷正人以求苟免
緣此受謫芬香多矣若不測者吾且叩閤救將與子偕死說感其
言以實對元忠免死璟後遷左臺御史中丞會飛書告張昌宗引
術工觀吉凶者璟請窮治后曰易之等已自言於朕璟曰謀反無

容以首原請下吏明國法易之等貴寵臣言之且有禍然激於義
雖死不悔后不懌姚璹遽傳詔令出璟曰今親奉德音不煩宰相
擅宣王命后意解許收易之等就獄俄詔原之敕二張詣璟謝璟
不見曰公事公言之若私見法無私也顧左右歎曰吾悔不先碎
豎子首而令亂國經嘗宴朝堂二張列卿三品璟階六品居下坐
易之諂事璟虛位揖曰公第一人何下坐璟曰才劣品卑卿謂第
一何邪是時朝廷以易之等內寵不名其官呼易之五郎昌宗六
郎鄭善果謂璟曰公柰何謂五郎為卿璟曰以官正當為卿君非
其家奴何郎之云會有喪告滿入朝公卿以次謁通禮意易之等
後至促步前璟舉笏却揖唯唯故積怨常欲中傷后知之得免然
以數忤旨詔按獄揚州璟奏按州縣繇監察御史職耳又詔按幽
州都督屈突仲翔辭曰御史中丞非大事不出使仲翔罪止贓今
使臣往此必有危臣者既而詔副李嶠使隴蜀璟復言隴右無變
臣以中丞副李嶠非朝廷故事終辭易之初與璟出則劾奏誅之

計不行乃伺璟家婚禮將遣客剌殺之有告璟者璟乘庳車舍他
所剌不得發俄二張死乃免神龍初為吏部侍郎中宗嘉其直令
兼諫議大夫內供奉仗下與言得失遷黃門侍郎武三思怙烝寵
數有請于璟璟厲荅曰今復子明辟王宜以侯就第安得尚干朝
政獨不見產祿事乎後朞月將告三思亂宮掖三思諷有司論大
逆不道帝詔殊死璟請付獄按罪帝怒岸巾出側門謂璟曰朕謂
已誅矣尚何請璟曰人言后私三思陛下不問即斬之臣恐有竊
議者請按而後刑帝愈怒璟曰請先誅臣不然終不奉詔帝乃流
月將嶺南會還京師詔璟攝檢校并州長史未行又檢校貝州刺
史時河北水歲大饑三思使斂封租璟拒不與故為所擠歷杭相
二州政清毅吏下無敢犯者遷洛州長史睿宗立以吏部尚書同
中書門下三品玄宗在東宮兼右庶子先是崔湜鄭愔典選為戚
近干奪至迎用二歲闕猶不能給更置比冬選流品淆幷璟與侍
郎李乂盧從愿澄革之銓總平允太平公主不利東宮嘗駐輦光

範門伺執政以諷璟曰太子有大功宗廟社稷主也安得異議乃與姚崇白奏出公主諸王於外帝不能用貶楚州刺史歷兗冀魏三州河北按察使進幽州都督以國子祭酒留守東都遷雍州長史玄宗開元初以雍州為京兆府復為尹進御史大夫坐小累為睦州刺史徙廣州都督廣人以竹茅茨屋多火璟教之陶瓦築堵列邸肆越俗始知棟宇利而無患災召拜刑部尚書四年遷吏部兼侍中帝幸東都次崤谷馳道隘擁車騎帝命黜河南尹李朝隱知頓使王怡等官璟曰陛下富春秋今始巡守以道不治而罪二臣繇此相飭後有受其敝者帝遽命捨之璟謝曰陛下向以怒責之以臣言免之是過歸於上而恩在下姑聽待罪於朝然後詔還其職進退得矣帝善之累封廣平郡公廣人為璟立遺愛頌璟上言頌所以傳德載功也臣之治不足紀廣人以臣當國故為溢辭徒成諂諛者欲釐正之請自臣始有詔許停帝嘗命璟與蘇頲制皇子名與公主號逐差次所封且詔別擇一美稱及佳邑封上

璟奏言七子均養詩人所稱今若同等別封或母寵子愛恐傷鳲鳩之平昔袁盎引却慎夫人席文帝納之夫人亦不為嫌以其得長久計也臣不敢別封帝歎重其賢皇后父王仁皎卒將葬用昭成皇后家竇孝諶故事墳高五丈一尺璟等請如著令帝已然可明日復詔如孝諶者璟還詔曰儉德之恭侈惡之大也僭禮厚葬前世所誡故古墓而不墳人子於哀迷則未皇以禮自制故聖人制齊斬緦免衣衾棺槨各有度數雖有賢者斷其私懷衆皆務奢獨能以儉所謂至德要道者中宮若謂孝諶踰制初無非者一切之令固不足以法貞觀時嫁長樂公主魏徵謂不可加長公主太宗欣納而文德皇后降使厚謝韋庶人追王其父擅作酆陵而禍不旋踵國家知人情無窮故為制度不因人以搖動不變法以愛憎比來人間競務靡葬今以后父重戚不憂乏用高冢大寢不畏無人百事官給一朝可就而區區屢聞者欲成朝廷之政中宮之美爾儻中宮情不可奪請準令一品陪陵墳四丈差合所宜帝曰

朕常欲正身紀綱天下於后容有私邪然人所難言公等乃能之即可其奏又遣使賚絲絹四百匹會日食帝素服俟變錄囚多所貸遣賑䘏災患罷不急之務璟曰陛下降德音䘏人隱未有輕繫惟流死不免此古所以慎赦也恐議者直以月蝕脩刑日蝕脩德或言分野之變冀有揣合臣以謂君子道長小人道銷止女謁放讒夫此所謂脩德也囹圄不擾兵甲不黷官不苟治軍不輕進此所謂脩刑也陛下常以為念雖有穀食將轉而為福又何患乎且君子恥言浮於行願動天以誠無事空文帝嘉納後以開府儀同三司罷政事京兆人權梁山謀逆敕河南尹王怡馳傳往按牢械充滿久未決乃命璟為京留守覆其獄初梁山詭稱婚集多假貸吏欲并坐貸人璟曰婚禮借索大同而狂謀率然非所防億使知而不假是與為反貸者弗知何罪之云乎縱數百人十二年東巡泰山璟復為留守帝將發謂曰卿國元老別方歷時宜有嘉謀以遺朕璟因一一極言手制答曰所進當書之坐右出入觀省以誡

終身賜賚偓渥進兼吏部尚書十七年為尚書右丞相而張說為左丞相源乾曜為太子少傅同日拜有詔太官設饌太常奏樂會百官尚書省東堂帝賦三傑詩自寫以賜二十年請致仕許之仍賜全祿退居洛乘輿東幸璟謁道左詔榮王勞問別遣使賜藥餌二十五年卒年七十五贈太尉謚文貞璟風度凝遠人莫涯其量始自廣州入朝帝遣內侍楊思勗驛迓之未嘗交一言思勗自以將軍貴幸訴之帝帝益嗟重璟為宰相務清政刑使官人皆任職聖曆後突厥默啜負其彊數窺邊侵九姓拔曳固負勝輕出為其狙擊斬之入蕃使郝靈佺傳其首京師靈佺自謂還必厚見賞璟顧天子方少恐後干寵蹈利者夸威武為國生事故抑之踰年纔授右武衛郎將靈佺恚憤不食死張嘉貞後為相閱堂案見其危言切議未嘗不失聲歎息六子昇尚渾恕華衡昇太僕少卿尚漢東太守渾與李林甫善歷諫議大夫平原太守御史中丞東京採訪使在平原暴斂求進至重取民一年庸租使東畿薛稷坊女郎

寡而美渾使河南尉楊朝宗聘而已納之薦朝宗為赤尉恕以都官郎中為劍南採訪判官數貪縱不法陰養刺客天寶中渾恕尚並以贓敗渾流高要恕流海康尚貶臨海長史華衡亦皆坐貪得罪廣德中渾起為太子諭德物議穢薄之留死江嶺昆弟皆襲歡俳媚而衡最險悖廣平之風衰焉

贊曰姚崇以十事要說天子而後輔政顧不偉哉而舊史不傳觀開元初皆已施行信不誣已宋璟剛正又過於崇玄宗素所尊憚常屈意聽納故唐史臣稱崇善應變以成天下之務璟善守文以持天下之正二人道不同同歸于治此天所以佐唐使中興也嗚呼崇勸天子不求邊功璟不肯賞邊臣而天寶之亂卒悔其害可謂先見矣然唐三百年輔弼者不為少獨前稱房杜後稱姚宋何哉君臣之遇合蓋難矣夫

姚宋列傳第四十九

蘇張列傳第五十　唐書一百二十五

端明殿學士兼翰林侍讀學士龍圖閣學士朝請大夫守尚書吏部侍郎充集賢殿修撰臣宋　祁奉

敕撰

蘇瓌字昌容雍州武功人隋尚書僕射威之曾孫擢進士第補恒州參軍居母喪哀毀加人左庶子張大安表舉孝悌擢豫王府錄事參軍歷朗歙二州刺史時來俊臣貶州參軍人懼復用多致書請瓌瓌叱其使曰吾忝州牧高下自有體能過待小人乎遂不發書俊臣未至追還恨之由是連外徙不得入久之轉揚州大都督府長史州據都會多名珍怪產前長史張潛于辯機貲取鉅萬瓌單身襆被自將徙同州刺史歲旱兵當番上者不能赴瓌奏宿衛不可闕宜月賜增半糧俾相給足則不闕番又宜卻進獻罷營造不急者不見省時十道使括天下亡戶初不立籍人畏搜括即流入比縣旁州更相廋蔽瓌請罷十道使專責州縣豫立簿注天下同日閱正盡一月止使柅姦匿歲一括實檢制租調以免勞弊武后鑄浮屠立廟塔役無虛歲瓌以爲縻損浩廣雖不出國用要自民產日殫百姓不足若軌與足天下僧尼濫僞相半請併寺著僧常員數缺則補后善其言神龍初入爲尚書右丞封懷縣男瓌明曉法令多識臺省舊章一朝格式皆所刪正再遷戶部尚書拜侍中留守京師中宗復政鄭普思以妖幻位祕書員外監支黨徧岐隴間相煽詠爲亂瓌捕繫普思窮訊普思妻以左道得幸韋后出入禁中有詔勿治瓌廷爭不可帝猶依違司直范獻忠瓌使按普思者進曰瓌爲大臣不能前誅逆豎而報天子罪大矣臣請先斬瓌於是僕射魏元忠頓首曰瓌長者用刑不枉普思法當死帝不得已流普思於儋州餘當論死累拜尚書右僕射同中書門下三品進封許國公帝南郊國子祭酒祝欽明建白皇后爲亞獻安樂公主爲終獻瓌以爲非禮帝前折愧之帝昏懦不能從時大臣初拜官獻食天子名曰燒尾瓌獨不進及侍宴宗晉卿嘲之帝默然瓌自解於帝曰宰相燮和陰陽代天治物今粒食踊貴百姓不足

衛兵至三日不食臣誠不稱職不敢燒尾帝崩遺詔皇太后臨朝相王以太尉輔政后召宰相韋安石韋巨源蕭至忠宗楚客紀處訥韋溫李嶠韋嗣立唐休璟趙彥昭與瓌議禁中楚客很曰太后臨朝相王有不通問之嫌不宜輔政瓌正色曰遺制乃先帝意安得輒改楚客等怒卒削相王輔政事瓌稱疾不朝是月韋氏敗睿宗即位進左僕射景雲元年老病罷爲太子少傅卒年七十二贈司空荊州大都督謚曰文貞皇太子別次發哀遺令薄葬布車一乘瓌治州考課常最爲宰相陳當世病利甚多韋溫始爲汴州司倉參軍以賕被杖及用事憚瓌正卒不敢傷開元二年賜其家實封百戶長子頲固辭乃擢中子乂左補闕六年詔與劉幽求配享睿宗廟廷文宗大和中錄舊德官其四代孫翔瓌諸子頲詵顯

頲字廷碩弱敏悟一覽至千言輒覆誦第進士調烏程尉武后封嵩高舉賢良方正異等除左司禦率府冑曹參軍吏部侍郎馬載曰古稱一日千里蘇生是已再遷監察御史長安中詔覆來俊臣等冤獄頲驗發其誣多從洗宥遷給事中脩文館學士拜中書舍人時瓌同中書門下三品父子同在禁筦朝廷榮之玄宗平內難書詔填委獨頲在太極後閤口所占授功狀百緒輕重無所差書史白曰丐公徐之不然手腕脫矣中書令李嶠曰舍人思若涌泉吾所不及遷太常少卿仍知制誥遭父喪起爲工部侍郎辭不拜終制乃就職帝問宰相有自工部侍郎得中書侍郎乎對曰陛下任賢惟所命何資之計乃詔以頲爲中書侍郎帝勞曰方美官缺每欲用卿然宰相議遂無及者朕爲卿恨陸象先歿紫微侍郎未嘗補朕思其人無易卿者頲頓首謝明日加知制誥給政事食給食自頲始時李乂對掌書命帝曰前世李嶠蘇味道文擅當時號蘇李今朕得頲及乂何愧前人哉俄襲封許國公吐蕃盜邊諸將數敗虜盜張秣騎內侵帝怒欲自將兵討之頲諫曰古稱荒服取荒忽之義非常奉職貢也故來則拒去則勿逐以禽獸畜之羈縻御之譬若獵然羽毛不入服用體肉不登郊廟則王者不射也況

萬乘之重與犬羊之畜區語負勝哉遠夷左衽不足以辱天子亦可見矣雖然兵法先聲後實陛下姑班親征之詔而敕塩將謀夫投會濟師則吐蕃不日崩破亦無待躬致天討也臣謂岐隴凋弊積年若千乘萬騎供億不涯誠恐傜役內興寇掠外虞斯人不堪一也戎虜之性驟往倏來敢不恥奔勝不讓成若大軍一臨邊怖震鳥散彼出多方我受其誤二也太上皇聞陛下身對寇場不能無憂烝烝之思何以自安三也漢蒯成侯諫高帝曰上嘗自勞豈謂無人使哉高帝以為愛我今將相大臣豈無為陛下宣力者何親行之遽邪不省復上言王者之師有征無戰藩貢或闕王命征之於是乎治兵其郊獲辭而止非謂按甲自臨敵人畏之莫敢戰也古天子無親將惟黃帝五十二戰當未平之時自阪泉功成則脩身間居無為無事陛下撥定禍亂方當深視高居制禮作樂禪梁父登空桐何至獸天居衽金革為一日之敵今吐蕃遣渠領干犯國令軍吏一不勝而陛下屈至尊為之敵雖朝鼎夕砧猶未可以

夸四夷安足勞聖躬哉虜之入唯盜羊馬發窖櫝衣未嘗殺略邊人其罪易原也臣恐虜情很顧牽連北狄聞六師之行入幽并犯靈夏南動京師太上皇一致憂勞是陛下以天下之安不能寧其親也臣固曰居中制勝策之上者若夫擇良將募重而約嚴違律必誅殺敵必賞多出金以購酋長虜亡無日矣願稍遷延以須西音亦會薛訥大破吐蕃俘獲不貲由是帝止不行時詔立靖陵碑命頲為之詞辭曰前世帝后不志碑事弗稽古謂之不法審當可著祖宗諸陵一須營立後嗣謂何帝不納其言開元四年進同紫微黃門平章事脩國史與宋璟同當國璟剛正多所裁決頲能推其長在帝前敷奏璟有未及或少屈頲輒助成之有不會意頲更申璟所執故帝未嘗不從二人相得歡甚璟嘗曰吾與蘇氏父子同為宰相僕射長厚自是國器若獻可替否事至即斷盡公不顧私則今丞相為過之八年罷為禮部尚書俄檢校益州大都督長史按察節度劍南諸州時蜀彫敝人流亡詔頲收劍南山澤鹽鐵

自贍頲尚簡靜重興力役即募戎人輸雇直開井置爐量入計出分所贏市穀以廣見糧時前司馬皇甫恂使蜀檄取庫錢市錦半臂琵琶捍撥玲瓏鞭頲不肯予因上言遣使銜命先取不急非陛下以山澤贍軍費意或謂頲公在遠屈得忤上意頲曰不然明主不以私愛奪至公吾可以遠近廢忠臣節邪巂州蠻酋直院與吐蕃連謀入寇獲諜者吏請討之頲不聽移書還其諜曰毋得爾直院羞悔不敢侵邊從封泰山詔頲朝覲壇並著其文還分主十銓事卒年五十八帝猶視朝起居舍人韋述上疏曰貞觀永徽時大臣薨輒罷朝舉哀成終始恩上有旌賢錄舊之德下有生榮死哀之美昔晉知悼子卒平公宴樂杜蕢一言而悟春秋載之故禮部尚書頲累葉輔弼奉事軒陛二十餘年今奄忽不還邦人痛嗟惟惟蓋之舊股肱之戚宜節廢朝明君臣之誼帝曰固朕意也即日帳次哭洛城南門不朝詔贈右丞相謚曰文憲葬日帝游咸宜宮將獵聞之曰頲且葬我忍自娛哉半道而還頲性廉儉奉稟悉推散

諸弟親族儲無長貲自景龍後與張說以文章顯稱望略等故時號燕許大手筆帝愛其文曰卿所為詔令別錄副本署臣某撰朕當留中後遂為故事其後李德裕著論曰近世詔誥惟頲敘事外自為文章云

詵字廷言舉賢良方正高第補汾陰尉遷秘書詳正學士累轉給事中時頲為紫微侍郎固辭帝曰古有內舉不避親者乎對曰晉祁奚是也帝曰若然朕自用詵卿言非公也頃之出徐州刺史治有迹卒贈吏部侍郎詵子震以蔭補千牛十餘歲彊學有成人風頲曰吾家有子累遷殿中侍御史長安令安祿山陷京師震與尹崔光遠殺開遠門吏棄家出奔會肅宗興師靈武震晝夜馳及行在帝嘉之拜御史中丞遷文部侍郎廣平王為元帥崇擇賓佐以震為糧料使二京平封岐陽縣公改河南尹九節度兵敗相州震與留守崔圓奔襄鄧貶濟王府長史起為絳州刺史進戶部侍郎判度支為泰陵建陵鹵簿使以勞封岐國公拜太常卿代宗將幸

東都復以震爲河南尹未行卒贈禮部尚書
幹瓌從父兄也父勗字愼行武德中爲秦王諮議典籤文學館學士尚南康公主拜駙馬都尉遷魏王泰府司馬博學有美名泰重之勸開館引文學士著書名家歷吏部侍郎太子左庶子卒幹擢明經授徐王府記室參軍王好畋每諫止之垂拱中遷魏州刺史河朔饑前刺史苛暴百姓流徙幹檢吏督姦勸課農桑由是流亢盡復以治稱拜右羽林軍將軍遷冬官尚書來俊臣素忌之誣幹與琅邪王沖通書繫獄發憤卒

張說字道濟或字說之其先自范陽徙河南更爲洛陽人永昌中武后策賢良方正詔吏部尚書李景諶糊名較覆說所對第一后署乙等授太子校書郎遷左補闕后嘗問諸儒言氏族皆本炎黃之裔則上古乃無百姓乎若爲朕言之說曰古未有姓若夷狄然自炎帝之姜黃帝之姬始因所生地而爲之姓其後天子建德因生以賜姓黃帝二十五子而得姓者十四德同者姓同德異者姓殊其後或以官或以國或以王父之字始爲賜族久乃爲姓降唐虞抵戰國姓族漸廣周衰列國既滅其民各以舊國爲之氏下及兩漢人皆有姓故姓之以國者韓陳許鄭魯衞趙魏爲多后曰善久視中后造暑三陽宮汔秋未還說上疏曰宮距洛城百六十里有伊水之隔崿坂之峻過夏涉秋水潦方積道壞山險不通轉運河廣無梁咫尺千里扈從兵馬日費資餼太倉武庫並在都邑紅粟利器蘊若山丘奈何去宗廟之上都安山谷之僻處是猶倒持劒戟示人鐏柄臣竊爲陛下不取夫禍變之生在人所忽故曰安樂必戒無行所悔不可一也告成褊小萬方輻湊填郛溢郭併銛無所排斥居人蓬宿草次風雨暴至不知庇託孤惸老病流轉衢巷陛下作人父母將若之何不可二也池亭奇巧蕩誘上心削巒起觀堨流漲海俯貫地脉仰出雲路易山川之氣奪農桑之土延木石運斧斤山谷連聲春夏不輟勸陛下作此者豈正人邪詩云人亦勞止迄可小康不可三也御苑東西二十里外無墻垣扃禁

內有榛叢谿谷猛獸所伏暴慝所憑陛下往往輕行警蹕不肅歷蒙密乘險巇卒有逸獸狂夫驚犯左右豈不殆哉易曰思患豫防願爲萬姓持重不可四也今北有胡寇覷邊南有夷獠騷徼關西小旱耕稼是憂安東近平輸漕方始臣願及時旋軫深居上京息人以展農修德以來遠罷不急之役省無用之費澄心澹懷惟億萬年蒼蒼群生莫不幸甚臣度留議十不從一何者沮盤游之娛閒林沚之玩規遠圖替近適要後利棄前歡未沃明主之心已捩貴臣之意然不愛死者懼言責不職耳后不省擢鳳閣舍人張易之誣陷魏元忠也援說爲助說廷對元忠無不順言忤后旨流欽州中宗立召爲兵部員外郎累遷工部兵部二侍郎以母喪免既朞詔起爲黃門侍郎固請終制祈陳哀到時禮俗衰薄士以奪服爲榮而說獨以禮終天下高之除喪復爲兵部兼脩文館學士睿宗即位擢中書侍郎兼雍州長史譙王重福死東都支黨數百人獄久不決詔說往按一昔而罪人得乃誅張靈均鄭愔餘詿誤悉原帝嘉其不枉直不濫惡慰勞之玄宗爲太子說與褚无量侍讀尤見親禮踰年進同中書門下平章事監脩國史景雲二年帝謂侍臣曰術家言五日內有急兵入宮爲我備之左右莫對說進曰此讒人謀動東宮耳陛下若以太子監國則名分定姦膽破蜚禍塞矣帝悟下制如說言明年皇太子即皇帝位太平公主引蕭至忠崔湜等爲宰相以說不附己授尚書左丞罷政事爲東都留守說知太平等懷逆乃因使以佩刀獻玄宗請先決策帝納之至忠等已誅召爲中書令封燕國公實封二百戶始武后末年爲潑寒胡戲中宗嘗乘樓從觀至是因四夷來朝復爲之說上疏曰韓宣適魯見周禮而歎孔子會齊數倡優之罪列國如此況天朝乎今四夷請和使者入謁當接以禮樂示以兵威雖曰戎夷不可輕也焉知無駒支之辯由余之賢哉且乞寒潑胡未聞典故裸體跳足汨泥揮水盛德何觀焉恐非干羽柔遠樽俎折衝之道納之自是遂絕素與姚元崇不平罷爲相州刺史河北道按察使坐累徙岳

州停實封說既失執政意內自懼雅與蘇瓌善時瓌子頲為相因作五君詠獻頲其一紀瓌也候瓌忌日致之頲覽詩嗚咽未幾見帝陳說忠謇有勳不宜棄外遂遷荊州長史俄以右羽林將軍檢校幽州都督入朝以戎服見帝大喜授檢校并州長史兼天兵軍大使脩國史敕齎稾即軍中論譔朔方軍大使王晙誅河曲降虜阿布思也九姓同羅拔野固等皆疑懼說持節從輕騎二十直詣其部宿帳下召見酋豪慰安之副使李憲以虜難信不宜涉不測說報曰吾肉非黃羊不畏其食血非野馬不畏其刺士當見危致命亦吾效死秋也由是九姓遂安晙後討蘭池叛胡康待賓詔說相聞經略時党項羌亦連兵攻銀城說將步騎萬人出合河關掩擊破之追北駱駝堰羌胡自相猜夜鬬待賓逃入鐵建山餘眾奔潰說招納党項使復故處副使史獻請盡誅之說不從奏置麟州以安羌眾召拜兵部尚書同中書門下三品讓宋璟陸象先不許明年詔為朔方節度大使親行五城督士馬時慶州方渠降胡康

願子反自為可汗掠牧馬西涉河出塞說進討至木槃山禽之俘獲三千乃議徙河曲六州殘胡五萬於唐鄧仙豫間空河南朔方地以功賜實封三百戶故時邊鎮兵贏六十萬說以時平無所事請罷二十萬還農天子以為疑說曰邊兵雖廣諸將自衛營私爾所以制敵不在眾也以陛下之明四夷畏威不慮減兵而招寇臣請以闔門百口為保帝乃可時衛兵貧弱番休者亡命略盡說建請一切募勇彊士優其科條簡色役不旬日得勝兵十三萬分補諸衛以彊京師後所謂彍騎者也帝自東都將還京因幸并州說見帝曰太原王業所基陛下巡幸振耀威武以申永思縣河東入京師有漢武脽上祠此禮廢闕歷代莫舉願為三農祈穀誠四海之福帝納其言過祠后土乃還進中書令說又倡封禪議受詔與諸儒草儀多所裁正帝召說與禮官學士置酒集仙殿曰朕今與賢者樂于此當遂為集賢殿乃下制改麗正書院為集賢殿書院而授說院學士知院事東封還為尚書右丞相兼中書令詔說撰

封禪壇頌刻之泰山以夸成功初源乾曜不欲封禪說固請乃不相平及升山執事官當從者說皆引所厚超階入五品從兵唯加勳而不賜眾怨其專宇文融先獻策括天下游戶及籍外田署十道勸農使分行郡縣說畏其擾數沮格之至是融請吏部置十銓與蘇頲等分治選事有所論請說頗抑之於是銓綜失敘融恨恚乃與崔隱甫李林甫共劾奏說引術士王慶則夜祠禱解而奏表其閽引僧道岸窺詗時事冒署右職所親吏張觀范堯臣依據說埶市權招賂擅給太原九姓羊錢千萬其言醜慘帝怒詔乾曜隱甫刑部尚書韋抗即尚書省鞫之發金吾兵圍其第說兄左庶子光詣朝堂刑耳列冤帝遣高力士往視見說蓬首垢面席藁家人以瓦器饋脫粟鹽蔬為自罰憂懼者力士還奏且言說往納忠於國有功帝憮然乃停說中書令誅慶則等坐者猶十餘人說既罷政事在集賢院專脩國史又乞停右丞相不許然每軍國大務帝輒訪焉隱甫等恐說復用巧文詆毀奏忿說者又著疾邪篇帝聞

因令致仕始為相時帝欲事吐蕃說密請講和以休息鄣塞帝曰朕待王君㚟計之說出告源乾曜曰君㚟好兵以求利彼入吾言不用矣後君㚟破吐蕃於青海西說策其且敗因上巂州鬬羊於帝以申諷諭曰使羊能言必將曰鬬而不解立有死者所賴至仁無殘量力取歡焉帝識其意納之賜綵千匹後瓜州失守君㚟死十七年復為右丞相遷左丞相上日敕所司供帳設樂內出醪饌帝為賦詩俄授開府儀同三司十八年卒年六十四為停正會贈太師謚曰文貞羣臣駮異未決帝為製碑謚如太常錄是定說敦氣節立然許喜推藉後進於君臣朋友大義甚篤帝在東宮所與秘謀密計甚眾後卒為宗臣朝廷大述作多出其手帝好文辭有所為必使視草善用人之長多引天下知名士以佐佑王化粉澤典章成一王法天子尊尚經術開館置學士脩太宗之政皆說倡之為文屬思精壯長於碑誌世所不逮既謫岳州而詩益悽婉人謂得江山助云常典集賢圖書之任間雖致仕一歲亦脩史於家

始帝欲授說大學士說辭曰學士本無大稱中宗崇寵大臣乃有之
臣不敢以爲稱固辭乃免後宴集賢院故事官重者先飲說曰吾
聞儒以道相高不以官閥爲先後太帝時脩史十九人長孫无忌
以元舅每宴不肯先舉爵長安中與脩珠英當時學士亦不以品
秩爲限於是引觴同飲時伏其有體中書舍人陸堅以學士或非
其人而供擬太厚無益國家者議白罷之說聞曰古帝王功成則
有奢滿之失或興池觀或尚聲色今陛下崇儒向道躬自講論詳
延豪俊則麗正乃天子禮樂之司所費細而所益者大陸生之言
蓋未達邪帝知遂薄堅說嘗自爲其父碑帝爲書其額曰嗚呼積
善之墓說歿後帝使就家錄其文行於世開元後宰相不以姓著
者曰燕公云大曆中詔配享玄宗廟廷子均垍埱
均亦能文自太子通事舍人累遷主爵郎中中書舍人開元十七
年說授左丞相校京官考注均考曰父教子忠古之善訓王言帝
載尤難以任庸以嫌疑而撓紀綱考上下當時亦不以爲私後襲

燕國公累遷兵部侍郎以累貶饒蘇二州刺史久之復爲兵部侍
郎自以己才當輔相爲李林甫所抑林甫卒倚陳希烈冀得其處
既而楊國忠用事希烈罷而均爲刑部尚書坐垍貶建安太守還
授大理卿居常觖望不平祿山盜國爲僞中書令肅宗反正兄弟
皆論死房琯聞之驚曰張氏滅矣乃見苗晉卿營解之帝亦顧說
有舊詔免死流合浦建中初贈太子少傅子濛事德宗爲中書
舍人
垍尚寧親公主時說居中秉政均爲舍人諸父光爲銀青光祿大
夫榮盛冠時玄宗眷垍厚即禁中置內宅侍爲文章珍賜不可數
均供奉翰林而垍以所賜夸均均曰此婦翁遺壻非天子賜學士
也垍嘗爲帝贊禮舉止都雅帝悅之因幸內宅顧垍曰希烈辭宰
相孰可代者垍錯愕未得對帝曰無易吾壻垍頓首謝會貴妃聞
以語國忠國忠惡之及希烈罷薦韋見素代之垍始怨上天寶十
三載祿山入朝以破奚契丹功求平章事國忠曰祿山有軍功然

不識字與之恐四夷輕漢乃止及還范陽詔高力士餞滻坡力士
歸曰祿山內鬱鬱若知欲相而不行者帝以語國忠國忠曰所告
者必張垍帝怒盡逐其兄弟以均守建安而垍爲盧溪郡司馬埱
自給事中爲宜春郡司馬歲中還垍爲太常卿帝西狩至咸陽唯
韋見素楊國忠魏方進從帝謂力士曰若計朝臣當孰至者力士
曰張垍兄弟世以恩戚貴其當即來房琯有宰相望而陛下久不
用又爲祿山所器此不來矣帝曰未可知也後琯至召見流涕帝
撫勞且問均垍安在琯曰臣之西亦嘗過其家將與偕來均曰馬
不善馳後當繼行然臣觀之恐不能從陛下矣帝嗟悵顧力士曰
吾豈欲誣人哉均等自謂才器亡雙恨不大用吾向欲始終全之今
非若所料也垍遂與希烈皆相祿山垍死賊中
贊曰說於玄宗最有德及太平用事納忠惓惓又圖封禪發明典
章開元文物彬彬說力居多中爲姦人排根幾不免自古功名始
終亦幾希何獨說哉至子以利遷敗其家若環頭再世稱賢宰相
盛矣

蘇張列傳第五十

魏盧李杜張韓列傳第五十一　唐書一百二十六

端明殿學士兼翰林侍讀學士龍圖閣學士朝請大夫守尚書吏部侍郎充集賢殿修撰臣宋祁奉敕撰

魏知古深州陸澤人方直有雅才擢進士第以著作郎修國史累遷衛尉少卿檢校相王府司馬神龍初爲吏部侍郎以母喪解服除爲晉州刺史睿宗立以故屬拜黃門侍郎兼修國史會造金仙玉眞觀雖盛夏工程嚴促知古諫曰臣聞古之君人必時視人之所勤人勤於力則功築罕人勤於財則貢賦少人勤於食則百事廢故曰不作無益害有益又曰罔咈百姓以從己之欲禮季夏之月樹木方盛無有斬伐不可以興土功此皆興化立治爲政養人之本也今爲公主造觀將以樹功祈福而地皆百姓所宅卒然迫逼令其轉徙扶老攜幼剔椽發瓦呼嗟道路乖人事違天時起無用之作崇不急之務羣心震搖衆口藉藉陛下爲人父母欲何以安之且國有簡冊君舉必記言動之微可不愼歟願下明詔順

人欲除功役收之桑榆其失不遠不納復諫曰自陛下戡翦凶逆保定大器蒼生顒顒以謂朝有新政今風教頽替日益甚府藏空屈人力勞敝營作無厓吏員寖增諸司試補員外檢校官已贏二千太府之帛爲殫太倉之米不支臣前請停金仙玉眞訖亦未止今前水後旱五穀不立繇茲向春必甚饑饉陛下欲何方以賑之又突厥於中國爲患自久其人非可以禮義誠信約也雖遣使請婚恐豺狼之心弱則順伏彊則驕逆月滿騎肥乘中國飢虛講親際會窺犯亭鄣復何以防之帝嘉其直以左散騎常侍同中書門下三品玄宗在春宮又兼左庶子先天元年爲侍中從獵渭川獻詩以諷手制褒荅并賜物五十段明年封梁國公竇懷貞等詭謀亂國知古密發其姦懷貞誅賜封二百戶物五百段玄宗恨前賞薄手勑更加百戶旌其著節是冬詔知東都吏部選事以稱職聞優詔賜衣一副自是恩意尤渥由黃門監改紫微令與姚元崇不協除工部尚書罷政事開元三年卒年六十九宋璟聞而歎曰叔

向古遺直子產古遺愛兼之者其魏公乎贈幽州都督謚曰忠所薦洹水令呂太一蒲州司功參軍齊澣右內率騎曹參軍柳澤密尉宋遥左補闕袁暉右補闕封希顏伊闕尉陳希烈後皆有聞於時文宗大和二年求其曾孫覿訥授湘陽尉與魏徵裴冕後擢任之

盧懷愼滑州人蓋范陽著姓祖悊仕爲靈昌令遂爲縣人懷愼在童丱已不凡父友監察御史韓思彥歎曰此兒器不可量及長第進士歷監察御史神龍中遷侍御史中宗謁武后上陽宮后詔帝十日一朝懷愼諫曰昔漢高帝受命五日一朝太公於櫟陽宮以起布衣登皇極子有天下尊歸於父故行此耳今陛下守文繼統何所取法況應天去提象纔二里所騎不得成列車不得方軌於此屢出愚人萬有一犯屬車之塵雖罪之何及臣愚謂宜遵內朝以奉溫凊無煩出入不省遷右御史臺中丞上疏陳時政曰臣聞善人爲邦百年可以勝殘去殺孔子稱苟用我者朞月而已三年有成故書三載考績三考黜陟幽明昔子產相鄭更法令布刑書

一年人怨思殺之三年人德而歌之子產賢者也其爲政尚累年而後成況常材乎比州牧上佐兩畿令或一二歲或三五月即遷曾不論以課最使未遷者傾耳以聽企踵以望冒進亡廉亦何暇爲陛下宣風恤人哉禮義不能興戶口益以流倉庫愈匱百姓日敝職爲此耳人知吏之不久不率其教吏知遷之不遥不究其力媮處爵位以養資望雖明主有勤勞天下之志然僥幸路啓上下相蒙寧盡至公乎此國病也賈誼所謂蹠盭乃小小者耳此而不革雖和緩將不能爲漢宣帝綜覈名實興治致化黃霸良二千石也加秩賜金就旌其能終不肯遷故古之爲吏至長子孫臣請都督刺史上佐畿令任未四考不得遷若治有尤異或加賜車裘祿秩降使臨問璽書慰勉須公卿闕則擢之以勵能者其不職或貪暴免歸田里以明賞罰之信昔唐虞稽古建官惟百夏商官倍亦克用乂此省官也故曰官不必備惟其才無曠庶官天工人其代之此擇人也今京諸司員外官數十倍近古未有謂不必備則爲

有餘求其代工乃多不整壟務而奉稟之費歲巨億萬徒竭府藏豈致治意哉今民力敝極河渭廣漕不給京師公私耗損邊隅未靜黨炎暵成沴租稅減入疆埸有警賑救無年何以濟之毋輕人事惟艱毋安厥位惟危此愼微也原員外之官皆一時良幹擢以才不申其用尊以名不任其力自昔用人豈其然歟臣請才堪牧宰上佐並以遷授使宣力四方責以治狀有老病若不任職者一廢省之使賢不肖確然殊貫此切務也夫冒于寵賂侮于鰥寡爲政之蠹也竊見內外官有贓餉狠藉劓剥烝人雖坐流黜俄而遷復還爲牧宰任以江淮嶺磧粗示懲貶內懷自棄徇貨掊貲訖無悛心明主之於萬物平分而無偏施以罪吏牧遐方是謂惠姦而遺遠遠州陬邑何負聖化而獨受其惡政乎邊徼之地夷夏雜處憑險恃遠易擾而難安官非其才則黎庶流亡起爲盜賊由此言之不可用凡才況猾吏乎臣請以贓論廢者削迹不數十年不賜收齒書曰旌別淑慝即其誼也疏奏不報遷黃門侍郎漁陽縣伯與魏

知古分領東都選開元元年進同紫微黃門平章事三年改黃門監薛王舅王仙童暴百姓憲司按得其罪業爲申列有詔紫微黃門覆實懷愼與姚崇執奏仙童罪狀明甚若御史可疑則它人何可信由是獄決懷愼自以才不及崇故事皆推而不專時譏爲伴食宰相又兼吏部尚書以疾乞骸骨許之卒贈荆州大都督謚曰文成遺言薦宋璟李傑李朝隱盧從愿帝悼歎之懷愼清儉不營產服器無金玉文綺之飾雖貴而妻子猶寒飢所得祿賜於故人親戚無所計惜隨散輒盡赴東都掌選奉身之具止一布囊既屬疾宋璟盧從愿候之見敝簀單藉門不施箔會風雨至舉席自障日晏設食蒸豆兩器菜數柸而已臨別執二人手曰上求治切然享國久稍倦於勤將有憸人乘間而進矣公第志之及治喪家亡留儲帝時將幸東都四門博士張星上言懷愼忠清以直道始終不加優錫無以勸善乃下制賜其家物百段米粟二百斛帝後還京因校獵鄠杜間望懷愼家環堵庳陋家人若有所營者馳使問焉還白懷愼大祥帝即以縑帛賜之爲罷獵經其墓碑表未立停蹕臨視泫然流涕詔官爲立碑令中書侍郎蘇頲爲之文帝自書子奐弈

奐早修整爲吏有清白稱歷御史中丞出爲陝州刺史開元二十四年帝西還次陝嘉其美政題贊於聽事曰專城之重分陝之雄亦既利物內存匪躬斯爲國寶不隆家風尋召爲兵部侍郎天寶初爲南海太守南海兼水陸都會物產瓌怪前守劉巨鱗彭杲皆以贓敗故以奐代之汙吏斂手中人之市舶者亦不敢干其法遠俗爲安時謂自開元後四十年治廣有清節者宋璟李朝隱奐三人而已終尚書右丞弈見忠義傳

李元紘字大綱其先滑州人後世占京兆萬年本姓丙氏曾祖粲仕隋爲屯衛大將軍煬帝使督京師之西二十四郡盜賊善撫循能得士心高祖與之厚及兵入關以衆歸授宗正卿應國公賜姓李後爲左監門大將軍以其老聽乘馬按視宮禁年八十餘卒謚

曰明祖寬高宗時爲太常卿隴西公父道廣武后時爲汴州刺史有善政突厥契丹寇河北議發河南兵擊之百姓震擾道廣悉心撫定人無離散遷殿中監同鳳閣鸞臺平章事封金城侯卒贈秦州都督謚曰成元紘蚤脩謹仕爲雍州司戶參軍時太平公主勢震天下百司順望風指嘗與民競碾磑元紘還之民長史竇懷貞大驚趣改之元紘大署判後曰南山可移判不可搖也改好畤令遷潤州司馬以辦治得名開元初爲萬年令賦役稱平擢京兆少尹詔決三輔渠時王主權家皆旁渠立磑瀦堨爭利元紘敕吏盡毀之分溉渠下田民賴其恩三遷吏部侍郎會戶部楊瑒白知愼坐支調失宜貶刺史帝求可代者公卿多薦元紘帝欲擢爲尚書宰相以資薄乃爲戶部侍郎條陳利害及政得失帝才之謂可丞輔賜衣一稱絹二百匹明年遂拜中書侍郎同中書門下平章事封清水縣男元紘當國務峻涯檢抑奔競奏進者憚之五月五日宴武成殿賜羣臣襲衣特以紫服金魚錫元紘及蕭嵩羣

臣無與比是時廢京司職田議者欲置屯田元紘曰軍國不同中
外異制若人閑無役地棄不墾以閑手耕棄地省饋運實軍糧於
是有屯田其爲益尚矣今百官所廢職田不一縣弗可聚也百姓私
田皆力自耕不可取也若置屯即當公私相易調發丁夫調役則
業廢於家免庸則賦闕於國內地爲屯古未有也恐得不補失徒
爲煩費遂止初左庶子吳兢爲史官譔唐書及春秋未成以喪解
後上書請畢其功詔許就集賢院成書張說致仕詔在家脩史元
紘因言國史記人君善惡王政損益褒貶所繫前聖尤重今國大
典分散不一且太宗別置史館禁中所以秘嚴之也請勅說以書
就館參會譔錄詔可後與杜暹不協數辨爭帝前帝不懌皆罷
之以元紘爲曹州刺史徙蒲州引疾去後以戶部尚書致仕復起
爲太子詹事卒贈太子少傅謚曰文忠元紘再世宰相有清節其
當國累年未嘗改治第宅僮馬敝弱得封物賜給親族宋璟嘗歎
曰李公引宋遥之美黜劉晃之貪爲國相家無留儲雖季文子之德
何以加之

杜暹濮州濮陽人父承志武后時爲監察御史懷州刺史李文暕
爲人所告詔承志推驗無實文暕宗室近屬也卒得罪承志貶爲
方義令遷天官員外郎見羅織獄興移疾去卒于家自高祖至暹
五世同居暹尤恭謹事繼母孝擢明經第補婺州參軍秩滿歸
吏以紙萬番贐之暹爲受百番衆歎曰昔清吏受一大錢何異哉
爲鄭尉復以清節顯華州司馬楊孚公挺人也每咨重暹會孚遷
大理正暹適以累當坐孚曰使若人得罪衆安勸乎以狀言執政
繇是擢爲大理評事開元四年以監察御史覆屯磧西會安西副
都護郭虔瓘與西突厥可汗阿史那獻鎮守使劉遐慶更相訟詔
暹即按入突騎施帳究索左驗虜以金遺暹暹固辭左右曰公使
絕域不可失戎心乃受焉陰埋幕下已出境乃移文界取之突厥
大驚度磧追不及去遷給事中以母喪解會安西都護張孝嵩遷
太原尹或言暹往使安西虜伏其清今猶慕思乃奪喪服拜黃門侍

郎兼安西副大都護明年于闐王尉遲朓約突厥諸國叛暹覺其
謀發兵討斬之支黨悉誅更立君長于闐遂安以功加光祿大夫
守邊四年撫戎練士能自勤勵爲夷夏所樂十四年召同中書門
下平章事遣中使往迎謁見賜絹二百馬一匹第一區與李元紘輕
重不得罷爲荊州都督長史歷魏州刺史太原尹帝幸北都進戶
部尚書許扈蹕還復東幸以暹爲京留守暹率當番衛士繕三
宮城浚池督役不少懈帝聞嘉之數賜書褒勞進禮部尚書封
魏縣侯二十八年卒贈尚書右丞相遣使護喪禁中出絹三百匹賜
之太常謚曰貞肅右司員外郎劉同昇等以暹行忠孝謚有未盡
博士裴總謂暹往以墨衰受命安西雖勤勞于國不得盡孝其子
列訴帝更敕有司考定卒謚貞孝暹友愛撫異母弟昱甚厚其爲
人少學術故當朝議論時時失淺薄然能以公清勤約自將覺豐
爲之自弱冠誓不通親友獻遺以終身既卒尚書省及故吏致賻
其子孝友一不受以行暹素志云暹族子鴻漸

鴻漸字之巽父鵬舉與盧藏用隱白鹿山以母疾與崔沔同授醫
蘭陵蕭亮遂窮其術歷右拾遺玄宗東行河因游畋上賦以風終安
州刺史鴻漸第進士解褐延王府參軍安思順表爲朔方判官祿
山亂皇太子按軍平涼未知所適議出蕭關趣豐安鴻漸與六城
水運使魏少游節度判官崔漪支度判官盧簡金關內鹽池判官
李涵謀曰胡羯亂常二京覆沒太子治兵平涼然散地難恃也今
朔方制勝之會若奉迎太子西詔河隴北結回紇回紇固與國收
其勁騎與大兵合鼓而南雪社稷之恥不亦易乎即具上兵馬招
輯之勢且錄軍資器械儲廥凡最使涵詣平涼見太子太子大悅
會裴冕至自河西亦勸之朔方而鴻漸與漪至白草頓迎謁說曰
朔方天下勁兵靈州用武地今回紇請和吐蕃結附天下列城堅
守以待王命縱爲賊據日夜望官軍以圖收復殿下治兵長驅逆
胡不足滅也太子喜曰靈武我之關中卿乃吾蕭何也既至靈武
鴻漸即與冕等勸即皇帝位以係中外望六請見聽鴻漸明習朝

章採舊儀設壇壝城南先一日草其儀上之太子曰聖皇在遠寇逆方結宜罷壇場它如奏太子即位是爲肅宗擢鴻漸兵部郎中知中書舍人事俄爲武部侍郎遷河西節度使兩京平又節度荊南乾元二年襄州大將康楚元等反刺史王政脫身走楚元僞稱南楚霸王因襲荊州鴻漸棄城遁人皆南奔爭舟溺死者甚衆澧朗復郢等州聞鴻漸出皆竄伏山谷俄而商州刺史韋倫平其亂久之乃召鴻漸爲尚書右丞太常卿充禮儀使泰建二陵制度皆鴻漸綜正以優封衛國公又建言周官凶荒殺禮今承大亂民人夷殘其婚葬鹵簿非於國有大功及二等以上親皆不許給詔可代宗廣德二年以兵部侍郎同中書門下平章事尋進中書侍郎崔旰殺郭英乂據成都邛州牙將柏貞節瀘州牙將楊子琳劍州牙將李昌巙以兵討旰蜀劍大亂命鴻漸以宰相兼成都尹山南西道劍南東川副元帥劍南西川節度副大使往鎮撫之鴻漸性畏怯無它遠略而晚節溺浮圖道畏殺戮及逾劍門儆艾張獻誠

敗且憚旰雄武先許以不死既見禮遇之不敢加譙責反委以政日與從事杜亞楊炎縱酒高會因薦旰爲成都尹而授貞節邛州刺史子琳瀘州刺史各罷兵乃請入朝許之及見帝盛言旰威略可任宜爲留後獻寶器五牀羅錦十五牀麝臍五石復輔政議者疾其長亂進門下侍郎大曆三年兼東都留守河南淮西山南東道副元帥辭疾不行又讓山南劍南副元帥聽之四年疾甚辭宰相罷三日卒年六十一贈太尉謚曰文憲鴻漸自蜀還食千僧以爲有報搢紳效之病甚令僧剔頂髮遺命依浮圖葬不爲封樹

張九齡字子壽韶州曲江人七歲知屬文十三以書干廣州刺史王方慶方慶歎曰是必致遠會張說謫嶺南一見厚遇之居父喪哀毀廷中木連理擢進士始調校書郎以道侔伊吕科策高第爲左拾遺時玄宗即位未郊見九齡建言天百神之君王者所由受命也自古繼統之主必有郊配蓋敬天命報所受也不以德澤未洽年穀未登而闕其禮昔者周公郊祀后稷以配天謂成王幼沖周公居攝猶用其禮明不可廢也漢丞相匡衡曰帝王之事莫重乎郊祀董仲舒亦言不郊而祭山川失祭之序逆於禮故春秋非之臣謂衡仲舒古之知禮皆以郊之祭所宜先也陛下紹休聖緒于今五載而未行大報考之于經義或未通今百穀嘉生鳥獸咸若夷狄內附兵革用弭乃怠於事天恐不可以訓願以迎日之至升紫壇陳采席定天位則聖典無遺矣又言乖政之氣發爲水旱天道雖遠其應甚邇昔東海枉殺孝婦天旱久之一吏不明匹婦非命則天昭其冤況六合元元之衆縣命於縣令宅生於刺史陛下所與共治尤親於人者乎若非其任水旱之繇豈唯一婦而已今刺史京輔雄望之郡猶少擇之江淮隴蜀三河大府之外稍非其人繇京官出者或身有累或政無狀用牧守之任爲斥逐之地或因附會以忝高位及勢衰謂之不稱京職出以爲州武夫流外積資而得不計於才刺史乃爾縣令尚可言哉甿庶國家之本務本之職乃爲好進者所輕承弊之民遭不肖所擾聖化從此銷

鬱繇不選親人以成其敝也古者刺史入爲三公郎官出宰百里今朝廷士入而不出其於計私甚自得也京師衣冠所聚身名所出從容附會不勤而成是大利在於內而不在於外也智能之士欲利之心安肯復出爲刺史縣令哉國家賴智能以治而常無親人者陛下不革以法故也臣愚謂欲治之本莫若重守令守令既重則能者可行宜遂科定其資凡不歷都督刺史雖有高第不得任侍郎列卿不歷縣令雖有善政不得任臺郎給舍都督守令雖遠者使無十年任外如不爲此而救其失恐天下猶未治也又古之選士惟取稱職是以士脩素行而不爲徼幸姦僞自止流品不雜今天下不必治於上古而事務日倍於前誠以不正其本而設巧於末也所謂末者吏部條章舉贏千百刀筆之人溺於文墨巧史猾徒緣姦而奮臣以謂始造簿書備遺忘耳今反求精於案牘而忽於人才是所謂遺劍中流契舟以記者也凡稱吏部能者則曰自尉與主簿繇主簿與丞此執文而知官次者也乃不論其

賢不肖豈不謬哉夫吏部尚書侍郎以賢而授者也豈不能知
人如知之難拔十得五斯可矣今膠以格條據資配職為官擇人初
無此意故時人有平配之誚官曹無得賢之實臣謂選部之法敝
於不變今若刺史縣令精覈其人則管內歲當選者使考才行可
入流品然後送臺又加擇焉以所用衆寡為州縣殿最則州縣慎
所舉可官之才多吏部因其成無庸人之繁矣今歲選乃萬計京
師米物為耗豈多士哉蓋冒濫抵此爾方以一詩一判定其是非適
使賢人遺逸此明代之闕政也天下雖廣朝廷雖衆必使毀譽相
亂聽受不明事則已矣如知其賢能各有品第每一官缺不以次
用之豈不可乎如諸司要官以下等叨進是議無高卑唯得與不
爾故清議不立而名節不脩善士守志而後時中人進求而易操
也朝廷能以令名進人士亦以脩名獲利利之出衆之趨也不如
此則小者得於苟求一變而至阿私大者許以分義再變而成朋
黨矣故於用人不可不第其高下高下有次則不可以妄干天下

之士必刻意脩飾而刑政自清此興衰之大端也俄遷左補闕九
齡有才鑒吏部試拔萃與舉者常與右拾遺趙冬曦考次號稱詳
平改司勳員外郎時張說為宰相親重之與通譜系常曰後出詞
人之冠也遷中書舍人內供奉封曲江男進中書舍人會帝封泰
山說多引兩省錄事主書及所親攝官升山超階至五品九齡當
草詔謂說曰官爵者天下公器先德望後勞舊今登封告成千載
之絕典而清流隔於殊恩胥史乃濫章韍恐制出四方失望方進
草尚可以改公宜審計說曰事已決矣悠悠之言不足慮既而果
得謗御史中丞宇文融方事田法有所關奏說輒建議違之融積
不平九齡為言說不聽俄為融等痛詆幾不免九齡亦改太常少
卿出為冀州刺史以母不肯去鄉里故表換洪州都督徙桂州兼
嶺南按察選補使始說知集賢院嘗薦九齡可備顧問說卒天子
思其言召為秘書少監集賢院學士知院事會賜渤海詔而書
命無足為者乃召九齡為之被詔輒成遷工部侍郎知制誥數乞歸

養詔不許以其弟九皐九章為嶺南刺史歲時聽給驛省家遷
中書侍郎以母喪解毀不勝哀有紫芝產坐側白鳩白雀巢家樹
是歲奪哀拜中書侍郎同中書門下平章事固辭不許明年遷
中書令始議河南開水屯兼河南稻田使上言廢循資格復置十
道採訪使李林甫無學術見九齡文雅為帝知內忌之會范陽節
度使張守珪以斬可突于功帝欲以為侍中九齡曰宰相代天治
物有其人然後授不可以賞功國家之敗由官邪也帝曰假其名
若何對曰名器不可假也有如平東北二虜陛下何以加之遂止又
將以涼州都督牛仙客為尚書九齡執曰不可尚書古納言唐家
多用舊相不然歷內外貴任妙有德望者為之仙客河湟一使典
耳使班常伯天下其謂何又欲賜實封九齡曰漢法非有功不封
唐遵漢法太宗之制也邊將積穀帛繕器械適所職耳陛下必
賞之金帛可也獨不宜裂地以封帝怒曰豈以仙客寒士嫌之邪
卿固素有門閥哉九齡頓首曰臣荒陬孤生陛下過聽以文學用

臣仙客擢胥史目不知書韓信淮陰一壯夫羞絳灌等列陛下必
用仙客臣實恥之帝不悅翌日林甫進曰仙客宰相材也乃不堪
尚書邪九齡文吏拘古義失大體帝由是決用仙客不疑九齡
既戾帝旨固內懼恐遂為林甫所危因帝賜白羽扇乃獻賦自
況其末曰苟效用之得所雖殺身而何忌又曰縱秋氣之移奪終
感恩於篋中帝雖優答然卒以尚書右丞相罷政事而用仙客自
是朝廷士大夫持祿養恩矣嘗薦長安尉周子諒為監察御史
子諒劾奏仙客其語援讖書帝怒杖子諒于朝堂流瀼州死於道
九齡坐舉非其人貶荊州長史雖以直道黜不戚戚嬰望惟文史
自娛朝廷許其勝流久之封始興縣伯請還展墓病卒年六十八贈
荊州大都督謚曰文獻九齡體弱有醞藉故事公卿皆搢笏于帶
而後乘馬九齡獨常使人持之因設笏囊自九齡始後帝每用人
必曰風度能若九齡乎初千秋節公王並獻寶鑑九齡上事鑑十
章號千秋金鑑錄以伸諷諭與嚴挺之袁仁敬梁昇卿盧怡善世

稱其交能終始者及為相譖譖有大臣節當是時帝在位久稍怠於政故九齡議論必極言得失所推引皆正人武惠妃謀陷太子瑛九齡執不可妃密遣官奴牛貴兒告之曰廢必有興公為援宰相可長處九齡叱曰房幄安有外言哉遽奏之帝為動色故卒九齡相而太子無患安祿山初以范陽偏校入奏氣驕蹇九齡謂裴光庭曰亂幽州者此胡雛也及討奚契丹敗張守珪執如京師九齡署其狀曰穰苴出師而誅莊賈孫武習戰猶戮宮嬪守珪法行于軍祿山不容免死帝不許赦之九齡曰祿山狼子野心有逆相宜即事誅之以絕後患帝曰卿無以王衍知石勒而害忠良卒不用帝後在蜀思其忠為泣下且遣使祭於韶州厚幣卹其家開元後天下稱曰曲江公而不名云建中元年德宗賢其風烈復贈司徒子拯居父喪有節行後為伊闕令會祿山盜河洛陷焉而終不受僞官賊平擢太子贊善大夫九齡弟九皐亦有名終嶺南節度使其曾孫仲方

仲方生歧秀父友高郢見異之曰是兒必為國器使吾得位將振起之貞元中擢進士宏辭為集賢校理以母喪免會郢拜御史大夫表為御史進累倉部員外郎會呂溫等以劾奏宰相李吉甫不實坐斥去仲方以溫黨補金州刺史官人奪民田仲方三疏申理卒與民直入為度支郎中吉甫卒太常謚恭懿博士尉遲汾請謚敬憲仲方挾前怨未已因上議曰古之謚考大節略細行善善惡惡一言而足按吉甫雖多才多藝而側媚取容疊致台衮寡信易謀事無成功且兵凶器不可從我始至以伐罪則邀必成功今內有賊輔臣之盜外有懷毒蠆之臣師徒暴野農不得在畝婦不得在桑秏賦殫畜尸僵血流胔骼成岳毒痛之痛訴天無辜階禍之發寔始吉甫又言吉甫平易柔寬名不配行請俟蔡平然後議之憲宗方用兵疾其言醜訐貶為遂州司馬稍進河南少尹鄭州刺史敬宗立李程輔政引為諫議大夫帝時詔王播造競渡舟三十艘度用半歲運費仲方見延英論諍堅苦帝為減三之二又

詔幸華清宮仲方曰萬乘之行必具葆衛易則失威重不從猶見慰勞鄠令崔發以辱黃門繫獄逢赦不見宥仲方曰恩被天下統昆蟲而不行御前乎發繇是不死大和初出為福建觀察使召還進至左散騎常侍李德裕秉政以太子賓客分司東都德裕罷復拜常侍李訓之變大臣或誅或繫翌日羣臣謁宣政牙闔不啓羣臣錯立朝堂無史卒贊候久乃半扉啓使者傳召仲方曰有詔可京兆尹然後門闢喚仗于時族夷將相髗足旁午仲方皆密使識其尸俄許收葬故胔骸不相亂己而禁軍橫多撓政仲方勢笮不能有所繩劾宰相鄭覃更以薛元賞代之出為華州刺史召入授秘書監人頗言覃助德裕擯仲方不用覃乃擬丞郎以聞文宗曰侍郎朝廷華選彼牧守無狀不可得但封曲江縣伯卒七十二贈禮部尚書謚曰成仲方確正有風節既駮吉甫謚世不直其言卒不至顯既歿人多傷之始高祖仕隋時太宗方幼而病為刻玉像於熒陽佛祠以祈年久而刓晦仲方在鄭敕吏治護鑱石以聞

傳于時

韓休京兆長安人父大智洛州司功參軍其兄大敏仕武后為鳳閣舍人梁州都督李行褒為部人告變詔大敏鞫治或曰行褒諸李近屬后意欲去之無列其冤恐累公大敏曰豈顧身枉人以死乎至則驗出之后怒遣御史覆按卒殺行褒而大敏賜死于家休工文辭舉賢良玄宗在東宮令條對國政與校書郎趙冬曦並中乙科擢左補闕判主爵員外郎進至禮部侍郎知制誥出為虢州刺史虢於東西京為近州乘輿所至常稅廄芻休請均賦它郡中書令張說曰免虢而與它州此守臣為私惠耳休復執論吏白恐忤宰相意休曰刺史幸知民之敝而不救豈為政哉雖得罪所甘心焉訖如休請以母喪解服除為工部侍郎知制誥遷尚書右丞侍中裴光庭卒帝敕蕭嵩舉所以代者嵩稱休志行遂拜黃門侍郎同中書門下平章事休直方不務進趨既為相天下翕然宜之萬年尉李美玉有罪帝將放嶺南休曰尉小官犯非大惡今

朝廷有大姦請得先治金吾大將軍程伯獻恃恩而貪室宅輿馬僭法度臣請先伯獻後美玉帝不許休固爭曰罪細且不容巨猾乃置不問陛下不出伯獻臣不敢奉詔帝不能奪大率堅正類此初嵩以休柔易故薦之休臨事或折正嵩嵩不能平宋璟聞之曰不意休能爾仁者之勇也嵩寬博多可休峭鯁時政所得失言之未嘗不盡帝嘗獵苑中或大張樂稍過差必視左右曰韓休知否已而疏輒至嘗引鑑默不樂左右曰自韓休入朝陛下無一日歡何自戚戚不逐去之帝曰吾雖瘠天下肥矣且蕭嵩每啓事必順旨我退而思天下不安寢韓休敷陳治道多訐直我退而思天下寢必安吾用休社稷計耳後以工部尚書罷遷太子少師封宜陽縣子卒年六十八贈揚州大都督謚曰文忠寶應元年贈太子太師

子浩洽洪汯滉渾洄皆有學尚浩萬年主簿坐籍王鉷家貲有隱入爲尹鮮于仲通所劾流循州洪爲司庫員外郎與汯皆以累貶洪後爲華州長史渾大理司直安祿山盜京師皆陷賊賊逼以官

浩與洪汯滉渾出奔將走行在浩洪渾及洪四子復爲賊禽殺之洪善與人交有節義藉甚於時見者爲流涕肅宗以大臣子能死難詔贈浩吏部郎中洪太常卿渾太常少卿汯上元中終諫議大夫洽終殿中侍御史

滉字太冲以蔭補左威衛騎曹參軍至德初避地山南採訪使李承昭表爲通川郡長史改彭王府諮議參軍初汯知制誥當草王璵詔無借言璵銜之及當國滉兄弟皆斥宂官璵罷乃擢殿中侍御史三遷吏部員外郎性彊直明吏事莅南曹五年簿最詳緻再遷給事中知兵部選時盜殺富平令韋當賊隸北軍魚朝恩私其凶奏原死滉執處卒伏辜遷右丞知吏部選以戶部侍郎判度支自至德軍興所在賦稅無藝帑司給輸乾隱滉檢制吏下及四方輸將犯者痛根以法會歲數稔兵革少息故儲積穀帛稍豐實然覆治案牘深文鉤剝人亦咨怨大曆十二年秋大雨害稼什八京兆尹黎幹言狀滉恐有所蠲貸固表不實代宗命御史行視實損田三萬餘頃始渭南令劉藻附滉言部田無害御史趙計按驗如藻言帝又遣御史朱敖覆實害田三千頃帝怒曰縣令所以養民而田損不問豈卹隱意邪貶南浦員外尉計亦斥爲豐州司戶員外參軍方是時潦敗河中鹽池滉奏池產瑞鹽帝疑遣諫議大夫蔣鎭廉狀鎭畏滉還乃賀帝且請置祠詔號寶應靈慶池德宗立惡滉掊刻徙太常卿議者不厭乃出爲晉州刺史未幾遷浙江東西觀察使尋檢校禮部尚書爲鎭海軍節度使綏輯百姓均租調不踰年境內稱治帝在奉天淮汴震騷滉訓士卒分兵戍河南既狩梁州又獻縑十萬匹請以鎭兵三萬助討賊有詔嘉勞進檢校尚書右僕射封南陽郡公李希烈陷汴州滉遣裨將王栖曜李長榮柏良器以勁卒萬人進討次睢陽而賊已攻寧陵栖曜等破走之漕路無梗完靖東南滉功多時里胥有罪輒殺無貸人怪之滉曰袁晁本一鞭背史禽賊有負聚其類以反此輩皆鄉縣豪黠不如殺之用年少者惜身保家不爲惡又以賊非牛酒不嘯結乃禁屠

牛以絕其謀婺州屬縣有犯令者誅及鄰伍坐死數十百人又遣官分察境內罪涉疑似必誅一判輒數十人下皆愁怖聞京都未平乃閉關梁禁牛馬出境築石頭五城自京口至玉山毀上元道佛祠四十區脩塢壁起建業抵京峴樓雉相望以爲朝廷有永嘉南走事置館第數十於石頭城穿井皆百尺命偏將丘岑督役日數千人朘虐用其衆朝令夕辦先世丘壟皆發夷造樓艦三千柁以舟師由海門大閱至申浦乃還追李長榮等歸以親吏盧復爲宣州刺史增營壘教習長兵毀鍾鑄軍器陳少游在揚州以甲士三千臨江大閱滉亦總兵臨金山與少游會以金繒相餉酬然滉握彊兵遷延不赴難而調發糧帛以濟朝廷者繼屬當時實賴之李晟方屯渭北滉運米餽之船置十弩以相警捍賊不能剽始漕船臨江滉顧僚吏曰天子蒙塵臣下之恥也乃自舉一囊將佐爭負之貞元元年加檢校左僕射同中書門下平章事江淮轉運使封鄭國公以繕治石頭城人頗言有窺望意雖帝亦惑之會李泌

閒關辯數帝意乃解二年更封晉是歲入朝滉既宿齒先達頗簡
倨接新進用事不能滿其意衆怨之獻羨錢五百餘萬緡詔加度
支諸道轉運鹽鐵等使右丞元琇判度支也以關輔旱請運江南
租米西給京師帝委滉專督之而琇畏其剛愎難共事請自江
至揚子滉主之揚子以北自主之滉由是銜琇會琇以京師錢重
貨輕發江東監院錢四十萬緡入關滉紿奏運錢至京師率費
萬致千不可從帝責謂琇琇曰千錢其重與斗米均費三百可致
帝以諭滉滉執不可至是誣劾琇饋米與淄青李納河中李懷光
帝怒不復究驗貶琇雷州司戶參軍左丞董晉白宰相劉滋齊
映曰昨關輔用兵方蝗旱琇不增一賦而軍興皆濟可謂勞臣今被
謫無名刑濫人懼假令權臣逞志公胡不請三司鞫之滋映不能
用給事中袁高抗疏申執滉指爲黨與寢不報劉玄佐不朝帝
密詔滉諷之及過汴玄佐素憚滉脩屬吏禮滉辭不敢當因結
爲兄弟入拜其母置酒設女樂酒行滉曰宜早見天子不可使夫人

白首與新婦子孫塡宮掖也玄佐泣悟滉以錢二十萬緡爲玄佐
辦裝又以綾二十萬犒軍玄佐入朝滉薦可任邊事時兩河罷兵
滉上言吐蕃盜河湟久近歲寖弱而西迫大食北扞回鶻東抗南
詔分軍外戰兵在河隴者不過五六萬若朝廷命將以十萬衆城
涼鄯洮渭各置兵二萬爲守禦臣請以本道財賦饋軍給三年費
然後營田積粟且耕且戰則河隴之地可翹足而復帝善其言因
訪玄佐玄佐請行會滉病甚張延賞奏減州縣冗官收祿俸募戰
士西討玄佐慮延賞斬削資儲辭大戎未衅不可輕進因稱疾帝
遣中人勞問卧受命延賞知不可用乃止滉尋卒年六十五贈太
傅諡曰忠肅滉雖宰相子性節儉衣裘茵袵十年一易甚弊者不執
扇居處陋薄取庇風雨門當列戟以父時第門不忍壞乃不請堂
先無挾廡弟洄稍增補之滉見卽徹去曰先君容焉吾等奉之常
恐失隊若摧圮繕之則已安敢改作以傷儉德居重位清絜疾惡
不爲家人資產自始仕至將相乘五馬無不終櫪下好鼓琴書得

張旭筆法畫與宗人幹相埒嘗自言不能定筆不可論書畫以非
急務故自晦不傳於人善治易春秋著通例及天文事序議各一
篇初判度支李晟以裨將白軍事滉待之加禮使其子拜之厚遺
器幣鞍馬後晟終立大功滉幼時已有美名所與游皆天下豪俊
晩節益苛慘故論者疑其飾情希進既得志則彊肆蓋自其性云
子羣皐羣終國子司業
皐字仲聞資質重厚有大臣器由雲陽尉策賢良方正異等拜右
拾遺累遷考功員外郎父喪德宗遣使弔問俾論譔滉行事號泣
承命立草數千言以進帝嘉之服除宰相擬考功郎中帝爲加知
制誥遷中書舍人御史中丞兵部侍郎號稱職俄拜京兆尹奏署
鄭鋒爲倉曹參軍鋒苛斂吏乃說皐悉索府中雜錢折糴粟麥
三十萬石獻於帝皐悅之奏爲興平令貞元十四年大旱民請蠲租
賦皐府帑已空內憂恐奏不敢實會中人出入百姓遮道訴之事
聞貶撫州員外司馬未幾改杭州刺史入拜尚書右丞王叔文用

事皐嫉之謂人曰吾不能事新貴從弟曄以告叔文叔文怒出
爲鄂岳蘄沔觀察使叔文敗卽拜節度使徙鎭海入爲戶部尚書歷
東都留守忠武軍節度使大抵以簡儉治所至有績召拜吏部尚
書兼太子少傅莊憲太后崩充大明宮留守穆宗以舊傳恩加檢
校尚書右僕射俄爲眞又進左僕射長慶四年復爲東都留守卒
於道年七十九贈太子太保諡曰貞皐貌類父既孤不復視鑑生知
音律常曰長年後不願聽樂以門內事多逆知之聞鼓琴至止息
歎曰美哉嵇康之爲是曲其當晉魏之際乎其音主商商爲秋秋
者天將搖落肅殺其歲之晏乎晉乘金運商又金聲此所以知魏
方季而晉將代也緩其商絃與宮同音臣奪君之義知司馬氏之
將篡也王陵毋丘儉文欽諸葛誕繼爲揚州都督咸有興復之謀
皆爲司馬懿父子所殺康以揚州故廣陵地陵等皆魏大臣故名其
曲曰廣陵散言魏散亡自廣陵始止息者晉雖暴興終止息於此
其哀憤躁蹙憯痛迫脅之音盡於是矣永嘉之亂其兆乎康避晉

魏之禍託以鬼神以俟後世知音云

迴字幼深蔭補弘文生滿歲參調吏部侍郎達奚珣以地望抑之除華陰太子陵令無慍容安祿山亂家七人遇害迴避難江南蔬食不聽樂乾元中授睦州別駕劉晏表爲屯田員外郎知揚子留後召拜諫議大夫與補闕李翰數上章言得失擢知制誥坐與元載善貶邵州司戶參軍德宗即位起爲淮南黜陟使復爲諫議大夫晏被罪天下錢穀歸尚書省而省司廢久無綱紀莫總其任乃擢迴戶部侍郎判度支迴上言江淮七監歲鑄錢四萬五千緡輸京師工用運轉每緡度二千是本倍於子今商州紅崖冶產銅而洛源監久廢請鑿山取銅即冶舊監置十鑪鑄之歲得錢七萬二千緡度費每緡九百則得可浮本矣江淮七監請皆罷又言天下銅鐵冶乃山澤利當歸王者請悉隸鹽鐵使從之復罷省胥吏冗食二千人積米長安萬年二縣各數十萬石視年豐耗而發斂焉故人不艱食迴與楊炎善炎得罪不自安無何皁上疏理炎罪

帝意迴敎之貶蜀州刺史興元元年入爲兵部侍郎轉京兆尹貞元十年終國子祭酒贈戶部尚書

贊曰人之立事無不銳始而工於初至其半則稍怠卒而漫澶不振也觀玄宗開元時厲精求治元老魁舊動所尊憚故姚元崇宋璟言聽計行力不難而功已成及太平久左右大臣皆帝自識擢狎而易之志滿意驕而張九齡爭愈切言益不聽夫志滿則忽其所謀意驕則樂軟熟憎鯁切較力雖多課所效不及姚宋遠矣終之胡雛亂華身播邊陬非曰天運亦人事有致而然若知古等皆宰相選使當天寶時庸能有救哉

魏盧李杜張韓列傳第五十一

張源裴列傳第五十二　唐書一百二十七

端明殿學士兼翰林侍讀學士龍圖閣學士朝請大夫守尚書吏部侍郎充集賢殿修撰臣宋祁奉

敕撰

張嘉貞字嘉貞本范陽舊姓高祖子吒仕隋終河東郡丞遂家蒲州爲猗氏人以五經舉補平鄉尉坐事免長安中御史張循憲使河東事有未決病之問吏曰若頗知有佳客乎吏以嘉貞對循憲召見咨以事嘉貞條析理分莫不洗然循憲大驚試命草奏皆意所未及它日武后以爲能循憲對皆嘉貞所爲因請以官讓后曰朕寧無一官自進賢邪召嘉貞見內殿以簾自鄣嘉貞儀止秀偉奏對偘偘后異之因請曰臣草茅之人未覩朝廷儀陛下過聽引對禁近今天威咫尺若隔雲霧恐君臣之道有未盡也后曰善詔上簾引拜監察御史擢循憲司勳郎中酬其得人累遷兵部員外郎時功狀盈几郎吏不能決嘉貞爲詳處不閱旬廷無稽牒進中書舍人歷梁秦二州都督并州長史政以嚴辦吏下畏之

奏事京師玄宗善其政數慰勞嘉貞自陳少孤與弟嘉祐相恃以長今爲鄯州別駕願內徙使少相近異盡力報死無恨帝爲徙嘉祐忻州刺史突厥九姓新內屬雜處太原北嘉貞請置天兵軍綏護其衆即以爲天兵使明年入朝或告其反按無狀帝令坐告者嘉貞辭曰國之重兵利器皆在邊今告者一不當即罪之臣恐塞言路且爲未來之患昔天子聽政於上瞍賦矇誦百工諫庶人謗今將坐之則後無繇聞天下事遂得減死天子以爲忠且許以相嘉貞因曰昔馬周起徒步謁人主血氣方壯太宗用之能盡其才甫五十而沒向使用少晚則無及已陛下不以臣不肖必用之要及其時後衰無能爲也且百年壽孰爲至者臣常恐先朝露死溝壑誠得效萬一無負陛下足矣帝曰第往行召卿及宋璟等罷帝欲果用嘉貞而忘其名夜詔中書侍郎韋抗曰朕嘗記其風操而今爲北方大將張姓而複名卿爲我思之抗曰非張齊丘乎今爲朔方節度使帝即使作詔以爲相夜且半因閱大臣表疏舉一則嘉貞所獻遂得其名即以爲中書侍郎同中書門下平章事遷中書令居位三年善傅奏敢於裁遣然彊躁論者恨其不裕帝數幸東都洛陽主簿王鈞者爲嘉貞繕第會以贓聞有詔杖之朝堂嘉貞畏譏漆促有司速斃以滅言祕書監姜皎得罪嘉貞希權幸意請加詔杖已而皎死會廣州都督裴伷先抵罪帝問法如何嘉貞復援皎比張說曰不然刑不上大夫以近君也士可殺不可辱向皎得罪官三品且有功若罪應死即殺獨不宜廷辱以卒伍待也況勳貴在八議平事往不可咎伷先豈容復濫哉帝然之嘉貞退不悅曰言太切說曰宰相時來則爲非可長保若貴臣盡杖正恐吾輩及之渠不爲天下士君子地乎初嘉貞在兵部而說已爲侍郎及皆相說位其下議論無所讓故說不平未幾嘉祐拜金吾將軍兄弟要近人頗憚媢帝幸太原嘉祐以贓聞說諷嘉貞素服待罪不謁遂出爲幽州刺史說代其處嘉貞銜悔謂人曰中書令幸二員何相迫邪踰年爲戶部尚書益州長史判都督事詔宴中書省

與宰相會嘉貞銜說不已於坐慢罵說源乾曜王晙共平解乃得去明年王守一死坐與厚善貶台州刺史俄拜工部尚書爲定州刺史知北平軍事封河東侯及行帝賦詩詔百官祖道上東門久之以疾丐還東都詔醫馳驛護視卒年六十四贈益州大都督諡曰恭肅嘉貞性簡疏與人不疑內曠如也或時以此失有嗜進者汲引之能以恩終始所薦爲中書舍人苗延嗣呂太一考功員外郎員嘉靜殿中侍御史崔訓皆位清要日與議政事故當時語曰令君四俊苗呂崔員其始爲中書舍人崔湜輕之後與議事正出其上湜驚曰此終其坐後十年而爲中書令嘉貞雖貴不立田園有勸之者答曰吾嘗相國矣未死豈有飢寒憂若以譴去雖富田產猶不能有也近世士大夫務廣田宅爲不肖子酒色費我無是也引萬年主簿韓朝宗爲御史卒後十餘歲朝宗以京兆尹見帝曰陛下待宰相進退皆以禮身雖沒子孫咸在廷張嘉貞晚一息寶符獨未官帝憫然召拜左司禦率府兵曹參軍賜名曰延賞

延賞雖幼孤而博涉經史通吏治苗晉卿尤器許以女妻之肅宗
在鳳翔擢監察御史辟署關內節度使王思禮府思禮守北都表
爲副入遷刑部郎中始元載被用以晉卿力故厚遇延賞薦爲給
事中御史中丞大曆初除河南尹諸道營田副使河洛當兵衝邑
里墟榛延賞政簡約輕傜賦䟽河渠築宮廟數年流庸歸附都闕
完雄有詔褒美時罷河南山南等副元帥兵屯東都詔延賞知留
守以兵屬居五年治行第一召還會李少良劾元載陰罪載斥其狂
下御史臺治訊而延賞適拜大夫不滿所私出爲淮南節度使歲
旱民乇遷吏禁之延賞曰食者人恃以活拘此而斃不如適彼而
生苟存吾人何限爲乃具舟遣之敕吏爲脩室廬已逋債而歸者
更增於舊瓜步舟艫津湊而遞繫江南延賞請度屬揚州自是行
無稽壅會母喪免服除累拜荊南劒南西川節度使建中中西山
兵馬使張朏襲成都爲亂延賞奔鹿頭戍朏酣亂不設備延賞謀
知之遣將叱干遂捕斬朏復成都自楊國忠討南蠻三蜀疲罄及乘

輿臨狩糜用百出後更郭英乂崔寧楊子琳亂益矜僭公私蕭然
延賞事爲之制薄入謹出府庫遂實德宗在奉天貢獻踵道及
次梁倚劒蜀爲根本即拜中書侍郎同中書門下平章事帝
還詔入秉政初吐蕃寇劒南李晟總神策軍戍之及還以成都倡
自隨延賞遣吏奪取故晟銜之至是鎮鳳翔帝所倚重表陳宿憾
帝不得已罷延賞爲尚書左僕射然雅意決用之以晟嘗爲韓滉
識擢命滉移書道意及俱入朝滉從容邀晟平憾且使薦延賞
於帝於是復拜平章事既而宴禁中帝出瑞錦一端分繫之以示
和解晟因爲子請婚延賞不許晟曰吾武夫雖有舊惡盃酒間可
解儒者難犯外睦而內含怒今不許婚釁未忘也先時吐蕃尚結
贊請和晟奏戎狄無信不可許滉亦請調軍食峙邊無聽和帝疑
將帥邀功生事議未決會滉卒延賞揣帝意遂罷晟兵奏以給
事中鄭雲逵代之帝曰晟有社稷功俾自擇代者乃用邢君牙而
拜晟太尉兼中書令奉朝請是夏吐蕃背約劫渾瑊將校多沒

如晟等策故事臨軒冊拜三公中書令讀冊侍中贊禮或闕則宰
相攝事晟當拜而延賞薄其禮用尚書崔漢衡劉滋代攝時議遣
劉玄佐復河湟延賞因建言今官繁費廣州縣殘困宜併省其員
悉收禀料糧課輸京師賞戰士帝許之即詔上州留上佐録事參
軍司戶司兵司士各一員餘參軍留半中州減司士上縣令尉具
中縣省尉京兆河南府司録判官赤縣丞簿尉各省半餘府準上
州詔下內外始怨玄佐辭西討延賞更用李抱眞抱眞怨延賞奪
晟兵不肯行由是功臣解體是年除吏千五百員當省者千餘道
路言謗讟浸聞於上延賞懼請詔州縣或考先滿或攝掌遇停限
而官見乏者聽在所擇省員有幹譽者權補以才不以資而大
臣馬燧白志貞韋倫表言省官太甚不可行會延賞疾困不能
事宰相李泌一切奏復卒年六十一贈太保謚曰成肅延賞更四
鎮所至民頌其愛及當國飾情復怨不稱所望亦早不幸未及有
所建明然帝待遇厚稱其奏議有宰相體專屬以吏事而以軍

食委李泌刑法委柳渾時以爲任職子弘靖
弘靖字元理雅厚信直以蔭爲河南參軍杜亞辟佐其府亞疑牙
將令狐運劫餉絹弘靖直其枉亞怒斥出府裴延齡爲德陽公主
治第欲徙弘靖先廟上疏自言德宗異之擢監察御史累遷戶部
侍郎陝州觀察使徙河中節度使元和中拜刑部尚書同中書門
下平章事吳少陽死其子元濟擅總留務憲宗欲誅之弘靖請先
遣使者弔贈待不恭乃加兵詔可進中書侍郎封高平縣侯武元
衡遇害賊未得王承宗邸廝卒張晏等被告詔付御史臺劾驗有狀
弘靖疑御史傅致晏罪言之帝不聽遂誅晏等并討承宗弘靖曰我
事並興鮮有濟不如悉力淮西已平乃治河朔議再迕乃歸政以
檢校吏部尚書同平章事爲河東節度使未及鎮詔伐承宗弘
靖自以諫不聽思自効乃大閱兵請身討賊詔許出軍無親往
既王師無功帝憶曩言下詔褒美弘靖亦遣使間道諭承宗承
宗款附召拜吏部尚書徙節宣武宣武承韓弘虐政代以寬簡民

便安之長慶初劉總舉所部內屬請弘靖爲代進檢校司空仍
同中書門下平章事充盧龍節度使始入幽州老幼夾道觀河朔
舊將與士卒均寒暑無障蓋安輿弘靖素貴肩輿而行人駭異
俗謂祿山思明爲二聖弘靖懲始亂欲變其俗乃發墓毀棺衆
滋不悅旬一決事賓客將吏罕聞其言委成於參佐韋雍張宗厚
又不通大體朘刻軍賜專以法挧治之官屬輕傲酣肆夜歸燭火滿
街前後呵止其詬責士吾曰反虜嘗曰天下無事而輩挽兩石弓
不如識一丁字軍中以氣自任銜之總之朝詔以錢百萬緡賚將士
弘靖取二十萬市府雜費有怨言會雍欲鞭小將薊人未嘗更
笞辱不伏弘靖繫之是夕軍亂因弘靖薊門館掠其家貲婢妾
執雍等殺之判官張徹始就職得不殺與弘靖同被囚會詔使至
徹謂弘靖曰公無負此土人今天子使至可因見衆辨幸得脫歸即
推門求出衆畏其謀欲遷別館徹大罵曰汝何敢反前日吳元濟
斬東市李師道斬軍中同惡者父母妻子肉飽狗鼠鴟鴉衆怒擊

殺之數曰吏卒稍自悔詣館謝弘靖願革心事之三請不對衆曰
公不赦我矣軍中可一日無帥乎遂取朱克融主留後詔貶弘靖
太子賓客分司東都再貶吉州刺史明年出幽州改撫州刺史稍
遷太子少師卒年六十五贈太子太保弘靖少有令問杜鴻漸杜
佑皆器許歷臺閣顯級人以爲有輔相才及居位簡默自處無
所規拂幽薊初效順不能因俗制變故范陽復亂家聚書畫侔
祕府先第在東都思順里盛麗甲當時歷五世無所增葺時號三
相張家云子文規次宗裴度秉政引文規爲右補闕度出襄陽貶
溫令度奏置幕府累轉吏部員外郎右丞韋溫劾文規父昔被
因逗留不赴難不宜任省署出爲安州刺史終桂管觀察使子彥
遠博學有文辭乾符中至大理卿次宗開成初爲起居舍人文宗
始詔左右史立螭頭下記宰相奏對既退帝召見審正是非故開
成時事爲最詳以稱職兼集賢院直學士文規左遷改國子博士
史館脩撰李德裕再當國引爲考功員外郎知制誥出澧明二州

刺史卒孫茂樞字休府及進士第天祐中累遷祠部郎中知制
誥坐柳璨事貶博昌尉
嘉祐嘉貞弟有幹略方嘉貞爲相時任右金吾衛將軍昆弟每上
朝軒蓋騶導盈閭巷時號所居坊曰鳴珂里後貶浦陽府折衝開
元末爲相州刺史舊刺史多死官衆疑畏嘉祐以周揔管尉遲迥
死國難忠臣也立祠房解祓衆心三歲入爲左金吾將軍後吳兢
爲刺史又加神冕服遂無患
源乾曜相州臨漳人祖師民隋刑部侍郎父直心高宗時太常伯
流死嶺南乾曜第進士神龍中以殿中侍御史黜陟江東奏課最
頻遷諫議大夫景雲後公卿百官上巳九日發射禮乾曜以爲聖
王教天下必制禮以正人情君子三年不爲禮禮必壞三年不爲
樂樂必崩古之擇士先觀射禮非取一時樂也夫射者別邪正觀
德行中祭祀辟寇戎古先哲王莫不遵襲比年以來射禮不講所
司悋費而舊典爲虧臣愚謂所計者財所虧者禮故孔子不愛羊

而存禮也大射謂春秋不可廢開元初郯王府吏犯法玄宗敕左
右爲王求才長史太常卿姜皎薦乾曜自梁州都督召見神氣
爽澈占對有序帝悅之擢少府少監兼郯王府長史累進尚書左
丞四年拜黃門侍郎同紫微黃門平章事踰月與姚崇俱罷會
帝東幸以京兆尹留守京師治尚寬簡人安之居三年政如始至
仗內白鷹因縱失之詔京兆督捕獲於野絓榛死吏懼得罪乾曜
曰上仁明不以畜玩寘罪苟其獲戾尹專之遂入自劾失旨帝一
不問衆伏其知體而善引咎八年復爲黃門侍郎同中書門下三
品進位侍中建言大臣子併求京職俊乂率任外官非平施之道
臣三息俱任京師請出二息補外以示自近始詔可乃以子河南
參軍弼爲絳州司功太祝絜爲鄭尉詔曰乾曜身率庶寮以讓既
請外其子又復下遷傳不云乎范宣子讓其下皆讓晉國之人於
是大和道之或行仁豈遠哉其令文武官父子昆弟三人在京司者
分任于外縣是公卿子弟皆出補帝嘗自較其考與張說偕賜時

議者言國執政所以同休戚不崇異無以責功帝乃詔中書門下共食實戶三百堂封自此始東封還爲尚書左丞相兼侍中久之罷侍中遷太子少師避祖名更授少傅安陽郡公帝幸東都以老疾不任陪扈卒贈幽州大都督乾曜性謹重其始仕已四十餘歷官皆以清慎恪敏得名爲相十年與張嘉貞張說李元紘杜暹同秉政居中未嘗廷議可否事晚節唯唯聯署務爲寬平悙大故鮮咎悔姜晈爲嘉貞所排雖得罪訖不申救君子譏焉族孫光裕亦有名居官號清愿撫諸弟友義爲中書舍人與楊滔劉令植同刪著開元新格歷尚書左丞會選諸司長官爲刺史光裕任鄭州爲世良吏卒官子滑以雍睦保家士友推之天寶中爲給事中襄州刺史安祿山犯河洛爲江陵大都督長史以禦賊卒贈禮部尚書諡曰懿

裴耀卿字煥之寧州刺史守眞次子也數歲能屬文擢童子舉稍遷祕書省正字相王府典籤與掾丘悅文學韋利器更直備顧問府

中號學直王即帝位授國子主簿累遷長安令舊有配戶和市法人厭苦耀卿一切責豪門坐賈豫給以直絕僦欺之敝及去人思之爲濟州刺史濟當走集地廣而戶寡會天子東巡耀卿置三梁十驛科斂均省爲東州知頓最封禪還次宋州宴從官帝歡甚謂張說曰前日出使巡天下觀風俗察吏善惡不得實今朕有事岱宗而懷州刺史王丘餼牽外無它獻我知其不市恩也魏州刺史崔沔遣使供帳不施錦繡示我以儉此可以觀政也濟州刺史裴耀卿上書數百言至曰人或重擾則不足以告成朕置書座右以自戒此其愛人也俄徙宣州前此大水河防壞諸州不敢擅興役耀卿曰非至公也乃躬護作役未訖有詔徙官耀卿懼功不成弗即宣而撫巡飭厲愈急隄成發詔而去濟人爲立碑頌德歷冀州入拜戶部侍郎開元二十年副信安王禕討契丹又持帛二十萬賜立功奚官耀卿曰幣涉寇境不可以不備乃令先與期而分道賜之一日畢突厥室韋果邀險來覘及耀卿已還遷京兆尹明年秋

雨害稼京師飢帝將幸東都召問所以救人者耀卿曰陛下既東巡百司畢從則太倉三輔可遣重臣分道賑給自東都益廣漕運以實關輔關輔既實則乘輿西還事蔑不濟且國家大本在京師但秦地狹水旱易匱往貞觀永徽時祿稟者少歲漕粟二十萬略足今用度寖廣運數倍且不支故數東幸以就敖粟爲國大計臣願廣陝運道使京師常有三年食雖水旱不足憂今天下輸丁約四百萬使丁出百錢爲陝洛運費又益半爲營窖用分納司農河南陝州又令租米悉輸東都從都至陝河益湍沮若廣漕路變陸爲水所支尚贏萬計且河南租船候水始進吳工不便河漕處處停留易生隱盜請置倉河口以納東租然後官自顧載分入河洛度三門東西各築敖倉自東至者東倉受之三門迫險則旁河鑿山以開車道運十數里西倉受之度宜徐運抵太原倉趨河入渭更無留阻可減費鉅萬天子然其計拜黃門侍郎同中書門下平章事充轉運使於是置河陰集津三門倉引天下租繇鹽津泝河

而西三年積七百萬石省運費三十萬緡或曰以此緡納於上足以明功荅曰是謂以國財求寵其可乎敕吏爲和市費遷侍中二十四年以尚書左丞相罷封趙城侯廣州刺史楊濬以贓抵死有詔杖六十流古州耀卿上言刺史縣令異諸吏爲人父母風化所瞻今使裸躬受笞事太逼辱法至死則天下共之然一朝下吏屈挫牽頓民且哀憐是忘免死之恩而有傷心之痛恐非崇守長勸風俗意又雜犯抵死無杖刑必三覆後決今非時不覆或夭其命非所以寬宥之也凡大暑決囚多死秋冬乃有全者請今貸死決杖會盛夏生長時並停則有再生之實是時特進蓋嘉運破突騎施還詔爲河西隴右節度使因令經略吐蕃嘉運以新立功日酣遨未赴屯耀卿言於帝曰嘉運精勁勇烈誠有餘然臣見其夸言驕色竊憂之恐不足與立事今盛秋防邊日月已薄當與軍中士卒相見若不素講雖決在一時恐非制勝萬全之義且兵未及訓不能知法士未懷惠不可共心使幸而有功非師出以律之善又

萬人之命倚於將示不得已故鑿凶門而出今酣歌朝夕胖肆自安非愛人憂國者不可不察苟不易帥宜嚴詔申約以督其行帝乃促嘉運詣部卒無功還天寶初進尚書左僕射俄改右僕射而李林甫代之上日林甫至本省具朝服劒佩博士導郎官唱按禮畢就耀卿聽事乃常服以賛者主事導唱林甫驚曰班爵與公同而禮數異何也耀卿曰比苦眩不堪重衣又郎博士紛泊非病士所宜林甫默然慙居一歲卒年六十三贈太子太傅謚曰文獻子綜吏部郎中綜子佶

佶字弘正幼能文第進士補校書郎判等高授藍田尉德宗詔發畿縣民城奉天嚴郢爲京兆政刻急本曹尉韋重規妻乳且疾不敢免佶請代役要如程當時稱其義帝幸梁佶奔見行在授補闕李懷光以河中叛佶建議請討帝深器之詔用盧杞爲饒州刺史與諫官執不可遷諫議大夫黔中觀察使韋士文爲夷獠所逐詔佶代之部夷安服歷同州刺史中書舍人遷尚書右丞時

李巽以兵部尚書領鹽鐵將遷使局就本曹經構已半會佶至以爲不可巽雖怙恩而彊猶撤之時重其有守改吏部侍郎以疾爲國子祭酒工部尚書卒贈吏部尚書謚曰貞佶清勁明銳所與友皆第一流鄭餘慶尤厚善旣歿餘慶爲行服士林美之

贊曰開元之盛所置輔佐皆得賢才者若張源等猶惓惓事職其建明有足稱道朝多君子信太平基歟張氏三世宰相然器有所窮嘉貞窮於俗延賞窮於枚弘靖窮於權惜哉

張源裴列傳第五十二

端明殿學士兼翰林侍讀學士龍圖閣學士朝請大夫守尚書吏部侍郎充集賢殿修撰臣宋祁奉
敕撰

蘇珦雍州藍田人中明經第調鄠尉時李義琰爲雍州長史鄠多
訟日至長史府珦裁決明辨自是無訴者義琰異之顧聽事曰此
公坐也恨吾齒晚不及見垂拱初爲監察御史武后殺韓魯諸王
付珦密牒按訊珦推之無狀或言珦助韓魯者后詰之挺議無所
橈后不悅曰卿大雅士此獄不足諉卿即詔監軍河西五遷右司
郎中御史王弘義附來俊臣爲酷世畏疾莫敢觸其鋒會督伐材
於虢笞督過程人多死珦按奏弘義坐免遷給事中進左肅政臺
御史大夫后營大像白司馬坂麋用億計珦上疏切諫見納中宗
將斬韋月將珦執據時令不可以大戮忤三思意改右臺俄出爲
岐州刺史復爲右臺大夫會節愍太子敗詔株索支黨時睿宗居
藩爲獄辭牽逮珦密啓保辯亦會宰相開陳帝感悟多所含貸擢

戶部尚書封河內郡公以檢校太子詹事致仕卒年八十一贈兗
州都督謚曰文子晉數歲知爲文作八卦論吏部侍郎房穎叔秘
書少監王紹宗歎曰後來之王粲也舉進士及大禮科皆上第先
天中爲中書舍人玄宗監國所下制命多晉及賈曾譔定屢獻
讜言天子嘉允出爲泗州刺史以珦老請解職奉養珦卒歷戶部
侍郎襲爵遷吏部時宋璟兼尚書事晉與齊澣更典二都選既糊
名校判而晉獨事賞拔當時譽之及裴光廷知尚書有過官被却
者就籍以朱點頭而已晉因榜選院曰門下點頭者更擬光廷以
爲侮已出晉汝州刺史遷魏州終太子左庶子始晉與洛人張循
之仲之兄弟善而二人以學顯循之上書忤武后見殺仲之神龍
中謀去武三思爲宋之遜等所發死晉厚撫其子漸爲營婚官晉
卒漸喪之若諸父云

尹思貞京兆長安人弱冠以明經第調隆州參軍事屬邑豪蒲氏
驁肆不法州檄思貞按之擿其姦贓萬計卒論死部人稱慶刻石歎
頌遷明堂令以善政聞擢殿中少監檢校洺州刺史會契丹孫萬
榮亂朔方震驚思貞循撫境內獨無擾武后璽書勞慰長安中遷
秋官侍郎忤張昌宗意出爲定州刺史召授司府少卿時卿侯知
一亦厲威嚴吏爲語曰不畏侯卿杖秖畏尹卿筆加銀青光祿大
夫其家坎地獲古戟十二俄而門樹戟時人異焉神龍初擢大理
卿雍人韋月將告武三思大逆中宗命斬之思貞以方發生月固
奏不可乃決杖流嶺南三思諷所司加法殺之復固爭御史大夫
李承嘉助三思而以他事劾思貞不得謁思貞謂承嘉曰公爲天
子執法乃擅威福慢憲度諛附姦臣圖不軌今將除忠良以自恣
邪承嘉慙怒劾思貞爲青州刺史或問曰公敏行何與承嘉辯荅
曰石非能言者而或有言承嘉恃權而侮吾義不辱亦不知言何
從而至治州有績蠶至歲四熟黜陟使路敬潛至部歎曰是非善
政致祥乎表言之睿宗立召授將作大匠封天水郡公僕射竇懷
貞護作金仙玉眞觀廣調夫匠思貞數有損節懷貞讓之荅曰公

輔臣也不能宣贊王化而土木是興以媚上害下又聽小人譖以
廷辱士今不可事公矣乃拂衣去闔門待罪帝知之特詔令視事
懷貞誅拜御史大夫累遷工部尚書請致仕許之開元四年卒年
七十七贈黃門監謚曰簡思貞前後爲刺史十三郡其政皆以清
最聞

畢構字隆擇河南偃師人六歲能爲文及冠擢進士第補金水尉
遷九隴主簿居親喪毀棘甚已除猶屛處丘園武后召爲左拾遺
神龍初遷中書舍人敬暉等表諸武不宜爲王構當讀表抗聲析
句左右皆曉知三思疾之出爲潤州刺史政有惠愛徙衞同陝三
州遷益州府長史景龍末召爲左御史大夫會平諸韋治其黨衣
冠多坐構詳比重輕皆得其情時李傑爲河南尹與構皆一時選
世謂畢李封魏縣男復爲益州長史按察劍南振弊梲私號爲清
嚴睿宗嘉構脩絜獨行有古人風其治術又爲諸使最乃賜璽書
袍帶再遷吏部尚書並遙領益州長史徙廣州都督玄宗立授河

南尹進戶部尚書父之移疾帝手跡醫方賜之當時以戶部為凶官遽改太子詹事卒贈黃門監諡曰景始構喪繼母而二妹襁褓身鞠養至成人妹為構服三年弟栩以太府主簿留司東都聞疾馳歸哀毀如大喪雖變服未嘗笑天下稱其友悌終荊州司馬構子烜天寶末為鄴平太守拒安祿山城陷覆其家贈戶部尚書烜生垌始四歲與弟增以細弱得不殺為賞口河北平宗人宏以財贖出之後舉明經為臨渙尉徐州節度使張建封高烜節聞垌篤行表署幕府攝符離令後調王屋尉以謹廉聞喜賓客家未嘗以有無計及歿無貲以治喪云

李傑本名務光相州滏陽人後魏并州刺史寶之裔孫少以孝友著擢明經第解褐齊州參軍事遷累天官員外郎為吏詳敏有治譽以採訪使行山南時戶口逋蕩細弱下戶為豪力所兼傑為設科條區處檢防亡匿復業者十七八神龍中為河東巡察黜陟使課最諸道先天中進陝州刺史水陸發運使置使自傑始改河南

尹傑既精聽斷雖行來食飲省治不少廢縣是府無淹事人吏愛之寡婦有告其子不孝者傑物色非是謂婦曰子法當死無悔乎答曰子無狀寧其悔乃命市棺還斂之使人迹婦出與一道士語頃持棺至傑令捕道士按問乃與婦私不得逞傑殺道士內于棺河汴之交舊有梁公堰廢不治南方漕弗通傑調汴鄭丁男復作之不費而利入代宋璟為御史大夫尚衣奉御長孫昕素惡傑遇于道內侍玄宗婭婿與所親楊仙玉共毆辱之傑訴曰敗髮膚痛在身辱衣冠恥在國帝怒詔斬昕等朝堂左散騎常侍馬懷素建言陽和月不可以殊死乃敕杖殺之謝百官降書慰傑以護作橋陵封武威縣子初傑引侍御史王旭為護陵判官旭貪贓傑將繩之未及發反為所構出衢州刺史遷揚州大都督府長史復為御史劾免開元六年卒帝悼之特贈戶部尚書

鄭惟忠宋州宋城人第進士補井陘尉天授中以制舉召見廷中武后問舉者何所事為忠對皆不合旨惟忠曰外揚君之美內正君之惡后曰善擢左司御胄曹參軍事遷水部員外郎后還長安復以待制召后曰非嘗共東都對忠臣者乎朕今不忘遷鳳閣舍人中宗立擢黃門侍郎時議禁嶺南酋戶不得畜兵惟忠曰善為政者因其俗且吳人所謂家鶴膝戶犀渠此民風也禁之得無擾乎遂止進大理卿節愍太子敗守衛詿誤皆沐已決諸韋黨請悉誅之帝欲改推惟忠奏大獄始判復改訊恐反側者不自安且失信天下有詔百司參議卒論如前所全貸為多俄授御史大夫持節賑給河北道且許黜陟守宰還奏稱旨封滎陽縣男遷太子賓客卒贈太子少保

王志愔博州聊城人擢進士第中宗神龍中為左臺侍御史以剛鷙為治所居人吏畏讋呼為皁鵰遷大理正嘗奏言法令者人之隄防不立則無所制今大理多不奉法以縱罪為仁持文為苛臣執刑典恐且得謗遂上所著應正論以見志因規帝失大抵以易萃之六二曰引吉无咎謂處萃之時已獨居正異操而聚獨正者危未能以遠害惟九五應之乃獲正迎吉由己居下位而中正是

託期於上應之不括囊以守祿也又言刑賞二柄惟人主操之故曰以力役法者百姓也以死守法者有司也以道變法者君上也魏游肇為廷尉帝私敕肇有所降恕肇執不從曰陛下自能恕之豈可令臣曲筆也又言為國當以嚴致平非以寬致平嚴者非凝網重罰在人不易犯而防難越也故捨銜策於奔踶則王良不能御騁停藥石於膏腠則俞附不能攻疾又言漢武帝甥昭平君殺人以公主子廷尉上請帝垂涕曰法令者先帝之所造也用親故誣先帝法吾何面目入高廟乎卒可其奏隋文帝子秦王俊為并州總管以奢縱免官楊素曰王陛下愛子請赦之帝曰法不可違若如公意我乃五兒之父非兆人之父何不別制天子子律乎故天子操法有不變之義凡數千言帝嘉之景雲初以左御史中丞遷大理少卿時詔用漢故事設刺史監郡於天下劇州置都督選素威重者授之遂拜志愔齊州都督事中格復授齊州刺史河南道按察使徙汴州封北海縣男太極元年兼御史中丞內供奉實

封百戶出爲魏州刺史改揚州長史所至破碎姦猾令行禁信境內肅然開元九年帝幸東都詔留守京師京兆人權梁山妄稱襄王子與左右屯營官謀反自稱光帝夜犯長樂門入宮城將殺志愔志愔踰垣走而屯營兵悔更斬梁山等自歸志愔慚悸卒

許景先常州義興人曾祖緒武德時以佐命功歷左散騎常侍封眞定公遂家洛陽景先由進士第釋褐夏陽尉神龍初東都造服慈閣景先獻賦李迥秀見其文異歎曰是宜付太史擢左拾遺以論事切直外補滑州司士參軍舉手筆俊拔茂才異等連中進揚州兵曹參軍還爲左補闕宋璟蘇頲擇殿中侍御史久不補以授景先時議僉愜抨按不避近彊與齊澣王丘韓休張九齡更知制誥以雅厚稱張說曰許舍人之文雖乏峻峯激流然詞旨豐美得中和之氣開元十年伊汝溢壞廬舍甚衆景先見侍中源乾曜曰炎眚所降王者宜修德應之因遣大臣存問失職罪己引咎以荅天譴公在元弼庸可默乎乾曜悟遽白玄宗遣陸象先持節振贍

十三年帝自擇刺史景先由吏部侍郎爲刺史治虢州大理卿源光裕鄭州兵部侍郎寇泚宋州禮部侍郎鄭溫琦邠州大理少卿袁仁敬杭州鴻臚少卿崔志廉襄州衛尉少卿李昇期邢州太僕少卿鄭放定州國子司業蔣挺湖州左衛將軍裴觀滄州衛率崔誠遂州凡十一人治行詔宰相諸王御史以上祖道洛濱盛具奏太常樂帛舫水嬉命高力士賜詩帝親書且給筆紙令自賦賚絹三千遣之後徙岐州入爲吏部侍郎卒

潘好禮貝州宗城人第明經累遷上蔡令治在最擢監察御史坐小累下除芮城令拜侍御史徙岐王府司馬居後母喪詔奪服固辭不出開元初爲邠王府長史王爲滑州刺史好禮兼府司馬知州事王御下不能肅有詔好禮檢督王家至過失皆上聞王每游觀好禮必諫諭禁切農日王出獵家奴羅遡好禮遮道諫王初不許乃卧馬下諤曰今農在田王何得非時暴禾稼以損下人要先踐殺司馬然後聽所爲王慙爲還遷豫州刺史勤力于治清廉無所私然喜察細事下厭其苛子請舉明經好禮曰經不明不可妄進乃自試之不能通怒笞之械而徇於門復以公累徙溫州別駕卒好禮博學能論議節行脩整一意無所傾附未嘗自列階勳居室服用麤苟至終身世謂近名

倪若水字子泉恒州藁城人擢進士第累遷右臺監察御史黜陟劍南道繩舉嚴允課第一開元初爲中書舍人尚書右丞出爲汴州刺史政清淨增脩孔子廟興州縣學廬勸生徒身爲教誨風化興行玄宗遣中人捕鵁鶄鸂鶒南方若水上言農方田婦方蠶以此時捕奇禽怪羽爲園籞之玩自江嶺而南達京師水舟陸齎所飼魚蟲稻粱道路之言不以賤人貴鳥望陛下邪帝手詔褒荅悉放所玩讁使人過取罪而賜若水帛四十段時天下久平朝廷尊榮人皆重內任雖自冗官擢方面皆自謂下遷班景倩自揚州採訪使入爲大理少卿過州若水餞于郊顧左右曰班公是行若登仙吾恨不得爲騶僕未幾入爲戶部侍郎復拜右丞卒

席豫字建侯襄州襄陽人後周昌州刺史固七世孫後徙河南長安中舉學兼流略詞擅文場科擢上第時年十六以父喪罷復舉手筆俊拔科中之補襄邑尉奏事闕下會節愍太子難安樂公主請爲皇太女豫曰昔梅福上書譏后族彼何人哉乃上跡請立皇太子語深切人爲寒懼太平公主聞其名將表爲諫官豫恥汙詖謁遁去俄舉賢良方正異等爲陽翟尉開元初觀察使薦豫賢遷監察御史出爲樂壽令以親喪解而豫母病訴諸朝改懷州司倉參軍復舉超拔羣類科會母喪去服除授大理丞遷考功員外郎進絀請明爲中書舍人與韓休許景先徐安貞孫逖名相甲乙出爲鄭州刺史韓休輔政舉代己入拜吏部侍郎玄宗曰卿前日考功職詳事允故有今授豫典選六年拔寒遠士多至臺閣當時推知人號席公云天寶六載進禮部尚書累封襄陽縣子凡四以使者按行江南江東淮南河北南方俗死不葬暴骨中野豫敎以埋瘞明列科防俗爲之改豫清直亡欲當官不爲勢權所撼性謹

畏與子弟屬吏書不作草字或曰此細事耳何留意荅曰細不謹況大事邪及疾篤遺令三日斂斂已即葬毋久留以黷公私貲不足可賣居宅以終事卒年六十九贈江陵大都督謚曰文帝嘗登朝元閣賦詩羣臣屬和帝以璬詩最工詔曰詩人之冠冕也弟晉亦以文名當時

齊澣字洗心定州義豐人少開敏年十四見特進李嶠嶠稱有王佐才中宗在廬陵澣上言請抑諸武迎太子東宮不報及太子還武后召澣宴同明殿詔曰朕母子如初卿豫有力焉方不次待爾澣辭母老不忍遠離賞而罷聖曆初及進士第以拔萃調蒲州司法參軍有父子連坐論死者澣曰條落則本枯柰何俱死議貸其父太守不聽固爭卒原景雲初姚崇取爲監察御史凡劾奏常先風敎號善職睿宗將祠太廟刑部尚書裴談攝太尉先告澣奏孝享攝事稽首而拜恭明神也而談慢媟不恭并劾談神昏形濘挾邪以罔上神龍時事武三思諂暱設其家以獲進妻外淫男女

不得姓氏夫告神慢事主不忠家不治有是三罪不可不寘之法談由是下除汾州刺史開元初姚崇復相用爲給事中中書舍人論駮及誥詔皆援準古誼朝廷大政必咨之時號解事舍人數諷崇年老宜避位時宋璟在廣州因勸崇舉自代崇用其謀璟爲相它日問曰吾不敢望房杜比爾日諸公云何澣曰不如璟請故荅曰前時近郊戶三百以爲困今不百戶是以知之馬懷素等緒次四庫書表澣爲副改祕書少監出爲汴州刺史地當舟車湊集事浩繁前刺史數不稱職唯倪若水與澣以清毅聞吏民頌美玄宗封太山歷汴宋許車騎數萬王公妃主四夷君長馬橐它亦數萬所頓彌數十里澣列長棚帟幕聯亘上食凡千轝納筦鑰身進膳帝以爲知禮喜甚爲留三日賜帛二千匹澣以淮至徐城險急鑿渠十八里入青水人便其漕中書令張說擇丞轄以王丘爲左澣爲右李元紘杜暹當國表宋璟爲吏部尚書澣及蘇晉爲侍郎世謂臺選嘗奏事帝指政事堂曰非卿尚誰居者是時開府王毛仲

寵甚與龍武將軍葛福順相婚嫁毛仲奏請無不從澣乘間曰福順典兵馬與毛仲爲婚家小人寵極則姦生不預圖且有後患高力士小心謹畏可加官人可備禁中驅使腹心所委何必毛仲哉又言君不密失臣臣不密失身惟陛下密此言帝嘉納且勞曰卿第出我徐計其宜會大理丞麻察坐事出爲興州別駕澣往餞因道諫語察素姦佻遽言狀帝怒召澣入殿中曰卿向疑朕不密而反告察謂何且察輕躁無行常游太平門者詎不知邪澣免冠頓首謝貶高州良德丞察再貶皇化尉其黨裔敷郭稟皆流放久之澣徙索盧丞郴州長史遼常二州刺史遷潤州州北距瓜步沙尾紆匯六十里舟多敗溺澣徙漕路繇京口埭治伊婁渠以達揚子歲無覆舟減運錢數十萬又立伊婁埭官征其入招還流人五百戶置明州以安輯之復徙汴州澣中失勢益悵恨素操寖衰更倚方士助得爲兩道採訪使興利以中天子意裒貨財遺謝貴幸納劉戒女爲妾不荅其妻李林甫惡其行欲擠而廢之會其幕府坐贓

事連澣詔矜澣老放歸田里天寶初召爲太子少詹事留司東都嚴挺之亦爲林甫所廢與澣家居杖屨經過不絕日林甫畏之乃用澣爲平陽太守離其謀更以黃老清靜爲治卒年七十二肅宗時錄林甫所陷者皆褒洗故澣贈禮部尚書澣嘗稱陳希烈宋遥苗晉卿韋述之才後皆大顯察者河東人由明經第五遷殿中侍御史魏元忠子昇死節愍太子難而元忠繫大理昇妻鄭父遠嘗納錢五百萬以女易官武后重元忠舊臣欲榮其姻對授遠河內令子洛州參軍元忠下獄遣人絕婚許之明日嫁其女察劾遠敗風敎請錮終身遠遂廢當時謂察爲公然以險斥云澣孫抗

抗字遐舉少値天寶亂奉母夫人隱會稽壽州刺史張鎰辟署幕府抗吏事閑敏有文雅從鎰鎭江西及以宰相領鳳翔奏署監察御史李楚琳亂奔奉天授侍御史遷戶部員外郎蕭復引爲江淮宣慰判官德宗自梁洋還財用大屈鹽鐵使元琇薦抗材改倉部郎中幹鹽利俄爲水陸運副使護漕江淮給京師歷諫議大夫坐

小累爲虢州刺史歷蘇州徙澧州觀察使召爲給事中遷河南尹進太常卿以中書侍郎同中書門下平章事抗無遠謀大略雖用心至精末乃滋彰苛刻以病乞身罷爲太子賓客卒年六十五贈戶部尚書諡曰成初吏部歲考書言以它官第上下中書門下遣官覆實以爲常抗以尚書侍郎皆大臣選今更覆覈非任人勿疑之道禮部侍郎試貢士其姻舊悉試考功謂之別頭皆奏罷之又省州別駕田曹司田官判司雙曹者減中書吏員此其稍近治者云

蘇尹畢李鄭王許潘倪席齊列傳第五十三

端明殿學士兼翰林侍讀學士龍圖閣學士朝請大夫守尚書吏部侍郎兼集賢殿修撰臣宋祁奉

敕撰

裴守眞絳州稷山人後魏冀州刺史叔業六世孫父眘隋大業中爲淮安司戶參軍郡人楊琳田瓚等亂劫吏多死唯眘以仁愛故賊約其屬無敢害護送還鄉守眞早孤母喪哀毀癯盡舉進士六科連中累調乾封尉養寡姊謹甚士推其禮法永淳初關中旱悉稟祿奉姊及諸甥與妻息惡食不贍也授太常博士守眞善容典時謂才稱其官高宗將封嵩山詔諸儒議射牲事守眞奏古者郊祀天地天子自射牲漢武帝封太山令侍中儒者射之帝不親也今按禮前明十五刻宰人鸞刀割牲質明行事毛血已具天子至奠玉酌獻而已今若前祀一日射牲則早於事及日則晚不逮事漢又天子不親古今異宜恐不可行是時破陣慶善二樂舞入帝常立以視須樂闋乃坐守眞并言二舞誠祖宗盛德然古無天子立觀者化育詒厥孰非厥功不應鼓舞別申嚴奉詔可未及行會帝崩大行舊禮無在者守眞與博士韋叔夏輔抱素等討按故事稱情爲文咸適所宜時人服其得禮天授中爲司府丞推覈詔獄多裁恕全免數十姓不合武后旨出爲汴州司馬遷累成州刺史政不務威嚴吏民兩懷之徙寧州送者千數出境尚不止長安中卒贈戶部尚書子子餘耀卿巨卿曾孫行立耀卿巨卿別有傳

子餘事繼母爲聞孝中明經補鄠尉時同舍李朝隱程行諶以文法稱而子餘以儒顯或問優劣於長史陳崇業荅曰蘭菊異芬胡有廢者景龍中爲左臺監察御史涇岐有隋世番戶子孫數千家司農卿趙履溫奏籍爲奴婢充賜口子餘曰官戶以恩原爲番戶且今又子孫可抑爲賤乎履溫倚宗楚客勢辯于廷子餘執對不撓遂詘其議開元初累遷冀州刺史爲政惠裕人稱有恩入爲岐王府長史卒謚曰孝時程行諶謚貞中書令張說歎曰二謚可無媿矣子餘居官清家閨友愛兄弟六人皆有志行云

行立重然諾學兵有法母亡泣血幾毀以軍勞累授沁州刺史遷衞尉少卿口陳願治民試一縣自效除河東令寬猛時當縣蘄州刺史遷安南經略使環王國叛人李樂山謀廢其君來乞兵行立不受命部將杜英策討斬之歸其孥蠻人悅服英策及范廷芝者皆谿洞豪也隸于軍它經略使多假借暴恣干治行立陰把其罪貸之許自效故能得英策死力廷芝嘗休沐久不還行立召之約曰軍法踰日者斬異時復然爾且死後廷芝踰期行立誓殺之以尸還范氏更爲擇良子弟以代於是威聲風行徙桂管觀察使黃家洞賊叛行立討平之俄代桂仲武爲安南都護銳於立功爲時所訾召還道卒年四十七贈右散騎常侍

崔沔字善沖京兆長安人後周隴州刺史士約四世孫自博陵徙焉純謹無二言事親篤孝有才章擢進士舉賢良方正高第不中者誦訾之武后敕有司覆試對益工遂爲第一再補陸渾主簿入調吏部侍郎岑羲歎曰君今郤詵也薦爲左補闕性舒遲進止雍如也當官則正言不可得而詘睿宗召授中書舍人以母病東都不忍去固辭求侍更表陸渾尉郭隣太樂丞封希顏處士李喜以代己處詔改虞部郎中俄檢校御史中丞請發太倉粟及減苑囿鳥獸所給以賑貧乏人賴其利監察御史宋宣遠與盧懷慎姻家恃以弄法姚崇子彝分司東都通賓客招賄賂沔將按劾崇懷慎方執政共薦沔有史才轉著作郎去其權蓋憚之也久之爲太子左庶子母亡受弔廬前賓客未嘗至柩室語人曰平生非至親不升堂入謁豈以存亡變禮邪中書令張說數稱之服除遷中書侍郎玄宗以仙州數喪刺史欲廢之沔請治舞陽舞陽故樊噲國也更爲樊州帝不納州卒廢沔既責論得失或曰今中書宰相承制雖侍郎貳之取充位而已沔曰百官分職上下相維以成至治豈可俛首懷祿邪凡詔敕曹事多所異同說不悅出爲魏州刺史雨潦敗稼沔弛禁使人召還分掌吏部十銓以左散騎常侍爲集賢脩撰歷祕書監太子賓客是時太常議加宗廟籩豆又欲增喪服

於是縚請坐增籩豆至十二外祖服大功舅小功堂姨若舅
舅母袒免沔曰祭祀上矣古者飲食必先嚴獻未有火化故有毛
血之薦未有麴蘗故有玄酒之奠後王作為酒醴犧牲以致馨香
故有三牲八簋五齊九獻神道主敬可備而不敢廢也雖曰備物
而節制存焉鉶俎籩豆簠簋尊罍之實皆周時饌其用通宴饗賓
客而周公與毛血玄酒同薦於先祖晉盧諶家祭禮所薦皆晉時
常食不純用古此聖賢變文而通其情也然當時飲食不可闕於
祭明矣國家清廟時享禮饌具設周制也古物存焉園寢上食時
膳備列漢法也它珍極為職貢來祭致遠物也有新必薦順時令
也苑囿躬稼所收蒐狩親中其不薦而後食盡誠敬也若此至矣
無以加矣諸珍羞鮮物弟敕有司悉使著于令因宜而薦不必加
籩豆以為嗛也大羹古食也盛於古器和羹常饌也盛於時器毛
血盛於盤玄酒盛於尊未有薦時饌而用古器者蓋古質而今文
便事也故加籩豆未足盡天下美物而措諸廟徒近侈耳魯丹桓
宮之楹刻其桷春秋非之班固稱墨家出於清廟是以貴儉然清
廟不奢舊矣太常所請臣所未安又太常言爵小不及合執持至
難沔曰禮有以小為貴者獻以爵是也然今不及制則非禮自有
司之陋也隨失制宜不待議而革云又言禮本於家正家而天下
定家不可以貳故父以尊崇母以厭降是以內服齊斬外服緦尊
名所加不過一等今古不易之道也昔辛有適伊川見被髮而祭
知其將戎禮先亡也比制唐禮推舅恩故弘道以來國命再移
於外姓本禮驗之可不戒哉時職方郎中韋述戶部郎中陽伯成
禮部員外郎楊仲昌監門兵曹參軍劉秩等議與沔合又詔中書
門下參裁於是宗廟籩豆坐各六姨若舅小功舅母緦麻堂姨祖
免餘仍舊制每朝廷有疑議皆諮逮取衷卒年六十七贈禮部尚
書謚曰孝沔儉約自持祿稟隨散宗族不治居宅嘗作陋室銘以
見志子祐甫至宰相別傳

盧從愿字子龔其六世祖昶仕後魏為度支尚書自范陽徙臨漳故

從愿為臨漳人擢明經為夏尉又舉制科高第拜右拾遺遷監察
御史為山南黜陟巡撫使還奏稱旨進累中書舍人睿宗立拜吏
部侍郎吏選自中宗後綱紀耗蕩從愿精力于官偽牒詭功擿檢
無所遺銓揔六年以平允聞帝異之特官其一子從愿請贈其父
敬一為鄭州長史制可初高宗時吏部號稱職者裴行儉馬載及
是從愿與李朝隱為有名故號前有裴馬後有盧李開元四年玄
宗悉召縣令策於廷考下第者罷之從愿坐擬選失實下遷豫州
刺史政嚴簡奏課為天下第一璽書勞問賜絹百匹召為工部侍
郎遷尚書左丞中書侍郎以工部尚書留守東都代韋抗為刑部
尚書數充校考使升退詳確御史中丞宇文融方用事將以括田
戶功為上下考從愿不許融恨之乃密白從愿盛殖產占良田數
百頃帝自此薄之目為多田翁後欲用為相屢矣卒以是止十八
年復為東都留守坐子起居郎論輸糴于官取利多貶絳州刺史
遷太子賓客二十年河北飢詔為宣撫處置使發倉廥賑飢民使
還乞骸骨授吏部尚書致仕給全祿終身卒贈益州大都督謚曰文

李朝隱字光國京兆三原人明法中第調臨汾尉擢至大理丞武
三思構五王而侍御史鄭愔請誅之朝隱獨以不經鞫實不宜輕
用法忤旨貶嶺南醜地宰相韋巨源李嶠言於中宗曰朝隱素清
正一日遠逐恐駭天下帝更以為聞喜令遷侍御史吏部員外郎
時政出權幸不關兩省而內授官但斜封其狀付中書即宜所司
朝隱執罷千四百員怨誹譁騰朝隱胖然無避屈遷長安令宦官
閭興貴有所干請曳去之睿宗嘉歎御承天門對百官及朝集
使褒諭其能使徧聞之進太中大夫一階賜中上考絹百匹以旌
剛烈成安公主奪民園不酬直朝隱取主奴杖之由是權豪斂伏
為執政所擠出通州都督徙絳州刺史開元初還吏部侍郎銓敘
明審與盧從愿並授一子官久之以策縣令有下第降滑州刺史
從同州玄宗東幸召見慰勞賜以衣帛擢河南尹政嚴清姦人不
容息太子舅趙常奴怙勢橫閭里朝隱曰此不繩不可為政執而

搒辱之帝賜書慰勉入為大理卿武彊令裴景仙乞贓五千匹亡命帝怒詔殺之朝隱曰景仙其先寂有國功載初時家為酷吏所破誅夷略盡而景仙獨存且承嫡於法當請又乞匃贓無死比藉當死坐猶將宥之使私廟之祀無餒魂可也帝不許固請曰生殺之柄人主專之條別輕重有司當守且贓惟枉法抵死今乞贓即斬後有枉法亦又何加且近發德音杖者聽減流者給程豈一景仙獨過常法有詔決杖百流嶺南朝隱更授岐州刺史母喪解召為揚州大都督府長史固辭見聽時年已衰而篤于孝自致毀瘠士人以為難明年詔書敦遣揚州就職還為大理卿封金城伯代崔隱甫為御史大夫天下以其有素望毎大夫缺必冀朝隱得之及居職不爭引大體惟先細務由是名少衰進太常卿出為嶺南採訪處置使兼判廣州卒於官贈吏部尚書官給車轝還謚曰貞

王丘字仲山同皎從子也父同晊終太子左庶子丘十一擢童子科它童皆專經而獨屬文繇是知名及冠舉制科中第授奉禮郎氣象清古行脩潔於詞賦尤高族人方慶及魏元忠更薦之自偃師主簿擢監察御史開元初遷考功員外郎考功異時多請託進者濫冒歲數百人丘務覈實材登科纔滿百議者謂自武后至是數十年采錄精明無丘比其後席豫嚴挺之亦有稱然出丘下遷紫微舍人吏部侍郎典選復號平允其獎用如山陰尉孫逖桃林尉張鏡微湖城尉張晉明進士王泠然皆一時茂秀久之為黃門侍郎會山東旱飢議以中朝臣為刺史制詔臯陶稱在知人在安民皆念存邦本乾乾夕惕無忘一日今長吏或未稱蒼生謂何深思循良以革頹敝宜重刺史之選自朝廷始乃以丘與中書侍郎崔沔等並為山東刺史而丘守懷州尤清嚴為下畏慕入知吏部選改尚書左丞以父喪解服除為右散騎常侍仍知制誥裴光廷卒蕭嵩高與丘善將引與當國丘固辭盛推韓休行能及休秉政薦為御史大夫丘訥於言所白奏帝多不喜改太子賓客襲父封以疾徙禮部尚書致仕丘更履華劇而所守清約未嘗通饋遺室宅童騎散陋既老藥餌不自給帝歎之以謂有古人節下制給全祿以旌潔吏天寶二載卒贈荊州大都督謚曰文

嚴挺之名浚以字行華州華陰人少好學姿質軒秀舉進士并擢制科調義興尉號材吏姚崇為州刺史異之崇執政引為右拾遺睿宗好音律每聽忘勌先天二年正月望夜胡人婆陁請然百千燈因弛門禁又追賜元年酺帝御延喜安福門縱觀晝夜不息閱月未止挺之上疏諫以為酺者因人所利合醵為歡也不使靡敝今暴衣冠羅伎樂雜鄭衛之音縱倡優之玩不深戒慎使有司跛倚下人罷劇府縣里閭課賦苛嚴呼嗟道路貿壞家產營百戲擾方春之業欲同其樂而反遺之患乃陳五不可誠意忠到帝納焉侍御史任正名恃風憲至廷中責詈衣冠挺之讓其不敬反為所劾貶萬州員外參軍事開元中為考功員外郎累進給事中典貢舉時號平允會杜暹李元紘為相不相中暹善挺之而元紘善宋遙用為中書舍人遙校吏部判取捨與挺之異言於元紘元紘屢

詰譙挺之厲言曰公位相國而愛憎反任小人乎元紘曰小人為誰曰宋遙也繇是出為登州刺史改太原少尹初殿中監王毛仲持節抵太原朔方籍兵馬後累年仍移太原取兵仗挺之不肯應且以毛仲寵幸久恐有變密啓於帝俄改濮汴二州刺史所治皆嚴威吏至重足脅息會毛仲敗死帝以挺之言忠召為刑部侍郎遷太府卿宰相張九齡雅知之用為尚書左丞知吏部選李林甫與九齡同輔政以九齡方得君諂事之內實不善也戶部侍郎蕭炅林甫所引不知書嘗與挺之言稱蒸嘗伏臘乃為伏獵挺之白九齡省中而有伏獵侍郎乎乃出炅岐州刺史林甫恨之九齡欲引以輔政使往謁林甫挺之負正陋其為人凡三年非公事不造也林甫益怨會挺之有所諉於蔚州刺史王元琰林甫使人暴其語禁中下除洺州刺史徙絳州天寶初帝顧林甫曰嚴挺之安在此其材可用林甫退召其弟損之與道舊諄諄款曲且許美官因曰天子視絳州厚要當以事自解歸得見上且大用因紿挺之使

稱疾願就醫京師林甫已得奏即言挺之春秋高有疾幸閑官得自養帝悵吒久之乃以爲員外詹事詔歸東都挺之鬱鬱成疾乃自爲文誌墓遺令薄葬斂以時服挺之重交游許與生死不易嫁故人孤女數十人當時重之然溺志于佛與浮屠惠義善義卒衰服送其喪已乃自葬於其塔左君子以爲偏子武

武字季鷹幼豪爽母裴不爲挺之所荅獨厚其妾英武始八歲怪問其母母語之故武奮然以鐵鎚就英寢碎其首左右驚白挺之曰郎戲殺英武辭曰安有大臣厚妾而薄妻者兒故殺之非戲也父奇之曰眞嚴挺之子然數禁敕武讀書不甚究其義以蔭調太原府參軍事累遷殿中侍御史從玄宗入蜀擢諫議大夫至德初赴肅宗行在房琯以其名臣子薦爲給事中已收長安拜京兆少尹坐琯事貶巴州刺史久之遷東川節度使上皇合劍南爲一道擢武成都尹劍南節度使還拜京兆尹爲二聖山陵橋道使封鄭國公遷黃門侍郎與元載厚相結求宰相不遂復節度劍南破吐

蕃七萬衆于當狗城遂收鹽川加檢校吏部尚書武在蜀頗放肆用度無藝或一言之悅賞至百萬蜀雖號富饒而峻掊亟斂閭里爲空然虜亦不敢近境梓州刺史章彝始爲武判官因小忿殺之琯以故宰相爲巡內刺史武慢倨不爲禮最厚杜甫然欲殺甫數矣李白爲蜀道難者乃爲房與杜危之也永泰初卒母哭且曰而今而後吾知免爲官婢矣年四十贈尚書左僕射挺之從孫綬

綬父丹嘗爲劍南鹽鐵青苗租庸使以武在蜀辭不拜綬擢進士第以侍御史副劉贊爲宣歙團練使贊卒綬總留事悉庫物以獻召爲刑部員外郎賓佐進奉由綬始河東節度使李說病軍司馬鄭儋揔其政說卒代爲節度時德宗務姑息方鎭若帥死不它命即用軍司馬代之以和衆情至是帝頗憶綬所獻故擢爲河東司馬明年儋卒即檢校工部尚書代其使憲宗立楊惠琳反夏州劉闢反蜀綬建言天子始即位不可失威請必誅選銳兵遣大將李光顏助討賊二賊平檢校尚書左僕射封扶風郡公進司空在鎭九年尚寬惠治稱流聞士馬孳息嘗大閱旗幟周七十里回鶻梅錄將軍在會聞金鼓震伏入爲尚書右僕射綬既名胄於吏事有方略然銳進趣素議薄之始就廊下食在百官上帝使中人賜含桃綬見拜之爲御史劾奏綬慙懼待罪詔釋綬而貶中人出爲荆南節度使封鄭國公溆州蠻張伯靖殺吏據辰錦州連九洞自固詔綬進討綬勒兵出次遣將齊穆開曉羣蠻悉降吳元濟反僉以綬明恕可大事乃徙山南東道節度使加淮西招撫使綬引師壓賊境多出金帛賞士以厚賂謝中人招聲援既未有以制賊閑屯彌年不戰宰相裴度謂綬非將才以太子少保召還檢校司徒判光祿卿事進少傅卒年七十七贈太保綬才不踰中人然歷三鎭所奏辟及綬時位將相者九人初綬未顯過于閿鄉尉李達達不禮方飯它客不召綬後達罷彭城令過幷州晨入謁不知綬也綬方大宴賓客召達至戒客勿起讓曰吾昔羇旅閿鄉君方召客食而不顧我今我召客亦不敢留君達慙不得去左右引出悸而

瘖臥館數月其佐令狐楚爲請乃免河東李進賢者善畜牧家高貲得幸於綬署牙門將元和中進賢累爲振武節度使辟綬子徹爲判官徹年少治苛刻軍中苦之回鶻入辟鵜泉進賢發兵討之吏稟糧不實次鳴砂梵殺其將楊遵憲而還進賢大怒衆懼因燔城門攻進賢左右拒戰不勝縋而去奔靖邊軍乃殺徹而屠進賢家詔以夏綏銀節度使張煦代之誅亂首數百人乃定

裴崔盧李王嚴列傳第五十四

裴陽宋楊崔李解列傳第五十五　唐書一百三十

端明殿學士兼翰林侍讀學士龍圖閣學士朝請大夫尚書吏部侍郎充集賢殿修撰臣宋　祁奉　敕撰

裴漼絳州聞喜著姓父琰之永徽中爲同州司戶參軍年甚少不主曹務刺史李崇義內輕之鐫諭曰同三輔吏事繁子盍求便官毋留此琰之唯唯吏白積案數百崇義讓使趣斷琰之曰何至逼人乃命吏連紙進筆爲省決一日畢既與奪當理而筆詞勁妙崇義驚曰子何自晦成吾過耶由是名動一州號霹靂手後爲永年令有惠政吏刻石頌美以倉部郎中病廢漼侍疾十餘年不肯仕琰之沒始擢明經調陳留主簿遷監察御史時崔湜鄭愔典吏部坐姦贓爲李尚隱所劾詔漼按訊而安樂公主上官昭容爲阿右漼執正其罪天下稱之累遷中書舍人睿宗造金仙玉眞二觀時旱甚役不止漼上言春夏毋聚大衆起大役不可興土功妨農事若役使乖度則有疾疫水旱之災此天人常應也今自冬徂春雨

不時降人心憔然莫知所出而土木方興時謨之孽職爲此發今東作云始丁壯就功妨多益少飢寒有漸春秋莊公三十一年冬不雨是時歲三築臺僖公二十一年夏大旱是時作南門陛下以四方爲念宜下明制令二京營作和市木石一切停止有如農桑失時戶口流散雖寺觀營立能救飢寒敝哉不報遷兵部侍郎以銓總勞特授一子官開元五年爲吏部侍郎甄拔士爲多拜御史大夫漼雅與張說善說方宰相數薦之漼長於敷奏天子亦自重焉擢吏部尚書世儉素而晚節稍畜伎妾爲奢侈事議者以爲缺改太子賓客卒贈禮部尚書謚曰懿從祖弟寬

寬性通敏工騎射彈棊投壺略通書記景雲中爲潤州參軍事刺史韋詵有女擇所宜歸會休日登樓見人於後圃有所瘞藏者訪諸吏曰參軍裴寬居也與偕來詵問狀答曰寬義不以包苴汙家適有人以鹿爲餉致而去不敢自欺故瘞之詵嗟異乃引爲按察判官許妻以女歸語妻曰常求佳婿今得矣明日幃其族使觀之寬時衣碧瘠而長既入族人皆笑呼爲碧鸛雀詵曰愛其女必以爲賢公侯妻也何可以貌求人卒妻寬舉拔萃爲河南丞遷長安尉宇文融爲侍御史括天下田表爲江東覆田判官改太常博士禮部建言忌日享廟應用樂寬自以情立議曰廟尊忌卑則作樂廟卑忌尊則備而不奏中書令張說善之請如寬議遷刑部員外郎萬騎將軍馬崇白日殺人而王毛仲方以貴倖將營其獄寬固執不肯從河西節度使蕭嵩表爲判官歷兵部侍郎宰相裴耀卿領江淮運列倉河陰奏寬爲戶部侍郎自副遷吏部出爲蒲州刺史州久旱寬入境輒雨徙河南尹不屈附權貴河南大治繇金吾大將軍授太原尹玄宗賦詩褒餞天寶初由陳留太守拜范陽節度使時北平軍使烏承恩虜酋也與中人通數冒賄寬以法繩治檀州刺史何僧獻生口數十寬悉歸之故夷夏感附三載用安祿山守范陽召寬爲戶部尚書兼御史大夫裴敦復平海賊還廣張功簿寬密白其妄會河北部將入朝盛譽寬政且言華虜猶思之

帝嗟賞睠倚加厚李林甫恐其遂相又惡寬善李適之乃漏寬語以激敦復敦復任氣而踈以林甫爲誠先是寬以所善請於敦復即欲白發其言林甫趣之敦復未及聞帝幸溫泉宮而其下裨將程藏曜曹鑒自以他事繫臺寬捕按之敦復謂寬求致其罪遽以金五百兩賂貴妃姊因得事聞於帝由是貶寬睢陽太守及韋堅獄起寬復坐親貶安陸別駕林甫任羅希奭殺李適之也亦使過安陸將怖殺寬寬叩頭祈哀希奭乃去寬懼終見殺丐爲浮屠不許稍遷東海太守徙馮翊入爲禮部尚書卒年七十五贈太子太傅寬兄弟八人皆擢明經任臺省州刺史雅性友愛於東都治第八院相對甥姪亦有名稱常擊鼓會飯其爲政務清簡所莅人愛之世皆冀其得宰相天寶間稱舊德以寬爲首然惑于佛喜與桑門游習誦其書老彌篤云子諝

諝字士明擢明經調河南參軍事性通綽舉止不煩累遷京兆倉曹參軍虢王巨表署襄鄧營田判官毋喪居東都會史思明亂逃

山谷間思明故爲寬將德寬舊恩且聞譖名遣捕騎跡獲之喜甚呼爲郎君僞授御史中丞賊殘殺宗室譖陰緩之全活者數百人又嘗疏賊虛實於朝事泄思明恨罵危死而免賊平除太子中允遷考功郎中數薦見奏事代宗幸陝譖徒步挾考功南曹印赴行在帝曰疾風知勁草果可信將用爲御史中丞爲元載沮却故拜河東租庸鹽鐵使時關輔旱譖入計帝召至便殿問權酤利歲出内幾何譖久不對帝復問曰臣有所思帝曰何邪譖曰臣自河東來涉三百里而農人愁歎穀菽未種誠謂陛下軫念元元先訪疾苦而乃責臣以利孟子曰治國者仁義而已何以利爲故未敢即對帝曰微公言朕不聞此拜左司郎中數訪政事載忌之出爲虔州刺史歷饒廬亳三州除右金吾將軍德宗新即位以刑名治天下百吏震服時大行將葳陵事禁屠殺尚父郭子儀家奴宰羊譖列奏帝謂不畏彊禦善之或曰尚父有社稷功豈不爲庇之譖笑曰非君所知尚父方貴盛上新即位必謂黨僕者衆今發其細過

以明不恃權耳吾上以盡事君之道下以安大臣不亦可乎時朝堂列置三司決庶獄辨爭者輒擊登聞鼓譖上疏曰諫鼓謗木之設所以達幽枉延直言今詭猾之人輕動天聽爭纖微若然者安用吏治乎帝然之於是悉歸有司譖惡法吏舞文或挾宿怨爲重輕因獻獄官箴以諷坐所善誅貶閬州司馬俄召爲太子右庶子進兵部侍郎至河南尹東都副留守凡五世爲河南譖視事未嘗敢當正廳以寬厚和易爲治不鞫人以贓卒年七十五贈禮部尚書

寬弟子胄字胄叔擢明經佐李抱玉鳳翔幕府不得意謝歸吏從宣歙觀察使陳少游抱玉怒劾貶桐廬尉時李栖筠觀察浙西幕府皆一時高選判官許鳴謙名知人見崔造及胄器之白栖筠取胄爲支使代宗惡宰相元載怙權召栖筠爲御史大夫欲以相栖筠引胄殿中侍御史尤爲載所惡會栖筠卒胄護喪歸洛陽人爲危之胄屹然不沮惴少游復表爲淮南觀察判官載誅始拜刑部員外郎遷宣州刺史楊炎當國爲載復讎窮擿所惡會胄部人積胄雜奉爲贓炎遣員寓覆劾峭詆貶汀州司馬稍遷京兆少尹以父名不拜換國子司業遷江西觀察使初李兼罷南昌卒千餘人收資稟爲月進胄白罷之樊澤徙襄州宰相議所代德宗雅記胄才遂拜荊南節度使是時方鎮爭剝下希恩劉裦重錦異綾名貢奉有中使者即悉公帑市歡胄待之有節獻餉直不數金宴勢止三爵是時武臣多粗暴庸人待賓介不以禮少失意則以罪中傷之胄亦劾斥其管記世恨胄之沭于俗卒年七十五贈尚書右僕射謚曰成

陽嶠其先北平人世徙洛陽北齊尚書右僕射休之四世孫舉入科皆中調將陵尉累遷詹事司直長安中左右御史中丞桓彥範素怨己爭取爲御史楊再思素與嶠善知其意不樂彈抨事爲語彥範彥範曰爲官擇人豈待情樂乎唯不樂者固與之以伸難進抑躁求也遂爲右臺侍御史久乃遷國子司業嶠資謹飭好學喜誘勸後生脩講舍人以爲善職睿宗立進尚書右丞時議建都督

府擇最吏故嶠爲涇州都督議罷歷魏州刺史荊州長史本道按察使率以清白聞魏州人勞耳闕下請嶠爲刺史故再治魏入爲國子祭酒封北平縣伯引尹知章范行恭趙玄默爲學官皆名儒冠云生徒游惰者至督以鞭楚人怨之乘夜毆嶠道中事聞詔捕毆者殺之嶠撫孤姪與子均常語人曰吾備位方伯而心亦昔時一尉耳以老致仕卒謚曰敬

宋慶禮洺州永平人擢明經補衛尉武后詔侍御史桓彥範行河北鄣斷居庸五回等路以支突厥召慶禮與議見其方略器之俄遷大理評事爲嶺南採訪使時崖振五州首領更相掠民苦于兵使者至輒苦瘴癘莫敢往慶禮身到其境諭首領大誼皆釋仇相親州土以安罷戍卒五千歷監察殿中侍御史以習識邊事拜河東河北營田使善騎日能馳數百里性甘於勞苦然好興作濱塞掘穽植兵以邀虜徑議者忠其不切事稍遷貝州刺史復爲河北支度營田使初營州都督府治柳城扼制奚契丹武后時趙文翽

失兩蕃情攻殘其府更治東漁陽城玄宗時奚契丹款附帝欲復
治故城宋璟固爭不可獨慶禮執處其利乃詔與太子詹事姜師
度左驍衛將軍邵宏等為使築裁三旬畢俄兼營州都督開屯田
八十餘所追拔漁陽淄青沒戶還舊田宅又集商胡立邸肆不數
年倉廥充居人蕃輯卒贈工部尚書慶禮為政嚴少私吏畏威不
敢犯太常博士張星以好巧自是謚曰專禮部員外郎張九齡申
駁曰慶禮國勞臣在邊垂三十年往城營州士纔數千無甲兵彊
衛指期而往不失所慮遂罷海運收歲儲邊亭晏然其功可推不
當醜謚慶禮兄子詡亦自詣闕訴改謚曰敬
楊瑒字瑤光華州華陰人五世祖縉為陳中書舍人名屬文終交
愛九州都督武康郡公子林甫代領都督隋滅陳踰三年乃降徙
長安林甫子衛仕為柳城太守高祖軍興遣其子琮招之挈郡以
來授檢校總管足疾不能造朝帝以絳州寒涼拜刺史累封宜春
郡公琮字孝璋為上律令會天下亂去官與秦王同里居武德初

為王府參軍兼庫直隱太子事平詔親王宰相一人入宴而琮獨
預太宗賜懷昔賦申以恩意歷丙綏二州刺史姻饋孺子以餅妻
偽受而棄之垣外人尤其廉瑒始為麟游令時竇懷貞大營金仙
玉真二觀檄取畿內嘗負逋人貲者暴斂之以佐費瑒拒不應懷
貞怒曰縣令而拒大夫命乎瑒曰所論者民冤抑也位高下乎何
取懷貞壯其對為止初韋后表民二十二為丁限及敗有司追趣
其課瑒執不可曰韋氏當國擅擢士大夫赦罪人皆不改奚獨取
已寬之人重斂其租非所以保下之宜遂止不課由是名顯當世
遷侍御史京兆尹崔日知貪不法瑒與大夫李傑謀劾舉之
反為日知先構瑒廷奏曰糾繩之司一為恐脅所屈開姦人謀則
御史府可廢矣玄宗直之令傑還視事而貶日知瑒進歷御史中丞
戶部侍郎帝嘗召宰相大臣議天下戶版延英殿瑒言利病尤詳
帝咨賞於是宇文融建檢脫戶餘口瑒執不便融方貴公卿噤默
唯唯獨瑒抗議故出為華州刺史帝封太山集樂工山下居喪者

亦在行瑒請起直經使和鍾律非人情所堪帝許乃免入為國子
祭酒表大儒王迥質尹子路白履忠等三人教授國子有詔迥質
諫議大夫皇太子侍讀履忠老不任職拜朝散大夫罷歸子路直
弘文館皆有名瑒奏有司帖試明經不質大義乃取年頭月尾孤
經絕句且今習春秋三家儀禮者纔十二恐諸家廢無日請帖平
文以存學家其能通者稍加優官冀孤學從之因詔以三家傳儀
禮出身者不任散官遂著令生徒為瑒立頌太學門又言古者卿
大夫子弟及諸侯歲貢小學之異者入太學漸漬禮樂知朝廷君
臣之序班以品類分以師長三德四教學成然後爵之唐興二監
舉者千百數當選者十之二考功覆校以第謂經明行修故無多
少之限今考功限天下明經進士歲百人二監之得無幾然則學
徒費官稟而博士濫天祿者也且以流外及諸色仕者歲二千過
明經進士十倍胥史浮虛之徒眊先王禮義非得與服勤道業者
挈長短絜輕重也國家啓庠序廣化導將有以用而勸進之有司

為限約以黜退之欲望俊乂在朝難矣帝然其言再遷大理卿以
疾辭改左散騎常侍卒年六十八贈戶部尚書謚曰貞瑒常歎士
大夫不能用古禮因其家冠婚喪祭乃據舊典為之節文揖讓威
儀哭踊衰殺無有違者在官清白吏請立石紀德瑒曰事益於人
書名史氏足矣若碑頌者徒遺後人作矴石耳瑒伯父志操頗剛
簡未遇時著閑居賦自託常曰得田十頃僮婢十人下有兄弟布
粟之資上可供先公伏臘足矣位終司屬卿安平縣男瑒從父兄
晏精孝經學常手寫數十篇可教者輒遺之
崔隱甫貝州武城人隋散騎侍郎儦曾孫解褐左玉鈐衛兵曹參
軍遷殿中侍御史內供奉浮屠惠範倚太平公主脅人子女隱甫
劾狀反為所擠貶邛州司馬玄宗立擢汾州長史兼河東道支度
營田使遷洛陽令梨園弟子胡鶵善笛有寵嘗負罪匿禁中帝以
他事召隱甫從容指曰就卿丐此人對曰陛下輕臣而重樂工請
解官再拜出帝遽謝與胡鶵隱甫殺之有詔貰死不及矣賜隱甫

百緣孫佺敗績于奚擢隱甫并州司馬譲遷會兄逸甫疾甚未及行詔責逗留下除河南令累拜華州刺史太原尹入爲河南尹居三歲進拜御史大夫初臺無獄凡有囚則繫大理貞觀時李乾祐爲大夫始置獄由是中丞侍御史皆得繫人隱甫執故事廢掘諸獄其後患囚往來或漏泄復繫之廚院云臺中自監察御史而下舊皆得顓事無所承諮隱甫始一切令歸稟乃得行有忤意輒劾正多貶絀者臺吏側目威名赫然帝嘗詔校外官歲考異時必委曲叅審竟春未定隱甫一日會朝集使詢逮檢實其暮皆訖議者服其敏帝嘗謂曰卿爲大夫天下以爲稱職張說當國隱甫素惡之乃與中丞宇文融李林甫暴其過不宜處位說賜罷然帝嫉朋黨兑其官使侍母歲餘復爲大夫遷刑部尚書兼河南尹帝還京師即拜東都留守累封清河郡公卒贈益州大都督謚曰忠始帝欲相隱甫也謂曰牛仙客可與語卿常見否對曰未也帝曰可見之隱甫終不詣他日又問對如初帝乃不用子弟或問故荅曰吾

不以其人微易之也其材不逮中人可與之對耶隱甫所至絜介自守明吏治在職以彊正稱云

贊曰嚴挺之拒宰相不肯見李林甫崔隱甫違詔不屈牛仙客信剛者乎二人坐是皆不得相彼亦各申其志也管夷吾以編棧諭之信曲與直不相函哉

李尚隱其先出趙郡徙貫萬年年二十舉明經再調下邽主簿州剌史姚珽說其能器之神龍中左臺中丞侯令德爲關內黜陟使尚隱佐之以最擢左臺監察御史於是崔湜鄭愔典吏部選附勢倖銓擬不平至逆用三年員闕材廉者輒不進俄而相踵知政事尚隱與御史李懷讓顯劾其罪湜等皆斥去睦州剌史馮昭泰性鷙刻人憚其彊嘗誣繫桐廬令李師旦二百餘家爲妖蠱有詔御史覆驗皆稱病不肯往尚隱曰善良方蒙枉不爲申明可乎因請行果推雪其冤湜愔復當路乃出尚隱爲伊闕令懷讓魏令湜等伏誅玄宗知尚隱方嚴繇定州司馬擢吏部員外郎懷讓自河陽令拜兵部員外郎懷讓蔣人後歷給事中尚隱以將作少監營橋陵封高邑縣男未幾進御史中丞御史王旭招權稍不制仇家告其罪尚隱窮治具得姦贓無假借遂抵罪進兵部侍郎俄出爲蒲州刺史浮屠懷照者自言母夢日入懷生己鏤石著驗聞人馮待徵等助實其言尚隱劾處妖妄詔流懷照播州再遷河南尹尚隱性剛亮論議皆披心示誠處事分明御下不苛密尤詳練故實前後制令誦記略無遺妖賊劉定高夜犯通洛門尚隱坐不素覺左遷桂州都督帝遣使勞曰知卿忠公然國法須爾因賜雜綵百匹遣之遷廣州都督五府經略使及還人或襄金以贈尚隱曰吾自性分不可易非畏人知也代王丘爲御史大夫時司農卿陳思問引屬吏多小人乾隱錢穀尚隱按其違贓累鉅萬思問流死嶺南改尚隱太子詹事不閱旬進戶部尚書豈削後更揚益二州長史東都留守爵高邑伯開元二十八年以太子賓客卒年七十五謚曰貞尚隱三入御史府輒繩惡吏不以殘摯失名所發當世素議歸

重仕官未嘗以過謫惟劾詆幸臣及坐小法左遷復見用以循吏終始云自開元二十二年置京畿採訪處置等使用中丞盧奐爲之尚隱以大夫不充使永泰以後大夫王翊崔渙李涵崔寧盧杞乃爲之

解琬魏州元城人舉幽素科中之調新政尉後自成都丞奏事稱旨蹴除監察御史以喪免武后顧琬習邊事迫追西撫羌夷琬因乞終喪后嘉許之詔服除赴屯遷侍御史安撫烏質勒及十姓部落以功擢御史中丞兼北庭都護西域安撫使琬與郭元振善宗楚客惡之左授滄州刺史爲政引大體部人順附景龍中遷御史大夫兼朔方行軍大總管前後乘邊積二十年大抵務農習戰多爲長利華虜安之景雲二年復爲朔方軍大總管分遣隨軍要籍官河陽丞張冠宗肥鄉令韋景駿普安令于處忠料三城兵省其戍十萬人改右武衛大將軍兼檢校晉州刺州濟南縣男以老丐骸骨不待報輒去優詔以金紫光祿大夫聽致仕準品給全祿璽

書勞問會吐蕃騷邊復召授左散騎常侍詔與虜定經界因詣輯十姓降戸琬建言吐蕃不可以信約請調兵十萬屯秦渭間防遏其姦是冬吐蕃果入寇爲秦渭兵擊走之俄復請老不許遷太子賓客年八十餘開元五年終同州刺史

裴陽宋楊崔李解列傳第五十五

以紹

宋祁奉敕撰

李適之，恒山愍王孫也。始名昌。神龍初，擢左衛郎將。開元中，累遷通州刺史，以辦治聞。按察使韓朝宗言諸朝，擢秦州都督。徙陝州刺史、河南尹。其政不苛細，為下所便。玄宗患穀、洛歲暴，耗徭力，詔適之以禁錢作三大防，曰上陽、積翠、月陂，自是水不能患。刻石著功，詔永王璘書，皇太子瑛署額。進御史大夫。二十七年，兼幽州長史，知節度事。適之以祖被廢，而父象見逐武后時，葬有闕。至是，丐陪葬昭陵闕中，詔可。襃冊典物焜照都邑，行道為咨歎。遷刑部尚書。適之喜賓客，飲酒至斗餘不亂，夜宴娛，晝決事，案無留辭。天寶元年，代牛仙客為左相，累封清和縣公。嘗與李林甫爭權不協，林甫陰賊，即好謂適之曰：「華山生金，采之可以富國，顧上之知。」適之性疏，信其言，他日從容為帝道之。帝喜，以問林甫，對曰：「臣知之舊矣，顧華山陛下本命，王氣之舍，不可以穿治，故不敢聞。」帝以林甫為愛己，而薄適之不親。於是皇甫惟明、韋堅、裴寬、韓朝宗皆適之厚善，悉為林甫所搆得罪，適之懼不自安，乃上宰政，求散職。以太子少保罷，欣然自以為免禍。俄坐韋堅累，貶宜春太守。會御史羅希奭陰被詔殺堅等，貶所州縣震恐，及過宜春，適之懼，仰藥自殺。

李峴，吳王恪孫也。折節下士，長史治。天寶時，累遷京兆尹。玄宗幸溫湯，甸內巧供億以媚上，峴獨無所獻，帝異之。楊國忠使客騫昂、何盈擿安祿山陰事，諷京兆捕其第，得安岱、李方來等與祿山反狀，縊殺之。祿山怒，上書自言，帝懼變，出峴為零陵太守。峴為政得人心，時京師米翔貴，百姓乃相與謠曰：「欲粟賤，追李峴。」尋徙長沙。永王為江陵大都督，假峴為長史。至德初，肅宗召之，拜扶風太守，兼御史大夫。明年，擢京兆尹，封梁國公。乾元二年，以中書侍郎同中書門下平章事。於是呂諲、李揆、第五琦同輔政，而峴位望最舊，事多獨決，諲等不平。李輔國用權，制詔或不出中書，百司莫敢覆。峴頓首帝前，極言其惡，帝悟，稍加檢制，輔國由是讓行軍司馬，然深銜峴。鳳翔七馬坊押官盜掠人，天興令謝夷甫殺之。輔國諷其妻使訴枉，詔監察御史孫鎣鞫之，直夷甫。其妻又訴，詔御史中丞崔伯陽、刑部侍郎李曄、大理卿權獻為三司訊之，無異辭。妻不臣，輔國助之，乃令侍御史毛若虛覆按，若虛委罪夷甫，言御史用法不端。伯陽怒，欲質讓若虛，馳入自歸帝，帝留若虛簾中。頃伯陽等至，劾若虛傅中人失有罪，帝怒叱之，貶伯陽高要尉，權獻杜陽尉，逐李曄嶺南，流孫鎣播州。峴謂責太重，入言於帝曰：「若虛希旨用刑，亂國法，陛下信為重輕，示無御史臺。」帝怒，李揆不敢爭，乃出峴為蜀州刺史。時右散騎常侍韓擇木入對，帝曰：「峴欲專權耶？乃去任毛若虛，示無御史臺。朕今出之，尚恨法太寬。」擇木曰：「峴言直，不敢專擲，陛下寬之，祇益盛德耳。」代宗立，改荊南節度，知江淮選補使。入為禮部尚書，兼宗正卿。乘輿在陝，由商山走帝所。還京，拜門下侍郎、同中書門下平章事。故事，政事堂不接客，自元載為相，中人傳詔者引升堂，置榻待之。峴至，即敕吏撤榻。又奏常參官舉才任諫官、憲官者，毋限員。不踰月，為要近譖短，遂失恩，罷為太子詹事。遷吏部尚書，復知江淮選，改檢校兵部尚書，兼衢州刺史。卒，年五十八。初，東京平，陳希烈等數百人待罪，議者將悉抵死，帝意亦欲懲天下，故崔器等附致深文。峴時為三司，獨曰：「法有首有從，情有重有輕，若一切論死，非陛下與天下惟新意。且羯胡亂常，誰不凌汙衣冠，奔亡各顧其生，可盡責邪？陛下之親戚勳舊，子若孫一日皆血鈇碪，尚為仁恕哉？書稱『殲厥渠魁，脅從罔治』，況河北殘孽劫服官吏，其人尚多，今不開自新之路，而盡誅之，是堅叛者心，使為賊致死，困獸猶鬬，況數萬人乎？」於是器與呂諲皆齪齪文吏，操常議，不及大體，尚騰頰固爭，數日乃見聽。衣冠蒙更生，賊亦不能使人歸怨天子，峴力也。峴兄峘、嶧。峘從上皇，峴翊戴肅宗，以勳力相高，同時為御史大夫，俱判臺事，又合制封公，而嶧為戶部侍郎、銀青光祿大夫，同居長興里第，門列三戟。

李勉字玄卿，鄭惠王元懿曾孫。父擇言，累為州刺史，封安德郡公，以吏治稱。張嘉貞為益州都督，性簡貴，接部刺史倨甚，擇言守漢州，獨引同榻坐，講繹政事，名重當時。勉少喜學，內沈雅，外清整。始調開封尉。汴州水陸一都會，俗厖錯，號難治，勉推姦決隱，為有名。從肅宗於靈武，擢監察御史。時武臣崛興，無法度，大將管崇嗣背闕笑語讙縱，勉劾不恭，帝歎曰：「吾有勉，乃知朝廷之尊。」遷司膳員外郎。關東獻俘百，將即死，有歎者，勉過問，曰：「被脅而官，非敢反。」勉入見帝曰：「寇亂之汙半天下，其欲澡心自歸無繇，如盡殺之，是驅以助賊也。」帝馳騎宥，後歸者日至。累遷河東王思禮、朔方河東都統李國貞行軍司馬，進梁州刺史。勉假王晬南鄭令，晬為權幸所誣，詔誅之。勉曰：「方藉牧宰為人父母，豈以讒殺良吏乎？」即拘晬，為請得免。晬後以推擇為龍門令，果有名。羌、渾、奴剌寇州，勉不能守，召為大理少卿。然天子素重其正，擢太常少卿，欲遂柄用，而李輔國諷使下己，勉不肯，乃出為汾州刺史，歷河南尹，徙江西觀察使。偏兵睦鄭平賊屯，部人父病，為蠱求厭者，以木偶署勉名埋之，掘治驗服，勉曰：「是為其父，則孝也。」縱不誅。入為京兆尹，兼御史大夫。魚朝恩領國子監，威寵震赫，前尹黎幹諂事之，須其入，敕吏治數百人具以餉。至是，吏請，勉不從，曰：「吾候太學，彼當見署事容；幸過府，則脩具。」朝恩銜之，亦不復至太學。再拜嶺南節度使。番禺賊馮崇道桂叛將朱濟時等負險為亂，陷十餘州。勉遣將李觀率容州刺史王翃討斬之，五嶺平。西南夷舶歲至纔四五，譏視苛謹。勉既廉絜，又不暴征，明年至者乃四十餘。在官久，未嘗抆飾器用車服。後召歸，至石門，盡搜家人所蓄犀珍，投江中。時人謂可繼宋璟、盧奐、李朝隱。部人叩闕請立碑頌德，代宗許之。進工部尚書，封汧國公。滑亳節度使令狐彰且死，表勉自代，從之。勉居鎮且八年，以舊德方重，不威而治，東諸帥暴桀者皆尊憚之。田神玉死，詔勉節度汴宋，未行，汴將李靈耀反，魏將田悅以兵來叩汴而屯。勉與李忠臣、馬燧合討之。淮西軍據汴北，河陽軍壁其東，大將杜如江、尹伯良與悅戰匡城，不勝，從壘與靈耀合。忠臣將軍李重倩夜攻其營，與河陽軍合，譟，賊不陣潰，悅走河北，靈耀奔韋城，為如江所禽，勉縛以獻，斬闕下。既而忠臣專汴，故勉還滑臺。明年，忠臣為麾下所逐，復詔勉移治汴。德宗立，就加同中書門下平章事，俄為汴宋滑亳河陽等道都統。建中四年，李希烈圍襄城，詔勉出兵救之。帝又遣神策將劉德信以兵三千援。勉奏言：「賊以精兵攻襄城而許必虛，令兵直擣許，則襄圍解。」不待報，使其將唐漢臣與德信襲許，未至數十里，有詔詰讓，二將懼而還，次扈澗，不設備，為賊所乘，殺傷什五，輜械盡亡。漢臣走汴，德信走汝。勉懼東都危，復遣兵四千往戍，賊斷其後，不得歸。於是希烈自將攻勉，勉氣索，嬰守累月，援

莫至，哀兵萬人潰圍出，東保睢陽。興元元年，勉固讓都統，以檢校司徒平章事召。既見，帝素服待罪，詔不許。勉內愧，取充位而已，不敢有所與。貞元初，帝起盧杞為刺史，袁高還詔，不得下。帝問勉曰：「衆謂盧杞姦邪，朕顧不知，謂何？」勉曰：「天下皆知而陛下獨不知，此所以為姦邪也。」時韙其對，然自是益見疏。居相二歲，辭位，以太子太師罷。卒，年七十二，贈太傅，謚曰貞簡。勉少貧狹，客梁宋，與諸生共逆旅，諸生疾且死，出白金曰：「左右無知者，幸君以此為我葬，餘則君自取之。」勉許諾。既葬，密置餘金棺下。後其家謁勉，共啟墓出金付之。位將相，所得奉賜，悉遺親黨，身沒，無贏藏。其在朝廷，鯁亮廉介，為宗臣表，禮賢下士有終始。嘗引李巡、張參在幕府，後二人卒，至宴飲，仍設虛位沃饋之。遣戍兵，常視其資糧，春秋存問家室，故能得人死力。善鼓琴，有所自製，天下寶之，樂家傳響泉、韻磬，勉所愛者。

李夷簡字易之，鄭惠王元懿四世孫，以宗室子始補鄭丞。德宗幸奉天，朱泚外示迎天子，遣使東出關，至華。候吏李翼不敢問，夷簡謂曰：「泚必反，向發幽隴兵五千救襄城，乃賊舊部，是將追還耳。上越在外，召天下兵未至，若凶狡還西助泚，決死，危禍也。」請[illegible]馳及潼關，果得召符白于關，將駱元光乃斬賊使，收偽符獻行在。詔即拜元光華州刺史。元光掠功，故無知者。夷簡弃官去，擢

進士第，中拔萃科，調藍田尉，遷監察御史。坐小累，下遷虔州司戶參軍。九歲，復為殿中侍御史。元和時，至御史中丞。京兆尹楊憑性驁侻，始為江西觀察使，嘗沒于賊。夷簡為屬刺史，不為憑所禮，至是發其貪，憑貶臨賀尉。夷簡賜金紫，以戶部侍郎判度支。俄檢校禮部尚書、山南東道節度使。初，貞元時，取江西兵五百戍襄陽，制蔡右脅，仰給度支。後亡死略盡，而歲取貲不置。夷簡曰：「迹空文，苟軍興，可乎？」奏罷之。閱三歲，徙帥劍南西川。舊，嶲州刺史王顒積姦贓，屬蠻怨叛，夷簡逐顒，占檄諭禍福，蠻落復平。始，韋皋作奉聖樂，于頔作順聖樂，常奏之軍中。夷簡輒廢去，謂「禮樂非諸侯可擅制」。語其屬曰：「我欲蓋前人非，以詔戒後來。」十三年，召為御史大夫，進門下侍郎、同中書門下平章事。李師道方叛，裴度當國，帝倚以平賊。夷簡自謂才不能有以過度，乃求外遷，以檢校尚書左僕射平章事為淮南節度使。穆宗立，有司方議廟號，夷簡建言：「王者祖有功，宗有德。大行皇帝有武功，廟宜稱祖。」詔公卿禮官議，不合，止。久之，請老，朝廷謂夷簡齒力可任，不聽，以右僕射召，辭不拜，復以檢校左僕射兼太子少師分司東都。明年卒，年六十七，贈太子太保。夷簡致位顯，劇以直自閑，未嘗苟辭氣悅人。歷三鎮，家無產貲，病不迎醫，將終，戒毋厚葬，毋事浮屠，無碑神道，惟識墓則已。世謂行己能有終始者。

○李程字表臣，襄邑恭王神符五世孫也。擢進士宏辭，賦日五色，造語警拔，士

流推之。調藍田尉。縣有滯獄十年，程單言輒判。京兆狀最，遷監察御史，召為翰林學士，再遷司勳員外郎，爵渭源縣男。德宗季秋出畋，有寒色，顧左右曰：「九月猶衫，二月而袍，不為順時。朕欲改月，謂何？」左右稱善，程獨曰：「玄宗著月令，十月始裘，不可改。」帝矍然止。學士入署，常視日影為候，程性懶，日過八塼乃至，時號八塼學士。元和三年，出為隨州刺史，以能政賜金紫服。李夷簡鎮西川，辟成都少尹，以兵部郎中入知制誥。韓弘為都統，命程宣慰汴州。歷御史中丞、鄂岳觀察使，還為吏部侍郎。敬宗初，以本官同中書門下平章事。帝沖逸，好宮室畋獵，功用奢廣，程諫曰：「先王以儉德化天下，陛下方諒陰，未宜興作，願回所費奉園陵。」帝嘉納。又請置侍講學士，選名臣備訪問。加中書侍郎，進彭原郡公。寶曆二年，檢校吏部尚書同平章事，為河東節度使，徙河中，召拜尚書左僕射，俄檢校司空，領宣武、山南東道節度，再為僕射。先是，元和、長慶時，僕射視事，百官皆賀，四品以下官答拜。大和四年，詔不答拜。王涯言貴易直行之自如，程循其故，不自安，言諸朝，御史中丞李漢謂不答拜於禮太重，文宗不許，聽用大和詔書，議者不善也。程為人辯給多智，然簡侻無儀檢，雖在華密而無重望，最為帝所遇，嘗曰：「高飛之翮，長者在前。卿，朝廷羽翮也。」武宗立，為東都留守。卒，年七十七，贈太保，謚曰繆。子廓，第進士，累遷刑部侍郎。大中中，拜武寧節度使，不能治軍，補

闕鄭覃奏言新進未登徐必亂既而果遂廢乃擢覃起居舍人

李石字中玉襄邑恭王神符五世孫元和中擢進士第辟李聽幕府從歷四鎮有材略爲吏精明聽每征伐必留石主後務大和中爲行軍司馬聽以兵北渡河令石入奏占對華敏文宗異之府罷擢工部郎中判鹽鐵案令狐楚節度河東引爲副使入遷給事中累進戶部侍郎判度支帝惡李宗閔等以黨相排背公害政乃舊臣皆疑不用取後出孤立者欲徼以之故李訓等至宰相訓誅死乃擢石以本官同中書門下平章事仍領度支石器雄遠當軸秉權亡所撓方是時宦寺氣盛陵暴朝廷每對延英而仇士良等往往斥訓以折大臣石徐謂曰亂京師者訓也然其進孰爲之先士良等恧縮不得對氣益奪搢紳賴以爲彊七日紫宸殿宰相進及陛帝喟而嘆石進曰陛下之歎臣固未諭敢問所從帝曰朕歎治之難也且朕即位十年不能得治本故前歲有疾今茲震擾皆自取之夫託億兆之上不能以美利及百姓爲得乂無事乎石曰陛下罪已當然然責治太早雖十年孜孜養德適成爾天下治不治要自今觀之且人之氣志雖賢聖猶有優劣故仲尼稱三十而立四十不惑陛下春秋少非起人間也而知人情僞今自視何如即位時帝曰有間矣石曰古之聖賢必觀書以考察往行然後成治功陛下積十年盛德日新然向所以疾矣震驚者天其固陛下

之志乎誠務修將來之政視太宗致昇平之期猶不爲晚帝曰行之得至乎石曰今四海夷一唯登拔才良使小大各任其職愛人節用國有餘力下不加賦太平之術也于時大臣新族死歲苦寒外情不安帝曰人心未舒何也石曰刑殺太甚則致陰沴比鄭注多募鳳翔兵至今誅索不已臣恐緣以生變請下詔尉安之帝曰善又問奈何致太平之難鄭覃曰欲天下治莫若恤人石即贊曰恤之得術尚何太平之難陛下節用度去冗食簿最不得措其姦則百司治百司治天下安矣帝感然曰我思貞觀開元時以視今日即氣拂吾膺石曰治道本於上而下固敢不率帝曰不然張元昌爲左街副使而用金唾壺比坐事誅之吾聞禁中有金鳥錦袍二昔玄宗幸溫泉與楊貴妃衣之今富人時時有之石曰毛玠以清德爲魏尚書而人不敢鮮衣美食況天子獨不可爲法乎是時宰相更卒因內變多死詔江西湖南索募直助召士力石建言宰相左右天子教化若徇正忘私宗廟神靈猶當祐之雖有盜無害也有如挾姦自植權黨害正直雖加之防鬼得以誅無所事於召募請直以金吾爲衛帝嘗顧鄭覃曰覃老矣當無妄試諭我猶復何等主覃曰陛下文宣主也帝曰渠敢望是石欲逼帝志使不息因曰陛下之問而覃之對臣皆以爲非類回臣天耳自比於舜陛下有四海春秋當觀得失於前日引月長以齊堯舜奈何比

文宣而又自以爲不及惟陛下開肆厥志不以文宣自安則大業濟矣中人自邊還走馬入金光門道路妄言兵且至京師讙走塵起百官或韈而騎臺省吏稍稍遁去鄭覃將出石曰事未可知宜坐須其定宰相走則亂矣若變出不虞逃將安適人之所瞻不可忽也益治簿書帝然如平時里閭群無賴望南闕陰持兵俟變金吾大將軍陳君賞率衆立望仙門內使趣闔門君賞不從日入乃止當是時非石鎮靜君賞有謀幾亂開成赦令賜京畿一歲租停方鎮正至端午三歲獻以其直代百姓配緡天下非藥物茗果它貢悉禁又罷宣索營造通以時省覽臨遣十道黜陟使敕以政治根本使與長吏奉行之乃盡病利俄進中書侍郎帝嘗曰朕觀晉君臣以夷曠致傾覆當時卿大夫過邪石曰然古詩有之人生不滿百常懷千歲憂畏不逢也晝短苦夜長闇時多也何不秉燭游勸之照也臣願捐軀命濟國家惟陛下堅聖不惑則安人彊國其庶乎又兩臺推一御史故兩河諸侯競引豪英士之喜利者多致之用爲謀主故藩鎮日橫天子爲旰食元和間進用日廣陛下嗣位惟賢是咨士皆在朝廷彼彊宇申兵如故而低摧順屈者士不之助也帝曰天下之勢猶持衡然此首重則彼尾

輕矣其爲我博選士朕且用之石奏咸陽令韓遼治興成渠渠當咸陽右十八里左直永豐倉秦漢故漕渠成起咸陽抵潼關三百里無車輓勞則轉下牛盡可耕永利秦中矣李固言曰然恐役非其時奈何帝曰以陰陽拘畏乎苟利於人朕奚慮哉石用韓益判度支案以贓敗石曰臣本以益知財利不保其貪帝曰宰相任人知則用過則棄諉之至公它宰相所用濫藏其過此其私也三年正月將朝騎至親仁里狙盜發射石傷馬逸盜斫之坊門絕馬尾乃得脫天子駭愕遣使者慰撫賜良藥始命六軍衛士二十人從宰相是日京師震恐百官造朝纔十一石因卧家固辭位有詔以中書侍郎平章事爲荆南節度使始訓注亂權歸闇豎天子畏偪幾不立石起爲相以身徇國不卹近倖張權綱欲彊王室收威柄而仇士良疾之將加害帝知其然而未爲之遂罷去遣日饗賚都關士人恨憤石讓中書侍郎換檢校兵部尚書它不聽會昌三年檢校司空徙節河東會伐潞詔以太原兵助王逢軍榆社石起橫水戍千五百人令別將楊弁領之常日軍與人賜二縑治裝衣會財匱而給以半士怨又促其行弁乘隙激衆以亂還兵逐石出之詔以太子少傅分司東都俄檢校吏部尚書即拜留守卒年六十二贈尚書右僕射弟福字能之大和中第進士楊嗣復領劍南辟幕府崔鄲輔政兼集賢殿大學士引爲校理調藍田尉後石當國薦福可任治

人蘇監察御史至戶部郎中累歷州刺史進諫議大夫大中時党項羌震擾議者以將臣貪專牟產虜怨議擇儒臣治邊乃授福夏綏銀節度使宣宗臨軒諭遣福以善政聞徙鎮鄭滑再遷兵部侍郎判度支出爲宣武節度使入遷戶部尚書會蠻侵蜀詔福持節宣撫即拜劍南西川節度使同中書門下平章事與蠻戰敗績貶蘄王傅分司東都僖宗初以檢校尚書左僕射就拜留守改山南東道節度使王仙芝寇山南福團訓鄉兵數險須之賊不敢入轉略岳鄂以逼江陵節度使楊知溫求援於福乃自將州兵率沙陀壯騎五百赴之賊已殘江陵郛而聞福至乃走以勞檢校司空同中書門下平章事還朝以太子太傅卒

○李回字昭度新興王德良六世孫本名躔字昭回避武宗諱改焉長慶中擢進士第又策賢良方正異等辟義成淮南幕府稍遷監察御史累進起居郎李德裕雅知之爲人彊幹所泣無不辦繇職方員外郎判戶部案四遷中書舍人會昌中以刑部侍郎兼御史中丞時方伐劉稹武宗慮河朔列鎮陰相締以橈兵事德裕薦回持節往諭何弘敬王元逵以澤潞邇京洛非若河北三鎮國家許世以壤地傳子孫者且稹父子無功悖謬理上以邢洺磁三州與河北比境用軍莫便魏鎮且王師不欲輕出山東請公等取三州報天子二將聽命又張仲武以幽州兵攻回鶻而與劉沔不協回至諭以大義仲武釋然即合太原軍攻潞復以回爲使督戰至蒲東王宰石雄橐鞬謁道左回不馳行顧左右呼直史責破賊限牒宰等震恐期六旬取潞否則死之未及期二日賊平以戶部侍郎判戶部事俄進中書侍郎同中書門下平章事武宗崩爲山陵使還門下侍郎兼戶部尚書出爲劍南西川節度使以與德裕善坐吳湘獄時回爲中丞坐不糾擿貶湖南觀察使俄以太子賓客分司東都給事中還制謂責回薄遂貶賀州刺史徙撫州長史卒大中九年詔復湖南觀察使贈刑部尚書

贊曰周之鄉士周召毛原皆同姓國也唐宰相以宗室進者九人林甫姦諛幾亡天下李程知柔在位無所發明其餘以材稱職號賢宰相秦隋棄親侮賢皆二世而滅周唐任人不疑得親親用賢之道享國長久嗚呼盛歟

列傳第五十六

劉吳韋蔣柳沈列傳第五十七　　唐書一百三十二

宋　祁　奉　敕　撰

劉子玄名知幾以玄宗諱嫌故以字行年十二父藏器為授古文尚書業不進父怒楚督之及聞為諸兄講春秋左氏冒往聽退輒辨析所疑歎曰書如是兒何怠父奇其意許授左氏逾年遂通覽羣史與兄知柔俱以善文詞知名擢進士第調獲嘉主簿武后證聖初詔九品以上陳得失子玄上書譏每歲一赦或一歲再赦小人之幸君子之不幸又言君不虛授臣不虛受妄受不為忠妄施不為惠今羣臣無功遭遇輒遷至都下有車載斗量杷推椀脫之諺又謂刺史非三載以上不可徙宜課功殿明賞罰后嘉其直不能用也時吏橫酷淫及善人公卿被誅死者踵相及子玄悼士無良而甘於禍作思慎賦以刺時蘇味道李嶠見而歎曰陸機豪士之流乎周身之道盡矣子玄與徐堅元行沖吳兢等善嘗曰海內知我者數子耳累遷鳳閣舍人兼脩國史中宗時擢太子率更令介直自守累歲不遷會天子西還子玄自乞留東都三年或言子玄身史臣而私著述驛召至京領史事遷秘書少監時宰相韋巨源紀處訥楊再思宗楚客蕭至忠皆領監脩子玄病長官多意尚不一而至忠數責論次無功又仕偃蹇乃奏記求罷去因為至忠言五不可曰古之國史皆出一家未聞藉功于衆唯漢東觀集群儒纂述無主條章不建

今史司取士滋多人自為荀袁家自為政駿每記一事載一言閣筆相視含毫不斷頭白可期汗青無日一不可漢郡國計書上太史副上丞相後漢公卿所撰先集公府乃上蘭臺故史官載事為廣今史臣唯自詢采二史不注起居百家弗通行狀二不可史局深籍禁門所以杜顏面防請謁也今作者如林儻宗褒貶曾未絕口而朝野咸知孫盛取嫉權門王劭見讎貴族常人之情不能無畏三不可古者史氏各有指歸故司馬遷退處士進姦雄班固抑忠臣飾主闕今史官注記類稟監脩或須直辭或當隱惡十羊九牧其令難行四不可今監者不肯指授脩者又不遵奉務相推避以延歲月五不可又言朝廷厚用其才而薄其禮至忠得書悵惜不許楚客等惡其言誑切謂諸史官曰是子作書欲致吾何地始子玄脩武后實錄有所改正而武三思等不聽自以為見用於時而志不遂乃著史通內外四十九篇譏評今古徐堅讀之歎曰為史氏者宜置此坐右也又嘗自比揚雄者四雄好雕蟲小伎老而為悔吾幼喜詩賦而壯不為期以述者自名雄草易作經當時咲之吾作史通俗以為非雄著書見尤於人作解嘲吾亦作釋蒙雄少為范逡劉歆所器及聞作經以為必覆醬瓿吾始以文章得譽晚談史傳由是減價其自感槩如此子玄內負有所未盡乃委國史於吳兢別撰劉氏家史及譜考上推漢為陸終苗裔非堯後彭城叢亭里諸劉出楚孝王囂曾孫居巢侯般不

承元王按據明審議者高其博嘗曰吾若得封必以居巢紹司徒舊邑後果封居巢縣子鄉人以其兄弟六人俱有名號其鄉曰高陽里曰居巢里累遷太子左庶子兼崇文館學士皇太子將釋奠國學有司具儀從臣著衣冠乘馬子玄議古大夫以上皆乘車以馬為騑服魏晉後以牛駕車江左尚書郎輒輕乘馬則御史劾治顏延年罷官乘馬出入閭里世稱放誕此則乘馬宜從䙝服之明驗今陵廟巡謁王公冊命士庶親迎則盛服冠履乘輅車他事無車故貴賤通乘馬比法駕所幸侍臣皆馬上朝服且冠履惟可配車故博帶褒衣革履高冠是車中服韈而鐙跣而鞍非唯不師於古亦自取驚流俗馬逸人顛受嗤行路太子從之因著為定令開元初遷左散騎常侍嘗議孝經鄭氏學非康成注舉十二條左證其謬當以古文為正易無子夏傳老子書無河上公注請存王弼學宰相宋璟等不然其論奏與諸儒質辯博士司馬貞等阿意共黜其言請二家兼行惟子夏易傳請罷詔可會子貺為太樂令抵罪子玄請於執政玄宗怒貶安州別駕卒年六十一子玄領國史且三十年官雖徙職常如舊禮部尚書鄭惟忠嘗問自古文士多史才少何耶對曰史有三長才學識世罕兼之故史者少夫有學無才猶愚賈操金不能殖貨有才無學猶巧匠無楩柟斧斤弗能成室善惡必書使驕君賊臣知懼此為無可加者時以為篤論子玄善持論辯據明銳視諸儒皆

出其下朝有論著輒豫殁後帝詔河南就家寫史通以讀稱善追贈工部尚書謚曰文六子貺餗彙秩迅迥

貺字惠卿好學多所通解子玄卒有詔訪其後擢起居郎歷右拾遺內供奉獻續說苑十篇以廣漢劉向所遺而刊落怪妄貺嘗以竹書紀年序諸侯列會皆舉謚後人追脩非當時正史如齊人殲于遂鄭棄其師皆孔子新意師春一篇錄卜筮事與左氏合知按春秋經傳而為也因著外傳云子滋浹

滋字公茂通經術善持論以蔭歷漣水令楊綰薦材堪諫官累授左補闕久之去養親東都河南尹李廙奏補功曹母喪解服除以司勳員外郎判南曹勤職奉法進至給事中興元元年以吏部侍郎知南選時大盜後旱蝗相仍吏不能詣京師故命滋至洪州調補以振職聞貞元二年擢左散騎常侍同中書門下平章事為相無所設施廉謹畏慎而已明年罷又明年復為吏部侍郎遷尚書會御史中丞韋貞伯劾奏吏選不實滋寬疏外吏因得恃為姦詔與侍郎杜黃裳奪階卒贈陝州大都督謚曰貞浹亦有孝稱生子敦儒家東都母病狂易非笞掠人不能安左右皆亡去敦儒日侍疾膚常流血母乃能下食敦儒怡然不為痛隱留守韋夏卿表其行詔標闕于閭元和中權德輿復薦之乃授左龍武軍兵曹參軍分司東都在母喪毀瘠幾死時謂劉孝子後為起居郎達禮好古有祖風云

餗字鼎卿天寶初歷集賢院學士兼知史官終右補闕父子三人更涖史官著史
例頗有法彙左散騎常侍終荊南節度使子贊以蔭仕為鄠丞杜鴻漸自劍南
還過鄠尉驛豐給楊炎薦彙名儒子擢浙西觀察判官炎入相進歙州刺史政
幹彊濟野媼將為虎噬幼女呼號搏虎俱免觀察使韓滉表其治有異行加金
紫徙常州滉輔政分所統為三道以贊為宣州刺史都團練觀察使治宣十年
贊本无學第以剛猛立威官吏重足一迹宣既富饒即厚斂廣貢奉以結恩又不
能訓子皆驕傲不度素業衰矣卒贈吏部尚書謚曰忠迥以剛直稱第進士歷
殿中侍御史佐江淮轉運使時新更安史乱迥親運財賦力干職大曆初為吉
州刺史治行尤異累遷給事中

秩字祚卿開元末歷左監門衛錄事參軍事稍遷憲部員外郎坐小累下除
隴西司馬安祿山反哥舒翰守潼關楊國忠欲奪其兵秩上言翰兵天下成敗
所繫不可忽房琯見其書以比劉更生至德初遷給事中久之出為閬州刺史
貶撫州長史卒所著政典止戈記至德新議等凡數十篇

迅字捷卿歷京兆功曹參軍事常寢疾房琯聞憂不寐曰捷卿有不諱天理欺矣陳郡殷寅
名知人見迅歎曰今黃叔度也劉晏每聞其論曰皇王之道盡矣上元中避地安康卒迅
續詩書春秋礼樂五說書成語人曰天下滔滔知我者希終不以示人云

吳兢汴州浚儀人少厲志貫知經史方直寡諧比惟与魏元忠朱敬則游二人者
當路薦兢才堪論譔詔直史館修國史遷右拾遺內供奉神龍中改右補闕節閔
太子難姦臣誣構安國相王与謀朝廷大恐兢上言文明後皇運不殊如帶陛下
龍興恩被骨肉相王与陛下同氣親莫加焉今賊臣日夜陰謀必欲寘之極法相王仁孝
遭荼苦哀毀以陛下為命而自託於手足若信邪佞委之於法傷陛下之恩失天下望
芟刈股肱獨任胷臆可為寒心自昔翦伐宗支委任異姓未有不亡者秦任趙高
漢任王莽晉家自相魚肉隋室猜忌子弟海內塵沸驗之覆車安可重跡且根朽
者葉枯源涸者流竭子弟國之根源可使枯竭哉皇家枝幹夷芟略盡陛下即位
四年一子弄兵被誅一子以罪謫去惟相王朝夕左右斗粟之刺蒼蠅之詩不可不察
陛下全常棣之恩慰罔極之心天下幸甚累遷起居郎與劉子玄徐堅等並職
玄宗初立收還權綱銳於決事羣臣畏伏兢慮帝果而不及精乃上疏曰自古人
臣不諫則國危諫則身危臣愚食陛下祿不敢避身危之禍比見上封事者言有
可采但賜束帛而已未嘗蒙召見被拔擢其忤旨則朝堂決杖傳送本州或死於
流貶由是臣下不敢進諫古者設誹謗木欲聞己過今封事謗木比也使所言是
有益於國使所言非无累於朝陛下何遽加斥逐以杜塞直言道路流傳相視怪
愕夫漢高帝赦周昌桀紂之對晉武帝受劉毅桓靈之譏況陛下豁達大度不

能容此狂直耶夫人主居尊極之位顓生殺之權其為威嚴峻矣開情抱納諫諍
下猶懼不敢盡察何以為罪且上有所失天下必知之故鄭人欲毀鄉校而子產不
聽也陛下初即位猶有褚无量張廷珪韓思復辛替否柳澤袁楚客等數上疏
爭時政得失自頃上封事往往得罪諫者頗少是鵲巢覆而鳳不至理之然也臣
誠恐天下骨鯁士以讜言為戒撓直就曲斲方為刓偷合苟容不復能盡節忘身
納君於道矣夫帝王之德莫盛於納諫故曰木從繩則正后從諫則聖又曰朝有
諷諫猶髮之有梳猛虎在山林藜藿為之不采忠諫之有益如此自古上聖之
君恐不聞己過故堯設諫鼓禹拜昌言不肖之主自謂聖智拒諫害忠桀殺關龍
逄而滅於湯紂殺王子比干而滅於周此其驗也夫與治同道罔不興與亂同道
罔不亡人將疾必先不甘魚肉之味國將亡必先不甘忠諫之說嗚呼惟陛下深
監于茲哉隋煬帝驕矜自負以為堯舜莫己若而諱亡憎諫乃曰有諫我者當時
不殺後必殺之大臣蘇威欲開一言不敢發因五月五日獻古文尚書帝以為訕
己即除名蕭瑀諫无伐遼出為河西郡守董純諫无幸江都就獄賜死自是蹇諤
之士去而不顧外雖有變朝臣鉗口帝不知也身死人手子孫剿絕為天下笑太
宗皇帝好悅至言時有魏徵王珪虞世南李大亮岑文本劉洎馬周褚遂良杜正
倫高季輔咸以切諫引居要職嘗謂宰相曰自知者為難如文人巧工自謂己長
若使達者大匠詆訶商略則蕪辭拙跡見矣天下万機一人聽斷雖甚憂勞不
能盡善今魏徵隨事諫正多中朕失如明鑑照形美惡畢見當是時有上書益
於政者皆黏寢殿之壁坐望臥觀雖狂瞽逆意終不以為忤故外事必聞刑戮
幾措礼義大行陛下何不遵此道與聖祖繼美乎夫以一人之意綜万方之政明
有所不燭智有所不周上心未諭於下下情未達於上伏惟以虛受人博覽兼聽
使深者不隱遠者不塞所謂闢四門明四目也其能直言正諫不避死亡之誅者
特加寵榮待以不次則失之東隅冀得之桑榆矣尋以母喪去官服除自陳修史
有緒家貧不能具紙筆願得少祿以終餘功有詔拜諫議大夫復修史睿宗崩實
錄留東都詔兢馳驛取進梓宮以父喪解宰相張說用趙冬曦代之終喪為太
子左庶子開元十三年帝東封太山道中數馳射為樂兢諫曰方登岱告成不當
逐狡獸使有垂堂之危朽株之殆帝納之明年六月大風詔羣臣陳得失兢上疏
曰自春以來亢陽不雨乃六月戊午大風拔樹壞居人廬舍傳曰敬德不用厥
災旱上下蔽隔庶位踰節陰侵於陽則旱災應又曰政悖德隱厥風發屋壞木風
陰類大臣之象恐陛下左右有姦臣擅權懷謀上之心臣聞百王之失皆由權移
於下故曰人主與人權猶倒持太阿授之以柄夫天降災異欲人主感悟願深察
天變杜絕其萌且陛下承天后和帝之亂府庫未充冗員尚繁戶口流散法出多

門賕謁大行趨競彌廣此弊未革寔陛下庶政之闕也臣不勝惓惓願斥屏群小不為慢遊出不御之女減不急之馬明選舉慎刑罰杜僥倖存至公雖有旱風之變不足累聖德矣始兢在長安景龍間任史事時武三思張易之等監領阿貴朋佞釀澤浮辭事多不實兢不得志私撰唐書唐春秋未就至是丐官筆札冀得成書詔兢就集賢院論次時張說罷宰相在家脩史大臣奏國史不容在外詔兢等赴館撰錄進封長垣縣男久之坐書事不當貶荊州司馬以史草自隨蕭嵩領國史奏遣使者就兢取書得六十餘篇累遷洪州刺史坐累下除舒州天寶初入為恒王傅雖年老衰僂甚意猶願還史職李林甫嫌其衰不用卒年八十兢敘事簡核號良史晚節稍疏牾時人病其太簡初與劉子玄撰定武后實錄敘張昌宗誘張說誣證魏元忠事頗言說已然可賴宋璟等邀勵苦切故轉禍為忠不然皇嗣且殆後說為相讀之心不善知兢所為即從容謬謂曰劉生書魏齊公事不少假借奈何兢曰子玄已亡不可受誣地下兢實書之其草故在聞者歎其直說屢以情蘄改辭曰徇公之情何名實錄卒不改世謂今董狐云

韋述弘機曾孫家廚書二千卷述為兒時誦憶略徧父景駿景龍中為肥鄉令述從到官元行沖景駿姑子也為時儒宗常載書數車自隨述入其室觀書不知寢食行沖異之試與語前世事孰復詳諦如指掌然使屬文受紙輒就行沖曰外家之寶也舉進士時述方少儀質陋侻考功員外郎宋之問曰童子何業述曰性嗜書所撰唐春秋三十篇恨未畢它唯命之問曰本求茂才乃得遷固遂上第開元初為櫟陽尉秘書監馬懷素奏述與諸儒即秘書續七志五年而成述好譜學見柳沖所撰姓族系錄每私寫懷之還舍則又繕錄故於百氏源派為詳乃更撰開元譜二十篇累除右補闕張說既領集賢院薦述為直學士遷起居舍人從封太山奏東封記有詔襃美先是詔脩六典徐堅構意歲餘歎曰吾更脩七書而六典歷年未有所適及蕭嵩引述撰定述始摹周六官領其屬事歸於職規制遂定初令狐德棻吳兢等譔武德以來國史皆不能成述因二家參以後事遂分紀傳又為例一篇蕭嵩欲蚤就復奏起居舍人賈登著作佐郎李銳助述綿緝建成文約事詳蕭穎士以為譙周陳壽之流改國子司業充集賢學士累遷工部侍郎封方城縣侯述典掌圖書餘四十年任史官二十年澹榮利為人純厚長者當世宗之接士無貴賤與均蓄書二萬卷皆手校定黃墨精謹內秘書不逮也古草隸帖秘書古器圖譜無不備安祿山亂奔失皆盡述獨抱國史藏南山身陷賊污偽官賊平流渝州為刺史薛舒所困不食死廣德初甥蕭直為李光弼判官詣闕奏事稱旨因理述蒼卒奔逼能存國史賊平盡送史官于休烈以功補過宜蒙恩宥有詔贈右散騎常侍韋氏之顯者孝友詞學則承慶嗣立遂

音樂有萬石逵禮儀則叔夏史才博識有述所著書二百餘篇行於時弟逌迪學業亦亞述與逌對為學士與迪竝禮官搢紳高之時趙冬曦兄弟亦各有名張說嘗曰韋趙兄弟人之杞梓云

蔣乂字德源常州義興人從家河南祖瓌開元中弘文館學士父將明天寶末辟河中使府安祿山反以計佐其帥全并潞等州兩京陷被拘乃陽狂以免魏王巨引致幕府歷侍御史權左司郎中國子司業集賢殿學士乂性銳敏七歲時見庾信哀江南賦再讀輒誦外祖吳兢位史官乂幼從外家學得其書博覽彊記逮冠該綜群籍有史才司徒楊綰尤稱之將明在集賢值兵興圖籍散外白宰相請引乂入院助力整比宰相張鎰亦奇之署集賢小職乂料次踰年各以部分得善書二萬卷再遷王屋尉充太常禮院脩撰貞元九年擢右拾遺史館脩撰德宗重其職先召見延英乃命之張孝忠子茂宗尚義章公主母亡遺占丐成禮帝念孝忠功即日召為左衛將軍許主下降乂上疏以為墨縗禮本緣金革未有齊衰尚主者緣黷典禮違人情不可為法帝令中使者諭茂宗之母之請乂意殊堅帝曰卿所言古禮也今俗借吉而婚不為少對曰俚室窮人子旁無至親乃有借吉以嫁不聞男冒凶而娶陛下建中詔書郡縣主當婚皆使有司循典故毋用俗儀公主春秋少待年不為晚請茂宗如禮帝曰更思之會太常博士韋彤裴堪諫曰婚禮主人几筵聽命稱事立文謂之嘉所以承宗廟繼後嗣也喪禮創巨者日久痛甚者愈遲二十五月而畢謂之凶所以送死報終示有節也故夫義婦聽父慈子孝昔曾侯改服晉襄墨縗緣金革事則有權變安有縗服衣冕裳去堊室行親迎以凶瀆嘉為朝廷棄法疏入帝迂其言促行前詔然心嘉乂有守十八年遷起居舍人轉司勳員外皆兼史任帝嘗登凌煙閣視左壁頹剝題文漫缺行纔數字命錄以問宰相無能知者遽召乂至荅曰此聖曆中侍臣圖贊帝前口以誦補不失一字帝歎曰雖虞世南默寫列女傳不是過會詔問神策軍建置本末中書討求不獲時集賢學士甚衆悉亡以對乃訪乂乂條據甚詳宰相高郢鄭珣瑜歎曰集賢有人哉明日詔兼判集賢院事父子為學士儒者榮之順宗既葬議祧廟有司以中宗中興之君當百代不遷宰相問乂乂曰中宗即位春秋已壯而母后篡奪以移神器賴張柬之等國祚再復蓋曰反正不得為中興凡非我失之自我復之為中興漢光武晉元是也自我失之因人復之晉孝惠孝安是也今中宗与惠安二帝同不可為不遷主有司疑曰五王有安社稷功若遷中宗則配饗永絕乂曰禘祫功臣乃合食太廟中宗廟雖毀而禘祫竝陳太廟此則五王配食与初一也由是遷廟遂定遷兵部郎中與許孟容韋貫之刪正制敕三十篇為開元

格後敕李錡誅詔宗正削一房屬籍宰相召乂問一房自大功可乎答曰大功錡之從
父昆弟其祖神通有功配饗於廟雖裔孫之惡而忘其勳不可自朞可乎曰朞者
錡昆弟其父若幽死社稷今以錡連坐不可執政然之故罪止錡及子息無旁坐
者未幾改秘書少監復兼史館脩撰與獨孤郁韋處厚脩德宗實錄以勞遷
右諫議大夫裴垍既罷宰相而李吉甫惡垍以乂垍所善故授乂太常少卿久之遷
秘書監累封義興縣公卒年七十五贈禮部尚書諡曰懿乂在朝廷久居史職
二十年每有大政事議論宰相未能決必咨訪之乂據經義或舊章以參時
事其對允切該詳初以是被遇終亦坐此貴近不至顯官然資質樸直遇權
臣秉政輒數歲不遷會䟽裴延齡罪惡又拒王叔文當世高之結髮志學老
而不厭雖甚寒暑卷不釋于前故能通百家學尤明前世沿革家藏書至萬
五千卷初名武憲宗時因進見請曰陛下今日偃武脩文群臣當順承上意請
改名乂帝悅時討王承宗兵方罷又恐天子銳於武亦因以諷它日帝見侍御史
唐武曰命名固多何必曰武乂既改之矣更曰慶群臣乃知帝且厭兵云乂論譔
百餘篇五子係伸偕知名仙佶皆位刺史
係善屬文得父典實大和初授昭應尉直史館明年拜右拾遺史館脩撰與
沈傳師鄭澣陳夷行李漢參撰憲宗實錄轉右補闕宋申錫被誣文宗怒甚

係與左常侍崔玄亮弟泣苦諍申錫得不死歷膳部員外工禮兵三部郎中皆
兼史職開成末轉諫議大夫宰相李德裕惡李漢以係友婿出為桂管觀察
使人安其治復坐漢貶唐州刺史宣宗立召為給事中集賢殿學士判院事
轉吏部侍郎歷興元鳳翔節度使懿宗初拜兵部尚書以弟伸位丞相懇辭乃
檢校尚書右僕射節度山南東道封淮陽郡公徙東都留守卒子曙字耀之咸
通末由進士第署鄂岳團練判官除虞工二部員外改起居郎黃巢之難曙
閭門無雜類以是絕意仕進隱居沈痛中和二年表請為道士許之
伸字大直第進士大中二年以右補闕為史館脩撰轉駕部郎中知制誥白
敏中領邠寧節度表伸自副加右庶子入知戶部侍郎九年為翰林學士進承
旨十年改兵部侍郎判戶部宣宗雅信愛伸每見必咨天下得失伸言比爵賞稍
易人且倫帝愕然曰倫則亂矣伸曰否非遽亂但人有覬心亂由是生帝嗟歎
伸三起三留曰它日不復獨對卿矣伸不諭未幾以本官同中書門下平章事
踰四月解戶部加中書侍郎懿宗即位兼刑部尚書監脩國史咸通二年出為
河中節度使同中書門下平章事徙宣武戚以太子少保分司東都七年用為
華州刺史再遷太子太傅表乞骸骨以本官致仕卒贈太尉
偕以父任歷右拾遺史館脩撰轉補闕主客郎中初柳芳作唐曆大曆以後闕

而不錄宣宗詔崔龜從韋澳李荀張彥遠及偕等分年撰次盡元和以續云累
遷太常少卿大中八年與盧耽牛叢王諷盧告撰次文宗實錄蔣氏世禪儒唯
伸及係子兆能以辭章取進士第然不為文士所多三世踵脩國史世稱良筆
咸云蔣氏日曆天下多藏焉
柳芳字仲敷蒲州河東人開元末擢進士第由永寧尉直史館肅宗詔芳與韋
述綴輯吳兢所次國史會述死芳緒成之興高祖訖乾元凡百三十篇叙天寶
後事棄取不倫史官病之上元中坐事徙黔中後歷左金吾衛騎曹參軍
史館脩撰然芳篤志論著不少選忘厭承寇亂史籍淪缺芳始謫時高力士亦
貶巫州因從力士質開元天寶及禁中事具識本末時國史已送官不可追
刊乃推衍義類倣編年法為唐曆四十篇頗有異聞然不立褒貶義例為諸
儒譏訕改右司郎中集賢殿學士卒子登冕
登字成伯淹貫群書年六十餘始仕官元和初為大理少卿與許孟容等刊
正敕格以病改右散騎常侍致仕卒年九十餘贈工部尚書
子璟字德輝寶曆初第進士宏詞三遷監察御史時郊廟告祭吏部以雜品攝
上公璟據開元元和詔書太尉以宰相攝事司空司徒以僕射尚書師傅攝餘
司不及差限請如舊制從之累遷吏部員外郎文宗開成初為翰林學士初芳永

泰中按宗正譜斷自武德以昭穆系承撰永泰新譜二十篇璟因召對帝歎新譜
詳悉詔璟據摭永泰後事綴成之復為十篇戶部供筆札稟料遷中書舍人武
宗立轉禮部侍郎璟為人寬信好接士稱人之長游其門者它日皆顯於世會昌
二年再主貢部坐其子招賄貶信州司馬終郴州刺史
冕字敬叔博學富文辭且世史官父子並居集賢院歷右補闕史館脩撰坐善
劉晏貶巴州司戶參軍還為太常博士昭德王皇后崩冕與張薦議皇太子
宜依晉魏卒哭除服左補闕穆質請依禮朞而除冕議見用德宗既親郊重慎祠
事動咨典禮冕以吏部郎中攝太常博士與薦及司封郎中徐岱倉部郎中陸
質脩飭儀矩帝疑郊廟每升輒去劒履及象劍尺寸祝語輕重冕據禮以對本
末詳明天子嘉異之以論議勁切執政不善出為婺州刺史十三年兼御史中丞
福建觀察使自以久疏斥又性躁狷不能無恨乃上表乞代且推明朝覲之意曰
臣竊惑江漢朝宗之誼鹿鳴君臣之讌覲禮之作王道本始國家自兵興不遑議
禮方牧未朝讌樂久缺臣恨一切之制例無不朝肆臣不覲朝廷之禮耳不聞宗
廟之樂足不踐軒墀之地十有二年于茲矣夫朝會禮之本也唐虞之制群后四
朝以明黜陟商周之盛五歲一見以考制度漢法三載上計以會課最聖唐稽古
天下朝集三考一見皆以十月上計京師十一月禮見會尚書省應考績事元

日陳貢棐集於考堂唱其考第進賢以興善簡不肖以黜惡自安史亂常始有專地四方多故始有不朝或臣恃險或不悔過臣忝牧圉之寄曠不朝之臣思一入覲率先天下使君臣之義親而不疏朝覲之禮廢而復舉誠恐奄薪盡先朝露覲禮不展臣之憂也比聞諸將師士殁者衆臣自懼何德以堪又長鄉國人情之不忘也闕庭臣子所戀也朝覲國家大禮也三者臣之大願表累上其辭哀切德宗許還會冕奏閩中本南朝畜牧地可息羊馬置牧區於東越名萬安監又置五區於泉州悉索部内馬驢牛羊合萬餘游畜之不經時死耗略盡復調充之民間怨苦坐政無狀代還卒贈工部尚書

沈既濟蘇州吳人經學該明吏部侍郎楊炎雅善之既執政薦既濟有良史才召拜左拾遺史館脩撰初吳兢撰國史為則天本紀次高宗下既濟奏議以為則天皇后進以彊有退非德讓史臣追書當稱為太后不宜曰上中宗雖降居藩邸而體元繼代本吾君也宜稱皇帝不宜曰廬陵王睿宗在景龍前天命未集假臨大寶於誼無名宜曰相王未容曰帝且則天改周正朔立七廟天命革矣今以周厠唐列為帝紀考于禮經是謂亂名中宗嗣位在太后前而叙年製紀反居其下方之躋僖公是謂不智昔漢高后稱制獨有王諸呂為負漢約無遷鼎革命事時孝惠已殁子非劉氏不紀呂后尚誰與哉議者猶謂不可况中宗以始年即位季年復祚雖尊名中奪而天命未改足以首事表年何所拘閡而列為二紀魯昭公之出春秋歲書其居曰公在乾侯君在雖失位不敢廢也請省天后紀合中宗紀每歲首必書孝和在所以統之曰皇帝在房陵太后行其事改其制紀稱中宗而事述太后名不失正禮不違常矣夫正名所以尊王室書法所以觀後嗣且太后遺制自去帝號及孝和上謚開元冊命而后之名不易今祔陵配廟皆以后禮而獨承統于帝是有司不時正失先旨若后姓氏名諱才藝智略崩葬日月宜入皇后傳題其篇曰則天順聖武皇后云議不行德宗立銳于治建中二年詔中書門下兩省分置待詔官三十以見官故官若同正試攝九品以上者視品給俸至稟餼幹力什器館宇悉有差權以錢收子贍用度既濟諫曰今日之治患在官煩不患員少患不問不患無人兩省官自常侍諫議補闕拾遺四十員日止兩人待對缺員二十一員未補若謂見官不足與議則當更選其君廣聰明以收淹滯先補其缺何事官外置官夫置錢取息有司之權制非經治法今置員三十大抵費月不減百萬以息準本須二千萬得息百萬配戶二百又當復除其家且得入流所損尤甚今關輔大病皆言百司息錢毀室破產積府縣未有以革且計天下財賦耗斁大者唯二事一兵資二官俸自它費十不當二者一所以黎人重困杼軸空虛何則四方形勢兵未可去資費雖廣不獲已為

之文盜以閑官冗食其弊若何稽舊而置猶可若之何加焉事遂寢炎得罪既濟坐貶處州司戶參軍後入朝位禮部員外郎卒撰建中實錄時稱其能子傳師

傳師字子言材行有餘能治春秋工書有楷法少為杜佑所器貞元末舉進士時給事中許孟容禮部侍郎權德輿樂挽轂士號權許德輿稱之於孟容孟容曰我故人子盍不過我傳師往見謝曰聞之丈人脫中第則累公舉矣故不敢進孟容曰如子可使我急賢詣子尚不可使子因舊見我遂擢第德輿門生七十人推為顏子復登制科授太子校書郎以鄠尉直史館轉左拾遺左補闕史館脩撰遷司門員外郎知制誥召入翰林為學士改中書舍人翰林缺承旨次當傳師穆宗欲面命辭曰學士院長參天子密議次為宰相自知必不能願治人一方為陛下長養之因稱疾出帝遣中使敦召李德裕素與善開曉諄切終不出遂以本官兼史職俄出為湖南觀察使方傳師與脩憲宗實錄未成監脩杜元穎因建言張說令狐峘在外官論次國書今藁史殘課請付傳師即官下成之詔可寶曆二年入拜尚書右丞復出江西觀察使徙宣州傳師於吏治明吏不敢罔慎重刑法每斷獄召幕府平處輕重盡合乃論決嘗擇邸吏尹倫倫貞不及事官屬白易之傳師曰始吾出長安識倫曰可闕事不可多事倫如是足矣故所莅以廉靖聞入為吏部侍郎卒年五十九贈吏部尚書傳師性夷粹無競更二鎮十年無書賄入權家初拜官宰相欲以姻私託幕府者傳師固拒曰誠爾願罷所授故其僚佐如李景讓蕭寘杜牧極當時選云治家不威嚴閨門自化兄弟子姪屬無親疏衣服飲食如一問餉姻家故人帑無儲錢鬻宅以葬子詢字誠之亦能文辭會昌初第進士補渭南尉累遷中書舍人出為浙東觀察使除戶部侍郎判度支咸通四年為昭義節度使治尚簡易人皆便安奴私侍兒詢將戮之奴懼結牙將為亂夜攻詢滅其家贈兵部尚書右散騎常侍劉潼代為節度馳至剸奴心祭其靈座

贊曰唐興史官秉筆衆矣然垂三百年業鉅事叢簡策挐繁其間巨盜再興圖典焚逸大中以後史錄不存雖論著之人隨世裒掇而疏舛殘餘本末顛倒故聖主賢臣叛人佞子善惡汩汩有所未盡可為永愾者矣又舊史之文猥釀不綱淺則入俚簡則及漏寧當時儒者有所諱而不得騁耶或因淺仍俗不足於文也亦有待於後取當而行遠耶何知幾以來工訶古人而拙於用已歟自韓愈為順宗實錄議者鬨然不息卒竄定無完篇乃知為史者亦難言之游夏不能措辭於春秋果可信已

列傳第五十七

二郭兩王張牛列傳第五十八　唐書一百三十三

宋　祁　奉　敕　撰

郭虔瓘，齊州歷城人。開元初，錄軍閥遷累右驍衛將軍，兼北庭都護、金山道副大總管。明年，突厥默啜子同俄特勒圍北庭，虔瓘飭壘自守。同俄單騎馳城下，勇士狙道左，突斬之。虜士酋長相率丐降，請悉軍中所資贖同俄死，聞已斬，舉軍慟哭去。虔瓘以功授冠軍大將軍、安西副大都護，封潞國公。建募關中兵萬人擊餘寇，遂前功。有詔募士給公乘，在所續食，將作大匠韋湊上言：「漢徙豪族以實關中，今畿輔戶口逋耗，異時戎虜入盜，丁壯悉行，不宜更募驍勇以空京甸。且荒服萬人所過遞馱熟饔，亘六千里，州縣安所供億？秦隴以西多沙磧，少居人，若何而濟？縱有克獲，其補幾何？儻貲費大誅，則誤大事。」不省。既而虔瓘果不見虜，還遷涼州刺史、河西節度大使，進右威衛大將軍。四年，奏家奴八人有戰功，求為游擊將軍，宰相劾其恃功亂綱紀，不可聽，罷之。陝王為安西都護，詔虔瓘為副。虔瓘與安撫招慰十姓可汗使阿史那獻數持異，交訴諸朝。玄宗遣左衛中郎將王惠齎詔書諭解曰：「朕聞師克在和，不在眾。以虔瓘、獻宿將，當捨嫌窒隙，戮力國家。自開西鎮，列諸軍戍，有定區，軍有常額，卿等所統，蕃漢雜之，在乎善用，何必加募？或云突騎施圍石城，獻

所致也；葛邏祿稱兵，虔瓘所沮也。大將不協，小人以逞，何功可圖？昔相如能詘廉頗，寇恂不吝賈復，宜各曠然，終承朕命。」今賜帛二千段及佗珍器，俾諒朕意。虔瓘奏詔以之卒軍中，以張孝嵩為安西副都護。孝嵩偉姿貌，及進士第，而慷慨好兵，在安西勸田訓士，府庫盈饒。徙太原尹，卒。以黃門侍郎杜暹代。

郭知運，字逢時，瓜州晉昌人。長七尺，猨臂虎口。以格鬬功累補秦州三度府果毅，從郭虔瓘破突厥，有功，加右驍衛將軍，封介休縣公。吐蕃將坌達延乞力徐寇渭源，盜牧馬，詔知運與薛訥、王晙等相犄角，敗之，進階冠軍大將軍，兼臨洮軍使，封太原郡公，賜賚萬計。徙隴右諸軍節度大使、鄯州都督。突厥降戶阿悉爛、跌跌思泰率眾叛，執單于都護張知運，詔以朔方兵追擊，至黑山呼延谷，敗之，虜棄仗走，敗副都護還。詔知運兼隴右經略使，營柳城。開元五年，大破吐蕃，獻俘京師。明年，復出將輕兵丙夜至九曲，獲精甲名馬犛牛甚眾。既獻捷，詔分賜文武五品以上清官及朝集使三品者，進兼鴻臚卿，攝御史中丞。六州胡康待賓反，率王晙討平之，拜左武衛大將軍，授一子官，賜金帛。九年，卒于軍，年五十五，贈涼州都督。知運屯西方，戎夷畏憚，與王君㚟功名略等，時號王郭。帝詔中書令張說紀其功於墓碑。上元中，配饗太公廟，永泰初，諡曰威。子英傑、英乂。英傑，字孟武，為左衛將軍、幽州副總管。開元二十三年，長史薛楚玉遣英傑與裨將吳克勤、烏知義、羅守忠帥萬騎及奚眾討契丹，屯榆關。契丹酋長可突干拒戰都山下，奚眾貳，官軍不利，知義、守忠引麾下遁去，英傑、克勤力戰死，其下尚六千人，殊死鬬，虜示以英傑首，終不屈，師遂殲。

英乂，字元武，以武勇有名河隴間，累遷諸衛員外將軍。哥舒翰見之，曰：「是當代吾節制者。」祿山亂，拜秦州都督、隴右採訪使。賊將高嵩擁兵入汧隴，英乂偽勞之，且具饗，既而伏兵發，盡虜其眾。至德二年，加隴右節度使，召還，改羽林軍大將軍，掌衛兵，以喪去職。史思明陷洛陽，謀掠陳、蔡，詔英乂統淮南節度兵。賊叩陝，號又改陝西節度、潼關防禦使，進御史大夫，兼神策軍節度使。代宗即位，以檢校戶部尚書兼大夫，雍王率諸將討賊洛陽，留英乂殿于陝。東都平，權知留守，無檢御才，其麾下與朔方、回紇遂大掠都城及鄭、汝，環千里無居人，以功實封三百戶。召拜尚書右僕射，封定襄郡王。日驕蹇，為修汰陰事宰相元載，以其權。未幾，嚴武死，成都乃拜劍南節度使，自以有內主，故肆志無所憚。初，玄宗在蜀時，舊宮為道士祠，治金作帝象，盡繪乘輿、侍衛，每尹至，先拜祠後視事。英乂愛其地勝，遂輒徙像，自居之，眾始不平。又教女伎乘驢擊毬，鈿鞍寶勒及它服用日無慮數萬貲，以資倡樂，未嘗問民間

事，為政苛暴，人以目相謂。怨崔寧不已同也，出兵襲寧，不克。寧因人之怨，率麾下五千直擣成都，英乂拒戰，眾皆反戈內攻，乃奔簡州，次靈池，普州刺史韓澄斬首送寧，遂屠其家。

王君㚟，字威明，瓜州常樂人。初事郭知運為別奏，累功至右衛副率。知運卒，代為河西、隴右節度使、右羽林軍將軍，判涼州都督事。開元十四年，吐蕃酋悉諾邏兵寇大斗拔谷，君㚟間其怠，率秦州都督張景順乘冰度青海，襲破之。以功遷大將軍，封晉昌縣伯，拜其父壽為少府監，聽不事。君㚟凱旋，玄宗宴君㚟及妻夏於廣達樓，賜金帛。夏亦自以戰功封武威郡夫人。俄而吐蕃陷瓜州，執刺史田元獻及壽，殺居人，取資糧，進攻玉門軍，使人謂君㚟曰：「將軍常自以忠勇，今不一戰，奈何？」君㚟登陴西向哭，兵不敢出。初，涼州有回紇、契苾、思結、渾四部，世為酋長。君㚟微時數往來，為所輕，及節度河西，回紇等頗鞅鞅恥為下，君㚟怒，數督過之。既怨望，潛遣人至東都言狀，君㚟間驛奏四部有叛謀，帝使中人即訊，回紇不能自直，於是瀚海大都督回紇承宗流瀼州，渾大德流吉州，賀蘭都督契苾承明流藤州，盧山都督思結歸國流瓊州，而承宗黨瀚海州司馬護輸等益不平，思有以復怨。會吐蕃使間道走突厥，君㚟率騎到肅州掩取之，還至甘州，護輸狙兵發奪君㚟節，殺左右親吏，

剖其心曰是始謀者君㚟引帳下力戰兵盡乃死輸欲以尸奔吐蕃追兵至乃棄尸去帝痛惜之贈特進荊州大都督以喪還京師官護其葬詔張說刻文墓碑帝自書以寵之始吐蕃寇瓜州分遣莽布支攻常樂令賈師順乘城守俄而瓜州陷悉諾邏并兵攻之數日虜衆有姻家在城中使夜見師順曰州已失守虜悉衆來孤城渠可久不早降以全噍類乎師順曰吾受天子命守此義不可下賊數日又說師順曰明府不降吾衆且還宜有以贈我師順請脫士卒衣襦悉諾邏知無有乃夜徹營去毀瓜州城師順開門收器械復完守備吐蕃果使精騎還覘見有備乃去以功遷鄯州都督隴右節度使師順岐州人終左領軍將軍

張守珪陝州河北人姿幹瓌壯慷慨尚節義善騎射以平樂府別將從郭虔瓘守北庭突厥侵輪臺遣守珪往援中道逢賊苦戰斬首千餘級禽頡斤一人開元初虜復攻北庭守珪從儳道奏事京師因上書言利害請引兵出蒲昌輪臺夾擊賊再遷幽州良杜府果毅時盧齊卿為刺史器之引與共榻坐謂曰不十年子當節度是州為國重將願以子孫託可僚屬相期邪稍遷建康軍使王君㚟死河西震懼詔以守珪為瓜州刺史墨離軍使督餘衆完故城版築方立虜奄至衆失色守珪曰創痍之餘詎可矢石相确須權以勝之遂置酒城上會諸將作樂虜疑有備不敢攻引去守珪縱兵擊敗之於是修復位署招流冗使復業有詔以瓜州為都督府即詔守珪為都督州地沙瘠不可蓺常潴雪水溉田是時渠堨為虜毀材木無所出守珪密禱于神一昔水暴至大木數千章塞流下因取之修復堰防耕者如舊州人神之刻石紀事遷鄯州刺史隴右節度使從幽州長史河北節度副大使俄加採訪處置等使契丹奚連年梗邊牙官可突于胡有謀者前長史趙含章薛楚玉等不能制守珪至每戰輒勝虜遂大敗帝喜詔有司告九廟契丹酋屈剌及突于恐懼乃遣使詐降守珪得其情遣右衛騎曹王悔詣部計事屈剌無降意從帳稍西北密引突厥衆將殺悔以叛契丹別帥李過折與突于爭權不叶悔因間誘之夜斬屈剌及突于盡滅其黨以衆降守珪次紫蒙川大閱軍實賞將士傳屈剌突于首於東都二十三年入見天子會耤田畢即酺燕為守珪飲至帝賦詩寵之加拜輔國大將軍右羽林大將軍賜金綵授二子官詔立碑紀功久之復討契丹餘黨于捺祿山鹵獲不訾會裨將趙堪白真陀羅等彊使平盧軍使烏知義度湟水邀叛奚且蹂其稼知義辭不往真陀羅矯詔脅之知義與虜鬭不勝還守珪匿其敗但上克獲狀事頗泄帝遣謁者牛仙童按實守珪逼真陀羅自殺厚賂使者還奏如狀後仙童以贓敗事逮守珪

以功貶括州刺史疽發背死子獻誠

獻誠天寶末陷安祿山授偽署後事史思明將兵數萬守汴州東都平史朝義走還汴獻誠不內籍所統兵以州降詔即拜汴州刺史封南陽郡公改寶應軍左廂兵馬使更封鄧國公既來朝代宗禮賜尤渥擢山南西道節度使討南山劇賊高玉禽之俄兼劍南東川節度時崔旰殺郭英乂獻誠率衆戰梓州大敗大曆三年以疾歸京師舉其弟獻恭自代以檢校戶部尚書知省事病甚固乞辭位卒始獻誠喜功名為政實裕有機略隨方制變而簡廉不逮於父從弟獻恭數有軍功以右羽林軍代為節度使大曆末破吐蕃於岷州久之拜東都留守累遷檢校吏部尚書德宗欲從盧杞為饒州刺史給事中袁高上還詔書[illegible][illegible]恭見帝曰高所奏宜聽帝不答復前曰高乃陛下良臣當優異之上遂不從杞世稱其不撓子昫積閥亦至夏州節度使元和八年振武軍逐節度使李進賢屠其家及判官嚴澈憲宗怒詔昫以本軍進討許以便宜賜縑三萬為軍資河東王鍔遣兵五千為援昫入捕亂卒蘇國珍等數百人誅之卒贈太子太保

獻誠從弟獻甫以軍功試光祿卿殿中監從河中節度使賈耽討梁崇義有勞德宗西幸又從渾瑊討朱泚戰多累遷至金吾將軍檢校工部尚書李懷光叛吐蕃盜邊獻甫領禁兵戍咸陽累年兵農悅安貞元四年代韓游瓌領邠寧節度使邠寧軍素驕憚獻甫嚴因游瓌去遂縱掠邀范希朝為帥都將楊朝晟誅首亂者獻甫乃得入於是斷山谷塹要地築烽堡請復鹽州及洪門洛原鎮屯兵詔可獻甫遣兵馬使魏茂逐吐蕃築鹽夏二城虜衆畏不敢入寇十二年加檢校尚書左僕射卒贈司空

王忠嗣華州鄭人父海賓太子右衛率豐安軍使開元二年吐蕃寇隴右詔隴右防禦使薛訥率杜賓客郭知運王晙安思順禦之以海賓為先鋒戰武階追北至壕口殺其衆進戰長城堡諸將媢其功按兵顧望海賓戰死大軍乘之斬賊萬七千級獲馬七萬牛羊四十萬玄宗憐其忠贈左金吾大將軍忠嗣時年九歲始名訓授尚輦奉御入見帝伏地號泣帝撫之曰此去病孤也須壯而將之更賜今名養禁中肅宗為忠王帝使與游及長雄毅寡言有武略上與論兵應對蠭起帝器之曰後日爾為良將試守代州別駕大猾閉門自斂不敢干法數以輕騎出塞忠王言於帝曰忠嗣敢鬬恐亡之由是召還信安王禕在河東蕭嵩出河西數引為麾下帝以其年少有復讎志詔不得特將嵩入朝忠嗣曰從公三年無以歸報天子乃請精銳數百襲虜會贊普大酋閱武樹敦標川其下欲還忠嗣不從提刀略陣斬數千人獲羊馬萬計

嵩上其功帝大悅累遷左威衛將軍代北都督封清源縣男與皇甫惟明輕重不得構忠嗣罪貶東陽府左果毅河西節度使杜希望欲取吐蕃新羅城有言忠嗣才者希望以聞詔追赴河西進拔其城忠嗣録多授左威衛郎將專知兵馬俄吐蕃大出欲取當新城晨壓官軍陣衆不敵舉軍皆恐忠嗣單馬進左右馳突獨殺數百人賊衆囂相躁軍復翼擒之虜大敗拜左金吾衛將軍領河東節度副使大同軍使尋為節度使二十九年節度朔方兼靈州都督天寶元年北討奚怒皆戰桑乾河三遇三克耀武漠北高會而還時突厥新有難忠嗣進軍磧口經略之烏蘇米施可汗請降忠嗣以其方彊特文降耳乃營木剌蘭山諜虛實因上平戎十八策縱反間於拔悉密與葛邏祿回紇三部攻多羅斯城涉昆水斬米施可汗築大同靜邊二城徙清塞橫野軍實之併受降振武為一城自是虜不敢盜塞徙河東節度使進封縣公忠嗣本負勇敢及為將乃能持重安邊不生事嘗曰平世為將撫衆而已吾不欲竭中國力以幸功名故訓練士馬隨缺繕補有漆弓百五十斤每弢之示無所用軍中士氣盛日夜思戰忠嗣縱諜間伺虜隙時時出奇兵襲敵所向無不克故士亦樂為用軍每出召屬長付以兵使授士卒雖弓矢亦誌姓名其上軍還遺弦亡鏃皆按名第罪以是部下人自勸器甲充牣自朔方至雲中

袤數千里據要險築城堡斥地甚遠自張仁亶後四十餘年忠嗣繼其功俄為河西隴右節度使權朔方河東節度使佩四將印勁兵重地控制萬里近世未有也又授一子五品官後數出戰青海積石虜輒奔破又討吐谷渾於墨離平其國乃固讓朔方河東二節度許之帝方事石堡城詔問攻取計忠嗣奏言吐蕃舉國守之若頓兵堅城下費士數萬然後可圖恐所得不讎所失請厲兵馬待釁取之帝意不快而李林甫尤忌其功日鉤撫過咎會董延光建言請下石堡詔忠嗣分兵應接忠嗣不得已為出軍而士無賞格延光不悅河西兵馬使李光弼入說曰大夫愛惜士卒有拒延光心雖名受詔實奪其謀然大夫已付萬衆而不立重賞何以賈士勇且大夫惜數萬段賜以啓讒口有如不捷歸罪大夫大夫先受禍矣忠嗣曰吾固審得一城不足制敵失之未害於國吾忍以數萬人命易一官哉明日見責不失一金吾羽林將軍歸宿衛不者黜中上佐耳光弼謝曰大夫乃行古人事光弼又何言趨而出延光過期不克果訴忠嗣沮兵又安祿山城雄武扼飛狐塞謀亂請忠嗣助役因欲留其兵忠嗣先期至不見祿山而還數上言祿山且亂　林甫益惡之陰使人誣告忠嗣嘗養宮中云吾欲奉太子帝怒召入付三司訊驗罪應死哥舒翰方有寵白上請以官爵贖忠嗣罪帝意解貶漢陽太守久之徙漢東郡卒年四十五後翰引兵攻石堡拔之死士略盡如忠嗣言故當世號為名將初在朔方至互市輒高償馬直諸蕃爭來市故蕃馬寖少唐軍精及鎮河隴又請徙朔方河東九千騎以實軍迄天寶末益滋息寶應元年追贈兵部尚書

贊曰以忠嗣之才戰必破攻必克策石堡之得不當所亡高馬直以空虜資論祿山亂有萌可謂深謀矣然不能自免於讒卒死放地自古忠賢工謀於國則拙於身多矣可勝叱哉

牛仙客涇州鶉觚人初為縣小史令傅文靜器之會為隴右營田使引與計事積功遷洮州司馬河西節度使王君㚟署為判官君㚟死仙客獨得免蕭嵩代節度復委以軍政仙客清勤不懈接士大夫以信及嵩還執政因薦之稍遷太僕少卿判涼州別駕知節度留後事俄為節度使開元二十四年代信安王禕為朔方行軍大摠管始在河西嘗事省用倉庫積鉅萬器械犀鋭崔希逸代之即以聞帝令刑部員外郎張利馳傳覆視如狀帝悅將用為尚書宰相張九齡持不可乃封隴西郡公實封戶二百李林甫探知帝旨稱其材會九齡罷故以工部尚書同中書門下三品知門下事遙領河東節度副大使為相謹身無它與時沈浮唯唯恭愿前後錫與緘皮不敢用百司諮決

無所處可輒曰如令式帝既用仙客知時議不歸衆聞以問高力士力士曰仙客本胥史非宰相器帝怒然曰朕且用康䛒盍恚言也有為䛒言者䛒以為實喜甚久之封豳國公加左相卒贈尚書右丞相謚曰貞簡

二　郭兩王張牛列傳第五十八

宋　祁　奉　敕　撰

宇文融京兆萬年人隋平昌公弼裔孫祖節明法令貞觀中為尚書右丞謹幹自將江夏王道宗以事請節節以聞太宗喜賚絹二百勞之曰朕比不置左右僕射正以公在省耳永徽初累遷黃門侍郎同中書門下三品代于志寧為侍中坐房遺愛交善貶桂州卒融明辯長於吏治開元初調富平主簿源乾曜孟溫繼為京兆賢其人厚為禮時天下戶版刓隱人多去本籍浮食閭里詭脫繇賦豪弱相并州縣莫能制融由監察御史陳便宜請校天下籍收匿戶羨田佐用度玄宗以融為覆田勸農使鉤檢帳符得偽勳亡丁甚眾擢兵部員外郎兼侍御史融乃奏慕容琦韋洽裴寬班景倩庫狄履溫賈晉等二十九人為勸農判官假御史分按州縣括正丘畝招徠戶口而分業之又兼租地安輯戶口使於是諸道收沒戶八十萬田亦稱是歲終羨錢數百萬緡帝悅引拜御史中丞然吏下希望融旨不能無擾張空最務多其獲而流客頗脫不止初議者以生事沮詰百端而帝意向之宰相源乾曜等佐其舉又集群臣大議公卿雷同不敢異唯戶部侍郎楊瑒以為籍外取稅百姓困弊得不酬失瑒坐左遷融乃自請馳傳行天下事無巨細先上勸農使而後上臺省臺省須其意乃行下融所過

見高年宣天子恩旨百姓至有感涕者使還言狀帝乃下詔以客賦所在並建常平倉益貯九穀權發斂官司勸作農社使貧富相恤凡農月州縣常務一切罷省使趨刈穫流亡新歸十道各分官司存撫使遂廢功復業已定州縣季一申牒不須挾名中書令張說素惡融融每建白說輒引大體廷爭融揣說不善欲先事中傷之張九齡謂說曰融新用事辯給多詐公不可以忽說曰狗鼠何能為會帝封大山還融以選限薄冬請分吏部為十銓有詔融與禮部尚書蘇頲刑部尚書韋抗工部尚書盧從愿右散騎常侍徐堅蒲州刺史崔琳魏州刺史崔沔荊州長史韋虛心鄭州刺史賈曾懷州刺史王丘分總而不得參事一決於上融奏選事說屢卻之融怒乃與御史大夫崔隱甫等廷劾說引術士解禱及受賕說由是罷宰相融畏說且復用訾詆不已帝疾其黨詔說致仕放隱甫于家出融為魏州刺史方河北大水即詔領宣撫使俄兼檢校汴州刺史河南北溝渠隄堰決九河使又建請墾九河故地為稻田權陸運本錢收其子入官興役紛然而卒無成功入為鴻臚卿兼戶部侍郎明年進黃門侍郎同中書門下平章事融曰使吾執政得數月天下定矣乃薦宋璟為右丞相裴耀卿為戶部侍郎許景先為工部侍郎當時長其知人而性卞急少所推下既居位日引賓客故人與酣飲然而神用警敏應對如響雖天子不能屈信安王禕節度朔方融畏其權諷侍御史李宙劾奏之禕密知因玉真公主高力士自歸翌日宙遽奏帝怒罷融為汝州刺史居宰相九百日去而錢穀亦自此不治帝思之讓宰相曰公等暴融惡朕既罪之矣國用不足將奈何裴光庭等不能對即使有司劾融交不逞作威福其息受贓饋狼籍乃貶融平樂尉歲餘司農發融在汴州給隱官息錢巨萬給事中馮紹烈深文推證詔流于巖州道廣州遷延不行為都督耿仁忠所讓惶恐上道卒初融廣置使額以傾上心百姓愁恐有司憂失職自融始帝猶思其舊功贈台州刺史其後言利得幸者踵相躡皆本於融云子審審融之貶也審與兄弟侍母京師又聞融再貶不告其家徒步號泣省父使者憐之以車共載遂于巖州後擢進士第累遷大理評事以夏楚大小無制始創杖架以高庳度拔長短又鑄銅為規齊其巨細楊國忠顓政殺嶺南流人以中使傳口敕行刑畏議者嫉其酷乃以審為嶺南監決處置使活者甚眾後終永和二州刺史

韋堅字子全京兆萬年人姊為惠宣太子妃妹為皇太子妃中表貴盛故仕最蚤歷秘書丞櫟陽奉先長安令有幹名見宇文融楊慎矜父子以聚斂進乃運江淮租賦所在置吏督察以佐國用歲終增鉅萬玄宗以其才擢為陝郡太守水陸運使漢有運渠起關門西抵長安引山東租賦汽隋常治之堅為使乃占咸

陽壅渭為堰絕灞滻而東注永豐倉下復與渭合初滻水銜苑左有望春樓堅于下鑿為潭以通漕二年而成帝為升樓詔群臣臨觀堅豫取洛汴宋山東小斛舟三百貯之潭篙工柁師皆大笠侈袖芒屨為吳楚服每舟署某郡以所產暴陳其上若廣陵則錦銅器官端綾繡會稽則羅吳綾絳紗南海瑇瑁象齒珠琲沈香豫章力士甆飲器茗鐺釜宣城空青石綠始安蕉葛蚺膽翠羽吳郡方文綾船皆尾相銜進數十里不絕關中不識連檣挾艣觀者駭異先是人間唱得体紇那歌有揚州銅器語開元末得寶符於桃林而陝尉崔成甫以堅大輸南方物與歌語叶更變為得寶歌自造曲十餘解召吏唱習至是衣缺胯衫錦半臂絳冒額立艫前倡人數百皆巾帕鮮冶齊聲應和鼓吹合作船次樓下堅跪取諸郡輕貨上於帝以給貴戚近臣上百牙盤食府縣教坊音樂迭進惠宣妃亦出寶物供具帝大悅擢堅左散騎常侍官屬褒賞有差蠲役人一年賦舟工賜錢二百萬名潭曰廣運堅進兼江淮南租庸轉運處置等使又兼御史中丞封韋城縣男堅妻姜皎女李林甫舅子也初甚昵比既見其寵惡之堅亦自以得天子意銳於進又與左相李適之善故林甫授堅刑部尚書奪諸使以揚慎矜代之堅失職稍怨望河西隴右節度使皇甫惟明數於帝前短林甫稱堅才林甫知之惟明故為忠王友王時為皇太子矣正月望夜惟明與堅私集林

甫奏堅與皇甫惟明私謀立太子，有詔訊鞫。林甫使楊慎矜、楊國忠、王鉷、吉溫等文致其獄。帝惑之，貶堅縉雲太守，惟明播川太守，籍其家。堅諸弟訴枉，帝大怒，太子懼，表與妃絕，復貶堅江夏別駕，未幾，長流臨封郡。弟蘭爲將作少匠，冰鄠令，芝兵部員外郎，子諒河南府戶曹，皆謫去。歲中，遣監察御史羅希奭就殺之，殺惟明於黔中。惟堅妻得原。從坐十餘人，倉部員外郎鄭章、右補闕內供奉鄭欽說、監察御史豆盧友、楊惠、嗣薛王瑱皆免官，被黜。堅始鑿潭，多壞民冢墓，起江淮至長安，公私騷然。及得罪，林甫遣使江淮鉤索堅罪，捕治舟夫、漕吏，所在獄皆滿，郡縣剝斂償輸，責及鄰伍，多裸死牢戶。林甫死乃止。

楊慎矜，隋齊王暕曾孫。祖正道，從蕭后入突厥，及破頡利可汗，乃得歸，爲尚衣奉御。父隆禮，歷州刺史，善檢督吏，以嚴辯自名。開元初，爲太府卿，封弘農郡公。時御府財物羨積如丘山，隆禮性詳密，出納雖尋尺皆自按省，凡物經楊卿者號無不精麗，歲常以數百萬。任職二十年，年九十餘，以戶部尚書致仕，卒。慎矜沈毅任氣，健而有才。初爲汝陽令，有治稱。隆禮罷太府，玄宗訪其子可代父任者，宰相以慎餘、慎矜、慎名皆得父清白，帝喜，擢慎矜監察御史，知太府出納；慎餘太子舍人，主長安倉；慎名大理評事，攝含嘉倉出納使。被眷尤渥。慎矜遷侍御史，知雜事，高置風格，始議輸物有汙傷者，州縣償所直，轉輕賫入京師，自是

天下調發始煩。天寶二年，權判御史中丞、京畿採訪使，太府出納如故。於時李林甫用事，慎矜進非其意，固讓不敢拜，乃授諫議大夫，兼侍御史，更以蕭諒爲中丞。諒爭輕重不平，罷爲陝郡太守。林甫知慎矜爲己屈，卒授御史中丞，兼諸道鑄錢使。韋堅之獄，王鉷等方文致，而慎矜依違不甚力，鉷恨之，雖林甫亦不悅。鉷父與慎矜外兄弟也，故與鉷狎，及爲侍御史，尉慎矜所引，後遷中丞，同列，慎矜猶以子姓畜之。鉷負林甫勢，滋不平。會慎矜擢戶部侍郎，仍兼中丞，林甫疾其得君，且逼己，乃與鉷謀陷之。明年，慎矜父冢草木皆流血，懼，以問所善胡人史敬忠，敬忠使身桎梏裸而坐林中厭之，又言天下且亂，勸慎矜居臨汝，置田爲後計。會婢春草有罪將殺之，敬忠曰：「勿殺，賣之可市十牛，歲耕田十頃。」慎矜從之。婢入貴妃姊家，因得見帝，帝愛其辯惠，留宮中，侍左右。帝常問所從來，婢奏爲慎矜家所賣。帝曰：「彼之錢邪？」對曰：「固將死，賴史敬忠以免。」帝素聞敬忠挾術，問質其然，婢具言敬忠夜過慎矜，坐廷中，步星變，夜分乃去，又白獸勝事。帝怒，而婢漏言於楊國忠。國忠、鉷方睦，陰相語。始，慎矜奪鉷職田，辱詬其母，又嘗私語讖書，鉷銜之未有發也。至聞國忠語，乃喜，且欲嘗帝，以取驗異。時奏事數稱引慎矜，帝悖然曰：「爾親邪，毋相往來。」鉷知帝惡甚，後見慎矜輒慢侮不爲禮。慎矜怒，鉷乃與林甫作飛牒告慎矜本隋後，蓄讖緯妖言，與妄人交，規復

隋室。帝方在華清宮，聞之震怒，收慎矜繫尚書省，詔刑部尚書蕭隱之、大理卿李道邃、殿中侍御史盧鉉、楊國忠雜訊。馳遣京兆士曹吉溫繫慎餘、慎名於洛陽獄考治，捕太府少卿張瑄致會昌傳舍，劾瑄與慎矜共解圖讖，榜掠不服。鉉遣御史崔器索讖書於慎矜小妻卧內，得之，詬曰：「逆賊所寶，固密，今得矣。」以示慎矜，慎矜曰：「吾亡日無是，今得之，吾死命矣夫。」溫又誘敬忠者服，語言慎矜不能對。有詔杖敬忠，賜慎矜、瑄死，籍其家，子女悉竄嶺南，姻黨通事舍人辛景湊、天馬副監万俟承暉、閑廄使殿中監韋衢等坐竄徙者十餘族，所在部送，近親不得住京師。遣御史顏真卿馳洛陽決獄，慎餘、慎名聞兄死，皆哭，既讀詔，輟哭。慎名曰：「奉詔不敢稽死，但寡姊垂白，作數行書與別。」真卿許之。索筆曰：「拙於謀己，兄弟併命，姊老孤煢，何以堪此。」遂縊，手指天而絕。慎矜兄弟友愛，事姊如母，儀幹皆長偉，美容貌，標置不凡，著稱於時。慎名嘗視鑑，歎曰：「兄弟皆六尺餘，此貌此才，欲見容當世，難矣。胡不使我少體弱邪！」世哀其言。寶應初，慎矜、王琚、韋堅皆復官爵。

王鉷，中書舍人瑨側出子也。初爲鄠尉，遷監察御史，擢累戶部郎中。數按獄，深文，玄宗以爲才，進兼和市和糴、長春宮、戶口色役使，拜御史中丞、京畿關內採訪黜陟使。林甫方興大獄，撼東宮，誅不附己者，以鉷險刻可動以利，故倚之。使

鷙擊，狠戾。鉷所擿陷多抵不道，又厚誅斂，嚮天子意，人雖被錮，伏鉷吏。奏取脚直，轉異貨百姓，間關輸送，乃倍所賦，又取諸郡高戶爲租庸脚士，大抵貲業皆破，督責連年，人不賴生。帝在位久，妃御服玩脂澤之費日侈，而橫與別賜不絕于時，重取於左右藏。故鉷迎帝旨，歲進錢鉅億萬，儲禁中，以爲歲租外物，供天子私帑。帝以鉷有富國術，寵遇益厚，以戶部侍郎仍御史中丞，加檢察內作、閑廄使、苑內營田、五坊、宮苑等使，隴右群牧、支度營田使。天寶八載，方士李渾上言見太白老人告玉版秘記事，帝詔鉷按其地，求得之，因是群臣奉上帝號。明年，鉷爲御史大夫，兼京兆尹，加知總監、栽接使，於是領二十餘使，中外畏其權。鉷於第左建大院，文書叢委，吏爭入求署，一字累數日不得者。天子使者賜遺相望，聲焰熏灼，帝寵任鉷亞林甫，而楊國忠不如也。然鉷畏林甫，謹事之。安祿山怙寵，見林甫，白事稍自怠，林甫欲示之威，託以事召王大夫，鉷至，趨進俯伏，祿山不覺自失，鉷語久，祿山益恭。故林甫雖忌其盛，亦以附己親之。子準爲衛尉少卿，以鬬雞供奉禁中。林甫子岫亦親近，準驕甚，陵岫出其下。過駙馬都尉王繇，以彈彈其巾，折玉簪爲樂。既置酒，永穆公主親視供具。萬年尉韋黃裳、長安尉賈季鄰等候準，經過饌具倡樂必素辦，無敢逆意。鉷事嫡母孝，而與弟銲友愛。銲佻鉷官達，常忿慢不弟，鉷終不異情。銲歷戶部郎中，鉷與銲召

術士語不軌，術士懼，引去。鉷畏事泄，託它事捕殺之以絕口。王府司馬安定公主子韋會竊語於家，左右往白鉷，鉷遣賈季鄰收會長安獄，夜縊死，以尸還家。會姻屬權近，而惕息不敢言。鉷封太原縣公，兼殿中監。爲中丞也，與楊國忠同列，用林甫薦爲大夫，故國忠不悅。銲與邢縡善，縡，鴻臚少卿璹子也，以功名相期。鉷因銲亦交縡。十一載四月，縡與銲謀引右龍武軍萬騎燒都門，誅執政，作難。先二日，事覺，帝召鉷付告牒。鉷意銲與縡連，故緩其事，但督兩縣尉捕賊。賈季鄰逢銲於路，銲謂曰：我與縡有舊，今反，恐妄相引，君勿受。既至，縡與其黨持弓刃突出格鬬。鉷與國忠繼至，縡黨相語曰：勿鬬大夫。或白國忠曰：賊語陰相謂不可戰。會高力士以飛龍小兒甲騎四百至，斬縡，盡禽其黨。國忠奏鉷與謀，帝不信，林甫亦爲鉷言，故帝原銲不問，然欲鉷請銲罪，使國忠諷之。鉷良久曰：弟爲先人所愛，義不欲捨。而謀存。帝聞，頗怒，而陳希烈固爭，當以大逆。鉷未知，方上表自解，有詔希烈訊鉷矣，有司不肯通奏。鉷見林甫，林甫曰：事後矣。俄而銲至，國忠問曰：大夫與否？未及應，侍御史裴冕叱銲曰：上以大夫故，官君五品，君爲臣不忠，爲弟不誼，大夫豈與反事乎？國忠愕然曰：與固不可隱，不與不可妄。銲乃曰：兄不與。獄具，詔銲杖死，鉷賜死三衛廚。冕請國忠以其尸歸斂葬之。諸子悉誅，家屬徙遠方。有司籍第舍，數日不能徧。至以寶鈿爲井幹，引泉激霤，號自雨亭，其奢侈類如此。鉷兄錫見諸弟貴盛，不肯仕，鉷彊之，爲太子僕。至是，貶東區尉，死於道，時人傷焉。初，鉷附楊慎矜以貴，已而佐林甫陷慎矜，覆其家，凡五年而鉷亦族矣。盧鉉者，本以御史事慎矜，爲判官，既被劾，鉉發其私以結林甫。又書張瑄受按，慎矜則誣瑄死。至鉷得罪，鉉爲閑廄判官，妄曰：大夫以牒索馬五百，我不與。衆疾其反覆，後貶廬江長史。它日見瑄如平生，乃曰：公何得來此？頓假須臾，卒死。

贊曰：開元中，宇文融始以言利得幸。於時天子見海內完治，偃然有攘卻四夷之心，融度帝方調兵食，故議取隱戶剩田，以中主欲。利說一開，天子恨得之晚，不十年而取宰相。雖後得罪，而追恨融才有所未盡也。孟子所謂上下征利而國危者，可不信哉！天寶以來，外奉軍興，內蠱豔妃，所費愈不貲計。於是韋堅、楊慎矜、王鉷、楊國忠各以裒刻進，剝下益上，歲進羨緡百億萬，爲天子私藏，以濟橫賜，而天下經費自如。帝以爲能，故重官累使，尊顯煽赫。然天下流亡日多於前，有司備員不復事，而堅等所欲既充，還用權媢以相屠賊，四族皆赤，爲天下笑。夫民可安而不可擾，利可通而不可竭。觀數子乃欲擾而竭之，斂怨基亡，則向所謂利者，顧不反哉！鉷、國忠後出，橫虐最甚，當方毒天下，復思融云。

宇文韋楊王列傳第五十九